U0674224

结构区域经济学

朱建江　著

中国财经出版传媒集团

经济科学出版社

Economic Science Press

·北　京·

图书在版编目（CIP）数据

结构区域经济学 / 朱建江著. -- 北京：经济科学出版社，2024. 7
ISBN 978 - 7 - 5218 - 5599 - 9

Ⅰ. ①结… Ⅱ. ①朱… Ⅲ. ①结构经济学-区域经济学 Ⅳ. ①F061. 5

中国国家版本馆 CIP 数据核字（2024）第 039385 号

责任编辑：张　蕾
责任校对：李　建
责任印制：邱　天

结构区域经济学
JIEGOU QUYU JINGJIXUE
朱建江　著
经济科学出版社出版、发行　新华书店经销
社址：北京市海淀区阜成路甲 28 号　邮编：100142
应用经济分社电话：010-88191375　发行部电话：010-88191522
网址：www. esp. com. cn
电子邮箱：esp@ esp. com. cn
天猫网店：经济科学出版社旗舰店
网址：http：//jjkxcbs. tmall. com
固安华明印业有限公司印装
787 × 1092　16 开　33. 25 印张　750000 字
2024 年 7 月第 1 版　2024 年 7 月第 1 次印刷
ISBN 978 - 7 - 5218 - 5599 - 9　定价：235. 00 元
（图书出现印装问题，本社负责调换。电话：010-88191545）

长宁区计划经济委员会工作，一直到2009年我被调往上海市崇明县工作止，我在我国基层发改系统已工作了长达十七个年头，也许我也是我国基层发改系统担任领导职务时间最长的人员之一。我经历了从计划经济委员会到计划委员会，到发展计划委员会，再到发展和改革委员会等四轮的发改系统机构改革和职能转型。在发改系统十七年的工作中，除了前面所说的负责完成了《上海市长宁区总体规划》编制任务外，还先后承担《上海市长宁区国民经济与社会发展》“八五”计划的修订工作和“九五”计划、“十五”规划、“十一五”规划的编制工作，以及《上海市嘉定区国民经济与社会发展》“十三五”规划编制的分管工作。在我国，无论是计划经济时期，还是社会主义市场经济时期，尽管我国的发改系统已经过多轮转型，但到目前为止，发改系统仍然是一个麻雀虽小五脏俱全，素有小政府之称的政府职能部门。发改委内部往往设置对口同级政府和上级政府所有部门的内设机构。因此，在发改长期担任主要领导工作过程中，逐步形成了我国发改系统的工作框架和思维结构，以至于后来调到其他岗位担任领导职务时，还是习惯于从区域发展现状分析出发，通过制定和实施区域发展战略、区域规划、区域重大项目建设、区域政策、区域目标管理、区域经济运行分析等落实和推进工作。从某种角度讲，我的基层发改系统的工作经历也为本书的写作奠定了扎实的资料基础和认知基础。本书中的绝大多数内容都是我亲身实践过的，即使像“对口帮扶与合作”这样比较冷僻的区域经济工作，我也有过近十年的工作实践。

人生的任何经历，不管是处在顺风期还是遭遇逆境时都不是多余的。

人生是短暂的，坎坷的。近几年我一直与时间赛跑，只争朝夕，每天都被我当作最后一天用。其愿望就是，将我近十年的木工经历和近十七年的基层发改工作经历，形成的一些比较系统、比较管用的区域经济发展的思想、思维和方法，试着用做学术的方法表达出来，奉献给社会。以感谢在我孩提学木匠时，端午节塞我一个粽子，中秋节塞我一个小月饼的老乡们，也许他们早已忘却了，但我一直记在心里，并始终鞭策我做一个更好的自己。感谢引导和支持我重新走上读书道路的老师们，几十年来，生怕愧对您们的希望和期待。感谢信任和支持我的领导们，在前进的道路上，不管碰到多少困难和不顺，我一直以您们为榜样，不折不挠地前行，没有愧对我所履职的岗位和服务的人们。

朱建江

2023 年 7 月 10 日

作者简介

朱建江，现任上海社会科学院城乡融合发展研究中心主任、研究员、区域经济学博士生导师；上海市老年学学会会长。历任上海市长宁区人民政府规划办主任，经济体制改革办公室主任，统计局局长，物价局局长，发展改革委主任和党组书记，崇明县副县长，嘉定区副区长，上海社会科学院城市与人口发展研究所所长。目前主要从事区域经济、城市、小城镇、乡村和人口老龄化研究。著有《企业经营管理规章制度初探》《负债经营与债务清偿》《乡村发展导论》《小城镇发展新论》，主编《城市学概论》《区域发展导论》《乡村振兴与中小城市小城镇发展》《长三角一体化：养老产业合作与发展》。主持国家发展和改革委员会、国务院研究室、财政部、中央两办、国家高端智库、上海哲社基金等课题 100 多项。在《社会科学》《上海经济研究》《华东师范大学学报》《毛泽东邓小平理论研究》《南京社会科学》《统计与决策》等发表论文 100 多篇。曾获上海市科学技术进步三等奖、上海市决策咨询成果二等奖等奖项。

自 序

在那艰难的岁月里，我小学五年级毕业就被迫辍学了，母亲为了让我有点谋生技能，到处求爷爷告奶奶，请求师傅收我学“木匠”。我学的是中国传统木工中的“榫卯结构”技术。“榫卯结构”技术本质上是一种木结构制品的连接技术，即，在中国的家具和建筑的制造中，木板与木板之间以两头带尖的竹梢为“榫”和两板之间的钻孔为“卯”将其拼接起来，木头与木头之间将一根木头突出部分锯为“榫”和一根木头向内凿孔为“卯”将其连接起来。这种“榫卯结构”连接技术，要求木工在制作家具和建筑过程中，需要对家具和建筑各个部位使用的材料、画线、榫卯制作，集成装配进行整体谋划和统筹，需要完成一次性下料、一次性画线、一次性制作榫卯、一次性装配等工作流程。整个建筑和家具制作中的每一根木头和每一块板料，都不能有方向性差错和榫卯匹配差错。经过近十年的中国传统木工“榫卯结构”技术的训练和熏陶，使我逐步形成了考虑问题时，总是“先想大的，后想小的；先想远的，后想近的”。

幸运的是，在木工经历中形成的谋全局和谋长远的思考问题的习惯，在我以后的工作中得以运用。1993 年在我负责上海市长宁区总体规划编制中，就能够自觉地将长宁区未来发展，放到长三角杭嘉湖、苏锡常区域空间中去统筹，放到未来近 30 年的时间周期中去统筹，并把长宁区未来近三十年的发展条件放到全球、全国、上海的发展环境和趋势中去预测。同时，还基于木工经历中形成的点、线、面、对称等观念，在《上海市长宁区总体规划 1993—2020 年》中提出：“本规划采用多心组团和成组轴线展开的布局方式，以块为主，块线结合，注重视点，构成网络，力争从目前的粗放型布局向集约化布局方向转化。”“在发展中要处理好经济建设、基础设施、城市形态和生态环境之间的综合平衡关系。”① 等思想。区域经济发展中的“点、线、面、网络”等空间要素协调和“经济、社会、设施、形态、生态”等内容要素协调，至今看来，还是十分有价值。

1993 年的下半年，在负责编制《上海市长宁区总体规划》期间，我被调到上海市

---

① 见本书附录：上海市长宁区人民政府：《上海市长宁区总体规划（1993—2020 年）》，1994 年 9 月。

前　言

本书之所以定名为《结构区域经济学》，是因为本书主要讨论“区域经济学”中的区域、经济结构、实施措施等三方面内容。

本书由区域经济学基础理论、区域经济整体发展、区域经济实施措施三篇构成。第一篇区域经济基础理论，由空间的内涵与利用，经济主体的区位选择，区域的形成与范围，区域经济一体化，区域协调发展五章组成；第二篇区域经济整体发展，由区域经济结构，极化区域发展，次区域发展，区际基本公共设施与服务均等化，区际对口帮扶与合作，区际利益补偿等六章组成；第三篇区域经济实施措施，由区域分析，区域发展战略，区域规划，区域标志性项目建设，区域政策，区域经济体制机制等六章组成。

现有的“区域经济学”著作，对“区域”中的区位选择主体、区域的形成与范围讨论比较缺乏，本书将予以加强；区域经济一体化和区域协调发展的讨论常常让人感觉泛泛而谈，缺乏抓手，这也是本书必须进一步深入讨论“区域经济结构”的原因。

本书加强“区域经济结构”深入讨论的理由是，区域经济学是理论经济学的分支学科，属于发展经济学范畴。本人在从事 20 多年的区域经济工作实践中深刻体会到：快速、持续、高质量的区域经济发展过程就是区域经济结构的转型和升级过程。而区域经济与部门经济或行业经济的转型和升级重要区别在于：区域经济的转型和升级一般需要经过点、线、面、网络等空间结构的优化来实现，而部门经济或行业经济转型和升级一般经过产业、行业、企业结构的优化来实现。到目前为止，已有的区域经济学还是仍然简单地套用经济学中的部门经济和行业经济的产业结构理论，来解释和指导区域经济的现象和发展，而没有形成和运用区域经济学自身的区域经济结构理论来解释和指导区域经济发展。

事实上，区域经济结构与部门或行业经济结构是相伴相生的，也是形成于 18 世纪下半叶的英国产业革命。18 世纪下半叶的英国产业革命“导致了不同国家和区域在收入水平方面的巨大差异，而这种收入差异的性质是完全不同的，差距之大也是史无前例的。”贝鲁奇（Bairoch）认为，“不同文明国家在工业化以前达到其顶峰时，他们在收入水平方面的差异是很难看出的”，“正因为产业革命，空间不平衡才逐渐显现出来了，空间不平衡不仅在国家之间存在，在国家内部也同样存在。”[①] 上面所述的不同国家和区域存在的“收入水平”差距，属于部门或行业经济结构中的内容；而国家之间和国家内部存在的“空间不平衡”，属于空间或区域经济结构的内容。然而，经过100多年的各方努力，部门或行业经济结构中一般均衡的理论研究和运用已取得了长足的进展，但空间经济学或区域经济学中的空间不平衡却愈演愈烈，在我国也表现得相当突出，以至于在党的十九大报告中提出：“中国特色社会主义进入新时代，我国社会主要矛盾已经转化为人民日益增长的美好生活需要和不平衡不充分的发展之间的矛盾。”习近平总书记在2020年底中央农村工作会议讲话中也指出，城乡区域发展和居民收入差距仍然很大，城乡发展不平衡，农村发展不充分仍是社会主要矛盾的集中体现。[②] 可见，空间经济学或区域经济学中区域经济结构指的就是空间或区域的空间经济结构，同时也表明空间经济学或者区域经济学中的区域经济结构的理论框架并没有形成，以至于空间或区域的不平衡问题并没得到有效的解决。生产过剩和经济危机是部门经济或行业经济的“负效应”，地区、城乡发展的不平衡，是空间经济或区域经济的“负产品”；部门经济或行业经济的一般均衡，本质上是供需之间的一般均衡，而空间经济或区域经济一般均衡，本质上是“资源禀赋”与“有为政府”之间的一般均衡。

根据笔者20多年的区域经济实践和七年多的区域经济理论研究，认为，可以将以工业品和服务产品生产为主的区域视作极化发展区域，将以农产品和生态产品生产为主的区域视作次发展区域，构建极化发展区域与次发展区域，依托各自比较优势，进行互补、错位、平等竞争发展的空间经济结构。基于资源禀赋空间分布不均的天然因素和在一个国家或者一个地区地域分工，在极化发展区域与次发展区域按市场规则进行平等竞争的基础上，再在按国家职能收取的国家财政收入中应提取的一部分，通过国家一般公共财政预算，以均衡性转移支付或专项转移支付形式投放到次发展区域，以保障一个国家各个地区各级政府执政水平和基本公共设施及服务水平基本相当，补偿工业品和服务产品与农产品和生态产品的不平等交换，推进极化发展区域对次发展区域的帮扶和合作等，就能构建起极化发展区域与次发展区域之间的一般均衡的区域经济结构（见本书第六章的图6－2）。

《现代汉语词典》中解释“结构，各个组成部分的搭配和排列。”[③] 在系统论中，结构代表的是整体和部分之间的联系和关系。结构是系统构成的基础和本质，系统的组织化、有序化通过结构来实现。结构具有稳定性、有序性和形式特征，结构可用数

① 皮埃尔·菲利普·库姆斯等著：《经济地理学》，中国人民大学出版社2020年版，第3～4页。

② 习近平：《坚持把解决好“三农”问题作为全党工作重中之重　举全党全社会之力推动乡村振兴》，载于《求是》2022年第7期。

③ 中国社会科学院语言研究所词典编辑室编：《现代汉语词典》，商务印书馆1978年版，第577页。

学方程式来表达，是部分与整体之间的相互联系方式。稳定的和良好的产业经济结构或空间经济结构是一个国家或一个地区经济快速、可持续、高质量发展的基础。构建空间或区域经济结构的目的是促进区域经济的整体发展。1999 年 12 月 27 日时任国务院副总理的温家宝在全国城乡工作会议上提出，随着经济的发展，城市与城市之间，城市与乡村之间的联系越来越密切，区域协调已经成为城乡可持续发展的基础。必须搞好区域规划的编制工作，从区域整体出发，对城市发展以及基础设施的布局和建设进行统筹安排。[①] 2001 年 6 月 23 日，温家宝在中国市长协会第三次代表大会上又指出，要做好区域规划，建立有效的协调机制；要统筹安排基础设施，避免重复建设，实现基础设施区域共享和有效利用；严格限制不符合区域整体和长远利益的开发活动。[②] 从某种角度讲，区域经济一体化和区域协调发展，都需要通过优化区域经济结构，才能实现区域经济的整体发展。

在讨论区域经济整体发展时，还需要讨论发展与经济发展，经济发展与经济增长，区域发展与区域经济发展的关系。“去掉‘经济’这个定语，从总体上所说的发展特征更为广泛。经济发展大多集中于物质生产方面的问题（产出、就业、收入、生产的构成，等等），而发展作为一个总体则论述人类状况的变化。显然，经济发展是发展这个更大过程中的一部分的其中一部分。”[③] “经济增长指更多的产出，而经济发展则既包括更多的产出，同时也包括产品生产和分配所依赖的技术和体制安排上的变革。经济增长不仅包括由于扩大投资而获得的增产，还包括由于更高的生产效率，即单位投入所生产的产品的增加。经济发展的含义。则不止这些，他和意味着产值结构的改变，以及各部门间投入分配的改变。”[④] 上述发展经济学中的关于发展与经济发展，经济发展与经济增长的基本观点，也适用于区域发展与区域经济发展之间的含义界定。区域经济发展是区域发展的一部分，但在讨论区域经济发展时，不能“单一地考虑经济发展的纯经济方面就会不幸地忽视大的领域。”“把注意力完全集中于物的产出问题会削弱我们宝贵的眼力。”[⑤] 本书在讨论区域经济整体增长时，遵循了上述基本观点。

本书还强化了区域经济实施措施的阐述。本书除了区域经济学中的区域分析、区域发展战略、区域规划、区域政策、区域治理等章节以外，设置了“区域标志性项目建设”专章，并且区域经济实施措施各章的内容都是建立在笔者亲身实践基础上，因

---

①② 张忠国：《区域研究理论与区域规划编制》，中国建筑工业出版社 2017 年版，第 120 页。

③ ［美］查尔斯·P. 金德尔伯格、布雷斯·赫里克：《经济发展》，张欣等译，上海译文出版社 1986 年版，第 24 页。

④ ［美］查尔斯·P. 金德尔伯格、布雷斯·赫里克：《经济发展》，张欣等译，上海译文出版社 1986 年版，第 5 页。

⑤ ［美］查尔斯·P. 金德尔伯格、布雷斯·赫里克：《经济发展》，张欣等译，上海译文出版社 1986 年版，第 25，26 页。

此，本书第三篇区域经济实施措施也具有较高的学术价值和应用价值。

本书涉及的命题过于综合，讨论的问题过于庞杂，学科跨度很大，再加上时间仓促，本人水平有限，故对于本书的不完善之处，乃至缺点，还望读者批评指正，不吝赐教，以便今后进一步修改更正。

本书适合于与本书命题有关的政府管理者、教学科研工作者、相关企业工作者阅读参考，如果对你们的工作和研究有点滴启示，对笔者都是最大的欣慰。

朱建江

2023 年 7 月 10 日

目 录
Contents

第一篇 区域经济基础理论

第二篇　区域经济整体发展

第三篇　区域经济实施措施

表目录

图目录

第一篇

区域经济基础理论

本篇由“空间的内涵与利用”“经济活动主体的区位选择”“区域的形成与范围”“区域经济一体化”“区域协调发展”五章构成。其中，“空间的内涵与利用”“经济活动主体的区位选择”“区域的形成与范围”三章属于区域经济的空间研究部分；“区域经济一体化”和“区域协调发展”两章属于区域经济的发展研究部分。本篇讨论的主要知识点：空间的内涵，构成要素，基本特征，均质空间和异质空间；经济活动主体的类型，区位理论，区位选择类型；经济活动区域产生与形成，区域的类型，空间结构理论，区域范围的确定；区域经济一体化的内涵和空间结构，经济全球化和区域经济一体化趋势，我国区域经济一体化的主要内容，区域经济一体化与区域协调发展的关系；区域协调发展的内涵，区域协调的对象与区域协调的内容关系，区域协调发展机制，区域要素的优化配置等。了解了上述知识点，将有助于第二篇区域经济整体发展和第三篇区域经济实施措施的理解。

第一章
空间的内涵与利用

到目前为止，人类社会的经济活动都需要依托一定的空间才能进行。而客观世界的空间，通过哪些范畴与人类经济社会活动进行延伸链接，以及客观世界的空间如何才能被人类社会有效利用等问题是本章讨论的重点。本章由“空间的内涵与特征”“空间的利用类型”“区域经济学产生的实践基础和理论背景”“区域经济学的研究对象及学科体系”四部分内容构成。

第一节　空间的内涵与特征

经济的空间转向，首要的问题是要明确客观世界的空间，是通过哪些范畴与人类经济社会活动进行延伸链接的，以及人类经济社会活动空间由哪些要素构成、以及空间的基本特征，这些内容都是空间经济学科的研究出发点、重点和难点。

一、空间的概念

空间（space）是一个相对的和抽象的概念。空间是与时间相对的一种物质客观存在形式，两者密不可分。按照宇宙大爆炸理论，宇宙从奇点爆炸之后，宇宙的状态由初始的“一”分裂开来，从而有了不同的存在形式、运动状态等差异。物与物的位置差异度量称为“空间”，位置的变化差异度量称为“时间”。空间由长度、宽度、高度、大小表现出来。通常指东南西北上下等方向。空间有宇宙空间、网络空间、思想空间、数字空间、物理空间等范畴。不同学科有不同的空间概念。在地理学里，空间是指地球表面的地理位置①。埃德加·M. 胡佛在其《区域经济学导论》一书中提出“土地首先即指空间”② 事实上，土地是地球表面的空间存在形式。在经济学里，“空间是指经济活动的载体”③，而经济活动的载体，既有土地，也有建筑等构筑物，因此，经济学中的空间，既有地球表面的空间存在形式，也有地上构筑物的空间存

---

① 朱建江：《乡村发展论》，经济科学出版社 2019 年版，第 151 页。

② 埃德加·M. 胡佛：《区域经济学导论》，王翼龙译，商务印书馆 1990 年版，第 108 页。

③ 石敏俊编：《区域经济学》，中国人民大学出版社 2020 年版，第 4 页。

在形式。在物理学里，“空间是与时间相对的一种物质存在形式，表现为长度、宽度、高度，可以用来描述物理及其运动的位置、形状和方向等抽象概念，也可称为宇宙空间。”① 在建筑学里，地表空间是建筑的载体，地上空间和地下空间是建筑的延伸重点，建筑是立体的空间存在形式。在社会学里，空间是指人与人的社会关系空间。在心理学里，空间是指人的精神（思想）存放的地方，即人的心理空间或领域。

区位、场所是一个与空间联系密切的概念，区位、场所存在于空间之中，是人类经济社会活动的空间位置或地点。区位源于德文的standort，是1832年由W. 高兹首次提出的。区位在1886年被译为英文（location）。日文译为“立地”，中文译为“区位”。在石敏俊老师编著的《区域经济学》一书中，“区位（location）是指经济活动所占据的位置，或经济活动的场所。”②。在郝寿义老师著的《区域经济学原理》一书中，“在传统区域经济学中，通常把区位理解为经济活动的场所，如企业活动的场所，就是企业区位。”③ “场所是空间中独一无二的、人类日常活动的地点或位置（Location），是人类历史、文化和物质的凝聚。”④在这里场所有地点与位置含义。综上所述，区位与场所，有位置、地点的含义，因此，区位与场所同义。区位或场所一定位于一个空间范围内，大多数情况下，一个空间范围内有多个区位或场所。所以，区位或场所是空间中的一个地点或一个位置。空间的范围含义大于区位或场所。例如，一个经济活动功能区应该包含若干个企业区位或场所，一个居住社区应该包括若干个居住小区和若干栋居住楼宇。这里的一个经济活动功能区或一个居住社区是一个经济社会活动的空间单元，但一个经济活动功能区或者一个居住社区，包含着若干个经济或居住的区位或场所。在现代社会里，空间就等于区位或场所的现象比较少见。

区域也是一个与空间联系密切的概念，存在于空间之中，是人类经济社会活动的空间范围。空间更偏重于自然属性，更加侧重于先天的存在和独立于人类以外。而区域更偏重于社会属性，更多地具有人类利用自然的色彩。因此，“区域”是人类对一定空间范围的冠名或度量单位⑤（如，美国“标准经济地区划”和欧盟NUTS标准区域）。在郝寿义老师的《区域经济学原理》一书中提出，“我们认为空间是区域的抽象，区域是具体、具象的，也是客观存在的实体，在经济问题研究中，当关注区域经济发展和空间结构演化的内在机理时，更适宜使用空间这一抽象概念，而当研究具体

①④ 华晨、曹康：《城市空间发展导论》，中国建筑出版社2017年版，第9页。

② 石敏俊编：《区域经济学》，中国人民大学出版社2020年版，第4页。

③ 郝寿义：《区域经济学原理》，格致出版社2016年版，第71页。

⑤ 皮埃尔·菲利浦·库姆斯等：《经济地理学》，中国人民大学出版社2020年版，绪论第2页。

区域经济政策等时，则更需要使用区域这一概念。”[1] 在朱建江主编的《区域发展导论》一书中提出“区域是人类赋于地球表面的特定名词，离开人类社会，地球表面就是地球表面，不存在区域这个特定名词以及区域类型；二是人类社会的任何区域都是有空间范围的，即使是抽象的‘政治权力’，在人类社会中也是有有效空间边界的，如，此地市长的政令在彼地市就无用等。”[2] 区域是空间中的人类经济社会活动范围，与空间中的区位、场所相比，区域是空间中的“面”，而区位、场所是空间中的“点”。美国胡佛在其《区域经济学》一书中提出“区域是根据叙述、分析、管理、规划或制定政策等目的，作为一种有效实体来加以考虑的一片地区，他可以根据内部同质性或功能同一性而加以划分。”[3]

二、空间的要素

按照空间属性，空间要素可分为自然要素和社会要素。空间中的自然要素，包括水、气、土、阳光、生物等；空间中的社会要素，包括人口、劳动力、资本、技术、信息、文化、制度等。自然要素，学术界也称为第一自然（first nature）要素，是指人以外的先天性要素，其内涵与自然要素基本相当。社会要素，学界也称为第二自然（second nature）要素，是指第一自然要素以外的后天性要素，其内涵与社会要素基本相当。需要说明的是，社会要素或第二自然要素究其根本，是人类在自然要素或第一自然[4]要素上增加了劳动而转化形成的，纯粹的或没有自然要素或第一自然要素为基础的社会要素或第二自然要素是不存在的。人类之所以开展空间内的经济社会活动研究，是因为空间具有经济社会价值，空间中的经济社会价值主要指各种自然要素和社会要素及其各类要素的组合和优化配置。人类可以根据自身生产和生活需要，利用空间中的自然要素和社会要素满足自身的需求和促进社会的进步。

按照空间要素移动是否损害或在增加其价值，空间要素可分为可移动的空间要素和不可移动的空间要素。可移动空间要素主要偏重于空间中的社会要素，但不是所有的空间中的社会要素都可移动，例如，古城、古镇、古村落、文物等。不可移动的空间要素主要偏重于空间中的自然要素，但不是所有空间中的自然要素都不可移动，例如，矿产资源、能源等；特别需要说明的是，实践中，在我国，土地可以通过改变用途而移动空间位置，例如，我国“城乡建设用地增减挂钩”中的建设用地空间位移。

---

① 郝寿义：《区域经济学原理》，格致出版社 2016 年版，第 23 页。

② 朱建江：《区域发展导论》，上海社会科学院出版社 2020 年版，第 4 页。

③ ［美］胡佛：《区域经济学》，商务出版社 1984 年版，第 264 页。

④ 关于第一自然和第二自然的内涵可参见：曾道智等著的《空间经济学》，北京大学出版社 2018 年版，第 3 ~ 6 页；石敏俊：《区域经济学》，中国人民大学出版社 2020 年版，第 209 页。

正是因为空间要素的可移动性和不可移动性，才存在有些产业必须是在地的，例如，乡村旅游业、特色农业等。

按照空间要素存在的时间，空间要素可分为原始要素、初始要素、现时要素和预期要素[①]。原始要素是指未经人类活动干预的各种要素，有助于不同空间的要素比较。初始要素是指特定空间在给定时点的要素赋存状态，有助于同一空间或不同空间在给定时间的要素比较。现时要素是指特定空间在当前时点的要素赋存状态，我们通常讲的一个地区的要素禀赋一般是指现时的要素禀赋。预期要素是指特定空间未来时点的要素赋存状态的预测和估计，这是在确立一个地区未来发展目标时必须预测和估计的要素禀赋，并且是经济活动主体、尤其是政府，在制定区域规划及其他各类规划时的关键要素。

按照要素的空间赋存，空间要素可分为区位要素和区域要素。在已确定的经济活动空间范围内，家庭和企业等微观经济活动主体一般先进行区域要素选择，在区域要素选择确定的前提下，再进行区位要素选择；在经济活动空间范围未确定的前提下，家庭和企业等微观经济活动主体一般将直接进行区位要素选择。在经济活动空间范围未确定的前提下，政府经济活动主体一般先进行区位要素选择，在经济活动空间区位要素选择的前提下，再进行经济活动空间范围的确定；在确定的经济活动空间范围内，政府将对拟进入经济活动空间的微观主体进行经济活动内容的选择，即，择商。实践中，经常出现政府规划跟着企业项目走，即企业提出在某个空间要做什么内容的项目，由于政府没有规划，因此只好按照企业提出的内容进行项目建设，事后等政府对该区域进行统一规划时，往往发现先前企业已经投入建设的项目与区域整体规划是冲突的。可见，区域要素的赋存是非常有价值的。实践中，通过区域要素的赋存或显性化往往可以大大提高区位要素的价值。例如，正是因为编制了一个可预期的区域规划，从而明确了区域的价值，继而大大提高了区域范围内的土地价值。

三、空间的基本特征

（一）空间的相对性

空间的相对性是指不同空间之间的关系，这种空间关系不仅可通过方位和距离确定空间的确切位置，还可通过空间的不同功能确定空间的性质。空间与山脉、平原、江河、海洋等空间关系为空间的自然关系，与交通线、产业区、港口及其城市等空间关系为空间的人文关系。人类经济社会活动的任何一个空间都不是孤立存在的，在一个更大范围的区域中，有经济活动空间，一定有相对的居住、生态、交通等空间；区

① 郝寿义：《区域经济学原理》，格致出版社 2016 年版，第 4 ~ 5 页。

域不同功能的空间关系是区域得于存在的条件。不同功能空间相互配合协同的空间关系是区域有效有序发展的决定性因素。良好分工和互补的空间关系有利于区位或区域发展，反之则相反。

（二）空间的可度量性

空间由长度、宽度、高度、大小表现出来。任何一个功能空间都有一个空间范围，这个空间范围可以用地理边界来划定或其他物来标志，可以用长度、宽度、高度、面积等来度量，可以在地图上画出来，大的空间还可以用经纬度来表达。

（三）行政空间不可重复性和功能空间有过渡性

一个行政管理空间与另一个行政管理空间的空间范围应该不重叠和不遗漏，但功能空间可以跨界、重叠。例如，商务区或商业区空间范围四至边界划定后，在发展过程中，因其功能溢出可覆盖邻近空间或带来邻近空间的功能调整，但这一般是以经济社会为内容的空间，自然区域一般变化缓慢，在短时期内不同的自然空间是截然不同的。

（四）空间的系统性

空间的系统性包括空间结构系统性、空间时间系统性和空间要素系统性。

空间结构系统性是指任何一个范围较大的空间，根据某类指标可以分解成若干空间范围较小的区域；除了最小范围区域外，每一个区域都是更大区域的局部，每一个区域都由若干个较小区域组成。从而形成区域空间系统性中的区域与区域之间关系和区域内部各客体（自然、经济、社会）之间关系。按一定要求通过区域大小的空间细分和区域之间、区域内的空间、时间、要素整合，区域将发生质的变化和新的特征。

空间时间系统性是指一个空间的过去、现在、未来需要进行有效衔接和整合。既要尊重空间过去发展的历史，不要切断其发展的脉络和机理；又要直面空间发展的现实和阶段，客观进行评价；还要面向国内外发展时势，把握空间发展的走向。时间是空间中的重要因素和资源，区域中的时间、空间、要素紧密相连，区域的过去、现在和未来有机衔接是区域整体效能提升的前提。实践中，空间时间系统性突出体现在区域发展战略目标上。

空间要素系统性是指人类社会任何空间都由自然、经济、社会三大内容及其要素组成，其中自然又由水、气、土、生物、阳光等要素组成；经济又由资金、资本、技术、信息、管理等要素组成；社会又由人口、劳动力、人才等要素组成。空间中的这三大内容及其要素相互联系，相互制约，只有通过合理组合，空间内的自然、经济、社会及其相应要素才能获得最佳整体效能。空间的性质取决于空间内自然、经济、社会的性质，并且正是空间自然、经济、社会及其要素的多样性才形成了区域类型的多样性。空间内部要素按一定方式、秩序、比例组合是有机的、整体的，不是随意简单相加的。空间经济社会发展的难度就在于对这些空间内要素的有机组合和空间之间要素的有机组合。

（五）空间的动态性

空间动态性既可以来源于空间关系的变化，也可以来源于空间要素变化。沙漠扩张、海岸升降、河水淹没、港口淤塞会引起空间的自然关系改变；交通、通信技术改变，行政区变更，经济社会项目布局都会引起空间的人文关系改变。例如，随着退耕还林，植树造林等活动，原来是农田空间改变为林地空间。随着产业空间转移，原来是工业区现在改变为居住区或商业区、商务区等。

四、空间三维观

从上述空间要素讨论中我们可以发现，人类经济社会活动维度的自然要素和社会要素其分布都是三维的。自然要素中的水、气、土、阳光、生物等，其分布范围已不仅是地球的地表空间，还包括地球的地下空间和地球的地上空间；社会要素中的资本、技术、信息、文化、制度等，其分布范围有些也存在于地球的地表空间，地球的地下空间和地球的地上空间。如今，人类经济社会活动比较多地利用了地球的地表空间，随着人类社会科学技术水平的提高，地球的地下空间和地球的地上空间必将得到更为广泛的利用。而地球地表空间总体上又由经济活动、居住生活、道路交通、生态环境四类空间组成的。经济活动空间，包括一二三产业物质生产及其相应的配套空间；居住生活空间，包括住房、商业、绿地等公建配套，教育、医疗等公共服务，即居民 15 分钟生活圈的全部内容；道路交通空间，包括与生产生活配套的各类交通道路（公路、铁路、高速公路）、岸线（流岸线、海岸线）等轴线以及市政基础设施空间；生态环境空间，包括森林、海洋、湿地、河流、湖泊、冰川等。我们通常讲的不同功能的空间协同，不仅讲地球的地表空间，地球的地下空间和地球的地上空间三维空间的协同，在目前人类经济社会发展水平前提下，更多地讲地球地表经济活动、居住生活、道路交通、生态环境四类空间的协同。

第二节　空间的利用类型

根据当前人类经济技术发展水平，人类利用客观世界空间，需要按照空间要素的质量和水平差异，将空间分为均质空间和非均质（异质）空间。均质空间和非均质（异质）空间划分是人类社会利用空间的方式。均质空间，是指空间范围内资源禀赋或要素质量和水平是基本相当的。从实践看，到目前为止，人类经济社会活动都是在均质空间中开展的，也就是说当前人类经济社会活动的空间利用都是对均质空间的利用。区域科学（包括空间经济学，区域经济学、城市经济学等）中讲的空间或区域都是指均质空间。《简明不列颠百科全书》将区域解释为“区域是指有内聚力的地区。根据一定标准，区域本身具有同质性，并以同样的标准与相邻诸地区、诸区域相区别”。美国地理学家惠特尔西（D. Whittlesey）主持的国际区域地理学委员会研究小组，在探讨了区域研究的历史及其哲学基础后提出，“区域是选取并研究地球上存在的复杂现象的地区分类的一种方法”“地球表面的任何部分，如果在某种指标的地区分类中是均质的话，即为一个区域”，并认为“这种分类指标，是选取出来阐明一系列在地区上紧密结合的多种因素的特殊组合”①。在客观世界的空间中，由于自然要素的空间分布不均，由此造成了社会要素也存在空间分布不均。因此，客观世界中不存在资源禀赋两个完全一样的均质空间。故，人类经济社会活动中的非均质（异质）空间是指两个及两个以上均质空间之间的资源禀赋或要素质量和水平是不一样的，而人类经济社会活动中的单数空间内资源禀赋是基本一样的。一般而言，一个大的非均质空间由若干个均质空间构成。人类对其经济社会活动空间进行均质和非均质分类，是人类在空间范围内有效有序开展经济社会活动的前提。

一、均质空间

均质空间，是指一个空间范围内的资源禀赋、发展基础和发展功能基本一致的单数空间。例如，空间或区域经济中的农业区、商业区、工业区、商务区等，这些区域主要特征或功能是农业、工业、商业、商务办公等，但商业区、工业区、商务区乃至农业区内也有一些居住、文教、管理等功能或特征，但这些居住、文教、管理等功能或特征在这些经济空间中不是主要功能和特征，而是为主要功能或特征配套的、从属的。实践中，纯而又纯的单一功能或单一特征的均质空间是很少存在的，一般是以空间内的主要特征或功能来确定空间边界。只有那些自然区域，如气候区、水文区、土壤区、植物区、动物区是由单一功能或特征来确定空间边界的。同理，社会中的人口聚落、语言区、文教区、民族区、宗教区等也是均质空间，都是以空间内主要特征和功能来划分的。我国行政管理中的各个等级行政区、港澳特别行政区也是均质空间；生态环境中的自然保护区、风景名胜区、森林公园、地质公园、湿地公园也是均质空间；交通中的空港区、航运中心、交通枢纽等也是均质空间。可见，除自然地理中的纯自然空间，是用单一特征或功能来确定空间范围的，其余人文空间都是由主要特征或功能来确定空间范围的。特别需要说明的是，均质空间范围的划定是

① 吴志强、李德华：《城市规划原理》，中国建筑出版社2010年版，第19页。

需要从均质空间规划或建设目标角度确定的，而不仅仅从现状角度确定的。例如，当一个空间被确定为城市化建设地区时，其现状可能是农田，但这并不影响把这个地区划定为城市化建设地区；反过来，不是城市化建设地区，农田就不应该划入这个空间。

美国经济学家埃德加·M. 胡佛在其《区域经济学导论》一书中提出“土地首先即指空间”①，人类社会对空间的均质利用，首先是从土地用途划分开始的。从1996年到2017年我国一共进行了三次全国土地调查，根据我国经济社会发展的实际需要，将我国全部国土分为农用地、建设用地、未利用土地三大类和12个中类、127个小类。包括：（1）农用地（主要是第一产业用地）。农用地是指直接或间接用于农业生产的用地，包括耕地（含水田、水浇地、旱地）、园林（含果园、菜园、其他园地）、林地（含有林地、灌木林地、其他林地）、草地（含天然牧草地、人工牧草地）、农村交通用地（主要指农村道路）、水域及水利设施用地（含坑塘水面、沟渠）、其他土地（含设施农用地、田坎）。

（2）建设用地（主要是二三产业用地和交通建设用地等）。包括住宅用地（含城镇住宅用地、农村宅基地），商业服务用地（含批发零售用地、住宿餐饮用地、商务金融用地、其他商服用地），工矿仓储用地（含工业用地、采矿用地、仓储用地），公共管理和公共服务用地（含机关团体用地、新闻出版用地、科教用地、医卫慈善用地、文化娱乐用地、公共设施用地、公园与绿地、风景名胜设施用地），特殊用地（含军事设施用地、使领馆用地、监教场所用地、宗教用地、殡葬用地），交通运输用地（含铁路用地、公路用地、街巷用地、机场用地、港口码头用地、管道运输用地），水域及水利设施用地（含水库水面、水工建筑用地），其他用地（空闲地）。

（3）未利用土地（主要是农用地和建设用地以外的土地）。包括水域及水利设施用地（含河流水面、湖泊水面、沿海滩涂、内陆滩涂、冰川及永久积雪），草地（其他草地），其他土地（含盐碱池、沼泽地、沙地、裸地）。从某种角度讲，经济空间转向的创始人，德国学者约翰·冯·杜能在1826年出版的《孤立国同农业和国民经济的关系》一书中讨论的空间经济问题，其实质就是指农产品销售地（孤立国：即城市或者市场）周边的农业种养殖业的土地利用问题。实践中，土地利用类型与产业发展类型是基本一致的。因此，在实践中，人类社会的空间利用，首先表现为：土地的用途分类以及规划中的功能分区划分等，也就是说实践中的土地用途分类和规划功能分区划分等是人类社会空间利用的具体形式。而土地用途分类和规划功能分区划分都是按均质要求进行的。

---

① 埃德加·M. 胡佛：《区域经济学导论》，王翼龙译，商务印书馆1990年版，第108页。

二、非均质空间（结节性空间）

非均质（异质）空间，学术界也称“结节性空间”，也可称为空间系统或区域系统，是指在资源禀赋、发展基础和发展功能不一致的两个及两个以上的复数空间。结节性空间是由若干均质空间组成的更大范围空间，一个完整的结节性空间由一个或多个极化发展空间、次发展空间和结节性因素三部分空间组成。极化发展空间是结节性空间中具有集聚功能或极化特征的空间；次发展空间是结节性空间中与极化发展空间具有自然、经济、社会互补或错位功能的相对空间；结节性因素是结节性空间中联结极化发展空间与次发展空间的功能通道，这种功能通道可以是交通、经济、人脉、传统、历史、习惯、气流、径流等，既有自然属性，也可人文属性，但就其本质而言，极化发展空间与次发展空间的要素和贸易（商品和服务）流动是通过结节性因素传递的。因此，结节性空间组成既要发挥极化发展空间的集聚、极化、虹吸作用，也要发挥极化发展空间的功能溢出、扩散辐射作用，更不能因极化发展空间提高竞争力和集聚效率，而限制次发展空间互补和错位发展所需要的要素供给和结节性因素建设。结节性空间只有通过极化发展空间、次发展空间、结节性因素三方面作用发挥，结节性空间才具有存在的价值和必要。然而，结节性空间中极化发展空间、次发展空间、结节性因素三方面作用发挥，在不同阶段中是各有侧重的，一般结节性空间发展的初中期，极化发展空间一般得到优先、快速发展；在结节性空间发展的中后期，由于极化发展空间功能溢出，以及结节性因素发展，次发展空间也由此受益并与极化发展空间缩小差距，从而形成结节性空间的整体性提高，但这一过程既需要生产力发展到一定阶段，也需要生产关系的干预促进才能实现。需要说明的是，在我国，城镇一般是一个包含农村的地区，因此，我国的城镇行政空间是一个非均质空间或结节性空间。而在西方国家，城镇一般只包括城区部分，因此，西方国家的城镇一般属于均质空间。都市圈、城市群和经济带等，一般由一个或极化发展空间、次发展空间、结节性通道构成，因此也是一个结节性空间（非均质空间）。

需要说明的是，非均质空间（结节性空间）中的单个空间都是均质空间，例如，非均质空间（结节性空间）中的极化发展空间、次发展空间、结节性功能通道都是均质空间。只有在两个及两个以上不同功能的均质空间组成在一个区域系统时，我们对这个区域系统才叫非均质空间（结节性空间）。还需要说明的是，在市场经济条件下，不同的均质空间和非均质空间只存在资源禀赋、经济发展基础和发展功能的不同；不同的均质空间与均质空间、均质空间与非均质空间、非均质空间与非均质空间之间并不存在等级的不同。在特定的时间段里，极化发展空间相对次发展空间而言，经济发展水平较高，次发展空间的经济发展水平较低，极化空间与次发展空间之间存在发展差距。另外，在我国，极化发展空间可能是均质空间也可能是非均质空间，例如，极化发展空间是一个功能性经济（如工业区、商业区等）活动空间时，这个极化发展空间就是均质空间；极化发展空间是一个行政性（如我国的城市、小城镇等）活动空间时，这个极化发展空间就是非均质空间。同样，次发展空间，既可能是均质空间，也可能是非均质空间（见图 1－1）。

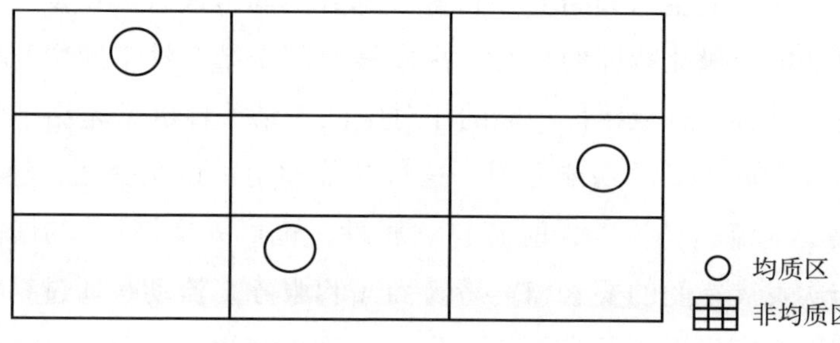

图 1－1　均质区与非均质区示意图

资料来源：作者绘制。

第三节　区域经济学产生的实践基础和理论背景

理论来源于实践，区域经济学或空间经济学也不例外。梳理区域经济学或空间经济学，产生和形成的实践基础，有助于弄清区域经济学或空间经济学的理论来源及其研究重点和难点。

一、区域经济理论产生的实践基础

发生在 18 世纪下半叶的英国工业革命，突破了原来分散的手工工场生产方式开始进入近代集中的机器大工厂生产方式。通过工业革命，由手工工场生产发展到大机器生产的大工厂生产。早在 15 世纪，英国农村的半农半工的手工业就非常普遍，最初主要是毛纺织业；到 15 世纪末，穿梭于城乡之间的呢绒商人为了加快生产速度，逐渐地把单独的家庭手工业联系起来形成了早期的毛织业手工工场，英国手工工场在 18 世纪普遍地扩大起来。到 1769 年，理发师兼钟表匠理查德·阿克莱特制造了水力纺纱机；从此机器转动不再用人力，由于它使用水力，因此必须靠河边新建厂房，1771 年在克隆福得建立了第一座棉纱厂，雇了 600 个工人，这样就突破了原来的手工工场生产，开始进入近代机器大工厂生产。到 19 世纪 40 年代，工厂制在英国工业生产中已居统治地位。

“城市化几乎与产业革命同时发生”“在 18 世纪中叶，对英格兰而言，其中大约

98%的城市根本不存在或者仍然是简陋的村庄。”[①] 工业革命前，英国经济最发达和人口最密集的地区是以伦敦为中心的东南部；工业革命后，英国西北盛产煤铁的荒芜地区出现了很多新兴的工业中心和城市，如曼彻斯特、兰开夏、伯明翰、利物浦、格拉斯哥等，英国经济中心由东南向西北转移。随着工业和城市的繁荣和发展，英国农村人口大量涌入城市，城市人口猛增。在英国，城市化率，1750 年达到 17.0%，1801 年达到 33.8%，1851 年达到 54.0%，1901 年达到 77.0%。到 1901 年，一批新兴的工业城市已达到相当人口规模。例如，伯明翰已达到 52.3 万人，利物浦已达到 70.4 万人，曼彻斯特已达到 64.5 万人，利兹已达到 42.9 万人，布拉德福德已达到 28 万人。[②]

美国阿梅·奥沙利文在其《城市经济学》中提出，运输和交易规模经济优势的出现，才推动了贸易城市的发展。这一观点为研究 19 世纪工业革命以前的城市历史提供了新的视角。[③] 这里也表明工业生产的集中度以及工业城市发展不是起源于国际贸易，而是起源于 18 世纪下半叶的英国工业革命。

二、区域经济理论的产生背景

理论来源于实践，并且理论总是滞后于实践，经济学理论也不例外。18 世纪下半叶英国工业革命中产生的近代机器大工厂生产方式成为普遍的、占统治地位的工业生产制度（工厂制），在英国到 19 世纪 40 年代才确立。世人尊称的“现代经济学之父”亚当·斯密（1723～1790 年），1776 年出版的代表作《国民财富的性质和原因的研究》（中文译本为《国富论》），英国古典政治经济学主要代表大卫·李嘉图（David Ricardo），1817 年出版的代表作《政治经济学及赋税原理》等英国古典经济理论忽略了空间因素，也许与英国工业革命初期，工业化和城镇化的极化经济增长方式实践不够丰富有关。获得学术界公认，德国学者约翰·冯·杜能在 1826 年出版的《孤立国同农业和国民经济的关系》一书，是首次将空间带入了经济学理论的经典之作。保罗·萨缪尔森于 1983 年说：“李嘉图的贸易理论传统上假设要素流动的可能性为 0，而商品在国家或地区间的流动可能性为 100%。冯·杜能的模型背道而驰，在一个不能移动的土地上，劳动力可以自由流动，商品的流动要化成本。对于劳动力将在哪里定位的问题贸易理论没有考虑，可是冯·杜能考虑了。”[④] 也有经济学家认为，大卫·李嘉图之前的国际贸易理论，空间因素是得到优先考虑的，只不过大卫·李嘉图通过将环

① 皮埃尔·菲利普·库姆斯等：《经济地理学》，中国人民大学出版社 2020 年版，第 8～9 页。
② 新玉言：《国外城镇化比较研究与经验启示》，国家行政学院出版社 2013 年版，第 28～30 页。
③ ［美］阿瑟·奥沙利文：《城市经济学》，中国人民大学出版社 2015 年版，第 18 页。
④ 杨开忠、李国平等：《面向现代化的中国区域科学》，经济管理出版社 2021 年版，第 58～59 页。

境差异弱化为土地生产力的差异，有效地将经济的空间因素从他的分析体系中剔除了[①]。不过，德国学者约翰·冯·杜能在1826年出版的《孤立国同农业和国民经济的关系》毕竟比大卫·李嘉图1817年出版的《政治经济学及赋税原理》晚九年。并且，杜能出版《孤立国同农业和国民经济的关系》一书时，“英国工业化前后，农产品价格上涨，一些目光敏锐的德国农场主通过与英国的农产品贸易而获利，于是尽量多买土地，扩大农业生产规模，德国农业开始向大型化商品化过渡。”[②] 可见，杜能撰写《孤立国同农业和国民经济的关系》一书，也深受英国工业革命影响。

18世纪下半叶发生在英国的工业革命，不仅开启了经济和人口在空间上的集聚，也开启了经济理论的空间转向。尽管冯·杜能在1826年出版的《孤立国同农业和国民经济的关系》一书在当时没有引起足够的重视，但是，此后，仅德国就出现了1909年德国学者韦伯的《工业区位论》，1933年德国地理学家克里斯·泰勒的《德国南部中心地理论》，1939年德国经济学家勒施的《经济空间秩序》等。事实上，从冯·杜能开启的经济理论的空间分析至今近200年，经济学的空间转向就一直在持续。

第四节　区域经济学的研究对象及学科体系

区域经济学的研究对象的讨论难点是与空间经济学研究对象的学科分工。目前的情况是区域经济学与空间经济学的研究主线、研究目标、研究内容很难区别，从而一定程度上影响了区域经济学和空间经济学二个学科的各自发展。从国家《国民经济和社会发展“十四五”个五年规划和2035年远景目标纲要》中实施区域重大战略和区域协调发展战略角度看。空间经济研究对象是重点区域或极化空间的集聚经济发展，区域经济学的研究对象是区际关系或区域之间的协调发展。

一、“区域经济学”与“空间经济学”研究对象及学科分工

石敏俊老师在其编著的《区域经济学》一书第12页中提出了以下见解。

“空间经济学是以均质空间为前提，研究均质空间里经济活动的空间规律，强调均质空间里经济系统内生形成的作用力及其空间效应。”

“区域经济学是现实空间的经济学，既要考虑先天性因素的空间异质性，又要考虑均质空间里经济系统内生形成的作用力及其空间效应；既要认识经济活动的一般性空间规律，又要关注现实世界的经济发展，把经济分析特定到具体区域。”

① 杨开忠、李国平等：《面向现代化的中国区域科学》，经济管理出版社2021年版，第58页。

② 杨开忠、李国平等：《面向现代化的中国区域科学》，经济管理出版社2021年版，第57页。

“区域经济学，既承认空间异质性的作用，要超越空间异质性，探寻均质空间里经济活动的空间规律，还要认识空间异质性对均质空间里经济活动空间演化规律的作用。”①

可见，石老师认为，“空间经济学”主要探寻的是均质空间的经济活动空间规律；而“区域经济学”，既要探寻均质空间的经济活动空间规律，还要探寻异质空间与均质空间之间的经济活动空间规律。

郝寿义老师在《区域经济学原理》一书中提出，“我们认为空间是区域的抽象，区域是实际的，也是客观存在的实体，在经济问题研究中，当关注区域经济发展和空间结构演化的内在机理时，更适宜使用空间这一抽象概念，而当研究具体区域经济政策等时，则更需要使用区域这一概念。”并且认为“区域经济学”属于“空间学科”范围②。

1999 年由美国麻省理工学院出版的，由藤田昌久、保罗·克鲁格曼、安东尼·J. 维纳布尔斯三位著名经济学家合作的《空间经济学——城市、区域与国际贸易》一书，讨论的国家、区域、城市等空间尺度，总体上都是将其视作一个单数空间而展开讨论的；并且经济维度的讨论也主要是规模递增效益；所以将该书冠名为《空间经济学》。

在曾道智等著的《空间经济学》一书“序”中提出“为什么经济活动会呈现出这种不平衡的状态呢？这里面固然有自然资源分布不均的原因，但是，社会经济发展本身也会不可避免地造成这些不平衡。空间经济学就是揭示这种现象背后的经济机制的学问，它从理论上告诉我们应该如何制定区域发展的策略。”③ 并且，曾道智老师在《空间经济学》一书还提出。广义空间经济学和狭义空间经济学概念，在这里广义空间经济学指的是古典区位论、新贸易理论、新经济地理学、集聚经济学；狭义空间经济学指的是新贸易理论、新经济地理学和现代空间经济学④。

杨开忠、李国平等在他们的著作《面向现代化的中国区域科学》一书中提出，“空间经济的核心问题，即解释地理空间中经济活动的集聚现象。”“集聚是空间经济学的主线，是资源空间配置的基本形态。”“集聚对于企业家意味着企业的选址，投资的区位；集聚对政府，意味着资源的空间配置，国家和区域的竞争力。”“集聚的向心力和离心力是空间经济学研究的主要内容。”⑤

---

① 石敏俊：《区域经济学》，中国人民大学出版社 2020 年版，第 12 页。

② 郝寿义：《区域经济学原理》，格致出版社 2016 年版，第 23 页和第 76 页。

③ 曾道智等：《空间经济学》，北京大学出版社 2018 年版，序第 1 页。

④ 曾道智等：《空间经济学》，北京大学出版社 2018 年版，第 191 ~ 192 页。

⑤ 杨开忠、李国平等：《面向现代化的中国区域科学》，经济管理出版社 2021 年版，第 57 ~ 67 页。

综合上述各位老师关于区域经济学科和空间经济学科研究对象及学科分工，结合我国“空间经济学科”发展的实际和需要，我国区域经济学科和空间经济学科研究对象及学科分工可表达为：不同发展阶段资源配置空间方向协调（一般而言，一国的城镇化前期和中后期，资源在各空间中均衡配置；城镇化前中期，资源向区位优势较优、发展基础和条件较好的空间配置）是区域经济学的研究主线，整体经济效益是区域经济学的研究目标，基于效率与公平的区域发展差距缩小是区域经济学研究的主要内容。要素集聚是空间经济学的研究主线，规模递增效益是空间经济学研究的目标，基于效率优先的集聚向心力和离心力是空间经济学研究的主要内容（见表1－1）。

表1－1　　区域经济学与空间经济学研究对象及学科分工表

研究分工		区域经济学	空间经济学
研究不同点	研究主线	不同发展阶段资源配置的空间方向协调	空间要素集聚
	研究目标	区域整体经济效益	空间规模递增效益
	研究的主要内容	基于效率与公平的区域发展差距缩小	基于效率优先的集聚向心力和离心力

资料来源：作者编制。

二、区域经济学与空间经济学的学科性质

区域经济学与空间经济学研究对象主要区别在：一是空间经济学主要以单数空间为研究对象，即使像城市、城市群、都市圈等这样一些较大尺度的空间，也是将其作为一个同质的单数空间来研究的；研究视角主要是要素集聚、空间集聚经济效益（规模递增效益）、以及空间非均衡发展（偏重于成本与利润的权衡）；因此，空间经济学偏重于微观经济学。例如，“空间经济理论是以微观经济主体为重点研究对象的”①。二是区域经济学主要以复数空间为研究对象，即使像工业区、商务区、商业区等这样一些较小尺度的空间，都需要与相对空间联系起来研究；研究视角主要是不同发展阶段要素（资源）配置空间方向协调、区域整体经济效益、及其区域协调（均衡）发展（偏重于效率公平的权衡）；因此，区域经济学偏重于宏观经济学。例如，“区域经济学一直被缺乏微观基础而困惑着，区位选择理论像是微观经济学的分支，而区域经济活动的空间组织与分布则又像宏观经济学。”② “完全竞争条件下以具体企业微观的区位选择为主要研究对象的区位论难以适应制定宏观的国家区域发展计划与区域经济政策的需要，西方经济学家跳出区位论的限制，开始用宏观经济的研

① 石敏俊：《区域经济学》，中国人民大学出版社2020年版，第24页。

② 郝寿义：《区域经济学原理》，格致出版社2016年版，第5页。

究方法分析区域问题。”[①]

三、“空间经济学科”的学科体系

综合国内外经济学界和地理学界已有的“基于空间领域的经济研究”，空间经济学、区域经济学、城市经济学、新经济地理学、国际贸易或国际经济学、乡村经济学、小城镇经济学、土地经济学、航空经济学、地下空间开发经济学、集聚经济学、城市群经济、都市圈经济等，都是着眼于“空间”视角的“经济问题”研究，都应该包括在“空间经济学科”范围内。但总体看，偏重于重点空间、极化空间、单数空间的集聚经济发展研究的，应属于狭义“空间经济学科”，包括空间经济学、城市经济学、新经济地理学、国际贸易或国际经济学、集聚经济学、城市群经济、都市圈经济等；偏重于复数空间或非均质空间或者区际经济关系研究的，应属于广义“空间经济学科”，包括区域经济学、土地经济学、乡村经济学、小城镇经济学、航空经济学、地下空间开发经济学等。目前，在我国“空间经济学科”的研究中，总体上存在两大学派：一是促进要素和产业向特定区域流动，帮助欠发达地区加快经济发展，改善区域不平衡发展状况；二是鼓励要素向效率更高的地区流动，以获得集聚经济效益，从集聚中走向平衡[②]。

四、本书的学科体系

（一）本书的研究体系

本书由区域经济基础理论、区域经济整体发展、区域经济实施措施三篇构成。区域经济基础理论由“空间的内涵与利用”“经济活动主体的区位选择”“区域的形成与范围”“区域经济一体化”“区域协调发展”五章构成；区域经济整体发展由“区际经济结构”“极化区域发展”“次发展区域”“区际基本公共设施与服务均等化”“区际对口帮扶与合作”“区际利益补偿”六章构成”；区域经济实施措施由“区域分析”“区域发展战略”“区域规划”“区域标志性项目建设”“区域政策”“区域经济体制机制”六章构成（见图1－2）。

（二）本书的研究方法

1. 数表、图例、模型的研究方法

区域经济学研究涉及大量的经济数据，通过经济数据整理和分析，可以采用数表、图例、模型等表现手法，正确、形象、简要地表述出区域经济学的学术范畴和

① 杨开忠、李国平等：《面向现代化的中国区域科学》，经济管理出版社2021年版，第96页。

② 石敏俊：《区域经济学》，中国人民大学出版社2020年版，第109页。

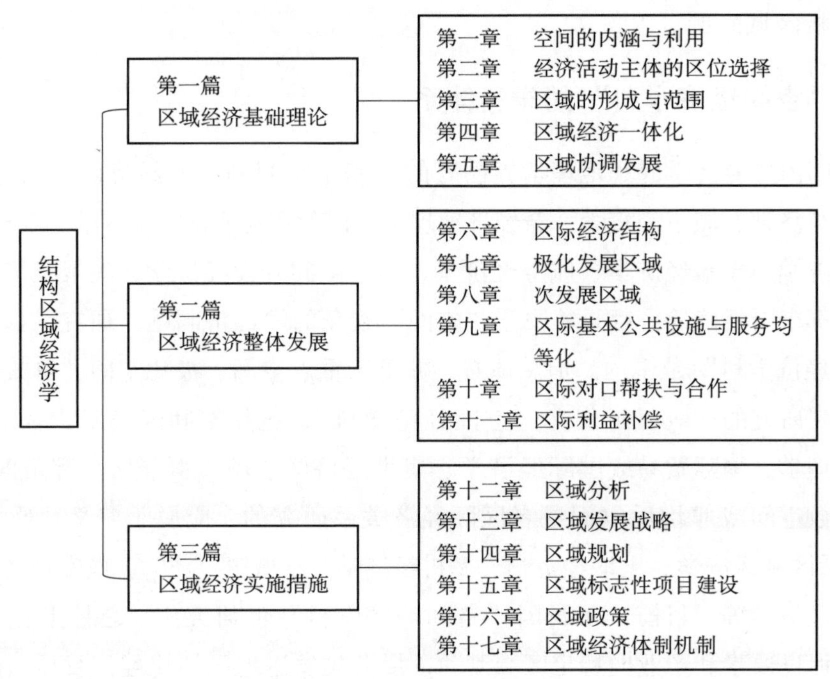

图 1－2　本书的学科体系

资料来源：作者绘制。

基本规律。然而，数表、图例、模型等表现手法，在区域经济学研究中各有利弊，数表能够比较正确地表示区域经济现象中某一时点的数量，但学习和理解数表中的数量构建关系，需要具有一定的经济理论基础和区域经济实践基础；图例可以形象示意区域经济现象中的某一趋势，但图例中的某一指时点数量表征往往比较模糊、不够准确；模型可以比较简洁地表达区域经济现象中的数量关系，但是专家构建的模型往往比较综合抽象，难以理解，且模型往往经过假设简化而离真实空间太远，容易与区域经济中真实的实践相脱节，从而使得模型仅仅成为增加的实证研究的用处，而不具有区域经济的实践运用价值。因此，为了本书的易读和易用，本书的数据处理以数表研究方法为主，兼顾图例、模型等研究手法。例如，荷兰的斯蒂芬·布雷克曼教授，在其 2009 年出版的《新经济地理学》一书中“极力控制使用数学公式，而是利用数字举例和图表、实地调查、实证见解、跨国企业、政策性等话题，来说明新经济地理学艰深的经济模型和专业术语，让读者切实感到空间经济学对现实生活来说是非常有用的”①。

2. 文献研究方法

为了增强本书的实践性和实用性，本书研究中涉及的文献主要包括与本书研究内

① 曾道智等：《空间经济学》，北京大学出版社 2018 年版，第 193 页。

容相关的政府有关规划、政策、制度等文献和著作、论文、课题等理论文献两大类。在我国涉及土地、重大产业和基础设施项目布局等空间或区域经济问题，政府有比较大的主导权，因此，与区域经济相关的政府规划、政策、制度等文献，是我国区域经济正在做的事情，与我国的国情结合得比较紧密，是实践性较强的文献。因此，认真梳理和理解这类有关区域经济学的政府相关规划、政策、制度等文献，使区域经济学理论与我国政府正在做的区域经济实践紧密结合起来，对增强区域经济学理论的实践性和实效性将有比较大的益处。而在我国区域经济理论研究中，大多数学者往往对这类实践性很强的、政府正在做的我国区域经济文献的梳理、分析、解剖和继承重视不够。由于作者长时间在政府从事区域经济工作，因此，本书从除了对国内外有关区域经济著作、论文、课题等理论文献给予重视的同时，特别对我国政府有关区域经济的文献梳理和运用给予高度重视。

3. 案例研究方法

笔者参与了 1991 年以来的“上海浦东开发开放”全过程，参与了上海“一年一变样和三年大变样”的全过程，参与了上海中心城区的“功能结构调整和旧区改造”全过程，亲历和参与了“上海中心城区与郊区”和“上海郊区新城与郊区农村”两个两元结构改造的全过程。在上述期间里，笔者主持和参与了几百件区域规划，区域政策，区域治理等方案的制定和实施，还参与了多个地区、近十来年的我国中西部地区对口支援和帮扶工作。从某种角度讲，笔者在政府工作的 27 年期间，绝大部分时间都在从事区域经济工作，积累了大量的区域经济一手实践资料和亲身感受。因此，从某种角度讲，本书是笔者区域经济几十年的实践积累，在本书绝大部分理论表达中都有笔者区域经济的实践影子和案例依据。

第二章
经济活动主体的区位选择

区位理论与区域理论既有联系又有区别，区位理论讲的是经济活动的空间位置或地点，是经济活动空间的“点”；区域理论讲的是经济活动所处的空间范围，讲的是经济活动空间的“面”。本章主要讨论的区位理论，由“经济活动主体”“区位理论”“区位选择”“完善经济活动主体区位选择机制”四部分内容构成。

第一节　经济活动主体

从我国经济社会实践看，可能参与经济活动的决策主体主要有自然人、法人和政府。自然人、法人属于经济活动的微观主体，政府属于经济活动的宏观主体。研究经济活动主体的区位选择，首先要结合我国经济社会发展的实践，研究我国自然人、法人和政府这些经济活动主体的数量、行业分布和空间分布、以及职能和权利。

一、我国自然人经济活动主体

（一）家庭经济活动主体

1. 家庭经济活动主体数量

“家庭是以婚姻和血统关系为基础的社会单位，包括父母、子女和其他共同生活的亲属在内。”[①] 根据第七次全国人口普查公报，截至2020年11月1日，全国（港澳台地区除外）共有家庭户494157423户，家庭户人口为1292809300人；集体户28531842户，集体户人口为118969424人。平均每个家庭户的人口为2.62人，比2010年第六次全国人口普查的3.10人减少0.48人。

2. 家庭经济活动主体的区位选择权利

当前，在我国，家庭经济活动主体在全国范围内一般可行使的区位选择权利主要有：

（1）符合落户所在地规定的常住居住地落户权或居住地选择权或者宅基地选择权。

---

① 中国社会科学院语言研究所词典编辑室编：《现代汉语词典》，商务印书馆1978年版，第538页。

（2）就业地选择权。

（3）义务教育和高等教育学习地选择权等。（当前在我国大城市高中教育阶段学习地选择权还是有条件的）

（二）农业经营户和农业生产经营单位

1. 农业经营户和农业生产经营单位数量

根据第三次全国农业普查公报，到2016年末，全国农业经营户为20743万户，其中规模经营户[①] 398万户；全国农业生产经营单位[②] 204万个，涉及的行业包括种植业、林业、畜牧业、渔业、农林牧渔服务业等，其中，在工商部门注册的农民合作社[③] 179万个。

2. 农业经营户和农业生产经营单位区位选择权

在我国农业生产经营所有权、承包经营权和经营权“三权分置”和农业生产适度规模经营条件下，包括农业经营户，尤其是农业经营户中的家庭承包经营专业户、家庭农场、农业专业合作社以及部分农业生产经营单位，在农业生产经营活动中区位选择权主要有：

（1）农用地承包权和农用地经营权。

（2）农用地规模经营竞标权和土地流转权。

（3）农用地生产经营收益权和农业生产经营财政补贴享有权等。

（三）我国个体工商户和非法人组织经济活动主体

1. 个体经营户和非法人组织经济活动主体数量及行业分布

《中华人民共和国民法典》的个体工商户是指依法登记，从事工商业经营的为自然人。个体工商户一般由个人投资，并由个人或家庭从事经营。非法人组织包括不具有法人资格的个人独资企业、合伙企业、专业服务机构等。到2018年末，我国共有个体经营户和非法人组织6295.9万个，位居前三位的行业为：批发和零售业3184.6万个，占50.6%，住宿和餐饮业759.1万个，占12.1%；交通运输、仓储和邮政业580.4万个，占9.2%；吸收就业人员14931.2万人，其中女性为6909.9万人，占46%（见表2－1）。根据第四次全国人口普查公报，我国个体工商户和非法人组织经济

---

① 农业规模经营户，是指具有较大农业生产经营规模。以商品化经营为主的农业经营户。其中种植业，目前是指一年一季的达到100亩以上，一年两季的达到50亩以上，设施农业达到25亩以上；畜牧业、养殖业，目前是指生猪年出栏200头以上，肉牛年出栏20头以上，奶牛存栏20头以上，羊年出栏100头以上。肉鸡肉鸭年出栏10000只以上，蛋鸡蛋鸭存栏2000只以上；林业，经营林地面积500亩以上；渔业养殖面积50亩以上，机动船1～2艘，其他渔业收入30万元以上；农林牧渔服务业营业收入年10万元以上。

② 农业生产经营单位，包括主营农业的农场、林场、养殖场、农林牧副渔场、农林牧渔服务业单位、具有实际农业经营活动的农民合作社，还包括国家机关、社会团体学校、科研单位、工矿企业、村委会、居委会、基金会等单位附属的农业产业活动单位。

③ 农民合作社，指有合作社名称，符合《农民专业合作社法》有关要求，具有农业生产经营或者农村牧渔的农民互助性经济组织，不包括股份合作制社区、经济合作社、供销合作社、农村信用社等。

活动主体的数量是同期我国法人单位的3倍，吸纳的就业人数是我国法人单位的1/3。

表2－1　　第四次全国经济普查按行业分类的个体工商户和非法人组织

行业大类 \ 个体经营户和非法人组织	个体经营户和非法人组织		个体经营户和非法人组织从业人员（万人）	其中：女性
	数量（万个）	比重（%）		
合　计	6295.9	100.0	14931.2	6900.9
采矿业	1.8	0	8.5	1.2
制造业	448.0	7.1	1637.4	780.9
电力、热力、燃气及水生产和供应业	8.9	0.1	14.9	4.5
建筑业	288.5	4.6	950.3	164.4
批发和零售业	3184.6	50.6	6443.2	3325.0
交通运输、仓储和邮政业	580.4	9.2	1173.0	192.1
住宿和餐饮业	759.1	12.1	2235.3	1223.2
信息传输、软件和信息技术服务业	21.1	0.3	44.8	22.5
金融业	—	—	—	—
房地产业	82.9	1.3	171.7	78.8
租赁和商务服务业	130.8	2.1	299.3	116.1
科学研究和技术服务业	18.3	0.3	48.9	17.0
水利、环境和公共设备管理业	3.1	0	7.7	2.8
居民服务、修理和其他服务业	547.6	8.7	1303.9	656.9
教育	32.4	0.5	138.2	106.4
卫生和社会工作	57.6	0.9	132.1	68.1
文化、教育和娱乐业	63.2	1.0	180.3	97.5
公共管理、社会保障和社会组织	—	—	—	—

资料来源：作者根据《第四次全国经济普查公报（第2号）》整理。

2. 个体工商户和非法人组织经济活动主体区位选择权

我国个体工商户和非法人组织经济活动主体的区位选择领域、范围等方面的权利与我国法人企业基本相当。

二、我国法人单位经济活动主体

（一）我国法人单位经济活动主体行业和空间分布

1. 企业法人单位行业分布

根据第四次全国经济普查，到2018年末，全国第二产业和第三产业的企业法人单位[①]

① 第四次全国经济普公报中所称的企业法人单位，包括机构类型为企业的法人单位，以及执行企业会计制度的事业法人单位，依照非企业法人单位和基金会，农民专业合作社，农村集体经济组织，除宗教活动场所以外的机构类型为其他组织机构的法人单位。

为1857万个。其中内资企业占98.8%，港澳台投资企业11.9万个，占0.6%；外商投资企业为10.3万个，占0.6%。在1834.8万个内资企业中，国有企业7.2万个，占0.4%；集体企业9.8万个，占0.5%；股份合作制企业2.5万个，占0.1%；联营企业0.7万个；占0.03%；有限责任公司233.4万个，占12.6%；股份有限公司19.7万个，占1.1%；私营企业1561.4万个，占84.1%；其他企业0.1万个，占0.005%。

截至2018年末，全国企业法人单位总数为1857万个，从业人员32967.5万人，营业收入为294.6万亿元。第二产业企业法人单位数为466.9万个，占企业法人单位总数的25%；从业人员17329.5万人，占企业法人单位从业人员总数的52%；营业收入143.16万亿元，占企业法人营业收入的48.8%。第三产业法人单位数1499.1万个，占企业法人总数的75%；从业人员15637.1万人，占企业法人单位从业人员的48%；营业收入为150.84万亿元，占企业法人营业收入的51.2%。在第二产业中，工业企业法人为345.1万个，从业人员11521.5万人；建筑业企业法人12.8万个，从业人员5808.9万人。第三产业，包括批发和零售等14个行业大类，企业法人单位为1499.1万个，从业人员15637.1万人。其中，批发和零售企业649.9万个，从业人员4008.2万人；交通运输、仓储和邮政业企业法人单位为57万个，从业人员1396.7万人；住宿和餐饮业企业法人单位为43.1万个，从业人员706.4万人；信息传输、软件和信息技术服务业企业法人单位为91.3万个，从业人员995.1万人；金融业企业法人单位为13.7万个，从业人员1818万人；房地产业企业法人单位为74.2万个，从业人员1263.5万人；租赁和商业服务业企业法人单位250.6万个，从业人员2336.8万人；科学研究和技术服务业企业法人单位119.5万个，从业人员1029万人；水利、环境和公共设施管理业法人单位为11.6万个，从业人员239.4万人；居民服务、修理和其他服务业企业法人单位为47.9万，从业人员414.8万人；教育企业法人单位为28.9万个，从业人员361.2万人；卫生和社会工作企业法人单位为10.3万个，从业人员230.9万人；文化、体育和娱乐业企业法人单位为50.7万个，从业人员336.4万人；公共管理、社会保障和社会组织企业法人单位为50.4万个，从业人员501万人（见表2-2）。

表2-2　　第四次全国经济普查企业法人行业分布

企业法人行业类型			企业法人单位		企业法人从业人员	
			数量（万个）	占比（%）	数量（万人）	占比（%）
第二产业	1	工业企业法人单位	345.1	18.58	11521.5	34.95
	2	建筑业法人单位	12.8	0.07	5808.9	17.62
第三产业	3	批发和零售企业法人单位	649.9	34.95	4008.2	12.16
	4	交通运输、仓储和邮政业企业法人单位	57	3.01	1396.7	4.24

续表

企业法人行业类型			企业法人单位		企业法人从业人员	
			数量（万个）	占比（%）	数量（万人）	占比（%）
第三产业	5	住宿和餐饮业企业法人单位	43.1	2.32	706.4	2.14
	6	信息传输、软件和信息技术服务业企业法人单位	91.3	4.91	995.1	3.02
	7	金融业企业法人单位	13.7	0.07	1818	5.51
	8	房地产业企业企业法人单位	74.2	4.00	1263.5	3.83
	9	租赁和商业服务业企业法人单位	250.6	13.49	2336.8	7.09
	10	科学研究和技术服务企业法人单位	119.5	6.44	1029	3.12
	11	水利、环境和公共设施管理业企业法人单位	11.6	0.06	239.4	0.07
	12	居民服务、修理和其他服务业企业法人单位	47.9	2.58	414.8	1.26
	13	教育企业法人单位	28.9	1.53	361.2	1.10
	14	卫生和社会工作企业法人单位	10.3	0.06	230.9	0.07
	15	文化、体育和娱乐业企业法人单位	50.7	2.73	336.4	1.02
	16	公共管理、社会保障和社会组织企业法人单位	50.4	2.71	501	1.52
合计	—		1857	100	32967.5	100

资料来源：作者根据第四次全国经济普查公报数据整理。

2. 法人单位空间分布

到2018年末，全国（除港澳台地区外）2178个法人单位，东部地区为1280.2万个，占58.8%；中部地区492.9万个，占22.6%；西部地区405.8万个，占18.6%。东部、中部、西部地区共计2178.9万个法人单位的38323.6万从业人员中，东部地区为21621万从业人员，占56%；中部地区9309.2万从业人员，占24%；西部地区7393.4万从业人员，占19%（见表2－3）。

表2－3　　　　第四次全国经济普查按地区分组的法人单位空间分布

地区 \ 法人单位及从业人员	法人单位		法人单位从业人员	
	数量（万个）	比重（%）	数量（万人）	其中：女性
合　计	2178.9	100	38323.6	14446.7
东部地区	1280.2	58.8	21621.0	8103.1
北京	98.9	4.5	1380.2	563.7
天津	29.1	1.3	495.3	179.7
河北	115.1	5.3	1453.2	554.0
辽宁	60.0	2.8	902.2	349.4
上海	44.1	2.0	1204.4	498.6

续表

地区 \ 法人单位及从业人员	法人单位		法人单位从业人员	
	数量（万个）	比重（%）	数量（万人）	其中：女性
江苏	205.4	9.4	3929.2	1360.2
浙江	154.5	7.1	2951.8	997.0
福建	70.3	3.2	1726.0	630.4
山东	180.1	8.3	2810.0	1056.7
广东	312.7	14.3	4610.9	1847.5
海南	10.0	0.5	157.9	66.0
中部地区	492.9	22.6	9309.2	3535.0
山西	46.2	2.1	775.5	276.7
吉林	18.7	0.9	417.6	164.7
黑龙江	25.6	1.2	478.2	189.6
安徽	81.3	3.7	1366.2	499.7
江西	45.4	2.1	986.2	385.0
河南	127.9	5.9	2384.8	921.5
湖北	85.3	3.9	1550.6	580.2
湖南	62.3	2.9	1350.1	517.6
西部地区	405.8	18.6	7393.4	2808.6
内蒙古	29.7	1.4	477.5	182.5
广西	49.0	2.3	750.9	305.5
重庆	51.3	2.4	979.2	366.2
四川	76.2	3.5	1754.4	657.5
贵州	34.8	1.6	587.3	224.8
云南	45.3	2.1	721.0	276.7
西藏	4.7	0.2	80.4	26.2
陕西	53.2	2.4	927.9	341.9
甘肃	23.0	1.1	395.1	145.2
青海	7.3	0.3	118.3	43.3
宁夏	6.9	0.3	136.0	53.7
新疆	24.3	1.1	465.5	185.1

资料来源：作者根据《第四次全国经济普查公报（第七号）》整理。

3. 法人单位资产和负债分布

根据第四次全国经济普查的界定，法人单位是指有权拥有资产、承担负债，并独立从事社会经济活动（或与其他单位进行交易）的组织，包括企业法人、机关法人、事业单位法人、社团法人、其他法人。根据第四次全国经济普查公报，到2018年末，全国从事第二产业和第三产业的法人单位共2178.9万个，其中，企业法人1857万个，占85.2%；机关和事业法人107.5万个，占4.9%；社会团体30.5万个，占1.4%；其他法人183万个，占8.4%。2178.9万个法人单位，共吸纳就业人员38323.6万人，资产总额914.2万亿元，负债总额624.0万亿元。2018年末，1857万个企业法人，营业收入294.6万亿元（见表2－4）。

表2－4　　第四次全国经济普查按行业门类分组的法人单位资产和负债

行业	法人单位数量（万个）	法人单位从业人员（万人）	法人单位资产总计（万亿元）	法人单位负债合计（万亿元）	企业法人单位营业收入（万亿元）
合　计	2178.9	38323.6	914.2	624.0	294.6
采矿业	7.0	596.0	11.4	6.8	5.1
制造业	327.0	10471.3	106.7	58.9	105.6
电力、热力、燃气及水生产和供应业	11.1	466.9	21.4	12.8	7.9
建筑业	121.8	5809.1	34.6	22.5	25.6
批发和零售业	649.9	4008.5	53.4	36.4	88.2
交通运输、仓储和邮政业	57.7	1434.8	36.2	21.7	8.6
住宿和餐饮业	43.1	706.9	2.8	1.9	1.4
信息传输、软件和信息技术服务业	92.0	1010.7	15.7	7.3	7.0
金融业	13.8	1831.6	321.9	274.4	13.7
房地产业	74.5	1268.9	116.2	89.0	14.4
租赁和商务服务业	255.1	2290.1	113.2	59.3	8.5
科学研究和技术服务业	127.6	1182.9	18.2	9.3	4.5
水利、环境和公共设施管理业	14.9	353.2	18.1	9.9	1.0
居民服务、修理和其他服务业	49.7	432.9	1.1	0.6	0.7
教育	66.6	2230.5	9.6	1.6	0.5
卫生和社会工作	27.3	1147.8	5.6	2.3	0.5
文化、体育和娱乐业	56.7	419.8	4.3	2.0	1.1
公共管理、社会保障和社会组织	159.7	2508.7	23.1	7.0	—

资料来源：作者根据《第四次全国经济普查公报（第2号）》整理。

（二）法人单位区位选择权

1. 生产经营地工商登记和银行开户权

2. 异地分支机构登记和银行开户

3. 法人单位生产经营地迁移权

三、我国政府经济活动主体

（一）我国政府层级与数量

我国政府可分为五个层级，第一层级为中央人民政府、第二层级为省级政府，第三层级为地级市政府，第四层级为县级政府，第五层级为乡镇政府。

1. 中央人民政府

2. 省级政府

31 个省（区、市）和港、澳、台地区。

3. 地级市政府

根据国家统计局发布的有关数据，到 2020 年末，我国有 300 个地级及以上建制市和 40 个非建制市地级行政区域。

4. 县（县级市、区）级政府

根据国家统计局发布的有关数据，到 2020 年末，我国一共有 1881 个县市，其中 386 个县级市政府和 1495 个县政府；784 个含乡镇的市辖区。

5. 乡镇政府

根据第三次全国农业普查公公报，到 2016 年末，全国共有 31925 个乡镇政府，其中 20844 个镇政府，11081 个乡政府。

（二）政府经济管理职权①

（1）发展权：各类规划权、重大项目审批权、经济立法权、企业法人以及个体工商户和非法人组织的注册地登记权、国计民生价格调控权等。

（2）财权：财税分配权、货币发行权、金融市场管理权等。

（3）物权：国有土地所有权、国有资产所有权、土地管理权、建设用地指标分配权等。

（4）人事权：机关事业单位机构设置、职能设置、人员配置，人口户籍管理、公共服务配置等。

第二节　区位理论

简要介绍区位理论，有助于更好的理解我国经济活动主体的区位选择。区位理论，包括古典和现代的区位理论，古典的和现代的区位理论具体又可包括生产区位理论和市场区位理论两大类，但也有专家将区位理论归纳为成本最小化和利润最大化两大类。

---

① 上述的政府经济管理职权未进行中央政府和地方政府的职权划分。

一、生产区位理论

生产区位理论是着眼于产品生产地的厂商选址理论。生产区位理论比较典型的有农业区位理、工业区位理论、商务区位理论等。

（一）农业区位理论

经济的空间转向，首先发生在农业区位选择领域。德国学者约翰·冯·杜能在其1826年出版的《孤立国同农业和国民经济的关系》一书中讨论的主要问题是依据农产品销售地（城市或市场）的距离远近，将农业生产地依次划分为自由式农业、林业、轮作式农业、谷草式农业、三圃式农业、畜牧业等六种农业种养殖区位及其农用地利用类型，简称“杜能圈”。自由式农业区位，是距城市或市场最近的农用地，主要用于易腐烂及难运输的农产品生产；林业区位，该范围内的农用地主要用于解决城市居民所需薪材及提供建筑和家具所需的木材生产；轮作式农业区位，该范围内的农用地主要用于谷物和饲料类作物（马铃薯）等粮食生产；谷草式农业区位，该范围内的农用地主要用于谷物与畜牧饲料用草生产；三圃式农业区位，该范围内的农用地，1/3用来种黑麦，1/3种燕麦，其余1/3休耕；畜牧业区位，该范围内的农用地主要用于放牧。需要注意的是，冯·杜能在讨论农业区位时候，德国社会还没有进入工业化发展阶段，处于马车时代，此时，农业生产运输费用十分昂贵，因此，农产品生产和销售的区位是当时德国需要重点讨论的区位选择问题。

（二）工业区位理论

工业区位理论由德国学者马克斯·韦伯1909年在其《工业区位论》一书中提出。该书中，韦伯把工业原料分为遍布性原料和地方性原料。遍布性原料是指到处都有的原料，对工业区位选择影响不大。地方性原料是指只分布在有些固定地点的原料，它对工业区位的选择会产生重大影响。因此，原料运输成本占比高的工业企业应当选择离原料近的区位进行工业生产；工业制成品运输成本占比高的工业企业应当选择与工业制成品销售市场近的区位进行工业生产；工业原料的运输成本与工业制成品运输成本占比相当，工业企业可以任意区位进行工业生产。需要注意的是，韦伯讨论工业区位时，德国已完成工业革命，工业区位选择成为当时德国需要重点讨论的经济空间分布问题。

（三）商务区位理论

美国经济学家阿隆索（Alonso）把冯·杜能《孤立国同农业和国民经济的关系》一书中提出的市场或城市替换为中心商务区（central business district，CBD），把农业用地替换为住宅用地，把农产品运输费用替换为家庭通勤费用，按照与市中心的距离远近分别划分为商务区位、工业区位、居住区位、农业区位等，构建了城市建设内容及其土地利用类型的区位模型。

二、市场区位理论

市场区位理论是指着眼于产品销售地（市场或者消费者）的厂商选址。比较典型的有市场域理论、市场竞争理论、市场潜力理论等。

（一）市场域理论

德国经济学家勒施在1939年出版的《经济空间秩序》（英文译《区位经济学》，*The Economics of Location*）一书中提出，每个企业都有一个以产地为圆心，最大销售距离为半径的圆形销售范围，即市场域。各个企业的市场域之间存在圆与圆之间的空档，随着市场竞争，不断有新的企业进入市场参与竞争，圆与圆之间的空档会被新的竞争者所占领，圆形市场域会受到挤压，最后形成以六边形市场区位为单位的蜂巢网络体系。德国经济学家勒施的市场域理论与德国地理学家克里泰勒1933年提出的中心地理论有较多的关联。

（二）市场竞争理论

霍特林（Hotelling，1929）和卡尔多（Kaldor，1935）市场竞争理论，假定消费者均匀分布在一条长度特定的直线上，在这个市场上两个厂商向消费者出售相同价格的相同产品。因为，消费者会到离自己最近距离的厂商购买产品，而每个厂商的产品需求是由它所吸引的消费者数量决定的，所以厂商可以通过移动自己的空间位置获得更多的市场份额。厂商之间的竞争，就是如何在既定线段上选择一个区位，使自己所占据的市场份额达到最大化。

（三）市场潜力理论

美国学者哈里斯（Harris，1954）提出，美国制造业的地理分布与市场潜力指数高度相关，市场潜力是影响制造业企业分布的重要因素。市场潜力高的区位，企业盈利机会多，具备向工人支付更高的工资能力；工人工资越高，购买力就越强，市场潜力就越大。

第三节　区位选择

经济活动主体的区位选择，也可称为“经济活动主体的空间选址”，“是指经济活动决策主体为追逐最大化的经济社会利益，根据自身需要和相应的约束条件选择最佳区位的行为。”① 经济活动主体的区位选择，本质上是经济在空间的配置行为。

一、区位

区位是空间中的一个位置，存在于空间之中，与空间密不可分，无论是家庭、企

① 郝寿义：《区域经济学原理》，格致出版社2016年版，第72页。

业，还是政府，在进行经济活动时都必须先选择或占据一个确切的空间位置。

区位由若干区位因素构成，区位因素也称“区位因子”。区位因素或区位因子与空间因素有关，但区位因素与空间因素并不等值，一般情况下，区位因素是一定范围内的部分空间因素。德国学者约翰·冯·杜能在其1826年撰写的《孤立国同农业和国民经济的关系》一书中提出，在农业区位中，最重要的区位因子是农产品生产地到消费地的距离、农产品重量、运输成本。德国学者韦伯1909年在其《工业区位论》一书中提出，在工业区位中，最重要的区位因子是原料和产品的总运输成本。可见，区位因子是指影响区位价值的因子。因此，在一个具体的区位选择中，那些能够满足经济活动主体需要，且支出最少，收益最大的区位因素是优势区位因素。实践中，区位因素与区位条件往往容易混淆。区位条件由有利条件和不利条件构成，区位有利条件是指优势区位因素的组合。例如，日本制造业企业在中国、东南亚等亚洲国家布局选址时，看重的区位条件是便宜的人工费用、廉价的土地和建筑物、廉价的零部件和废材料、能够应付24小时倒班制的勤劳工作的劳动者等①。

二、区位选择类型

（一）家庭的区位选择

1. 家庭住址区位选择含义

在曾道智等著《空间经济学》一书中提出，“家庭选址基本上是先在一个国家内选择一个地区，在一个地区（一个都市）内选择一个地点。”“家的选址主要考虑消费的多样性、工资收入和支出的费用（住宅费用和通行费用），前两者促使家庭定居在大城市，最后一点就是家庭定居地方城市。”② 实践中，家庭住址区位选址有多维需求，并且不同年龄段家庭成员组成的家庭住址区位选址需求又不一样。例如，在我国有义务教育年龄段家庭成员的家庭，选择居住地的约束条件一般是居住地与学校的距离以及学校的教育质量；有老年人口的家庭，尤其是高龄老年人口的家庭，选择居住地的约束条件一般会更多考虑居住地周边的医疗资源等；有就业需求家庭成员的家庭选择居住地的约束条件，更多的是基于就业者就业技能与就业岗位的匹配性、工资收入水平、居住地与就业地的距离和交通的便利性。家庭居住地选择，除上述表达外，还涉及居住社区，居住小区，居住楼宇的其他区位要素的选择。居住社区的选择涉及交通、菜场、公园等区位要素，居住小区的选择涉及物业管理、绿化、会所等区位要素，居住楼宇的选择涉及位置、楼层、朝向、房型等区位要素。

---

① 曾道智等：《空间经济学》，北京大学出版社2018年版，第2页。

② 曾道智等：《空间经济学》，北京大学出版社2018年版，第3页。

2. 我国家庭住址区位选择方式

在我国，在城镇商品房、就业、高教育等方面，已经采取了竞争性的区位选择。浙江省义乌市在2017年已经在农村宅基地利用中，根据宅基地的区位差异，按照缴纳宅基地择位费方法进行宅基地区位选择。例如，2015年3月，浙江省义乌市被列为全国农村土地制度改革试点地区，承担宅基地改革试点任务。2016年9月义乌市委托国土资源部经济研究院开展了农村宅基地基准地价理论研究，并于2017年10月10日由义乌市政府公布了《关于公布义乌市宅基地基准地价的通知》，率先在全国建立了科学评估、适时更新、动态调整的农村宅基地基准地价体系。义务宅基地基准地价评估基准日为2016年12月31日；开发程度设定为完成新农村建设“五通一平”（即宗地红线外通路、通电、通信、通上水、通下水，宗地红线内场地平整）；土地权利类型为宅基地使用权；容积率统一设定为4；使用权年限为无限；宅基地基准地价以自然村为计价单位；基准地价的计量单位为：元/平方米。浙江省义乌市将其行政管理所辖范围内的农村宅基地基准地价分为九等。具体为：一级宅基地基准地价计价为25870元/平方米，范围包括1个街道的2个村；二级宅基地基准地价为18850元/平方米，范围包括4个街道的37个村；三级宅基地基准地价为13750元/平方米，范围包括5个街道的64个村和1个镇的15个村；四级宅基地基准地价为10290元/平方米，范围包括5个街道的77个村和2个镇的42个村；五级宅基地基准地价为7540元/平方米，范围包括5个街道的110个村和5个镇110个村；六级宅基地基准地价为6020元/平方米，范围包括3个街道的25个村和5个镇的135个村；七级宅基地基准地价为4630元/平方米，范围包括2个街道的7个村和3个镇的58个村；八级宅基地基准地价为3550元/平方米，范围包括两2个街道的11个村和3个镇的37个村；九级宅基地基准地价为2870元/平方米，范围包括2个镇的17个村。前面所说的浙江省义乌市2017年试行的宅基地择位费，就是建立在农村宅基地基准地价基础上的宅基地区位竞标方式。在我国，在城市商品房的购置中，也是按照“一层一价和一房一价”进行竞价选择的，即，在同一个居住小区中，不同的楼栋价格不同；在同一个楼栋中，不同的层面价格不同；在同一个层面中，不同的朝向和房屋结构价格不同。

3. 我国家庭人口及劳动力在享有居住地公共服务的区位选择仍存在的问题

到目前为止，我国家庭人口及其劳动力的区位选择受制于诸多障碍，一是，人口在空间上的落户选择存在诸多障碍，尽管国家三令五申提出，Ⅱ型大城市以下的城镇落户一律放开，但实际的情况是，我国各个等级的城市落户都设置了许多前置条件，存在诸多“想落落不了”的情景；二是，由于我国空间发展不平衡，我国大中小城市小城镇在基础设施和公共服务等公共设施与服务供给方面存在相当大的差距，在我国许多中小城市和小城镇就业岗位不足、收入水平低、公共服务质量比较差，从而存在诸多“可落不想落”的落户情景；三是，在我国目前还存在城乡户籍人口及劳动力和非户籍人口及劳动力，在社会保障水平、工资收入水平、公共服务和办事便利事项等方面都存在着诸多的差异，也影响着我国人口及劳动力的空间区位选择。

（二）农业生产区位选择

1. 农业生产区位选择的内涵

冯·杜能近200年前提出的农业种养殖业区位选择其基本思路仍然值得借鉴，但结合我国各地的农业发展，需要予以进一步完善。随着我国现代农业及其特色化、园区化发展，在土地承包经营期再延长30年和农用地“三权分置”的要求下，我国农业规模经营户及其经营规模将不断增加和扩大，小农户经营规模也将不断扩大。因此，现在及未来，我国农业生产区位的选择科学研究和实践就显得特别具有现实意义。随着交通条件和通信条件的改善以及农产品电商营销方式推广，农业生产区位更多地需要依据农产品销售目标市场，消费者对农产品品种、口味、质量等需要，发挥当地第一自然（土壤、降水、气候、物种等）和第二自然（劳动力、种养技术和管理水平等）优势，进行农业种养殖业的生产区位选择及其农用地的利用。例如，近几年农产品电商销售中，海南澄迈的红薯、陕西的红富士、云南的鲜切花、湖北恩施的百合、河南焦作的山药、江西赣南的橙子等，都取得了不错的农业生产经营效益。并通过农产品销售市场规模的扩大，来提高当地优质农产品生产的规模扩大和规模效益。

2. 我国农业生产区位选择的竞标方式

需要说明的是，在同一农业区域内，由于位置不同，土地的肥沃程度、灌溉水平和交通条件等农业区位因素是有差异的，因此，在一个农业区区域内划分为多个生产单元时，就有必要通过竞争性的方法进行农业生产区位选择。近几年来，我国各地在农业专业户、家庭农场、农业专业合作社中探索竞争性的农业生产区位选择方法。例如，2018年10月29日，广东省江门市政府发布了《国有农用地标准地价的通知》（江府〔2018〕24号），明确了江门市2017年国有农用地竞标的基准地价（见表2-5）。

表2-5　广东省江门市国有农用地级别基准地价

级别			一级	二级	三级	四级
耕地	水田	元/平方米	72	58	50	45
		万元/亩	4.80	3.87	3.33	3.00
	旱地	元/平方米	64	55	48	43
		万元/亩	4.27	3.67	3.20	2.87
园地		元/平方米	63	53	46	42
		万元/亩	4.20	3.53	3.07	2.80

续表

级别		一级	二级	三级	四级
林地	元/平方米	29	23	21	—
	万元/亩	1.93	1.53	1.40	—
坑塘水面	元/平方米	81	70	67	62
	万元/亩	5.40	4.67	4.47	4.13
设施农用地	元/平方米	86	76	—	—
	万元/亩	5.73	5.07	—	—
草地（其他草地）	元/平方米	35	27	—	—
	万元/亩	2.33	1.80	—	—
沿海滩涂	元/平方米	26	24	—	—
	万元/亩	1.73	1.60	—	—
内陆滩涂	元/平方米	28	—	—	—
	万元/亩	1.87	—	—	—

资料来源：作者根据广东省江门市发布的《国有农用地标准地价的通知》（江府〔2018〕24号）规定整理。

农用地基准地价是指不改变农田地规划用途和转让年限前提条件下的农用地使用价格。农用地基准地价与农用地征地补偿费的区别在于，农用地基准地价受转让农用地的土地用途、肥沃程度、位置优势和土地所在地区域经济社会发展水平影响，在同一区域的农用地基准地价有可能不一样。农用地征地补偿费是指农村集体农用地转变为建设用地且在转让无限期下的农用地补偿标准，农用地征地补偿费标准往往在一个县（市）区域乡镇经济社会发展水平设置统一的征地补偿费标准。从实践看，农用地基准地价、涉及的农用地有耕地（含水田和旱地）、园地、林地、坑塘水面、设施农用地、草地（人工牧草地）、内陆滩涂等。拟转让的农用地开发一般要求包括农用地外的道路通达性且水源保障水平、宗地内土地平整、形状规则、长宽尺度适宜机械化耕作、有基本的排水与灌溉设施和田间道路、宗地内通电等。实践中，农用地转让年限一般50年，50年期农用地基准地价一般按每亩或每平方米多少元计。转让的农用地按农用地等级分别设置基准地价，作为农用地区位竞标的起始价格，最终竞标价格由竞标结果确定。

（三）厂商的区位选择

1. 厂商区位选择的内涵

这里讲的厂商，包括个体工商户、企业法人、非法人组织，不包括机关和事业法人，行业可包括工业、商业、商务、房地产业、金融业、旅游业等，空间尺度可包括国家尺度、区域内尺度、区域之间尺度等。按照现代经济产业进园区的发展方式，在同一产业园区内，不同的地块产业地块区位、同一产业地块中不同位置的区位、同一建筑不同层次的区位、同一层次不同位置的区位都是有差异且价格是不一样的。因此，厂商的区位选择在现代经济中就显得特别复杂，区位因素在不同类型的厂商、不同产业、不同空间均有差异。但有些方面是共同的。一是，不同产业园区的不同区位因素及其价格是不一样的，因此，目前我国不同区位的产业地块取得都是通过市场竞标进行选择的；二是，不同类型的厂商，在同一产业园区内都需要通过竞标进行产业区位的选择；三是，不同空间和不同行业的产业区位价格也是不一样的。

2. 我国厂商区位选择的竞标方式

地块竞标区位的发包方一般是政府，地块建筑内区位发包方一般是获得地块区位竞标厂商。例如，2017 年 1 月 1 日实施的浙江省湖州市区级别基准地价，将湖州市市区基准地价划分为 1 ~ 6 个等级，每一土地等级又具体确定其涉及的空间范围和土地基准价格，如Ⅰ级土地，涉及的空间范围是外环东路—苕溪东路—吉山二路—东街—南园路—莲花庄路—车站路—环城西路—龙溪南路—西下塘—龙溪港—外环东路。土地基准价格：商服用地每平方米为 7830 元，住宅用地每平方米为 4480 元，工业用地每平方米为 900 元。Ⅱ—Ⅵ级土地以此类推。城镇建设用地基准地价，一般情况下3 ~ 5 年调整一次，由市县人民政府公布。公布的内容包括：一是基准地价基准日：　年　月　日。二是基准地价内涵：土地级别范围内达到“五通一平”（即宗地红线外通路、通电、通信、通上水、通下水，宗地红线内场地平整）土地开发程度下、法定最高使用年限、出让土地使用权的单位土地面积平均价格（包括国家土地所有权收益、土地取得费用和土地前期开发费用）。三是基准条件界定：商服用地基准地价的容积率、建筑密度，住宅用地基准地价的容积率、建筑密度，工业用地基准地价容积率、建筑密度。四是土地使用年期：商服 40 年，住宅 70 年，工业 50 年。五是土地级别范围：具体范围一般由级别基准地价图来表示。城镇建设用地级别基准地价，是厂商建设用地区位选择的起始价，建设用地区位最终竞标价格由竞标结果确定。

3. 我国厂商区位选择中的主要问题

需要特别说明的是，目前，在我国城镇内注册的厂商参与城镇内的区位竞标一般没有太多的壁垒，但是，城镇内注册的厂商参与城镇外区位竞标，将存在厂商原工商注册地和税务户管变更或厂商在城镇外注册分支机构障碍。到目前为止，我国厂商向行政区外迁移或者设立分支机构是不完全自由的，即厂商跨行政区的自由迁徙还没有完全做到。

（四）政府的区位选择

政府的区位选择是指经济活动区域的位置选择。总体上，经济活动区域的位置选择包括经济功能区的区位选择和城乡聚落的区位选择两大类。政府的区位选择，一般应当具备微观主体区位选择基础，没有微观主体的区位选择基础，主观臆断的政府区位选择往往不成功。

1. 经济功能区的区位选择

（1）商业区（商业中心、商业街、市场）的区位选择。浙江省义乌市，尽管处于富饶的浙江省范围内，却因缺水和人均耕地面积较少，影响了农业发展和食物保障，但当地民间也较早形成了“鸡毛换糖”的“物物交换”商业文化。20 世纪 80 年代初，在当地小商贩等要求下和地方政府领导的支持下，利用第一自然（主要是农用地转化为建设用地）第二自然（商业人才和文化先发优势和政策）优势，率先发展了固定的小商品市场，经过多代小商品市场的规模扩大和转型升级，现在已经形成了世界上最大的小商品批发市场，并使义乌市城区成为百万人以上的Ⅱ型大城市。

（2）商务区的区位选择。上海市长宁区临空经济园规划面积 2.82 平方公里，年纳税已达百亿元以上，现为国家级临空经济园区，也是中国建筑景观最为优美的低密度商务区。上海市长宁区临空经济园区，位于上海外环线以东和上海虹桥国际机场东北侧，离上海人民广场 13 公里。1993 年规划建设上海市长宁区临空经济园区时，长宁区临空经济园区规划范围内基本是农田和村落，有少量的乡镇工业企业。由于上海长宁区临空经济园区离上海城市中心距离较远，因此上海长宁区临空经济园区 1993 ~ 2003 年的前十年，正如坊间所说“临空零空，又零又空”。2003 年，世界 500 强联合利华公司决定将其长三角的研发中心选址在上海长宁区临空经济园区。为此，长宁区将上海临空经济园区的都市型工业定位改为“总部型、园林式”商务区定位，并将上海临空经济园区工业建设用地一次性全部改为商务和科技用地。通过十多年的建设，上海长宁临空经济园区已成为上海虹桥商务区的重点组成部分。

2. 城乡聚落的区位选择

（1）新城的区位选择。浙江省衢州市衢州老城区是一个拥有 1000 多年历史的古城。衢州古城是中国南孔家庙所在地，古城四止范围均有古城墙围合，城墙西面紧邻钱塘江上游衢江，自然条件优越。20 世纪 90 年代初，衢州决定在衢州城南向的衢州化工厂方向规划建设衢州新城。浙江省衢州化工厂是一个新中国成立以来创办的，具有 2 万多人就业和 10 多万平方公里的化工基地，污染和危险因素比较多。从 20 世纪 90 年代初到 21 世纪前 10 年，因衢州新城选址没有充分利用衢州古城文化和居民的居住传统等第二自然因素，也没有充分利用衢江和衢江西岸的低丘缓坡山地等第一自然优势要素，衢州新城南拓二十年进度缓慢。2010 年后，衢州新城改为在跨衢江的西岸低丘缓坡山地规划建设衢州新城，近十年来新城建设速度远超前二十年的衢州新城建设。并且前二十年的衢州新城建设占用了大量耕地，而近十年的衢州新城建设只占低丘缓坡山地而不占用耕地。

（2）古镇的区位选择。我国传统古镇的区位选择主要是利用第一自然因素，但也根据当地居民生产生活传统等第二资源因素进行区位选择。例如，浙江省衢州市杜泽镇镇区，是一个具有1000多年历史的古镇镇区，西面和北面靠白鹤山、南面是万亩良田、东面为铜山河。千百年来，当地居民十分珍惜耕地资源，至今为止没有一户人家在万亩良田中建造住宅，拥有万亩良田的几十个生产队村民都集中居住在古镇镇区内。镇区内建筑随地形走势而建，由高向低，气流、阳光几乎户户普照。古镇长盛不衰，一直是周边乡镇和村落赶庙会的集市所在地。

（3）传统村落的区位选择。我国传统村落的区位选择总体上利用第一自然因素，包括地形地貌、气流风向、河流走向、阳光方向等因素，形成靠山、依水、面田、沿路的村庄布局。例如，已有600多年历史，但至今仍保留完好的湖南省永兴县梁古村，村庄背靠岭南山脉最北端的象鼻山，面临万顷良田，两股古泉从象鼻山间流下，终年长流不息汇成九山湖，村落整体背山、面田环水，负阴抱阳，随坡顺势，藏风聚气。这种村庄聚落区位选择，在我国丘陵山地一带比较普遍。上海市嘉定区的向阳村，几乎所有的自然村落都是依水而建，河流东西走向，村落环水布局，村宅负阴抱阳，阳光普照，空气流通。这种村庄聚落区位选择，在我国江南水乡一带比较普遍。改革开放后，我国新建的村庄，大多利用第二自然因素，特别是沿新建的公路布置村庄及其村宅建设，居民出行相对方便，但是居民的居住环境相对差，噪声和灰尘多，安全性和景观也不太理想。

第四节　完善经济活动主体区位选择机制

从上一节讨论中，我们发现，在我国各类经济活动主体区位选择中还存在一些有待完善的内容，具体包括以下三方面。

一、完善我国自然人区位选择机制

我们在家庭区位选择中讲到，当前，我国自然人在家庭区位选择中存在大城市的落户困难和享有公共服务困难，在小城市和小城镇存在就业困难和公共服务水平低，城际流动人口和城乡间人口流动人口在户籍所在地以外的经常居住地享有当地的基本公共服务和福利困难。前者涉及我国公民自由迁徙问题，后者涉及我国大中小城市小城镇发展不平衡问题。因此当前我国自然人在家庭区位选择中，目前还不能完全自主或自由。要实现我国自然人在家庭区位选择中的完全自主和自由，我国需要进一步完善大城市的落户制度和流动人口市民化制度，需要进一步加快我国中小城市小城镇以及乡村的发展，缩小我国区域之间和城乡之间的差距。

二、完善我国法人区位选择机制

我们在厂商（包括个体工商户）区位选择中讲到，当前。我国厂商在区位选择中存在成熟型厂商在企业关闭歇业和异地注册分支机构困难。原因是，尽管我国各地执行全国统一的税法，但是到目前为止，我国各地仍然普遍存在地区生产总值的地方核算和财政收入的地方分成，以及政府对企业的财政返还扶持政策。因此一个成熟型企业要迁出原纳税地，往往会遇到原纳税地的地方政府有关部门阻扰。而成熟型企业在异地设置企业分支机构，因涉及异地分支机构在企业注册地缴纳所得税事项，于是，企业分支机构生产经营地往往要求将企业分支机构注册为独立的法人企业。可见，我国企业区位选择也是不完全自主和自由的。要实现我国厂商在区位选择中的完全自主和自由，我国需要根据经济社会发展阶段的要求，进一步打破行政壁垒，推进要素（包括厂商）和贸易跨行政区自由流动，促进全国市场一体化。

三、完善我国政府区位选择机制

前面讲到，包括后面还会讲到，政府在城镇、尤其是新城、新区建设的区位选址，经济功能区区位选址和城镇、经济功能区的空间范围确定上，往往容易失误。这种失误有时会给地方经济社会发展带来重大的经济损失和机会损失。产生这些问题的原因是，政府在选择城镇或经济功能区具体位置、空间范围时，政府领导或具体工作人员往往从主观偏好出发，而不是以微观经济主体的区位选择为基础和经济发展规律为基础。其根本原因是，政府区位选择中的利益得失与政府领导的个人利益得失捆绑得不够紧，即政府领导在政府区位选择中，有时具有“非理性人”角色。因此，完善我国政府的区位选择，一是要完善我国政府区位选择机制及区域范围确定机制，需要政府领导和有关具体工作人员深入实际，认真进行调查研究，认真听取微观经济主体和方方面面的意见，进行充分的论证；二是要完善我国政府及政府职能部门领导的政绩考核机制、评价机制、升迁机制、责任追究机制和纠错机制等，在源头上克服政府及各部门领导作风不实、主观偏好、形式主义、官僚主义等。

第三章

区域的形成与范围

经济活动主体区位选择完成，并不等于经济活动区域的形成。所以，在完成经济活动主体区位选择研究后，需要进一步讨论经济活动区域的形成、类型和范围。本章由“区域的形成及概念”“区域的类型”“区域结构理论”“区域范围的确定”四部分内容构成。

第一节　区域的形成及概念

区域产生于微观经济主体的区位选择，形成于同类行业或临近行业若干微观经济主体在同处的集聚，国家的法律确认或政府的规划确认是区域形成的标志。

一、经济活动区域的产生与形成

现代经济是从作坊、企业、行业、产业逐步演变而来的。在一国或者一个地区的经济发展初期，一个作坊或者一个企业在何处选址往往是偶然的、无意识的，只有当同类行业或邻近行业的企业在同处集聚，形成“店多成市”“厂多成区”时，该处才成为“经济发展中的区域”。例如，在杨开忠与李国平等著的《面向现代化的中国区域科学》一书中描述广东的“一镇一品”、浙江的“块状经济”写道：“就是某个地方由于历史和偶然因素而出现一家工厂生产某种产品而赚钱，周围立即现学现卖而生产这种产品，于是不久就会在本地出现一大批生产同类产品的企业。”从而形成了“广东顺德的家电、佛山的陶瓷、乐从的家具、虎门的服装、南海的玩具、义乌的小商品、海宁的皮革、柯桥的轻纺，大唐的袜业、晋江的鞋……”① 等县域“块状经济”形态。在美国阿瑟·奥沙利文所著的《城市经济学》一书中提出“厂商和家庭在城市间所做的区位决策推动了城市形成。”②“1700 年之前，鞋制品大多是在家庭内部或在村庄内部制造的。当时交通成本非常高，本地生产产品就变得很有效率。随着时间的推移，

---

① 杨开忠、李国平等：《面向现代化的中国区域科学》，经济管理出版社 2021 年版，第 62 ~ 63 页。

② ［美］阿瑟·奥沙利文：《城市经济学》，周京奎译，北京大学出版社 2015 年版，第 1 页。

交通成本不断下降，18 世纪外包制（the putting system）开始出现：制鞋者将原材料分配给乡下的工人，再把这些初加工的产品收集上来，在一个大作坊里把这些初级产品加工成制成品。麦凯（McKay）制鞋机在 1858 年获得了该机器的专利权，使鞋帮和鞋底缝制在一起的过程机械化。鞋制品规模经济的出现，大大扩大了加工作坊的规模，使这些作坊变成真正的工厂，城市也开始在制鞋工厂周边出现和发展。”从上述 20 世纪 90 年代我国县域“块状经济”的形成和美国工业城市形成的描述中可以看出，仅仅是个别家庭作坊或者厂商在某处偶然的、无意识的生产选址，只能说个别家庭作坊或者厂商的区位选择已经完成，但现代集聚经济或规模经济角度的经济活动区域还没有完全形成。只有当同类行业或邻近行业企业在同处集聚，形成“店多成市”“厂多成区”时，该处才成为“经济活动区域”（见图 3－1）。

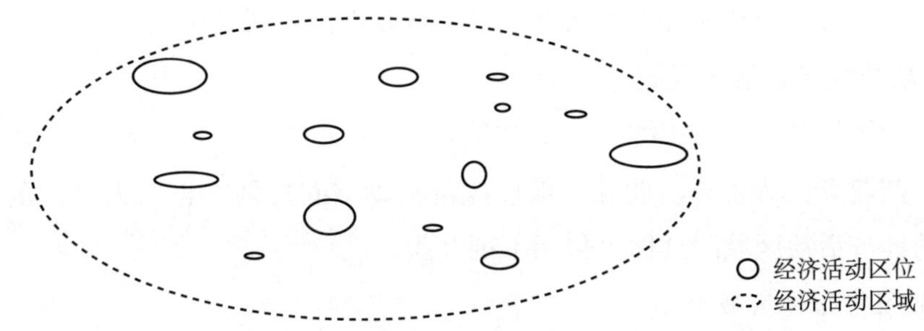

图 3－1　经济活动区位与经济活动区域示意图

资料来源：作者绘制。

二、经济活动区域的概念

从上述经济活动区域的产生与形成中我们能够体会到，集聚经济或规模经济角度的经济活动区域，是指由同类行业或邻近行业的企业在同处集聚形成的具有结构和功能的空间经济体，相当于经济功能区或经济区域的概念。例如，郝寿义老师在其《区域经济学原理》一书中提出的“在聚集动力的作用下，与占据优势区位经济活动主体具有密切关联或具有共同的要素需求的经济活动主体将选择与之比邻的区位，其结果是在特定的空间上由具有共同的要素需求或密切关联的经济活动主体所形成的经济功能区。”① 从我国的实践看，经济活动区域的实际空间范围是由经济活动主体政府确定的，而不是由经济活动微观主体企业确定的。有些经济活动区域还需要通过法律程序确定，例如，行政性经济活动区域一般都需要通过法律程序确认；功能性经济活动区域一般也需要通过政府的规划确定。因此，实践中，一个经济活动区域成为可运转的

① 郝寿义：《区域经济学原理》，格致出版社 2016 年版，第 5 页。

实体，除了上述法律程序或规划确定外，还需要经济活动区域相应的政策和体制机制的保障。

第二节　区域的类型

区域可以按照多种维度来划分，根据区域经济研究的需要，可以将区域划为功能性经济活动区域和行政性经济活动区域，极化发展区域和次发展区域两大方面。

一、功能性经济活动区域和行政性经济活动区域

按照经济活动主导功能的覆盖范围或者按照经济活动行政管辖的覆盖范围划分，当前，我国区域可分为功能性经济活动区域和行政性经济活动区域。

（一）功能性经济活动区域

功能性经济活动区域，也称“经济功能区”，是指以某一经济功能（如某一类企业、行业、产业等）为主导功能（一般以经济活动空间规划终止期为界）的未来空间覆盖范围的经济活动区域。具体可包括下列几类。

1. 产业经济活动区域

可分为粮食生产功能区、重要农产品生产保护区、特色农产品优势区、工业园区、经济技术开发区、高新技术产业区、出口加工区、商业区、商务区、临空经济园区、金融区、科技园区、旅游度假区（含国家风景名胜区）、保税区、自贸区等。

2. 综合经济活动区域

在我国可包括：非建制集镇、特色小镇、跨国界一体化区域，国内一体化区域（都市区、都市圈、城市群、大中小城市统筹发展区、县域城乡融合发展区等）、经济带（长江经济带、黄河流域带、一带一路）、经济区等。

3. 地理经济区域

“内地与沿海”地区和“东、中、西、东北”区域。1956 年毛泽东在《论十大关系》和 1988 年邓小平在“两个大局”中均提出“内地与沿海”的区域划分。《论十大关系》中的沿海地区，包括“辽宁、河北、北京、天津、河南东部、山东、安徽、江苏、上海、浙江、福建、广东、广西”，与我们现在所说的东部地区 13 个省（市）的空间范围基本接近；而《论十大关系》中的“内地”与我们现在所说的我国西部地区 12 个省（区、市）的空间范围基本接近。我国 1988 年提出东部率先发展战略，1999 年提出西部大开发战略，2003 年提出振兴东北老工业基地战略，2004 年提出中部崛起战略。

4. 交通运输功能性区域

包括公路（含高速公路和城市高架路）、铁路（包括高铁轨道和地铁轨道）、江、河、湖泊、航线（包括海运航线和航空航线）、岸线（河流岸线、海岸线）、管道、桥梁、隧道、车站、港口、码头、机场等。

5. 生态经济功能性区域

可包括气候区、土壤区、水文区、植物区、动物区、耕地及永久基本农田保护区、国家公园、自然保护地等。

6. 居住生活功能性区域

包括居住小区以及社区商业、绿地、教育、医疗、文化等公建和公共服务配套。

7. 不同发展水平的经济活动区域

可分为发达地区和欠发达地区，先进地区和后进地区等。

8. 不同地域分工的经济活动区域

根据2010年国家发布的《全国主体功能区规划》，极化发展区域是指以工业化和城镇化为主体功能的区域，极化发展区域的主体功能是工业品和服务产品生产；次发展区域是指以农业和生态为主体功能的区域，次发展区域的主体功能是农产品和生态产品生产。

在经济活动均质空间划分中可以采用单一功能特征，尽量不要采用多种功能特征，这是因为功能指标多且并列的话，就冲淡了经济活动均质空间的主导功能或特征。除自然空间外，经济社会发展空间极大部分是由多种功能特征组成的，而既所以一个空间能与另一个空间区分开来，不仅在于两个空间之间资源禀赋和发展基础的差异，主要还在于单个空间的主导功能特征。因此，实践中经济活动空间范围的确定，主要依据经济活动均质空间的主导功能特征覆盖的范围来决定，而不是根据经济活动的均质空间中若干功能特征来确定。需要说明的是，经济活动空间的均质性具有现在的均质性范围和未来的均质性范围，在实践中，一般以经济活动空间的未来均质性范围为经济活动的空间范围。例如，一个经济活动空间发展的目标是工业区，而现状可能是居住区或农业区，但经济活动空间的主导功能仍需覆盖经济活动空间内的居住区或农业区。通常我们在实践中看到的经济活动空间功能过渡带，如商务区、商业区周边的商务功能或商业功能也随之发展起来，这是经济活动空间功能溢出所致，并且这个过渡范围是有非常限的（一般最多跨越一个街区），并不等于说经济活动空间功能特征及其空间边界是不好确定的。还需要说明的是，经济活动均质空间与经济活动极化空间的含义是不一样的，经济活动均质空间是指均质空间范围内的资源禀赋、发展基础和发展功能是一致的空间；而经济活动极化空间是区域中经济社会发展的重点地区。特别需要指出的是，经济活动极化空间一定是经济活动均质空间，但经济活动均质空间不一定是经济活动极化空间。

功能性经济活动区域可以均质空间，也可以是非均质空间。非均质空间功能性经济活动空间由一组不同功能的地域单元（区域）组成，不同功能的地域单元之间发展权是平等的，不论地域单元的行政高低或人口、用地、经济规模的大小，都是平等的，不存在支配关系。均质空间和非均质空间的功能性经济活动区域中的区域经济发展主要通过市场配置资源，而不是主要依靠政府配置资源。因此，功能性经济活动区域中的区域经济是一种市场经济。

（二）行政性经济活动区域

行政性经济活动区域是指以行政管理所辖的覆盖范围为区域范围的经济活动区域。

当前，在我国，可包省（区、市）、地（市、自治州）、县（县级市、自治县）、乡（镇）和乡村（中心村、基层村等）、国家新区、经济特区等。目前，在我国，行政性经济活动区域也可包括城镇。这是因为，当前我国实施的是地域型城镇管理体制，我国城镇是一个行政性的管理区域，我国城镇既包括大中小城市和建制镇中的城区和镇区，也包括城区和镇区以外农村地区。

行政性经济活动空间是非均质空间，由一组不同等级的地域单元（区域）组成的，不同等级的地域单元之间发展权是不平等的，具有上下级的行动支配关系，行政等级高的地域单元（区域）支配行政等级低的地域单元（区域），因此，行政性经济活动区域中的区域经济是一种行政区经济，行政区经济本质是一种政府配置资源的区域经济，而不是市场配置资源的区域经济。

经济活动非均质空间，是通过非均质空间内的经济活动的极化发展空间（区域）与次发展区域空间（区域）的互补发展、错位发展和同时发展，实现经济活动非均质空间（区域）的整体经济发展。因此，经济活动非均质空间的经济发展，是通过经济活动非均质空间中的极化发展空间与次发展空间的地域分工来实现的；非均质空间内部的各经济主体，尤其是各个政府行政管理主体需要通力合作、让渡各自的部分行政权力，消除限制要素和贸易自由流动的行政壁垒，才能实现经济活动非均质空间的整体经济发展。经济活动非均质空间侧重的是经济活动非均质空间的整体经济发展，而不是经济活动非均质空间内的极化发展空间与次发展空间的单个经济活动空间的经济发展。

一般而言，功能性经济活动空间具有行业或者专业经济特征，因此，实践中的功能性经济活动空间，在主导功能上与相邻的经济活动空间互不重叠，但辐射的空间范围可以与相邻的经济活动空间交叉；行政性经济活动空间具有综合经济特征，因此，实践中的行政性经济活动空间，在行政所辖空间范围内，各类经济活动空间应该进行职能分工，空间范围不能重叠，但功能可以跨界。

二、极化发展区域和次发展区域

在区域系统中，极化发展区域与次发展区域是一组不同功能、但地位平等的地域单元。

（一）极化发展区域

极化发展区域，从空间角度讲，是指工业化和城镇化集中开发的区域；从产品生产角度讲，是指工业品和服务产品集中生产的区域。极化发展区域，在区位和发展基础上，一般位于区域的中心、节点或轴线的位置上，发展基础较好，是区域的经济增长极。区域发展实践中，经济发展极化区域，如商业区、商务区、工业区、科技园区等；社会发展极化区域，如城镇区、科创中心、文教中心等；交通发展极化区域，如航运中心、交通枢纽等；生态发展极化区域，如国家公园、自然保护地等；政治发展极化区域，如政治中心、行政管理中心等。可见，极化发展区域，是人类经济社会发展的均质区，但极化发展区域又不是人类经济社会发展的一般均质区，而是区域的经济社会发展制高点，在区域发展中具有引领带动作用。

极化发展区域对次发展区域有正负效应。极化区域对次发展区域的正效应是指极化发展区域为次发展区域提供了商品服务和就业，促进了次发展区域农业适度规模经营和技术水平的提高，以及次发展区域的消费水平、基础设施、公共服务水平和管理水平的提高；极化地区的正效应，也称为"扩散作用""涓滴效应""波及效果"。极化区域的负效应是指极化区域发展中吸引了次发展区域的要素和贸易，从而使次发展区域在特定时间内减少了发展要素和贸易，从而使极化发展区域与次发展区域经济社会发展差距扩大；极化地区对次发展区域的负效应，也可称为"虹吸作用""集聚作用"，二者之间存在吸引力、向心力、凝聚力、竞争力。从生产力角度而言，在区位、发展基础和条件、地域分工等方面，极化发展区域相对次发展区域一般都具有优势，如果再叠加生产关系中的行政等级优势和区域发展的政策优势，则极化发展区域的负效应将相应扩大，与次发展区域的发展差距将日益扩大。因此，在区域经济发展中如何缩小极化发展区域的负效应，扩大极化发展区域的正效应非常重要。

（二）次发展区域

次发展区域是相对极化发展区域而言的，次发展区域，在空间角度讲，是指农业生产和生态环境集中开发的区域；从产品生产角度讲，是指农产品和生态产品集中生产的区域。次发展区域一般依托自身区位、资源禀赋、发展基础和条件，与极化发展区域进行互补、错位发展、同时发展。在我国，次发展区域的区位、资源禀赋、发展基础和条件，乃至行政等级和政策一般均逊于极化地区，并且其区域内的要素和贸易向极化发展区域净流出。因此，为了避免次发展区域与极化区域差距的扩大，首先，要积极与极化发展区域对接，主动接受辐射，争取要素和贸易流入与流出之间的平衡；其次，要依托自身区位、资源禀赋、发展基础和条件，独立自主加快发展；最后，争取极化发展区域外或更大范围区域的要素、项目、政策的支持，实现资源和要素的净流入大于净流出。

次发展区域对极化发展区域的负效应是加大自身发展力度，与极化发展区域进行资源和市场竞争，以及次发展区域跳出本区域与邻近范围或更大范围构建发展共同体，改变资源和要素流动方向，在更大范围内配置市场、资源和要素，从而提升自身在区域发展中的定位，逐渐的成为区域极化地区。例如，浙江义乌就是从为浙江金华极化区域配套的次中心，通过市场拓展，现在义乌已成为金华地区乃至全国和全球的小商品交易中心。次发展区域的正效应，相对极化区域而言，就是自身不发展，而专为极化区域作配套服务，不参与周边地区竞争等。

第三节　区域结构理论

区域结构理论，也称“空间结构理论”，讨论空间中的各区域之间如何连接问题，这与空间的相对性特征有关。区域发展中，单个区域孤立的发展是不存在的，一个区域需要与另一个相对区域形成相互支撑的空间系统。而构建空间系统，需要通过一定的空间连接方式才能实现，这个连接方式就是空间经济学科所描述的空间结构或区域结构。通过空间结构的构建，形成相对空间之间的空间系统。到目前为止，国内外空间经济学科提出的区域之间的空间连接方式主要有中心地理论，核心—边缘（中心—外围）理论，点—轴理论和网络型理论。简要了解这些理论，有助于理解空间之间或区域之间的连接方式。在这里需要强调的是“连接”这个概念对自然科学和社会科学都是至关重要的，对区域经济学的研究也至关重要。世界上万事万物的联系，都是通过一定连接方式来实现的。例如，国内外著名的中国建筑、木质器具的榫卯结构，就是将建筑或木质器具的单个部件连结为整体，以实现其使用功能。从某种角度讲，没有榫卯结构这个连接方式，就没有国内外著名的中国传统建筑和木质器具。

一、中心地理论

德国地理学家克里斯·泰勒（W. Christaller）1933 年出版的《德国南部中心地理论》一书中提出城乡聚落及体系的设置或构建原则，指出，按市场原则设置的中心地系统为 K =3，即 A 级中心地为 1，B 级中心地为 2，C 级中心地为 6，以此类推为 1，2，6，18，64，……；按交通原则设置的中心地系统为 K =4，即 A 级中心地为 1，B 级中心地为 3，C 级中心地为 12，以此类推为 1，3，12，48，193，256，……；按行政原则设置的中心地系统为 K = 7，即 A 级中心地为 1，B 级中心地为 6，C 级中心地为 42，以此类推 1，6，42，294，2058，……①。

尽管克里斯·泰勒提出的“中心地理论”是基于 20 世纪 30 年代德国南部情况的，但其中提出的按市场、交通、行政原则设置城乡聚落的基本思路和数量框定与我国传统上的村庄与集市距离，以及现在的村庄与集镇、建制乡镇、县城的距离还比较接近。从市场和交通设置原则的角度讲，我国隋代末期以来，集市的辐射（服务）半径，平原地区一般为 3 ~ 5 公里，山区则为 5 ~ 7 公里，也就说，小农往返集市一般可在半日内完成。② 中国人民大学 2012 年启动的“千人百村”抽样调查结果也显示，就总体情况而言，我国村庄离最近的集镇平均距离为 5.1 公里，离县城或最近的城市平均距离为 28.5 公里③。根据第二次全国农业普查主要数据公报，2006 年末我国能在一小时内到达县政府的乡镇占 78.1%。从行政设置原则角度讲，根据国家有关统计，2016 ~ 2017 年，我国有 34 个省级行政区划，334 个地级行政区划，2634 个含乡镇的县、市、区行政区划，31925 个建制乡镇行政区划，596450 个行政村区划，3170000 个自然村区划。计算可得。我国每个省级行政区划下辖 10.77 个地级行政区划，每个地级行政区划下辖 7.89 个含乡镇的县、市、区行政区划，每个含乡镇的县、市、区行政区划下辖 12.12 个乡镇行政区划，每个乡镇行政区划下辖 18.68 个行政村区划，每个行政村区划下辖 5.31 个自然村区划。

二、核心—边缘理论

美国城市和区域规划学家约翰·费里德曼（John Friedmann）在 1966 年出版了《区域发展政策》（*Reginal Development Policy*）一书中提出了核心—边缘理论。他认为空间系统是由核心区和边缘区组成的。核心区（core regions）一般是指大城市或制造业集聚区，其工业发达、技术水平高、创新能力强、资本集中、人口密集、经济增长速度快，在区域系统中居支配地位。边缘区（peripheral region）是经济发展滞后的区域，与核心区是依附关系。核心区的作用主要表现在以下几个方面：核心区通过供给、市场、行政系统等来组织自己的外围依附区；核心区向依附它的边缘区传播创新成果；核心区经济增长的自我强化特征有助于空间系统的发展壮大；随着空间系统发展，创新活动将超越特定的空间范围向外扩展，核心区不断扩展，边缘区力量逐渐增强，导致新的核心区在外围区出现。需要说明的是，克鲁格曼提出的新经济地理学中心—外

① 张忠国：《区域研究理论与区域规划编制》，中国建筑工业出版社 2017 年版，第 43 ~ 52 页。
② 陈锡文：《读懂农业农村农民》，外文出版社 2019 年版，第 102 ~ 103 页。
③ 陆益龙：《后乡土中国》，商务印书馆 2017 年版，第 52 ~ 53 页。

围模型主要起源于费里德曼核心—边缘理论。

三、点—轴理论

我国中科院院士陆大道1995年在《区域发展战略》一书中提出，在一定的空间范围内，选择若干比较优势明显的具有开发潜力的重要线状基础设施经过的地带，作为发展轴予以重点开发；在各发展轴上，确定重点发展的中心城镇，使之成为增长极，并明确增长极的性质、发展方向和主要功能；确定中心城镇和发展轴等级体系，重点开发较高级别的中心城市和发展轴；随着区域经济实力增强，将开发重点逐步转移扩散到级别较低的中心城镇和发展轴，最终形成由不同等级中心城镇和发展轴组成的多层次结构的点轴系统，进而带动整个区域的经济发展。在这里，陆大道老师将中心城镇增长极看作“点”，将连接中心城镇增长极的交通线看作“轴”，简称点—轴理论。点—轴理论，既是区域发展之间的空间连接方式，同时也是区域的开发方式。点—轴理论，强调交通线对区域增长极的连接和促进经济增长的作用，认为点—轴对区域经济发展的推动作用，要大于单纯的中心城镇增长极的作用，更有利于区域经济的协调发展。2001年陆大道老师，结合中国国土开发的实践，提出了点轴开发的“T”形空间结构。他主张我国应以海岸地带和长江沿岸作为今后几十年我国国土开发及其经济布局的一级轴线，重点开发沿海轴线和长江沿岸轴线，形成“T”形空间战略布局。

四、网状理论

网状理论是指在一个或多个区域发展增长极（中心）、一个或多个区域次中心、一条或多条轴线构成的区域系统中，形成的“面状”网络空间连接方式及其空间结构。区域经济发展的实践中，单纯的区域发展增长极（中心）或单纯的区域次中心或单纯的轴线都难以形成区域经济发展系统，即使形成，对区域经济发展而言也没有多大实质性意义。只有按照邻近性原则，在区域规划之初和区域规划实施中，始终将一个或多个区域发展增长极（中心）、一个或多个区域次中心、一条或多条轴线连接成一个共同发展的区域系统，才能实现促进区域协调发展的区域经济发展目的。区域之间空间连接的网状结构是区域之间空间连接的高级阶段，是以区域的“点”状结构和区域的“轴线”为基础，按照区域协调发展要求构建的区域发展系统。

从区域结构理论或空间结构理论角度讲，上述几类，区域结构理论或空间结构理论外，还有极化发展区域与次发展区域构成的区域结构理论，“沿海与内地”区域结构理论，地域型城镇区域结构理论，本书将在区域协调发展的对象中进一步展开。

第四节 区域范围的确定

在区域发展中，区域空间范围确定至关重要。我国辞海中对“区域法”的解释就是“区域法，即范围法”①。美国对经济功能区或经济区域，欧盟对 Nuts 标准区域的划分都采用法律的方式予以固定，可见，区域范围确定在区域经济中的重要性。区域空间范围确定，既有经济效率的维度，更有人口、资源、环境和安全的维度，又有公平正义的社会维度。国内外区域经济发展中存在的许多经济社会发展问题，大多与区域经济中的区域范围确定有关。当前，我国区域范围确定最需要讨论的是，区域经济社会发展的空间范围是否可以极大化和极小化问题。

一、城区人口和用地规模不可极大化和极小化

（一）城区人口和用地规模不可极大化和极小化的重要性

城区不可极大化的重要性，主要是要讨论，在城市经济中，不仅要考虑经济效率，更要考虑城市的人居环境和安全，这是因为城市是人集中居住的地方。美国阿瑟·奥沙利文在其著的《城市经济学》一书中，从效用曲线角度分析，城市发展的一般性规律是：“城市规模往往会过大而不是过小。”“如果某一区域至少有一个城市，其效用水平位于效用曲线斜率为正的部分，就会出现城市规模过小所带来的负面影响。这将引起自我强化式迁移现象的出现，并导致小城市直接消失，同时也会促进其他城市发展。当城市规模过大时，这种自我强化的效应将不会出现，因此这些大城市将继续保持无效率状态。”② 可见，即使从经济效率维度讲，城市仍然存在不可极大化的要求。习近平在《国家中长期经济社会发展战略若干重大问题》一文③中提出，城市单体规模，不能无限扩大，目前我国超大城市（城区常住人口 1000 万人以上）和特大城市（城区常住人口 500 万人以上），人口密度总体偏高，北京、上海主城区密度都在每平方公里 2 万人以上，东京和纽约只有 1.3 万人左右。长期来看全国城市都要根据实际合理控制人口密度，大城市人口平均密度要有控制标准。东部等人口密集地区，要优化城市群内部空间结构，合理控制大城市规模，不能盲目摊大饼。中西部有条件的省区，要有意识培养培育多个中心城市，避免“一市独大”的弊端。城市发展不能只考虑规模经济效益，必须把生态和安全放在更加突出的位置，统筹城市布局的经济需要，

---

① 夏征农：《辞海缩印本（1989 年版）》，上海辞书出版社 1990 年版，第 187 页。

② ［美国］阿瑟·奥沙利文：《城市经济学》，周京奎译，北京大学出版社 2015 年版，第 68 页。

③ 习近平：《国家中长期经济社会发展战略若干重大问题》，载于《求是》2020 年第 21 期。

生活需要、生态需要、安全需要。城市之间既要加强互联互通，也要有必要的生态和安全屏障。要推动城市组团式发展，形成多中心、多层次、多节点的网络型城市结构。

2022 年 4 ~6 月以来的上海新冠疫情形势严峻。而在这次上海严重的新冠疫情中，上海中心城区的 7 个区唯有长宁区新冠疫情形势相对好，专家普遍认为，“在上海中心城区内，长宁区的人口密度应该是最小的。人口密度小，就降低了交叉感染风险，故长宁区阳性感染者数量较少也就不奇怪了。”① 根据《上海市第七次全国人口普查主要数据公报》，到 2020 年 11 月 1 日零时，上海市黄浦、徐汇、长宁、静安、普陀、虹口、杨浦 7 个中心城区共有常住人口 668 万人，7 个中心城区中每平方公里常住人口平均达到 23093 人，其中黄浦区每平方公里达到 32357 人，虹口区每平方公里达到 32289 人，徐汇、静安、普陀、杨浦 4 个区每平方公里均超过 2 万人，唯有长宁区每平方公里 1.8 万人左右（见表 3 -1）。

表 3 -1　　2020 年上海中心城区常住人口、土地资源和人口密度构建表

城区	常住人口（人）	行政区域土地面积（平方公里）	建设用地面积（平方公里）	建设用地占行政区域比（%）	行政区域人口密度（人/平方公里）	建设用地人口密度（人/平方公里）
黄浦区	662030	20.46	18.7	91.4	32357	35403
徐汇区	1113078	54.76	51.1	93.3	20326	21782
长宁区	693051	38.30	35.9	93.7	18095	19305
静安区	975707	36.88	36.6	99.2	25914	26659
普陀区	1239800	54.83	52.7	96.1	22612	23526
虹口区	757498	23.46	23.1	98.5	32289	32792
杨浦区	1242548	60.73	55.5	91.4	20460	22388
合计	6683712	289.42	273.6	94.8	23093	24429

资料来源：2020 年上海中心城区常住人口来自上海市统计局《第七次全国人口普查主要数据公报（第二号）》，上海中心城区行政区域面积和建设用地面积根据上海统计资料和各区规划整理。

从上述讨论中可得出，城区规模不可极小化，主要涉及经济效率；而城区规模不可极大化，更多涉及人居环境和安全。同时，也可得出城区应该具有明确的地理边界，摊大饼的或者连续蔓延的城区发展方式，不仅涉及城区的形态和景观难以优化，还涉及城区人居环境和安全的风险难以控制。在 2022 年 4 ~6 月上海严重的新冠疫情中，上海市崇明区、金山区、奉贤区 3 个远郊区，疫情形势相对较好，并且是上海第一批解封的远郊区。而紧邻上海市区的闵行区、宝山区、嘉定区等郊区，新冠疫情形势依

① 2022 年 4 月 23 日上海市人民政府：“上海市新冠疫情防控 162 场新闻发布会”。

然吃紧。可见，摊大饼的、无空间边界限定的、无规模上限的城市发展模式不符合“人与自然和谐相处”城市发展规律。需要说明的是，我们不能把物理概念的城市与行政管理概念的城市混为一谈，行政管理概念的城市空间范围由国家确定，不存在规模上限；但物理概念的城市规模应当符合城市经济、生活、生态和安全多重需求，应该具有规模上限。

总体来看，按照国务院2014年城市城区划分标准，我国城市规模，既存在规模偏大，也存在规模偏小。城市规模偏大，到2018年底，我国有5个超大中心城区人口超过1000万人、有5个特大城市中心城区常住人口在500万人以上；城市规模偏小，到2018年底，在城区常住人口20万人以下小城市中，还有2.5万~5万人口的小城市15个，2.5万以下人口的小城市8个。我国建制镇规模也存在偏小。根据住建部2016年调查，到2015年底，我国一般建制镇建成区（镇区）常住人口0.5万人以下的占33.1%，0.5万~1万人的占35.5%，1万~2万人的占22.3%，大于2万人的占9.1%（见表3-2）。平均每个镇的镇区常住人口规模为9012人，中位数为6500人[①]。

表3-2　　2015年一般建制镇常住人口规模

常住人口规模（万人）	少于0.5万人	0.5万人以上 1万人以下	1万人以上 2万人以下	大于2万人	合计
建制镇数量（个）	40	43	27	11	121
占建制镇比例（%）	33.1	35.5	22.3	9.1	100

资料来源，根据赵晖等著：《说清小城镇》，中国建筑出版社2017年版，第9页整理。

我国建制镇设置标准，镇区常住人口规模最起码确定在0.5万人以上这一档。这样，到2016年底，我国已设立的20844个建制中，就有6000多个，近三分之一是“假性建制镇”，即不符合设置标准的“建制镇”。

（二）城区人口和用地规模不可极大化和极小化的度量指标

从上海市长宁区的实践看，城市不可极大化可以采用环境人口容量指标来度量。上海市长宁区1993年编制和实施的《上海长宁区总体规划（1993-2020年）》中规定，“到2010年，环境人口容量每平方公里控制在1.7万人左右；到2020年，环境人口容量每平方公里控制在1.8万人左右。”[②] 并在其人口规划中明确，根据人口导入和导出预测，在现状区域不变前提下，2020年长宁区常住人口为70万左右。上海第七次全国人口普查主要数据公报（第二号）显示，到2020年11月1日零时，上海市长

① 赵晖等：《说清小城镇》，中国建筑工业出版社2017年版，第9页。

② 上海长宁区人民政府：《上海市长宁区总体规划（1993-2020年）》，1994-10（9）。

宁区的常住人口规模为693051人，与1993年编制的《上海市长宁区总体规划（1993－2020年）》中确定的70万人左右仅误差6949人。一个城区30年前编制的总体规划确定的人口规模，规划期初和规划期末如此接近，主要受益于规划编制之初长宁区总体规划编制人员对当时上海黄浦区、南市区、卢湾区、静安区等上海中心城区的若干居住社区实地调查，认为上海中心城区每平方公里超过1.8万人这个城区环境人口容量指标时，将产生城区不宜居，以及在该城区土地面积不变条件下，将打破居住用地、经济用地和公共设施用地的协调平衡配置关系，并还可能造成城区的社会发展、经济发展和城市建设的不协调。实践证明，超大城市的上海市长宁区依据环境人口容量指标控制城区规模，既是可行的，也是行之有效的。因此，根据实践，结合2014年10月国务院发布的"城市规模划分标准"，设定我国不同等级城市的人口密度（见表3－3）。

表3－3　　我国不同等级城市环境人口容量度量指标

分类	档次	城区常住人口规模（万人）	城区人口密度（万人/平方公里）
超大城市	1	1000以上	1.8
特大城市	2	500以上1000以下	1.6
大城市	3（Ⅰ型）	300以上500以下	1.4
	4（Ⅱ型）	100以上300以下	1.2
中等城市	5	50以上100以下	1.0
小城市	6（Ⅰ型）	20以上50以下	0.8
	7（Ⅱ型）	5以上20以下	0.6

资料来源：朱建江主编：《城市学概论》，上海社会科学院出版社2018年版，第5页。

需要说明的是，城市环境人口容量指标，本质上是科学构建城市中人口、资源、环境之间的平衡数量关系。在这里，人口密度不仅是一个国家或一个地区人口空间分布的衡量指标，还是一个国家或一个地区的环境和安全衡量指标，以及城市规模和城市形态匹配性衡量指标。从环境角度讲，城市的人口密度太高，表现为城市的建筑密度过高，其结果是城市生活环境过于拥挤，日照不足、空气流通不畅、绿地较少等生态环境的破坏；从安全角度讲，城市人口密度太高，也表现为城市的社会治安、交通安全、公共卫生安全、食品安全等公共安全风险也比较大；从城市形态角度讲，人口密度过低，表现为城市的建筑密度过低，城市的服务业难以发展且层次不高，城市生活中的便利性也不够，以及城市景观与城市规模等级不相匹配等。《上海城市总体规划（2016－2035年）》中提出的"人口规模、建设用地、生态环境、城市安全"四条底线，对一个城市而言具体对应的三个指标就是人口（常住人口规模）、资源（建设用地面积）和环境和安全（人口密度）（见图3－2）。

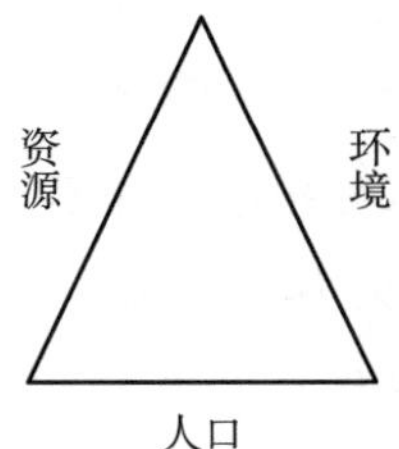

图3－2　人口、资源、环境匹配关系示意图

资料来源：作者绘制。

二、经济功能区的经济和用地不可极小化和不可极大化

（一）经济功能区的经济发展要求

现代经济中空间经济、区域经济和城市经济，主要依托经济功能区而发展的。在空间经济、区域经济和城市经济中，经济功能区的发展有其特定的经济发展要求，这些经济发展要求，主要包括在集聚经济、结构经济、创新经济的发展要求中。集聚经济，是指相关企业和行业在地理空间上的集中布置或相邻布置，这样就有助于相关行业和企业在同一空间内或者相邻空间中，共享基础设施和各类服务、获得中间产品供给、熟练劳动力匹配和知识信息交流顺畅等好处，从而提高经济功能区内企业的劳动生产率及整体经济效率。结构经济，是指与经济功能区主导行业相匹配的周边区域各行业组合而成的规模递增效益。创新经济是指以知识和人才为依托，以创新为主要驱动力，以发展拥有自主知识产权的新技术和新产品的着力点的经济。在经济功能区发展中，集聚经济、结构经济、创新经济相互支撑、密不可分。集聚经济需要结构经济和创新经济来支撑，结构经济和创新经济的效益通过集聚经济来体现。

（二）经济功能区的经济和用地不可极小化也不可极大化的机理

然而，以相关企业和行业集聚发展的经济功能区，当达不到一定的经济规模和空间规模时，往往是经济投入大于经济产出。经济功能区一定经济规模，一般是指经济功能区政府的土地前期开发、基础设施等投资规模和企业的资本和实物投资规模的总和。经济功能区一定的空间规模或土地规模，是指经济功能区达不到一定的空间规模，不但政府和企业一定量的投资规模难以完成，更重要的是经济功能区空间范围内及其相邻空间范围集聚经济所需要的行业匹配关系难以构成，同时经济功能区空间范围过小将造成经济功能区内的土地成本和商务成本上涨，减少企业和产业的进入或导致企业和产业的人向外迁移，致使经济功能区规模效益难以实现。在这里我们可看到经济功能区，无论经济规模还是空间规模都不能极小化。然而，从集聚经济角度讲，当经济功能区空间规模过大时，意味着政府的前期土地开发投资和基础设施投资过大，而企业投资规模和产出规模不能与政府投资规模相抵消时，将造成经济功能区的投入和产出不平衡。因此，经济功能区空间范围也不能极大化。

（三）经济功能区的用地规模不可极小化和不可极大化的案例

1. 经济功能区的用地规模不可极小化案例

上海虹桥经济技术开发区，1979 年开始规划，1982 年决定建设，1983 年开工，是国务院 1986 年批准的第一批十四个经济技术开发区之一，是全国面积最小的国家级开发区。经过 20 多年的开发建设，虹桥开发区已发展成为以展览展示、外贸外事为特色的集展览展示、外事服务、商务办公、宾馆居住、餐饮购物等一体的现代化商贸区。虹桥经济技术开发区紧邻上海内环线的中山西路与延安路交叉口，到上海虹桥综合交通枢纽 5.5 公里，东至上海人民广场 7.5 公里；占地面积 0.652 平方公里，建筑用地 31.09 公顷，绿化用地 19.5 公顷，道路用地 14.39 公顷，其他 2.2 公顷。建筑总面积 138 万平方米，其中展览展示场馆 22.03 万平方米，写字楼宇 48 万平方米，商住楼宇 26 万平方米，宾馆饭店 24 万平方米，生活娱乐配套设施 10 多万平方米。虹桥经济技术开发区累计项目投资总额 42 亿美元，累计引进合同外资 34 亿美元，累计实际利用外资额 32 亿美元，每平方米土地实际利用外资接近 5000 美元，单位土地投资量为全国开发区之最。只有 0.652 平方公里上海虹桥经济技术开发区，由于用地面积太小，与虹桥经济技术开发区需要配套的商业功能、居住功能不足，从而影响虹桥经济技术开发区商务功能的集聚，且仅靠虹桥开发区 0.652 平方公里区域也难以形成世界规模的贸易区域。于是，在 1993 年 6 月起动的到 1994 年 9 月长宁区人民代表大会通过的《上海市长宁区总体规划》中提出了“虹桥涉外贸易中心”的规划和建设目标。根据 1994 年 9 月《上海市长宁区总体规划》和《上海市虹桥涉外贸易中心详细规划》，上海市虹桥涉外贸易中心东至中山西路、南至虹桥路、西至古北路、北至天山路，总占地面积 177 公顷（1.77 平方公里），虹桥开发区 0.652 平方公里位于 1.77 平方公里之中。1994 年 9 月由美国海波建筑设计事务所负责编制的《上海市虹桥涉外贸易中心详细规划》中，规划总建筑面积为 370.85 万平方米（包括虹桥开发区 138 万平方米建筑面积）。同时长宁区还在紧贴虹桥涉外贸易中心的南边配套建设了约 500 万平方米的古北高端住宅区，即古北新区，从而大大完善虹桥经济开发区的功能结构和行业结构配套，有效地促进了虹桥经济技术开发区的发展。

2. 经济功能区的用地规模不可极大化案例

经济功能区不是一个市县地域行政管理概念，而是一个功能概念，而功能概念在空间边界上是不能随意扩大的。从经济效率角度讲，经济功能区随意摊大饼、将与经济功能区主导功能不一致、过量空间范围划入经济功能区空间范围，扩大的空间范围将稀释经济功能区的经济密度，出现单位土地产出率递减，从而难以达到经济功能区集聚经济发展要求。例如，中国长江长三角城市群地均地区生产总值在世界六大城市群中最低，到 2017 年底，中国长三角城市群每平方公里地区生产总值为 974 万美元，而同期，北美洲五大河城市群、欧洲西北部城市群、美国东北部大西洋沿岸城市群、英国东南部城市群、日本太平洋沿岸城市群等每平方公里地区生产总值分别为 1370 万美元、1448 万美元、2920 万美元、4485 万美元、9662 万美元①。产生这一现象的主要原因是中国长三角城市群在当前发展水平下城市群的空间范围太大。我国都市圈空间范围往往也有极大化现象。再如，在江西省 108 个市、县、区中，将吉安经济技术开发区、南昌高新技术开发区、九江经济技术开发区、萍乡经济技术开发区、南昌经济技术开发区、赣州经济技术开发区、湾里管理局、蓉江新区八个经济功能区，扩展为具有县、市行政管理功能特征，并将这八个经济功能区覆盖范围的人口纳入并计算人均国内生产总值。由于经济功能区非主导功能的空间范围扩大，从而导致这八个功能区的地均经济密度的下降。再如，上海市嘉定区工业园区地域范围为 89 平方公里，其中，具有工业功能的区域范围约 20 平方公里，有 69 平方公里为其管辖范围内的上海市嘉定区塘桥镇和朱桥镇第地域范围。上海市嘉定区工业园区，实行镇、园一体化管理，设置工业园区管理委员会统筹管理工业园区和两个镇全部事项，从而造成工业园区的专业化管理和乡镇政府职能的顾此失彼。从社会效益角度讲，经济功能区随意摊大饼、无节制扩大空间范围，扩大的空间范围将挤占居住、交通道路、生态等空间范围。从而产生经济功能区产生的收益难以抵消因挤占居住、交通道路、生态空间范围所带来的支出，以及还可能影响“生产、生活、生态”三者之间建设用地的平衡关系。

（四）经济功能区不可极小化和极大化的度量

经济功能区不可极小化和极大化可以采用土地产出率指标来度量。土地产出率指标，也称“经济密度指标”，是指在既定生产技术条件下，在经济功能区经济活动过程中，生产性投入要素创造的产出价值量与土地面积的比值。生产性投入由政府的土地前期开发投入和基础设施投入，企业的资本和实物投入，职工的劳动力投入等构成。产值价值量由企业所得、政府所得、劳动所得和社会所得等构成；企业所得包含税后利润和固定资产折旧，政府所得包含税收收入和土地出让金，劳动所得包括工资收入和福利，社会所得包含在职职工缴纳的社会养老金等。土地面积是指经济功能区规划范围内的土地面积。具体计算公式为：

土地产出率 = 产出价值量/土地面积

① 杨开忠、李国平等：《面向现代化的中国区域科学》，经济管理出版社 2021 年版，第 621 页。

当经济功能区的经济密度在不断提高时，意味着经济功能区内的企业不断在增多或者企业质量不断提高，此时，需要加快经济功能区规划范围内未开发土地利用，如果经济功能区规划范围内已没有可再进一步开发利用的土地，这意味着经济功能区空间范围太小，此时，需要进一步扩大经济功能区的空间范围。当经济功能区的经济密度在不断下降时，此时表明经济功能区内的企业不断在减少或者企业质量不断降低，在进一步加大经济功能区政策激励和完善服务的情况下，仍然无法吸引企业迁入或增加企业投资，这意味着经济功能区规划范围内未开发利用的土地没有必要进一步开发利用，此时应当压缩经济功能区已规划的空间范围。

综上所述，经济功能区不可极小化和极大化的度量结果的应用，需要经济功能区的一次性规划和分期开发的规划原则和规划开发时序的保障。关于经济功能区规划原则和规划开发时序问题将在本书的区域规划中予以展开阐述。

第四章

区域经济一体化

在国际上，尤其是发达经济体，区域经济一体化有着70多年的实践，积累了许多有效做法。而我国，区域经济一体化的实践总体上还是刚起步，尤其是我国是由计划经济转型而来的社会主义市场经济，随着我国经济社会发展水平的提高，特别是我国工业化、城镇化进了中后期发展阶段，在我国一些地域相连、文化相近、人文相亲、发展水平较高的地区，逐步消除地区间的行政壁垒，推进区域经济一体化势在必行。因此，认真总结世界经济和发达经济体的区域经济一体化实践和经验，对完善我国区域经济一体化具有积极意义的。本章由"区域经济一体化的内涵和特征""我国区域一体化与城乡一体化""经济全球化和区域经济一体化""实现我国区域经济一体化的条件""区域经济一体化与区域协调发展的衔接"五部分内容构成。

第一节　区域经济一体化的内涵和特征

从国内外的实践看，区域经济一体化是指将多个国家或一国内的一个地域相连、文化相近、人文相亲、发展水平较高的地区"作为一个整体进行通盘筹划"的经济极化发展区域，其目标是提高一体化区域范围内的经济发展整体效率。

一、区域经济一体化的内涵

一体化理论由美国学者多伊奇（Karl Deutsch，1912－1992）在1957年出版的《政治共同体和北大西洋地区：从历史经验看国际组织》一书中提出，"其核心是系统功能主义，强调研究共同体的系统交互作用和特殊功能，主张通过跨国渠道，采取共同措施，在特定领域实现全面合作。按照性质，一体化可分为联邦一体化、功能一体化和新功能一体化；按照范围，可分为国家一体化、区域一体化和国际一体化。"[①]在这里，美国学者多伊奇提出了"一体化"概念指的是一种国际政治的研究方法和理论。目前，国内学者对区域一体化的内涵尚未形成统一认识。一种观点认为，区域一

① 夏征农：《辞海缩印本（1989年版）》，上海辞书出版社1990年版，第5页。

体化就是市场一体化。例如，在石敏俊老师编著的《区域经济学》一书中“区域一体化是不同区域之间市场一体化的过程。”“以商品贸易和要素的自由流动为目标的区域一体化，往往被认为是区域经济协调的方向。”① “空间分割、封锁、差别待遇是制约发展地区优势、优化空间分工的关键，消除分割，平等待遇，按照分工要求调整地区结构，即一体化是中国区域发展的基本过程。”“以一体化的思路和举措打破行政壁垒，提高政策协同，让要素在更大范围畅通流动，有利于发挥各地区比较优势，实现更合理分工，凝聚更强大的合力，促进高质量发展。”② 还有一种观点认为，区域一体化是指一国或一个地区经济社会发展发展到一定阶段时，区域范围内经济社会的统筹发展方法。例如，“20 世纪 90 年代末，特别是党的十六届三中全会以来，一体化战略理论进一步发展为统筹区域发展、统筹城乡发展、城市群战略以及特定地区一体化发展的理论与实践。”③ 在朱建江主编的《区域发展导论》一书中提出“区域发展一体化，主要指的是一起发展，侧重于区域内部和区域之间在时间上的发展要求。”④ 白永秀老师在其《西部地区城乡经济社会一体化战略研究》中提出“……，城市、农村、经济、社会四者在时间上同步增长，在内容上互相渗透，在动力上彼此互动，在过程中融为一体。”⑤ 再有一种观点认为，“区域一体化是区域协调发展的最高状态。”“区域一体化是区域协调发展的更高形式，是区域协调发展的高级形态。”⑥ 一体化发展是区域经济发展的高级形式，相对于协调协同发展来说，难度更大，要求更高等。

在用语的内涵与外延角度讲，一体化的内涵大于区域一体化。例如，从内容角度讲，一体化可以为经济一体化、文化一体化、政治一体化等；从空间范围角度讲，一体化可以为全球一体化、全国一体化、国际部分区域一体化、国内部分区域一体化等。故，从区域经济角度讲，区域经济一体化与一体化区域经济基本等义，是相对于一体化全球经济而言的，也就是说一体化全球经济以外的一体化区域经济方可归纳在区域经济一体化范围内，即，不是所有区域经济都是一体化区域经济，只有那些经济发展水平较高的区域才可能成为一体化经济区域。因此，区域经济一体化与一体化区域经济，可划分为国际区域经济一体化和国内区域经济一体化。国际区域经济一体化，如，欧洲经济联盟、区域全面经济伙伴关系（RECP）等；国内区域经济一体化，包括全国经济一体化和重点区域经济一体化，前者，一般指的是就是国内学术界通常所说的

① 石敏俊：《区域经济学》，中国人民大学出版社 2020 年版，第 14 页和 114 页。
② 杨开忠、李国平等：《面向现代化的中国区域科学》，经济管理出版社 2021 年版，第 627 页。
③ 杨开忠，李国平等：《面向现代化的中国区域科学》，经济管理出版社 2021 年版，第 8 页和第 627 页。
④ 朱建江主编：《区域发展导论》，上海社会科学院出版社 2020 年版，第 9 页和第 91 页。
⑤ 白永秀等：《西部地区城乡经济社会一体化战略研究》，人民出版社 2014 年版，第 61 页和第 6 页。
⑥ 石敏俊：《区域经济学》，中国人民大学出版社 2020 年版，第 113 ~ 116 页。

全国统一市场或全国市场一体化；后者，重点区域经济一体化，在我国都市区、都市圈、城市群可包括其中（见图4－1区域一体化类型及空间结构示意图）。因此，笔者认为，一体化经济区域或区域经济一体化，是指要素和贸易自由流动、平等交换的区域。就一体化经济区域内而言，是一种区域经济均衡或协调发展方式；就一体化经济区域外而言，是一种区域经济极化发展方式或非均衡发展方式。

二、区域经济一体化的基本特征

（一）要素自由流动、平等交换的区域

只有那些要素与贸易可以自由流动、平等交换的经济区域，才可称为一体化经济，或者只有那些要素与贸易自由流动、平等交换的经济区域才可以实现区域经济一体化，要素与贸易自由流动和平等交换，是区域经济一体化的必要条件。例如，2020年5月17日，中共中央、国务院《关于新时代推进西部大开发形成新格局的指导意见》中提到“统筹城乡市政公用设施建设，促进城镇公共基础设施向周边农村地区延伸。”①2022年5月6日，中共中央办公厅、国务院办公厅《关于推进以县城为重要载体的城镇化建设的意见》提到“在有条件的地区推进城乡供水一体化。推进县乡村（户）道路连通、城乡客运一体化。建立城乡统一的基础设施管护运行机制。”②上述两个文件尽管讲的是城乡基础设施一体化的内容，但它是城乡要素自由流动、平等交换的链接桥梁。实践表明，没有城乡基础设施一体化，也就没有城乡区域经济一体化。

（二）经济发展水平较高的区域

不是任何区域都可以实施区域经济一体化，只有地域相连，文化相近，人文相亲，发展水平较高的区域，才可能实施区域经济一体化。2018年12月29日，在中共中央、国务院《关于建立更加有效的区域协调发展新机制的意见》中提出“推动东部沿海等发达地区改革创新、新旧动能转换和区域一体化发展。”2020年5月17日，中共中央、国务院《关于新时代推进西部大开发形成新格局的指导意见》中提到“加快推进重点区域一体化进程。”③即使在《长三角区域一体化发展规划纲要》内，也提出先行重点推进的是“以上海市，江苏省南京、无锡、常州、苏州、南通、扬州、镇江、盐城、泰州，浙江省杭州、宁波、温州、湖州、嘉兴、绍兴、金华、舟山、台州，安徽省合肥、芜湖、马鞍山、铜陵、安庆、滁州、池州、宣城共27个城市为中心区（面积22.5万平方公里），辐射带动长三角地区高质量发展。以上海青浦、江苏吴江、浙江

①③ 中共中央、国务院：《关于新时代推进西部大开发形成新格局的指导意见》，新华社，2020年5月17日。

② 中共中央办公厅、国务院办公厅：《关于推进以县城为重要载体的城镇化建设的意见》，新华社，2022年5月6日。

嘉善为长三角生态绿色一体化发展示范区（面积约2300平方公里），示范引领长三角地区更高质量一体化发展。以上海临港等地区为中国（上海）自由贸易试验区新片区，打造与国际通行规则相衔接、更具国际市场影响力和竞争力的特殊经济功能区。”

（三）空间尺度相对较小

相对更大区域而言，从实践看，可以进行经济一体化的区域，一般空间尺度较小。国际经济一体化区域，相对于经济全球化区域，空间尺度较小；一个国家的经济一体化或者市场一体化，相对于世界经济一体化或世界市场一体化而言，空间尺度较小；一个国家内的一体化经济区域，相对于全国经济一体化或者市场一体化而言，空间尺度较小。

（四）在一体化区域内部也关注协调发展

区域经济一体化关注的是一体化区域内部的区域协调发展。例如，在中共中央、国务院印发的《长江三角洲区域一体化发展纲要》中明确“到2025年，中心区城乡居民收入差距控制在2.2∶1以内，中心区人均地区生产总值与全域①人均地区生产总值差距缩小到1.2∶1，常住人口城镇化率达到70%。到2035年，长三角一体化发展达到较高水平。现代化经济体系基本建成，城乡区域差距明显缩小，公共服务水平趋于均衡，基础设施互联互通全面实现，人民基本生活保障水平大体相当。”② 区域经济一体化的目标一般侧重于关注缩小区域内部的发展差距，而往往拉大一体化区域外的区域发展差距。

第二节　我国区域一体化与城乡一体化

目前，我国国内的经济一体化区域可包括城市群、都市圈、都市区、县域四大类。根据我国经济一体化区域推进的实际情况看，城市群、都市圈、都市区、县域等各类经济一体化区域推进中，不但要有利于城市群、都市圈、都市区、县域等各类区域中的超大城市、特大城市、大城市、中等城市发展，而且要有利于经济一体化区域范围内的小城市、市辖郊区和县的城区、乡镇或街道、村或居委会的发展，使经济一体化区域范围内的各类空间都能得到发展。

一、我国经济一体化区域之间的空间结构

目前，国家间的区域经济一体化外，我国国内区域经济一体化空间范围从小到大

---

① 长三角全域包括上海市、江苏省、浙江省、安徽省，共有面积35.8万平方公里，41个城市组成；长三角中心区由27个城市及22.5万平方公里组成，是当前长三角范围内发展水平较高的区域。

② 中共中央、国务院：《长江长江三角洲区域一体化发展纲要》，新华社，2009年12月1日。

可包括县域、都市区、都市圈、城市群四大类。其中，县域可简要地概括为含有较大比重乡（镇）、村（组）行政区划的区域。根据国家统计局发布的《2021 年中国统计年鉴》，到2020 年底，我国有县级建制市 388 个（实际梳理后为386 个）；根据国家住建部发布的《2020 年中国县城建设统计年鉴》，到 2020 年底，我国有县 1495 个[①]。根据《2021 年中国统计年鉴》，到 2020 年底，全国共有市辖区 973 个，其中含较大比重乡（镇）和行政村的市辖区为 787 个左右。都市区是由一定人口规模的中心城市与邻近周边县域组成的，以经济社会一体化为区域发展目标的区域经济功能区，是都市圈形成的基础。在我国，以城区常住人口 50 万人以上为中心城市，依托我国地级及以上城市的地域范围可设立 178 个都市区，如以城区常住人口 20 万 ~50 万人为中心城市，依托我国地级及以上城市的地域范围可设立 276 个都市区。都市圈是以超大特大城市或辐射带动功强的大城市为中心，以 1 小时城际轨道交通或高速公路通勤圈为空间范围，以经济社会一体化为区域发展目标的区域经济功能区，是城市群形成的基础。从上述中心城市规模要求角度讲，我国可设立 82 个都市圈；从一小时城际轨道交通通勤圈全部角度讲，目前我国可能还不具备设立 82 个都市圈的条件。城市群是由一到两个超大特大城市或者两个以上都市圈与邻近周边地域组成的，通过交通廊道（沿海、沿河、沿江、高速公路、轨道交通等）连接起来的，以经济社会一体化为区域发展目标的区域经济功能区。按照我国可设立都市圈个数，假定我国每个城市群有两个及以上都市圈构成，我国具备条件可设立城市群可达到 25 ~30 个。

我国国内县域、都市区、都市圈、城市群等四大类经济一体化区域，根据上述县域、都市区、都市圈、城市群概念，由大到小，城市群、都市圈、都市区、县域，在空间范围上是相互嵌套的。即，县域包括了县域范围内的县级市、市辖郊区和县的城区，乡镇或者街道，村或居委会；都市区包括地级市城区，地级市管辖范围内的县级市和县的城区，乡镇或者街道，村或居委会；都市圈包括了超大城市、特大城市、大城市和地级市管辖范围内的县级市和县的城区，乡镇或者街道，村或居委会；城市群包括了多个超大城市、特大城市、大城市和地级市管辖范围内的县级市和县的城区，乡镇或者街道，村或居委会（见图 4 –1）。

二、我国经济一体化区域内的区域系统及内容

从上述我国经济一体化区域之间的空间结构阐述的内容可看出，我国县域、都市区、都市圈、城市群等各类一体化区域内都包含着城市一体化和城乡一体化两类空间

① 国家统计局发布的《中国统计年鉴 2021 年》，2020 年中国有 1429 个县。但经核实，国家住建部发布的《2020 年中国县城建设统计年鉴》，2020 年中国有 1495 个县更加接近我国的实际情况。

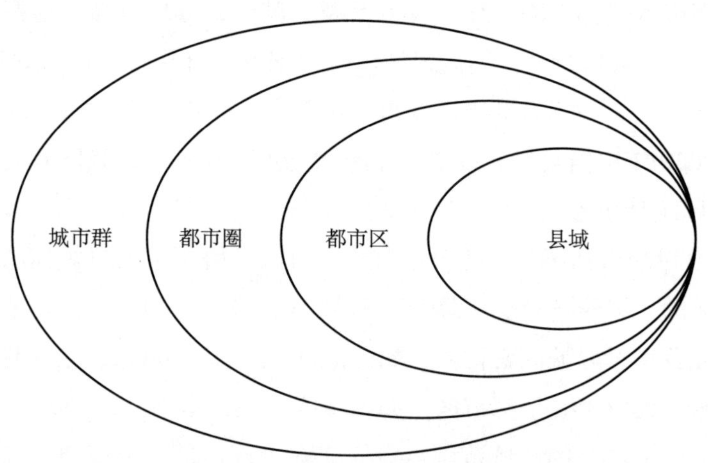

图4－1　区域一体化类型及空间结构示意图

资料来源：作者绘制。

系统。城市一体化，也称一体化区域内的大中小城市统筹发展和协调发展，即城市群、都市圈、都市区、县域等各类区域之间的大中小城市规模结构、空间分布和功能结构设置，有利于城市群、都市圈、都市区、县域等各类区域中的超大城市、特大城市、大城市、中小城市等各类城市的发展。当前我国城市发展的基本特征是“超大特大城市多且大，小城市特别少、各类城市功能雷同”。我国的大城市多且大，造成大城市区域虹吸作用过强，人口和功能过于集聚，产生房价过高、交通拥挤、环境污染、安全频发等大城市病；小城市特别少，从而造成了我国面广量大的1495个县，县范围内因缺乏城市增长极带动，拉大了城乡发展差距；各类城市功能雷同是指各类不同规模而不同区位的城市产业雷同，同质性强，资源和市场竞争激烈，缺乏互补。因此，在我国经济一体化区域筹划首要问题是一体化区域范围内的城市一体化或在大中小城市统筹或协调，包括大中小城市规模的协调，大中小城市空间分布的协调，大中小城市区域分工的协调。而这三个统筹和协调，当前在我国经济一体化区域推进中均存在诸多问题。

经济一体化区域范围内不仅要统筹城市一体化区域系统，还要统筹城乡一体化区域系统。当前，在我国，从某种角度讲，经济一体化区域范围内的大中小城市规模结构、空间分布和功能结构协调，是为了城乡一体化统筹和协调服务的；也就是说，当前，在我国，经济一体化区域范围内的大中小城市规模结构、空间分布和功能结构协调，是我国一体化区域内城乡一体化协调的基础。经济一体化区域中的城乡一体化，是指在城市群、都市圈、都市区、县域等各类区域类型推进中，不但要有利于城市群、都市圈、都市区、县域等各类区域中的超大城市、特大城市、大城市、中等城市发展，而且要有利于经济一体化区域范围内的小城市、市辖郊区和县的城区、乡镇或街道、村或居委会的发展，使经济一体化区域范围内的各类空间都能得到发展（见图4－2）。

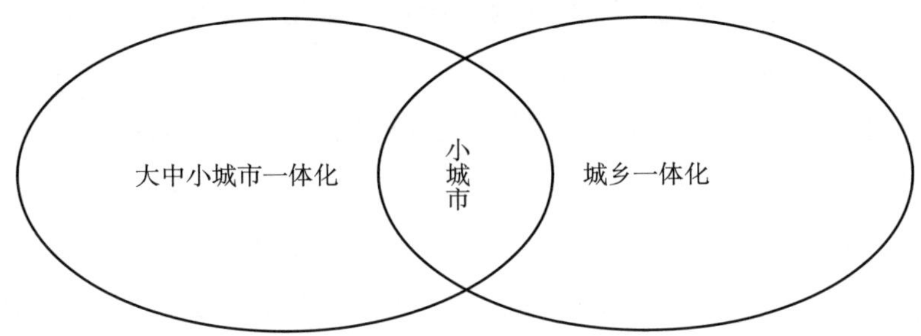

图4－2　一体化区域内的城市一体化和城乡一体化示意图

资料来源：作者绘制。

三、区域经济一体化与城乡一体化的关系

根据前面所述，区域一体化与城乡一体化的关系可以描述为，区域关系的平衡与不平衡是城乡关系平衡与不平衡的前提，城乡关系平衡与不平衡是区域关系平衡与不平衡的目标；区域协调发展是城乡协调发展的条件，城乡协调发展是区域协调发展的目标；城乡差距缩小是衡量区域差距缩小的标准和尺度，区域差距缩小是实现城乡差距缩小的手段或方法；区域一体化是城乡一体化的前提和条件，城乡一体化是区域一体化的目标和内容。

不同尺度的城市，小城镇，乡村等城乡因素都是区域发展的一个具体空间载体或物质运行平台。要实现城乡差距缩小，首先要实现区域差距缩小。离开区域发展来讨论城乡发展，若如只见树木不见树林的意思。城市，小城镇，乡村等城乡因素就像若大树林中的一个树木，城乡能否发展基于区域能否发展。不同区域的城乡发展状况是不太一样的，在我国东部地区，中部地区和西部地区城乡发展水平总体上与其所处的东部、中部、西部区域发展水平相当。在我国，由于东部、中部、西部地区的自然条件及其发展基础存在较大差异，因此，讨论城乡发展，既要将其放到大中小城市小城镇框架中去讨论，还要将城乡放到东部、中部、西部区域框架中去讨论。当然，区域对城乡的发展，不仅仅是东部、中部、西部大尺度区域，与城乡发展不同尺度的区域，如县、省等区域对城乡发展都具有影响。大尺度区域发展好，对小尺度区域有利，反之亦然，各个区域尺度平衡度好，既对大尺度区域有利，更对小尺度区域有利。对城乡发展而言，不是“小河有水，大河一定有水，而是大河有水，小河才有水。”这就是区域发展对城乡发展的重要意义，尤其是工业化和城镇化中后期，这一重要意义更值得我们予以重视和发挥，这就是研究城乡一体化发展，必经研究区域一体化发展中的目的所在。从某种角度讲，区域又好又快的发展是城乡又好又快发展的前提或条件。

然而，当前，在我国区域经济一体化中，比较多的是考虑一体化区域范围内的城市一体化，而不太考虑一体化区域范围内的城乡一体化。变相地将我国一体化区域内的城乡异质经济系统简化为均质的城市经济，从而形成区域经济一体化目标与区域协调发展目标的冲突，即一体化区域，既没有起到缩小一体化区域内的城乡差距，也没有缩小一体化区域内与区域外的区际发展差距。因此，我国有必要走区域一体化为空间系统与城乡一体化为空间内容协同发展的区域协调发展和城乡协调发展道路，依托区域协调发展缩小区域之间的空间发展差距和依托城乡协调发展缩小区域范围内的城乡发展差距。以此实现我国地区、城乡整体经济的发展，进一步促进我国区域经济蛋糕做大做强。

第三节　经济全球化和区域经济一体化

经济全球化和区域经济一体化是一对孪生兄弟，是世界经济发展的趋势。适当对经济全球化和多个国家参与的区域经济一体化进行研究，有助于国内区域经济一体化的研究。

一、经济全球化的发展趋势

在《中共中央关于制定国民经济和社会发展第十四个五年规划和2035年远景目标的建议的说明》（以下简称《建议》）提出："改革开放以来特别是加入世贸组织后，我国加入国际大循环，市场和资源'两头在外'，形成'世界工厂'发展模式，对我国快速提升经济实力，改善人民生活发挥了重要作用。"①

20世纪90年代初开启的这一轮经济全球化，因开放程度之高，经济增速之快，覆盖经济体之广，超过历史上任何一个时期，世界各国经济形成"你中有我，我中有你、相互依存、互相融合"的地球村，被学界称为"超级全球化"。推动经济全球化加快的因素："一是信息技术在全球的迅速普及；二是世界各国普遍实行对外开放；三是乌拉圭回合协议的达成，世界贸易组织的建立，有助于促进世界贸易投资的自由化。跨国公司的大发展，更是全球化迅速加强的基础。"② 现行的一系列经济全球化规则，"包括国际贸易规则、国际货币体系、国际政治体系、国际政治架构等，都是在'二

① 习近平：《中共中央关于制定国民经济和社会发展第十四个五年规划和2035年远景目标的建议的说明》，载于《光明日报》2020年11月4日第2版。

② 王新奎等著：《中国发展中国家与WTO》，上海远东出版社2000年版，《总序》第8页。

战’后确立和完善起来的，这些规则为全球经济的增长带来了非常重要的推动作用，减少了不必要的摩擦和成本。”① 哈佛大学的丹尼·罗德里克教授认为“试图打破民族、国家制度界限的超级全球化，约束了国内政策空间，将导致全球化的退潮。”②《建议》中指出：“近几年随着全球政治经济环境变化，逆全球化趋势加剧，有的国家大搞单边主义、保护主义，传统国际循环明显弱化。”③

经济全球化发展到今天，既有国家政策的推动，又有资本的推动，还有技术革新的驱动和各国或各地区间资源禀赋差异。随着技术向数字化、互联网化、智能化方向的转变，5G 时代以及大数据、云计算技术支持下的物联网比互联网连接得更紧密，未来的世界，不是某一国、某个企业或某个人想不想互联，而是每一个国家，某个企业，某个人能否孤立于经济全球化之外，继续又好又快发展的问题。因此，未来经济全球化可能已不能完全回到过去，但经济全球化的总体趋势并不会彻底逆转，世界将在完善现有经济全球化各项规则的基础上，完善全球经济秩序，建设新型经济全球化格局。习近平在浦东开发开放 30 周年庆祝大会上的讲话中指出“当前经济全球化遇到一些回头浪，但世界决不会退回到相互封闭、彼此分割的状态，开放合作仍然是历史潮流，互利共赢依然是人心所向。”“浦东要着力推动规则、规制、管理、标准等制度性开放，提高高水平制度供给、高质量产品供给，高效的资金供给，更好参与国际合作和竞争。”④

二、国家间的多边一体化和多国区域一体化发展趋势

当今世界经济中，与经济全球化密切相关的有国家间的多边一体化和区域一体化。以世界上大多数国家（截至 2020 年，世界贸易组织已有 164 个成员，24 个观察员）参与为标志的多边一体化与世界上多个国家参与为标志的区域经济一体化，在时间上一直以来都是相伴而行的，关税及贸易总协定起步于 1947 年，欧共体起步于 1951 年。在经济增长上，多个国家参与的区域经济一体化快于大多数国家参与的多边一体化。从上世纪 50 年代初开始，多个国家参与的区域经济一体化实体不断增加。根据日本贸易振兴会统计，20 世纪 50 年代初到 70 年代末 30 年间，世界上多个国家参与的区域经济一体化实体为 12 个；20 世纪 80 年代初到 1996 年 7 月的 15 年多时间里，世界上多个国家参与的区域经济一体化实体就增加了 89 个。而多个国家参与的区域经济一体化

① 吴晓求：《只有坚持开放才能找到前行方向》，载于《社会科学报》2020 年 9 月 24 日第 8 版。

② 张燕生：《超级全球化受挫，新型全球化开启》，载于《环球时报》2020 年 10 月 29 日第 15 版。

③ 习近平：《中共中央关于制定国民经济和社会发展第十四个五年规划和 2035 年远景目标的建议的说明》，载于《光明日报》2020 年 11 月 4 日第 2 版。

④ 习近平：《在浦东开发开放 30 周年庆祝大会上的讲话》，载于《光明日报》2020 年 11 月 13 日第 2 版。

贸易增长率更快，如 1990 年到 1995 年，多边一体化（世界贸易组织）年均贸易增长率为 7.9%，而同期东盟自由贸易区和北美自由贸易区年均贸易增长率分别为 18.6% 和 11.7%。①

大多数国家参与的多边一体化与多个国家参与的区域经济一体化共存的原因。WTO 秘书处在 1995 年的一份研究报告中认为：区域协议通过部分成员方谈判和承诺，超过了在当时情况下多边谈判所能达到的程度。部分规则，如服务贸易和知识产权保护方面的规则，反过来又为乌拉圭回合协议铺平了道路；有些区域集团已就环境标准、投资和竞争政策达成协议。区域协定和更紧密的经济一体化可以使成员获利。GATT1994 第 24 条写道“通过自愿签订协定发展各国之间的经济一体化，以扩大贸易的自由化是有好处的……。因此，……不得阻止各缔约方在其领土之间建立关税联盟或自由贸易区，或为建立关税联盟和自由贸易区的需要采用某种临时协定。”但区域贸易安排应当帮助贸易集团内国家间的贸易和要素自由流动，不增加对集团外国家的贸易壁垒。区域一体化进程和多边一体化进程，在追求更加开放的贸易方面是互补的，而不是相互替代②。但也有认为“经济区域化和一体化，一方面促进了地区合作的加强，从而促进了各成员国经济的发展，也促进了全球化的加强；另一方面某些区域集团也具有一定的排他性，从而在某种程度上妨碍全球一体化的进展。”③

三、大多数国家参与的多边一体化

20 世纪 30 ~ 40 年代，世界贸易保护主义盛行。国际贸易的相互限制是造成世界经济萧条的一个重要原因。1944 年 7 月，在布雷顿森林会议上提出建立世界贸易组织的设想。1946 年 2 月，联合国经社理事会举行第一次会议，会议呼吁召开联合国贸易与就业问题会议，起草国际贸易组织宪章，进行世界性削减关税的谈判。随后，经社理事会设立了一个由美国英国等 19 个国家组成的联合国贸易与就业会议筹备委员会，起草《国际贸易组织宪章》。1946 年 10 月，筹备委员会召开第一次会议，审查美国提交的国际贸易组织宪章草案。参加筹备委员会的与会各国同意在“国际贸易组织”成立之前，先就削减关税和其他贸易限制等问题进行谈判。1947 年 3 月在古巴哈瓦那举行的联合国贸易和就业会议上通过了该“宪章”，通称《哈瓦那宪章》。与此同时，由美国邀请包括中国在内的 23 个国家，根据这一宪章中有关国际贸易政策的内容，进行了减让关税的多边谈判。并将《哈瓦那宪章》中部分贸易规则和多边谈判中形成的关

---

① 王新奎等著：《中国发展中国家与 WTO》，上海远东出版社 2000 年版，第 30 ~ 32 页。

② 世界贸易组织秘书处编：《贸易走向未来》，张江波等译，法律出版社 1999 年版，第 81 页。

③ 王新奎等著：《中国发展中国家与 WTO》，上海远东出版社 2000 年版，《总序》第 8 页。

税减让合在一起构成的一揽子内容，称为《关税及贸易总协定》(General Agreement on Tariffs and Trade，GATT)。1947 年 10 月 30 日美国等 23 个国家在日内瓦签订了《关税及贸易总协定》，并于 1948 年 1 月 1 日开始临时适用。从 1948 年到 1995 年 1 月 1 日世界贸易组织建立之前，"关税及贸易总协定"实际上已成为各成员共同遵守的贸易准则、协调国际贸易与各成员经济政策的多边临时性协议和组织。1947 ~ 1994 年，关贸总协定主持了 8 轮多边关税与贸易谈判，第 8 轮谈判于 1986 年至 1993 年 12 月 15 日在日内瓦举行，称为"乌拉圭回合"。1990 年，欧共体和加拿大分别正式提出成立世界贸易组织的议案。1994 年 4 月 15 日，在摩洛哥的马拉喀什市举行的关贸总协定乌拉圭回合部长会议决定成立更具全球性的世界贸易组织，以取代关税及贸易总协定。1995 年 1 月 1 日，世界贸易组织成立。

四、多国参与的区域经济一体化

20 世纪 50 年代初以来，比较典型的，多国参与的区域经济一体化实体有：欧共体及欧盟（EU）、美加自由贸易协定（CUSFTA）、东南亚国家联盟（ASEAN）、南亚区域合作联盟、南方共同市场（MERCOSUR）、中美洲共同市场（CACM）、拉美一体化联盟（LALA）、独联体（CIS）经济一体化进、中欧自由贸易协定（CEFTA）、美洲自由贸易区（NAFTA）、亚太经合组织（APEC）、跨太平洋伙伴关系协定（TPP）、跨大西洋贸易与投资伙伴关系协定（TTIP）、区域全面经济伙伴关系（RECP）、亚太自贸区倡议（FTAAP）等。其中，欧共体及欧盟的区域一体化进程取得了较好成效。不过欧盟既是一个经济联盟，也是一个政治联盟。

（一）欧洲经济共同体（1951 ~ 1958 年）

第二次世界大战后，被战争削弱的欧洲国家为了抗衡美苏两霸，开始走联合自保与自强的道路。1950 年 5 月 9 日，法国外长 R. 舒曼提出欧洲煤钢共同体计划（即舒曼计划），1951 年 4 月 18 日，法、意、联邦德国、荷、比、卢六国签订了为期 50 年的《关于建立欧洲煤钢共同体的条约》。1955 年 6 月 1 日，参加欧洲煤钢共同体的六国外长在意大利墨西拿举行会议，建议将煤钢共同体的原则推广到其他经济领域，并建立共同市场。1957 年 3 月 25 日，法国、联邦德国、意大利、荷兰、比利时和卢森堡六国政府首脑和外长，在罗马签订了建立欧洲经济共同体与欧洲原子能共同体的两个条约，《罗马条约》经六国议会批准，于 1958 年 1 月 1 日生效，标志着欧洲经济共同体的正式诞生；《欧洲经济共同体条约》提出："通过本条约，缔约各方在它们之间建立一个欧洲经济共同体。"目标是："通过共同市场的建立和各成员国经济政策的逐步接近，在整个共同体内促进经济活动的和谐发展，不断的均衡的扩展，日益增长的稳定，生活水平加速提高以及各成员国间越来越密切的关系。"为了使欧洲经济共同体有效地发挥作用，条约还规定：“在各成员国之间取消商品进、出口的关税和定量限制，以及具有同等影响的一切其他措施、建立共同的农业政策、建立共同的运输政策等。”1962年7月1日，欧洲经济共同体开始实行共同农业政策，对农产品实施统一的价格管理和价格保证；1968年8月开始实行农产品统一价格；1969年取消农产品内部关税，对外征收差价税，实行主要农产品在区内自由流动；1971年起对农产品贸易实施货币补贴制度。

（二）欧洲计划共同体（1967～1993年）

1965年4月8日，法国、联邦德国、意大利、荷兰、比利时和卢森堡六国签订了《布鲁塞尔条约》，决定将欧洲煤钢共同体、欧洲原子能共同体和欧洲经济共同体统一起来，统称欧洲共同体（EC），条约于1967年7月1日生效。欧共体总部设在比利时布鲁塞尔。1973年丹麦、爱尔兰和英国加入欧共体，1981年希腊加入欧共体，1986年西班牙和葡萄牙加入欧共体。1991年12月11日，欧共体马斯特里赫特首脑会议通过了建立欧洲经济货币联盟和欧洲政治联盟的《欧洲联盟条约》（通称《马斯特里赫特条约》，简称《马约》），1992年2月1日，各国外长正式签署马约，经欧共体各成员国批准，《马约》于1993年11月1日正式生效。1985年6月欧共体首脑会议批准了建设内部统一大市场的白皮书，1986年2月各成员国正式签署为建成大市场而对《罗马条约》进行修改的《欧洲单一文件》。统一大市场的目标是逐步取消各种非关税壁垒，包括有形障碍（海关关卡、过境手续、卫生检疫标准等）、技术障碍（法规、技术标准）和财政障碍（税别、税率差别）；建立共同财政政策，通过财政收入的再分配，使欧共体具备超国家的经济力量来干预内部经济等。欧共体是世界上一支重要的经济力量。1992年欧共体12国，面积为236.3万平方公里，人口3.46亿；国内生产总值为68412亿美元（按当年汇率和价格）；外贸总额约为29722亿美元，其中，出口14518.6亿美元，进口15202.7亿美元。欧共体与世界上130多个国家和地区建立了关系，在欧洲以外的81个国家和4个国际组织所在地派驻了代表，而向欧共体派驻使团的国家也达133个。

（三）欧盟（1993年至今）

1993年11月1日，欧洲联盟正式成立，欧共体从此更名为欧盟（EU）。欧洲三大共同体纳入欧洲联盟，这标志着欧共体从经济实体向经济政治实体过渡。《马约》生效后，为进一步确立欧洲联盟单一市场的共同贸易制度，欧共体各国外长于1994年2月8日一致同意取消此前由各国实行的6400多种进口配额，而代之以一些旨在保护科技产业的措施。实行共同的农业政策。欧洲统一大市场正式启动，商品、资金、服务和人员开始在欧盟各成员国之间自由流通。1994年1月1日，欧洲经济暨货币联盟（Economic and Monetary Union of the European Union）进入第二阶段，成立欧洲货币管理局，1998 年 1 月欧洲中央银行成立，1999 年欧元开始运作，2002 年 1 月 1 日，硬币与纸币开始流通，完全代替旧有货币。3 月 1 日，欧元成为欧元区国家唯一法定货币。

法国、德国、意大利、荷兰、比利时、卢森堡为创始成员国。此后，丹麦、爱尔兰、英国（包括直布罗陀）（1973 年），希腊（1981 年），西班牙和葡萄牙（1986 年），奥地利、芬兰、瑞典（1995 年）先后成为欧盟成员国。2004 年 5 月 1 日，欧盟实现了有史以来规模最大的扩盟，波兰、捷克、匈牙利、斯洛伐克、斯洛文尼亚、塞浦路斯、马耳他、拉脱维亚、立陶宛和爱沙尼亚十个国家同时加入欧盟。2007 年 1 月 1 日，保加利亚和罗马尼亚加入欧盟。2013 年 7 月 1 日，克罗地亚入盟。2020 年 1 月 31 日，欧盟议会正式批准了英国脱欧。至此，欧盟共有 27 个成员国。欧洲联盟是欧洲地区规模较大的区域性经济合作组织。成员国已将部分国家主权交给欧盟统一行使（主要是经济方面，如货币、金融政策、内部市场、外贸），使欧洲联盟越来越像联邦制国家。欧盟与世界上大多数国家和地区建立了外交关系，并缔结了各种经贸合作协定。目前有 160 多个国家向欧盟派驻了外交使团，欧盟也已在 120 多个国家及国际组织所在地派驻了代表团。在一些国际机构如世界贸易组织中，欧盟代表成员国发出声音并行使权利。欧盟还参与经济合作与发展组织（OECD）工作，并在联合国及一些专业机构中派有观察员。

五、对我国国内区域经济一体化的启示

（一）促进要素和贸易的自由流动

GATT 和 WTO 多边一体化的众多协议都由基本原则、处理问题的附加细节、各经济体市场准入承诺关税减让表三部分组成，着力点是督促成员逐步取消在货物贸易、服务贸易、与贸易有关的知识产权等三方面的各经济体关税壁垒和非关税壁垒。欧共体十二国于 1985 年 6 月批准建立的统一大市场白皮书中提出了 282 项统一法规和 148 项补充措施，着力点是督促成员逐步取消在货物贸易、服务贸易、投资和自然人流动方面的限制，真正实现商品、服务、资本、人员四大要素的自由流动。

（二）规范制度的制定和执行程序

1. 制定程序

在国际多边一体化和多方参与的区域一体化的众多促进要素和贸易自由流动的制度（包括协议、协定、附加细节、清单等），都是由参与方派出代表通过谈判、签约以及参与方内部相关机构批准等程序后，才得以生效和执行。既有参与方充分表达意见的过程，又具有其承诺履约的法律程序。例如，GATT 协议的谈判从 1947 年到 1994 年，在时间上长达 47 年，参与方达到 125 个，这场长达 47 年、进行了 8 轮的世界贸易问题一揽子协议谈判，任务之艰巨，让参与谈判的全世界贸易官员都感到谈判带来

的疲劳，协议所产生的困难使一些人认为，这样规模的谈判再也不可能进行了[①]；仅欧洲经济共同体形成也花费了七年，参与方达到6个。

2. 执行程序

在GATT和WTO多边一体化多边规则执行中要求，在约束税率（关税税率的上限）之外不鼓励非关税壁垒（配额、进口数量等），各成员方应当将贸易规则、政策和做法提交WTO进行审议，各成员方应当明确公开贸易规则、政策和做法。

（三）对欠发达国家的特殊支持

GATT和WTO多边一体化要求：发达经济体给予发展中经济体贸易减让时，不应当让发展中经济体做出同样的互惠交换，各经济体给予发展中经济体减让而不需要给予全体成员同样的减让（特殊和差别待遇），发展中经济体在实施承诺方面可以有更多的时间（大多数协议），增加发展中经济体贸易机会（如纺织品、服务贸易、技术性贸易壁垒），在采取国内和国际措施时保障发展中经济体利益（如反倾销、保障措施、技术性贸易壁垒），通过各种方式支持发展中经济体（如帮助他们处理有关动植物健康标准的承诺、技术标准以及帮助他们增强其国内电信部门的能力、在WTO争端案件中提供法律建议），对最不发达经济体关注的产品降税和减少非关税壁垒的承诺可以提前实施。

在欧盟区域一体化“凝聚与区域政策”中，在区域发展机构基金（ERDF）、欧洲社会基金（ESF）、欧洲农业指导与保证基金（EAGGF）、渔业指导制度工具（FIFG），按照趋同性目标，对欧盟最不发达和最贫困的成员国和区域，进行特殊支持。

第四节　实现我国区域经济一体化的条件

无论是国际的区域经济一体化，还是国内区域经济一体化实现的前提条件是市场一体化，而市场一体化需要通过公共设施与服务一体化和制度一体化来保障。影响市场一体化的因素主要有自然因素、市场因素和制度因素。通过区域之间的道路、交通、通信等公共设施与服务的一体化，能够有效的降低自然因素对要素与贸易自由流动的影响；通过人员流动、户籍、资本、产权、土地、商品、服务、环保等制度，可以最大限度地避免各类主体对要素和贸易自由流动的干预或限制。因此，市场一体化、公共设施与服务一体化和制度一体化三位一体、有效衔接是实现区域经济一体化的前提条件。没有市场一体化、公共设施与服务一体化和制度一体化有效支撑，区域经济一体化将成为“纸上画画、墙上挂挂”的空中楼阁。

---

① 世界贸易组织秘书处编：《贸易走向未来》，张江波等译，法律出版社1999年版，第19页。

一、市场一体化

市场一体化是指人员、资本、土地、产权、商品、服务等要素和贸易自由流动、平等交换。

（一）人力资源市场

人口流动需要统筹建设的内容：深化户籍制度改革，构建城乡居民身份地位平等的户籍登记制度；完善户籍管理制度，全面放开Ⅱ型大城市、中小城市及建制镇的落户限制；有序推动农村人口向条件较好、发展空间较大的城镇、特色小镇和中心村相对集中居住和创业发展；提高城市包容性，推进城镇基本公共服务常住人口全覆盖，有序推进农业转移人口市民化。劳动力流动需要统筹建设的内容：打破阻碍劳动力在城乡、区域间流动的不合理壁垒，促进就业岗位信息共享和服务政策有机衔接、整合发布，联合开展就业洽谈会和专场招聘会。人才流动需要统筹建设的内容：促进人才特别是高层次人才在区域间有效流动和优化配置，探索建立户口不迁、关系不转、身份不变、双向选择、能出能进的人才柔性流动机制；打破户籍、身份、人事关系等限制，实行专业技术任职资格、继续教育证书、外国人工作证等互认互准制度；推动城乡人才双向流动，鼓励和引导城市人才回乡创业兴业。

（二）各类资本市场

促进资本跨区域有序自由流动，完善区域性股权市场。加快金融领域协改革和创新。依法合规扩大发行企业债券、绿色债券、创新创业债券等；推动建立统一的抵押质押制度，推进区域异地存储、信用担保等业务同城化；联合共建金融风险监测防控体系，共同防范化解区域金融风险。鼓励地方政府联合设立区域一体化发展投资专项资金，主要用于重大基础设施建设、生态经济发展、盘活存量低效用地等投入。

（三）城乡统一的土地市场

深化城镇国有土地有偿使用制度改革，扩大土地有偿使用范围。完善城乡建设用地增减挂钩政策，建立健全城镇低效用地再开发激励约束机制和存量建设用地退出机制。探索区域范围内补充耕地统筹机制，优先保障跨区域重大基础设施项目、生态环境工程项目所涉及新增建设用地和占补平衡指标。探索建立跨区域统筹用地指标，建立统一的建设用地指标管理、建设用地收储和出让。推进农村集体经营性建设用地使用权出让、租赁、入股、入市，进一步完善承包地所有权、承包权、经营权三权分置制度，探索宅基地所有权、资格权、使用权三权分置改革，建立城乡统一的建设用地市场。

（四）各类产权市场

培育完善各类产权交易平台，探索建立水权、排污权、知识产权、用能权、碳排放权等初始分配与跨省交易制度，逐步拓展权属交易领域与区域范围。进一步完善自然资源资产有偿使用制度，构建统一的油气、电力、煤炭等自然资源资产交易平台。建立统一的技术和数据市场，制定统一的成果转移转化支持政策，实现区内技术创新成果转化的市场化配置，实行高技术企业与成果资质互认制度。加强产权交易信息数据共享，建立统一信息发布和披露制度。

二、公共设施和服务一体化

公共设施和服务一体化是保障区域之间要素和贸易自由流动的通道，主要由基础设施一体化，环境保护一体化和公共服务一体化三方面内容构成。

（一）基础设施一体化

坚持优化提升、适度超前的原则，统筹推进区域基础设施建设，形成互联互通、管理协同的基础设施体系。

（1）建设一体化综合交通体系。加快建设集高速铁路、普速铁路、城际铁路、市域（郊）铁路、城市轨道交通于一体的现代轨道交通运输体系。加快省际高速公路建设，对高峰时段拥堵严重的国省道干线公路实施改扩建，形成便捷通达的公路网络。构建分工明确、功能齐全、联通顺畅的机场体系，提高区域航空国际竞争力。优化港口布局，健全一体化发展机制，形成合理分工、相互协作的港口群。

（2）完善信息基础设施。加快推进5G网络建设，支持电信运营、制造、IT等行业龙头企业协同开展技术、设备、产品研发、服务创新及综合应用示范。大力发展基于物联网、大数据、人工智能的专业化服务，提升各领域融合发展、信息化协同和精细化管理水平。积极推进以“互联网+先进制造业”为特色的工业互联网发展，打造国际领先、国内一流的跨行业跨领域跨区域工业互联网平台。

（3）完善能源设施。增强天然气供应能力，加快天然气管网建设，促进区域内天然气管道联通。完善电网主干网架结构，提升互联互通水平，提高区域电力交换和供应保障能力。因地制宜积极开发陆上风电与光伏发电，有序推进海上风电建设，鼓励新能源龙头企业跨省投资建设风能、太阳能、生物质能等新能源。

（4）完善水利设施。以骨干河道、湖泊、岸线为关键节点，完善区域水利发展布局。加强崩塌河段岸线整治，实施海塘达标提标工程。建立区域内原水联动及水资源应急供给机制，提升防洪（潮）和供水安全保障能力。

（二）环境保护一体化

坚持生态保护优先，把保护和修复生态环境摆在重要位置，加强生态空间共保，推动环境协同治理，夯实绿色发展生态本底。

（1）构建林网生态体系。强化生态红线区域保护和修复，确保生态空间面积不减少。强化区域间统筹，加强森林、河湖、湿地等重要生态系统保护，提升生态系统功能。加强天然林保护，建设沿海、沿江、沿河、沿湖、沿路、农田林网、丘陵等林网体系。

（2）推进水气土综合防治。推进水污染防治、水生态修复、水资源保护，促进跨界水体水质明显改善。强化能源消费总量和强度“双控”，进一步优化能源结构，依法淘汰落后产能，推动大气主要污染物排放总量持续下降，切实改善区域空气质量。统一固废危废防治标准，建立联防联治机制，提高无害化处置和综合利用水平。强化源头防控，加大区域环境治理联动，提升区域污染防治的科学化、精细化、一体化水平。

（3）完善生态补偿机制。建立健全开发地区、受益地区与保护地区横向生态补偿机制，探索建立污染赔偿机制。

（三）公共服务一体化

加强政策协同，创新跨区域服务机制，提升公共服务水平，推动基本公共服务便利共享，促进社会公平正义。

（1）教育和医疗。扩大优质教育供给，促进教育均衡发展，率先实现区域教育现代化。优化配置医疗卫生资源，大力发展健康产业，推动重大传染病联防联控，持续提升区域人民健康水平。

（2）文化和旅游。加强文化政策互惠互享，推动文化资源优化配置，全面提升区域文化创造力、竞争力和影响力。深化旅游合作，统筹利用旅游资源，推动旅游市场和服务一体化发展。

（3）加强和创新社会治理。提高社会化、法治化、智能化、专业化水平，共同建设平安区域。加强信用建设区域合作，优化区域整体信用环境，推动诚信记录共享共用，健全诚信制度，建立重点领域跨区域联合奖惩机制，不断提升各类主体的诚信感受度。

三、制度一体化

消除区域内要素和贸易自由流动的行政壁垒和体制机制障碍，建立行之有效的制度体系，将市场一体化的内容融入制度一体化中。从前面讨论的内容可以看到，国际上的多边一体化和区域经济一体化都是将促进要素和贸易自由流动的内容与成员国签订或签署的协议、协定、契约中的关税减让内容融合为一体的，即促进要素和贸易自由流动的内容就是协议、协定、契约中的关税减让内容。从某种角度讲，区域经济一体化中的市场一体化的主要内容就是促进要素和贸易自由流动，而区域经济一体化中的制度一体化的主要内容就是消除限制要素与贸易自由流动的行政壁垒（即区域内各级政府限制要素和贸易自由流动的规划、规定、政策、制度、标准等）。因此，区域经济一体化中的市场一体化和制度一体化针对的是同一个对象，即促进要素与贸易自由流动，因此没有必要把区域经济一体化中的市场一体化和制度一体化分为两个体系。

如果把区域经济一体化中的市场一体化和制度一体化分为两个体系，各讲各的一套，将会形成市场与制度的扯皮。

（一）统一规划管理

创新规划编制审批模式，探索建立统一编制、联合报批、共同实施的规划管理体制。地方依据国家有关规定共同编制国土空间规划和控制性详规，按程序联合报批。各类专项规划由区域内政府责任主体共同编制、共同批准、联合印发。

（二）实行统一的市场准入制度

统一企业登记标准，实行企业登记无差别办理；建立区内企业自由迁移服务机制，允许区内企业自由选择注册地名称；企业登记等事项“一地受理、一次办理”。除法律法规明确规定外，不得要求企业必须在某地登记注册，不得为企业跨区域经营或迁移设置障碍。不得设置不合理和歧视性的准入、退出条件以限制商品服务、要素资源自由流动。不得以备案、注册、年检、认定、认证、指定、要求设立分公司等形式设定或者变相设定准入障碍。不得在资质认定、业务许可等方面，对外地企业设定明显高于本地经营者的资质要求、技术要求、检验标准或评审标准。清理规范行政审批、许可、备案等政务服务事项的前置条件和审批标准，不得将政务服务事项转为中介服务事项，没有法律法规依据不得在政务服务前要求企业自行检测、检验、认证、鉴定、公证以及提供证明等，不得搞变相审批、有偿服务。未经公平竞争不得授予经营者特许经营权，不得限定经营、购买、使用特定经营者提供的商品和服务。

（三）建立区域政策审议机制

加强政策制定协商和审议，在人力资源流动、资本流动、投融资、招商引资、企业登记及迁移、财税分享、土地管理、产权转让、环境保护、基本公共服务清单、社会保险异地办理、医疗保险异地结算、异地养老补贴结等区域政策制定领域政府间协商机制，达成一致的政策意见后，由区域内各级政府签署确认。建立涉企优惠政策目录清单并及时向社会公开，及时清理废除各地区含有地方保护、市场分割、指定交易等妨碍统一市场和公平竞争的政策，全面清理歧视外资企业和外地企业、实行地方保护的各类优惠政策，对新出台政策严格开展公平竞争审查。制定招标投标和政府采购制度规则要严格按照国家有关规定进行公平竞争审查、合法性审核。招标投标和政府采购中严禁违法限定或者指定特定的专利、商标、品牌、零部件、原产地、供应商，不得违法设定与招标采购项目具体特点和实际需要不相适应的资格、技术、商务条件等。不得违法限定投标人所在地、所有制形式、组织形式，或者设定其他不合理的条件以排斥、限制经营者参与投标采购活动①。

① 中共中央、国务院：《关于加快建设全国统一大市场的意见》，新华社，2022 年 4 月 10 日。

（四）统一管理的标准制度

按照建设全国统一大市场要求，探索建立层次分明、结构合理的区域协同标准体系。建立区域标准化联合组织，负责区域统一标准的立项、发布、实施、评价和监督。在农产品冷链物流、环境联防联治、生态补偿、基本公共服务、信用体系等领域，先行开展区域统一标准试点。推进地区间标准互认和采信，推动检验检测结果互认，实现区域内重点标准目录、具体标准制定、标准实施监管三协同。

（五）区域间成本共担利益共享制度

探索建立跨区域产业转移、重大基础设施建设、园区合作的成本分担和利益共享机制，推进税收征管一体化，实现地方办税服务平台数据交互，探索异地办税、区域通办。研究对新设企业形成的税收增量属地方收入部分实行跨地区分享，分享比例按确定期限根据因素变化进行调整管理制度。

（六）让一体化制度成为区域内政府行为的刚性约束

建立健全区域一体化发展的指标体系、评价体系、统计体系和绩效考核体系，完善重大经济指标协调划分的政府内部考核制度，调动区域内各地政府积极性。让一体化经济区域的制度成为区域内各级政府行为的刚性约束。要做到这一点，一是必须将我国区域一体化中要素与贸易自由流动的政府合作备忘录、合作倡议、领导座谈会纪要、区域各类规划、政策、标准等上升到相关政府协商一致的、签署认可的、刚性的规范制度。二是建立区域范围内的对要素和贸易自由流动有影响的所有制度进行统一审查，进行审查通过的制度予以公开。三是建立区域内影响要素和贸易自由流动的利益争端处理机制。

第五节　区域经济一体化与区域协调发展的衔接

一、加强区域经济一体化与区域协调发展的衔接

在国际上多边一体化和区域一体化实践中，存在区域经济一体化的区域经济发展速度快于多边一体化的经济发展速度。笔者的学生张昊宇在其硕士学位论文《城市群空间结构与经济绩效差异的研究》中，对我国19个城市群的研究中发现“从2010年以来我国城市群的空间结构出现集中趋势”。而这一时期恰恰是我国推进城市群发展时期。据统计，2013～2015年全国GDP平均增速为7.3%，而同期，我国12个主要城市群中有9个城市群的GDP增速均高于全国平均水平①。研究表明，以要素和贸易自由

① 石敏俊：《区域经济学》，中国人民大学出版社2020年版，第156页。

流动为目标的区域一体化的区域，在区域一体化之初，区域差距不但不缩小反而扩大，这就大大削弱了区域一体化的生命力和区域参与各方的积极性。城市群发展、都市圈发展等都是区域经济一体化发展方式。因此，从一些相关研究看，区域经济一体化发展方式也许最终能够达到缩小一体化区域内发达区域和欠发达区域的区域差异，相对于一体化区域以外区域而言，可能扩大一体化区域以外区域的区域差异。事实上，区域经济一体化发展方式本质上是一种区域经济发展的极化发展方式，而区域协调发展本质上一种极化发展区域与次发展区域之间的平衡发展方式。因此，在区域协调发展战略要求下，区域经济一体化的发展要求需要与区域协调的发展要求进行衔接。

二、应当高度重视和加强对次发达区域的倾斜支持

在我国区域经济一体化中也考虑了一些对区域中次发达区域的支持要求。例如，在长三角区域一体化中就有“加强长三角中心区与苏北、浙西南、皖北等地区的深层合作，加强徐州、衢州、安庆、阜阳等区域重点城市建设，辐射带动周边地区协同发展。探索共建合作园区等合作模式，共同拓展发展空间。”也有一些对区域之间的次发达区域的支持要求。例如，“深化长三角与长江中上游区域的合作交流，加强沿江港口、高铁和高速公路联动建设，推动长江上下游区域一体化发展。”但是，上述对区域中次发达区域的支持和对区域之间次发达区域的支持的内容，都是用协同或合作方式进行的，而协同和合作的方式都是平等关系的，与国际上多边一体化中对欠发达国家的非互惠、特殊和差别待遇存在较大的距离，与欧盟区域一体化“凝聚与区域政策”中对欠发达国家和区域实行的趋同性目标也存在较大的距离。

三、加强一体化区域内外区域之间的协调发展

从我国目前区域一体化推进的实际情况看，一体化区域内的协调发展，主要是要将一体化区域范围内的城市一体化和城乡一体化衔接起来，既要考虑一体化区域范围内的城市一体化，更要考虑一体化区域内的城乡一体化；既要考虑一体化区域内的大中小城市差距缩小，又要考虑一体化区域内的城乡差距的缩小。避免离开城乡一体化谈论城市一体化，将区域一体化异化为区域经济的极化发展方式，而不是协调发展方式。一体化区域外的协调发展，是指将一体化区域的内外发展协调起来，推进一体化区域与相对区域之间的协调发展。例如，2019 年 12 月发布的我国《长江三角洲区域一体化发展纲要》中就提出“深化长三角与长江中上游区域的合作交流，加强沿江港口、高铁和高速公路联动建设，推动长江上下游区域一体化发展。”

第五章

区域协调发展

《中华人民共和国国民经济和社会发展第十四个五年规划和2035年远景目标纲要》的第32章“深入实施区域协调发展战略”中提出“深入推进西部大开发、东北全面振兴、中部地区崛起、东部率先发展，支持特殊类型地区加快发展，在发展中促进相对平衡。”因此，在我国，区域协调发展是一种新型的平衡发展或均衡发展的区域经济发展方式，其目标是逐步缩小极化发展区域与次发展区域之间的经济社会发展差距。本章由“区域协调发展的内涵和特征”“我国区域协调发展的实践探索”“区域协调的对象及内容”“区域协调发展机制”“区域要素优化配置”五部分内容构成。

第一节　区域协调发展的内涵和特征

区域协调发展，既是缩小我国区域发展差距的目标和要求，也是评价我国区域发展差距的标准和尺度，还是我国区域经济发展的方式或手段。

一、区域协调发展的内涵

在我国《辞海》中，“协调”一词是指“配合得适当”[①] 的含义。“区域协调发展既是一种动态的长期过程，也是某一竞争的瞬间状态。作为一种动态过程，其围绕各个具体的目标而对系统中的经济活动加以调节，以达到‘同心协力，相互配合’，体现了其作为一种关系调节手段和获得一种管理和控制职能的特点；作为一种瞬时状态，其表明各子系统或各系统因素之间，系统各功能之间，结构或目标之间的融合关系，从而描述系统的整体效应。”[②]“区域协调发展主要解决的是区域间的非均衡发展问题。”[③] 在郝寿义老师的《区域经济学原理》一书中认为“区域经济协调发展，就是不同区域基于自身要素禀赋的特点，确定不同的要素约束条件下的开发模式，形成合理的分工，同时在政府的调控下保持区域之间的发展条件，人民生

① 中国社会科学院语言研究所词典编辑室：《现代汉语词典》，商务印书馆1983年版，第1275页。

② 姜文仙：《区域协调发展的动力机制研究》，暨南大学博士学位论文，2011年，第44页。

③ 颜银根：《全国统一市场建设落脚点是市场一体化》，载于《社会科学报》2022年10月21日第2版。

活水平的差距在合理的范围内，人与自然之间保持和谐状态下的发展状态。”[①]“在党的十九大报告区域协调发展战略表述中，区域协调发展包含后进地区或不充分发展地区或边疆地区中的优先发展，实现后进地区或不充分发展地区、先进地区、边疆地区的整体发展。党的十九大报告区域协调发展战略中还提出了‘共抓大保护、不搞大开发为导向推动长江经济带发展。’‘坚持陆海统筹，加强海洋强国’等。因此，区域协调发展是处理或评价区域内部和区际之间发展状况的方法。区域协调发展在处理区际关系和区域内部关系时，可表述为初步协调、比较协调、相当协调和基本一致四种程度……当区域协调达到基本一致程度时，区域协调发展就是区域平衡发展了。”[②]“协调既是发展手段又是发展目标，同时还是评价发展的标准和尺度，是发展两点论和重点论的统一，是发展平衡和不平衡的统一，是发展短板和潜力的统一。”[③]

2018 年 11 月 18 日，中共中央、国务院《关于建立更加有效的区域协调发展新机制的意见》中提出“立足发挥各地区比较优势和缩小区域发展差距，围绕努力实现基本公共服务均等化、基础设施通达程度比较均衡、人民基本生活保障水平大体相当的目标，深化改革开放，坚决破除地区之间利益藩篱和政策壁垒，加快形成统筹有力、竞争有序、绿色协调、共享共赢的区域协调发展新机制，促进区域协调发展。”2020 年 5 月 17 日，在新华社发布的《中共中央、国务院关于新时代推进西部大开发形成新格局的指导意见》中提出“确保到 2020 年西部地区生态环境、营商环境、开放环境、创新环境明显改善，与全国一道全面建成小康社会；到 2035 年，西部地区基本实现社会主义现代化，基本公共服务、基础设施通达程度、人民生活水平与东部地区大体相当，努力实现不同类型地区互补发展、东西双向开放协同并进、民族边疆地区繁荣安全稳固、人与自然和谐共生。”

目前，国内学者对区域协调发展的内涵尚未形成统一认识。综合党的十九大报告、中共中央、国务院《关于建立更加有效的区域协调发展新机制的意见》《关于新时代推进西部大开发形成新格局的指导意见》和《中华人民共和国国民经济和社会发展第十四个五年规划和 2035 年远景目标纲要》等重要文件中提出来的有关区域协调发展的含义，本书将区域协调发展定义为：区域协调发展，既是缩小我国区域发展差异的目标和要求，也是评价我国区域发展差异的标准和尺度，还是我国区域经济发展的方式或手段。

---

① 郝寿义：《区域经济学原理》，格致出版社 2016 年版，第 280 页。

② 朱建江主编：《区域发展导论》，上海社会科学院出版社 2020 年版，第 7 页。

③ 习近平：《习近平谈协调：协调既是发展手段又是发展目标》，载于《人民日报》2016 年 3 月 3 日第 11 版。

理解区域协调发展内涵，还需要辨析区域协调发展内涵与区域均衡（平衡）发展内涵之间的关系。区域均衡（平衡）发展是区域协调发展一种形式。区域均衡发展是区域非均衡发展相对而言的。区域均衡发展是指资源向经济发展劣势区域倾斜配置的区域经济发展方式或空间资源配置方式，是补短板、效率与公平兼顾、雪中送炭的区域经济发展方式或资源空间配置方式；区域非均衡发展是指资源向经济发展优势区域倾斜配置的区域经济发展方式或空间资源配置方式，是拉长板、效率优先、锦上添花的区域经济发展方式或资源空间配置方式；可见，区域均衡发展和非均衡发展是从资源（要素）区域配置角度讲的。而区域协调发展是从区域之间发展差距（包括区域之间经济发展水平的差距、公共设施与服务差距、人民生活水平差距等）角度讲的，从区域经济发展逻辑看，区域之间的发展差距是资源配置的空间差距造成的，缩小区域之间的发展差距，需要通过优化资源空间配置的方式来解决。只不过是，区域均衡发展是从区域经济资源配置或从区域经济发展过程角度讲的，区域协调发展是从区域经济发展结果或目标角度讲的；区域均衡发展与区域协调发展讲的都是不同阶段的区域经济发展方式，是区域经济发展方式同一件事的两面；因此，区域均衡发展与区域协调发展两者之间的内涵是基本一致的，我们讲区域协调发展就是讲区域均衡发展，只不过是表达的用词不同而已。反过来，当我们讲区域发展不协调，就是讲区域发展非均衡。从区域经济的发展实践看，区域均衡发展与区域协调发展适用的经济发展阶段是一样的，区域均衡发展与区域协调发展一般发生于或适用于工业化和城镇化发展的前期和中后期，而区域非均衡发展与区域协调发展一般发生于或适用于工业化和城镇化的前中期。

理解区域协调发展内涵，还需要辨析区域协调发展内涵与区域经济一体化内涵之间的关系。区域经济一体化与区域协调发展的内涵主要区别在于：区域一体化关注的焦点和重点是一个区域内部（例如，即使像都市圈和城市群这样的一体化区域也应该将其看作一个整体区域来筹划）的关系，而区域协调发展关注的焦点和重点是区域之间（例如，即使像极化发展区域与次发展区域这样的一个区域系统，也应该将其作为一个异质区域来筹划）的关系；区域一体化是一种区域经济发展的不平衡发展方式或拉长板发展方式，其目标是提高区域一体化范围内的整体经济效率，但往往拉开区域一体化空间范围外的差距；而区域协调发展是一种区域之间的平衡发展方式或补短板发展方式，其目标是逐步缩小区域之间的经济社会发展差距；区域一体化主要关键词是一体化范围内的各地区之间“你中有我、我中有你、相互依存、融合发展”，而区域协调发展主要关键词是各区域之间的“同心协力，相互配合、优势互补、合作共赢”。总体看，区域经济一体化与区域协调发展是两种不同的区域经济发展方式，前者，着眼于集聚和效率；后者，着眼于平衡与公平。

二、区域协调发展的特征

（一）区域协调发展具有缩小区域发展差距及均衡发展的特征

中共中央、国务院《关于建立更加有效的区域协调发展新机制的意见》中提出“到2035年，……区域协调发展新机制在显著缩小区域发展差距和实现基本公共服务均等化、基础设施通达程度比较均衡、人民基本生活保障水平大体相当。”[①] 和中共中央、国务院在《关于新时代推进西部大开发形成新格局的指导意见》中提出“到2035年，西部地区基本实现社会主义现代化，基本公共服务、基础设施通达程度、人民生活水平与东部地区大体相当。”

（二）区域协调发展具有补短板特征

中共中央、国务院在《关于新时代推进西部大开发形成新格局的指导意见》中提出“西部地区发展不平衡不充分问题依然突出，巩固脱贫攻坚任务依然艰巨，与东部地区发展差距依然较大，维护民族团结、社会稳定、国家安全任务依然繁重，仍然是全面建成小康社会、实现社会主义现代化的短板和薄弱环节。”[②] 中共中央办公厅、国务院办公厅在《关于推进以县城为重要载体的城镇化建设的意见》提出“尊重县城发展规律，统筹县城生产、生活、生态、安全需要，因地制宜补齐县城短板弱项。”[③] “区域平衡发展政策，本质上是区域发展中的补短板概念。区域平衡发展战略及其政策与区域不平衡发展战略及其政策的区别界线在于，前者是在地区间补短板，即促进落后地区加快发展；后者是在地区间拉长板，即促进先进地区再先进。”[④]

（三）区域协调发展具有适用于城镇化前期和中后期发展阶段的特征

前面提到，区域协调发展一般发生于或适用于工业化和城镇化发展的前期和中后期，从新中国成立到1978年改革开放前，我国区域经济发展实行的是资源向我国内地倾斜配置或缩小我国沿海与内地工业经济发展差距的均衡发展方式或地区协调发展方式。改革开放后到1999年，我国区域经济发展实行的是资源向我国沿海倾斜配置或发挥我国沿海工业经济优势的非均衡发展方式或地区不协调发展方式。1999年起到现在，尤其在党的十八大以后，我国区域经济发展实行的是资源向我国内地

---

① 中共中央、国务院《关于建立更加有效的区域协调发展新机制的意见》，新华社，2018年11月29日。

② 中共中央、国务院：《关于新时代推进西部大开发形成新格局的指导意见》，新华社，2020年5月17日。

③ 中共中央办公厅、国务院办公厅：《关于推进以县城为重要载体的城镇化建设的意见》，新华社，2022年5月6日。

④ 朱建江：《小城镇发展新论》，经济科学出版社2021年版，第67页。

倾斜配置和向我国东部沿海重点发展区域（例如，京津冀地区、长三角地区、粤港澳大湾区等）倾斜配置的非均衡发展与区域协调发展（均衡发展）的区域经济发展方式。

第二节　我国区域协调发展的实践探索

第一节认为区域协调发展与区域均衡发展两者之间的内涵基本是一致的，只不过是，区域协调发展缩小区域之间发展差距的目标是从区域经济发展的结果角度讲的，而区域均衡发展是从区域经济发展的资源配置或区域经济发展的过程角度讲的，区域协调发展与区域均衡发展只是表达的用词不同而已，其内涵是基本一致的。基于这一认识，新中国成立以来的我国区域协调发展的实践可以归纳为下列三个阶段。

一、资源向内地倾斜配置的区域均衡发展（1949～1978 年）

中华人民共和国建立之初，我国的工业 70% 以上集中在占国土面积 12% 的东部沿海地区，其中，以上海为中心的长江三角洲地区工业占全国 20% 以上，以沈阳为中心的我国东北南部地区工业占全国 20% 以上，以天津为中心的京津唐地区工业占全国 10% 以上。但是，在我国广大的内陆地区，尤其是西北、西南地区，除了有少量的采矿业之外，几乎没有什么工业基础。比如，占国土面积 40% 以上的西北和内蒙古地区，工业总产值仅占全国的 3%，而占国土面积 20% 以上的西南地区，工业总产值仅占全国的 6%[①]。这种工业布局偏集于沿海地区的状况，影响了内地的经济发展和民族团结，成为新中国领导人考虑的重要问题。

在新中国成立初期，毛泽东同志就高度重视区域发展问题，把关注的重点集中在沿海与内地的关系上，核心是工业在沿海与内地的均衡布局问题，提出了利用沿海基础和开发内地的基本原则，并体现在中国向中西部倾斜的地区间投资比例和“三线建设”上[②]。在“一五”计划到“四五”计划时期（1953～1975 年：包括 1963～1965 年的调整时期），我国沿海地区和内陆地区，占同期全国基本建设投资的比重分别为，沿海地区占 40%，内陆地区占 55.5%（其中三线地区占全国基本建设投资的 40%）（见表 5－1）。

① 肖金成：《区域发展战略的演变与区域协调发展战略的确立——新中国区域发展 70 年回顾》，载于《企业经济》2019 年第 2 期。

② 孙久文等：《迈向现代化的中国区域协调发展战略探索》，载于《改革》2022 年 9 月。

表 5－1　　1953～1975 年全国基本建设投资的地区分布　　单位：%

时期	沿海	内地	其中“三线”地区
“一五”时期（1953～1957 年）	41.8	47.8	30.6
“二五”时期（1958～1962 年）	42.3	53.9	36.9
调整时期（1963～1965 年）	39.4	58.0	38.2
“三五”时期（1966～1970 年）	30.9	66.8	52.7
“四五”时期（1971～1975 年）	39.4	53.5	41.1
平均（1953～1975 年）	40.0	55.0	40.0

注：由于有一部分投资不分地区，因此，沿海和内地投资之和不等于 100%。
资料来源：刘再兴：《中国生产的整体布局研究》，中国物价出版社 1995 年版，第 13 页。

1952～1965 年，内地与沿海人均国民收入的相对差距缩小了 12.6 个百分点。第三和第四个两个五年计划期间，国家在三线地区相继建成了将近 2000 个大中型企业和科研单位，建成占全国三分之一以上固定资产的国防工业和机电工业为主体的三线工业，形成了五个大型科研基地和攀枝花、绵阳、德阳、遵义、都匀、凯里、酒泉、金昌等 30 个新兴城市。至 1975 年底。三线地区大型全民所有制企业占全国 43.1%，煤炭开采能力和水电装机容量占全国 50% 以上；炼铁、炼钢和轧材能力超过 30%；全国有色金属开采和冶炼能力的大部分、电子工业三分之二的企业集中在这里；机械工业固定资产占全国近 1/3①。

区域均衡发展的结果是区域协调发展，即区域之间的发展差距缩小。在旧中国留下的工业偏集于沿海地区的状况，马克思等经典作家们的“生产关系决定论”和苏联的“社会主义生产均衡布局理论”和 20 世纪 60 年代中期，中苏关系恶化，准备打仗的特定形势下，我国从 20 世纪 50 年代初到 70 年代末，采用了政府计划经济体制配置资源的方式，集中全国人力和资金，配置和投入到我国内地地区，形成了以协调“沿海与内地工业发展差距”为内容和协调“经济发展与国家安全”为内容的区域协调发展格局。

二、资源向沿海地区倾斜配置的区域非均衡发展（1979～1999 年）

改革开放后，理论界对我国 30 年区域发展经验教训进行了深刻的总结，对强调平衡而忽略效率的做法进行了反思。与此同时，国际上盛行的梯度推移理论被引入我国生产力布局与区域经济研究中，在理论界逐步形成非均衡发展理念。“六五”计划（1981～1985 年），国家明确指出，要充分利用沿海地区现有的经济发展基础，发挥好

① 肖金成：《区域发展战略的演变与区域协调发展战略的确立——新中国区域发展 70 年回顾》，载于《企业经济》2019 年第 2 期。

沿海地区的优势来带动内地经济进一步快速发展。“七五计划”（1986～1990 年）提出“东部地区加快发展，中部地区实行有重点发展，而西部地区是做好进一步开发的准备。”区域经济发展方针。1988 年，邓小平提出了“两个大局”的重要思想。即“沿海地区要加快对外开放，是这个拥有两亿人口的广大地带较快优先发展起来，从而带动内地更好地发展，这是一个事关大局的问题，内地要顾全这个大局。反过来，发展到一定的时候又要求沿海拿出更多的力量来帮助内地发展，这也是个大局，那时候，沿海要服从这个大局。”①

区域发展非均衡发展的结果是区域不协调发展，即区域之间的发展差距的扩大。从 1979 年起，我国实施了资源向我国区位优势较好、经济发展基础较好的东部沿海地区倾斜配置。在这一阶段里，我国区域经济发展不仅出现经济差距不断扩大，还出现社会发展不平衡。1979～1999 年，东部地区与中部、西部地区人均地区生产总值差距由 228 元扩大到 5431 元；1999 年，东部地区人均 GDP 比西部地区高 1.34 倍②；地区经济恶性竞争、区域市场封闭，各个地区政府相继构筑名目繁多的市场壁垒，严重阻碍中西部地区经济发展和全国市场的培育；另外，在区域发展非均衡发展方针指引下，国家给予东部地区较多的特殊优惠政策，而中西部国家给予政策相对不足，造成了我国东中西部地区在经济发展政策环境方面面临不公平的竞争。

三、资源向优势地区和劣势地区兼顾配置的均衡发展（1999 年至今）

“八五”（1991～1995 年）计划，国家提出了“统筹规划、合理分工、优势互补、协调发展、利益兼顾、共同富裕”区域经济发展方针。1999 年，国家作出了西部大开发的战略决策。中共十五届四中全会决定将西部大开发作为 21 世纪我国经济发展的重大战略之一，并在“十五”（2001～2005 年）计划中作了部署。在“十五”期间中央安排基础设施建设资金 4600 亿元，财政转移支付 5000 多亿元③，使西部地区的基础设施和生态环境明显改善，居民收入有显著增加。2003 年 10 月，中共中央、国务院发布了关于实施东北地区等老工业基地振兴战略的若干意见，对振兴东北老工业基地作出战略部署。2004 年国务院在政府工作报告中明确提出促进中部崛起战略，并纳入“十一五”规划，2006 年中央和国务院发布了《关于促进中部地区崛起的若干意见》，明确中部 6 省 26 个城市比照实施振兴东北老工业基地的政策，243 个县（市、区）比照实施西部大开发的政策。

---

① 邓小平：《邓小平文选》，人民出版社 1993 年版，第 211～228 页。

②③ 肖金成：《区域发展战略的演变与区域协调发展战略的确立——新中国区域发展 70 年回顾》，载于《企业经济》2019 年第 2 期。

根据前面所说的区域协调发展和区域非均衡发展的含义。国家“十四五”规划中提出的“京津冀协同发展，长江经济带发展，粤港澳大湾区建设，长三角一体化发展，黄河流域生态保护和高质量发展”等区域重大战略，应该属于我国实施资源向沿海地区进一步倾斜配置的区域经济非均衡发展的重要举措。国家“十四五”规划中提出的“深入推进西部大开发、东北全面振兴、中部地区崛起、东部率先发展、支持特殊类型地区加快发展，在发展中促进相对平衡。”应该属于我国实施资源向我国劣势地区倾斜配置的区域协调发展的重要举措。因此1999年起，我国实施的是效率优先的区域非均衡发展和缩小区域发展差距的区域协调发展相结合的区域经济发展方式。

第三节　区域协调的对象及内容

由于区域协调发展的目标是缩小区域发展差异，所以，区域协调的对象是指能够落实区域协调发展目标和要求的区域系统，区域系统也可称空间系统或空间结构。区域系统是区域协调发展的空间框架，区域协调发展的内容依托区域系统而存在，两者之间既有联系又有区别。

一、协调发展的区域经济系统构建和选择

由于区域协调发展的目标是缩小区域发展差异，区域协调发展的对象是指能够落实区域协调发展目标和要求的区域系统，区域系统也可称空间系统或空间结构。区域科学之父，美国区域科学家沃尔特·艾萨德（Walter Isard）提出区域系统的概念，认为区域系统是一种由一组不同等级、不同功能的地域单元（区域）组成的[①]。目前，国内外，区域系统主要有下列几类。

（一）“核心—边缘”（中心—外围）区域系统

约翰·费里德曼（John Friedmann，1966）在区域发展政策中提出了“核心—边缘”空间系统，认为空间系统是由核心区和边缘区组成的。核心区一般是指大城市和制造业集聚区，其工业发展技术水平高、创新能力强、资本集中、人口密集、经济增长速度快，在区域系统中居支配地位。边缘区是经济发展滞后的区域，与核心区域是依附关系[②]。需要说明的是，克鲁格曼在新经济地理学提出的“中心—外围”模型与费里德曼“核心—边缘”空间系统是一致的。

“核心—边缘”（中心—外围）空间系统是由一组不同等级的地域单元（区域）组

① 石敏俊：《区域经济学》，中国人民大学出版社2020年版，第5页。

② 石敏俊：《区域经济学》，中国人民大学出版社2020年版，第105页。

成的空间系统，其主要特点是，核心（中心）区域与边缘（外围）区域两者之间存在主导和依附的不平等区际关系，核心区域与边缘区域的发展存在先后关系和竞争关系，边缘区需要依靠核心区才能得到发展。因此，从区域协调发展角度讲，核心区与边缘区难以成为协调发展的区域系统。

（二）极化发展区域与次发展区域构成的区域系统

笔者认为，从区域经济发展的实践看，协调发展的区域经济系统可以由极化发展区域与次发展区域构成。

极化发展区域，从空间角度讲，是指工业化和城镇化集中开发的区域；从产品生产角度讲，是指工业品和服务产品集中生产的区域；在工业化和城镇化计量计价体系中，是一个国家或一个地区国内生产总值（GDP）产出占比较高的区域，即，国内生产总值贡献较大的区域。因此，在当今工业社会和城市社会里，也是国家、尤其是地方比较重视的区域。次发展区域，在空间角度讲，是指农业生产和生态环境集中开发的区域；从产品生产角度讲，是指农产品和生态产品集中生产的区域；在人类社会中，是满足人民生存需要重要性程度很高的区域，是国际社会和国家都比较重视的区域，而在当今工业社会和城市社会里面，因在一个国家或一个地区的国内生产总值（GDP）中占比较低，因此也是当前大家、尤其是地方不够重视的区域。

极化发展区域与次发展区域是由一组不同功能的地域单元（区域）组成的空间系统，其主要特点是，极化发展区域与次发展区域两者之间，存在产品生产的内容不同和资源禀赋不同，因此，在区际关系中，极化发展区域与次发展区域之间是异质空间，两者之间更多的是合作关系，而不是竞争关系，两者之间的合作可以获得“1 + 1 > 2”的区域整体效益。因此，从区域协调发展角度讲，极化发展区域与次发展区域之间可以形成互补、错位、同时发展的平等发展权区际关系和协调发展的区域经济系统。极化发展区域与次发展区域构成的区域经济系统，可以比较精准地落实区域协调发展的目标和要求。

（三）“沿海与内地”区域系统

1956 年毛泽东在《论十大关系》和 1988 年邓小平在“两个大局”中均提出“内地与沿海”联动的空间系统。在《论十大关系》中毛泽东提出，我国全部轻工业和重工业约有百分之七十在沿海，只有百分之三十在内地。[①] 并且根据当时的国际形势，毛泽东认为，新的侵华战争和新的世界大战短时期内打不起来，可能有十年或者更长一点的和平时期。因此，主张对沿海地区要充分合理发展，不能限制，从而更有力量

① 毛泽东：《论十大关系》，载于《人民日报》1976 年 12 月 26 日第 1 版。

来发展和支持内地工业。[①] 1988 年，当改革开放和现代化建设全面展开之后，邓小平提出了“两个大局”的重要思想。即沿海地区要加快对外开放，使这个拥有两亿人口的广大地带较快优先发展起来，从而带动内地更好地发展，这是一个事关大局的问题，内地要顾全这个大局。反过来，发展到一定的时候又要求沿海拿出更多的力量来帮助内地发展，这也是个大局，那时候，沿海要服从这个大局。[②]

地球表面积由 71% 为海洋面积和 29% 为陆地面积构成。中国的指南针（compass）的发明和航海技术的发展，15 世纪初中国的郑和下西洋和 15 世纪末哥伦布发现新大陆，16 世纪初葡萄牙的麦哲伦环球航行等，相继开展了航海探索，使世界贸易得到了发展，沿海区位优势逐步凸显，内陆区位优势逐步弱化，人类社会进入了海洋经济时代，为农业社会向工业社会转型奠定了基础。至此，世界和各国经济就逐步形成了沿海与内地空间关系。一般而言，沿海地区因海洋运输的便利，促进了国际贸易发展及其工业和城镇的发展，在世界和国家地域分工中占据有利地位，成为各国的工业化和城镇化主体开发区域及其工业品和服务产品主要生产地；而那些离海洋距离较远，交通运输不便，地处内陆的地区，在世界和国家的地域分工中，成为各国的农业和生态主体开发区域及其农产品和生态产品的主要生产地。

在我国改革开放中，也发现工业品及其服务产品生产不断增加的区域经济将得到快速发展，而农产品和生态产品生产不断增加的区域，区域经济相对于工业品和服务产品生产的区域差距反而扩大。例如，随着我国城镇化程度提高和产业布局变化，广东、浙江这些传统的粮食生产基地，现在已经从成为了加工和对外贸易的重镇，迅速提升了工业化水平和城市化水平；而黑龙江、吉林、辽宁、内蒙古等地方，慢慢地成了我国的粮食主产区，成了全国的米袋子；持续到上世纪的 70 年代的“湖广熟，天下足”，南粮北调，已经逐步变成了北粮南运。与此相应的，同为我国东部沿海地区的东三省成为粮食生产大省和经济小省，而我国东部沿海地区的南方省市成为粮食主销区和经济大省，我国东部沿海的东三省和东部沿海的南方省市经济发展差距不断扩大。可见，拉开区域经济发展差距的根本原因，不是沿海和内地的空间区位优势，而是生产工业品、服务产品和农产品、生态产品的地域分工。另外，1999 ~ 2004 年我国“东、中、西、东北”的区域划分，本质上与“沿海与内地”区域划分角度是一致的。因此，在我国，仅仅依托“沿海与内地”及其“东、中、西、东北”构成的空间系统，还是难以精准地落实区域协调发展，缩小区域发展差距的目标和要求。

“沿海与内地”是由一组不同区位的地域单元组成的空间系统，因此，其主要特

---

① 毛泽东：《论十大关系》，载于《人民日报》1976 年 12 月 26 日第 1 版。

② 邓小平：《邓小平文选》，人民出版社 1993 年版，第 211 ~ 228 页。

点：一是与一个国家对一定时期的国内外形势判断关系密切。以国际和平和国内稳定为主导的国内外形势判断，经济发展成为国家的工作重心，沿海区位在国家经济发展格局中所处的位置更为突显；以国际和国内不稳定为主导的国内外形势判断，安全成为国家的工作重心，内陆区位在国家经济发展格局中所处的位置更为突显。二是与一个国家对本国经济社会发展阶段判断关系密切。一般而言，在工业化和城镇化的前期，内陆和沿海在国家经济发展格局中所处的位置一般同等重要；工业化和城镇化的前中期，沿海区位在国家经济发展格局中所处的位置更为突显；在工业化和城镇化的中后期，内陆和沿海在国家经济发展格局中所处的位置一般也是同等重要。

（四）地域型城镇体系

我国的直辖市下辖区、县、乡镇和街道、村和居委会，地级市下辖区、县、市、乡镇和街道、村和居委会，县级市下辖乡镇和街道、村和居委会，建制镇下辖村和居委会。

我国的地域型城镇体系是由一组不同等级的地域单元组成的空间系统，不同等级的地域单元之间发展权是不平等的，具有上下级的支配关系。上级地域单元嵌套着下级地域单元，下级地域单元的资源配置由于上级地域单元决定。正是这种资源配置的等级化，因此，一般情况下，地域型城镇体系内，行政等级越高的地域单元往往获得较多且较好的资源配置，而行政等级越低的地域单元获得较少并且较劣的资源配置，从而形成地域型城镇体系内的经济社会发展差距。并且，地域型城镇体系在其行政管理管辖范围内资源配置比较有效，在行政管理范围外资源配置有比较多的阻力。因此，地域型城镇体系难以落实区域协调发展的目标和要求。

综上所述，笔者认为，我国区域协调发展的对象可以由极化发展区域与次发展区域构成的“较小空间尺度”的区域系统为区域协调发展的微观基础，和“沿海与内地”或“东、中、西、东北”构成的“较大空间尺度”的区域系统为区域协调发展的宏观要求，通过，全国各地一个又一个“较小空间尺度”区域系统的协调发展，最终实现我国“较大空间尺度”区域系统的协调发展。

二、区域协调发展对象与区域协调发展内容的联系与区别

区域协调发展对象是指区域协调发展的空间框架，区域协调发展内容是指区域协调发展空间框架内的具体内容。两者之间既有联系、又有区别、相互支撑，缺一不可，但区域协调发展对象和区域协调发展内容不是一个含义。区域协调发展内容依托区域协调对象而存在。例如，在前面所说的 2018 年 11 月 18 日，中共中央、国务院《关于建立更加有效的区域协调发展新机制的意见》中和 2020 年 5 月 17 日，在新华社发布的《中共中央、国务院关于新时代推进西部大开发形成新格局的指导意

见》中，在我国，区域发展协调主要围绕我国区际差异，包括区际经济发展水平差距，区际基本公共设施与服务发展差距，区域之间的人民基本生活保障水平差距，区际资源禀赋差距，人与自然和谐关系等五方面。在郝寿义老师的《区域经济学原理》一书中提出“区域经济协调发展具有三个不同层次的含义。第一层次是要素的协调。主要评价区域性要素和基础性要素之间的适宜程度和协调程度，即区域经济发展中的要素是适宜度问题。第二层次是发展的协调，即我们平时所说的区域之间的平衡与不平衡问题。第三层次是社会收入水平的区域协调，主要评价一个区域与另一个区域之间的收入差距，解决社会经济发展与社会进步带来的社会福利的均等化问题。”“区域间的协调问题是一种社会政治层面的区域之间的公平性问题，更多的应当应该通过相应的财政转移来解决，实现区域间社会福利的均等化。”① 范恒山等认为，区域协调发展的内容至少包括四个要点“一是各地区间人均生产总值差距保持在适度的范围内，二是各地区群众能够享受均等化的基本公共服务，三是各地区比较优势得到充分发挥，四是各地区人与自然的关系基本处于和谐状态。”② 孙久文等认为区域协调发展的内容，包括“区域总量经济总量的协调，区域产业结构的协调，区域经济布局的协调，区域经济关系的协调，区域发展时序的协调”③ 等五方面。李娜认为区域协调发展的内容，包括“区域生态环境协调，区域经济发展协调，区域社会系统协调，区域政策制度协调”④ 等四方面。

三、区域重大战略和区域协调发展的衔接

国家“十四五”规划第31章中提出的“京津冀协同发展，长江经济带发展，粤港澳大湾区建设长三角一体化发展，黄河流域生态保护和高质量发展”等区域重大战略，本质上都属于我国区位优势较好、经济发展水平较高的极化发展区域，是一种增长极发展模式，还是一种效率优先的区域经济发展模式。实践表明，极化发展区域只有与次发展区域构成区域经济系统，并且主动向次发展区域让利扶持，区域系统的整体经济利益才能做大，才能通过次发展区域的加快发展实现极化发展区域的发展。跨越国界的区域经济一体化，在合作之初就体现了合作共赢目标，参加区域一体化的成员国一般都有减税让利的措施，因此，都能从中增进各自的福利。

区域重大战略，是效率优先的区域经济发展方式，即增长极发展方式。增长极发展，又称据点式发展或集中集聚发展，是指对资源禀赋、发展基础和发展条件较好的

① 郝寿义：《区域经济学原理》，格致出版社2016年版，第285~287页。
② 范恒山等著：《中国区域协调发展的研究》，商务印书馆2012年1版，前言第2页。
③ 孙久文等：《迈向现代化的中国区域协调发展战略探索》，载于《改革》2022年9月。
④ 朱建江主编：《区域发展导论》，上海社会科学院出版社2020年版，第94页。

区域进行的点状开发。这种区域经济发展方式，其特征，一是拉长板，即将资源要素和政策向一个国家或一个先行发展地区叠加，促进好上加好，是一种锦上添花的空间开发方式。

区域协调发展，是效率与公平兼顾的区域经济发展方式，即地区和城乡均衡发展方式。地区和城乡均衡发展方式，也称地区和城乡平衡充分发展方式，是指通过较小空间尺度的区域集中开发、密集布局①，形成在国土空间相对均衡分布的若干区域一体化增长极，从而实现更大空间尺度的区域平衡充分发展方式②。这种区域经济发展方式，其特点是补短板，是一种雪中送炭的区域经济发展方式，也是一种工业化和城镇化中后期的区域经济发展方式。即促进极化发展区域和次发展区域地区的要素双向流动、平等交换，推进次发展区域与极化发展区域基本公共设施与服务均等化，推进极化发展区域和次发展区域对口帮扶和合作、区际利益补偿，实现极化发展区域和次发展区域地区的经济发展水平和城乡居民生活保障水平基本相当。是一种雪中送炭的空间开发方式，也是一种工业化和城镇化中后期的区域经济发展方式。

因此，区域重大战略与区域协调发展的衔接，也需要构建和统筹极化发展区域和次发展区域的区域经济系统，才能够实现区域重大战略对区域协调发展的正向效应。

第四节　区域协调发展机制

区域协调发展机制，也可称为区域协调发展手段，是指促进区域协调发展的措施或方法。在 2018 年 11 月中共中央、国务院发布的《关于建立更加有效的区域协调发展新机制的意见》中，我国区域协调发展机制主要有区域战略统筹机制、市场一体化发展机制、区域合作机制、区域互助机制、区际利益补偿机制、基本公共服务均等化机制、区域政策调控机制、区域发展保障机制等。区域战略统筹机制、市场一体化发展机制、基本公共服务均等化机制，在本书第四章区域经济一体化中讨论，区域政策调控机制、区域发展保障机制，在本书的第三篇中讨论，这里主要讨论区域协同机制，区域合作机制，区域帮扶（互助）机制和区际利益补偿机制。

一、区域协同发展

协同发展是 20 世纪 70 年代形成的一种系统理论。由“联邦德国科学家哈肯

① 较小空间尺度的区域一体化是指村、乡、建制镇、城市、都市区、都市圈、城市群的区域一体化。

② 更大空间尺度的区域平衡充分发展是指我国的东、中、西和南、北区域的平衡充分发展。

(Hermann Haken)创立。主要研究开放系统内部各子系统之间通过非线性的相互作用产生协同效应，使系统从混沌走向有序，从低级有序走向高级有序，以及从有序又转化为混沌的具体机理和共同规律。……认为在一个复杂系统的许多自由度里，尝若有一个或几个不稳定的自由度存在，这个或这些不稳定的自由度会把稳定的自由度拖到空间的某一点，这个点就是这个系统的稳定状态，其他点都不稳定。这个稳定状态也可能不是一个点，而是一个振荡圈，称为这个复杂系统的目标。这是系统从无序走向有序的目的性，亦即系统的自组织。”① 在石敏俊老师编著的《区域经济学》一书中“区域协同发展，突出区域发展理念的协同性、统一性和包容性，强调共同体的发展理念和全域一盘棋的发展规划。”② 在朱建江主编的《区域发展导论》一书中“区域协同发展要求区域之间应当有着统一的联合与合作发展目标和发展规划”“区域协同发展将会促进区域经济协调发展的实现，或者说区域协同发展为最终实现区域经济协调发展创造了条件。”③ 可见，我国实践中的区域协同发展偏重于理念和规划的协同，具体说我国区域协同发展更偏重于区域之间的分工定位的协同。而按照哈肯“协同学”的角度讲，也许这就是区域发展中的自组织协同。

二、区域合作发展

在我国《辞海》中的“合作”一词是指“共同创作或共同经营一事”。④ 在石敏俊老师编著的《区域经济学》一书中“区域合作就是区域之间为了达到某个共同的目标而实行的相互合作”⑤ 在朱建江主编的《区域发展导论》一书中“区域合作是指在一定区域范围内、区域之间或者跨区域的国家、地区、个人或群体等行为主体之间基于相似的认知，为达到彼此的目标，通过协调或配合等方式来采取的共同行动。”“区域合作在促进区域要素流动、实现资源互补的同时，也成为经济全球化和区域一体化的主要发展途径。”⑥ 实践中，区域合作主要有两种方式，一是异质区域的合作发展，如本书提到的极化发展区域与次发展区域的互补、错位发展，发挥的是异质区域的各自优势，合作的目的是追求区域整体经济效益；二是同质区域的合作发展，如本书提到的都市区、都市圈、城市群等一体化区域的合作发展，发挥的是同质区域之间的同种优势，合作的目的是追求区域规模经济效益。

---

① 夏征农：《辞海缩印本（1989 年版）》，上海辞书出版社 1990 年版，第 142 页。
② 石敏俊：《区域经济学》，中国人民大学出版社 2020 年版，第 116 页。
③ 朱建江：《区域发展导论》，上海社会科学院出版社 2020 年版，第 92 页。
④ 夏征农、陈至立：《辞海》，上海辞书出版社 2009 年版，第 862 页。
⑤ 石敏俊：《区域经济学》，中国人民大学出版社 2020 年版，第 113 页。
⑥ 朱建江：《区域发展导论》，上海社会科学院出版社 2020 年版，第 116～121 页。

三、区域对口帮扶

对口帮扶是指在中央政府或地方政府主导下，按照对口帮扶设定的内容和要求，由对口支援方向对口受援方无偿提供资金、技术、人力、项目等支持，提高被援助地区的公共产品设施和服务、政府运转管理水平和民生保障，促进被援助地区的经济社会发展，实现国家的整体稳定和整体发展。我国以往的对口支援、东西部扶贫协作中的政府、政府部门、国有企业的对口帮扶偏重于这一含义。帮扶与合作两者之间区别主要在于，帮扶是无偿的，是政府行政行为，政府在帮扶中起领导计划职能，适用于没有盈利或收费机制的公益领域，而合作是平等主体之间的经济行为，政府在合作双方中起牵头引导作用，适用于有盈利或可收费的经营性领域，合作双方发挥各自比较优势，按照市场化运作，平等互利、合作共赢，实现合作双方的共同发展和国家的整体发展。实践中，帮扶和合作在一个对口地区中往往是叠加在一起的。我国以往的东西部扶贫协作中的社会帮扶和东部沿海地区部分省市与东北地区的对口合作偏重于这一含义。

四、区际利益补偿

区际利益补偿是指因规划地域分工和经济外部性导致的生态产品、农产品与工业品和服务产品“不平等交换”中的政府补偿和市场补偿。区际利益补偿中的政府补偿，适用于我国生态空间和农业空间中具有公共产品性质的生态产品，农产品与工业品和服务产品之间的交换；区际利益补偿中的政府补偿，一般通过中央政府和地方政府之间的纵向财政转移支付和横向财政转移支付来实现。区际利益补偿中的市场补偿，比较适用于我国生态空间和农业空间中具有竞争性和排他性的生态产品，农产品与工业品和服务产品之间的交换；区际利益补偿中的市场补偿，一般通过政府之间和企业与政府之间的合作来实现；例如，粮食主产区与粮食主销区的产销合作，资源输出地与资源输入地的共建园区、飞地经济的产业合作。实践中，区际利益补偿往往也是依靠政府补偿和市场合作相结合的方式来实现。

第五节　区域要素优化配置

实现缩小区域发展差异的区域协调发展目标，在区域要素优化配置方面，我国需要着力完善城市和经济功能区等极化区域的空间分布，优化城乡建设用地的空间分布，人力资源的空间分布，产业梯度转移和技术转移等。

一、优化极化区域空间分布

优化极化区域空间分布，本质上是在讨论区域经济增长极空间配置。极化区域空间分布包括城市的空间分布和经济功能区的空间分布。优化极化区域空间分布的目的是实现区域之间的协调发展。

（一）完善我国城市空间分布

一国或一个地区的城市空间分布有着深厚的自然历史属性和客观现实基础，是人类基于生产生活自然形成的。尊重城市空间分布的客观现实基础，就是尊重城市所在区域的生产生活的均衡发展关系，反之就会打破区域生产生活的均衡关系。城市空间分布是城市结构的客观现实基础，城市结构是城市空间分布在城市设置制度中的反映。因此，优化城市空间分布需要通过优化城市结构来实现。我国的城市结构应当客观地反映我国城市空间分布的历史基础和区域协调发展需要。

1. 城市空间分布与城市结构的相互关系

从区位选择的角度讲，国内外，工业革命以前的大部分城市是由集市演变而来的，而集市是随着剩余农产品产生及交易而产生的，在农业社会里，剩余农产品交易地点的选择与农业生产地存在距离的要求。例如，在我国隋代末期，集市的辐射半径，平原地区一般为 3 ~ 5 公里，山区则为 5 ~ 7 公里，也就说，小农往返集市一般可在半日内完成。① 根据中国人民大学 2012 年启动的“千人百村”抽样调查，就总体情况而言，村庄离最近的集镇平均距离为 5. 1 公里，村庄离县城或最近的城市平均距离为 28. 5 公里②。工业革命以后的城市有一部分在工业生产原材料所在地产生，还有一部分在原来贸易（集市）城市基础上发展，因此也存在着厂商与城市（市场）距离的关系。所以，城市和城镇的空间分布是由农业生产者和厂商决定的，具有一定的客观性或自然性。

城市结构，也称城市体系或者城镇体系，应该是指一国基于其区域发展历史和区域协调发展需要而构建的大中小城市的规模、数量比例关系，而不是离开一国城市空间分布的自然属性而主观构建的城市体系。城市空间分布是城市结构的客观现实基础，城市结构是城市空间分布在城市设置制度中的反映。实践中，国内外，大中小城市的规模、数量比例关系，每个国家界定标准都不一样，政府和学术界的界定标准也不一样。总体来看，城市结构应当服从于城市空间分布，这是因为，城市空间分布是从居民和企业生产生活角度出发的。因此，城市结构应当有利于或服从城市空间分布，一

---

① 陈锡文：《读懂农业农村农民》，外文出版社 2019 年版，第 102 ~ 103 页。

② 陆益龙：《后乡土中国》，商务印书馆 2017 年版，第 52 ~ 53 页。

国的城市结构应当是该国的城市空间分布的体现，不能离开该国区域协调发展的城市空间分布，孤立地构建该国的城市结构。

2. 完善我国城市空间分布对区域协调发展的重要作用

城市是区域经济社会发展的增长极，城市既吸收了周边地区的要素和贸易，又带动了周边地区发展。不同规模的城市带动周边地区的范围是不一样的，一般而言，城市规模越大带动周边地区的范围越大。在当今区域经济发展格局中，离城市距离的远近决定着周边区域的经济发展水平，一般而言，离城市越近的周边区域经济发展水平越高，反之，与城市距离越远的周边区域经济发展水平越低。当前，我国绝大部分县域经济发展水平较低，产生这种情况的主要原因是，这部分经济发展水平较低的县域缺乏周边城市的带动，或者是说我国县域周边缺乏大中城市和县域范围内缺乏小城市。当前我国城市结构严重失衡，大城市较多且规模较大，中小城市偏少，尤其是小城市数量严重不足。

例如，根据国家住建部发布的《2020 年中国城市建设统计年鉴》，到 2020 年末，我国有统计的城市共 686 个。根据 2014 年 10 月国务院发布的《关于调整城市规模划分标准的通知》，在我国有统计的 686 个城市，城区常住人口 1000 万人以上的超大城市有 5 个，500 万人以上 1000 万人以下的特大城市有 12 个，300 万人以上 500 万人以下的Ⅰ型大城市有 14 个，100 万人以上 300 万人以下的Ⅱ型大城市有 62 个，50 万人以上 100 万人以下的中等城市有 119 个，20 万人以上 50 万人以下的Ⅰ型小城市有 276 个，20 万人以下Ⅱ型小城市有 198 个（按照 2014 年 10 月国务院发布的“城市规模半数递减划分标准”，包括 10 万人以上 20 万人以下小城市有 139 个，5 万人以上 10 万人以下小城市有 39 个，3 万人以上 5 万人以下小城市有 13 个，3 万人以上小城市有 7 个）。

按照“城市规模半数递减”和“城市数量倍数递增”划分标准，到 2020 年底，在 1000 万人以上超大城市 5 个不变前提下，我国城市结构优化目标应当是：城区常住人口 1000 万人以上的超大城市有 5 个，500 万人以上 1000 万人以下的特大城市有 10 个，300 万人以上 500 万人以下的Ⅰ型大城市有 20 个，100 万人以上 300 万人以下的Ⅱ型大城市有 40 个，50 万人以上 100 万人以下的中等城市有 80 个，20 万人以上 50 万人以下的Ⅰ型小城市有 160 个，10 万人以上 20 万人以下小城市有 320 个，5 万人以上 10 万人以下小城市有 640 个。按照城市结构优化目标，目前我国城区常住人口 5 万人以上 50 万人以下的小城市共 474 个，即目前我国小城市大约缺少 623 个。而我国城区常住人口 5 万人以上 50 万人以下的小城市主要分布在县域范围，而到 2020 年末我国 1495 个县域范围内还没有小城市。据统计，到 2020 年，我国已经有镇区常住人口 5 万人以上的建制镇有 1128 个（20 万人以上的建制镇有 189 个，10 万人以上 20 万人以下的建制镇有444个，5万人以上10万人以下的建制镇有494个）。我国自然属性的城市空间分布基础，已具备我国优化城市空间结构的条件。

城市结构的优化还可以带来人口空间布局的优化。例如，在县域范围内设置小城市时，可以将县域范围内的乡镇区和村庄60%左右的常住人口向县域范围内的小城市集聚，在县域范围内现有常住人口规模不变的前提下，实现县域小城市乃至小城镇的规模经济发展。浙江省在2010年以来的小城市培育中就提出，列入培育的小城市需要达到镇域范围内的60%常住人口的集聚度。

（二）完善经济功能区空间分布

促进区域协调发展，除了需要优化城市空间分布以外，还需要优化经济功能区空间分布。这是因为，经济功能区既可以是区域极化发展区域，也可以是城市内部的极化发展区域，无论是区域经济功能区还是城市内部的经济功能区，如果空间分布不均都可能带来区域发展的不平衡或城市内部发展的不平衡。据统计，截至2013年，我国共设立210家国家级经济技术开发区，其中，东部地区103家，中部地区60家，西部地区47家，分别占49%、29%和22%；截至2013年，我国共设立114家国家级高新技术产业开发区，其中东部地区53家，中部地区41家，西部地区20家，分别占46%、36%和18%[①]。从上述数据看，我国国家级经济技术开发区和高新技术开发区在我国东中西区域的分布，起初就是不够均衡的，并且在我国国家级经济技术开发区和高新技术开发区发展过程中，还形成了蔓延式和叠加式发展模式，从而更加剧了我国国家级经济功能区东中西区域配置的不平衡。

需要说明的是，从以上讨论中我们可以体会到，从区域协调发展角度讲，城市或者经济功能区，尤其是国家级的经济功能区的空间布局，都应该从区域协调发展或从区域平衡充分发展角度进行配置。只有这样，区域协调发展或区域平衡充分发展才可能具有区域规划或城市规划基础。

二、完善人力资源空间分布

（一）完善常住人口空间分布

根据《2015年全国农民工监测调查报告》，2015年全国农民工总量为27747万人，其中本地农民工为10863人，占农民工总量的39.2%，外出农民工16884万人，占农民工总量的61.8%。在16884万外出农民工中，流入直辖市为1460万人，占外出农民工总量的8.6%；流入省会城市为3811万人，占外出农民工总量的22.6%；流入地级市为5919万人，占外出农民工总量的35.1%；流入小城镇为5621万人，占外出农民

---

① 郝寿义：《区域经济学原理》，格致出版社2016年版，第193～195页。

工总量的33.3%。这样，2015年在户籍所在乡镇地域内从业的本地农民工10863万人与在户籍所在地域外小城镇从业的外出农民工5621万人之和为16484万人，占2015年全国农民工总量的59.41%[①]，即2015年在户籍所在地以外从业的农民工占全国农民工总量的40.59%。2000~2010年，中等城市城镇人口占全国比重由15.8%下降到14.2%，小城市城镇人口占全国比重由19.3%下降到16.7%[②]，县城与小城镇人口占全国比重由22.2%提升至27.6%。住建部2016年牵头的全国一般建制镇抽样调查中提出，居住在1.8万个小城镇镇区（不包括城关镇）的常住人口占全国城镇人口的24%，占全国总人口的12%[③]。清华大学城镇化研究院执行副院长尹稚老师提出，到2035年我国城镇人口分布为，超大城市占12%，特大城市占10%，Ⅰ型和Ⅱ型大城市占19%，中小城市占23%，县城和镇占36%[④]。“大规模城镇化集聚的阶段已经过去，今后我国的城镇化格局将逐步稳定。城市和小城镇在中国城镇化中都发挥重要作用，2018年城区人口和镇区人口的比例均为6:4。”“综合预测结果来看，未来城镇化率的顶点大概在75%~80%，城乡人口比例均为8:2，在2035年左右进入一个相对稳定的‘平台期’”[⑤]。

根据第七次全国人口普查，到2020年我国城镇化率为63.89%，全国（不包括港澳台地区以及居住在31个省（区、市）的港澳台居民和外籍人员）总人口为14.12亿人（1411778724人）[⑥]。与《国家人口发展规划（2016－2030年）》预测的，到2020年全国常住人口城镇化率为60%，全国总人口14.2亿人；到2030年全国常住人口城镇化率为70%，全国总人口达到14.5亿人有一定的差距[⑦]。联合国人居署预测，到2035年和2050年我国城镇化率将分别提高到73.9%和80%。根据当前和未来国内外经济社会发展形势和西方发达经济体城市化中后期城市化率增长逐步变缓的趋势等因素综合考虑，2021~2035年未来15年期间里：在高水平情景下，预计我国常住人口城镇化率年均增长0.9%，到2035年我国常住人口城镇化率为75%左右；中水平情景下，常住人口城镇化率年均增长0.8%，到2035年我国常住人口城镇化率为74%左右；低水平情景下，常住人口城镇化率年均增长0.7%。从上述各种情景综合考虑，预计到2035年底我国（除港澳台地区外）常住人口为14.4亿人左右，城镇化率为

---

① 国家统计局：《2015年全国农民工监测调查报告》，2016年4月28日。

② 李晓江、郑德高：《从人口城镇化特征与国家城镇体系构建》，载于《城市规划学刊》2017年第1期，第20页。

③ 赵晖等：《说清小城镇》，中国建筑工业出版社2017年版，第3页。

④ 尹稚：《中国城镇化战略研究》，清华新型城镇化研究院，2018年11月22日。

⑤ 张东伟：《人口变动趋势事关未来经济社会发展》，载于《社会科学报》2022年2月24日第1版。

⑥ 国家统计局：《第七次全国人口普查公报（第二号）》，2021年5月11日。

⑦ 国务院：《国家人口发展规划（2016－2030年）》《国发〔2016〕87号》，2017年1月25日。

73%左右；到2050年底预计我国（除港澳台地区外）常住人口14亿人左右，城镇化率为80%左右。综合上述数据，预计2035～2050年，我国不同等级的城乡聚落常住人口分布（见表5－2）。

表5－2　　2010年、2035年、2050年我国常住人口空间分布

城乡聚落类别	城区、镇区、村落划分标准（万人）	城乡聚落个数（万个）	2010年		2035年		2050年	
			绝对值（亿人）	占比（%）	绝对值（亿人）	占比（%）	绝对值（亿人）	占比（%）
大城市	100～500 500～1000 ≥1000	0.010	2.71	41.5	4.31	41.0	4.59	41.0
中等城市	50～100	0.011	0.95	14.2	1.47	14.0	1.57	14.0
小城市	20～50 10～20 5～10	0.150	1.12	16.7	1.79	17.0	1.90	17.0
小城镇①	2.5～5 1.2～2.5 0.6～1.2 0.3～0.6 0.15～0.3	6	1.85	27.6	2.95	28.0	3.14	28.00
城镇小计	—	6.152	6.70	100	10.52	100	11.20	100
乡村	0.005～0.15	230～240	6.71	56.1	3.88	27	2.8	20
城乡总计	—	236～246	13.41	100	14.4	100	14.0	100

资料来源：2010年数据是根据国家统计局发布的城镇人口总数计算所得；2035年和2050年预计人口数是基于2010年的基数，综合预计所得。作者参照有关资料测算。

（二）建立以经常居住地登记享有基本公共服务的户口制度

根据第七次全国人口普查数据公布的数据，在第六次和第七次全国人口普查的十年间，我国流动人口规模巨大，类型多样，流向多元；而流动人口在经常居住地实现完全市民化（落户）和一定程度市民化（居住证）的人数大致各占流动人口总数的四分之一，另有50%强的流动人口在我国经常居住地基本不享有基本公共服务和办事便利的市民化待遇。根据第七次全国人口普查公报，到2020年11月1日零时，我国流动人口为375816759人。在3.76亿流动人口中，流向城镇的流动人口占流动人口总量的88.12%，为3.31亿人（其中，乡村流向城镇的流动人口占流动人口总量的66.22%，为2.49亿人，城镇流向城镇的流动人口占流动人口总量的21.90%，为

① 小城镇包括建制镇和集镇，到2015年底，建制镇（不包括城关镇）城镇常住人口占全国城镇常住人口的24%，为18507.84万人左右；集镇城镇常住人口占全国城镇常住人口的4.33%，为2900万人左右。

0.82 亿人)。在3.76 亿流动人口中扣除流向城镇的88.12%，那么城镇流向乡村和乡村流向乡村的流动人口应该占流动人口总量的11.88%，为0.45 亿人（这0.45 亿人流动人口中，从第七次全国人口普查已公布的数据看，还没有办法将城镇流向城镇和乡村流向乡村的流动人口分离开来)。2020 年，全国农民工总量为28560 万人，其中外出农民工为16959 万人，本地农民工为11601 万人。本地农民工是指在户籍所在乡镇地域内从事非农产业，按照国家统计局的流动人口概念不属流动人口范畴。因此，第七次全国人口普查中由乡村流向城镇2.49 亿流动人口中，农民工占68.27%，为1.70 亿人；其余是与农民工随迁的家属占21.73%，为0.79 亿人[①]（见表5－3)。

表5－3　　2020 年我国流动人口类型及结构表

流动人口占比＼流动人口类型	2020 年流动人口		备注
	绝对值（亿人）	占流动人口比（%）	
乡—城流动人口	2.49	66.22	在2.49 亿乡—城流动人口中，农民工占68.27%，为1.70 亿人；农民工随迁家属占21.73%，为0.79 亿人
城—城流动人口	0.82	21.90	
乡—城和城—城流动人口（合计）	3.31	88.12	
城—乡、乡—乡流动人口	0.45	11.88	
流动人口（总计）	3.76	100	

资料来源：作者根据第七次全国人口普查官方公布的有关数据整理。

党的十五届五中全会提出“‘十四五’时期基本公共服务均等化水平明显提高，到2035 年基本公共服务实现均等化”。在2021 年3 月30 日，国家发改委等20 个部门印发《国家基本公共服务标准（2021 年版)》答记者问中提出“享有基本公共服务是公民的基本权利，保障人人享有基本公共服务是各级政府的重要职责。”“逐步实现全体公民无论身处何地都能公平可及地获得大致均等的基本公共服务，是以人民为中心的发展思想和社会主义制度优越性的体现”。

《中华人民共和国国民经济和社会发展第十四个五年规划和2035 年远景目标纲要》中提出“放开放宽个别超大城市外的落户限制，试行以经常居住地登记户口制度。全面取消城市常住人口300 万人以下的城市落户限制，确保外地与本地农业转移人口其城市落户标准一视同仁。全面放宽城区常住人口300 万人至500 万人的Ⅰ型大城市落户条件。完善城区常住人口500 万人以上的超大特大城市积分落户政策，精简积分项目，确保社会保险缴纳年限和居住年限分数占主要比例，鼓励取消年度落户名额限制。健全以居住证为载体，与居住年限等条件相挂钩的基本公共服务提供机制，鼓励地方

① 国家统计局：《2020 年农民工监测调查报告》，2021 年4 月30 日。

政府提供更多的基本公共服务和办事便利，提高居住证持有人城镇义务教育、住房保障等服务的实际享有水平。”2020 年 3 月 30 日由中共中央、国务院发布的《关于构建更加完善的要素市场化配置体制机制的意见》中提出“放开放宽除个别超大城市外的城市落户限制，试行以经常居住地登记户口制度。”2021 年 1 月 31 日由中办、国办发布的《建设高标准市场体系行动方案》中指出“除超大、特大城市外，在具备条件的都市圈或城市群探索实行户籍准入年限同城化累计互认，试行以经常居住地登记户口制度，有序引导人口落户。”

（三）促进人才返乡回乡下乡

在 2019 年 5 月 6 日，由中共中央、国务院发布的《关于建立健全城乡融合发展体制机制和政策体系的意见》中提出“允许农村集体经济组织探索人才加入机制，吸引人才、留住人才。”2021 年 2 月 23 日，由中办、国办印发的《关于加快推进乡村人才振兴的意见》中提出，“坚持把乡村人力资本开发放在首要位置，大力培养本土人才，引导城市人才下乡。”2021 年 3 月 13 日发布的《中华人民共和国国民经济和社会发展第十个五年规划和 2035 年远景目标纲要》中提出“允许入乡就业创业人员在原籍地或就业创业地落户并享受相关权益”。

根据国外城镇化经验，在一国或一个地区的城镇化前中期，城镇化率在 20% ~ 50% 区间内，乡村衰退在国外也是普遍现象。其主要原因是该阶段乡村地区因人多地少、就业机会少、收入水平低，与之相应的是乡村人口及劳动力及其他要素大量流向城市，从而引起乡村地区在该阶段中的快速衰退。同时，国外城镇化经验也表明，当一国或一个地区城镇化率 50% ~75% 区间里，过去从乡村转移出来的劳动力和人才已具有一定知识、经验和技能，有些还具备了一定的返乡回乡的物质基础，随着年龄的增长，以及小时候形成的乡土情结、就产生了过去乡村进城劳动力和人才的返乡回流。

另外，在城镇化发展中后期，由于要素和功能在城市的过度集聚，也形成高房价、高消费、高拥挤、高风险等城市病，促进了过去乡村进城劳动力和人才的返乡回流，以及一些因喜爱田园生活或在农村创业原本城市居民由城下乡。发达国家区域差异缩小的经验表明，由原来乡村转移出去的劳动力、人才和喜欢田园生活以及在乡村创新创业的城市居民构成的返乡回乡下乡人力资源，是城乡融合发展和区域差异缩小的重要力量。近几年，我国也出现了类似趋势。例如，从国家统计局发布的历年农民工监测报告看，近十来年，无论是增长规模还是增长比例，本地农民工均高于外出农民工，2019 年本地农民工达到 11652 万人，比 2011 年增加了 1727 万人，增长 23. 76%；外出农民工为 17425 万人，比 2011 年增长了 1562 万人，增长 9. 85%。

根据农业农村部测算，预计 2020 年返乡入乡创新创业人员达到 1010 万人，比 2019 年增加 160 多万人，首次超过 1000 万人，带动农村新增就业岗位超过 1000 万个。

国家发改委等19部门在2020年联合印发的《关于推动返乡入乡创业高质量发展的意见》中提出，到2025年全国各类返乡入乡创业人员达到1500万人以上，带动就业人数达到6000万人左右[①]。国家人社部相关调研数据显示，返乡创业人员中的80%为农民工，20%为下乡回乡的城市人员。从发达国家城镇化、工业化、农业现代化的进程看，乡村振兴、乃至城乡融合就是靠这些返乡下乡回乡人员及其所带的资本、技术、经验、信息、管理等要素注入，促进了乡村振兴乃至城乡融合或城乡一体，从而实现了城乡、地区差距的缩小。然而，这种城市要素逆城镇化流动，要求得到城乡要素双向流动、平等交换的生产关系及其相应制度、政策的支持或适应，否则这种城市要素逆城镇化流动的生产力要求将被扼制在摇篮中，其结果是乡村生产要素仍然流向城市，城乡和地区差距越来越大。我国由于历史原因，已形成了比较固化的城乡二元制度。在我国城镇化前中期，在我国乡村人口及劳动力流入城市困难，现在又出现了城市人口及劳动力、人才、资本、技术等要素流入乡村困难，而这些流动要素中，返乡下乡回乡的人才是关键。随着上述趋势的发展，近几年国内有的农村地区也顺应这一趋势，尝试以招商引资吸引人才方式为那些愿意下乡回乡的城市人口及人才创造条件。例如，湖南省长沙县开慧镇板仓村探索了“市民下乡”试点。

2009年7月18日，长沙县委、县政府下发了《关于鼓励板仓小镇建设的若干意见》提出，为进一步鼓励和吸收城市资本与民间资本向枪仓小镇集聚，把板仓小镇作为两型社会先行先试的试验区，将其打造为“中部名镇”和“新农村地标”。根据《意见》，板仓小镇规划区确定为全县推行放宽城乡落户政策的试点区域，有条件的城镇居民可以来此迁户定居。凡迁户定居者，经批准可享受当地村民建房待遇，同时需缴纳一定的公共设施配套费。此外，在板仓镇固定资产投资超过1000万元的项目法人也可迁户定居，享受当地村民建房待遇[②]。2010年6月10日，县里在城乡一体化工作调研会议上将鼓励市民来长沙县迁居落户具体化，允许长沙县全井镇和开慧镇各试点100户。

三、优化建设用地空间布局

根据第三次全国国土调查主要数据，到2019年12月31日止，我国城乡建设用地（不包括采矿用地、风景名胜及特殊用地、交通设施用地、水利设施用地）总规模为4.84亿亩，其中，城镇建设用地总规模达到1.55亿亩，占城乡建设用地的32.04%；

① 田永波：《返乡入乡劳动力是乡村振兴重要的人力资本》，载于《工人日报》2021年3月1日第7版。

② 综合开发研究院（中国·深圳），中国国际城市化发展战略研究委员会编著：《改革就是创造》，中国城市出版社2016年版，第61~75页。

村庄建设用地总规模达到3.29亿亩，占城乡建设用地的67.96%。根据《全国国土规划纲要（2016－2030年）》提出“优化城乡建设用地结构和布局，到2030年城镇与农村建设用地面积之比调整为3.9∶6.1左右。”根据第七次全国人口普查调整的数据，到2019年底，我国城乡人口总规模为141008万人，其中，城镇常住人口为88426万人，乡村常住人口为52582万人。因此，到2019年底，按照城乡常住人口计算，城镇常住人口人均建设用地面积为175.29平方米；乡村常住人口人均建设用地面积为625.69平方米。根据公安部公布的数据，到2020年底我国户籍人口城镇化率为45.4%，推算到2019年底我国户籍人口城镇化率为44.06%，以及乡村户籍人口为78908万人，因此，到2019年底，乡村户籍人口人均建设用地面积为416.94平方米。根据上述我国城乡人均建设用地标准，按照我国《城市用地分类与规划建设用地标准》（GB 50137—2011）和《镇规划标准》（GB 50188—2007），我国城镇人均建设用地面积都超国家标准上限；而目前我国还没有乡村建设用地标准，但我国乡村的人均建设用地标准也是偏大的。因此，当前在我国国土资源合理利用，其重点是根据常住人口分布优化存量建设用地空间布局，通过优化存量建设用地空间布局促进区域协调发展。

（一）实施县（市）范围内的存量建设用地空间布局优化

优化建设用地空间布局，涉及建设用地在城镇布局还是在乡村布局，以及在大城市布局，还是在中小城市布局，乃至是在小城镇布局等问题，与一个国家或一个地区的经济社会发展阶段有关。一般表现为，在一国或一个地区的城镇化前期，建设用地主要在大城市布局；在一国或一个地区的城镇化中后期，建设用地主要在中小城市小城镇布局。到2021年底，我国常住人口城镇化率已达64.21%，我国城镇化已进入中后期发展阶段。在我国新型城镇化、乡村振兴、共同富裕的发展要求下，我国“城乡建设用地增减挂钩”的乡村存量建设用地主要向超大城市、特大城市、大城市、中等城市转移的“城镇建设用地增加与农村建设用地减少”的政策已违背我国城镇化中后期发展阶段的基本规律，已不具备实施的现实基础。自2005年国土资源部实施“城乡建设用地增减挂钩”政策已十多年过去，出现了2020年的山东等地的不规范“合村并居”争议，这说明了我国现行的“城乡建设用地增减挂钩”政策已不符合区域经济发展要求。我国现行的“城乡建设用地增减挂钩”政策应该改为中小城市和乡村范围内或者县市范围内的”城乡建设用地增减挂钩”政策。在2021年8月26日，由国务院第三次全国国土调查领导小组办公室、自然资源部、国家统计局三部门举办的第三次全国土地调查新闻发布会提出“农村一二三产业融合发展应当在县域内统筹。”①

在2018年中央一号文件中提出“在符合土地利用总体规划前提下，允许县级政府

① 新华社：《第三次全国土地调查主要数据成果发布》，2021年8月26日。

通过村土地利用规划，调整优化村庄用地布局，有效利用农村零星分散的存量建设用地；预留部分规划建设用地指标，用于单独选址的农业设施和休闲旅游设施等建设。对利用农村闲置建设用地发展农村新产业、新业态的给予新增建设用地指标的奖励。进一步完善设施农用地政策。”在2019年中央一号文件中指出“允许在县域内开展全域乡村闲置校舍、厂房、废弃地等整治，盘活建设用地重点用于支持乡村新产业新业态和返乡下乡创业。”在2020年中央一号文件中提出“完善乡村产业发展用地政策体系，明确用地类型和供地方式，实现分类管理。将农业种植养殖配套的保鲜冷藏、晾晒存贮、农机库房、分栋分装、废弃物处理、管理用房等辅助设施用地纳入农用地管理，根据生产实际合理确定辅助设施用地规模上限。农业设施可以使用耕地。强化农业设施用地监管，严禁以农业设施用地之名从事非农建设。开展乡村全域土地整治试点，优化农村生产、生活、生态空间分布。在符合国土空间规划前提下，通过村庄整治，土地整理等方式或节余农村集体建设用地优先用于发展乡村产业项目。新编县乡级国土空间规划应安排不少于10%的建设用地指标，重点保障乡村产业发展用地。省级制定土地利用年度计划时，应安排至少5%新增建设用地指标保障乡村重点产业和项目用地。农村集体建设用地可以入股、租用等方式直接用于发展乡村产业。……抓紧出台支持农村一二三产业融合发展用地的政策意见。”

2021年1月28日，由国家自然资源部、国家发展改革委和农业农村部三部门发布的《关于保障和规范农村一二三产业融合发展用地的通知》（自然资发〔2021〕16号）指出“盘活农村存量建设用地，腾挪空间用于支持农村产业融合发展和乡村振兴。”和“市县要优先安排农村产业融合发展新增建设用地计划，不足的由省（区、市）统筹解决。”2020年3月30日，由中共中央、国务院发布的《关于构建更加完善的要素市场化配置体制机制的意见》中提出充分运用市场机制盘活存量土地和低效用地，研究完善促进盘活存量建设用地的税费制度。以多种方式推进国有企业存量用地盘活利用。深化农村宅基地改革试点，深入推进建设用地整理，完善城乡建设用地增减挂钩政策，为乡村振兴和城乡融合发展提供土地要素保障。2019年5月6日，由中共中央、国务院发布的《关于建立健全城乡融合发展体制机制和政策体系的意见》中提出“在年度新增建设用地计划中安排一定比例支持乡村新产业新业态发展，探索实行混合用地等方式。严格农业设施用地管理，满足合理要求。”

（二）实施超大城市特大城市大城市范围内的建设用地空间布局优化

在超大城市特大城市大城市范围内实施建设用地空间布局优化，主要应当在超大城市特大城市大城市范围内盘活存量建设用地和减少新增建设用地占用耕地，建立“建设用地增存挂钩”机制来解决实施。这是因为，我国超大城市特大城市大城市范围，一般都是区位最好的地方，同时也是存量建设用地最多和新增建设用地占用耕地最多的地方。而在一个国家或一个地区的工业化和城镇化过程中，建设用地的配置往往表现为：在一国或一个地区的城镇化前期，因考虑城镇化的建设成本，在超大城市特大城市大城市范围内一般新增建设用地配比较高；因此，在城镇化中后期，超大城市、特大城市、大城市范围内主要是利用存量建设用地，新增建设用地比例较低、乃至是零点。

《上海市城市总体规划（2016－2035年）》已经提出和实施新增建设用地零增长国土资源利用策略。要求城市建设用地控制在全市土地总面积的46.8%以下，即全市建设用地从2015年末的3071平方公里到2035年控制在3200平方公里以内①。可见，2016～2035年，上海市已经进入了依托盘活存量建设用地发展的新阶段或者依托城市更新发展的新阶段。总体上，从现在到2035年期间，在我国超大城市、特大城市、大城市范围内，主要应该实施以存量建设用地开发利用为主的与少量增量建设用地配置的“增存挂钩”政策。

另外，我国实施的是广域型城市发展体制，在我国超大城市、特大城市、大城市一般也有些乡村地域。从1984年我国城市经济体制改革以来，经过几十年的发展，目前，我国超大城市、特大城市、大城市的城区部分一般规模都比较大，人口、产业和功能过密，至今为止城市的基本发展方式大都还是摊大饼的外延性单中心扩张。这既影响超大城市、特大城市、大城市城区本身的健康发展，同时也遏制了超大城市、特大城市、大城市人口、产业、功能的扩散和带动周边县市的发展。习近平在“完善城镇化战略”中提出，城市单体规模不能无限扩张，合理控制大城市的规模、不能盲目摊大饼，要逐步解决超大城市中心城区人口和功能过密问题，要推动城市组团式发展，形成多中心、多层级、多节点的网络型城市群结构②。

四、推进产业梯度转移

产业梯度转移是指已有产业从核心区域向边缘区域转移或从生产成本高的区域向生产成本低的区域转移。产业梯度转移表现为投资人将原注册地的某一法人企业歇业注销，在产业转移区域重新注册独立核算的法人企业；或投资人在原注册地的某一法人企业不关闭而在产业转移区域注册企业分支机构。国家统计局农民工检测调查报告显示，在我国，不同区位的农民工的工资成本和消费成本差距不大。因此，引起投资人将原注册地的某一法人企业歇业注销，在产业转移区域重新注册独立核算的法人企业，其原因大多数是投资人在原注册地企业土地成本或者物业成本过高，或者原注册

---

① 上海市人民政府：《上海市城市总体规划（2016－2035年）》，2017年版，第44页。

② 习近平：《国家中长期经济社会发展战略若干重大问题》，载于《求是》2020年第21期，第8页。

地企业的用地用途已经政府规划调整，企业在原注册地出售土地使用权或出租物业的收益远大于企业生产经营收益。因此，原注册地企业生产经营内容在原注册地已不适合需要调整。例如，20 世纪 90 年代到 21 世纪初，上海市区内大部分工业企业都是因为企业用地被政府规划调整为第三产业用地（包括商业、商务、房地产用地）从而导致该阶段上海市区大部分工业企业转移上海市域范围内的上海郊区或者转移到上海市域范围外的外省市。投资人在原注册地的某一法人企业不关闭而在产业转移区域注册企业分支机构，主要是投资人在原注册地的某一法人企业已经具有一定的规模、市场声誉和品牌效应，企业需要将自身的生产运营内容在国内外市场设立分支机构进行市场拓展或者市场覆盖。因此这类企业在原注册地不易歇业注销，只能在市场拓展的所在地设置企业分支机构。但是，在产业梯度转移区域设置企业分支机构，产业梯度转移区域往往不够欢迎，因此，需要处理好分支机构所在地和企业所在地的税收分成。

五、推进技术梯度转移

技术转移（含技术转让）有两种方式。一是技术梯度转移，是指以技术发源地为中心呈放射状向周边地区依次转移的技术扩散过程，技术递度式转移是技术扩散的一般方式。例如，20 世纪 80 年代末和 90 年代中期前，江苏的苏锡常地区，浙江的杭嘉宁地区的星期六工程师就属于技术递度式转移。二是技术跳跃式转移，是指从技术发源地跳过空间上近距离的扩散地而直接扩散到另一距离较远的地方，跳跃式技术转移方式一般基于交通、通信条件改善和技术转移地其他资源禀赋的特殊条件。例如，在 2014 年上海一个《统筹城乡规划，优化完善郊区城镇结构和功能布局》调研报告中提出“在区域一体化的大背景下，上海市的新市镇在市镇网络中的职能不突出，难以发挥跨区域辐射带动作用。据统计，上海郊区人均 GDP 仅为临沪县级市平均值的三分之二，在临沪边界地区形成了经济断裂带和价值注地。”凌岩老师在其《一个嘉定抵 1.5 个昆山到一个昆山抵 2.3 个嘉定》一文中也提到，1982 年，江苏苏州、无锡两市 8 个县，其中 4 个县的社队工业总产值已达 10 亿元；而上海第一块牌子的嘉定县只有 4.6 亿元。“据说他们（指江苏苏州、无锡 8 个县）的社队工业 80% 的业务是上海扩散去的，设备、技术也是上海过去的，原料也是上海过去的，收购也是上海负责的。”①

① 凌岩著：《乡愁钩沉》，上海社会科学院出版社 2014 年版，第 175 页。

第二篇

区域经济整体发展

本篇由区际经济结构，极化发展区域，次发展区域，区际基本公共设施与服务均等化，区际对口帮扶与合作，区际利益补偿等六章构成。其中，区域经济结构相当于第二篇的总论；极化区域发展和次区域发展两章，是立足于全国国土空间地域劳动分工，基于比较优势的互补性错位发展研究；区际基本公共设施与服务均等化，区际对口帮扶与合作，区际利益补偿三章研究，是基于增强次发展区域的发展水平和竞争力，以实现极化区域发展与次区域发展区域经济的一般均衡。本篇讨论的主要知识点：区域平衡充分发展的概念和基本特征，我国不平衡不充分发展的状况和形成原因，区域经济增长理论，我国区域经济结构优化；极化发展区域的内涵、本质、类型、范围、资源配置、功能扩散等；次发展区域的内涵、特征、主要类型，次发展区域的县域经济社会发展；区际基本公共设施与服务均等化的内涵、意义、状况、配置标准、投资建设等；区际对口帮扶和合作的内涵和特征，省际对口帮扶与合作，省内的对口帮扶与合作，对口帮扶与合作的基本原理；区际利益补偿的内涵与类型，国家重点生态功能区的利益补偿，国家粮食主产区的利益补偿。了解上述知识点，可以加深第一篇区域经济基础理论的理解和第三篇区域经济实施措施的理解。

第六章
区际经济结构

整体是系统中的概念，是指整体中的每一要素变化都依赖于整体中的其他要素，即“整体大于部分之和”。区域经济的整体发展，主要阐述的是一个国家或一个地区，在工业化、城镇化中后期发展阶段或增长极扩散辐射阶段相适应的区际经济结构及其资源配置方式。本章由“区域平衡充分发展的概念和特征”“我国不平衡不充分发展的状况”“我国区域不平衡不充分发展形成的原因”“区域经济增长理论”“我国区际经济结构优化”五部分内容构成。

第一节　区域平衡充分发展的概念和特征

从我国区域经济发展的实践看，区域不平衡发展很大程度上是由区域不充分发展引起的，而我国的绝大部分不充分发展区域，既由区域资源禀赋等生产力因素所致，更由人类依据社会可承受的区域差异程度，制定相应的区域发展战略、规划、政策、制度等生产关系内容予以干预所致。

一、区域平衡充分发展的概念

区域平衡充分发展并不是指区域之间不存在区域经济发展水平差异，而是指一个国家或一个地区的各区域资源禀赋、发展基础和发展条件得到充分利用而形成的一种区域经济发展状态，是相对于区域不平衡不充分发展而言的。区域不平衡不充分发展是指两个及以上复数区域之间的经济发展水平存在较大差异。例如，“区域经济发展不平衡是指多个区域之间经济发展水平的差异。”① “区域差异是指一国内部不同区域之间存在的经济发展差异。大多数情况下，区域差异主要是指经济发展水平的差异。实际上，区域差异也包括基本公共服务的差异、基础设施水平的差异，产业结构的差异等”② 区域不充分发展是区域不平衡发展的前提，而区域不平衡发展是区域不充分发

① 郝寿义：《区域经济学原理》，格致出版社 2016 年版，第 261 页。

② 石敏俊：《区域经济学》，中国人民大学出版社 2020 年版，第 6 页。

展的表象。在我国，实践中，区域因资源禀赋、发展基础和发展条件没有得到充分利用主要表现在：该区域没有纳入政府经济社会发展规划和其他各类发展规划或者在政府各类发展战略、规划中处于不利地位，该区域难以或者没有获得必要的建设用地、项目、资金等政策性要素配置，该区域难以获得必要的公共设施与服务配套，该区域在区域治理中处于配合地位等。其后果或表现为，该区域在邻近或关联区域范围中经济发展水平较低和居民收入水平、社会保障水平相对较低等。

区域平衡充分发展是区域协调发展的一种类型。在朱建江主编的《区域发展导论》一书中提出“区域协调发展在处理区际关系和区域内部关系时，可表述为“初步协调”“比较协调”“相当协调”和“基本一致”四种程度。……当区域协调达到基本一致程度时，区域协调发展就是区域平衡发展了。”① 在郝寿义老师的《区域经济学原理》一书中提出，“区域经济协调发展具有三个不同层次的含义。第一层次是要素的协调。主要评价区域性要素和基础性要素之间的适宜程度和协调程度，即区域经济发展中的要素是适宜度问题。第二层次是发展的协调，即我们平时所说的区域之间的平衡与不平衡问题。第三层次是社会收入水平的区域协调，主要评价一个区域与另一个区域之间的收入差距，解决社会经济发展与社会进步带来的社会福利的均等化问题。”

可见，区域平衡充分发展是区域协调发展的一种类型，主要偏重于“区域之间的发展协调”或“区域之间的发展机会均等协调”，即通过区域经济发展过程中的各区域资源禀赋、发展基础和发展条件的充分利用，促进区域之间经济发展水平差异的缩小，而不研究区域协调发展的全部内容②。

二、区域平衡充分发展的基本特征

（一）区域平衡充分发展是区域规划追求的目标

在中文的语义中，“平衡”与“均衡”是同义的③。区域平衡充分发展是区域规划追求的目标。任何区域在规划之初一般都是不平衡不充分发展的，而区域规划的使命就是将不平衡不充分发展的区域规划为平衡充分发展区域，通过平衡充分发展区域规划的实施，逐步实现区域的平衡充分发展。人类社会的区域经济就是一个从不平衡不充分发展到平衡充分发展，再到更高层次的不平衡不充分发展到平衡充分发展的过程，循环往复，逐渐实现区域经济不同阶段的发展目标。任何区域在发展的过程中，不平

① 朱建江主编：《区域发展导论》，上海社会科学院出版社 2020 年版，第 7 页。

② 一般认为，区域协调发展包括区域要素匹配关系协调，区域之间的发展协调，区域之间的公共设施及服务协调，区域之间的收入分配协调，区域的人与自然环境协调等。

③ 中国社会科学院语言研究所词典编辑室编：《现代汉语词典》，商务印书馆 1983 年版，第 623 页。

衡发展是阶段性的，实现平衡发展是必要的，也是可能的。不过，区域平衡充分发展是有条件的，需要人类依据社会可承受的区域差异程度，制定相应的战略、规划、政策、制度等生产关系内容，予以干预才能达到预期目标。

（二）区域不平衡不充分发展是区域经济的阶段性现象

一般认为，“工业化进程的城乡关系，尽管纷繁复杂，但其变迁也是有规律的。总的来看，城乡关系的变迁是从农业社会无差别统一的均衡状态，到工业社会初中期阶段的逐步失衡，再到工业化社会中期阶段起逐步走向均衡，直到工业化社会后期阶段和后工业社会城乡一体的均衡状态。”① 区域经济发展理论也认为，工业化前期阶段，工业产值在经济中小于10%，商品生产不活跃，各地方基本上自给自足，区际之间联系不紧密，区域之间经济发展水平的差异比较小；工业化初中期阶段，工业产值在经济中的比重占10%~50%，极化发展区域和次发展区域之间经济发展水平差异较大；后工业化阶段，极化发展区域对次发展区域的扩散作用加强，次发展区域的次中心逐步发展，并趋向于发展到原来的极化发展区域相似的规模，极化发展区域和次发展区域的发展基本上达到相互平衡的状态②。

（三）区域平衡充分发展是生产力和生产关系共同作用的结果

从不平衡不充分发展到平衡充分发展，不仅是区域资源禀赋等生产力因素所致，更都是人类依据社会可承受的区域差异程度，制定相应的战略、规划、政策、制度等生产关系内容，予以干预使之达到预期目标所致。例如，那些现在看起来已经不适合人类居住的区域或资源禀赋养活不了“人”的区域，是农业社会条件下微观主体的区位选择，在工业社会中这种区位选择已经不适应时代要求了，因此，除了异地动迁就没有更多的方法可以致富了。在我国2010年发布的《全国主体功能区规划》中就提出“在农业社会，很多地区可以做到‘一方水土养活一方人’。但在工业社会，达到较高的消费水平后，有些地区就很难做到‘一方水土养富一方人’”。反过来，在工业社会里，一个国家或者一个地区内那些适合于人类居住的区域，也就具备了资源禀赋养活“人”的条件，在市场机制的作用下，这样的区域一般都能满足区域经济发展的条件。而这样的区域不能致富，与工业革命以来，因空间集中和要素集聚为特征的极化生产方式，将具备资源禀赋养活人条件的区域划为极化发展区域和次发展区域，并且两者形成了不平等的发展关系。例如，在我国，由于土地的公有制，我国的建设用地可以比较方便地通过计划指标等手段，从次发展区域移位或集中到极化发展区域。实践中，我国许多次发展区域因缺乏必要的建设用地指标而被切断了财富的增长，从而形成了

① 刘君德、范今朝：《中国市制历史演变与当代改革》，东南大学出版社2015年版，第27~28页。

② 张忠国主编：《区域研究理论与区域规划编制》，中国建筑工业出版社2017年版，第62~64页。

极化发展区域和次发展区域之间的经济发展水平差异。在世界上，人们也普遍认为，区域、乃至个体，贫困或经济发展差距不是来源于区域或个体的资源禀赋，而是来自经济秩序或区域政策。例如，发达国家与发展中国家的南北差距“从1960年的5700美元扩大到1993年的15400美元。……南北差距的扩大，是发达国家长期拒绝改变不平等、不合理的旧国际经济秩序造成的。”① “美国国内区域发展比欧盟内部区域发展更均匀，也是美国的空间经济在很长时间内实现了一体化而欧盟没能实现一体化的缘故。”②

第二节　我国不平衡不充分发展的状况

从区域经济学的角度讲，当前，在我国不平衡不充分发展主要表现为：地区不平衡不充分发展和城乡不平衡不充分发展。并且，城乡不平衡不充分发展是地区不平衡发展的基础。因此，改善或逐步消除我国不平衡不充分发展的着力点，应该改善或逐步消除我国城乡不平衡不充分发展这个基础。

一、地区经济发展不平衡不充分

（一）东中西区域经济发展不平衡不充分

根据国家统计局发布的《中国统计年鉴2021年》，到2020年，我国东部地区13个省（市）常住人口、地区生产总值、一般公共财政收入、人均地区生产总值、人均公共财政收入分别为66260万人，474158.09亿元、62859.2亿元、87340.61元、10237.52元，中部地区6个省常住人口、地区生产总值、一般公共财政收入、人均地区生产总值、人均公共财政收入分别为36446万人、222246.1亿元、17709.2亿元、60768.38元、5081.69元，西部地区12个省（区、市）常住人口、地区生产总值、一般公共财政收入、人均地区生产总值、人均公共财政收入分别为38308万人、213291.87亿元、19618.9亿元、55672.90元、5373.98元。我国东部地区人均地区生产总值和人均公共财政收入分别为我国中部地区人均地区生产总值和人均公共财政收入的1.44倍和2.01倍，东部地区人均地区生产总值和人均公共财政收入分别为我国西部地区人均地区生产总值和人均公共财政收入的1.57倍和1.91倍，我国中部地区人均地区生产总值和人均公共财政收入分别为我国西部地区人均地区生产总值和人均公共财政收入的1.09倍和－0.95倍。可见，我国东部地区人均地区生产总值和人均

---

① 王新奎等：《中国发展中国家与WTO》，上海远东出版社2000年版，总序第10页。

② 皮埃尔·菲利普·库姆斯等：《经济地理学》，中国人民大学出版社2020年版，第16页。

一般公共财政收入比中部地区和西部地区人均地区生产总值和一般公共财政收入水平都高，中部地区比西部地区人均地区生产总值略高，但中部地区比西部地区人均一般公共财政收入略高低，可见，我国中央与地方的一般公共财政收入分配更倾斜于西部地区（见表6－1）。

表6－1　　2020年末我国东中西区域人均地区生产总值和人均财政收入

东中西区域	序号	省（区、市）	行政区域面积（万平方公里）	常住人口（万人）	地区生产总值（亿元）	一般公共财政预算收入（亿元）	人均地区生产总值（元）	人均财政收入（元）
东部地区	1	北京	1.68	2189	36102.55	5483.89	164927.14	25052.03
	2	天津	1.1	1387	14083.73	1923.11	101540.95	13865.25
	3	河北	19	7464	36206.89	3826.46	48508.12	5126.55
	4	辽宁	15	4255	25114.96	2655.75	59024.58	6241.48
	5	吉林	18	2399	12311.32	1085.02	51318.55	4522.80
	6	黑龙江	46	3171	13698.50	1152.51	43199.31	3634.53
	7	上海	0.58	2488	38700.58	7046.30	155548.95	28321.14
	8	江苏	10	8477	102718.98	9058.99	121173.74	10686.55
	9	浙江	10	6468	64613.34	7248.24	99896.94	11206.31
	10	福建	12	4161	43903.89	3079.04	105512.83	7399.76
	11	山东	15	10165	73129.00	6559.93	71941.96	6453.45
	12	广东	18	12624	110760.94	12923.85	89615.33	10237.52
	13	海南	3.4	1012	5532.39	816.06	54667.89	8063.83
小计			169.7	66260	474158.09	62859.2	87340.61	10831.63
中部地区	14	山西	15	3490	17651.93	2296.57	50578.60	6580.43
	15	安徽	13	6105	38680.63	3216.01	63358.94	5267.83
	16	江西	16	4519	25691.50	2507.54	56852.18	5548.88
	17	河南	16	9941	54997.07	4168.84	55323.48	4193.58
	18	湖北	18	5745	43443.46	2511.54	75619.60	4371.70
	19	湖南	21	6645	41781.49	3008.66	62876.58	4527.71
小计			—	36446	222246.1	17709.2	60768.38	5081.69
西部地区	20	内蒙古	110	2403	17359.82	2051.20	77242.28	8536.00
	21	广西	23	5019	22156.69	1716.94	44145.63	3420.88
	22	重庆	8.23	3209	25002.79	2094.85	77914.58	6528.05
	23	四川	48	8371	48598.76	4260.89	58056.10	5090.06

续表

东中西区域	序号	省（区、市）	行政区域面积（万平方公里）	常住人口（万人）	地区生产总值（亿元）	一般公共财政预算收入（亿元）	人均地区生产总值（元）	人均财政收入（元）
西部地区	24	贵州	17	3858	17826.56	1780.80	46206.74	4615.86
	25	云南	38	4722	24521.90	2166.69	51931.17	4508.50
	26	西藏	120	366	1902.74	220.99	51987.43	6037.98
	27	陕西	19	3955	26181.86	2257.31	66199.39	5707.48
	28	甘肃	39	2501	9016.70	874.55	36052.38	3496.80
	29	青海	72	593	3005.92	297.99	50690.05	5025.13
	30	宁夏	6.6	721	3920.55	419.44	54376.56	5817.48
	31	新疆	160	2590	13797.58	1477.22	53272.51	5703.55
小计			—	38308	213291.87	19618.9	55672.90	5373.98

资料来源：作者根据国家统计局发布的《中国统计年鉴2021》整理。

（二）南北区域经济发展不平衡不充分

根据国家统计局发布的《中国统计年鉴2021年》，到2020年，我国南方地区15个省（区、市）常住人口、地区生产总值、一般公共财政收入、人均地区生产总值、人均公共财政收入分别为83423万人，551214.9亿元、63436.4亿元、77433.35元、7986.31元，北方地区16个省（区、市）常住人口、地区生产总值、一般公共财政收入、人均地区生产总值、人均公共财政收入分别为57590万人，358481.12亿元、36750.78亿元、64761.46元、7249.66元。我国南方地区15个省（区、市）与北方地区16个省（区、市）常住人口、地区生产总值、一般公共财政收入、人均地区生产总值、人均公共财政收入比分别为1.45倍、1.54倍、1.73倍、1.20倍、1.10倍（见表6-2）。可见，从我国改革开放以来，我国的工业化和城镇化重心逐步向我国南方地区移动，而我国粮食生产重心却由我国南方地区向北方地区移动。2020年，我国北京、天津、河北、山西、内蒙古、辽宁、吉林、黑龙江、山东、河南、西藏、陕西、甘肃、青海、宁夏、新疆等北方16个省（区、市）粮食产量为31076.2万吨，占全国粮食总产量的46.42%，比1980年占全国粮食总产量比重的40.6%，提高了近6个百分点。随着我国东南沿海工业化、城镇化加快推进，我国粮食生产重心由南向北转移。我国粮食流通格局由“南粮北调”变为“北粮南运”，始于20世纪70年代末，持续数百年的“湖广熟，天下足”的粮食使我国粮食生产格局告一段落。“随着城镇化程度提高和产业布局变化，广东、浙江这些传统的粮食生产基地，现在已经从成为了加工和对外贸易的重镇，南粮北调，已经逐步变成了“北粮南运”。而黑龙江、吉林、辽宁、内蒙古等地方，慢慢地成了北方的粮食主产区，成了全国的米袋子，这些地方出产的粮食，通过铁路、公路和水路，源源不断地运往广东、浙江、福建、四川等南方主销区”①。

表 6-2　　2020 年末我国南北区域人均地区生产总值和人均财政收入

南北区域	序号	省（区、市）	行政区域面积（万平方公里）	常住人口（万人）	地区生产总值（亿元）	一般公共财政预算收入（亿元）	人均地区生产总值（元）	人均财政收入（元）
北方地区	1	北京	1.68	2189	36102.55	5483.89	164927.14	25052.03
	2	天津	1.1	1387	14083.73	1923.11	101540.95	13865.25
	3	河北	19	7464	36206.89	3826.46	48508.12	5126.55
	4	山西	15	3490	17651.93	2296.57	50578.60	6580.43
	5	内蒙古	110	2403	17359.82	2051.20	77242.28	8536.00
	6	辽宁	15	4255	25114.96	2655.75	59024.58	6241.48
	7	吉林	18	2399	12311.32	1085.02	51318.55	4522.80
	8	黑龙江	46	3171	13698.50	1152.51	43199.31	3634.53
	9	山东	15	10165	73129.00	6559.93	71941.96	6453.45
	10	河南	16	9941	54997.07	4168.84	55323.48	4193.58
	11	西藏	120	366	1902.74	220.99	51987.43	6037.98
	12	陕西	19	3955	26181.86	2257.31	66199.39	5707.48
	13	甘肃	39	2501	9016.70	874.55	36052.38	3496.80
	14	青海	72	593	3005.92	297.99	50690.05	5025.13
	15	宁夏	6.6	721	3920.55	419.44	54376.56	5817.48
	16	新疆	160	2590	13797.58	1477.22	53272.51	5703.55
小计				57590	358481.12	36750.78	64761.46	7249.66
南方地区	17	上海	0.58	2488	38700.58	7046.30	155548.95	28321.14
	18	江苏	10	8477	102718.98	9058.99	121173.74	10686.55
	19	浙江	10	6468	64613.34	7248.24	99896.94	11206.31
	20	福建	12	4161	43903.89	3079.04	105512.83	7399.76
	21	广东	18	12624	110760.9	12923.9	87738.39	10237.52
	22	广西	23	5019	22156.69	1716.94	44145.63	3420.88
	23	海南	3.4	1012	5532.39	816.06	54667.89	8063.83
	24	安徽	13	6105	38680.63	3216.01	63358.94	5267.83

① 张子雨：《我国粮食大流通格局形成 北粮南运产销协作走向深入》，http：//country.cnr.cn/mantan/20170215/t20170215_523601931.shtml，2017 年 2 月 15 日。

续表

南北区域	序号	省（区、市）	行政区域面积（万平方公里）	常住人口（万人）	地区生产总值（亿元）	一般公共财政预算收入（亿元）	人均地区生产总值（元）	人均财政收入（元）
南方地区	25	江西	16	4519	25691.50	2507.54	56852.18	5548.88
	26	湖北	18	5745	43443.46	2511.54	75619.60	4371.70
	27	湖南	21	6645	41781.49	3008.66	62876.58	4527.71
	28	重庆	8.23	3209	25002.79	2094.85	77914.58	6528.05
	29	四川	48	8371	48598.76	4260.89	58056.10	5090.06
	30	贵州	17	3858	17826.56	1780.80	46206.74	4615.86
	31	云南	38	4722	24521.90	2166.69	51931.17	4508.50
小计			—	83423	551214.9	63436.4	77433.35	7986.31

资料来源：作者根据国家统计局发布的《中国统计年鉴2021》整理。

二、城乡区域经济发展不平衡不充分

（一）大中小城市发展不平衡不充分

根据国家住建部发布的《2020年中国城市建设统计年鉴》，到2020年末，我国有统计的城市共686个，其中，城区常住人口1000万人以上的超大城市有5个，500万人以上1000万人以下的特大城市有12个，300万人以上500万人以下的Ⅰ型大城市有14个，100万人以上300万人以下的Ⅱ型大城市有62个，50万人以上100万人以下的中等城市有119个，20万人以上50万人以下的Ⅰ型小城市有276个，20万人以下Ⅱ型小城市有198个（按照2014年10月国务院发布的“城市规模半数递减划分标准”，包括10万人以上20万人以下小城市有139个，5万人以上10万人以下小城市有39个，3万人以上5万人以下小城市有13个，3万人以上小城市有7个）（见表6－3）。综上所述，从城市规模角度讲，我国城市的基本特征是“我国大城市规模过大且多，小城市规模过小且少，城乡分化较为严重”。与世界大多数国家不同是，我国采用的是区域型城市行政区划体制。我国的城市行政区划，既包含了世界上大多数国家通用的“市制”，城市行政区划下辖“区、街道、居委会”；还包括了世界上大多数国家通用的“乡制”，城市行政区划下辖“建制镇、乡、村委会”。因此，我国的城市规模大小不能以城市的常住人口规模、建设用地规模、经济规模来评价，而应当用我国城市中的城区常住人口规模、建设用地规模、经济规模来评价。因为，在我国，只有城市中的城区才是18世纪中叶以来工业化意义上的增长极。从18世纪中叶工业革命以来，世界普遍的区域经济增长方式，主要是通过区域范围内的经济增长极带动区域经济的发展，即通过城市中的城区增长极带动区域经济增长。因此，在我国不能说城市是

"区域经济增长极"但可以说城市中的城区是"区域经济增长极"。我国的大城市规模过大且多，造成大城市区域虹吸作用过强，人口和功能过于集聚，从而产生房价过高、交通拥挤、环境污染、安全频发等大城市病；小城市规模过小且少，从而造成了我国广大区域，尤其是地域范围面广量大的县域，缺乏城市中城区经济增长极的带动，产生城乡区域经济不平衡不充分发展。

表 6－3　　2020 年底我国城市规模（城区常住人口规模）结构　　单位：个

序号	省（区、市）	城市总数	城市规模（城区常住人口规模）结构									
			1000 万人以上	500 万人以上 1000 万人以下	300 万人以上 500 万人以下	100 万人以上 300 万人以下	50 万人以下 100 万人以上	20 万人以上 50 万人以下	10 万人以上 20 万人以下	5 万人以上 10 万人以下	3 万人以上 5 万人以下	3 万人以上
1	北京	1	1	0	0	0	0	0	0	0	0	0
2	天津	1	1	0	0	0	0	0	0	0	0	0
3	河北	32	0	1	1	4	6	10	9	1	0	0
4	山西	22	0	0	1	1	6	6	8	0	0	0
5	内蒙古	20	0	0	0	2	3	7	4	1	3	0
6	辽宁	30	0	1	1	2	9	9	8	0	0	0
7	吉林	29	0	0	1	1	2	10	9	6	0	0
8	黑龙江	33	0	1	0	2	4	6	9	7	4	0
9	上海	1	1	0	0	0	0	0	0	0	0	0
10	江苏	34	0	1	1	4	5	21	2	0	0	0
11	浙江	31	0	1	1	4	7	15	2	1	0	0
12	安徽	25	0	0	1	3	8	7	6	0	0	0
13	福建	21	0	0	2	1	2	9	6	1	0	0
14	江西	23	0	0	1	1	6	10	3	2	0	1
15	山东	42	0	2	0	9	8	21	2	0	0	0
16	河南	39	0	1	0	2	10	17	9	0	0	0
17	湖北	38	0	1	0	2	6	20	9	0	0	0
18	湖南	31	0	0	1	2	9	10	8	1	0	0
19	广东	41	2	1	0	7	9	15	7	0	0	0
20	广西	23	0	0	1	2	2	10	5	3	0	0
21	海南	8	0	0	0	1	1	1	4	0	1	0
22	重庆	1	0	0	0	0	0	0	0	0	0	0
23	四川	36	0	1	0	6	8	14	5	1	1	0
24	贵州	15	0	0	0	2	0	10	3	0	0	0

续表

序号	省（区、市）	城市总数	城市规模（城区常住人口规模）结构									
			1000万人以上	500万人以上1000万人以下	300万人以上500万人以下	100万人以上300万人以下	50万人以下100万人以上	20万人以上50万人以下	10万人以上20万人以下	5万人以上10万人以下	3万人以上5万人以下	3万人以上
25	云南	25	0	0	1	0	1	16	5	2	0	0
26	西藏	6	0	0	0	0	1	2	0	3	0	0
27	陕西	17	0	1	0	1	4	6	5	0	0	0
28	甘肃	17	0	0	0	1	1	10	1	3	1	0
29	青海	7	0	0	0	1	0	2	1	1	2	0
30	宁夏	8	0	0	0	1	0	3	3	1	0	0
31	新疆	28	0	0	1	0	1	8	6	5	1	6
合计		686	5	12	14	62	119	276	139	39	13	7

注：城区常住人口 = 城区人口 + 城区暂住人口。

资料来源：作者根据《2020年中国城乡建设统计年鉴》整理。

（二）城乡居民收入不平衡不充分

1978年，我国城乡居民收入差距为2.55∶1，到1985年为1.85∶1，城乡居民收入差距为改革开放以来最低。从1986年起开始扩大，1988年城乡居民收入比为2.12∶1，直至2010年为最高，即3.22∶1。从2011年起，我国城乡居民收入逐步缩小，但缩小仍非常缓慢，2010~2020年共缩小0.66（见表6-4）。按此我国城乡居民收入差距缩小进度，到2035年全国城乡居民收入比可望达到1.60∶1左右。

表6-4　　2010~2020年我国城乡居民收入比

年份	城镇居民收入（元）	农村居民收入（元）	城乡相对差距	城镇居民收入增长率（%）	农村居民收入增长率（%）
2010	19909	5919	3.22∶1	7.8	10.9
2011	21810	6977	3.12∶1	14.1	17.9
2012	24565	7917	3.10∶1	10.7	13.3
2013	26467	9430	2.81∶1	9.7	12.7
2014	28844	10489	2.75∶1	9.0	11.2
2015	31195	11422	2.73∶1	8.2	8.9
2016	33616	12363	2.72∶1	7.8	8.2
2017	36396	13432	2.71∶1	8.3	8.6
2018	39251	14617	2.68∶1	7.8	8.8
2019	42359	16021	2.64∶1	7.6	8.8
2020	43834	17131	2.56∶1	3.5	6.9

资料来源：作者根据国家统计局《2010~2020年国民经济和社会发展统计公报》整理。

第三节　我国区域不平衡不充分发展形成的原因

到目前为止，学术界一般认为，空间不平衡发展是由资源禀赋、尤其是自然资源空间分布不均造成的。但是，工业革命以前，无论是国内还是国外，国家之间和一个国家内部的地区、城乡之间，经济发展水平或者收入水平差异是非常小的。然而，现实中，区域发展差异仅仅从资源禀赋角度很难解释。从实践看，区域经济发展不平衡不充分的原因主要有区域之间的资源禀赋差异，18 世纪中叶工业革命以来形成的极化生产方式和广义的区域经济政策等三方面。曾道智老师在其《空间经济学》一书序言中指出“中国经济发展呈现出不平衡的状态；东部地区比较发达，而西部内陆地区则相对来说比较落后。各个地区的产业结构也不同。值得注意的是，这种经济活动的不平衡在世界其他国家也都可以观察到，只是程度有所不同。为什么经济活动会呈现出这种不平衡的状态呢？这里面固然有自然资源分布不均的原因，但是，社会经济发展本身也会不可避免地造成这些不平衡。”①

一、资源禀赋形成的区域发展不平衡不充分

（一）资源禀赋的内涵

资源禀赋一词语义，国内各类辞书没有具体的释义，但“资源”和“禀赋”两词在《辞海》中均作了解释。《辞海》中对“资源”一词解释为“生产资料和生活资料的来源。”② 资源是个历史的范畴，它的内涵与外延随着经济社会的发展而不断扩展、深化。在人类社会早期，自然物就是人类生产生活的来源，这时候的资源指的就是自然资源。随着人类认识水平和能力的提高，除了自然资源种类日益增多和开发利用能力日益提高外，人类社会还产生了许多独立于自然资源以外的劳动产品，包括文化、资本、技术、信息、管理、制度等要素，这些人工物质和精神与自然资源一道共同成为人类社会财富的来源。因此，资源既包括自然资源也包括社会资源，自然资源是指以天然物形式出现的一切有用物，包括自然界中的土地、气候、生物、阳光、矿产等要素；社会资源是指以人类劳动产品形式出现的一切有用物，包括人口、劳动、文化、资本、技术、信息、管理、制度等要素。资源既包括自然资源，也包括社会资源，历史上早有一些论述，英国威廉・配第曾经就指出“土地是财富之母，劳动是财富之父”。马克思在论述资本主义剩余价值产生时指出“劳动力和土地是形成财富的两个

① 曾道智等：《空间经济学》，北京大学出版社 2018 年版，序第 1 页。

② 夏征农、陈至立：《辞海》，上海辞书出版社 2009 年版，第 3053 页。

原始要素，是一切财富的源泉"。而恩格斯进一步指出"其实劳动和自然界一起才是一切财富的源泉，自然界为劳动提供材料，劳动把材料变为财富"①。在丁四保等老师编著的《区域经济学》一书中提出，"资源是经济学的一个基本概念，是指自然界及人类社会中一切对人类有用的物质。因此，资源既包括一切为人类所需要的自然物，如阳光、空气、水、矿产、土壤、植物及动物等，也包括以人类劳动产品形式出现的一切有用物，如房屋、设备、其他消费品及生产资料性商品，还包括无形资产、知识和技术及人类本身的智力和体力。故而，资源是为人类经济活动所必需，具有现时或潜在经济价值的自然物质和人类文明的产物。"②"禀赋"一词"指人所享受的天赋或体质。"③这里所指的"人所享有的天赋和体质"放入资源禀赋一词语境中，其指向应该就是上面所述的自然资源和社会资源。因此，资源禀赋，也称要素禀赋，是指一个国家或者一个地区现在和未来的，对人类社会经济社会发展一切有用的自然资源和社会资源的总和。

（二）资源禀赋对区域平衡充分发展的影响

资源禀赋影响区域不平衡发展主要有两大方面，一是区域之间的资源禀赋不平衡分布导致区域之间的不平衡发展。郝寿义老师在其《区域经济学原理》一书中提出"区域性要素差异也成为区域经济平衡发展的重要原因。"④二是区域资源禀赋在不同时期的要素匹配不适宜导致区域经济不平衡发展。例如，"在农业社会，很多地区可以做到'一方水土养活一方人'。但在工业社会，达到较高的消费水平后，有些地区就很难做到'一方水土养富一方人'"。上述"一方水土养活不了一方人"的区域，在我国现代化进程中，既是难以缩小区域差异的区域，也是资源禀赋不匹配的区域。在我国脱贫攻坚中实施的易地扶贫搬迁，涉及22个省份近1400个县（包括深山地区800多个县、荒漠化地区30多个县、高海拔地区70多个县），2.6万多个自然村，960多万搬迁人口。总投资超过1万亿元，其中，中央预算内投资800亿元，各类融资约5200亿元。全国累计建成集中安置点约3.5万个，建设安置住房266万余套，总建筑面积2.1亿平方米，人均住房面积20.8平方米；配套建设安置点内外道路8.9万公里，污水处理设施5万个，垃圾处理设施5.6万个，新建或改扩建中小学和幼儿园6100多所，医院和社区卫生服务中心1.2万多所、养老服务设施340余个，文化活动

① 马克思、恩格斯：《马克思恩格斯全集》，人民出版社2016年版第四卷，第373页。

② 丁四保等：《区域经济学》，高等教育出版社2012年版，第77~78页。

③ 夏征农、陈至立：《辞海》，上海辞书出版社2009年版，第169页。

④ 郝寿义：《区域经济学原理》，上海人民出版社2016年版，第281页。

场所4万余个①。

（三）资源禀赋形成区域发展不平衡不充分的本质

资源禀赋形成的区域不平衡不充分发展，本质上是通过人类社会的地域分工实现的。地域分工，也可称地域的劳动分工，是指按土地用途进行的劳动分工。例如，2010年国务院颁布的《全国主体功能区规划》，以提供主体产品的类型为基准，将我国国土空间划分为城镇空间、农业空间、生态空间。在地域分工中，城镇空间范围内的土地用途类型主要是用于工业化和城镇化的建设用地；与之相应的，在劳动分工中，城镇空间主要以提供工业品和服务产品为主。在地域分工中，农业空间范围内的土地用途类型主要是用于农、林、牧、渔生产的农用地；与之相应的，在劳动分工中，农业空间主要以提供农产品（包括粮食产品等）为主。在地域分工中，生态空间范围内的土地用途类型主要是用于生态产品生产的生态用地；与之相应的，在劳动分工中，生态空间主要以提供生态产品为主。美国区域经济学家埃德加·M. 胡佛在其《区域经济学导论》一书中指出”土地首先即指空间”②。可见，在“空间经济学科”中，人类社会土地利用中的土地用途类型是一个地区地域分工的基础和具体化，且以土地利用类型为基础的地域分工决定着该地区的劳动分工，地域分工与劳动分工，若如一个硬币的正反两面，相互依存。在经济学中，劳动分工是指产业分工或者行业分工，而在空间指向的“空间经济学科”中，地域分工，是指按土地用途进行的劳动分工。并且，在“空间经济学科”中，正是人类社会这种空间利用的土地利用方式中的土地类型划分，决定了地区中最重要的土地资源禀赋的价值和价格，同时也奠定了不同土地用途区域之间的区域发展差距（见图6－1）。例如，根据我国地形和气候，在我国东部沿海地区，既是我国工业化和城镇化发展的最有利地区，同时也是我国农产品生产和生态产品生产的最有利地区。因此，在我国，如果将我国东部沿海地区土地规划为农用地和生态用地，我国东部地区就不可能成为我国区域经济发展的先行区。可见，资源禀赋形成区域的不平衡不充分发展，主要是以国家的地域分工为基础的。反之，我国各地区的区域发展差异很大程度上也来源于国家区域经济发展战略中的地域分工。

二、空间极化生产方式形成的区域发展不平衡不充分

（一）空间不平衡发展的起源

发生在18世纪下半叶的英国工业革命，突破了原来分散的手工工场生产方式开始

① 国家发改委：《从“十三五”易地扶贫搬迁，伟大成就与实践经验》，国家乡村振兴局网站，2021年3月9日。

② 埃德加·M. 胡佛：《区域经济学导论》，商务印书馆1990年版，第108页。

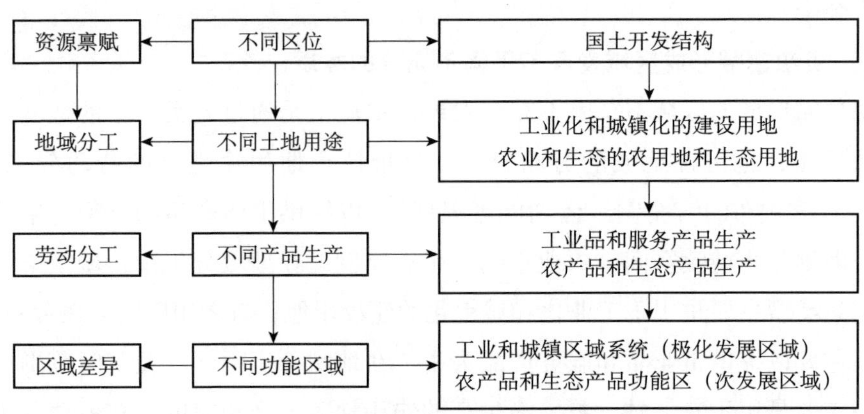

图6-1 区域发展差异的地域分工示意图

资料来源：作者绘制。

进入近代集中的机器大工厂生产方式。通过工业革命，由手工工场发展到大机器生产的大工厂。早在15世纪，英国农村的半农半工的手工业就非常普遍，最初主要是毛纺织业；到15世纪末，穿梭于城乡之间的呢绒商人为了加快生产速度，逐渐地把单独的家庭手工业联系起来，形成了早期的毛织业手工工场，英国手工工场在18世纪普遍地扩大起来。到1769年，理发师兼钟表匠理查德·阿克莱特制造了水力纺纱机；从此机器转动不再用人力，由于它使用水力，因此必须靠河边新建厂房，1771年在克隆福得建立了第一座棉纱厂，雇了600个工人，这样就突破了原来的手工工场生产，开始进入近代机器大工厂生产。到19世纪40年代，工厂制在英国工业生产中已占据统治地位。

“城市化几乎与产业革命同时发生”“在18世纪中叶，对英格兰而言，其中大约98%的城市根本不存在或者仍然是简陋的村庄。”[①] 据统计，到1800年，世界城市化率只有5.1%，同期，发达国家和地区的城市化率为7.3%，发展中国家和地区的城市化率为4.3%。工业革命前，英国经济最发达和人口最密集的地区是以伦敦为中心的东南部；工业革命后，英国西北盛产煤铁的荒芜地区出现了很多新兴的工业中心和城市，如曼彻斯特、兰开夏、伯明翰、利物浦、格拉斯哥、斯卡斯尔等，英国经济中心由东南向西北转移。随着工业和城市的繁荣和发展，英国农村人口大量转入城市，城市人口猛增。在英国，1776年的城市化率为25.9%，而1871年的城市化率为65.2%，是当时世界上城市化最发达的国家。工业革命前，英国有人口550万人，其中410万人住在农村；最大的城市伦敦人口也只有20万人，其他城市的人口最多也不超过2万人；到19世纪40年代英国城市人口已占全国人口的四分之三，达480万人。

① 皮埃尔·菲利普·库姆斯等著：《经济地理学》，中国人民大学出版社2020年版，第8~9页。

在产业革命以前，欧洲陆上运输谷物时每吨公里的平均成本相当于购买 4 ~ 5 公斤的谷物价格，但到了 1910 年，由于实现了长距离的铁路运输，陆上吨公里的运输成本只相当于购买 0.1 公斤谷物的价格。据贝鲁奇估算，1800 ~ 1910 年实际运输价格（加权平均值）大约下降了 90%①。由于产业革命前货物运输价格非常高，因此，工业革命前的国际国内贸易难以成为国际和国内空间不平衡发展的源头。美国阿瑟·奥沙利文在《城市经济学》中也提出，“运输和交易规模经济优势的出现，才推动了贸易城市的发展。这一观点为研究 19 世纪工业革命以前的城市历史提供了新的视角。”② 这也表明，产业和城市在空间上的极化发展不是起源于国际国内贸易，即国际国内的空间不平衡发展不是起源于国际国内贸易，而是起源于 18 世纪下半叶的英国工业革命。

（二）空间极化发展方式的正负效应

英国发生产业革命后，随后欧洲大陆和北美洲相继发生了产业革命。产业革命带来了收入的快速增长，但也带来了不同国家和区域在收入水平方面的巨大差异，而这种收入差异之大也是史无前例的。在皮埃尔·菲利普·库姆斯等著的《经济地理学》一书第一章就开宗明义中写道：1000 ~ 1820 年，西欧国家人均收入的年均增长率很低，仅有 0.15%。而后，西欧国家人均收入的年均增长率提高到 1.5%，比前 8 个世纪整整提高了 9 倍。当年均增长率为 0.15% 时，人均收入翻一番需要 463 年；而当人均收入年均增长率为 1.5%，人均收入翻一番只需要463 年。在第二个千年之时，欧洲的人均收入与地球其他地区居民的人均收入并无多大差异，但目前欧洲人民收入已经达到后者的 7 倍（Maddison，2001）。人们很清楚，这种剧变由产业革命所致。正因为产业革命，空间不平衡才逐渐显现出来了，空间不平衡不仅在国家之间存在，在国家内部也同样存在。贝鲁奇（Bairoch）指出，不同文明国家在工业化以前达到其顶峰时，他们在收入水平方面的差异是很难看出的③。

空间不平衡发展，不仅带来了国家之间的收入不平衡，也带来了一些国家内的地区和人群的收入不平衡；不仅带来了经济收入的不平衡，还导致了一系列的社会问题。习近平总书记在 2020 年第 20 期《求是》杂志中《扎实推动共同富裕》一文中指出“当前全球收入不平等问题突出，一些国家贫富分化，中产阶级塌陷，导致社会撕裂，政治极化，民粹主义泛滥，教训十分深刻!”④ 在石敏俊老师编著的《区域经济学》一书中提出“增长极模式对于区域规划学者和政府部门的决策者具有较强的诱惑力，许多后进地区发展的空间规划都在不同程度上采用了增长极模式的思路。在评价增长极

① 皮埃尔·菲利普·库姆斯等：《经济地理学》，中国人民大学出版社 2020 年版，第 4 ~ 5 页。
② 美国阿瑟·奥沙利文：《城市经济学》，北京大学出版社 2015 年版，第 18 页。
③ 皮埃尔·菲利普·库姆斯等：《经济地理学》，中国人民大学出版社 2020 年版，第 3 ~ 4 页。
④ 习近平：《扎实推动共同富裕》，载于《求是》2021 年第 20 期，第 4 页。

模式的实践应用价值的同时，也要客观认识到增长极模式的一些局限。一是增长极的极化作用会剥夺周围区域的发展机会，在一定时期内会导致中心区域与周边地区的经济发展差距扩大；二是空间扩散阶段前的空间极化阶段往往时间过于漫长，在这个漫长的时间内，周围地区的人民群众要继续忍受贫困，政治的不安定因素可能增加；三是增长极的主导产业和创新产业，往往吸纳就业的能力有限，不一定能带来很多就业机会，而增加就业岗位，对于后进地区扩大市场需求，增强自我发展能力具有至关重要的意义；四是增长极模式是一种‘自上而下’的区域发展模式，单纯依靠外力推动可能会使得区域经济变得脆弱，容易形成‘飞地’型的增长极，不利于后进地区走内生增长的发展道路。”①

三、区域政策偏向形成的区域发展不平衡不充分

（一）大城市偏向政策

新中国成立以后，从1953年国家第一个五年计划开始，根据当时新中国面临的国内外环境，国家实施了重工业优先发展的工业化战略。为了保证重工业优先发展战略的落地，国家相应实施了工农业产品剪刀差、农产品统购与统销体制、限制农村人口和劳动力向城市流动制度、城市知青上山下乡插队落户等，都是国家从项目、资金、物资、就业等各个方面支持城市发展。尤其是20世纪80年代中期我国城市经济体制改革以来，我国事实上是从规划、政策、项目、资金、土地、劳动力等多方面推进大城市发展。即使现在国家在实施的超大城市特大城市非核心功能疏解和人口规模控制，事实上也是推进和保护大城市发展。国家在改革开放前提过的加强中小城市发展和20世纪80～90年代提出的小城镇发展战略，本质上也是支持大城市发展。

（二）大城市偏向的要素配置

建设用地、公共设施、重大产业项目等主要也配置在极化区域。当前，在地区、城乡、工农等发展领域，唯经济效率论在自然资源分配，尤其是建设用地指标分配上，比较偏重于大城市地区，而中小城市小城镇地区和乡村地区相对配置不足。在我国地域型市制下，中小城市小城镇和乡村仅有的一点建设用地指标主要配置在地级市区，县级城区，经济发达的特大镇还能分到一些，而一般乡镇区和乡村在生产生活中必需的一些建设用地指标也难以获得。我国一般乡镇区和农村地区由于建设用地来源困难，从二三产业中获得国民经济初次分配份额也就非常小，许多一般乡镇和乡村依靠上级政府的国民收入二次分配中的财政转移支付来维持政府和村委会的日常开支。在重大产业项目上，国家基本配置在我国一线城市和大城市范围内。在公共设施投资方面，

① 石敏俊：《区域经济学》，中国人民大学出版社2020年版，第110～111页。

无论是道路交通，通信等基础设施，教科文卫体等公共服务设施以及垃圾处理污水处理等环卫设施，投资大都在东部地区、大城市地区，而中西部地区、中小城市小城镇地区、乡村地区相对薄弱。我国的习惯是将绝大部分大学布置在大城市内，并且集中布置在城市中的局部区域。而发达国家许多著名大学都布置在城市周边的小镇上，如英国的剑桥大学，美国的普林斯顿大学等。“地方高校在推进区域经济社会发展进程中具有重要作用，代表着区域‘人才蓄水池’的深浅。地方高校既是一个地方实现创新驱动的助燃剂、协同发展的黏合剂，也是推动一个地方产业升级的催化剂和可持续发展的润滑剂。”[①] 而当下，在区域协调发展背景下，我国高校不但没有实施从大城市向中小城市小城镇规划布局，反而将已经在中小城市区域内的地方高校向省会城市或计划单列市集中。例如，河南大学注册地从开封变为郑州，山西农业大学注册地由原来的晋中变更为太原，山西师范大学由临汾市整体搬迁至太原市，中国石油大学（华东）搬离东营，将学校的注册地正式变更为青岛校区所在地等。地区，城乡，工农就区位、资源、发展基础而言，其初始阶段差距并不是很大，在发展的进程中差距的扩大，其中一个重要原因是人类社会的产业布局和公共设施布局造成的，而这种人为的产业布局和公共设施布局，在一国或一个地区工业化、城镇化前期，就比较经济效率而言具有一定合理性，但当一国或一个地区经济发展进入工业化、城镇化中后期时，其布局和投资方向一直沿着惯性或固化利益方向走，其结果是地区、城乡、工农差距不降反升，其最终是对社会公平环境乃至社会稳定环境的损害。

（三）我国次发展区域充分发展的实践

事实上，我国大部分地区可以依据自身的资源禀赋与极化区域进行错位发展、互补发展和同时发展。在我国，1949～1978 年，在当时特定的背景下，国家实施了规划，项目，投资等内陆区域经济发展政策，“一五”（1953～1955 年）期间，当时苏联援助的 156 个项目基本布局在我国中西部地区，即使在“三五”（1966～1970 年）和“四五”（1970～1974 年），沿海地区的基本建设投资最低年份占全国比例也不足 30%，而中西部地区高达 70%。[②] 我国中西部地区许多大中小城市和小城镇就是在当时国家内陆区域经济政策中发展起来的。例如，攀枝花市，在没有攀钢之前，这里只有 7 户人家一棵大树，如今已发展成为 100 多万常住人口、建成城区 10 多平方公里的现代城市。改革开放前，我国内陆区域发展政策，很大程度上改变了地区工业布局和东中西不平衡发展状态。

---

① 张筠：《地方高校齐迁移省会值得再审视》，载于《光明日报》2022 年 4 月 11 日第 10 版。

② 蔡恒：《中国都市圈发展之路》，经济科学出版社 2017 年版，第 20 页。

第四节　区域经济增长理论

区域经济增长是指一个国家或者一个地区在一定时期内国民财富或社会财富的增长，通常可以用国民生产总值（GNP）或国内生产总值（GDP）等指标来衡量。经济发展是指经济或社会进步，因此，经济发展既包括经济增长，还包括促进经济增长的因素，如促进经济增长的结构、技术、体制、政策等因素。纵观国内外区域经济增长理论，以上可归纳为区域经济增长的源泉理论，区域经济阶段性增长理论，区域经济整体增长理论，区域差异收敛理论。

一、区域经济增长的源泉理论

（一）比较优势理论

区域经济增长来自地区的比较优势。一是英国经济学家李嘉图认为，比较优势的源泉是因生产技术差异导致不同国家和部门生产单位产品所需要的平均必要劳动时间的不同，生产单位产品所需的平均必要劳动量较少的国家和部门具有比较优势。二是瑞典经济学家俄林（Betril Ohlin）认为，比较优势的源泉是资源禀赋的差异，拥有较好资源禀赋的国家和地区具有比较优势。从我国区域经济发展的实践看，我国中西部地区以及次发展区域的比较优势，主要来源于该地区的资源禀赋比较优势。党的十八大报告提出“继续实施区域发展总体战略，充分发挥各地区比较优势”。中共中央、国务院在《关于新时代推进西部大开发形成新格局的指导意见》中提出“充分发挥西部地区比较优势”[①] 中共中央办公厅、国务院办公厅在《关于推进以县城为重要载体的城镇化建设的意见》提出“增强县城产业支撑能力。重点发展比较优势明显、带动农业农村能力强、就业容量大的产业，统筹培育本地产业和承接外部产业转移，促进产业转型升级。”[②]

（二）增长极理论

增长极理论主要阐述的是区域经济中的“点状”发展方式。增长极理论比较著名的有：20 世纪 50 年代初法国经济学家弗朗索瓦·佩鲁（Francois Perroux）提出了增长极概念。佩鲁认为经济增长并非同时出现在所有地方，按照不同的强度首先出现一些增长点或增长极，然后通过不同的渠道向外扩散，并对整个经济产生最终影响[③]。“瑞

---

① 中共中央、国务院：《关于新时代推进西部大开发形成新格局的指导意见》，新华社，2020 年 5 月 17 日。

② 中共中央办公厅、国务院办公厅：《关于推进以县城为重要载体的城镇化建设的意见》，新华社，2022 年 5 月 6 日。

③ 张忠国主编：《区域研究理论与区域规划编制》，中国建筑工业出版社 2017 年版，第 53 ~ 54 页。

典地理学家，哈格斯特朗（Hagerstrand）在1953年首次系统地提出了空间扩散理论。空间扩散理论认为城市核心区域作为空间系统的基本结构要素，一方面从边缘区吸收经济要素，产生大量的创新元素和成果；另一方面，这些创新元素和成果源源不断的向外扩散，引导周边区域的经济活动、社会文化结构、权力组织和聚落类型的转换，从而促进整个空间系统的发展。”[①] 法国地理学家布德维尔（Boudeville）在1966年给增长极定义为“增长极是指在城市中心区配置的不断扩大的工业综合体，并在其影响范围内引导经济活动的进一步发展。”[②]

（三）错位（互补）发展理论

中共中央、国务院《关于新时代推进西部大开发形成新格局的指导意见》中提出“努力实现不同类型地区互补发展。”中共中央办公厅、国务院办公厅在《关于推进以县城为重要载体的城镇化建设的意见》提出“突出特色、错位发展，因地制宜发展一般性制造业”。[③] 互补发展和错位发展的基础是各地的资源禀赋差异和劳动地域分工差异。资源禀赋的差异如上所说。劳动地域分工是指各个地域依据各自的自然资源和社会资源优势，着重发展有利的产业部门，并与其他地域进行产品交换，输出剩余产品，进口所需产品而获利的经济现象。资源禀赋差异导致劳动地域分工差异及其产业门类的差异。瑞典经济学家俄林认为，要素赋存的差异性越大，劳动地域分工越明显，常形成各具特色的区域专业化生产部门[④]。正是因为各地存在着资源禀赋差异和劳动分工差异以及产业部门的差异，从而不同资源禀赋区域之间存在错位发展、互补发展、同时发展的可能。

二、区域经济阶段性增长理论

区域经济阶段性增长理论主要阐述的是一个国家或在一个地区的经济发展不同阶段，区域经济发展方式或资源配置方式的选择。国内外，区域经济阶段性增长理论比较著名的有：

（一）邓小平关于我国沿海与内地经济发展的重要思想

1988年，当改革开放和现代化建设全面展开之后，邓小平提出了“两个大局”的重要思想。即“沿海地区要加快对外开放，是这个拥有两亿人口的广大地带较快优先发展起来，从而带动内地更好地发展，这是一个事关大局的问题，内地要顾全这个大局。反过来，发展到一定的时候又要求沿海拿出更多的力量来帮助内地发展，这也是

---

① 朱建江：《区域发展导论》，上海社会科学院出版社2020年版，第68页。

② 张忠国主编：《区域研究理论与区域规划编制》，中国建筑工业出版社2017年版，第53～54页。

③ 中共中央、国务院：《关于新时代推进西部大开发形成新格局的指导意见》，新华社，2020年5月17日。

④ 丁四宝等：《区域经济学》，高等教育出版社2003年版，第34页。

个大局，那时候，沿海要服从这个大局。”①

（二）美国经济学家艾伯特·赫斯曼区域经济阶段性增长理论

美国经济学家艾伯特·赫斯曼（Albert Hirschman）在1958年出版的《经济发展战略》（*Economic Development Strategy*）一书中提出，对发展中国家来说，发展的障碍不在需求方面，而在供给方面，即使像一些以农业为主的穷国，工业品依然是有市场的，既然有市场，发展中国家要做的就是要大量增加投资，努力增加供给，确保提高本国的劳动生产率；发展中国家，经济发展的最大障碍就是资金不足，要全面均衡的投资是不可能的，只能把有限的资金投入到能够对国民经济发展带来最大联动作用的产业中去，而投资工业往往能够比投资农业带来更快的经济增长，因此，发展中国家要集中有限的资金和资源首先发展一部分工业。待这些工业部门发展起来并产生了较大收入以后，再利用一部分收入投向基础设施和其他产业，进而带动整体经济的发展②。

（三）美国城市和区域规划学家约翰·费里德曼区域经济阶段性增长理论

美国城市和区域规划学家约翰·费里德曼（John Friedmann）在1966年出版了《区域发展政策》（*Reginal Development Policy*）一书中提出，在经济发展初期，一般是极化效应主导，资源要素从经济梯度较低的边缘区流向梯度较高的核心区，导致核心区与边缘区的发展不平衡扩大；经济发展进入成熟期，扩散效应逐渐增强，极化效应趋于弱化，核心区的资源要素开始回流到边缘区；到后工业化阶段后，资金，技术，信息等要素由核心区向边缘区的流动加强，开始进入空间相对均衡的状态。

（四）夏禹农等学者的区域经济梯度开发理论

夏禹农等我国学者在1982年提出，我国区域经济发展已形成了先进技术地区，中间技术地区和传统技术地区，我国区域发展，应当承认历史形成的技术梯度，应该让一些有条件的先进技术地区首先掌握世界先进技术，然后逐步向中间技术地区，传统技术地区转移。随着产业技术的梯度转移，实现我国东中西地区的经济差距逐步缩小。

（五）不同阶段的效率与公平理论

经济效率指的是人类经济活动中的投入与产出之间的物质关系，在同等的投入下，产出的数量多和质量高，意味着经济效率高，反之为经济效率低。社会公平指的是人与人之间一种起点和条件的机会平等社会关系，即每一个人都能站在同一条起跑线上，一视同仁、无歧视地参与经济、政治、文化、社会、生态等活动。从经济与社会协调

---

① 邓小平：《邓小平文选》，人民出版社1993年版，第211～228页。

② 赵勇：《城乡良性互动战略》，商务印书馆2014年版，第47～49页。

发展角度讲，效率与公平是相辅相成的。一方面，经济效率的提高是社会公平的物质基础；另一方面，社会公平也是提高经济效率的条件，例如，提高中低收入群体的收入，可以增强其购买力，从而增加消费需求，促进效率提高和经济快速增长。从公平的市场竞争角度讲，每一个经济主体都能在均等的条件下获得经济发展权；都能在机会均等的条件下参与市场平等竞争；都有均等地承担赋税等义务。效率的提高并不是一个能够自优的过程，必须依赖公平的规范约束，这种公平的规范约束，既包含在整个经济投入与产出过程中，还包含在经济活动之后。可见，离开效率谈公平，或者离开公平谈效率都是不正确的。效率与公平是人类经济和社会发展过程中，一对需要根据时势，谨慎把握和权衡得失的发展政策。从国内外工业化、城镇化的发展实践看，学界一般认为，工业化，城镇化前期，一般在城镇化率20%之前，地区和城乡发展总体上是均衡的，我国1978年城镇化率为17.92%，1980年为19.3%，1981年为20.16%；在这一阶段，应当实行效率与公平均衡政策。工业化、城镇化前中期，一般在城镇化率20%～50%，地区和城乡的发展逐步失衡，我国2010年城镇化率为49.95%，2011年城镇化率为51.27%，2010年人均国内生产总值30876元（折合为4561美元），在这一阶段里，可以实行效率优先兼顾公平的发展政策。工业化，城镇化中后期，一般城镇化率在50%～75%，地区和城乡的发展又逐渐趋向均衡，2018年我国城镇化率为59.5%；在这一阶段里，应当实行效率和公平均衡发展政策。

三、区域经济整体增长理论

区域经济整体增长理论，主要阐述的是一个国家或在一个地区，与工业化、城镇化中后期和增长极扩散辐射发展阶段相适应的区域经济结构及其资源配置方式。区域经济整体增长理论是区域经济阶段性增长理论的其中部分。国内外，区域经济整体增长理论比较著名的有：

（一）邓小平关于我国内地与沿海的均衡发展的重要思想

我国内地与沿海的均衡发展问题何时解决，邓小平在1992年的南方谈话中指出："什么时候突出地提出和解决这个问题，在什么基础上提出和解决这个问题，要研究。可以设想，在本世纪末达到小康水平的时候，就要突出地提出和解决这个问题。"①

（二）胡锦涛工农和城乡发展的"两个趋势"的重要思想

2004年9月9日，在中国共产党第六届四中全会上，胡锦涛指出"综观一些工业化国家的发展历程，在工业化初始阶段，农业支持工业，为工业提供积累，是带有普遍性的趋向；但在工业化发展到相当程度以后，工业反哺农业，城市反哺农村，实现

① 邓小平：《邓小平文选》，人民出版社1993年版，第374页。

工业与农业，城市与农村的协调发展，也是带有普遍性的趋向。”①

（三）习近平关于我国不平衡不充分发展的重要思想

2017 年 10 月，习近平在党的十九大提出“我国社会主要矛盾已经转化为人民日益增长的美好生活需要和不平衡不充分的发展之间的矛盾”②。2020 年 11 月 3 日，习近平在《中共中央关于制定国民经济和社会发展第十四个五年规划和 2035 年远景目标的建议》的说明中提出“当前，我国发展不平衡不充分问题仍然突出，城乡区域发展和收入分配差距较大，促进全体人民共同富裕是一项长期任务，但随着我国全面建成小康社会，开启全面建设社会主义现代化国家新进程，我们必须把促进全体人民共同富裕摆在更加重要的位置，脚踏实地、久久为功，向着这个目标更加积极有为地进行努力。”

（四）联合国原秘书长安南城乡整体发展的重要思想

2004 年，联合国秘书长安南在世界人居日献辞中指出，“尽管在城市和农村的发展中存在着明显的差别，需要采取不同的干预方法，但是最终可持续发展不会也不应该偏重一方，而忽视另一方……让我们在理解的基础上去寻求一条整体发展之路。”③

（五）瑞典地理学家哈格斯特朗的空间扩散和空间整体发展理论

“瑞典地理学家，哈格斯特朗（Hagerstrand）在 1953 年首次系统地提出了空间扩散理论。空间扩散理论认为城市核心区域作为空间系统的基本结构要素，一方面从边缘区吸收经济要素，产生大量的创新元素和成果；另一方面，这些创新元素和成果源源不断的向外扩散，引导周边区域的经济活动、社会文化结构、权力组织和聚落类型的转换，从而促进整个空间系统的发展。”

（六）美国经济学家艾伯特·赫斯曼发达国家平衡增长理论

美国经济学家艾伯特·赫斯曼（Albert Hirschman）在 1958 年出版的《经济发展战略》（Economic Development Strategy）一书中提出，发达国家经济增长的停滞，一般只表现为市场有效需求不足，其他制约因素较少，通过刺激消费，增加收入等方式，就能很快的恢复经济平衡，因此平衡增长理论比较适用于发达国家。

（七）世界银行提出包容性增长理论

世界银行 2008 年提出《增长：可持续增长和包容性发展的战略》，亚洲开发银行 2007 年提出《以共享式增长促进社会和谐》，此后，包容性增长在全球得到广泛接受和认可，已成为众多国家和国际组织重要的区域经济或行业经济发展的指导思想和发

① 胡锦涛：《关于工农城乡关系的两个趋向》，载于《胡锦涛文选》人民出版社 2016 年版，第 247 页。

② 习近平：《决胜全面建成小康社会夺取新时代中国特色社会主义伟大胜利》，人民出版社 2017 年版，第 11 页。

③ 陈锡文：《读懂中国农业农村农民》，外文出版社 2019 年版，第 174 页。

展战略。包容性增长，也称亲贫式增长，是指一个国家或一个地区的工业化和城镇化发展阶段，在地区、城乡、行业经济发展中，着眼于共享式增长视角，强调地区、城乡、行业发展中的机会平等和收入分配平等的一种可持续增长方式。

四、区域差异收敛理论

区域差异收敛理论主要阐述的区域之间经济差异扩大和缩小的机制和矫正路径的选择。国内外，区域差异收敛理论比较著名的有：

（一）美国经济学家艾伯特·赫斯曼的“极化效应”和“涓滴效应”

在阐释一国内部的发达区域与欠发达区域的经济发展战略时提出，经济发展在空间上存在着发达区域与欠发达区域之间的相互作用。在经济发展的初期阶段，发达区域的经济增长会对欠发达区域产生不利影响，由于虹吸效应的存在，欠发达区域的资源要素会向发达区域流动，从而削弱欠发达区域的经济发展能力，导致强者越来越强，弱者越来越弱的现象，这种现象称为极化效应（polarization effect）[①]。随着时间推移，发达区域吸纳欠发达区域的劳动力，在一定程度上可以缓解欠发达区域的就业压力，有利于欠发达区域解决失业问题，此外发达区域向欠发达区域购买商品、原材料和投资的增加，也会给欠发达区域带来发展机会，刺激欠发达区域的经济增长，尤其是发达区域的先进技术、管理方式、思想观念、价值观念和行为方式等向欠发达区域的溢出，将对欠发达区域的经济社会发展产生推动作用。在经济发展的中后期，空间扩散效应将逐渐占据优势，并最终战胜空间极化效应。从长期来看，因为发达区域的长期虹吸效应，发达区域会出现城市拥挤等环境问题；此外，欠发达区域的发展滞后也会从国内市场需求方面对发达区域的经济发展形成制约，国家经济发展将因欠发达区域的资源利用不充分而受到损害。因此政府将会出面干预区域经济发展，加强发达区域对欠发达区域的涓滴效应（trickle－domn effect），促进欠发达区域的经济发展[②]，这样的干预有利于发达区域的经济持续增长和区域整体经济增长。

（二）新古典经济学的区域经济差异收敛理论

“新古典模型的关键性预测之一，就是人均收入的空间差距从长期来看会收敛，因为资本会从高工资区域流向低工资区域，同时劳动力也会发生相反的流动，直到资本回报与劳动力回报相等为止，此外，贫穷的区域可以从技术赶超中获益。”[③]

---

① 极化效应是指欠发达区域资源要素向发达区域流动集中的现象，涓滴效应是指发达区域的要素向欠发达区域转移的现象。

② 石敏俊：《区域经济学》，中国人民大学出版社 2020 年版，第 104～105 页。

③ ［英］哈维．阿姆斯特朗：《区域经济学与区域政策》，刘乃全等译，上海人民出版社 2007 年版，第 68 页。

（三）约瑟夫·斯蒂格利茨区域经济差异收敛理论

诺贝尔经济学奖获得者约瑟夫·斯蒂格利茨近期提出“长期以来经济学中有一个传统的看法，即所谓的涓滴经济学，认为经济增长会使每个人受益，增长的好处会以水往低处流那样的方式，惠及社会从上到下各阶层。然而，从来没有一个理论可以证明或解释为什么会这样。近年来西方国家的经验教训告诉，涓滴经济学只是美好幻想，不能实现共同富裕，势必导致社会缺乏凝聚力，甚至导致社会分裂冲突。”①

（四）我国区域差异收敛理论的争议

在我国，区域经济差异总体上存在两大学派：一是促进要素和产业向特定区域流动，帮助欠发达地区加快经济发展，改善区域不平衡发展状况；二是鼓励要素向效率更高的区域流动，以获得集聚经济效益，从集聚中走向平衡②。

第五节　我国区际经济结构优化

在我国已进入工业化和城镇化中后期发展阶段，缩小我国区域发展差距，促进地区、城乡平衡充分发展，我国可以通过发挥极化发展区域的扩散功能，推进次发展区域与极化发展区域的错位发展，推进区际基本公共设施与服务均等化，推进和完善我国区际对口帮扶与合作，推进区际利益补偿等区际经济结构（见图6－2）优化举措，实现我国经济总量的进一步扩大、经济质量的进一步提高和缩小地区、城乡差距。

一、发挥极化发展区域的扩散功能

在区际关系中，相对于次发展区域而言，极化发展区域主要有集聚和扩散两种功能，集聚功能也称极化效应、虹吸效应等，是指极化发展区域从次发展区域吸引人口、劳动力、建设用地、资金、企业等资源要素，以加快其自身区域的经济增长；扩散功能也称涓滴效应、溢出效应等，是指极化发展区域的产业、技术、资金、企业、人才、管理等资源要素流向次发展区域，促进了次发展区域的经济增长。实践中，城区、经济功能区、国家经济特区、国家级新区、一体化区域等极化发展区域中的政府、市民、企业往往出于自身利益的考虑，一般只考虑集聚，而不太去考虑扩散；只有当要素和功能向极化发展区域过度集聚，产生商务成本和生活成本过高、拥挤、污染、安全等“城市病”的累积，已经产生规模不经济时或现有极化发展区域的经济规模难以扩大时，才被迫地将极化发展区域的要素、功能、产业向次发展区域转移和疏解。还有一

① 约瑟夫·斯蒂格利茨：《精心制定共同富裕的衡量标准》，载于《社会科学报》2022年6月2日第1版。

② 石敏俊：《区域经济学》，中国人民大学出版社2020年版，第109页。

种情况是，当次发展区域因资源利用不充分，与极化发展区域形成发展相对滞后，已经影响到一个国家或一个地区的需求扩大和整体经济规模扩大时，国家或地区一般会通过区域发展战略、规划、政策等措施，发挥极化发展区域扩散功能，促进极化发展区域的人才、资金、技术、信息、管理等要素流向次发展流动。

到2020年末，我国常住人口城镇化率已达64.7%。根据区域经济实践和区域经济增长理论，我国已到了需要发挥极化发展区域扩散功能的发展阶段。近几年来，国家也高度重视发挥极化发展区域的扩散功能。2020年10月，习近平在《求是》杂志上发表的《国家中长期经济社会发展战略若干重大问题》一文中指出："要推动城市组团式发展，形成多中心，多层次，多节点的网络型城市结构。"① 2020年11月12日，习近平《在浦东开发开放30周年庆祝大会上的讲话》中提出，"浦东要努力成为国内大循环的中心节点和国内国际双循环的战略链接，在长三角一体化发展中更好发挥龙头辐射作用。"②。而当前，我国的东中西地区之间、尤其是城乡之间，资源要素总体上还是从次发展区域流向极化发展区域，并且资源要素和商品服务在地区、城乡、工农之间的交换关系也不平等。这与当前我国极化发展区域总体上还是热衷于集聚功能的发挥有关，也与我国过往的、适应我国工业化和城镇化前中期的区域经济战略、规划、政策有关。因此，发挥我国极化发展区域扩散功能，促进我国极化发展区域与次发展区域之间的资源要素和商品服务双向流动和平等交换，既是实现我国极化发展区域与次发展区域平衡充分发展的前提条件，也是我国区域经济发展战略、规划、政策等调整的基本方向。2022年11月底，在上海举行的2022年世界城市日"新城可持续发展指数"专题讨论会上，"与会专家达成的共识是，大都市城乡地区的长远发展目标要通过政策引导，弱化极化效应，避免出现两极分化，同时增强扩散效应，让城乡实现融合发展。"③，这很难得。

从区域经济的实践看，极化发展区域是与工业化和城镇化相适应的区域经济增长极。不能因区域极化发展区域可能产生空间不平衡发展的负作用，而舍弃这种被实践证明的区域经济增长极。只是在一个国家或一个地区的区域经济发展中，我们应当充分发挥极化发展区域集聚作用的同时，尽量避免极化发展区域可能产生空间不平衡发展的负作用，或者将极化发展区域的负作用控制在一定时间范围内。从实践看，将极化发展区域的负作用控制在一定时间内范围内的具体路径有：一是在制定区域规划时，就明确极化发展区域与次发展区域的空间范围，并将极化发展区域与次发展区域一并

① 习近平：《国家中长期经济社会发展战略若干重大问题》，载于《求是》2020年第21期。

② 习近平：《在浦东开发开放30周年庆祝大会上的讲话》，载于《光明日报》2020年11月13日第2版。

③ 史博臻：《五十个核心指标为"五个新城"做体检》，载于《报文汇报》2002年10月1日第3版。

纳入规划。二是在区域规划实施时，允许次发展区域依据其资源禀赋、发展基础与和发展条件与极化发展区域进行错位发展和同时发展。这是因为，极化发展区域与次发展区域是两个区域，他们之间的资源禀赋、发展基础和发展条件是不一样的。在特定的时间段里，只允许极化发展区域的发展而不允许或限制次发展区域发展，不仅可能扩大极化发展区域与次发展区域的差距，同时还可能造成次发展区域在该时间段里的资源禀赋利用不充分，而损害整体经济的发展。三是在极化发展区域与次发展区域合在一起的一个规划区内，公共设施与服务，在配置时间上应该基本保持同时，在配置水平上应该基本相当。四是，当极化发展区域土地、房价、租金、劳动力等要素成本与次发展区域差距较大时，以及极化发展区域内交通拥堵、环境恶化时，极化发展区域要及时地推进要素、产业、功能向等次发展区域疏解或扩散辐射。对于整体区域中的极化发展区域，不能在任何时候都在发挥吸引力、竞争力，而不发挥扩散力、辐射力，如果是这样，任何区域经济发展中都没有必要培育极化发展区域。

二、推进次发展区域与极化发展区域的错位发展

次发展区域，是相对于极化发展区域而言的，是指基于自身的资源禀赋、发展基础和条件与极化发展区域实行优势互补、错位发展的区域。在我国，主要有县域地区（城乡融合发展区）及其老少边穷地区、粮食生产功能区和生态功能区等。在一个国家或者一个地区中，次发展区域与极化发展区域具有不一样的区位优势、资源禀赋、发展基础和条件，承担着不一样的地域分工和使命，次发展区域与极化发展区域之间只是地域的分工和发展水平不同，而发展的地位应当是平等的。在一个国家或一个地区的区域经济发展中，任何时候都应当鼓励各地根据自身的资源禀赋和发展基础等比较优势进行错位发展，这样才能形成了不同区域之间的特色功能和特色产品，以提高一个国家和一个地区的整体经济效益和人民生活质量。发展经济学家赫希曼认为，“从长期来看，欠发达区域的发展滞后也会从国内市场需求方面对发达区域的经济发展形成制约，国家经济发展将因欠发达区域的资源利用不充分而受到损害。”① 一般而言，次发展区域是极化发展区域的经济腹地和人类基本生存产品的来源，离开次发展区域，极化发展区域将没有生存基础，而次发展区域离开极化发展区域却能独立存在。需要着重强调的是，极化发展区域的相对区域不是极化发展区域，而是次发展区域，只有极化发展区域与次发展区域才能构成互补的区域对口合作关系，而极化发展区域与极化发展区域之间往往只构成区域竞争关系。

据统计，到2020年末，我国共有2668个县域行政区划，包括1883个县级市和

---

① 石敏俊：《区域经济学》，中国人民大学出版社2020年版，第105页。

县，784 个具有县域特征的市辖郊区。仅 1883 个县级市和县，2020 年末，地区生产总值就达到 391777.36 亿元，占当年我国 GDP 的 38.54%。近几年来，国家也高度重视次发展区域的发展。习近平在《国家中长期经济社会发展战略若干重大问题》中提出，“要建设一批产城融合，职住平衡，生态宜居，交通便利的郊区新城，推动多中心、郊区化发展，有序推动数字城市建设，提高智能管理能力，逐步解决中心城区人口和功能过密问题。”“我国现有 1881 个县市，农民到县城买房子，向县城集聚的现象很普遍，要选择一批条件好的县城重点发展，加强政策引导，使之成为扩大内需的重要支撑点。”①

长期以来，在我国，实施了次发展区域支持极化发展区域的工业品、服务产品与农产品、生态产品价格剪刀差的“不平等交换”计量计价原则和资源要素、公共财政和产业重大项目向极化发展区域倾斜的“不平等分配”原则，是符合我国工业化和城镇化前中期发展阶段的；而我国进入了工业化城镇化的中后期发展阶段，应当选择极化发展区域与次发展区域的工业品、服务产品与农产品、生态产品“平等交换”计量计价原则和资源要素、公共财政和产业重大项目“平等分配”原则。因此，按工业品和服务产品与农产品和生态产品“平等交换”计量计价核算原则和资源要素、国内生产总值、公共财政收入“平等分配”原则，极化发展区域与次发展区域平衡充分发展的结构可表达为：

极化发展区域经济效益－未支付的工业品、服务产品与农产品、生态产品价格剪刀差＝次发展区域内工业品和服务产品经济效益＋现行计量计价的（农产品＋生态产品）经济效益＋被低估或未计价的（农产品＋生态产品）经济效益。

按照现行的工业化社会计量计价体系而形成的次发展区域与极化发展区域的地区生产总值总量和人均生产总值，以及人均财政收入的平衡式为：

极化发展区域经济效益－工农业产品价格剪刀差和未计价的（农产品＋生态产品）价格＝次发展区域内工业品和服务产品经济效益＋现行计量计价的（农产品经济＋生态产品）经济效益＋次发展区域投资和收益（包括公共设施与服务均等化投资、对口帮扶收益、利益补偿收益）。

综上所述，只有当次发展区域收入与极化发展区域收入大体相当时，区域不平衡发展才算基本消除。例如，“德国通过实施《财政平衡法》及其财政补贴促使国民经济活动的空间均衡。目标是使各州人均税收平衡化，努力缩小各州之间的人均财政收入差距。通过法人税分配，可使财政弱州达到各州平均财力的 92%；通过税款转移，

---

① 习近平：《国家中长期经济社会发展战略若干重大问题》，载于《求是》2020 年第 21 期。

可使穷州人均财政收入达到全国人均财政收入的95%。”①

三、推进区际基本公共设施与服务均等化

区际基本公共设施与服务均等化是指在我国工业化和城镇化进入中后期发展阶段后到我国基本实现社会主义现代化期间，根据我国地区、城乡经济社会协调发展和美好生活需要，我国次发展区域与极化发展区域由国家（政府）或企事业单位提供的基本公共设施与服务，在提供的时间、数量、质量上大体相当，差距不宜太大。在现代区域经济中，基本公共设施与服务、尤其是基本市政基础设施，不仅是极化发展区域充分发展的必要条件，也是次发展区域充分发展的必要条件。

补齐我国次发展区域公共设施与服务短板，有助于我国大城市人口、产业、功能过度集聚的弊端解决和加快次发展区域的经济社会发展。改革开放以来，在我国区域经济发展实践中，已经总结了“要致富先修路”等基础设施建设适度超前的区域经济发展经验。假如，前面所说的，在区域经济发展的整个阶段中，两个资源禀赋不同的区域之间应当实施错位发展和同时发展策略成立的话，那么在次发展区域和极化发展区域的错位发展和同时发展过程中，必须配套实施次发展区域和极化发展区域之间的基本公共设施与服务均等化。在一个国家或一个地区的工业化和城镇化前中期，由于资金短缺，实践中，极化发展区域的公共设施与服务的配置时间、数量和质量一般会比次发展区域相对提前和提档，但是，次发展区域和极化发展区域在公共设施与服务配置的时间、数量和质量的差距不宜过长和过大。实践表明，次发展区域和极化发展区域经济差距扩大与次发展区域与极化发展区域之间的公共设施与服务配置时间差距和配置数量、质量差距过大有关。在现代区域经济中，区域平衡充分发展的前提条件，是在一个区域系统中基本公共设施与服务在配置时间、数量、质量上基本相当。

实现我国次发展区域与极化发展区域之间的基本公共设施与服务均等化：一是，在工业化和城镇化的前中期，我国在空间邻近的次发展区域和极化发展区域构成的区域系统中，应当实现基本公共设施与服务均等化；二是，在工业化和城镇化的中后期，应当在全国范围内实现基本公共设施与服务均等化。

四、推进和完善我国区际对口帮扶与合作

区际对口帮扶和合作是指按照我国区域经济战略思想中的“一个大局”要求，制定相应的政策措施，促进极化发展区域的资金、技术、人才、管理、产业、企业等经

① 范恒山等：《中国区域协调发展研究》，商务印书馆2012年版，第35页。

济发展要素导入次发展区域，促进次发展区域加快发展，缩小极化发展区域与次发展区域之间的经济社会发展差距，实现国家的整体稳定和整体发展。其中，对口帮扶是指在中央政府或地方政府主导下，按照对口帮扶设定的内容和要求，由对口支援方向对口受援方无偿提供资金、技术、人力、项目等支持，提高被援助地区的公共设施和服务、政府运转管理水平和民生保障，促进被援助地区的经济社会发展，实现国家的整体稳定和整体发展。对口合作是指在对口双方的政府引导下，发挥对口双方各自比较优势，平等互利，市场化运作，合作共赢，实现对口合作双方的共同发展和国家的整体发展。

我国区际对口帮扶与合作形式多样，目前主要有：省际对口帮扶与合作，包括省际之间东西对口帮扶与合作（包括省际之间的对口支援，省际之间的东西部协作和省际之间的东西部社会帮扶等三大类）和省际之间的南北对口合作（目前主要有我国东部地区的部分省市与我国东北地区的对口帮扶与合作）。省内对口帮扶和合作，目前，国内比较著名的有江苏省内的苏南五地级市与苏北五地级市对口帮扶和合作，广东省内的珠三角六地级市与粤东粤西粤北八地级市对口帮扶与合作，上海市的七个中心城区与上海部分郊区的农村经济相对薄弱村和生活困难户对口帮扶与合作等。

对口帮扶适用于对口帮扶地区无盈利或者无收费机制的公共产品设施建设和服务领域，政府机构公共管理运转领域和住房、就业、生活等民生领域。对口合作适用于对口帮扶地区有盈利或者有收费机制的公用设施建设和服务领域和产业发展领域。例如，供水、供电、燃气、供暖等基础设施建设和服务，工业废气废水排放等生态环境设施和服务，民办教育和医疗、营利性养老社区等社会性设施建设和服务，商品房、动迁房、职业培训等事项，产业园区、经营性农业项目、旅游业项目、招商引资等事项。在我国区际对口帮扶与合作实践运用中，对口帮扶和对口合作往往不是截然分开的，在一个对口地区中往往是叠加运用的。

五、推进区际利益补偿

区际利益补偿是指在生态产品、农产品与工业品和服务产品“不平等交换”中实施的政府补偿和市场补偿。政府补偿主要研究国家重点生态功能区和国家粮食主产区中的具有公共产品性质的生态产品、粮食产品与工业品和服务产品交换关系的实现机制；市场补偿主要研究国家重点生态功能区和国家粮食主产区中的不具有公共产品性质的生态产品、粮食产品与工业品和服务产品交换关系的实现机制。

当前，在我国，生态产品、农产品与工业品和服务产品的“不平等交换关系”主要有两大类，一是由各级政府的规划地域分工和产品计量计价形成的区域利益不平等交换关系，是政府可能失灵的领域，存在人为因素和对错的价值判断，因此，补偿主体相对明确，但一般也需要通过政府主动纠正或干预，才能形成生态产品、农产品与工业品和服务产品的“平等交换关系”。二是由经济的外部性形成的区际利益补偿不平等交换关系，是纯粹市场机制配置资源所造成的经济结果，是市场失灵的现象之一，并不存在人为因素，故也不存在对错的价值判断，因此，补偿主体相对模糊，一般需要通过政府等第三方予以纠正或者干预，才能实现经济外部性的内部化。

在2018年11月29日中共中央、国务院发布的《关于建立更加有效的区域协调发展新机制的意见》中提出了完善多元化横向生态补偿机制，建立粮食主产区与主销区之间的利益补偿机制，健全资源输出地与输入地之间利益补偿机制等三方面区际利益补偿机制。范恒山老师提出更为全面推进10个方面区际利益平衡机制建设，包括毗邻地区、流域上下游地区的生态利益平衡机制，粮食主产区与主销区之间的利益平衡机制，资源输出地与输入地之间的利益平衡机制，环境破坏与污染排放惩处和补偿机制，发达地区向欠发达地区招揽吸收人才的利益补偿机制，革命老区等特殊贡献地区利益平衡机制，各种垄断、保护和封锁等违反市场公平竞争的利益调节机制，对制定与全局利益相悖的不公平政策的受损者给予利益补偿调节机制，对非必要或非全局利益需要造成企业关闭、正常生产活动中止等相关主体进行适当的补偿，建立财产跨国转移给予国家和社会补偿的机制①。本书将重点讨论国家重点生态功能区的利益补偿和国家粮食主产区的利益补偿。区际经济结构优化如图6－2所示。

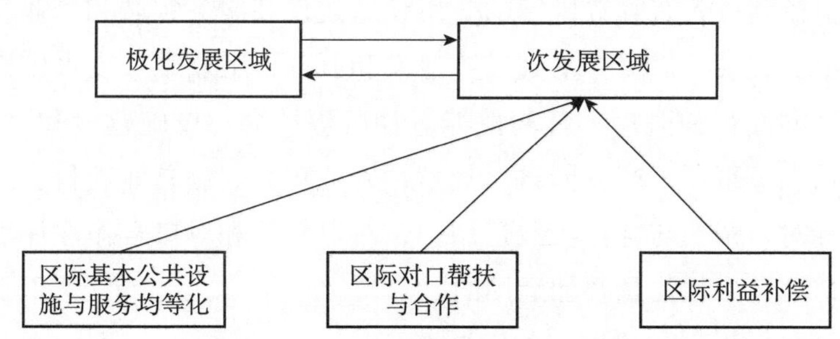

图6－2　区际经济结构优化示意图

资料来源：作者绘制。

① 范恒山：《探索建立全要素的区际利益平衡机制》，载于《区域经济评论》2020年第1期。

第七章
极化发展区域

极化发展区域，是相对次发展区域而言的，是指集中或集聚发展的经济区域。当前，我国的极化发展区域包括城区、经济功能区、国家经济特区和国家级新区、一体化区域。本章由“极化发展区域的内涵和本质”“极化发展区域的类型”“极化发展区域的范围界定和资源配置”“极化发展区域的功能扩散”四部分内容构成。

第一节　极化发展区域的内涵和本质

极化发展区域属于空间经济或区域经济范畴，而不是一般的经济范畴，是指能够带动更大空间范围经济增长的相对集中或集聚发展的经济增长点或增长极，是相对于次发展区域而言的。

一、极化发展区域的内涵

极化发展区域，属于空间经济或区域经济范畴，而不是一般经济范畴，是指能够带动更大空间范围经济增长的相对集中或集聚发展的经济增长点或增长极，相对于更大空间而言极化发展区域是更小空间。例如，经济增长极概念最初提出者，法国经济学家佩鲁认为，经济增长并非同时出现在所有地方，按照不同的强度首先出现一些增长点或增长极，然后通过不同的渠道向外扩散，并对整个经济产生最终影响。法国地理学家布德维尔认为“增长极是指在城市中心区配置的不断扩大的工业综合体，并在其影响范围内引导经济活动的进一步发展”①。而在区域经济学中，上述所讲的，由增长点或增长极带动的更大范围，可以称为“次发展区域”。从这个角度讲，极化发展区域也是相对于次发展区域而言的。在区域经济中，在极化发展区域与次发展区域，前者是区域经济增长的领跑者，后者是区域经济增长的跟跑者。因此，从地理位置角度讲，极化发展区域不一定是地理位置中的中心或核心区域，但是，极化发展区域一定是更大区域范围内的经济增长的引领或带动区域；同样，从地理位置角度讲，次发

① 张忠国主编：《区域研究理论与区域规划编制》，中国建筑工业出版社 2017 年版，第 53 ~ 54 页。

展区域不一定是地理位置中的边缘区域，但是，区域经济实践中，次发展区域一般是区域经济中的跟跑者；因此，极化发展区域与次发展区域是从在区域经济中经济发展主次地位而言。

在人类经济社会发展实践中，有经济活动的极化发展区域，如商业区、商务区、工业区、科技园区等；有社会活动的极化发展区域，如科创中心、文教中心等；有交通活动的极化发展区域，如航运中心、交通枢纽等；有政治活动的极化发展区域，如政治中心、行政管理中心等。可见，极化发展区域，首先是人类经济社会发展的均质区，但极化发展区域又不是人类经济社会发展的一般均质区，而是区域中的同类经济社会发展内容相对集中或集聚发展的节点，在地区经济社会发展中具有引领或带动作用。经济活动的极化发展区域，包括经济活动的核心区域、集聚区域、节点区域、重点发展地区等，是指将各类要素和政策集中配置在一个资源禀赋、发展基础和条件较好区域，进行经济发展的一种生产方式，是区域的经济发展中心或经济社会发展节点。

二、极化发展区域的正负效应及本质

极化发展区域相对次发展区域有正负双向效应。极化发展区域的正效应，也称为“扩散作用”“涓滴效应”“波及效果”，主要是指极化发展区域吸收了次级发展区域的劳动力就业，使次级发展区域居民的收入水平提高和消费水平提高，改善了农业领域的人地关系，提高了农业地区的农业适度规模经营水平；以及向次级发展区域购买商品、转移产业和技术、管理方式、思想观念等。极化发展区域的负效应，表现为极化发展区域的虹吸作用、集聚作用、吸引力、向心力、竞争力，是指极化区域发展中吸引了次级发展区域的要素和贸易，使次级发展区域在特定时间内减少了发展要素和贸易，从而使极化发展区域与次级发展区域的经济社会发展差距扩大；从生产力角度而言，极化发展区域在区位、资源禀赋、发展基础和条件，相对次级发展区域一般都具有优势，如果再叠加生产关系中的行政等级优势和政策优势，则极化发展区域的负效应将进一步加大。因此，用什么方法，缩小极化发展区域的负作用，扩大极化发展区域的正效应，是“空间学科”的重要使命。

经济活动的极化实践起始于18世纪下半叶的英国工业革命。工业生产方式推动了经济活动和人口向空间集中，导致了世界各国及其一国内的地区、城乡之间，乃至人群之间不平衡发展及差距扩大。在工业革命之前以农业生产为主的农业社会里，因经济活动的低水平和分散运作，世界各国及一国的地区、城乡之间，总体上是以均衡发展为主要特征的，差距很小。经济活动在空间上的极化发展或者集中发展，其本质是一种经济活动在空间上的组织方式或者生产方式，是生产力与生产关系的集合，与工业化和城镇化相适应。自18世纪下半叶英国工业革命以来，经济活动的极化发展方式，极大地促进了生产力的发展，但也带来了国与国之间，一个国家内部的地区之间、城乡之间的不平衡发展①。因此，人类社会在工业化和城镇化等极化发展方式运用中，既要关注工业化和城镇化为人类社会所带来的效率和效益，但同时也要关注工业化和城镇化为人类社会所带来的地区间和城乡间的不平衡发展。

第二节　极化发展区域的类型

按照上述极化发展区域的内涵，到目前为止，在我国，极化发展区域主要有城区、经济功能区、国家经济特区、国家级新区、一体化区域等。

一、城区

（一）城市的范围界定

这里讲的城区，主要是指城市的城区。这是因为，自 1986 年以来，我国实行的是广域型城镇管理体制，我国城市既包括城区部分，也包括城市的广大农村地区。因此，从极化发展区域角度讲，在我国，不能把整个城市所辖区域都视作极化发展区域。按照 2014 年 10 月国务院发布的《关于调整城市规模划分标准的通知》中的城市规模划分标准，可将我国连片成块范围内，每平方公里常住人口密度达到 0.5 万人以上的城区纳入城市极化发展区域（见表 7－1）。

表 7－1　我国城市的城区常住人口规模标准分类表

城镇分类	档次	城区常住人口规模（万人）	规划集建区人口密度（万人/平方公里）
超大城市	1	1000 以上	1.8
特大城市	2	500 以上 1000 以下	1.6
大城市	3（Ⅰ型）	300 以上 500 以下	1.4
	4（Ⅱ型）	100 以上 300 以下	1.2
中等城市	5	50 以上 100 以下	1.1
小城市	6（Ⅰ型）	20 以上 50 以下	1.0
	7（Ⅱ型）	10 以上 20 以下	0.9
	8（Ⅲ型）	5 以上 10 以下	0.8

资料来源：作者根据 2014 年 10 月国务院发布的《关于调整城市规模划分标准的通知》编制。

① 皮埃尔·菲利浦·库姆斯等：《经济地理学》，中国人民大学出版社 2020 年版，“绪论”第 5 页和“第一章”第 3～11 页。

（二）2020 年末我国的地级市和县级市

到2020年底，我国686个建制城市中有4个直辖市、296个地级市、386个县级市。在300个地级及以上城市中，城区1000万人以上的（超大城市）有5个，500万人以上1000万人以下（特大城市）有12个，300万人以上500万人以下（大城市Ⅰ型）有14个，100万人以上300万人以下（大城市Ⅱ型）有61个，50万人以上100万人以下（中等城市）有117个，20万人以上50万人以下（小城市Ⅰ型）有94个，20万人以下（小城市Ⅱ型）有8个（包括10万人以上20万人以下有2个，5万人以上10万人以下有5个，3万人以上5万人以下有1个）。在386个县级市中，100万人以上300万人以下（大城市Ⅱ型）有1个，50万人以上100万人以下（中等城市）有2个，20万人以上50万人以下（小城市Ⅰ型）有182个，20万人以下（小城市Ⅱ型）有190个（包括10万人以上20万人以下有137个，5万人以上10万人以下有34个，3万人以上5万人以下有12个，3万人以下有7个）（见表7-2）。

表7-2　　2020年我国686个建制市城市规模分类　　单位：个

城区常住人口规模	1000万人以上	500万人以上1000万人以下	300万人以上500万人以下	100万人以上300万人以下	50万人以上100万人以下	20万人以上50万人以下	10万人以上20万人以下	5万人以上10万人以下	3万人以上5万人以下	3万人以下	总计
地级及以上城市	5	12	14	61	117	94	2	5	1	0	300
县级市	0	0	0	1	2	182	137	34	12	7	386
合计	5	12	14	62	119	276	139	39	13	7	686

资料来源：作者根据《2020年中国城市建设统计年鉴》整理。

（三）城市居住区

1. 城市居住区规模划分

2018年12月实施，由国家住建部发布的《城市居住区规划设计标准》（GB 50180—2018）提出，城市居住区指城市中住宅建筑相对集中布局的地区。居住区，按照居民步行可满足其基本物质与生活文化需求为原则，分为15分钟、10分钟、5分钟生活圈居住区及居住街坊四级；住房套数分别为17000～32000套、5000～8000套、1500～4000套、300～1000套（见表7-3）。

表7-3　　城市的居住区规模分级控制标准

距离与规模	15分钟生活圈	10分钟生活圈	5分钟生活圈	居住街坊
步行距离（米）	800～1000	500	300	—
居住人口（人）	50000～100000	15000～25000	5000～12000	1000～3000

续表

距离与规模	15 分钟生活圈	10 分钟生活圈	5 分钟生活圈	居住街坊
住房数量（套）	17000 ~ 32000	5000 ~ 8000	1500 ~ 4000	300 ~ 1000

资料来源：《城市居住区规划设计标准》（GB 50180—2018）。

2. 城市居住区生活配套设施设置标准

城市居住区配套设施是指与居住人口规模或住宅建筑面积规模相匹配的生活服务设施，主要包括基本公共绿地、公共管理与公共服务设施、商业服务设施、市政公用设施、交通场站及社区服务设施、便民服务设施等七大类。按照 15 分钟生活圈、10 分钟生活圈、5 分钟生活圈、居住街坊进行配置（见表 7 –4、表 7 –5、表 7 –6）。

表 7 –4　　城市居住区公共绿地配套设施控制指标

指标类别	人均公共绿地面积（平方米/人）	居住区公园		备注
		最小规模（公顷）	最小宽度（米）	
15 分钟生活圈	2.0	5.0	80	包含 10 分钟生活圈及以下居住区的公共绿地指标
10 分钟生活圈	1.0	1.0	50	包含 5 分钟生活圈及以下及居住区的公共绿地指标
5 分钟生活圈	1.0	0.4	30	包含居住街坊的公共绿地指标

注：居住区公园中应设置 10% ~15% 的体育活动场地。
资料来源：《城市居住区规划设计标准》（GB 50180—2018）。

表 7 –5　15 分钟生活圈居住区、10 分钟生活圈居住区、5 分钟生活圈居住区配套设施设置标准

类别	序号	项目	15 分钟生活圈	10 分钟生活圈	5 分钟生活圈	备注
公共管理和公共服务设施	1	初中	▲	△	—	应独立占地
	2	小学	—	▲	—	应独立占地
	3	体育场（馆）或全民健身中心	△	—	—	可联合建设
	4	大型多功能运动场地	▲	—	—	宜独立占地
	5	中型多功能运动场地	—	▲	—	宜独立占地
	6	卫生服务中心（社区医院）	▲	—	—	宜独立占地
	7	门诊部	▲	—	—	可联合建设
	8	养老院	▲	—	—	宜独立占地
	9	老年养护院	▲	—	—	宜独立占地
	10	文化活动中心（含青少年、老年活动中心）	▲	—	—	可联合建设
	11	社区服务中心（街道级）	▲	—	—	可联合建设

续表

类别	序号	项目	15 分钟生活圈	10 分钟生活圈	5 分钟生活圈	备注
公共管理和公共服务设施	12	街道办事处	▲	—	—	可联合建设
	13	司法所	▲	—	—	可联合建设
	14	派出所	△	—	—	宜独立占地
	15	其他	△	△	—	可联合建设
商业服务业设施	16	商场	▲	▲	—	可联合建设
	17	菜市场或新鲜超市	—	▲	—	可联合建设
	18	健身房	△	△	—	可联合建设
	19	餐饮设施	▲	▲	—	可联合建设
	20	银行营业网点	▲	▲	—	可联合建设
	21	电信营业网点	▲	▲	—	可联合建设
	22	邮政营业场所	▲	—	—	可联合建设
	23	其他	△	△	—	可联合建设
市政公用设施	24	开闭所	▲	△	—	可联合建设
	25	燃料供应站	△	△	—	宜独立占地
	26	燃气调压站	△	△	—	宜独立占地
	27	供热站和热交换站	△	△	—	宜独立占地
	28	通信机房	△	△	—	可联合建设
	29	有线电视基站	△	△	—	可联合建设
	30	垃圾转运站	△	△	—	应独立占地
	31	消防站	△	△	—	宜独立占地
	32	市政燃气服务网点和应急抢修站	△	△	—	可联合建设
	33	其他	△	△	—	可联合建设
公交场站	34	轨道交通站点	△	△	—	可联合建设
	35	公交首末站	△	△	—	可联合建设
	36	公交车站	▲	▲	—	宜独立设置
	37	非机动车停车场（库）	△	△	—	可联合建设
	38	机动车停车场（库）	△	△	—	可联合建设
	39	其他	△	△	—	可联合建设
社区服务设施	40	社区服务站（含居委会、治安联防站、残疾人康复室）	—	—	▲	可联合建设
	41	社区食堂	—	—	△	可联合建设
	42	文化活动站（含青少年活动站、老年活动站）	—	—	▲	可联合建设

续表

类别	序号	项目	15 分钟生活圈	10 分钟生活圈	5 分钟生活圈	备注
社区服务设施	43	小型多功能运动（球类）场地	—	—	▲	宜独立占地
	44	室外综合健身场地（含老年户外活动场地）	—	—	▲	宜独立占地
	45	幼儿园	—	—	▲	宜独立占地
	46	托儿所	—	—	△	可联合建设
	47	老年人日间照料中心（托老所）	—	—	▲	可联合建设
	48	社区服务卫生服务站	—	—	△	可联合建设
	49	社区商业网点（超市、药店、洗衣店、美发店等）	—	—	▲	可联合建设
	50	再生资源回收站	—	—	▲	可联合设置
	51	垃圾收集站	—	—	▲	宜独立设置
	52	公共厕所	—	—	▲	可联合建设
	53	公共车站	—	—	△	宜独立设置
	54	非机动车停车场（库）	—	—	△	可联合建设
	55	机动车停车场（库）	—	—	△	可联合建设
	56	其他	—	—	△	可联合建设

注：▲为应配建的项目；△为根据实际情况按需配建的项目。
资料来源：作者根据《城市居住区规划设计标准》（GB 50180—2018）整理。

表 7－6　　居住街坊配套设施设置标准

类别	序号	项目	配置要求	备注
便民服务设施	1	物业管理与服务	▲	可联合建设
	2	儿童、老年人活动场地	▲	宜独立占地
	3	室外健身器械	▲	可联合设置
	4	便利店（菜店、日杂店等）	▲	可联合建设
	5	邮件和快递送达设施	▲	可联合设置
	6	生活垃圾收集点	▲	宜独立设置
	7	居民非机动车停车场（库）	▲	可联合建设
	8	居民机动车停车场（库）	▲	可联合建设
	9	其他	△	可联合建设

注：▲为应配建的项目；△为根据实际情况按需配建的项目。
资料来源：作者根据《城市居住区规划设计标准》（GB 50180—2018）整理。

3. 浙江的未来社区建设

2019 年 3 月 20 日，浙江省政府印发了《浙江省未来社区建设试点工作方案》（浙政发〔2019〕8号），将未来社区定义为：以人们美好生活向往为中心，以人本化、生态化、数字化为价值导向，以和睦共治、绿色集约、智慧共享为内涵特征，突出高品质生活主轴，构建以未来邻里、教育、健康、创业、建筑、交通、低碳、服务和治理等九大场景，打造具有归属感、舒适感和未来感的新型城市功能基本单元，促进人的全面发展和社会进步。规划当年用地面积为50~100公顷，实施单元用地面积不低于20公顷。按照5分钟—10分钟—15分钟公共服务圈建设要求，重点打造育儿友好型社区和老年友好型社区。项目类型分为新建类和旧改类。从2019年6月开始到2022年5月浙江省推进了未来社区项目一共五批，467个项目。其中，2019年6月第一批24个，2020年9月第二批36个，2021年5月第三批90个，2020年12月第四批131个，2022年5月第五批186个。

4. 新加坡居住社区的邻里中心

邻里中心，又称街坊中心，源于新加坡新型社区，是指在2万~3万人的居住社区范围内，集中建设一个集商业、文化、体育、卫生、教育等商业性服务于一体的居住区服务中心，为周边居住的居民提供有偿服务。新加坡居住社区的邻里中心，摒弃了传统沿街为市的小型商铺、各自提供零散服务的商业形态；一般是个独立式建筑，建设地址一般位于居住社区居民出行便捷位置。改革开放以来，在我国，许多大城市都见过新加坡社区邻里中心的建设模式，开展许多有益的探索，其中，我国业内公认的，位于长宁区新泾镇地区的上海百联西郊购物中心，是我国居住社区邻里中心的典范。

（四）城市旧区改造

1. 城市旧区改造的内涵

从人类国土空间开发利用持续性角度讲，工业化、城镇化不仅是农业空间和生态空间转化为城市化空间的过程（即初始城镇化），还是在城镇建成区或城镇规划集中建设区再工业化和城镇化过程（即再城镇化）。城镇旧区改造，有广义和狭义之分，广义的城镇旧区改造，与旧城区改造或城市更新同义，其基本内涵应当是在城镇建成区或城镇规划集中建设区内完善和优化城镇空间形态、功能、产业的活动。具体涵盖三方面内容：从城镇形态角度讲，具体表现为“旧字头”的旧居住区、旧街区、旧厂区、旧住房和城中村的拆除重建、改建、保留修缮等（简称“拆改留”或“留改拆”）；从城镇土地利用及产业结构角度讲，具体表现为第二产业用地大幅度地转化为第三产业用地，第二产业大幅度地转化为第三产业；从城镇功能角度讲，具体表现道路交通、市政基础设施，社会性公共服务设施等得到完善。国家“十四五”规划中提出“十四五”期间“要完成2000年底前建成的21.9万个城镇老旧小区改造，基本完成大城市老旧厂区改造，改造一批大型老旧街区，因地制宜改造一批城中村”，相当于广义的城镇旧区改造或者城市更新。狭义的城镇旧居住区改造的是指城镇建成区内的旧居住区、旧住房和城中村改造，相当于2021年8月颁布的《上海市城市更新条例》中的“两旧一新”（旧区改造、旧住房更新、“城中村”）改造。

2. 城市旧区改造的基本规律

城镇建设是一个初始城镇化和再城市化不断持续、循环往复的过程。世界上从来没有一个现存的城镇只有初始城镇化，而没有再城市化的，并且，对绝大多数城镇而言，再城市化是常态，那些只有初始城镇化的城镇是没有久远历史和文化的。因此，无论是狭义的城镇旧居住区改造，还是广义的城镇旧区改造，都是一个城镇可持续发展的实现途径。从这个角度讲，城镇建设不应该朝三暮四、随意的改变城镇选址，热衷于新城新区新镇建设。旧居住区、旧街区、旧厂区、旧住房和城中村等，一般而言，都是城镇中区位最优的地段，开展城镇旧区改造，虽然一时的经济成本较高，但长期的经济收益，从实践看往往是最好的。这是因为，旧居住区、旧街区、旧厂区、旧住房和城中村改造都具有房地产性质，而房地产讲究的是“地段为皇”。还需要指出的是，从城镇旧居住区或城镇旧区改造实践看，一个国家或者一个地区的工业化和城镇化的前中期，实施改造的经济成本较低；而到了一个国家或在一个地区工业化和城镇化的中后期，实施改造的经济成本较高，并且协商难度也比较高。一个国家或者一个地区的工业化和城镇化前中期，改造的逻辑顺序一般是“拆改留”，这样有助于降低改造成本；而到了一个国家或在一个地区工业化和城镇化的中后期，改造的逻辑顺序一般是“留改拆”，因为，改造的成本提高和难度加大。然而，在我国许多地区在城镇旧居住区改造或者城镇旧区改造没有很好的把握上述规律，从而使得许多地区，在需要城镇旧居住区改造或者城镇旧区改造区域，已经成为次发展区域，错失了改造的最佳时机。

二、经济功能区

在我国，经济功能区，主要由第一产业的现代农业园区、农业科技园区等，第二产业的经济技术开发区、高新技术开发区、出口加工区、科技园区等，第三产业的商业区、商务区、保税区、自由贸易区、旅游度假区等三大部分构成。

（一）农业园区

农业园区，是以农业（包括农、林、牧、渔及其相关的服务业）的科技创新和生产示范为主要内容的，特定的现代农业产业区域。一般具有明确的空间边界和独立的管理主体，是现代农业发展的区域经济增长极，代表着区域现代农业发展的前沿方向，对区域内的农业发展具有引领和带动作用。我国农业园区划分为国家级、省级、地市级、县市级。国家级农业园区包括国家农业科技园区、国家现代农业示范区、国家农业高新技术产业示范区、国家现代农业产业园区等。

1. 国家农业科技园区

自2001年首批国家农业科技园区试点启动至2020年，科技部已先后批准了九批共301个国家农业科技园区，覆盖我国（除港澳台地区外）31个省级行政区。在301家国家农业科技园区中，东部地区为117家、中部地区为67家、西部地区为117家，分别占301家的38.87%、22.26%、38.87%（见表7-7）。

表7-7　1~9批国家农业科技园区

批次	批准建设时间	数量（家）	备注
第一批	2001年9月	21	301家国家农业科技园区，覆盖我国（除港澳台地区外）31个省级行政区。其中，东部地区为117家，每个省9家；中部地区为67家，每个省11.17家；西部地区为117家，每个省9.75家
第二批	2002年5月	15	
第三批	2010年12月	27	
第四批	2012年4月	8	
第五批	2013年10月	46	
第六批	2015年2月	46	
第七批	2015年12月	82	
第八批	2018年12月	32	
第九批	2020年12月	24	
合计		301	

资料来源：根据科技部有关通知整理。

2. 国家现代农业示范区

根据《全国现代农业发展规划（2011—2015年）》的有关部署，2010~2015年，国家农业部先后认定了1~3批共283个国家现代农业示范区，覆盖我国（除港澳台地区外）31个省级行政区。在283家国家现代农业示范区中，东部地区为128家（包括沈阳军区2家）、中部地区为71家、西部地区为84家，分别占283家的45.23%、25.09%、29.68%（见表7-8）。

表7-8　国家现代农业示范区

批次	批准时间	示范区数量（家）	备注
第一批	2010年8月	50	283家国家现代农业示范区，覆盖我国（除港澳台地区外）31个省级行政区。其中，东部地区为128家，每个省9.92家，另外沈阳军区有2家；中部地区为71家，每个省11.83家；西部地区为84家，每个省7家
第二批	2012年2月	101	
第三批	2015年1月	157	
合计		283	

资料来源：根据农业部有关通知整理。

3. 国家农业高新技术产业示范区

2018 年 1 月 16 日，国务院办公厅印发《关于推进农业高新技术产业示范区建设发展的指导意见》（以下简称《意见》）明确，到 2025 年国家将建设 30 家国家农业高新技术产业示范区，希望一个省能有一个示范区。自 1997 年至 2019 年 11 月，国务院共批复杨凌农业高新技术产业示范区、山东黄河三角洲农业高新技术产业示范区、山西晋中国家农业高新技术产业示范区、江苏南京国家农业高新技术产业示范区等 4 个国家级农业高新技术产业示范区（见表 7－9）。

表 7－9　　国家农业高新技术产业示范区基本概况

批准时间	园区名称	园区概况
1997 年 7 月	陕西杨凌农业高新技术产业示范区	总面积 135 平方公里，总人口 24 万人，下辖县级单位杨凌区，杨凌区三个街道办、两镇、55 个行政村、23 个社区 我国第一个国家级农业高新技术产业示范区，中国自由贸易试验区中唯一以农业为显著特色的片区。现代农业是立区之本，规划建设了 100 平方公里的现代农业示范园区，在全国 18 个（市、自治区）建成农业科技示范推广基地 318 个。与"一带一路"60 多个国家和地区建立农业科技合作关系。2018 年，示范区实现生产总值 150.5 亿元，地方财政收入 8.49 亿元
2015 年 10 月	山东黄河三角洲农业高新技术产业示范区	规划面积 350 平方公里，其中核心区 120 平方公里，拓展区 230 平方公里。辖原东营农高区、广饶县丁庄街道、滨海新区、盐业公司 4 个板块和 49 个行政村，常住人口 5.3 万人 着力建设以盐碱地农业为特色的具有国际影响力的全国农业创新高地，以现代种业、农业智能制造、大健康功能食品、农业科技服务与展示交易为重点产业。2018 年，全区实现生产总值 63.1 亿元，一般公共预算收入 3.7 亿元
2019 年 11 月	山西晋中国家农业高新技术产业示范区	示范区总面积 106.49 平方公里，前身为山西太谷农业高新技术产业示范区 以有机旱作农业为主题，以农副食品加工为主导产业，努力建设全国健康食品和功能农业综合示范区、科技产业孵化示范区、特色农产品优势区、农产品加工物流集散区
2019 年 11 月	江苏南京国家农业高新技术产业示范区	示范区总面积 145.86 平方公里，前身为南京白马国家农业科技园区 以绿色智慧农业为主题，以生物农业为主导产业，努力建设国际农业科技合作示范区、长三角农业科技创新策源地、科技振兴乡村样板区，协同推进农产品特色加工、农业智能装备制造、农业科技服务业发展

资料来源：《区域发展导论》，上海社会科学院出版社 2020 年版，第 327～328 页。

4. 国家现代农业产业园

截至 2019 年，农业农村部、财政部共批准了四批共 107 个现代农业产业园创建国家现代农业产业园，同时，2019 年有 7 个省级现代农业产业园纳入国家现代农业产业园创建管理体系，创建总量达 114 个。农业农村部、财政部强化了对国家现代农业产业园的动态评估考核和管理机制，于 2018 年和 2019 年开展了两批次国家现代农业产业园创建绩效评价和认定工作，共 49 个现代农业产业园被认定为国家现代农业产业园，覆盖我国大陆 27 个省级行政区。在 49 家国家现代农业产业园中，东部地区为 19

家、中部地区为 10 家、西部地区为 20 家，分别占 49 家的 38.78%、20.40%、40.82%（见表 7－10）。

表 7－10　　我国的国家现代农业产业园创建及认定概况　　单位：家

批准创建			通过认定			
批次	时间	数量	批次	时间	数量	备注
第一批	2017 年 6 月	11	第一批认定	2018 年 12 月	20	49 家国家现代农业产业园，覆盖我国大陆 27 个省级行政区。其中，东部地区涉及 10 个省份，中部地区涉及 6 个省份，西部地区涉及 11 个省份
第二批	2017 年 9 月	30				
第三批	2018 年 7 月	21	第二批认定	2019 年 12 月	29	
第四批	2019 年 6 月	45				
第四批其他	2019 年 6 月	7				
合计		114	—	—	49	—

注：第四批其他为纳入国家现代农业产业园创建管理体系的省级现代农业产业园。

资料来源：根据农业农村部、财政部有关通知整理。

（二）工业区

工业园区是一个国家或各级地方政府，根据工业企业选择的区位和集聚程度及该区域资源禀赋优势，通过政府规划确认的一块经济区域，专门用于集聚各种工业生产要素和企业。其核心要求有两条：一是政府规划的工业园区范围内已经具有一定的工业企业，没有一定数量的工业企业基础，仅依靠政府行政职权主观规划的工业园区，往往因缺乏实践基础而出现选址和范围的失误。二是工业园区需要由经过一定程序编制的规划确认，没有规划确认的工业园区，往往一事无成。在我国，工业园区包括国家经济技术开发区、高新技术产业开发区、出口加工区及各级地方政府规划的工业区。

1. 国家经济技术开发区

我国自 1984 年成立了大连、秦皇岛、宁波、青岛、烟台、湛江、广州、天津、南通、连云港、福州等国家级 11 个国家级经济技术开发区起，到 2018 年底，我国共设立了 219 个国家级经济技术开发区，其中，东部地区为 107 家，中部地区为 63 家，西部地区为 49 家，分别在 249 加总数的 48.86%、28.77%、22.37%（见表 7－11）。

表 7－11　　2018 年我国国家级经济技术开发区概况

指标	全国	东部地区	中部地区	西部地区
经济技术开发区数量（家）	219	107	63	49
GDP（亿/年）	102024	67333	21389	13302
GDP 同比增长（%）	13.9	14.6	14	10.2
占全国 GDP 比重（%）	11.3	7.46	2.37	1.47

续表

指标	全国	东部地区	中部地区	西部地区
财政收入（亿元/年）	19388	13524	3783	2081
税收收入（亿元/年）	17379	12151	3183	2045
占全国财政收入的比重（%）	10.6	7.41	1.94	1.25
实际使用外资和外商投资企业再投资金额（亿美元/年）	513	306	154	53

注：东部地区包括河北、北京、天津、山东、江苏、上海、浙江、福建、广东、海南、黑龙江、吉林、辽宁13个省份；中部地区包括山西、河南、安徽、湖北、江西、湖南6个省份；西部地区包括重庆、陕西、四川、云南、贵州、广西、甘肃、青海、宁夏、西藏、新疆、内蒙古12个省份。

资料来源：《区域发展导论》，上海社会科学院出版社2020年版，第327～328页。

2. 国家高新技术开发区

自从1985年7月，深圳特区成立了我国第1家高新区—深圳科技工业园区以来，到2017年底，我国共有156家高新技术产业开发区，其中东部地区为83家、中部地区为37家、西部地区为36家，分别占156家的53.21%、24%、23.01%（见表7－12）。

表7－12　2017年国家级高新技术产业开发区概况

指标	东部地区	中部地区	西部地区	全国
国家高新区数（个）	83	37	36	156
园均工商注册企业数（个）	22968	6864	10076	11876
园均高新技术企业数（个）	601	208	154	314
园均年末从业人员（人）	237642	99627	88732	124407
园均工业总产值（亿元/年）	2424	1217	1038	30
园均科技活动人员（人）	82322	28192	20345	42223
园均研发人员（人）	50777	19427	12589	26500
园均研发人员全时当量（人/年）	32918	11862	7062	16881
园均科技活动经费内部支出（千元/年）	19297	6300	4482	9923
园均研发经费内部支出（千元）	11375	4094	2626	5948

注：东部地区包括北京、天津、河北、上海、江苏、浙江、福建、山东、广东、海南、辽宁、吉林和黑龙江13个省份；中部地区包括山西、安徽、江西、河南、湖北和湖南6个省份；西部地区包括内蒙古、广西、重庆、四川、贵州、云南、西藏、陕西、甘肃、青海、宁夏和新疆12个省份。

资料来源：根据《区域发展导论》，上海社会科学院出版社2020年版，第330页整理。

3. 国家出口加工区

出口加工区（export processing zone）是国家划定或开辟的专门制造、加工、装配出口商品的特殊工业区经济特区，享受减免各种地方征税的优惠。出口加工区一般多设于沿海港口或边境地区，大多数处于经济特区、国家新区和经济技术开发区内。2000～2010年，我国共设立了63家出口加工区。其中，东部地区为47家、中部地区为7家、西部地区为7家，东中西地区分别占63家的74.7%、11.1%、11.1%。在63家出口加工区中，江苏17家，上海6家，山东5家，浙江、福建、广东4家，辽宁3家，江西、安徽、四川各2家，北京、天津、湖北、吉林、重庆、河南、河北、陕西、内蒙古、广西、新疆、云南、湖南各1家（见表7-13）。

表7-13　　63家国家出口加工区

序号	出口加工区	序号	出口加工区	序号	出口加工区
1	大连	22	天津	43	天竺
2	烟台	23	威海	44	昆山
3	苏州工业园区	24	松江	45	杭州
4	厦门	25	广州	46	武汉
5	成都	26	深圳	47	珲春
6	嘉定	27	南沙	48	惠州
7	昆明	28	金桥	49	重庆
8	郑州	29	宁波	50	芜湖
9	无锡	30	秦皇岛	51	南通
10	西安	31	呼和浩特	52	青浦
11	漕河泾	32	闵行	53	南京
12	镇江	33	连云港	54	苏州高新区
13	济南	34	青岛	55	沈阳
14	嘉兴	35	北海	56	乌鲁木齐
15	常州	36	吴中	57	吴江
16	扬州	37	常熟	58	绵阳
17	沈阳（张士）	38	九江	59	廊坊
18	郴州	39	慈溪	60	福州
19	福清	40	泉州	61	潍坊
20	淮安	41	赣州	62	南昌
21	武进	42	泰州	63	合肥

资料来源：根据中国发展门户网（www.chinagate.cn，2011年1月6日）整理。

除上述63家国家出口加工区外，还有2003年创办的珠澳两工业园区（珠海园区面积为0.29平方公里，澳门园区面积为0.11平方公里）和2006年我国霍尔果斯边境合作中心与哈萨克斯坦合作创办的中哈霍尔果斯边境合作中心（中方部分面积为3.43平方公里，哈方部分面积为1.85平方公里），也享有国家出口加工区有关政策。

4. 科技园区

（1）企业投资的科技园区。自20世纪90年代末，特别是21世纪初以来，民营资本、国有资本（非政府直接投资）、国外资本纷纷开始进入，在各级高新区内兴建“二级园区”。其中，民营资本科技园以各类大型科技研发企业自建自营为主，知名的有华为科技园、大连软件园（亿达投资）、深圳天安民营科技园等。大型国有企业投资的科技园，较著名的有北京中关村软件园、上海浦东软件园、西安软件园等。国际资本开发的科技园区，如新加坡腾飞集团先后在苏州、大连、杭州等地开发各类产业的科技园区；新加坡凯德置地丰树投资等则不同程度地在中国内一线城市以地产基金形式收购部分优质科技地产，形成更小的“园中园”。在 114 家企业投资的科技园区，其中，东部地区为 78 家、中部地区为 12 家、西部地区为 24 家，分别占的 68.42%、10.53%、21.05%（见表 7－14）。

表 7－14　2017 年我国企业投资的科技园区

指标	东部地区	中部地区	西部地区	全国
入统大学科技园数量（个）	78	12	24	114
园均管理机构从业人员数（人）	48	31	21	24
园均孵化基金总额（千元）	37726.66	18714	6417.708	19707.89
园均年末固定资产净值（千元）	53980.28	99110.42	9853.042	39996.41
园均场地面积（平方米）	108710.27	155552.4	33610.42	69634.68
园均在孵企业数（个）	167	107	81	92
园均累计毕业企业（个）	163	96	60	87
园均毕业企业从业人员数（人）	2164	1832	785	1207
园均毕业企业总收入（千元）	3451476	1370723	727268.5	1490271
园均毕业企业工业总产值（千元）	2496433	1138450	420551.4	969182.7

注：东部地区包括北京、天津、河北、辽宁、吉林、黑龙江、上海、江苏、浙江、福建、山东、广东和海南 13 个省份；中部地区包括山西、安徽、江西、河南、湖北和湖南 6 个省份；西部地区包括内蒙古、广西、重庆、四川、贵州、云南、西藏、陕西、甘肃、青海、宁夏和新疆 12 个省份。

资料来源：根据《区域发展导论》，上海社会科学院出版社 2020 年版，第 330 页整理。

（2）大学创办的科技园区。2004～2017 年，国内大学科技园的数量由 42 个增长到 115 个，园均累积毕业企业个数也由 27 个增加到 86 个，在孵场地实现了利用集约化（见表 7－15）。

表 7－15　2004～2017 年我国大学兴办的科技园

年份	大学科技园（个）	园均场地面积（万平方米）	园均在孵企业（个）	园均当年新孵企业（个）	园均在孵企业总收入（亿元）	园均在孵企业人数（万人）	园均累计毕业企业数（个）
2004	42	11.39	118.52	26.67	5.39	1548	27.07
2005	49	10.21	123.98	24.76	5.55	2245	26.94

续表

年份	大学科技园（个）	园均场地面积（万平方米）	园均在孵企业（个）	园均当年新孵企业（个）	园均在孵企业总收入（亿元）	园均在孵企业人数（万人）	园均累计毕业企业数（个）
2006	62	8.34	108.39	21.74	4.76	2194	28.94
2007	62	8.52	106.03	21.92	4.76	2081	31.58
2008	68	10.27	90.78	19.03	3.64	1838	43.81
2009	76	10.71	86.07	18.37	6.56	1829	48.33
2010	86	9.47	76.94	21.60	2.58	1488	50.73
2011	85	9.02	81.45	19.68	2.01	1541	60.44
2012	94	9.78	78.39	19.01	2.20	1404	60.80
2013	94	8.25	87.28	21.57	2.79	1564	69.31
2014	115	6.97	86.71	24.59	3.14	1417	62.54
2015	115	6.49	87.98	24.67	2.41	1270	71.47
2016	115	6.42	85.75	22.37	2.52	1148	79.90
2017	115	6.90	90.85	23.44	2.96	1191	85.79

资料来源：《区域发展导论》，上海社会科学院出版社2020年版，第334页。

5. 临空经济园区

临空经济园区是以临空经济为基础，以机场及周边地区为发展空间，以临空产业为核心的一种特殊经济园区。目前，我国临空经济园区一共有14家（见表7－16）。

表7－16　　国家临空经济示范区

国家级临空经济示范区	规划面积（平方公里）	发展定位
郑州航空港经济综合实验区	415.88	国际航空物流中心、以航空经济为引领的现代产业基地、中国内陆地区对外开放重要门户、现代航空都市、中国中原经济区核心增长极
北京大兴国际机场临空经济示范区	150	空铁联运的通达之城、中国韵味的文化之城、拥抱世界的交往之城、临空经济的创新之城、形象鲜明的印象之城、生态智慧的宜居之城
贵阳临空经济区	148	空港运营服务核；发展临空制造及高新技术板块、临空物流板块、临空总部及综合服务
重庆临空经济示范区	147.48	临空经济集聚展示窗口；临空制造、临空商务、临空物流、临空会展、临空保税五大功能
西安临空经济示范区	144.1	国际航空枢纽、临空特色产业聚集区、内陆改革开放新高地、生态宜居空港城市
杭州临空经济示范区	142.7	面向全球的跨境电商标杆、亚太国际航空枢纽、全国临空产业高地、生态智慧航空都市

续表

国家级临空经济示范区	规划面积（平方公里）	发展定位
长沙临空经济示范区	140	形成“空铁联动发展轴”；推进立体交通和综合枢纽建设
广州临空经济示范区	135.5	扩展白云机场全球航空枢纽的国际竞争力；带动珠三角地区在更高层次和更宽领域参与全球产业分工
青岛临空经济示范区	129	建设航空公司运营总部和现代国际空港运营中枢；发展通航产业、航空制造、临空现代服务、航空特色服务
首都机场临空经济示范区	115.7	服务于首都核心功能；首都空港、航空物流与口岸贸易功能、临空产业与城市综合服务功能、临空商务与新兴产业动能、生态功能
成都临空经济示范区	100.4	航空港功能、临空高端制造功能、航空物流与口岸贸易功能、临空综合服务功能、生态防护功能
宁波临空经济示范区	82.5	港城融合；以航空贸易物流、临空智能制造为主导的现代临空产业体系
南京临空经济示范区	81.8	加快形成航空业全产业链和价值链，构建现代化临空经济产业体系
上海虹桥临空经济示范区	13.89	国际航空枢纽、全球航空企业总部基地；高端服务业集聚区、全国公务机运营基地、低碳绿色发展区

资料来源：《区域发展导论》，上海社会科学院出版社 2020 年版，第 345 ~ 346 页。

（三）服务业园区

1. 商业区

商业区是指城市零售商业聚集、交易频繁的地方，以商品零售为主体以及与它相配套的餐饮、旅宿、文化及娱乐服务、也可有金融、贸易及管理行业，它既是城市常住人口的购物中心，也是外来旅客的购物和观光中心。商业区的特点是商店多、商品种类多，向消费者提供多样化的商品选择，满足消费者多方面的需要。大、中、小城市一般都有 1 ~ 2 个中心商业区和若干个次级商业区，小城镇往往由 1 ~ 2 条商业街和若干综合或专业市场组成。城市商业区往往与城市公共活动中心布置在一起。商业区一般有大量商业和服务业的用房，布置形式主要有：沿街呈线状布置和成片集中布置，以及沿街和成片集中相结合的布置，并且往往与城市公共活动中心布置在一起。

城市商业区，按照服务人群和商品种类，一般可分为中央、区和街等不同层次、城市商业区一般可由中心（市级）商业区、副中心（区级）商业区、社区商业构成。按营销方式，商业区可分为批发和零售，零售商业分级布置在城市区域中的城区，而批发功能的商业区往往布置在交通便捷、城市城区以外的区域。中心商业区，是指服务范围较广，能够吸收外来消费者的零售中心和城市社交活动中心，不仅店铺数量多，而且零售业态也多，提供丰富的商品和多种服务，顾客到中心商业区购物，可以有更多的选择机会，因此，中心商业区是一个城市最具有零售吸引力的商业区。副中心商业区它是一个城市的二级商业区，其规模要小于中心商业区，一个城市一般有几个副中心商业区；副中心商业区的店铺类型及所销售的商品大体上同中心商业区相同，只是店铺数量较少，经营商品的种类也较少；副中心商业区多以综合型为主，但也有专业型的副中心商业区。与中心商业区相比，副中心商业区一般服务的是本市常住人口消费群体。社区商业小区主要是社区居民区就近服务的商业小区，主要为社区居民提供日常生活需要的便利品，其店铺类型则以中小型超市及便利店为主。

2. 商务区

商务区（central business district，CBD）是指城市中主要从事商务活动集中地区，与商业区主要区别在于。商务区与商业区的主要区别在于业务内容和建筑形态，商务区开展的主要业务是贸易、金融、展览、咨询、会计、律师、广告、经纪、投资、研发等，其建筑高度通常远高于商业用房；商业区开展的主要业务是商品零售、生活服务业等，商业用房通常表现为多层商业楼或居住、商务楼等1~2底层裙房。城市商务区一般可分为中央商务区和副中心商务区。中央商务区是一个城市现代化的象征与标志，是城市的核心功能，是城市经济、科技、文化的密集区，一般位于城市的交通枢纽附近和轨道交通附近，具有最完善的交通、通信等现代化的基础设施和良好环境，有大量的公司、金融机构、企业财团在这里开展各种商务活动。城市副中心商务区一般布局在城市下辖的区级地域范围内，是区级地区的重要经济功能区，其规模一般小于中央商务区。现代商务区一般拥有一定的商业服务设施配套，少部分商务区也有部分公寓配套。

3. 贸易区

国际贸易海关监管区，在我国包括保税区、保税物流园区、保税港区、综合保税区、自由贸易区等。

（1）保税区。保税区也称保税仓库区，级别低于综合保税区。这是一国海关设置的或经海关批准注册、受海关监督和管理的可以较长时间存储商品的区域。是经国务院批准设立的、受海关监督和管理的经济区域。保税区具有进出口加工、国际贸易、保税仓储、商品展示等功能，享有“免证、免税、保税”政策，实行“境内关外”运作方式，是中国对外开放程度较高、运作机制比较便捷、政策比较优惠的经济区域之一。1990年6月，经国务院批准，在上海创办了中国第一保税区——上海外高桥保税区。1992年以来，国务院又陆续批准设立了15个保税区和一个享有保税区优惠政策的经济开发区，即天津港、大连、张家港、深圳沙头角、深圳福田、福州、海口、厦门象屿、广州、青岛、宁波、汕头、深圳盐田港、珠海保税区以及海南洋浦经济开发区。十多年来，全国15个保税区的保税仓储、转口贸易、商品展示功能有了不同程度的发展，具备了一定规模的国际贸易基础。

（2）保税物流园区。保税物流园区是指经国务院批准，在保税区规划面积或者毗邻保税区的特定港区内设立，区港联动、在保税区与港区之间划的、专门发展现代国际物流业的海关特殊监管区域。全目前我国共有 9 家保税物流园区（见表 7－17）。

表 7－17　我国保税物流园区

序号	名称	所在省份	批准时间
1	上海外高桥保税物流园区	上海	2003 年 12 月
2	天津保税物流园区	天津	2004 年 8 月
3	宁波保税物流园区	浙江	2004 年 8 月
4	厦门象屿保税物流园区	福建	2004 年 8 月
5	张家港保税物流园区	江苏	2004 年 8 月
6	青岛保税物流园区	山东	2004 年 8 月
7	深圳盐田港保税物流园区	深圳	2004 年 8 月
8	大连保税物流园区	辽宁	2004 年 8 月
9	广州保税物流园区	广东	2007 年 12 月

资料来源：根据郝寿义《区域经济学原理》，格致出版社 2016 年版，第 198 页整理。

（3）综合保税区。是设立在内陆地区的具有保税港区功能的海关特殊监管区域，由海关参照有关规定对综合保税区进行管理，执行保税港区的税收和外汇政策，集保税区、出口加工区、保税物流区、港口的功能于一身，可以发展国际中转、配送、采购、转口贸易和出口加工等业务。综合保税区和保税港区一样，是我国开放层次最高、优惠政策最多、功能最齐全、手续最简化的特殊开放区域。与保税区一词之差，却功能更为齐全，它整合原来保税区、保税物流园区、出口加工区等多种外向型功能区后，成为更为开放的一种形态，也更符合国际惯例。截至 2021 年 1 月 15 日，全国 31 个省（区、市）共有海关特殊监管区域 162 个。其中，综合保税区 147 个。

（4）保税港区。保税港区是指经国务院批准，设立在国家对外开放的口岸港区和与之相连的特定区域内的海关特殊监管区域。保税港区的功能包括仓储物流，对外贸易，国际采购、分销和配送、国际中转，检测和售后服务维修、商品展示、研发、加工、制造、港口作业等九项功能。保税港区享受保税区、出口加工区、保税物流园区相关的税收和外汇管理政策。目前，我国有 14 个保税港区（见表 7－18）。

表 7－18　国家级保税港区

序号	名称	批复时间	规划面积（平方公里）	备注
1	上海洋山保税港区	2005 年 6 月	8.14	中国第一个保税港区
2	天津东疆保税港区	2006 年 8 月	10.00	
3	辽宁大连大窑湾保税港区	2006 年 8 月	6.88	

续表

序号	名称	批复时间	规划面积（平方公里）	备注
4	海南洋浦保税港区	2007 年 9 月	9.21	
5	浙江宁波梅山保税港区	2008 年 2 月	7.70	
6	广西钦州保税港区	2008 年 5 月	10.00	
7	福建厦门海沧保税港区	2008 年 6 月	9.51	
8	山东青岛前湾保税港区	2008 年 9 月	9.72	
9	广东广州南沙保税港区	2008 年 10 月	7.06	
10	重庆两路寸滩保税港区	2008 年 11 月	8.37	唯一的中国内陆地区保税港区
11	江苏张家港保税港区	2008 年 11 月	4.1	第一个位于县域口岸的保税港区
12	山东烟台保税港区	2009 年 9 月	7.26	
13	福建福州保税港区	2010 年 5 月	9.20	
14	广东深圳前海湾保税港区	2008 年 10 月	3.71	

资料来源：根据国家批准的有关文件整理。

（5）自由贸易区。自由贸易区从自由港发展而来，通常港区合一，设在港口的港区或邻近港口地区，是区域经济一体化的主要形式之一。美国关税委员会给自由贸易区下的定义是：自由贸易区对用于再出口的商品在豁免关税方面有别于一般关税地区是一个只要进口商品不流入国内市场可免除关税的独立封锁地区。有的自由贸易区只对部分商品实行自由贸易，如“欧洲自由贸易联盟”内的自由贸易商品只限于工业品，而不包括农产品，这种自由贸易区被称为“工业自由贸易区”。有的自由贸易区对全部商品实行自由贸易，如“拉丁美洲自由贸易协会”和“北美自由贸易区”。对区内所有的工农业产品的贸易往来都免除关税和数量限制。20 世纪 80 年代以来，许多国家的自由贸易区向高技术、知识和资本密集型发展，形成“科技型自由贸易区”。

国际上从 20 世纪 70 年代开始，以转口和进出口贸易为主的自由贸易区和以出口加工为主的自由贸易区就已经开始相互融合，自由贸易区的功能趋向综合化；原料、零部件、半成品和成品都可在区内自由进出，在区内可以进行进出口贸易、转口贸易、保税仓储、商品展销、制造、拆装、改装、加标签、分类、与其他货物混合加工等商业活动。2008 年 3 月我国国务院批复的《天津滨海新区综合配套改革试验总体方案》明确表示，东疆保税港区在“条件成熟时，进行建立自由贸易港区的改革探索”。2011 年批复的《天津北方国际航运中心核心功能区建设方案》，又再次重申在天津东疆进行自贸区改革探索的目标。2013 年 8 月 22 日，党中央、国务院决定设立中国（上海）自由贸易试验区，涵盖四片区：外高桥保税区、外高桥保税物流园区、洋山保税港区和上海浦东机场综合保税区，总面积 28.78 平方公里；2014 年 12 月 28 日，国务院决定扩展中国（上海）自由贸易试验区区域范围，涵盖七片区：外高桥保税区、外高桥保税物流园区、洋山保税港区、上海浦东机场综合保税区、金桥出口加工区、张江高科技园区、陆家嘴金融贸易区，总面积120.72平方公里。

2014年12月12日，国务院决定设立中国（广东）自由贸易试验区、中国（天津）自由贸易试验区、中国（福建）自由贸易试验区3个自贸区。广东自贸区涵盖三片区：广州南沙新区片区、深圳前海蛇口片区、珠海横琴新区片区，总面积116.2平方公里。天津自贸区涵盖三片区：天津港片区、天津机场片区、滨海新区中心商务区片区，总面积119.9平方公里。福建自贸区涵盖三片区：福州片区、厦门片区、平潭片区，总面积118.04平方公里。2016年8月31日，国务院决定设立中国（辽宁）自由贸易试验区、中国（浙江）自由贸易试验区、中国（河南）自由贸易试验区、中国（湖北）自由贸易试验区、中国（重庆）自由贸易试验区、中国（四川）自由贸易试验区、中国（陕西）自由贸易试验区7个自贸区。截至2020年9月中国拥有21个自由贸易区。

4. 国家级旅游区

（1）国家级旅游度假区。国家级旅游度假区（China national tourist resort），是指符合国家《旅游度假区等级划分》（GB/T 26358—2010）相关要求，经文化和旅游部认定的旅游度假区。1992年8月《国务院关于试办国家旅游度假区有关问题的通知》，提出建设国家旅游度假区；2009年12月，国务院发布《国务院关于加快发展旅游业的意见》；2011年4月，《旅游度假区等级划分》国家标准（GB/T 26358—2010）的印发；2014年2月，国家《国民旅游休闲纲要（2013－2020年）》提出大力推进大众旅游和国民度假；2014年8月，《国务院关于促进旅游业改革发展的若干意见》，进一步提出在城乡规划中要统筹考虑国民休闲度假需求；2015年4月，原国家旅游局印发《旅游度假区等级管理办法》和《关于开展国家级旅游度假区评定工作的通知》，正式启动开展国家级旅游度假区评定工作。截至2020年12月，中国共有国家级旅游度假区45家，分布在全国23个省市，涵盖多种度假类型，其中河湖湿地类16家，山林类8家，温泉类6家，海洋类5家，冰雪类3家，主题文化类5家，古城古镇类1家，沙漠草原类1家（见表7－19）。

表7－19　　2015～2020年国家级旅游度假区

批次	设立时间	数量（个）	备注
第一批	2015年11月	17	45家国家级旅游度假区分布于23个省份，其中，东部地区为23个，中部地区为7个，西部地区为15个
第二批	2018年1月	9	
第三批	2019年5月	4	
第四批	2020年11月	15	
合计		45	

资料来源：作者整理。

（2）国家级风景名胜区。中国国家级风景名胜区（national park of China），原称国家重点风景名胜区，2007 年起改称中国国家级风景名胜区，是指具有观赏、文化或者科学价值，自然景观、人文景观比较集中，环境优美，可供人们游览或者进行科学、文化活动的区域。截至 2017 年 3 月 29 日，国家级风景名胜区数量为 244 处。244 处国家级风景名胜区分布于 30 个省份，其中，东部地区为 90 个、中部地区为 74 个、西部地区为 80 个，我国东中西地区分别占 244 处的 36.89%、30.33%、32.79%（见表 7－20）。

表 7－20　　1982～2017 年国家级风景名胜区

批次	设立时间	数量（处）	备注
第一批	1982 年 11 月	44	244 处国家级风景名胜区分布于 30 个省份，其中，东部地区为 90 个、中部地区为 74 个、西部地区为 80 个，我国东中西地区分别占 244 处的 36.89%、30.33%、32.79%
第二批	1988 年 8 月	40	
第三批	1994 年 1 月	35	
第四批	2002 年 5 月	32	
第五批	2004 年 1 月	26	
第六批	2005 年 12 月	10	
第七批	2009 年 12 月	21	
第八批	2012 年 10 月	17	
第九批	2017 年 3 月	19	
合计		244	

资料来源：作者整理。

三、经济特区和国家级新区

（一）经济特区

经济特区，在 1979 年 7 月 15 日，中共中央、国务院批转广东省委、福建省委《关于对外经济活动实行特殊政策和灵活措施的两个报告》中称为“出口特区”，在 1980 年 5 月中共中央和国务院发出的 41 号文件中将“出口特区”改为“经济特区”。1980 年 8 月，我国在广东省设立了深圳、珠海二个经济特区；1980 年 10 月，在福建省设立了厦门经济特区；在 1981 年 10 月，在广东省设立了汕头经济特区；1988 年 4 月，第七届全国人民代表大会第一次会议撤销了广东省海南行政区，设立海南省，建立海南经济特区；2010 年 5 月中央政府召开新疆工作座谈会上提出，充分利用欧亚大陆桥交通枢纽的独特区位优势，在喀什和霍尔果斯各设立一个经济开发区，实行特殊经济政策，将其建设成为我国向西开放窗口和新疆经济增长点，在新疆设立喀什、霍尔果斯两个经济特区。截至目前，我国 7 个经济特区总面积为 15.51 万平方公里，占全国国土面积的 1.62%（见表 7－21）。到 2018 年底，我国 7 个经济特区总人口

3869.5 万人、占全国人口的 2.77%；地区生产总值达 40215.62 亿元，占全国 GDP 的 4.47%；7 个经济特区人均地区生产总值高达 10.39 万元/人，高出全国平均人均 GDP 的 60%。

表 7 – 21　　　　我国经济特区获批时间及面积

序号	经济特区名称	获批时间	所在省份	初期面积（平方公里）	目前面积（平方公里）
1	深圳	1980 年 8 月	广东	327.5	1997
2	珠海	1980 年 8 月	广东	6.8	1711
3	厦门	1980 年 10 月	福建	2.5	1699
4	汕头	1981 年 10 月	广东	1.7	2064
5	海南	1988 年 4 月	海南	33920	33920
6	喀什	2010 年 5 月	新疆	50	111794
7	霍尔果斯	2010 年 5 月	新疆	100	1908
合计				34408.5	155093

资料来源：作者整理。

（二）国家级新区

国家级新区是国家根据经济和社会发展的需要，于 20 世纪 90 年代初期开始在特定地区设立的承担国家重大发展和改革开放战略任务的综合功能区①。从 1990 年我国第一个国家级新区即上海浦东新区诞生，到 2017 年雄安新区批复，截至目前我国共设立了 19 个国家级新区。国家级新区主要分布在我国东部及中部地区，涉及 19 个省，陆域总面积为 2.41 万平方公里，占国土面积的 0.25%（见表 7 – 22）。

表 7 – 22　　　　我国国家级新区汇总

序号	新区名称	获批时间	主体城市	面积（平方公里）
1	浦东新区	1992 年 10 月	上海	1210.41
2	滨海新区	2006 年 5 月	天津	2270
3	两江新区	2010 年 5 月	重庆	1200
4	舟山群岛新区	2011 年 6 月	浙江舟山	陆地 1440　海域 20800
5	兰州新区	2012 年 8 月	甘肃兰州	1700
6	南沙新区	2012 年 9 月	广东广州	803
7	西咸新区	2014 年 1 月	陕西西安、咸阳	882
8	贵安新区	2014 年 1 月	贵州贵阳、安顺	1795

① 林立勇：《功能区块论——国家级新区空间发展研究》，重庆大学学位论文，2017 年。

续表

序号	新区名称	获批时间	主体城市	面积（平方公里）
9	西海岸新区	2014 年 6 月	山东青岛	陆地 2096　海域 5000
10	金普新区	2014 年 6 月	辽宁大连	2299
11	天府新区	2014 年 10 月	四川成都、眉山	1578
12	湘江新区	2015 年 4 月	湖南长沙	490
13	江北新区	2015 年 6 月	江苏南京	2451
14	福州新区	2015 年 8 月	福建福州	1892
15	滇中新区	2015 年 9 月	云南昆明	482
16	哈尔滨新区	2015 年 12 月	黑龙江哈尔滨	493
17	长春新区	2016 年 2 月	吉林长春	499
18	赣江新区	2016 年 6 月	江西南昌、九江	465
19	雄安新区	2017 年 4 月	河北保定	起步约 100　远期 2000

资料来源：作者整理。

四、一体化区域

一体化区域是指将一定地域范围视作一个整体、进行一体化筹划和建设的区域经济功能区，是城镇区域化的具体表现，是一个国家经济社会发展水平较高的极化发展区域。与其他极化发展区域具有同样的特征，即既有助于提高一体化区域的经济效率，同时也可能扩大一体化区域以外区域的发展差距。一体化区域发展，从空间角度讲，主要有大中小城市协调发展（城市一体化）和城乡协调发展（城乡一体化）；从内容角度讲，主要有市场一体化、公共设施与服务一体化、制度一体化；从功能角度讲，主要有超大城市、特大城市、大城市、中小城市、乡镇和街道、村和居委会的城镇化主体分工。一体化区域是一个国家城镇化中后期发展阶段的空间形态，在我国，从极化发展区域角度讲，目前主要包括都市区、都市圈、城市群三类。大都市区和大都市带的概念已经接近城市群，故作者不把大都市区和大都市带作为独立的一体化区域来论述。都市区、都市圈、城市群三类一体化极化发展区域在空间结构上有圈层状、带状（城市带或经济带）和网络状。

（一）都市区

都市区是在中心城市基础上形成的，都市区是由一定人口规模的中心城市与邻近周边县域组成的，以经济社会一体化为区域发展目标的区域经济功能区，是都市圈形成的基础。例如，山东省济宁市，“十四五”时期，规划通过一体化的布局、管控与治理，集中优势资源，引导交通、生态、文化、公共服务等重大项目和要素协同配置，着力打造1小时左右都能够通达济宁所辖11个县市区和4个功能区的“都市区一体化融合发展区”①。根据《2018年中国城市建设统计年鉴》，到2018年底，在我国673个建制城市中，在298个地级及以上城市中，城区常住人口1000万人以上的超大城市有5个，500万人以上1000万人以下的特大城市有5个，300万人以上500万人以下的Ⅰ型大城市有10个，100万人以上300万人以下的Ⅱ型大城市有62个，50万人以上100万人以下的中等城市有96个，20万人以上50万人以下的Ⅰ型小城市有98个，20万人以下小城市的Ⅱ型小城市有22个；在375个县级市中，城区常住人口50万人以上100万人以下的中等城市有2个，20万人以上50万人以下的Ⅰ型小城市有147个，20万人以下的Ⅱ型小城市有226个（见表7－23）。

表7－23　2018年673个行政建制市城市规模分类表　单位：个

城市类别	超大城市	特大城市	Ⅰ型大城市	Ⅱ型大城市	中等城市	Ⅰ型小城市	Ⅱ型小城市	总计
地级及以上城市	5	5	10	62	96	98	22	298
县级市	0	0	0	0	2	147	226	375
合计	5	5	10	62	98	245	248	673

资料来源：作者根据《2018年中国城市建设统计年鉴》整理。

从上述表7－18，在我国地级及以上城市地域范围内，以城区常住人口50万人以上为中心城市，依托我国地级及以上城市的地域范围可设立178个都市区，如以城区常住人口20万～50万人以上为中心城市，依托我国地级及以上城市的地域范围可设立276个都市区。需要说明的是，到2018年底，我国已经有两个县级市的城区常住人口规模超过了50万人。按照美国都市区设置标准：劳动力非农占比去大于75%，中心地人口规模为5万人，人口密度每平方公里大于50人，县城以外地区到县城的通勤率大于15%或双向通勤率大于20%等，县域范围也可设立都市区。

（二）都市圈

都市圈是在都市区基础上形成的，以超大城市、特大城市或辐射带动功强的大城市为中心，以1小时城际轨道交通或高速公路通勤圈为空间范围，以经济社会一体化为区域发展目标的区域经济功能区，是城市群形成的基础。从上述表7－18，从中心城市规模角度讲，可设立82个都市圈；从一小时城际轨道交通通勤圈角度讲，目前我国可能还不具备设立82个都市圈的条件。2019年3月1日，由清华大学中国新型城镇化研究院和北京清华同衡规划设计院联合撰写发布的《中国都市圈发展报告2018》报

① 田和友：《都市区一体化融合发展：济宁要实现市区到各县市高速公路1小时通达》，http：//www.dzwww.com/2021zthz/flzzq/yljc/jnmtx/xwbdjn/202111/t20211122_ 9457948.htm，2021年11月3日。

告，除港澳台之外，将我国34个中心城市都市圈分为成熟型、发展型和培育型三个层级。以长三角的上海市、杭州市、南京市、宁波市为中心城市和珠三角的广州市和深圳市为中心城市形成的6个都市圈属成熟型；以北京、天津、合肥、青岛、成都、西安、郑州、厦门、济南、武汉、石家庄、长春、太原、长沙、贵阳、南宁、沈阳等17个中心城市形成的都市圈属发展型；以南昌、昆明、重庆、银川、哈尔滨、大连、兰州、福州、呼和浩特、乌鲁木齐、西宁等11个中心城市形成的都市圈属培育型①。都市圈设置标准，除了中心城市人口规模和1小时通勤圈外，美国都市圈设置标准还有，都市圈外围区域的城市化水平标准和都市圈的中心城市与外围区域的经济社会发展一体化标准。

（三）城市群

城市群是在都市区基础上形成的，由1～2个超大城市特大城市或者2个以上都市圈与邻近周边地域组成的，通过交通廊道（沿海、沿河、沿江、高速公路、轨道交通等）连接起来的，以经济社会一体化为区域发展目标的区域经济功能区。按照表7－18我国可设立都市圈个数，假定我国每个城市群有两个及以上都市圈构成，我国具备条件可设立城市群可达到25～30个。2018年11月18日，中共中央、国务院《关于建立更加有效的区域协调发展新机制的意见》中提出“建立以中心城市引领城市群发展、城市群带动区域发展新模式，推动区域板块之间融合互动发展”。2020年3月发布的国家“十四五”规划提出了19个城市群，其中，东部地区有哈长、辽中南、京津冀、山东半岛、长三角、粤闽浙沿海、珠三角等7个城市群，中部地区有山西中部、中原、关中平原、长江中游等4个城市群，西部地区有成渝、黔中、滇中、呼包鄂榆、兰州—西宁、宁夏沿黄、天山北坡、北部湾等8个城市群。

第三节　极化发展区域的范围界定和资源配置

极化区域发展需要通过资源配置来实现，而资源配置的基础是极化发展区域的范围界定。

一、极化发展区域的范围界定

极化发展区域的范围界定，包括极化发展区域绝对（自身）空间范围界定和相对空间范围界定两部分。

---

① 《全国34个都市圈评价结果出炉：长春为发展型都市圈》，载于《吉林日报》2019年3月4日。

（一）极化发展区域绝对（自身）空间范围界定

极化发展区域自身范围界定是指极化发展区域四至边界的确定。实践中，极化发展区域自身范围界定应当遵循极化发展区域主要业务功能的基础性、目标性、一致性三大原则。

基础性原则，主要是指在拟确定的极化发展区域范围内已经具备与极化发展区域主要业务相关且具有一定数量的经济活动主体。前面讲过，经济活动区域的形成初期，绝大部分是偶然的、无意识的，是由小部分经济活动主体先行占据的经济活动空间扩展而来的。然而，这些先行占据经济活动空间的经济活动主体对经济活动空间进一步集聚同类业务或邻近业务经济主体，既是业务基础，也是市场信号，这些业务基础和市场信号，对企业和政府进一步明确或划定极化发展区域范围是重要的基础。实践中任何富有成效的，发展较好的极化发展区域都具有这方面的特征。尽管浙江义乌小商品市场是主要依托第二自然因素发展起来的极化发展区域，但也具有这方面特征。从更大空间的农业经济活动角度讲，我国农村土地承包经营也来自于1978年的安徽小岗村14个农民集体画押签订的土地承包经营。相反，我国有一些发展效果不太好的极化发展区域大多没有遵循这一原则。

目标性原则，是指极化发展区域范围的确定，需要结合国内外市场和国家政策，先行确定极化发展区域的主要业务功能目标，再确定实现极化发展区域主要业务功能所需要的长远发展空间范围。从实践看，极化发展区域长远发展空间范围一般需要考虑30年。

功能一致性原则，是指极化发展区域仅保留与极化发展区域主要业务功能一致的或邻近的空间范围，也就是说在一个极化发展区域范围内主要业务功能是基本一致的或邻近相关的。实践中，极化发展区域的自身范围界定最容易失误的是，将与极化发展区域主要业务或关联业务无关的空间范围划入极化发展区域，从而冲淡了极化发展区域的经济地位和经济特色。例如，1993年，上海市长宁区总体规划中确定的以零售商业为主要功能的长宁中山公园商业中心，四至边界为：西至凯旋路、东至安西路、北至万航渡路，南至宣化路，规划面积为80公顷。到21世纪初，长宁区有关部门将长宁中山公园商业中心四至边界扩展到：西至中山西路、东至安西路、北至万航渡路、南至武夷路，规划面积达到136公顷，扩展的56公顷空间范围主要的内容是住宅而不是商业，因此大大降低了中山公园商业中心的经济密度和土地产出率，削弱了中山公园商业中心的经济地位和商业经济特色。

（二）极化发展区域相对空间范围界定

极化发展区域相对范围界定是指极化发展区域的经济腹地范围界定。极化发展区域的经济腹地范围是指给予极化发展区域要素配置、商品和服务消费的空间范围。实践中，极化发展区域自身范围相对于相对范围而言，一般情况下，前者是要素的需求方、商品和服务的供给方，后者是要素的供给方、商品和服务的需求方。因此，极化发展区域自身范围没有相当的极化发展区域相对范围，极化发展区域自身范围是难以有所作为的。同样，以上海市长宁中山公园商业中心为例，中山公园商业中心每年约 100 亿元的商业销售额，只有 5% 左右商业销售额来自中山公园商业中心 80 公顷范围内的消费主体，还有 95% 以上左右的商业销售额来自中山公园商业中心周边 3 ~ 5 公里范围内的消费群体，因此，参与中山公园商业中心消费的周边 3 ~ 5 公里范围就是中山公园商业中心的经济腹地。实践中，可根据极化发展区域不同的主要业务内容，确定极化发展区域经济腹地范围。例如，商业经济活动极化区域可以参与商业经济活动极化区域消费的群体区域范围，为其经济腹地范围；工业经济活动极化区域可以工业企业原料供应地或中间产品供应地，作为其经济腹地的范围；商务经济活动极化区域可以入住商务区的客户业务关系区域范围，作为其经济腹地的范围。

二、极化发展区域的资源配置

极化发展区域范围确定后，主要考虑的极化发展的资源配置，包括市场和政策的资源配置。

（一）市场配置资源

极化发展区域市场配置资源，主要是指极化发展区域可以借助自身的区位、资源禀赋、发展基础和条件中的第一自然和第二自然优势因素，依靠市场经济机制体制吸引次级发展区域（周边地区、边缘地区、外围地区等）要素和贸易，开展经济活动并逐步获得规模报酬递增效益。极化发展区域规模报酬递增效益获得基于极化区域发展中所需的要素和贸易可以自由流动且可以进行平等交易，即，极化区域发展需要制度化的市场经济体制机制配合。例如，1984 年我国城市经济体制改革之后，我国制定了农村剩余劳动力向城市流动，国有土地使用权实行市场化有偿出让，绝大多数商品由市场定价等要素和商品市场化制度后，我国才有可能使区位和发展条件较好区域成为极化发展区域。当前，在我国，也要求城乡要素双向流动、平等交换，但因当前我国的农村土地制度、集体经济组织制度和公共设施配置不足等原因，城市流向农村的人才、资本和农村存款流向农村的要素目前仍然无法落地。可见市场经济体制机制是通过各类具体的市场化制度来实现的。

（二）政策配置资源

极化发展区域政策配置资源，是指极化发展区域除了借助自身的区位、资源禀赋、发展基础和条件中的第一自然和第二自然优势因素通过市场经济机制体制获得所需的要素和贸易，还可通过中央政府或者地方政府给予的特定的极化发展区域政策提高要素和贸易配置资源的竞争力。前面我们讨论的四大类极化发展区域中，城镇区可以从上级政府中获得对本城镇区较为有利的城镇功能定位和规划开发建设强度（尤其在广域型城市管理体制下）以及其他具体的城镇区开发建设政策等；城镇产业功能区，是城镇区发展的最重要的动力基础和重要的政策资源，根据城镇区开发建设需要，争取到任何一类产业功能区都意味着争取了相应的产业定位及其一揽子产业发展政策；经济特区和国家新区更是一种稀缺的政策资源，但这不是每一个城市或者地区能够争取到的；真正的以一体化为区域发展目标的一体化区域有助于缩小一体化区域范围内的差距，因此，充分利用一体化区域范围内的市场一体化和交通一体化溢出效应，也是一项重要的政策资源。

第四节　极化发展区域的功能扩散

极化发展区域是否存在与具有扩散功能在理论界是存疑的，从实践看，极化发展区域中的政府、市民、企业往往出于自身利益的考虑，一般只考虑集聚，而不去考虑扩散。在国外，美国的大西洋东岸和太平洋西岸的经济发展差距较小，究其根本也是由于美国在空间经济领域长时期实施一体化规划和政策的缘故[①]。

一、极化发展区域功能扩散的内涵

（一）国家高度重视发挥极化发展区域的扩散功能

习近平在《国家中长期经济社会发展战略若干重大问题》中提出，要推动城市组团式发展，形成多中心，多层次，多节点的网络型城市结构。要建设一批产城融合制度，平衡生态宜居，交通便利的郊区新城，推动多中心、郊区化发展，有序推动数字城市建设，提高智能管理能力，逐步解决中心城区人口和功能过敏问题。我国现有 1881 个县市，农民到县城买房子，向县城集聚的现象很普遍，要选择一批条件好的县城重点发展，加强政策引导，使之成为扩大内需的重要支撑点。[②] 2020 年 11 月 12 日，习近平《在浦东开发开放 30 周年庆祝大会上的讲话》中提出，“浦东要努力成为国内大循环的中心节点和国内国际双循环的战略链接，在长三角一体化发展中更好发挥龙头辐射作用”[③]。2017 年 10 月，党的十九大提出了“我国社会主要

① 皮埃尔·菲利浦·库姆斯等：《经济地理学》，中国人民大学出版社 2020 年版，第 16 页。
② 习近平：《国家中长期经济社会发展战略若干重大问题》，载于《求是》2020 年第 21 期。
③ 习近平：《在浦东开发开放 30 周年庆祝大会上的讲话》，载于《光明日报》2020 年 11 月 13 日第 2 版。

矛盾已经转化为人民日益增长的美好生活需要和不平衡不充分的发展之间的矛盾”。[①]《中共中央关于制定国民经济和社会发展第十四个五年规划和2035年远景目标的建议》的说明中提出：“当前，我国发展不平衡不充分问题仍然突出，城乡区域发展和收入分配差距较大，促进全体人民共同富裕是一项长期任务，但随着我国全面建成小康社会，开启全面建设社会主义现代化国家新进程，我们必须把促进全体人民共同富裕摆在更加重要的位置，脚踏实地、久久为功，向着这个目标更加积极有为地进行努力。”

实践中，城区、经济功能区、国家经济特区、国家级新区、一体化区域等极化发展区域中的政府、市民、企业往往出于自身利益的考虑，一般只考虑集聚，而不太考虑扩散。但当要素和功能向极化发展区域过度集聚，产生商务成本和生活成本过高、拥挤、污染、安全等“城市病”的累积已经产生规模不经济时，才被迫地将极化发展区域的要素、功能、产业向次发展区域转移和疏解。还有一种情况是，当次发展区域因资源利用不充分产生发展严重滞后，已经影响到一个国家或一个地区的需求扩大，制约了极化发展区域进一步发展时，国家基于需求的扩大，促进进一步发展的目的，实施极化发展区域的人才、资金、技术、信息、管理等要素流向次发展区域时，极化发展区域的功能扩散才可能形成。

（二）极化发展区域扩散功能的存疑

极化发展区域是否具有自发的扩散功能，在国内外理论界和实践中一直存在疑问。发展经济学家岗纳·缪尔达尔（Gunnar Myrdal）在1957年出版的《经济理论和不发达地区》一书中提出，先进地区与后进地区之间存在着两种作用。一种是回波效应，是促进先进地区与后进地区之间不平衡发展的力量；另一种是扩散效应，是指生产要素从先进地区向后进地区流动，促进先进地区与后进地区之间平衡发展的力量。发展经济学家赫希曼在其1958年出版的《经济发展战略》一书中提出了极化效应和涓滴效应。极化效应是指要素从外围向中心集聚的过程；涓滴效应也称为“溢出效应”，是指要素从中心向外围转移的过程[②]。约翰·费里德曼（John Friedmann），在其1966年出版的《区域发展政策》一书中提出“核心—边缘”理论，认为经济发展前中期，极化效应逐步增强，要素往往从边缘区流向核心区，导致核心区与边缘区不平衡发展格局；经济发展的中后期，扩散效应逐步增强，核心区的人才、资金、技术、信息、管理等要素逐步流向边缘区，导致核心区与边缘区平衡发展格局。诺贝尔经济学奖获得

① 习近平：《决胜全面建成小康社会夺取新时代中国特色社会主义伟大胜利》，人民出版社2017年版，第11页。

② 石敏俊：《区域经济学》，人民大学出版社2020年版，第104～105页。

者约瑟夫·斯蒂格利茨近期提出“长期以来经济学中有一个传统的看法，即所谓的涓滴经济学，认为经济增长会使每个人受益，增长的好处会以水往低处流那样的方式，惠及社会从上到下各阶层。然而，从来没有一个理论可以证明或解释为什么会这样。近年来西方国家的经验教训告诉，涓滴经济学只是美好幻想，不能实现共同富裕，势必导致社会缺乏凝聚力，甚至导致社会分裂冲突”。①

（三）极化发展区域功能扩散的形成机制

1. 市场化的供需合作和互利共赢机制

市场化的功能扩散形成机制，主要通过极化发展区域与次发展区域之间的政府、居民、企业的互利共赢而形成的极化发展区域的功能扩散机制，主要内容是指极化发展区域为次级发展区域的人才及劳动力提供创业条件和就业岗位，为次级发展区域的居民提供更好的商品和服务，以及向次级发展购买商品和原材料、转移思想、产业、技术、信息、管理方式、思想观念等。这些市场化的供需合作是互利共赢的。一方面使极化发展区域获得次发展区域的经济发展所需的要素和贸易，促进了极化发展区域的经济增长；另一方面使次级发展区域居民的收入水平提高和消费水平提高，提高了农业地区的农业适度规模经营水平，减轻了生态功能地区的环境保护压力。但也带来了次发展区域的人才、劳动力、资金外流和经济衰退。

2. 平等交换和发展的政策机制

人类有多种需求，既需要工业产品和服务产品，也需要宜居的居住环境，还需要优质的农产品和生态产品，但这几种人类所需的产品之间的交换关系在我国目前还是不平等的。尤其是，在我国许多生态产品还没有进入计量、计价的核算范围。因此建立起工业产品和服务业产品、农产品、生态产品及其相应地区平等交换政策，对我国极化发展区域与次发展区域之间缩小经济社会发展差距是至关重要的。同时，极化发展区域相对于次发展区域而言，其区位、资源禀赋、发展基础和条件，一般比次发展区域占优，在一个国家或地区，在工业化和城镇化的前中期，因经济综合实力还比较弱，一般会偏向将有限的建设用地、资本、技术、政府公共投资、重大产业项目和政策集中投向这些发展初始条件较好的极化发展区域进行集聚发展，这是必要的。但在这一阶段，极化发展区域与次发展区域之间的发展机会是不平等的。因此，在一国或一个地区工业化和城镇化进入中后期，为了缩小极化发展区域与次发展区域之间的经济社会发展差距，国家和地区发展政策、公共投资和重大产业项目，一是要促进极化发展区域在功能扩散辐射上下功夫，二是规划和政策要向次发展区域倾斜，三是基础

① ［美］约瑟夫·斯蒂格利茨：《精心制定共同富裕的衡量标准》，载于《社会科学报》2022 年 6 月 2 日第 1 版。

设施和公共服务极化发展区域与次发展区域之间要基本相当。

二、极化发展区域功能扩散范围界定

国内外“空间经济学科”理论界大都提出经济活动的极化发展区域存在功能扩散，但极化发展区域及功能扩散一般的形成时间和空间范围均没有数量上的实证或界定。

（一）城市的扩散辐射范围

中国社科院倪鹏飞老师提出，城市格局的变化有两种可能的路径，一种是先聚集后扩散，一种是只聚集不扩散，其中多数国家的呈现的是后一种路径。中国城市空间及其要素和功能的扩散，有分步分散扩散和高速持续扩散两种形态。分步分散扩散是指“由于疆域辽阔和区域差异大，中心区域的城市不可能在完成聚集后转入全面扩散，而是先重点扩散，即向条件次优的区域扩散之后再向更大范围扩散”；高速持续扩散是指，“由于空间足够大，差异足够大，城市的扩散可以逐步分梯次推进，使增长和转型的城市之间形成接力，从而实现整个国家的经济持续增长。”[①] 在国家商务部2016年发布的《全国流通节点城市布局规划（2015－2020年）》中提出，国家级流通节点城市扩散辐射适宜半径距离为200～400公里，如果距离小于200公里，则因城市的腹地小，废弃物难处理，容易造成环境污染和城市病，同时，还容易造成城市间的恶性竞争；距离大于400公里，城市间的流通成本较高，不利于相关城市的发展，还容易在城市间造成大片贫困带。区域级流通节点城市扩散辐射适宜半径距离为100～150公里，最远不超过200公里；地区级流通节点城市扩散辐射适宜半径距离为50～100公里。从我国的实践看，城市的功能扩散一般是有空间范围的，根据经验观察，在我国，一线城市（超大城市）扩散辐射的空间范围为300～600公里，二线城市（特大城市和大城市）扩散辐射的空间范围为150～300公里，三线城市（中等城市）扩散辐射的空间范围为50～100公里，四线城市（小城市）扩散辐射的空间范围为25～50公里，五线城市（小城镇）扩散辐射的空间范围为10～20公里。

（二）经济功能区的扩散辐射范围

国内外“空间经济学科”关于经济功能区扩散范围鲜少实证研究。作者希望通过上海虹桥功能性空间的历史和趋势梳理，探究经济功能区空间扩散的时间和空间范围。2021年2月22日国家发展改革委发布的《虹桥国际开放枢纽建设总体方案》中的“虹桥国际开放枢纽”起源于明正德年间（1506～1521年）今虹梅路跨蒲汇塘以“虹

① 倪鹏飞：《改革开放40年中国城镇化发展的经验与启示》，载于《光明日报》2018年12月11日第15版。

桥”命名的桥梁；1879 年 12 月 22 日《申报》中一则市井新闻中提及“徐家汇之西虹桥镇”；清光绪二十七年（1901 年）工部局在上海县虹桥镇越界筑路至程家桥，初名佘山路（因最初规划通往佘山而得名），后改为虹桥路；1921 年北洋政府期间选址现今的上海虹桥国际机场位置建设机场。2021 年 2 月 22 日国家发展改革委发布了《虹桥国际开放枢纽建设总体方案》前，上海虹桥经济功能性空间是现今上海中山西路以西、苏州河以南、吴中路以北、春申路以东 300 平方公里左右范围。《虹桥国际开放枢纽建设总体方案》发布后，虹桥经济功能性空间范围已超越了上海市西南地区范围，北向拓展到上海嘉定、江苏的昆山、太仓、苏州工业园区、相城交集，南向拓展到上海的闵行、长宁、松江、金山、浙江的平湖、南湖、海盐、海宁交集。可见，上海虹桥作为经济功能性空间的历史已有百年。从 2021 年 2 月 22 日国家发改委发布的《虹桥国际开放枢纽建设总体方案》看，到 2035 年，“虹桥国际开放枢纽”功能性空间范围内的主导功能可以拓展到“商务、贸易、交通、科技”。预计 2036 年到 2050 年，随着虹桥功能性空间的进一步发展，“虹桥国际开放枢纽”功能性空间范围将进一步拓展到上海的长宁区、嘉定区、闵行区、青浦区、松江区、金山区，直至江苏省的苏州、无锡、常州整个地区和浙江省的杭州、湖州、嘉兴整个地区（见表 7－24）。

表 7－24　上海虹桥国际开放枢纽极化发展区域的功能扩散范围

空间名称	空间范围		主导功能	建设周期
	范围	面积（平方公里）		
上海虹桥地区（极化空间）	中山西路以西、春申路以东、吴中路以北、苏州河（吴淞江以南）	300 左右	交通、会展、商务	1921～2020 年
虹桥国际开放枢纽（扩散空间－1）	上海的虹桥商务区、长宁区、嘉定区、闵行区、松江区、金山区、江苏省苏州市的昆山市、太仓市、相城区、苏州工业园、浙江省嘉兴市的南湖区、平湖市、海盐县、海宁市	7000 左右	商务、贸易、交通、科技	2021～2035 年
虹桥国际开放枢纽（扩散空间－2）	上海的虹桥商务区、长宁区、嘉定区、闵行区、青浦区、松江区、金山区，江苏省的苏州、无锡、常州地区，浙江省的杭州、湖州、嘉兴地区	20000 左右	商务、贸易、交通、制造、科技	2036～2050 年

资料来源：作者根据《国务院关于虹桥国际开放枢纽建设总体方案的批复》整理。

从上述虹桥经济功能性空间发展的历史和趋势看，1921～2021年的100年间形成的虹桥国际开放枢纽极化发展区域约300平方公里，从2021～2035年的15年间虹桥国际开放枢纽功能扩散范围大约可以拓展到7000平方公里，从2036～2050年15年间虹桥国际开放枢纽功能扩散范围大约可以拓展到2万平方公里。可见，极化发展区域的形成时间和功能扩散过程都是十分漫长的。

第八章

次发展区域

次发展区域，是相对于极化发展区域而言的，是指基于自身的资源禀赋、发展基础和条件与极化发展区域实行优势互补、错位发展的区域。在我国，当前主要可包括县域地区（城乡融合发展区）及其粮食生产功能区和生态功能区等。本章由“次发展区域内涵与特征”“次发展区域的主要类型”“次发展区域的县域经济社会发展”三部分内容构成。

第一节　次发展区域内涵与特征

次发展区域有着独特的资源禀赋和区位优势，与极化发展区域相互依存，承担着不一样的地域分工和使命。次发展区域与极化发展区域之间只是地域分工不同，而发展的地位是平等的。

一、次发展区域内涵

次发展区域，是相对于以经济效率为本位的极化发展区域语境下而言的，是指基于自身的资源禀赋、发展基础和条件与极化发展区域实行优势互补、错位发展的区域。在我国，主要有县域地区（城乡融合发展区）及其已脱贫摘帽的国家级贫困县、粮食生产功能区和生态功能区等。次发展区域既是嵌入于农业园区、工业园区、商业区、商务区、贸易区、都市区、都市圈、城市群等极化发展区域之间，在地理上相邻的连续性空间，也是与极化发展区域职能不同的相对空间，很难用当前区域经济学中的圈层、中心地、核心与边缘（中心与外围）、点轴等这样的空间概念来概括和描述极化发展区域与次发展区域空间关系，更不能用支配、依附关系来描述极化发展区域与次发展区域功能关系。在一个国家或者一个地区中，次发展区域与极化发展区域具有不一样的区位优势、资源禀赋、发展基础和条件，因此，承担着不一样的地域分工和使命，次发展区域与极化发展区域之间只是地域的分工不同，而发展的地位是平等的。现行的商品计价内容和计价标准是工业革命后的产物，在次发展区域中的许多农产品、生态产品，有的还没有列入商品计价范围，有的虽已列入商品计价范围，但与工业品和服务品相比价格是偏低的。因此，简单用工业化中的GDP和城镇化中的城镇化率等价值评价标准来评价不同地域的分工也是不公平的和不恰当的。在区域经济发展中，我们应当鼓励各地根据自身的资源禀赋和发展基础等比较优势进行错位发展，这样才能形成了不同区域之间的特色功能和特色产品，以提高一个国家和一个地区的整体效益和人民生活质量。国家应该鼓励这种地域分工，而不能用发达地区和不发达地区来评价一个地区的发展水平。也就是说发达地区较高的经济效率与发达地区领导干部工作水平没有完全的必然联系，而只是现在的发达地区，在现代工业化、城镇化和科学技术水平条件下，占据的区位条件、且在商品计价和定价体系中比较有利而已。

次发展区域是极化发展区域的相对区域。经济发展是为了更好的生活，从这个角度看，极化发展区域发展最终是为次发展区域服务的，离开次发展区域的发展，任何极化发展区域的发展都是没有意义的。而从发展过程看，次发展区域的需求是极化发展区域的根本动力，区域经济实践中，一般而言，次发展区域是极化发展区域的经济腹地和人类基本生存产品的来源，离开次发展区域，极化发展区域将没有生存基础，而次发展区域离开极化发展区域却能独立存在。从这里也可以看出，极化发展区域与次发展区域是相互依存、互为支撑的。“空间经济学科”中的有一部分学者，往往以经济效率为由，过分强调极化发展区域发展，并且以此贬低次发展区域发展，是其没有很好理解极化发展区域与次发展区域的相对空间关系，以及极化发展区域与次发展区域的相互依存、互为支撑关系。需要着重强调的是，极化发展区域的相对区域不是极化发展区域，而是次发展区域，只有极化发展区域与次发展区域才能构成良好的区域合作关系，而极化发展区域与极化发展区域之间往往只构成区域竞争关系。

从世界角度讲也是这样，发达国家的发展与发展中国家的发展是相互依存、相互支撑的。发展经济学家赫希曼认为，“从长期来看，欠发达区域的发展滞后也会从国内市场需求方面对发达区域的经济发展形成制约，国家经济发展将因欠发达区域的资源利用不充分而受到损害。”① “区域经济学科”应当关注次发展区域与极化发展区域之间中的相互依存关系，而不能不论阶段和地点都强调极化发展区域的发展，更不能以此贬低次发展区域的发展。人类社会的“空间经济学科”，应该承认一部分人或者一部分地区先发展和后发展的问题讨论，而不应该承认只有这部分人或者这部分地区可以发展，而不允许其他人或者其他地区发展的逻辑。

---

① 石敏俊：《区域经济学》，人民大学出版社2020年版，第105页。

二、次发展区域基本特征

1. 次发展区域承担着人类的吃住等基本功能

好山、好水、好风光、好传统一般都位于次发展区域，一国的粮食安全、生态安全、边境安全往往也依赖于次发展区域，无论是城乡居住区，还是县域地区及其粮食生产功能区、生态功能区等都是一个国家最重要的民生地区，是人类生存的基础，承担着人类的吃住等基本功能。安居才能乐业，也许没有安定、宜居的生活环境，再好的就业岗位对人类也无济于事。民以食为天，没有县域地区及其粮食生产功能区、生态功能区等这些地区的优质农产品和生态产品供应，也许再多的GDP对人类也没有多大意义。18世纪下半叶的工业革命及其能源革命，加上人类欲望的永不满足，一方面，大大促进了人类社会的财富增长；另一方面，也带来了自然环境中的气候变化和人类社会的不平衡发展，及其各类社会冲突。从某种角度说，18世纪下半叶的工业革命及其能源革命、以及人类文明，并没有带来人与自然的和谐相处和人类社会的重大进步。因此，经济领域的“空间”转向和“民生”转向同样重要，成为当代区域经济学需要深思的时代命题。

2. 次发展区域与极化发展区域的相互依存

极化发展区域在一国的空间结构中总体上是“点状”的，而次发展区域相对于极化发展区域而言，在一国的空间结构中往往是“面状”的。除少数重化工业区域类型外，次发展区域与极化发展区域在空间上的组合是相互嵌入的，并且，随着“绿色”发展，工业化与城镇化在空间上的相互融合趋势逐步在增强。因此，用圈层、中心地、核心与边缘（中心与外围）、点轴等概念，构建区域经济的空间结构不符合未来发展趋势或者不符合地区、城乡平衡充分发展趋势。区域经济实践证明，根据区域资源禀赋、发展基础和未来发展趋势，将次发展区域与极化发展区域组合在一个连续性的空间组团内，形成一个“点面”结合、相互嵌入的经济区域，是工业化和城镇化中的区域经济发展的有效方式。并且，还是一种比较有效的处理“效率”与“公平”的区域经济发展方式，既发挥了极化发展区域“点状”的规模经济效率，又发挥了次发展区域“面状”的最大效益，使次发展区域与极化发展区域形成整体效益。通过一个一个的次发展区域与极化发展区域组合的空间经济组团发展，带动更大区域发展及实现区域协调发展。次发展区域与极化发展区域在经济社会发展中，是互为供给与需求的关系，没有“面状”的次发展区域，极化发展区域就失去了存在的意义，次发展区域与极化发展区域在区域经济中具有同等的发展价值。

3. 次发展区域的是我国不充分发展的基本空间单元

乡（镇）和村居住区，农产品功能区，生态产品功能区等都位于县域范围（包括县级市、县、市辖郊区）内。我国革命老区县、民族自治县旗市、陆地边境县、已脱贫摘帽的832个国家级贫困县等老少边穷地区[①]，25个国家重点生态功能区涉及的436个县级行政区[②]，全国19.18亿亩耕地等都位于县域范围（包括县级市、县、市辖郊区）内[③]。从某种角度讲，县域也是我国“农村地区”的代名词，是当前我国不充分发展的主要地区。习近平总书记在2020年底中央农村工作会议讲话中指出，城乡区域发展和居民收入差距仍然很大，城乡发展不平衡，农村发展不充分仍是社会主要矛盾的集中体现。[②]因此，促进次发展区域加快发展，是当前破解我国社会主要矛盾的抓手和加快我国现代化进程的抓手。

第二节　次发展区域的主要类型

在我国，当前，次发展区域可包括县域地区（城乡融合发展区）及其已脱贫摘帽的国家级贫困县、粮食生产功能区、生态功能区等，这些大都是我国没有充分发展的民生地区，承载着我国全体人民的美好生活需要。

一、县域地区（城乡融合发展区）

1. 县域的概念

在我国，县、县级市、市辖郊区、县域是四个不同的概念。县域是个独特的空间，内含较大比重乡（镇）、村行政区划的区域。“县”在《辞海》中解释为“地方行政区划名。始于春秋时期。最初设置在诸侯国边地，秦、晋、楚等大国往往把新兼并得到的土地置县。到春秋后期，各国才把县制逐渐推行到中原内地，而在新的边远地区置郡。郡的面积虽比县大，但因地广人稀，地位要比县低，所以晋国赵简子说‘克敌者，上大大受县，下大夫受郡’（《左传》襄公二年［公元前493年］）。战国时期，边地逐渐繁荣，才在郡下设县，产生郡县两级制。秦统一六国后，乃确立郡县制，县隶属于郡。隋唐以后隶于府或州（郡）或军或监或路或厅，辛亥革命后直隶于省、特别区，今直隶于省、自治区、直辖市，或隶属于自治州、省辖市。”[④] 秦国的郡县制“郡下设县（设置于少数民族聚居地的称为‘道’），万户以上设县令，万户以下为县长，同时设县尉主管军事。郡县长官由朝廷任免，不能世袭。县下设乡，乡下设里。乡为

① 国务院新闻办公室公布的《人类减贫的中国实践》，载于《光明日报》2021年4月7日第10版。

② 国务院2010年2月21日发布的《全国主体功能区规划》。

③ 2021年8月25日，国务院第三次全国国土调查领导小组办公室发布的《第三次全国国土调查主要数据公报》。

④ 夏征农、陈至立：《辞海》，上海辞书出版社2009年版，第2487页。

最低一级行政机构，里为国家控制的基层组织。郡县制是现代省县制的最早起源。”①“县”是我国最早的行政区划名，也是最稳定的行政区域名，几千年来，不管上属区域名如何改变，但“县”行政区域名一直留存；且“县”自秦代以来一直都有下属区划，大都称乡和里，只是到了宋代称“里”为“保”。然而，随着我国工业化和城镇化的发展，县的行政机构名称和行政等级却有一些改变，如有市、区、县等，还有厅级、副厅级、处级县等。可见，县的概念可以从行政区划、行政建制、行政机构和行政等级多个维度去考察，并且随着时代发展，县的概念和内涵也在变化。但从上面所述看，县的下属行政区划或区域一直没有太大变化，今天，在我国其特征是，县包括了乡（镇）和村（组）。目前，我国下辖乡（镇）和村（组）的行政区划有市辖郊区、县级市、县。因此，本书研究的县域，可简要地概括为含有较大比重乡（镇）、村（组）行政区划的区域。

2. 县域的基本特征

（1）市、区、县内仍有较大比重乡（镇）和村（组）行政区划。从行政区划角度讲，在我国，县域空间范围内一定有较大比重的乡（镇）和村（组），只有极少量的镇的地域不一定是县域，可能是城市的城区。例如，到目前为止，上海市还有108个乡镇，其中105个乡（镇）在上海的浦东新区和8个市辖郊区，还有5个镇在上海市的7个中心城区，而在上海市7个中心城区中的5个镇，已没有任何农田和农业，只是历史遗留的集体资产未处置完毕，所以没有设置街道及居委会，因此，仅依据市辖区下辖存在个别建制镇来判断是否属于县域范围还是不靠谱。从2020年的我国973个市辖区梳理情况看，我国市辖区下辖乡和村行政区划的，一定属于县域；市辖区下辖个别建制镇和村行政区划的，一定属于县域；只有个别建制镇而没有行政村的，就不一定属于县域。

（2）市、区、县内具有一定量的农业生产和耕地。从农业和耕地的角度讲，在我国，虽然市、区、县的行政区划名称不同，但我国的市、区、县范围内只要具有一定量的农业生产和耕地，这个市、区、县地域范围就一定是县域范围，不管是直辖市的市辖区，还是其他大中城市的市辖区。例如，《上海市人民政府批转市农委关于〈上海市撤制村、队集体资产处置暂行办法〉补充意见的通知》第四条明确村民小组和村民委员会撤制条件“人均耕地不满两分的生产队及已全部撤销生产队的村可以撤销建制”。上海市人民政府办公厅转发市农业农村委等三部门《关于做好村组撤制工作的指导意见》的通知“启动村民小组撤制工作需满足以下条件：村民小组集体土地被征收或用于公益性项目、建设公共服务设施，剩余集体土地不足原有数量的30%；集体

① 卜宪梓总撰稿：《中国通史（贰）》，华夏出版社2016年版，第32页。

资产处置方案经村民小组会议讨论通过，并报镇（乡）政府、街道办事处审核同意。启动村民委员会撤制工作需满足以下条件：所属村民小组已全部撤销，其集体资产除剩余集体土地外已经处置完毕；集体资产处置方案经村集体经济组织成员大会（成员代表会议）讨论通过，并报镇（乡）政府、街道办事处审核同意”。

3. 县域范围的界定

根据上述县域概念及特征，根据国家统计局发布的《2021 年中国统计年鉴》，到 2020 年底，我国有县级建制市 388 个（实际梳理后为 386 个）；根据国家住建部发布的《2020 年中国县城建设统计年鉴》，到 2020 年底，我国有县 1495 个①。根据《2021 年中国统计年鉴》，到 2020 年底，全国共有市辖区 973 个，其中含较大比重乡（镇）和行政村的市辖区为 787 个左右，正如前面所说的这 787 个左右含较大比重乡（镇）和行政村的市辖区具有县域特征，应属于县域范围。这 787 个左右市辖区不仅含有较大比重乡（镇）和村，而且按照我国各地撤制村、组的有关规定，仍然还保留一定数量的耕地乃至永久基本农田。因此，这部分市辖郊区应列入县域范围。根据 2021 年中国统计年鉴，到 2020 年末，我国还有 333 个地级行政区划（包括 276 个地级建制市），这些地级行政区划，在我国是县级区域的上级行政管理机构，其空间范围与县域空间和市辖城区空间范围重叠，故不宜再作为县域范围。因此，从城乡统筹或城乡融合发展的角度考虑，县域范围应当包括县级建制市、非建制市的县和含有较大比重乡（镇）和村的市辖区（见表 8－1）。

表 8－1　　我国县域行政区划构成表（截至 2020 年底）

单位：个

类别	县级建制市	非建制市的县行政区划（含县、旗、林区、特区）	含较大比重乡（镇）和村的市辖郊区	合计
数量	386	1495	787 左右	2668

资料来源：根据国家统计局《中国统计年鉴 2021 年》整理。

（1）县级市。根据《中国统计年鉴 2021 年》，到 2020 年末，我国共有县级市 386 个。按照 2014 年 10 月国务院发布的《关于调整城市规模划分标准的通知》，386 个县级市中有两个属于中等规模城市，384 个属于小城市。386 个县级市涉及 26 个省（自治区、直辖市），达到 13460 平方公里，占我国 31 个省（自治区、直辖市）土地面积（950.69 万平方公里）的 14.16%；常住人口达到 23373 万人，占我国 31 个省（自治区、直辖市）总人口 141212 万人的 16.55%；地区生产总值达到 164624.76 亿元，占

① 国家统计局发布的《中国统计年鉴 2021 年》，2020 年中国有 1429 个县。但经核实，国家住建部发布的《2020 年中国县城建设统计年鉴》，2020 年中国有 1495 个县更加接近我国的实际情况。

我国31个省（自治区、直辖市）地区生产总值1015986亿元的16.20%；人均GDP 70541.36元和人均财政收入达到4621.62元，分别是2020年末全国人均GDP 71999.6元的97.98%和人均一般公共预算收入12953.14元的35.68%。由于我国实行的是广域型城市管理体制，县级市行政区域范围，既包括了县级市的城区部分、也包括了县级市地域范围内的乡镇和村；同时，我国县级市不但有二三产业，也包括了大量的农田和农业。因此，我国县级市具有明显的县域特征，应当列入县域范围。并且应当将县级市地域作为我国统筹城乡和促进城乡融合发展，缩小城乡发展差距的平台（见表8－2）。

表8－2　　2020年末我国（港澳台地区除外）县级市经济发展水平

序号	省（区、市）	县级市（个）	行政区域面积（平方公里）	常住人口（人）	地区生产总值（亿元）	一般公共财政预算收入（亿元）	人均地区生产总值（元）	人均财政收入（元）
1	河北	21	23435	13144320	7172.64	490.78	54568.36	3733.78
2	山西	11	11922	4061572	2008.00	153.95	49438.99	3790.4
3	内蒙古	11	126530	2013744	1207.04	77.16	59940.09	3831.67
4	辽宁	16	44434	8726727	3953.41	314.62	45302.32	3605.25
5	吉林	20	87200	7684852	2711.27	203.83	35280.71	2652.36
6	黑龙江	21	155964	6732800	2826.24	123.63	41977.19	1836.23
7	江苏	22	30793	23247695	32523.44	2369.71	139899.63	10193.31
8	浙江	20	28459	20038618	17145.2	1442.22	85560.79	7197.70
9	安徽	9	16676	5204065	3475.49	214.12	66784.14	4114.48
10	福建	12	25608	9336420	9720.09	478.03	104109.39	5120.06
11	江西	12	21149	5802824	3459.13	315.38	59611.15	5434.94
12	山东	26	41104	21619465	15065.42	1255.13	69684.52	5805.56
13	河南	22	27179	16835402	11444.67	708.03	67979.78	4205.60
14	湖北	25	59481	16890248	11196.7	315.68	66290.92	1689.01
15	湖南	18	34721	12132974	7973.8	358.19	65720.08	2952.20
16	广东	20	49835	18292836	7304.25	321.35	39929.57	1756.70
17	广西	9	18437	5171179	1531.73	91.25	29620.52	1764.59
18	海南	5	9493	2191851	1013.56	61.20	46242.19	2792.16
19	四川	18	43507	9933815	6264.68	384.56	67118.1	4120.07
20	贵州	9	19316	5572294	3704.73	222.63	66484.83	3995.30
21	云南	17	58619	8226269	5104.16	289.96	62047.08	3524.81

续表

序号	省（区、市）	县级市（个）	行政区域面积（平方公里）	常住人口（人）	地区生产总值（亿元）	一般公共财政预算收入（亿元）	人均地区生产总值（元）	人均财政收入（元）
22	陕西	6	14106	2282211	2263.20	137.80	99166.99	6024.92
23	甘肃	5	48058	940217	483.27	21.67	51399.84	2304.78
24	青海	4	212233	470254	500.4	23.23	106410.57	4939.88
25	宁夏	2	6171	538465	664.76	36.57	123454.63	6791.53
26	新疆	25	131595	6282278	4921.04	374.96	78332.10	5968.54
合计		386	1346025	233373395	164624.76	10785.64	70541.36	4621.62

注：我国北京、天津、上海、重庆四个直辖市和西藏目前无县级市。

资料来源：作者根据国家统计局《中国统计年鉴2021年》《中国县域统计年鉴2021（县市卷）》和国家住建部发布的《2020年中国县城建设统计年鉴》整理。

（2）县。根据国家住建部发布的《2020年中国县城建设统计年鉴》，到2020年末，我国（港澳台地区除外）共有县1495个，涉及28个省（区、市），达到767.86万平方公里，占我国31个省（区、市）土地面积（950.69万平方公里）的80.77%；常住人口达到51811万人，占我国31个省（区、市）总人口141212万人的38.69%；地区生产总值达到226952.6亿元，占我国31个省（区、市）地区生产总值1015986亿元的22.34%；人均地区生产总值43803.88元和人均财政收入达到2326.71元，分别是2020年末全国人均GDP 71999.6元的60.84%和人均一般公共预算收入12953.14元的17.96%（见表8－3）。

表8－3　　2020年末我国县城经济发展水平

序号	省（区、市）	县（个）	行政区域面积（平方公里）	常住人口（人）	地区生产总值（亿元）	一般公共财政预算收入（亿元）	人均地区生产总值（元）	人均财政收入（元）
1	河北	97	136230.2	34541931	13324.67	882.49	38575.35	2254.84
2	山西	81	125123.9	16481113	7021.51	493	42603.37	2991.30
3	内蒙古	69	1049228	11839448	8225.33	51.47	69473.93	4347.31
4	辽宁	25	81330.54	8350361	2845.33	203.38	34074.33	2435.58
5	吉林	19	85748.1	5377135	1928.73	112.77	35869.10	2097.21
6	黑龙江	47	217773	9731473	3325.45	133.51	34172.22	1371.94
7	江苏	19	33079.6	15540735	11223.05	580.91	72200.57	3737.98
8	浙江	33	49732.3	13745945	10396.48	934.10	75633.07	6795.46
9	安徽	50	92518.8	31650578	14602.56	884.01	46136.79	2793.03

续表

序号	省（区、市）	县（个）	行政区域面积（平方公里）	常住人口（人）	地区生产总值（亿元）	一般公共财政预算收入（亿元）	人均地区生产总值（元）	人均财政收入（元）
10	福建	43	78389.4	14976266	12709.68	587.68	84865.48	3924.08
11	江西	61	121081.5	23475998	10921.49	790.69	46521.94	3368.08
12	山东	52	65133	33501012	14569.13	961.20	43488.63	2869.17
13	河南	84	119052.9	52799322	22448.08	1098.7	42515.85	2080.82
14	湖北	38	92362.9	15386462	6286.41	231.39	40856.76	1503.85
15	湖南	71	158255.4	36178565	15958.12	733.48	44109.32	2027.39
16	广东	37	79301.4	16982975	6554.40	340.88	38594.85	2007.19
17	广西	61	161656.8	23797771	7294.89	301.92	30653.67	1268.69
18	海南	11	16397.4	3330838	1390.32	110.90	41740.85	3329.49
19	重庆	12	39137	6674690	3266.34	159.37	48936.21	2387.68
20	四川	111	404533.8	36024357	15035.72	732.41	41737.65	2033.10
21	贵州	64	140664.6	22323655	7832.03	349.16	35083.95	1564.08
22	云南	97	300133.4	28288168	10428.25	480.86	36864.35	1699.86
23	西藏	66	1198254	2411218	889.68	52.86	36897.53	2192.25
24	陕西	71	150193.1	16582737	8423.40	262.32	50796.20	1581.89
25	甘肃	64	368918.1	14433299	3403.48	163.29	23580.75	1131.34
26	青海	34	481835.1	3038557	988.09	45.13	32847.50	1485.24
27	宁夏	12	383395.2	5584978	1100.00	57.11	19698.69	1022.56
28	新疆	66	1449188	15061100	4559.98	320.0	30276.54	2124.68
合计		1495	7678647.44	518110688	226952.6	12054.95	43803.88	2326.71

注：①我国北京、天津、上海三个直辖市目前没有设置县。②表中不包括港澳台地区。
资料来源：作者根据《中国县域统计年鉴2021（县市卷）》整理。

（3）具有县域特征的市辖郊区。根据2021年《中国统计年鉴2021年》，到2020年末，我国共有市辖区973个，按照含有较大比重乡（镇）、村（组）标准，我国具有县域特征的市辖郊区为787个，占31个省（区、市）市辖区总数973个的80.88%。这787个市辖郊区，涉及31个省（区、市），平均每个市辖郊区含有两个以上乡（镇）和144个行政村。按照我国乡（镇）和行政村的行政区划特点，这787个市辖郊区也涉及较大规模的农田和农业，因此，这787个市辖郊区应当纳入县域范围，并作为我国统筹城乡和促进城乡融合发展，缩小城乡发展差距的平台（见表8－4）。

表 8 - 4　　2020 年末我国具有县域特征的市辖郊区

序号	区域			市辖郊区乡（镇）和行政村		每个郊区平均行政区域面积（平方公里）	每个郊区平均常住人口（人）	每个郊区平均地区生产总值（亿元）
	省（区、市）	市（个）	郊区数（个）	每个郊区平均乡+镇（个）	每个郊区平均行政村（个）			
1	北京	—	11	1. 9 + 12. 36	333. 36	1397. 62	1174930	846. 28
2	天津	—	9	0. 33 + 13. 89	391. 11	1391. 50	994641	1110. 58
3	河北	10	48	2. 87 + 5. 21	163. 76	924. 28	486684	314. 80
4	山西	11	25	4. 14 + 3. 18	167. 83	1022. 33	581304	314. 67
5	内蒙古	8	21	0. 57 + 2. 90	61. 9	1122. 86	447104	342. 87
6	辽宁	12	42	0. 52 + 1. 98	56. 26	701. 11	414819	405. 34
7	吉林	8	21	1. 43 + 3. 05	64. 90	2433	404902	250. 83
8	黑龙江	12	51	1. 4 + 2. 32	35. 60	1777. 56	275289	206. 22
9	上海	—	9	0. 22 + 11. 22	172. 67	702. 69	2020798	2556. 69
10	江苏	13	37	0. 33 + 6. 51	123. 16	930. 11	764921	873. 18
11	浙江	11	30	1. 63 + 5. 43	189. 67	872. 8	781758	898. 46
12	安徽	16	41	1. 14 + 4. 95	72. 5	1117. 58	498223	254. 48
13	福建	9	23	1. 42 + 6. 23	126	2091. 33	559908	791. 84
14	江西	11	26	3 + 7. 12	126. 68	1746. 88	598198	310. 65
15	山东	15	43	0. 26 + 6. 74	411. 70	1081. 98	649116	480. 62
16	河南	16	39	2. 42 + 2. 89	110. 83	1124. 8	477175	309. 53
17	湖北	11	24	1. 13 + 4. 96	174. 71	3246	589647	389. 76
18	湖南	13	32	1. 17 + 3. 47	75. 06	1002. 5	525016	479. 39
19	广东	18	45	0 + 6. 67	129. 6	1277. 67	1017389	872. 41
20	广西	14	39	1. 1 + 5. 28	86. 54	1962. 22	532132	261. 75
21	海南	2	8	0 + 2. 75	41. 42	—	488094	—
22	重庆	—	25	5. 6 + 15. 6	195. 04	2072. 29	991630	814. 13
23	四川	18	49	5. 13 + 1026	205. 15	950. 73	596224	411. 87
24	贵州	6	16	3. 19 + 6. 31	106	1757. 83	700192	384. 66
25	云南	8	12	3. 58 + 3. 75	88	2206. 14	494545	332. 41
26	西藏	6	7	7. 3 + 2. 4	87	6740	101579	76. 47
27	陕西	10	18	3 + 10. 1	203. 88	2563	462826	288. 16
28	甘肃	11	15	2. 93 + 11. 4	211. 93	3310	474791	220. 69
29	青海	2	7	3. 14 + 3. 5	135. 29	1904. 33	330518	118. 79

续表

序号	区域			市辖郊区乡（镇）和行政村		每个郊区平均行政区域面积（平方公里）	每个郊区平均常住人口（人）	每个郊区平均地区生产总值（亿元）
	省（区、市）	市（个）	郊区数（个）	每个郊区平均乡+镇（个）	每个郊区平均行政村（个）			
30	宁夏	5	8	2.83+4.5	74.75	—	451275	244.96
31	新疆	4	6	4.3+3.17	45	47221	341531	286.80
合计		276	787	—	144	—	620231	—

资料来源：作者根据国家统计局《中国统计年鉴 2021》《中国县域统计年鉴 2021（县市卷）》和国家住建部发布的《2020 年中国县城建设统计年鉴》整理。

二、县域地区与城乡融合发展区

（一）国家城乡融合发展试验区

根据我国的当前实际，在我国，明确含有较大比重的乡（镇）、村（组）的市、区、县为我国的县域发展范围，有助于我国在工业化和城镇化发展的中后期，加大县域范围内的城乡统筹或城乡融合发展，以缩小我国较大的城乡发展差距。2017 年 10 月，党的十九大报告首次提出“建立健全城乡融合发展体制机制和政策体系”；2019 年 4 月，中共中央 国务院颁布了《关于建立健全城乡融合发展体制机制和政策体系的意见》为推进城乡融合发展明确了方向；2019 年 12 月，国家发展改革委、中央农村工作领导小组办公室、农业农村部等十八部门联合印发了《国家城乡融合发展试验区改革方案》，并公布了 11 个省和直辖市的第 1 批 89 个市、区、县行政区划单元整建制列入国家城乡融合发展试验区名单，并且明确了其试点的内容，开启了我国城乡融合发展的实践探索（见表 8－5）。

表 8－5　　11 个国家城乡融合发展试验区

试验区名称	范围	试验重点
浙江嘉湖片区	嘉兴市全域（南湖区、秀洲区、平湖市、海宁市、桐乡市、嘉善县、海盐县），湖州市全域（南浔区、吴兴区、德清县、长兴县、安吉县）	建立进城落户农民依法自愿有偿转让退出农村权益制度；建立农村集体经营性建设用地入市制度；搭建城乡产业协同发展平台；建立生态产品价值实现机制；建立城乡基本公共服务均等化发展体制机制
福建福州东部片区	福州市仓山区、长乐区、马尾区、福清市、闽侯县、连江县、罗源县、平潭综合实验区，霞浦县	建立城乡有序流动的人口迁徙制度；搭建城中村改造合作平台；搭建城乡产业协同发展平台；建立生态产品价值实现机制；建立城乡基础设施一体化发展体制机制

续表

试验区名称	范围	试验重点
广东广清接合片区	广州市增城区、花都区、从化区，清远市清城区、清新区、佛冈县、英德市连樟样板区	建立城乡有序流动的人口迁徙制度；建立农村集体经营性建设用地入市制度；完善农村产权抵押担保权能；搭建城中村改造合作平台；搭建城乡产业协同发展平台
江苏宁锡常接合片区	南京市溧水区、高淳区，宜兴市，常州市金坛区、溧阳市	建立农村集体经营性建设用地入市制度；建立科技成果入乡转化机制；搭建城乡产业协同发展平台；建立生态产品价值实现机制；健全农民持续增收体制机制
山东济青局部片区	济南市历城区、长清区、市中区、章丘区、济南高新技术产业开发区，淄博市淄川区、博山区，青岛市即墨区、平度市、莱西市	建立进城落户农民依法自愿有偿转让退出农村权益制度；建立农村集体经营性建设用地入市制度；搭建城中村改造合作平台；搭建城乡产业协同发展平台；建立生态产品价值实现机制
河南许昌	许昌市全域（魏都区、建安区、禹州市、长葛市、鄢陵县、襄城县）	建立农村集体经营性建设用地入市制度；完善农村产权抵押担保权能；建立科技成果入乡转化机制；搭建城乡产业协同发展平台；建立城乡基本公共服务均等化发展体制机制
江西鹰潭	鹰潭市全域（月湖区、余江区、贵溪市）	建立农村集体经营性建设用地入市制度；完善农村产权抵押担保权能；建立城乡基础设施一体化发展体制机制；建立城乡基本公共服务均等化发展体制机制；健全农民持续增收体制机制
四川成都西部片区	成都市温江区、郫都区、彭州市、都江堰市、崇州市、邛崃市、大邑县、蒲江县	建立城乡有序流动的人口迁徙制度；建立农村集体经营性建设用地入市制度；完善农村产权抵押担保权能；搭建城乡产业协同发展平台；建立生态产品价值实现机制
重庆西部片区	重庆市荣昌区、潼南区、大足区、合川区、铜梁区、永川区、璧山区、江津区、巴南区	建立城乡有序流动的人口迁徙制度；建立进城落户农民依法自愿有偿转让退出农村权益制度；建立农村集体经营性建设用地入市制度；搭建城中村改造合作平台；搭建城乡产业协同发展平台
陕西西咸接合片区	西咸新区、西安市高陵区、阎良区，咸阳市兴平市、武功县、三原县、杨凌农业高新技术产业示范区，渭南市富平县	建立进城落户农民依法自愿有偿转让退出农村权益制度；建立农村集体经营性建设用地入市制度；建立科技成果入乡转化机制；搭建城乡产业协同发展平台；建立城乡基础设施一体化发展体制机制
吉林长吉接合片区	长春市九台区、双阳区、长春新区、净月高新技术产业开发区，吉林市中新食品区、船营区、昌邑区、丰满区、永吉县	建立进城落户农民依法自愿有偿转让退出农村权益制度；建立农村集体经营性建设用地入市制度；完善农村产权抵押担保权能；搭建城乡产业协同发展平台；健全农民持续增收体制机制

资料来源：国家发展改革委《国家城乡融合发展试验区改革方案》，2019 年 12 月 19 日。

（二）县域是城乡融合发展更适宜的空间单元

在农业社会里，由于交通条件的障碍，要素和贸易的流动距离不可能很远，乡村一般与周边步行距离可半天来回的小城镇构成经济社会发展的共同体，这时候小城镇就成为乡村经济社会发展的区域中心。到 2020 年，我国每百户农村居民拥有家用汽车 26.4 辆、摩托车 53.6 辆、电动助力车 73.1 辆，这些交通工具的普及使越来越多的农村居民可以选择白天在城镇就业，晚上回农村睡觉，进一步巩固了“进厂不进城，离土不离乡”的职住分离现象。由于交通条件的改善，同等距离条件下要素和贸易流动的时间大大缩短，乡村不仅可以与周边步行距离一到半小时来回的小城镇构成经济社会发展的共同体，乡村还可以与周边车行距离一到半小时来回的县城构成经济社会发展的共同体，这时县城也可以成为乡村经济社会发展的区域中心。另外，与现代城市只有200年多年的历史相比，县域，在中国历史上绵延2000多年，积累和沉淀了坚实的经济社会发展基础。在中国，一个历史悠久的县城，往往都各有一所负有盛名的县中和中医院，并且还有众多的文物和灿烂文化。随着工业化和城镇化的发展，县城也逐渐成为县域范围内的居住中心、公共服务中心，产业中心和治理中心。因此，在工业化和城镇化的条件下，县域是城乡融合发展更适宜的空间单元。因此，在我国，县域地区与城乡融合发展区在空间上和内容上是一致的和重叠的。

三、县域中的主要功能区

（一）县域中已脱贫摘帽的国家级贫困县

根据住建部发布的《2020年中国县城建设统计年鉴》和国家统计局发布的《2021年中国统计年鉴》，在2020年末我国（不包括港澳台地区）只有1495个县和386个县级市，已脱贫摘帽的国家级贫困县①有832个（见表8－6），我国已取得脱贫攻坚战的全面胜利。因此，讨论县域城乡融合发展，意味着同时需要讨论县域地区已脱贫摘帽的832个国家级贫困县的城乡融合发展。

表8－6　　2020年已脱贫摘帽的国家级贫困县占相关省所辖县的比重

省份	已摘帽的贫困县占各省县的比重（%）			省份	已摘帽的贫困县占各省县的比重（%）		
	县数量（个）	已摘帽的贫困县数量（个）	已摘帽的贫困县数量占比（%）		县数量（个）	已摘帽的贫困县数量（个）	已摘帽的贫困县数量占比（%）
河北	107	45	42.1	山西	100	36	36.0
内蒙古	78	31	39.7	吉林	28	8	28.57
黑龙江	56	20	35.7	安徽	59	20	33.9
江西	80	24	30.0	河南	103	38	36.89
湖北	47	28	59.57	湖南	90	40	44.4

① 国家级贫困县，又称国家扶贫工作重点县，采用“631指数法”测定：贫困人口（占全国比例）占60%权重（其中绝对贫困人口与低收入人口各占80%与20%比例）；农民人均纯收入较低的县数（占全国比例）占30%权重；人均地区生产总值低的县数、人均财政收入低的县数占10%权重。其中：人均低收入以1300元为标准，老区、少数民族边疆地区为1500元；人均地区生产总值以2700元为标准；人均财政收入以120元为标准。

续表

省份	已摘帽的贫困县占各省县的比重（%）			省份	已摘帽的贫困县占各省县的比重（%）		
	县数量（个）	已摘帽的贫困县数量（个）	已摘帽的贫困县数量占比（%）		县数量（个）	已摘帽的贫困县数量（个）	已摘帽的贫困县数量占比（%）
广西	120	33	27.5	四川	175	66	37.71
重庆	12	14	包括市区	云南	126	88	69.84
贵州	137	66	48.18	陕西	90	56	62.22
西藏	75	74	98.67	青海	33	42	包括市区
宁夏	12	8	66.67	新疆	75	32	42.67
甘肃	64	58	90.63	海南	10	5	50.0

资料来源：作者根据《2020年中国县城建设统计年鉴》和2020年11月23日已摘帽的国家级贫困县地域分布等有关资料整理。

（二）县域中的粮食生产功能区

粮食生产功能区涉及上述县域范围内的全部县（市、区），因此，讨论县域城乡融合发展，必须重点讨论粮食生产功能区。

1. 耕地生产功能区的重要地位

“人类的食物迄今仍有88%来自耕地，凡人均耕地多的国家如澳大利亚、加拿大等，也是食物问题获得彻底解决的国家。相反，日本、英国等科技水平居世界前列的国家却因人均耕地少而未解决国内食物需求的矛盾。”① 耕地是土地中的精华，耕地的立地条件和区位往往在同一区域中是最优的，这是人类定居生活以来最优的生存选择。正是这个原因，在我国，到目前为止，平原及自然条件较好的国土空间，既是适宜人类粮食生产的区域，同时也是工业化、城镇化建设的适宜区域，尤其是基于工业化、城镇化建设中的区位优势、建设成本、经济效益、技术条件的考虑。所以，在我国，越是自然条件较好的地区，工业化、城镇化建设与人类争夺优质耕地的情况就越激烈，因此，如果耕地没有严格保护，自然条件较好的地区耕地将减少越多。

在2010年我国发布的《全国主体功能区规划》中就指出“从国土空间的角度观察，工业化城镇化就是农业空间和生态空间转化为城市化空间的过程”。“即使是城市化地区，也要保持必要的耕地和绿色生态空间，在一定程度上满足当地人口对农产品和生态产品的需求。”耕地主要是用于粮食生产的土地，在大食物结构中，承担人类“吃饱”的基础性功能，比水果、蔬菜、水产、畜禽肉类等“吃好”的膳食结构改善更具有基础性作用，涉及到千家万户的日常生计。到目前为止，在我国，粮食产品仍

① 刘黎明主编：《土地资源学》，中国农业大学出版社2020年版，第348页。

然具有公益或者公共产品属性，价格不能完全市场化，粮食产品与水果、蔬菜、水产、畜禽肉类等农产品相比，价格相对较低，从而产生了用于粮食生产的耕地价格较低。根据当前我国粮食收购价格，用于粮食生产的耕地的价格，一般比同一区域用于水果、蔬菜、养殖的农用地价格要低一半甚至更多。因此，耕地以外的其他农用地也要争夺耕地，因经济利益的驱动，如果耕地没有特殊保护，耕地将转化为其他农用地。“非农化”本质上是工业化和城镇化争耕地，“非粮化”本质上是农用地和生态用地（含未利用地）争耕地。为了争夺耕地，人们不惜代价，以少充多，以次充好。习近平总书记指出“在耕地占补平衡上弄虚作假，搞狸猫换太子”。① “粮食安全是‘国之大者’。悠悠万事，吃饭为大。民以食为天。”“耕地是粮食生产的命根子，是中华民族永续发展的根基。”② “要采取长牙齿的硬措施，全面压实各级地方党委和政府耕地保护责任，中央和各地签订耕地保护‘军令状’，严格考核、终身追究，确保18亿亩耕地实至名归。”③

2. 耕地总量减少

根据我国国土资源部发布的第三次全国国土调查主要数据，2009年（二调）到2019年（三调）十年间，耕地净流向园地0.63亿亩，流向林地、草地、湿地、河流水面、湖泊水面等生态功能较强的地类为2.29亿亩，流向建设用地0.75亿亩，上述地类合计共3.67亿亩（见表8－7）。

表8－7　　2009～2019年我国耕地减少流向

耕地流向的地类	占用耕地面积（亿亩）	占减少耕地总量的比（%）
园地	0.63	17.17
林地	1.12	30.52
建设用地	0.75	20.44
草地、湿地、水域等	1.17	31.88
合计	3.67	100

资料来源：作者根据2021年8月26日发布的《第三次全国国土调查主要数据》整理。

从表8－7可见，占用耕地的主要土地利用行为是农业结构调整，包括耕地调整为园地、林地、草地等，约占减少耕地的50%；其次是生态结构调整，包括耕地调整为湿地，河流水面，河泊水面等，约占减少耕地的30%；再次是耕地调整为建设用地，包括居住点及工矿用地、交通运输用地、水工建筑用地等，约占减少耕地的20%左右。

① 张晓松等：《习近平谈粮食安全：悠悠万事，吃饭为大》，载于《文汇报》2022年3月7日第2版。

②③ 习近平：《确保中国人的饭碗主要装中国粮》，载于《解放日报》2022年3月7日第1版。

3. 人均耕地下降

1949 年以来，我国进行了三次大规模的国土调查，从我国官方公布的三次国土调查数据看，我国耕地总量第三次调整比第二次调查减少 1. 13 亿亩，第三次调查比第一次调查减少 0. 33 亿亩。在 1996 ~ 2019 年的我国三次国土调查期内，随着我国人口增长，人均耕地从 1996 年 10 月公布的 1. 59 亩，到 2009 年底的 1. 52 亩，再到 2019 年底 1. 36 亿亩（见表 8 – 8）。

表 8 – 8　　　1996 ~ 2019 年我国 1 ~ 3 次国土调查耕地数量状况表

年份	耕地总面积		人均耕地面积		备注
	耕地面积（亿亩）	占国土面积（%）	人口总量（万人）	人均耕地面积（亩）	
1996 年	19. 51	13. 68	122389	1. 59	2015 年世界人均耕地为 2. 85 亩，我国人均耕地不足世界人均耕地平均数的一半
2009 年	20. 31	14. 24	133450	1. 52	
2019 年	19. 18	13. 45	141008	1. 36	

资料来源：作者根据《关于土地利用现状调查主要数据成果的公报（第 5 号）》（国家统计局，2001 年 8 月 1 日）、《关于第二次全国国土调查主要数据公报》（光明日报，2013 年 12 月 30 日）和《第三次全国国土调查主要数据公报》整理。

4. 耕地质量下降

从我国《耕地质量等级》（GB/T 33469—2016）的 13 个基础性指标和 6 个区域性补充性指标角度看，我国的耕地质量是下降的。从 2021 年 8 月 26 日国务院第三次全国国土调查领导小组办公室、自然资源部、国家统计局三部门联合召开的新闻发布会发布的《第三次全国国土调查主要数据成果发布》看，2009 ~ 2019 年 10 年间，耕地流向农用地、建设用地、未利用地（见表 8 – 7）3. 67 亿亩，其中有 1. 8 亿亩（含 6200 多万亩是坡度 2 度以下的平地）坡度 25 度以下的耕地上种了树；而同期又有 2. 17 亿亩（含 880 多万亩坡度 25 度以上的林地被开垦成了耕地）林地、草地、湿地、河流水面、湖泊水面等生态功能较强的地类流向耕地。从上述耕地流出和流入的地类而言，总体上，流出的耕地质量高于流入耕地的质量。而流出和流入耕地的质量特征不能仅从“灌溉能力”和“田面坡度”这两个指标来评价。可见，我国第三次全国国土调查中公布的 19. 18 亿亩耕地质量与“二调”相比，耕地的总体质量是下降的。

5. 加强粮食生产功能区保护

（1）完善我国的耕地概念。现行我国《耕地质量等级》（GB/T 33469—2016）[①]

① 中华人民共和国国家质量监督检验检疫总局、中国国家标准化管理委员会：《耕地质量等级》（GB/T 33469—2016），2016 年 12 月 30 日第 1 页。

和《土地利用现状分类》（GB/T 21010—2017）[①] 中的“耕地是指用于农作物种植的土地”。而在2021年8月26日，国务院第三次全国国土调查领导小组办公室、自然资源部、国家统计局三部门联合召开的新闻发布会上提出，“耕地是指主要用于粮、棉、油、糖、蔬菜的农用地，永久基本农田是指主要用于粮食生产的耕地[②]”。根据国家统计局发布的2021年中国统计年鉴，2020年我国农作物总播种面积为25.96亿亩，其中粮、棉、油、糖、蔬菜播种面积为23.43亿亩（包括粮食播种面积为17.52亿亩，棉花播种面积为0.48亿亩，油料播种面积为1.97亿亩，糖料播种面积为0.24亿亩，蔬菜播种面积为3.22亿亩），粮、棉、油、糖、蔬菜播种面积占我国农作物总播种面积的90.25%；其他农作物（烟草、麻类、茶园、果园）播种面积为2.53亿亩（包括烟草播种面积为0.15亿亩，麻类播种面积为0.01亿亩，茶园播种面积为0.48亿亩，果园种植面积为1.90亿亩），烟草、麻类、茶园、果园播种面积占我国农作物总播种面积的9.85%[③]。显然，我国第三次全国国土调查，2019年12月31日止，我国的19.18亿亩耕地要保障粮、棉、油、糖、蔬菜五个领域的播种面积已不符合我国粮食生产播种面积的实际需要，需要修订和完善我国的耕地概念。

（2）提高我国永久基本农田的保有量和耕地质量。农业农村部《“十四五”全国种植业发展规划》提出“到2025年，粮食播种面积稳定在17.5亿亩以上，确保总产量保持在1.3万亿斤以上，跨上1.4万亿斤台阶”。[④] 而《全国国土规划纲要（2016—2030年）》提出“2020年和2030年全国耕地保有量分别不低于18.65亿亩（1.24亿公顷）、18.25亿亩（1.22亿公顷），永久基本农田保护面积不低于15.46亿亩（1.03亿公顷）”。因此，我国有必要将《全国国土规划纲要（2016—2030年）》中的用于粮食生产的15.46亿亩永久基本农田提高到17.5亿亩以上。同时，应当将我国第三次全国土地调查公布的19.18亿亩中占全国耕地面积3.31%的“25度以上坡度的422.52万公顷（6337.83万亩）[⑤] 耕地”划为耕地以外的其他农用地，并将已经种了树的“1.8亿亩坡度25度以下的耕地（包括6200多万亩坡度2度以下的平地耕地）”[⑥] 或者将“全国8700多万亩即可恢复为耕地的农用地和1.66亿亩可以通过工程措施恢复为耕地的农用地”[⑦]作为我国耕地的后备资源予以保护。

① 中华人民共和国国家质量监督检验检疫总局、中国国家标准化管理委员会：《土地利用现状分类》（GB/T 21010—2017），2017年11月1日第2页。

② 新华社：《第三次全国国土调查主要数据成果发布》，2021年8月26日。

③ 国家统计局：《2021年中国统计年鉴》，中国统计出版社2021年版，第395～397页。

④ 农业农村部：《“十四五”全国种植业发展规划》，2021年12月29日，第395～397页。

⑤ 新华社：《第三次全国国土调查主要数据公报》，2021年8月26日。

⑥⑦ 新华社：《第三次全国土地调查主要数据成果发布》，2021年8月26日。

（三）县域中的生态功能区

在《全国主体功能区规划》中提出的25个总面积约386万平方公里，占全国陆地国土面积40.2%的国家重点生态功能区，涉及436个县级行政区，因此，讨论县域城乡融合发展，也必须重点讨论生态功能区。

生态功能区是指为人类提供生态产品，维系生态安全，保障生态调节功能，提高良好人居环境的自然空间，其功能体现在：吸收二氧化碳、制造氧气、涵养水源、保持水土、净化水质、防风固沙、调节气候、清洁空气、减少噪声、吸附粉尘、保护生物多样性、减轻自然灾害等。生态产品与农产品、工业品和服务产品一样，都是人类生存发展所必需的。2010年国家发布的《全国主体功能区规划》中提出人类需求“既包括对农产品、工业品和服务产品的需求，也包括对清新空气、清洁水源、宜人气候等生态产品的需求。从需求角度，这些自然要素在某种意义上也具有产品的性质。保护和扩大自然界提供生态产品能力的过程也是创造价值的过程，保护生态环境、提供生态产品的活动也是发展”。

1. 水体

水体是指地表被水覆盖的自然综合体，包括河流、湖泊、沼泽、冰川、地下水和海洋等。这些水体，既是重要的生态要素，也是航运、灌溉、养殖、捕捞、旅游等经济社会发展要素。根据《第三次全国国土调查主要数据公报》，到2019年末，我国湿地面积达到3.52亿亩，占国土面积的2.46%；主要分布在青海、西藏、内蒙古、黑龙江、新疆、四川、甘肃七个省份，占全国湿地的88%。内陆水域面积达到4.80亿亩，占国土面积的3.37%，西藏、新疆、青海、江苏四个省份水域面积较大，占全国水域的45%（见表8-9）。

表8-9　　我国第三次土地调查公布的湿地和水域面积表

土地类型		土地面积（万亩）	地类及占陆地国土面积比（%）	备注
湿地	红树林地	40.60	也属于林地	湿地主要分布在青海、西藏、内蒙古、黑龙江、新疆、四川、甘肃七个省份，占全国湿地的88%
	森林沼泽	3311.75	也属于林地	
	灌丛沼泽	1132.62	也属于林地	
	沼泽草地	16716.22	也属于草地	
	沿海滩涂（苇地）	2268.50	属于未利用地	
	内陆滩涂	8829.16	属于未利用地	
	沼泽地	2905.15	属于未利用地	
	合计	35203.99	2.46	

续表

土地类型		土地面积（万亩）	地类及占陆地国土面积比（%）	备注
水域	河流水面	13211.75	属于未利用地	西藏、新疆、青海、江苏四个省份水域面积较大，占全国水域的45%
	湖泊水面	12697.16	属于未利用地	
	水库水面	5052.55	属于农用地	
	坑塘水面	9627.86	属于农用地	
	冰川及常年积雪	7362.99	属于未利用地	
	合计	47952.31	3.37	

注：表中不包括我国的渤海、黄海、东海和南海四大领海的水域面积。
资料来源：作者根据新华社2021年8月5日发布的《第三次全国国土调查主要数据》整理。

2. 森林和草原

森林和草原对人类社会而言，既有生态功能、还有生产功能和休闲功能。根据《第三次全国国土调查主要数据公报》，到2019年末，我国林地面积达到42.62亿亩，占国土面积的28.89%；其中，四川、云南、内蒙古、黑龙江四个省份林地面积较大，占全国林地的34%。我国草地面积达到39.68亿亩，占国土面积的27.83%，其中，西藏、内蒙古、新疆、青海、甘肃、四川六个省份，占全国草地的94%（见表8－10）。

表8－10　　我国第三次土地调查公布的林地和草地面积表

土地类型		土地面积（万亩）	地类及占陆地国土面积比（%）	备注
林地	乔木林地	296027.43	—	四川、云南、内蒙古、黑龙江四个省份林地面积较大，占全国林地的34%
	竹林地	10529.53	—	
	灌木林地	87939.19	—	
	其他林地	31692.67	—	
	合计	426188.82	29.89	
草地	天然牧草地	319758.21	—	西藏、内蒙古、新疆、青海、甘肃、四川六个省份，占全国草地的94%
	人工牧草地	870.97	—	
	其他草地	76166.03	属于未利用地，也称荒草地	
	合计	396795.21	27.83	

资料来源：作者根据新华社2021年8月25日发布的《第三次全国国土调查主要数据》整理。

（1）自然保护地。自然保护地，世界自然保护联盟（IUCN）的定义是“它是一个明确界定的地理空间，通过法律或其他有效方式获得认可，得到承诺和进行管理，以实现对自然及其所拥有的生态系统服务和文化价值的长期保护”。“设立自然保护地是为了维持自然生态系统的正常运作，为物种生存提供庇护所，具有保存物种和遗传多样性，保护特殊自然和文化特征，科学研究，提供教育，旅游和娱乐机会，持续利用自然生态系统内的资源等多重目的。"① "早在19世纪初，美国一些文学家、艺术家、探险家等有志之士便已认识到资本主义开发对北美大陆的荒野造成的破坏，开始呼吁保护荒野。于是，用国家力量来保护自然的思想开始萌发，并逐步趋向实践。1932年，边疆风景画家乔治·卡特琳首次提出设立'能够展现原始自然之美的国家公园'设想。同年4月，'热泉保留地'在阿肯色州诞生，这是美国历史上第一个由政府设立的保护区。"② 1964年，美国国会为了公共利用、度假和休闲娱乐，将约瑟蒂山谷列入受保护的地区，成为世界上首个自然保护地，此后，各种自然保护地在全球相继建立起来。受自然保护地的启发，1972年美国国会批准建立了世界上第一个国家公园，即美国的黄石公园。据世界自然保护联盟统计，全球已经设立包括自然保护区、国家公园在内的约22万个自然保护地，其中陆地类型的超过20万个，覆盖全球陆地面积的12%。"自1956年在广东设立鼎湖山自然保护区以来，我国建立了以森林公园、湿地公园、地质公园、风景名胜区、水源保护区、国家公园、自然保护区等众多类型的自然保护地。据国家林业和草原局统计，到2017年底，我国已有各地各级森林公园3548个，地质公园650个，国家级湿地公园898个，自然保护区2750个，风景名胜区1051个，国家公园试点区10个。"③ 其中2750个自然保护区"总面积约14733万公顷，约占陆地国土面积的14.88%，其中国家级自然保护区469个。我国自然保护区范围内分布有3500多万公顷的天然林和约2000万公顷的天然湿地，保护着90.5%的陆地生态系统类型，85%的野生动植物种类和65%的高等植物群落"。④ "截至2018年底，我国各类自然保护地总数量已达到1.18万个，自然保护地面积超过172.8万平方公里，占国土陆域面积18%以上。"⑤

（2）国家公园。根据2017年9月26日中共中央、国务院印发的《建立国家公园体制总体方案》明确"国家公园是我国自然保护地最重要类型之一，属于全国主体功能区规划中禁止开发区域，纳入全国生态保护红线区域管控范围，实行最严格的保护"。"2015年，国家公园体制试点正式实施，目前已有10个试点，涉及12个省区，20多万平方公里。"⑥ 2015年6月，首批10个国家公园体制试点分别是"三江源、东

---

① 唐芳林：《构建以国家公园为主体的自然保护地体系》，载于《光明日报》2017年11月4日第9版。

② 高科：《美国国家公园体系是如何形成的》，载于《光明日报》2018年1月29日第14版。

③ 顾仲阳：《自然保护地告别发九龙海水》，载于《人民日报》2019年7月12日第2版。

④ 罗建武、王伟、朱彦鹏：《借助精准扶贫东风解自然保护区管理之困》、载于《光明日报》2018年5月5日第9版。

⑤ 张蕾：《我国保护生物多样性行动成效显著》，载于《光明日报》2020年5月22日第13版。

⑥ 张建龙：《建国家公园既要生态美又要百姓富》，载于《光明日报》2019年3月13日第15版。

北虎豹、大熊猫、祁连山、湖北神农架、福建武夷山、浙江钱江源、湖南南山、北京长城和云南普达措”。2017 年 9 月 26 日，我国《建立国家公园体制总体方案》正式对外发布，明确“国家公园是我国自然保护地最重要类型之一，属于全国主体功能区规划中禁止开发区域，纳入全国生态保护红线区域管控范围，实行最严格的保护”。2019 年 6 月 26 日，我国《建立以国家公园为主体的自然保护地体系》对外发布。2020 年 8 月 19 日，我国第一届国家公园论坛在青海省西宁市召开，习近平向大会发的贺信中指出“中国实行国家公园体制，目的是保持自然生态的原真性和完整性，保护生物多样性，保护生态安全屏障，给子孙后代留下珍贵的自然遗产”。[①] 截至 2020 年 8 月 19 日青海西宁中国第一届国家公园论坛会议召开时，我国正在试点的国家公园为“三江源、大熊猫、神农架、东北虎豹、钱江源、南山、普达措、武夷山、祁连山、海南热带雨林”10 个，此前列入首批试点的北京长城已不在其列。“我国已设立三江源，东北虎豹、大熊猫、祁连山、海南热带雨林、神农架、武夷山、南山、钱江源、普达措 10 个国家公园试点，涉及 12 个省份，整合 157 处自然保护地（其中自然保护区 68 处）。”[②] 试点总面积 22 万平方公里，占陆域国土面积的 2.23%。

（3）森林公园。森林公园是指森林景观特别优美，人文景观比较集中，观赏、科学、文化价值高，地理位置特殊，具有一定的区域代表性，旅游服务设施齐全，有较高的知名度，可供人们游览、休息或进行科学、文化、教育活动的场所。森林公园是自然保护地的一种类型，由国家林业和草原局作出准予设立的行政许可决定，我国第一个由国家批准的是 1982 年设立的湖南省张家界国家森林公园。在我国，森林公园分为国家级、省级和市县级，到 2017 年，我国已有各地各级森林公园 3548 个。到 2019 年，国家级森林公园已达 897 处[③]。森林公园在空间上往往与其所属的国家公园重叠，例如，大熊猫国家公园中就包含了 13 个森林公园。2019 年全国森林旅游游客量达到 18 亿人次，全国森林旅游创造社会综合产值 1.75 万亿元。“2018 年通过森林旅游实现增收的建档立卡贫困人口达到 46.44 万户、447.5 万人，年户均增收 5526 元。”[④]

第三节　次发展区域的县域经济社会发展

次发展区域的主要类型在上节做了比较深入的讨论，这节重点讨论次发展区域的县域经济社会发展。

---

① 习近平：《贺信》，载于《新华每日电讯》2020 年 8 月 20 日第 8 版。

② 张蕾：《我国保护生物多样性行动成效显著》，载于《光明日报》2020 年 5 月 22 日第 13 版。

③ 王云娜：《第一个国家森林公园张家界》，载于《人民日报》2019 年 4 月 7 日第 6 版。

④ 李慧：《森林旅游市场凶恶旺季》，载于《光明日报》2020 年 8 月 6 日第 11 版。

一、次发展区域的县域经济发展

（一）县域仍然需要重视工业的发展

到2020年末，我国1883个县和县级市地区生产总值总量为392023.18亿元，其中，第一产业为58893.75亿元，第二产业为157810.47亿元，第三产业为175726.5，三次产业比为15.02：40.26：44.72（见表8－11）。在我国国内生产总值中，2000年末全国三次产业比为14.68：45.55：39.77，2010年末全国三次产业比为10.10：46.75：43.15，2020年末全国三次产业比为7.65：37.82：54.53。我国第二产业的峰值在2010年，占国内生产总值的46.75%。第二产业的驱动力主要来自于工业化，第三产业的驱动力主要来自于城镇化。因此，促进我国次发展区域平衡充分发展，在经济上还是要重视第二产业的发展，尤其是工业的发展。需要说明的是，尽管我国绝大部分县域都位于《全国主体功能区规划》中的农产品主产区和生态功能区范围内，但也不能笼统地限制县域范围内的工业化和城镇化的开发建设，而应当依据县域范围内的各类行政区划建设用地标准和常住人口规模来确定县域范围内工业化和城镇化的开发规模和开发强度。因此，我国县域范围内的经济社会发展，首先要完善和确定我国县域范围内的各类行政区划的建设用地标准和人口分布。

表8－11　　2020年末县和县级市地区生产总值结构

序号	区域			2020年末地区生产总值结构				
	省份	县（市、区）	数量（个）	地区生产总值（亿元）	第一产业地区生产总值（亿元）	第二产业地区生产总值（亿元）	第三产业地区生产总值（亿元）	地区生产总值结构（%）
1	河北	县	97	13324.67	2489.22	4494.66	6340.79	18.68：33.73：47.59
		县级市	21	7172.64	692.13	3203.35	3277.16	9.65：44.46：45.69
2	山西	县	81	7021.51	706.36	3480.61	2834.54	9.85：49.57：40.58
		县级市	11	2008	108.69	1054.21	845.10	5.38：52.50：42.12
3	内蒙古	县	69	8225.34	1594.57	3600.16	3030.61	11.05：43.77：45.18
		县级市	11	1264.04	156.60	477.34	630.10	12.97：39.53：47.50
4	辽宁	县	25	2845.33	908.55	677.95	1258.83	31.93：23.83：44.24
		县级市	16	3953.41	841.26	1320.09	1792.06	21.28：33.39：45.33
5	吉林	县	19	1928.73	650.86	325.03	952.84	33.75：16.85：49.40
		县级市	20	2711.27	705.53	619.37	1386.37	26.02：22.84：51.14
6	黑龙江	县	47	3325.45	1554.06	421.53	1349.86	46.73：12.68：40.59
		县级市	21	2826.24	1271.89	371.90	1182.46	45.00：13.16：41.84

续表

序号	区域			2020 年末地区生产总值结构				
	省份	县（市、区）	数量（个）	地区生产总值（亿元）	第一产业地区生产总值（亿元）	第二产业地区生产总值（亿元）	第三产业地区生产总值（亿元）	地区生产总值结构（%）
7	江苏	县	19	11223.05	1539.47	4597.86	5085.72	13.72：40.97：45.31
		县级市	22	32523.44	1413.28	15846.94	15263.22	4.34：48.68：46.98
8	浙江	县	33	10396.48	716.76	4708.51	4971.26	6.89：45.29：47.82
		县级市	22	17145.21	641.33	8215.69	8288.19	3.74：47.92：48.34
9	安徽	县	50	14602.56	2115.29	5560.10	6927.17	14.49：38.08：47.73
		县级市	9	3475.49	329.40	1710.16	1435.93	9.48：49.21：41.31
10	福建	县	43	12709.68	1674.28	6088.28	4747.12	13.17：47.90：38.93
		县级市	12	9702.1	570.74	5279.83	3851.53	5.87：54.32：39.81
11	江西	县	61	10921.49	1414.59	4771.30	4735.61	12.95：43.69：43.36
		县级市	12	3459.12	361.55	1565.50	1532.07	10.45：45.26：44.29
12	山东	县	52	14569.13	2134.32	5749.82	6685.00	14.65：39.46：45.89
		县级市	26	15065.42	1614.43	6052.97	7398.02	10.72：40.18：49.10
13	河南	县	84	22448.08	3875.27	8761.39	9811.42	17.26：39.03：43.71
		县级市	22	11444.67	754.51	5941.69	4748.47	6.59：51.92：41.49
14	湖北	县	38	6286.41	1369.71	2119.66	2797.04	21.79：33.72：44.49
		县级市	25	11196.7	1634.97	4826.64	4735.10	14.60：43.11：42.29
15	湖南	县	71	15958.12	2719.00	5685.53	7553.59	17.04：35.63：47.33
		县级市	18	7973.8	990.21	3439.72	3543.87	12.42：43.14：44.44
16	广东	县	37	6554.40	1516.76	2052.36	2985.28	23.14：31.31：45.55
		县级市	20	7304.25	1539.38	2214.68	3550.19	21.07：30.32：48.61
17	广西	县	61	7294.89	2076.40	1884.45	3334.05	28.46：25.83：45.71
		县级市	9	1531.73	290.81	494.53	746.39	18.99：32.29：48.72
18	海南	县	11	1390.32	519.21	243.58	627.53	37.34：17.52：45.14
		县级市	5	1013.56	315.73	220.37	477.46	31.15：21.74：47.11
19	重庆	县	12	3266.34	500.37	1211.28	1554.68	15.32：37.08：47.60
20	四川	县	111	15035.72	3244.89	5235.62	6555.21	21.58：34.82：43.60
		县级市	18	6264.68	814.81	2570.95	2878.92	13.01：41.04：45.95
21	贵州	县	64	7832.03	1857.43	2275.15	3699.46	23.72：29.05：47.23
		县级市	9	3704.73	305.23	1821.97	1577.53	8.24：44.45：47.31
22	云南	县	97	10428.25	2657.61	3005.79	4764.85	24.96：28.23：46.81
		县级市	17	5104.16	533.52	2086	2484.65	10.45：40.87：48.68

续表

序号	区域			2020 年末地区生产总值结构				
	省份	县（市、区）	数量（个）	地区生产总值（亿元）	第一产业地区生产总值（亿元）	第二产业地区生产总值（亿元）	第三产业地区生产总值（亿元）	地区生产总值结构（%）
23	西藏	县	66	889. 68	125. 64	384. 01	380. 03	14. 12 ∶ 43. 16 ∶ 42. 72
24	陕西	县	71	8423. 40	1528. 55	3746. 39	3148. 46	18. 15 ∶ 44. 48 ∶ 37. 37
		县级市	6	2263. 20	119. 51	1529. 80	613. 89	5. 28 ∶ 67. 59 ∶ 27. 13
25	甘肃	县	64	3403. 48	849. 01	876. 13	1678. 34	24. 95 ∶ 25. 74 ∶ 49. 31
		县级市	5	483. 27	43. 91	212. 22	227. 14	9. 09 ∶ 43. 91 ∶ 47. 00
26	青海	县	34	988. 09	253. 19	355. 37	379. 53	25. 62 ∶ 35. 97 ∶ 38. 41
		县级市	4	500. 4	22. 42	318. 90	159. 08	4. 48 ∶ 63. 73 ∶ 31. 79
27	宁夏	县	12	1100. 67	185. 45	385. 01	530. 21	16. 85 ∶ 34. 98 ∶ 48. 17
		县级市	2	664. 76	38. 34	504. 65	121. 77	5. 77 ∶ 75. 91 ∶ 18. 32
28	新疆	县	66	4559. 9	1276. 87	1350. 55	1932. 55	28. 00 ∶ 29. 62 ∶ 42. 38
		县级市	25	4921. 04	729. 88	1862. 92	2328. 25	14. 83 ∶ 37. 86 ∶ 47. 31
			1883	392023. 18	58893. 75	157810. 47	175726. 5	15. 02 ∶ 40. 26 ∶ 44. 72

注：目前，北京、上海、天津三个直辖市没有县，重庆和西藏没有县级市 。

资料来源：作者根据《2020 年中国城市建设统计年鉴》和《中国县域统计年鉴 2021（县市卷）》（其中县域常住人口是各地发布的第七次全国人口普查数据）整理。

（二）县域的产业门类选择

据住建部 2016 年全国小城镇抽样调查，我国 1984 年改革开放初期，小城镇的产业结构为“31.5 ∶ 42 ∶ 25.5”，到 2015 年底，我国小城镇三次产业产值比为“32 ∶ 41 ∶ 27”。[①] 1984 年到 2015 年整 30 年里，我国小城镇的产业结构几乎没有什么变化。从就业结构角度看，1997 年我国小城镇就业人口在三次产业的分布比例为“47 ∶ 30 ∶ 23”，农业与非农业部门的就业人口数几乎各占一半；而到 2015 年我国小城镇就业人口在三次产业的分布比例为“50 ∶ 24 ∶ 26”，1997 年到 2015 年近 20 年里，我国小城镇就业人口在三次产业中的分布变化不大。发生上述现象的基本原因是，一般建制镇的经济发展，一是依托本地资源禀赋发展经济。经调查，企业选择在小城镇发展，最重要的是看中当地资源和原料占 37%、区位交通占 37%、本地人脉占 27%、用地成本占 20%、协作企业占 5%、税收优惠占 4%。“小城镇企业生产原料一半以上来自本县、本镇，特别是矿产、农副产品加工、建材加工等企业依托本地资源的特征更为突出。除加工制造业外，部分小城镇依托当地特色文化、自然资源发展旅游业，带动

① 赵晖等著：《说清小城镇》，中国建筑工业出版社 2017 年版，第 90 ~ 93 页。

本镇餐馆、住宿、特色加工等联动发展，具有较好的就业吸纳效应和联动效应。”“小城镇企业生产的产品多为依托农业资源、矿产资源、初级加工品，或者为镇村居民提高基本生活生产服务。”“小城镇企业的就业人员本地化，63%的企业法人户籍为本镇居民，从企业用工来看，来自于本镇的超五成，来自本县的接近七成。”① 二是工商业投资34%来自本镇的工商业投资，30%来自本县市的工商业投资，35%来自大城市的工商业投资，1%来自境外工商业投资（含中国港澳台）。“能吸引到大城市投资或境外投资的小城镇具有特殊的区位或拥有稀有资源。这类小城镇需要承担部分城市功能，或在区域经济中参与分工，因而可以吸引到大城市投资甚至外资。例如，位于大城市郊区的镇，拥有稀有的自然或人文旅游资源的镇等。”② 可见，工商业投资角度讲，目前我国次发展区域2/3左右属“内生型”经济，1/3左右，属“外生型”经济。次发展区域的主要优势为资源和劳动力，而自然资源和一些人文资源等生产要素是不可移动性，需要在当地利用，需要引进的要素主要有资金、技术、信息、管理、企业等，而这些需要的生产要素是可移动的且可以招商引资来引进。因此，次发展区域的产业门类选择要遵循地域性原则，植根于其所在地域内的资源禀赋和环境承载能力。按照2017年6月30日由国家质量监督检验检疫总局发布的《国民经济行业分类》（GB/T4754—2017），次发展区域的产业总体上可以归纳为以下三方面六类产业，主要包括一产的特色农业；二产中的特色制造业（包括各地归纳的传统历史经典产品制造、时尚产品制造、创意产品制造等）和新兴制造业（主要指国家明确的七个战略性新兴行业）；三产中的商贸流通业、旅游业（包括休闲农业旅游、山地特色旅游和传统文化旅游等）和金融服务业（包括天使基金、私募金融、互联网金融等）（见表8-12）。需要说明的，实践中的特色农业、农产品加工、休闲农业“三业”之间往往是“接二连三”融合发展的，而这“三业”是融合在一个空间内的。

表8-12　　县域的产业类型选择表

产业类型		产业	
		行业	产品
内生型产业	特色农业	特色蔬菜	莲藕、魔芋、莼菜、藠头、芋头、竹笋、黄花菜、荸荠、山药、黑木耳、银耳、辣椒、花椒、大料等
		特色果品	葡萄、特色梨、特色桃、樱桃、石榴、杨梅、枇杷、特色柚、猕猴桃、特色枣、特色杏、特色核桃、板栗、柿子、香榧、龙眼、荔枝、香蕉、橄榄、椰子、腰果、菠萝、杧果、番木瓜、槟榔等

① 赵晖等著：《说清小城镇》，中国建筑工业出版社2017年版，第90～93页。

② 赵晖等著：《说清小城镇》，中国建筑工业出版社2017年版，第81～82页。

续表

产业类型		产业	
		行业	产品
内生型产业	特色农业	特色粮油	芸豆、绿豆、红小豆、蚕豆、豌豆、豇豆、荞麦、燕麦、青稞、谷子、糜子、高粱、薏苡、啤酒大麦、啤酒花、芝麻、胡麻、向日葵、林油料等
		特色饮料	红茶、乌龙茶、普洱茶、绿茶、白茶、咖啡等
		特色花卉	鲜切花、种球花卉、盆栽花卉、园林花卉等
		特色纤维	蚕茧、苎麻、亚麻、剑麻等
		道地中草药	三七、川贝母、怀药、天麻、杜仲、枸杞、黄芪、人参、丹参、林蛙、鹿茸、当归、罗汉果、川五味子、浙贝母、川芎、金银花、白术、藏药、甘草、黄芩、桔梗、细辛、龙胆草、小茱萸等
		特色草食畜	牦牛、延边牛、渤海黑牛、郏县红牛、复州牛、湘西黄牛、奶水牛、德州驴、关中驴、晋南驴、广灵驴、泌阳驴、福建黄兔、闽西南黑兔、九嶷山兔、吉林梅花鹿、东北马鹿、细毛羊、绒山羊、藏系绵羊、滩羊、奶山羊等
		特色猪禽蜂	金华猪、乌金猪、香猪、藏猪、滇南小耳猪、八眉猪、太湖猪、优质地方鸡、特色肉用水禽、特色肉鸽、特色蜂制品等
		特色水产	鲍鱼、海参、海胆、珍珠、鳜鱼、鳟鲟鱼、长吻鱼危、青虾、黄颡鱼、黄鳝、乌鳢、鲶鱼、龟鳖、海蜇等
	制造业	农副产品加工	谷物磨制、饲料加工、植物油加工、制糖、宰肉类加工、水产品加工、蔬菜、菌类、水果和坚果加工，其他副食品加工等
		食品制造	焙烤食品制造，糖果、巧克力及蜜饯制造，方便食品制造，乳制品制造、罐头食品制造、调味品、发酵制品制造、其他食品制造等
		酒、饲料和精制茶制造	酒精、白酒、黄酒、啤酒、葡萄酒等酒制造；碳酸瓶（罐）装饮用水、果茶汁及果茶汁饮料、含乳饮料和植物蛋白饮料、固体饮料、茶饮料等饮料；精制茶加工等
		纺织业	棉纺织及印染精加工、麻纺织及染整精加工、丝绢纺织及印染精加工、化纤织造及印染精加工、针织或钩针纺织物及其制品制造、家用纺织制成品制造、产业用纺织制成品制造等
		纺织服装服饰	机织服装制造、针织或钩针编织服装制造、服饰制造等
		皮革皮毛和制鞋	皮革鞣制加工、皮革制品制造、毛皮鞣制及制品加工、羽毛（绒）加工及制品加工、皮鞋、塑料鞋、橡胶鞋、纺织面料鞋制鞋业等
		木竹藤棕草制品	木材加工、人造板制造、木质制品制造、竹制品制造、藤制品制造、棕制品制造、草制品制造等
		家具制造业	木质家具制造、竹藤家具制造、金属家具制造、塑料家具制造、其他家具制造
		印刷及记录媒介	书、报刊、本册、包装装潢等印刷，装订及印刷相关服务，记录媒介复制等
		工艺美术用品	文教办公用品，乐器制造、雕刻、漆器、花画、天然植物编织、抽纱刺绣、地毯挂毯、珠宝首饰、剪纸等工艺用品，陶瓷用品等
		造纸和纸制品	林竹浆、非木竹浆制造、机制纸及纸板、手工纸、加工纸、纸和纸板容器等纸制品制造
		烟草制品	烟叶复烤，卷烟制造，其他烟草制造

续表

产业类型		产业	
		行业	产品
内生型产业	制造业	橡胶和塑料制品	轮胎、橡胶板管带、橡胶零件、再生橡胶、日用医用橡胶、运动场地用塑胶等胶制品、塑料薄膜、塑料板管型塑料产、丝绳编织品、泡沫塑料、塑料人造革合成革、塑料包装箱及容器、日用塑料制品、人造草坪、塑料零件等
		非金属矿采	石灰石、石膏开采，建筑装饰用石开采，耐灶石开采、黏土及其他砂石开采、采盐等
		化学制品	有机肥料及微生物肥料制造，生物化学农药及微生物农药制造，染料制造，化妆品制造，香料香精制造等
		中药加工	中药饮品加工、中成药生产、兽用药品生产、药用辅料及包装材料等
	商贸流通业	专业批发市场和无店铺零售	农、林、牧、渔产品批发，食品、饮料及烟草制品批发，编织、服装及家庭用品批发、文化、体育用品及器材批发、医药及医疗器材批发、矿产品建材及化工产品批发，机械设备、五金产品及电子产品批发、无店铺线上零售贸易经济与代理等
		物流和电商	铁路、公路、水路、航空货物运输、电商和快递服务，直播促销等
		会议展览	农产品会展服务、旅游会展服务、文化会展服务、会议及相关服务等
	旅游业	旅游服务	向旅客提供咨询、旅行计划和建议，日程安排、导游、食宿和交通等服务
		交通运输	向旅客提供铁路、公路、水路、航空旅运输服务
		住宿	向旅客提供酒店民宿、露营地等住宿服务
		餐饮业	向旅客提供正餐、快餐、饮料、茶馆、酒吧、咖啡馆、餐饮配送及外卖送餐等服务
		娱乐	向旅客提供室内娱乐、歌舞厅娱乐、电子游戏娱乐、游乐园娱乐、休闲观光活动等
		旅游商品	土特产品、传统手工艺品、户外体育用品、旅游用品等
外生型产业	新兴产业	节能环保产业	高效节能产业、先进环保产业、资源循环利用产业等
		生物产业	生物农业产业、生物医药产业、生物医学工程产业、生物制造产业类等
		新能源产业	核能技术产业、太阳能产业、风能产业、生物质能产业等
		新能源汽车产业	手电式混合动力汽车和纯电动汽车等
		高端装备制造产业	卫生及应用产业、航空装备产业、海洋工程装备产业、轨道交通装备产业、智能制造装备产业等
		新材料产业	新型功能材料产业、先进结构材料产业、高性能复合材料产业等
		信息产业	下一代信息网络产业、电子核心基础产业、高端软件和新兴信息服务业等
	金融服务业	货币金融服务	村镇银行、农村资金互助社服务、小额贷款公司服务等
		资本市场服务	创业投资基金、天使投资等
		其他金融服务	金融信息服务、农业保险等

资料来源：作者编制。

（三）县域的现代农业发展

现代农业是次发展区域中的重要产业板块。现代农业是工业革命后的产物，是现代工业、现代科学技术和现代管理基础上发展起来的，形成于20世纪初叶第二次世界大战后。其主要特征是，一是广泛应用现代科学技术，由顺应自然变为利用自然和改造自然，由凭借传统经验发展变为依靠植物学、动物学、遗传学、化学、物理学、信息科学、经济学、管理学等科学发展，使农业成为科学化的产业。二是将工业部门生产的大量农业机械、农药、化肥、物联网技术等投入到农业生产中，使农业成为工业化的现代产业。三是将现代区域经济、商品经济和管理技术运用到农业领域，使农业成为细化分工、关注集聚、强化营销、严格核算、第一二三产业融合的现代产业。现代农业有广义和狭义之分。广义的现代农业代由三部分产业组成：第一部分是现代农业中的种养殖业，在我国包括农林牧副渔，这部分在我国国民经济行业分类中属第一产业，我国现行经济社会统计中的农业统计主要是这个口径。第二部分是现代农业中的装备业和加工业，包括农业机械、化肥、农药行业，粮食加工业、饲料加工业、酒业、肉类食品业、木材加工业等，这部分在我国国民经济行业分类中属第二产业。随着我国工业化和人民生活水平提高，这部分行业会得到较快发展。第三部分是现代农业的服务业，随着现代农业中的种养殖业发展和现代农业的装备业和加工业发展，以及城乡人民生活水平提高，现代农业中的服务业将得到长足发展，包括现代农业中的基础教育、职业教育、高等教育，政府、企业、大学、科研院所的现代农业科研，以及休闲农业、农家乐、乡村民宿、田园综合体等乡村旅游，农产品检测、食品卫生管理、农产品市场监督、农产品运输、物流、交易等；这部分在我国国民经济行业分类中属第三产业。狭义的现代农业是指广义现代农业中的第一部分，下面讨论的是狭义现代农业（见表8-13）。

表8-13　　现代农业发展指标

指标体系			标准值			
一级指标	二级指标	三级指标	单位	2020年底基期值	2025年底目标值	指标属性
农业生产能力	粮食安全	耕地保有量	亿亩			
		粮食综合生产能力	万吨	66949	68500	约束性
		粮食播种面积	万亩	175155	180000	约束性
	农业科技	农业科技进步贡献率	%	66	69~73	预期性
		主要农作物和畜禽良种覆盖率	%	90	95~98	预期性
	农业装备和设施	主要农作物耕种收综合机械化率	%	80	82~90	预期性
		高标准农田面积	亿亩	6	8	约束性

续表

指标体系			标准值			
一级指标	二级指标	三级指标	单位	2020 年底基期值	2025 年底目标值	指标属性
农业生产能力	农业经营效率	耕地经营规模化率	%	30 ~ 50	40 ~ 55	预期性
		农业综合劳动生产率	万元/人	5.5	7	预期性
		农业保险覆盖率	%	20	40	预期性
农业与二三产业的融合发展能力	农村一二三产业的延伸发展	农产品加工产值占农业总产值比	%	2	2.4	预期性
		农村农产品网络销售额	亿元	3	6	预期性
		休闲农业和乡村旅游收入	亿元	12	18	预期性
		农村贷款占农村存款比	%	60	100	预期性
		农村一二三产业融合建设用地配置满足率	%	20	60	预期性

资料来源：作者编制。

（四）县域产业发展的绿色化（低碳化）

由于次发展区域主要位于我国的县域范围内，包含了粮食生产功能区，生态功能区等环境敏感区。因此，次发展区域的产业发展需要遵循绿色发展方式，具体包括农业绿色发展，工业绿色发展等（见表 8 – 14）。

表 8 – 14　　　　绿色（低碳化）发展指标

指标体系			标准值			
一级指标	二级指标	三级指标	单位	2020 年底基期值	2025 年底目标值	指标属性
产业绿色发展	农业绿色发展	畜禽粪便综合利用率	%	70 ~ 75	80 ~ 90	预期性
		农作物秸杆综合利用率	%	80	95	预期性
		三品一标农产品认证占比	%	30	60	预期性
	工业绿色发展	工业固体废气废弃物综合利用率	%	—	—	—
		人均工业废水排放量	万吨/亿元	—	—	—
		单位 GDP 能耗	千瓦时/元	—	—	—
农业与二三产业的融合发展能力	农村一二三产业的延伸发展和要素配置	农产品加工产值占农业总产值比	%	2	2.4	预期性
		农村农产品网络销售额	亿元	3	6	预期性
		休闲农业和乡村旅游收入	亿元	12	18	预期性
		农村贷款占农村存款比	%	60	100	预期性
		农村一二三产业融合建设用地配置满足率	%	20	60	预期性

资料来源：作者编制。

（五）县域的产业园区发展

根据我国《城市用地分类与规划建设用地标准》（GB 50137—2011）中的4.2.4边远地区、少数民族地区、山地城市、人口较少的工矿业城市、风景旅游城市等规划人均建设用地指标不得大于150平方米和《镇规划标准》（GB 50188—2007）中规定的镇区规划人均建设用地140平方米。而到目前为止我国还没有村庄建设用地的规定标准。因此，参考我国已有的城市和镇建设用地的规定标准，假定我国次发展区域范围内的城、乡（镇）、村综合规划人均建设用地为150平方米，其中1/3即50平方米用作经营性建设用地，还有100平方米作为公共设施建设用地和住宅建设用地，那么次发展区域的就可以按照常住人口人均建设用地50平方米，次发展区域就可以进行城、乡镇、村三级产业园区规划。总结我国次发展区域范围内我国20世纪80年代初到90年代末中期城、乡（镇）、村中的乡镇企业“村村冒烟，遍地开花”的产业分散布局所带来的“效率低下，环境污染”教训，因此，次发展区域的产业布局应该坚持“工业向园区集中”的思想，实现产业在空间上的集聚发展。需要注意是，为了充分发挥次发展区域内的区位、土地级差、经济效率优势，应当将次发展区域内的城、乡（镇）、村三级综合经营性建设用地进行统筹规划布局，根据实践根据集聚发展的要求，可考虑次发展区域内的城、乡（镇）、村三级综合经营性建设用地的60%配置在县城产业园区，20%经营性建设用地指标配置在乡镇产业园区，20%的建设用地指标配置在村、用于经营性开发，具体布置方法（见表8－15）。

表8－15　　次发展区域产业园区规划

主要空间单元		产业园区类型	用地规模（平方公里）	备注
城市社区	常住人口3万~5万人	社区商业中心	依托社区居民现有发展基础确定范围	可结合商业消费、文化娱乐综合布置
小城市	城区常住人口3万人以上，其中，东部地区10万人以上，中部地区5万人以上，西部地区3万人以上	工业区、商业区、商务区、旅游区	按照次发展区域内的城、乡（镇）、村三级经营性建设用地的60%	60%的建设用地在各种类型产业园区中的分配，根据实际情况确定
建制镇（包括非建制镇特色小镇）	镇区常住人口2.5万人以上5万人以下 镇区常住人口1.2万人以上2.5万人以下 镇区常住人口0.6万人以上1.2万人以下	农业园区、工业区（包括农产品加工区、返乡创业园）、商贸区（包括商业街、集贸市场）、旅游区（包括旅游景区，休闲和农业园）	按照次发展区域内的城、乡（镇）、村三级经营性建设用地的20%	20%的建设用地在各种类型产业园区中的分配，根据实际情况确定
集镇（包括乡政府驻地，服务型集镇）	镇区常住人口0.3万人以上0.6万人以下 镇区常住人口0.15万人以上0.3万人以下	农业园区、工业区块、商业，区块、旅游业区块	按照次发展区域内的城、乡（镇）、村三级经营性建设用地的20%	20%的建设用地在各种类型产业园区中的分配，根据实际情况确定

续表

主要空间单元		产业园区类型	用地规模（平方公里）	备注
村	以建制村及其自然村落为空间单元	休闲农业和乡村旅游点、民宿	按照次发展区域内的城、乡（镇）、村三级经营性建设用地的20%	20%的建设用地在各种类型产业园区中的分配，根据实际情况确定

资料来源：作者编制。

（六）县域的技术创新

传统经济学认为次发展区域可以从劳动力回流和技术赶超中获益。因此，次发展区域除了前面考虑的利用自身资源禀赋发展各类产业，吸引劳动力回流以外，在次发展区域经济发展中还要最大限度地推动产业的技术创新。从实践看，随着经济转型和产业转移，以及大城市高房价、拥挤和环境问题，那些距离大城市一个小时左右车程，生态环境较好，土地成本较低次发展区域中的县城、建制镇和特色镇有可能成为高新技术企业选择落地的去处。据住建部2016年全国小城镇抽样调查，“目前，这类高新技术企业在小城镇企业中的比例为9%，具有研发机构的约占11%。涉及领域主要为新能源、新材料、环保科技、电子商务等。”① 已落户上海青浦区金泽镇西岑社区上海华为研发中心似乎给予一定的佐证，但高新技术企业总体属于城市型企业，需要城市，特别是大城市提供的人才、技术、资金、管理等要素配套，并且，一般这类企业落户地对区位、交通、地价、环境要求比较高，故这类高新技术企业即使有可能在次发展区域内落户，一般也在发展基础较好的次发展区域内城关镇、中心镇、重点镇、经济强镇、特大镇空间单元内。不过，2015年“由瑞士伯尔尼大学经济学家海克·迈耶（Heike Maryer）与政治学教授弗里茨·萨格尔（Fritz Sager）等组成的研究小组对瑞士152个人口在5万人以下的中小城镇的作用和重要性进行了研究，结果显示，国家的政策和规划忽视了这些中小城镇的创新潜力”。存在“诸如乌兹统合（Uzwil）这类有很多高科技企业的‘高科技城镇’（High tech towns）”。当前，对次发展区域各类产业普遍具有意义的技术创新是数字技术及数字经济，特别是农产品电商等。“当下，很多地区制定了县域电商发展规划，试图推动县域经济与县域实体经济的融合发展，发挥数字经济对县域产业高质量发展的助推作用。”②

二、县域的社会发展

次发展区域的社会发展，主要是要讨论次发展区域的城镇化问题，次发展区域的

① 赵晖等著：《说清小城镇》，中国建筑业出版社2017年版，第96页。

② 付伟：《县域电商的产业链基础》，载于《光明日报》2022年8月19日第2版。

城镇化与次发展区域的工业化是一个铜板的两个方面，是相互支撑的，缺一不可的。城镇化发展的基本特征之一是优化区域人口空间分布。次发展区域中的人口空间分布优化主要是指次发展区域内各主要空间单元的人口分布优化，而每个空间单元的人口空间分布可以用城镇建成区或规划集中建设区人口规模、人口密度和城镇建成区或规划集中建设区所辖区域常住人口集聚度三个指标来衡量。三个指标计算公式可以表达为：

人口规模＝城镇建成区或规划集中建设区常住人口数量

人口密度＝城镇建成区或规划集中建设区与常住人口数量/城镇建成区或规划集中建设区面积

常住人口集聚度＝城镇建成区或规划集中建设区的常住人口数量/城镇建成区或规划集中建设区面积

（一）县域的县城建设

习近平在《国家中长期经济社会发展战略若干重大问题》一文①中提出，“城市单体规模，不能无限扩大，目前我国超大城市（城区常住人口1000万人以上）和特大城市（城区常住人口500万人以上），人口密度总体偏高，北京、上海主城区密度都在每平方公里2万人以上，东京和纽约只有1.3万人左右。长期来看全国城市都要根据实际合理控制人口密度，大城市人口平均密度要有控制标准。”“东部等人口密集地区，要优化城市群内部空间结构，合理控制大城市规模，不能盲目摊大饼。”“中西部有条件的省区，要有意识地培养培育多个中心城市，避免‘一市独大’的弊端。”“城市发展不能只考虑规模，经济效益。必须把生态和安全放在更加突出的位置，统筹城市布局的经济需要，生活需要，生态需要、安全需要。”“城市之间既要加强互联互通，也要有必要的生态和安全屏障。”“要推动城市组团式发展，形成多中心，多层次，多节点的网络型城市结构。”“我国现有1881个县市，农民到县城买房子，向县城集聚的现象很普遍，要选择一批条件好的县城重点发展，加强政策引导，使之成为扩大内需的重要支撑点。”“要建设一批产城融合制度，平衡生态宜居，交通便利的郊区新城，推动多中心、郊区化发展，有序推动数字城市建设，提高智能管理能力，逐步解决中心城区人口和功能过密问题。”

根据中南大学公共管理学院陈文琼（2019）对我国中西部一地级市下辖的四个普通农村型村庄的七个村民小组进城购房情况的详细调查，发现村民在地级市、县城和乡镇购房的比例分别为62.11%、17.89%和7.89%②。杨传开等（2017）基于2010年

① 习近平：《国家中长期经济社会发展战略若干重大问题》，载于《求是》2020年第21期。

② 陈文琼：《城市化，镇该扮演什么角色》，载于《环球时报》2019年1月16日第14版。

中国综合社会调查数据[①]，对全国94个县级行政区266个社区4116位农民的调查问卷分析，在打算进城定居的农民中：6.9%的农民选择到直辖市定居，11.6%选择到省会城市定居，11.3%选择到地级市定居，43.8%选择到县城和县级市定居，19.5%选择到小城镇定居。另外，课题组2020年对山东省农民的调研中，对于有意愿进城定居的437位农民，其中48.74%选择到本县县城定居，19.45%选择到本乡镇镇区定居，两者合计近70%。

县域范围内的县城建设是指县、县级市、市辖郊区的城区建设。县城建设属于城市建设范围，因此，县城建设应当遵守城市建设集聚集约的基本规律。实践中，我国县、县级市、市辖郊区的城区建成，目前最大的问题是按照乡村建设方式进行县城建设，最典型的例子是在县城规划集建区范围内建设大马路、大广场、大片林、大湖泊等，从而人为地切断了县城范围内的道路交通网络。当前许多我国许多县、县级市、市辖郊区的城区建成区规模不大，但上班下班期间交通十分拥堵，其根本原因就在于此，因此县城建设应遵循城市建设集聚集约的基本规律，是本书着重讨论的基本问题。

1. 县（城区）建设

（1）优化我国县（城区）城镇管理体制。根据国家住建部发布的《2020年城乡建设统计年鉴》和第七次全国人口普查各地发布的人口数据，到2020年底我国1495个县中，常住人口5万人以上的县城有1128个，占1495个县（城区）的75.45%。其中，常住人口20万人以上的县城有189个（包括2个常住人口50万人以上的县城），占1495个县（城区）的12.64%；常住人口10万人以上20万人以下的县城有444个，占1495个县（城区）的29.70%；常住人口5万人以上10万人以下的县城有494个，占1495个县（城区）的33.04%（见表8-16）。根据2014年10月国务院发布的《关于调整城市规模划分标准的通知》中的“城区常住人口20万以上50万以下的城市为Ⅰ型小城市，20万以下城市为Ⅱ型小城市”和国家“十四五”规划中提出的“稳步有序推动符合条件的县和镇区常住人口20万以上的特大镇设市”。因此，推进县城建设，我国“十四五”期间可以考虑将2020年底县（城区）常住人口20万以上的189个县城改为Ⅰ型小城市。根据2016年10月8日国家发展和改革委员会发布的《关于加快美丽特色小（城）镇建设的指导意见》（发改规划〔2016〕2125号）“赋予镇区10万人以上的特大镇县级管理职能和权限，强化事权，财权、人事权和用地指标等保障。推动其条件的特大镇有序设市”。2016年12月19日，由中共中央办公厅、国务院办公厅印发的《关于深入推进经济发达镇行政管理体制改革的指导意见》中提

① 杨传开、刘晔、徐伟等：《中国农民进城定居的意愿与影响因素——基于CGSS2010的分析》，载于《地理研究》2017年第36期，第2369~2382页。

出的“充分考虑地区发展水平差异和主体功能区布局，合理确定经济发达镇认定标准。东部地区经济发达镇建成区常住人口一般在10万人左右，中部和东北地区一般在5万人左右，西部地区一般在3万人左右；常住人口城镇化率、公共财政收入等指标连续2年位居本省（区、市）所辖乡镇的前10%以内”。我国2035年前可以考虑将2020年底县（城区）常住人口5万以上的1128个县城改为Ⅰ型小城市和Ⅱ型小城市。我国西部地区也可考虑将常住人口3万人以上的184个县城也改成Ⅱ型小城市。通过优化我国县（城区）城镇行政管理体制，促进县域范围内的常住人口向县城集聚，强化我国县城增长极建设。

表8-16　2020年底我国县城区常住人口规模结构　　单位：个

序号	省（区、市）	县	县（城区）常住人口规模结构				
			20万人以上	10万人以上20万人以下	5万人以上10万人以下	3万人以上5万人以下	3万人以下
1	河北	97	9	28	57	3	0
2	山西	81	0	20	45	15	1
3	内蒙古	69	1	17	29	14	8
4	辽宁	25	0	8	13	4	0
5	吉林	19	1	7	9	2	—
6	黑龙江	47	0	11	26	8	2
7	江苏	19	17	2	0	0	0
8	浙江	33	8	12	10	3	0
9	安徽	50	21	22	4	2	1
10	福建	43	7	10	21	4	1
11	江西	61	10	35	12	4	0
12	山东	52	20	29	3	0	0
13	河南	84	32	45	7	0	0
14	湖北	38	3	18	13	4	0
15	湖南	71	16	39	16	0	0
16	广东	37	6	15	13	2	1
17	广西	61	4	13	26	13	5
18	海南	11	0	1	7	2	1
19	重庆	12	4	5	3	0	0
20	四川	111	20	26	17	18	30
21	贵州	64	4	28	28	4	0
22	云南	97	2	13	43	30	9

续表

序号	省（区、市）	县	县（城区）常住人口规模结构				
			20 万人以上	10 万人以上 20 万人以下	5 万人以上 10 万人以下	3 万人以上 5 万人以下	3 万人以下
23	西藏	66	0	0	1	2	63
24	陕西	71	1	18	33	9	10
25	甘肃	64	1	9	26	18	10
26	青海	34	1	0	5	4	24
27	宁夏	12	0	6	4	2	0
28	新疆	66	1	7	23	17	18
合计		1495	189	444	494	184	184

注：189 个 20 万人以上常住人口的县（城区），包含山东省的兰陵县为 50. 28 万人和湖南省长沙县 68. 16 万人，这两个县（城区）2020 年末已达到中等城市规模。

资料来源：作者根据《2020 年中国城市建设统计年鉴》（其中县域常住人口是各地发布的第七次全国人口普查数据）整理。

（2）提高我国县（城区）常住人口集聚度和人口密度。提高我国县（城区）常住人口集聚度是指提高我国县（城区）在其县域范围内的常住人口集聚度。这是因为，在我国，一般而言，大部分县城吸收到县城居住的常住人口一般都来自于县城范围内，吸收县域范围以外的流动人口一般比较困难。因此，我国县域范围内，提高县（城区）常住人口集聚度，主要应着眼于优化县域范围内人口空间分布来实现。到 2020 年底，我国 1495 个县的城区面积为 20807. 59 平方公里，县域常住人口为 64126. 6 万人，县城常住人口为 15826. 39 万人，县城常住人口占县域常住人口总数的 26%，县城人口密度每平方公里为 7400 人。一般而言，县城的人口规模越大，意味着县城建成区规模和经济规模也就越大，同时对周边区域的服务的能力就越强。浙江省自 2010 年推进小城市培育中就提出“人口集中、产业集聚、要素集约、功能集成、体制创新”为内容的“四集一新”的小城市培育目标，其首要目标是列入培育的小城市镇域内人口应向小城市建成区集中，要求小城市建成区占镇域常住人口集聚率达到 60%①。从实践看，2015 年底，上海主城区（包括中心城区和主城片区）常住人口规模 1447 万人，占同期上海市域常住人口规模 2415 万人的 59. 92%。因此，从城镇化中后期发展阶段要求看，县城常住人口占县域常住人口 60% 左右的集聚度是比较适当的。而到 2020 年末，我国 1495 个县城常住人口占县域常住人口总数仅为 26%，离县城常住人口占县域常住人口 60% 左右集聚度还有很大的空间。到 2035 年，如果我国能够将 1495 个县（城区）在县域范围内的常住人口占县域常住人口比重提高到 50% 左右，假定我国现有人

① 翁建荣等著：《小城市大未来》，红旗出版社 2018 年版，第 40 页。

口总规模变动不大，这就意味着我国1495个县（城区）常住人口规模可达到32063.3万人，比2020年末增加16236.91万人。另外，到2020年末，我国1495个县城平均人口密度为每平方公里7400人（见表8－17）。按照“20万以上50万以下的Ⅰ型小城市人口密度每平方公里1万人，10万以下20万以下Ⅱ型小城市人口密度每平方公里0.9万人，5万人以上，10万元以下Ⅲ型小城市人口密度每平方公里0.8万人”[①]控制，我国1495个县城人口密度平均为每平方公里7400人也有许多提高的空间。到2035年，如果我国能够将1495个县（城区）人口密度平均每平方公里7400人提高到9000人左右，这就意味着1495个县（城区），在2020年占有的20807.59的建成区面积上可增加居住329.21万人。县城人口密度提高，不仅能够提高县城范围内的土地利用效率，而且还能提高县城范围内的构筑物（包括建筑、道路等）的紧凑度和县城居民的生活便利度。

表8－17　　2020年底我国县（城区）人口集聚水平

序号	省（区、市）	县（个）	县域面积（平方公里）	县城建成区面积（平方公里）	县域常住人口（万人）	县城常住人口（万人）	县城人口集聚度（%）	县城人口密度（万人/平方公里）
1	河北	97	136230.2	1405.06	4031.8	1045.51	0.26	0.74
2	山西	81	125124.9	708.28	2011.1	631.36	0.31	0.89
3	内蒙古	69	1049228	993.83	1530.8	509.22	0.33	0.51
4	辽宁	25	81330.54	379.88	1019.6	217.12	0.21	0.57
5	吉林	19	85748.1	233.44	739.8	179.26	0.24	0.77
6	黑龙江	47	217773	599.85	1356.8	372.85	0.27	0.62
7	江苏	19	33079.6	700.86	1991.9	524.18	0.26	0.75
8	浙江	33	49732.3	612.57	1434.8	449.1	0.31	0.73
9	安徽	50	92518.8	1228.38	4286	866.94	0.21	0.69
10	福建	43	78389.4	563.02	1784.4	485.25	0.27	0.86
11	江西	61	121081.5	1053.73	2851	843.93	0.30	0.80
12	山东	52	65133	1560.72	3350.1	1039.45	0.31	0.67
13	河南	84	119052.9	1872.48	7164.2	1495.9	0.21	0.80
14	湖北	38	92362.9	571.06	1972.6	454.88	0.23	0.80
15	湖南	71	158255.4	1375.46	4523	1219	0.27	0.89
16	广东	37	79301.4	631.87	2240.5	509.5	0.23	0.81
17	广西	61	161656.8	703.08	3205.1	533.99	0.17	0.76

① 朱建江著：《小城镇发展新论》，经济科学出版社2021年版，第12页。

续表

序号	省（区、市）	县（个）	县域面积（平方公里）	县城建成区面积（平方公里）	县域常住人口（万人）	县城常住人口（万人）	县城人口集聚度（%）	县城人口密度（万人/平方公里）
18	海南	11	16397.4	153.87	325.2	74.41	0.23	0.48
19	重庆	12	39137	181.86	933	213.05	0.23	1.17
20	四川	111	404533.8	1326.9	4784.1	1199.18	0.25	0.90
21	贵州	64	140664.6	892.01	3089.3	696.05	0.23	0.78
22	云南	97	300133.4	725.35	3256	646.01	0.20	0.89
23	西藏	66	1198254	163.86	273.7	82.37	0.30	0.50
24	陕西	71	150193.1	624.87	2064.8	524.92	0.25	0.84
25	甘肃	64	368918.1	491.36	1889.3	404.16	0.21	0.82
26	青海	34	481835.1	185.09	354.5	111.8	0.32	0.60
27	宁夏	12	383395.2	187.92	336.8	115.23	0.34	0.61
28	新疆	66	1449188	680.93	1326.4	381.77	0.29	0.50
合计		1495	7678647.44	20807.59	64126.6	15826.39	0.26	0.74

注：县城人口集聚度 = 县城常住人口/县域人口，县城人口密度 = 县城常住人口/县城建成区。

资料来源：作者根据《中国县域统计年鉴 2021（县市卷）》（其中县域常住人口是各地发布的第七次全国人口普查数据）整理。

2. 县级市（城区）建设

（1）提高我国县级市（城区）常住人口规模。根据中国国家国家统计局发布的《中国县域统计年鉴 2021（县市卷）》和第七次全国人口普查各地发布的人口数据，以及 2014 年 10 月国务院发布的《关于调整城市规模划分标准的通知》，到 2020 年底我国 386 个县级市中，县级市（城区）常住人口 50 万人以上的中等城市有 14 个，20 万人以上 50 万人以下的Ⅰ型小城市有 182 个，10 万人以上 20 万人以下的Ⅱ型小城市有 137 个，5 万人以上 10 万人以下的Ⅲ型小城市有 34 个，还有常住人口 5 万人以下 3 万人以上和 3 万人以下县级市（城区）分别有 11 个和 8 个（见表 8－18）。到 2035 年，我国应当将 2020 年末 10 个 45 万人以上常住人口的县级市建设成为城区常住人口 50 万人以上的中等城市，使我国中等城市县级市（城区）达到 25 个左右；43 个 17 万人以上常住人口的县级市（城区）建设成为城区常住人口 20 万以上的Ⅰ型小城市，使我国Ⅰ型小城市的县级市（城区）达到 210 个左右；15 个 8 万人以上的常住人口的县级市（城区）建设成为城区常住人口 10 万以上的Ⅱ型小城市，使我国Ⅱ型小城市的县级市（城区）达到 110 个左右。通过促进县级市域范围内的常住人口向县级市（城区）集聚，提高我国县级市（城区）常住人口规模，强化我国县级市（城区）增长极建设。

表 8-18　　2020 年底我国县级市（城区）常住人口规模结构　　单位：个

序号	省（区、市）	县级市（个）	县级市（城区）常住人口规模结构					
			50 万人以上	20 万人以上 50 万人以下	10 万人以上 20 万人以下	5 万人以上 10 万人以下	3 万人以上 5 万人以下	3 万人以下
1	河北	21	0	7	13	1	0	0
2	山西	11	0	3	8	0	0	0
3	内蒙古	11	0	2	5	1	3	0
4	辽宁	16	0	8	8	0	0	0
5	吉林	20	1	5	9	5	0	0
6	黑龙江	21	0	2	8	8	3	0
7	江苏	22	2	18	2	0	0	0
8	浙江	20	4	13	2	1	0	0
9	安徽	9	0	3	6	0	0	0
10	福建	12	0	5	6	1	0	0
11	江西	12	0	6	3	2	0	1
12	山东	26	3	21	2	0	0	0
13	河南	22	0	15	7	0	0	0
14	湖北	25	0	16	9	0	0	0
15	湖南	18	0	9	8	1	0	0
16	广东	20	2	11	7	0	0	0
17	广西	9	0	2	4	3	0	0
18	海南	5	0	0	4	0	1	0
19	四川	18	1	11	4	1	1	0
20	贵州	9	0	6	3	0	0	0
21	云南	17	0	8	6	2	1	0
22	陕西	6	0	2	4	0	0	0
23	甘肃	5	0	1	0	3	1	0
24	青海	4	0	1	1	1	1	0
25	宁夏	2	0	0	2	0	0	0
26	新疆	25	1	7	6	4	0	7
合计		386	14	182	137	34	11	8

注：14 个 50 万人以上的县级市（城区），其中，浙江省义乌市城区，2020 年末常住人口为 106.64 万人，属于大城市。

资料来源：作者根据《中国县域统计年鉴 2021（县市卷）》（其中县域常住人口是各地发布的第七次全国人口普查数据）整理。

（2）提高我国县级市（城区）常住人口集聚度和人口密度。前面所说的，提高我国县（城区）常住人口集聚度和人口密度的一些认识，同样适用于我国县级市（城区）常住人口集聚度和人口密度的提高。到 2020 年末，我国 386 个县级市（城区）常住人口占县级市域常住人口为43%。到2035 年，如果能够将我国386 个县级市（城区）常住人口占县级市域常住人口比重提高到 60% 左右，假定我国现有人口总规模变动不大，这就意味着我国 386 个县级市（城区）常住人口规模可达到 14002. 41 万人，比 2020 年末的 8823. 07 万人增加 5179. 34 万人。同样，按照“50 万人以上 100 万人以下的中等城市人口密度每平方公里 1. 1 万人，20 万人以上 50 万人以下的 I 型小城市人口密度每平方公里 1 万人，10 万人以上 20 万人以下Ⅱ型小城市人口密度每平方公里 0. 9 万人，5 万人以上 10 万人以下Ⅲ型小城市人口密度每平方公里 0. 8 万人”① 控制。到 2035 年，如果我国能够将 386 个县级市（城区）人口密度平均每平方公里 7200 人提高到 10000 人左右，这就意味着 386 个县级市（城区），在 2020 年占有的 11827. 19 建成区面积上可居住 11827. 19 万人，比 20020 年末居住 8823. 07 万人增加了 3004. 12 万人（见表 8 – 19）。县级市（城区）人口密度提高的好处与县（城区）人口密度提高的好处类似。

表 8 – 19　　2020 年末我国县级市（城区）人口集聚水平

序号	省份	县级市（个）	县级市域面积（平方公里）	县级市（城区）建成区面积（平方公里）	县级市域人口（万人）	县级市（城区）常住人口（万人）	县级市（城区）人口集聚度（%）	县级市（城区）人口密度（万人/平方公里）
1	河北	21	23435	560. 25	1314. 43	453. 03	0. 34	0. 81
2	山西	11	11922	253. 52	406. 16	206. 33	0. 51	0. 81
3	内蒙古	11	126530	264. 18	201. 37	154. 39	0. 77	0. 58
4	辽宁	16	44434	437. 25	872. 67	318. 15	0. 36	0. 73
5	吉林	20	87200	461. 69	768. 49	348. 86	0. 45	0. 76
6	黑龙江	21	155964	367. 48	673. 28	233. 97	0. 35	0. 64
7	江苏	22	30793	1092. 92	2324. 77	719. 83	0. 31	0. 66
8	浙江	20	28459	846. 18	2003. 86	745. 79	0. 37	0. 88
9	安徽	9	16676	275. 41	520. 41	183. 87	0. 35	0. 67
10	福建	12	25608	332. 51	933. 64	260. 56	0. 28	0. 78
11	江西	12	21149	325. 55	580. 28	246. 97	0. 43	0. 76
12	山东	26	41104	1246. 31	2161. 95	909. 84	0. 42	0. 73
13	河南	22	27179	702. 46	1683. 54	579. 58	0. 34	0. 83

① 朱建江著：《小城镇发展新论》，经济科学出版社 2021 年版，第 12 页。

续表

序号	省份	县级市（个）	县级市域面积（平方公里）	县级市（城区）建成区面积（平方公里）	县级市域人口（万人）	县级市（城区）常住人口（万人）	县级市（城区）人口集聚度（%）	县级市（城区）人口密度（万人/平方公里）
14	湖北	25	59481	809.24	1689.02	630.65	0.37	0.80
15	湖南	18	34721	466.76	1213.30	412.72	0.34	0.88
16	广东	20	49835	643.67	1829.28	549.96	0.30	0.85
17	广西	9	18437	189.19	517.12	132.39	0.26	0.70
18	海南	5	9493	99.05	219.19	55.43	0.25	0.56
19	四川	18	43507	481.53	993.38	421.26	0.42	0.87
20	贵州	9	19316	362.02	557.23	237.68	0.43	0.66
21	云南	17	58619	482.2	822.63	361.68	0.44	0.75
22	陕西	6	14106	109.42	228.22	96.49	0.42	0.88
23	甘肃	5	48058	81.16	94.02	52.18	0.55	0.64
24	青海	4	212233	87.53	47.03	44.56	0.95	0.51
25	宁夏	2	6171	52.72	53.85	25.13	0.47	0.48
26	新疆	25	131595	796.99	628.23	441.77	0.70	0.55
合计		386	1346025	11827.19	23337.35	8823.07	0.43	0.72

注：县城人口集聚度 = 县城常住人口/县域常住人口，县城人口密度 = 县城常住人口/县城建成区。

资料来源：作者根据《中国县域统计年鉴 2021（县市卷）》（其中县域常住人口是各地发布的第七次全国人口普查数据）整理。

3. 市辖郊区的城区建设

由于我国市辖郊区均由于撤县建区而来，我国市辖郊区的城区历史上就是县城，因此，市辖郊区也存在城区建设。2020 年 11 月，十一届上海市委十次会议明确提出了“中心辐射、两翼齐飞、新城发力、南北转型”的上海市域空间发展新格局，要求按照独立的综合性节点城市定位加快推进五个新城①建设。2020 年 1 月，《上海市国民经济和社会发展第十四个五年规划和2035 年远景目标纲要》中进一步明确“把五个新城建设成为长三角城市群中具有辐射带动作用的独立综合性节点城市”。上海加快推进五个新城建设是上海推动城市组团式发展，形成多中心、多层级、多节点的网络型城市群结构的重要战略举措，为上海在市域范围内优化配置人口等要素，促进上海市域不同区域推进平衡充分发展，增加经济容量，创造了空间前提条件。然而，市辖郊区的城区建设同样需要遵循集聚集约城市建设基本规律，即使像上海这样超大城市市辖

① 上海“五个新城”是指上海市嘉定区嘉定新城，上海市松江区松江新城，上海市青浦区青浦新城，上海市奉贤区奉贤新城，上海市浦东新区南汇新城。

郊区建设，同样面临的首要问题是市辖郊区的城区常住人口规模提高、城区占郊区区域常住人口比重提高和城区人口密度提高三个基本问题。

（1）上海市五个市辖郊区的“五个新城”常住人口占所在区常住人口的比重。根据上海市国土资源局发布的数据2019年，嘉定、松江、青浦、奉贤、南汇五个新城常住人口占所在区常住人口的比重分别为31.7%、41.4%、27.6%、32.5%、5.6%。根据上海市第五个新城规划，2025年和2035年，嘉定、松江、青浦、奉贤、南汇五个新城常住人口占所在区常住人口的比重分别应达到38.3%和63.9%，49.7%和57.6%，43.3%和62.7%，61.4%和24.6%，12.3%和20.1%（见表8－20）。

表8－20　　2019～2035年上海“五个新城”占所在区常住人口的集聚度

新城名称	2019年新城常住人口占所在区常住人口比重			2025年新城常住人口占区常住人口比重		2035年新城常住人口占区常住人口比重	
	2020年区常住人口（万人）	2019年新城常住人口（万人）	新城常住人口占区常住人口比重（%）	2025年新城常住人口（万人）	新城常住人口占区常住人口比重（%）	2035年新城常住人口（万人）	2035年新城常住人口占区常住人口比重（%）
嘉定新城	183	58	31.7	70	38.3	116	63.4
松江新城	191	79	41.4	95	49.7	110	57.6
青浦新城	127	35	27.6	55	43.3	80	62.7
奉贤新城	114	37	32.5	70	61.4	85	74.6
南汇新城	568	32	5.6	70	12.3	144	20.1
合计	1184	241	20.4	360	30.4	535	45.2

资料来源：2020年五大新城所在区常住人口数据来自上海市统计局《第七次全国人口主要数据公报》，2019年、2025年和2035年五大新城常住人口数据来自上海市规划和自然资源局相关报告。

（2）上海市五个市辖郊区的“五个新城”常住人口规模和人口密度。已发布的《上海市新城规划建设导则》明确上海“五个新城”的规划空间范围内的人口密度规划指标为每平方公里1.2万人，上海市规划和资源局框定的到2035年上海嘉定、松江、青浦、奉贤、南汇“五个新城”常住人口规模分别为116万人、110万人、80万人、85万人、144万人。这样，到2035年末，上海嘉定、松江、青浦、奉贤、南汇“五个新城”每平方公里的人口密度分别为：7273人、6944人、8782人、12518人、4195人（见表8－21）。根据2014年10月国务院发布的《关于调整城市规模划分标准的通知》，根据上海五个新城到2035年框定的人口规模，上海嘉定、松江、南汇三个新城属于Ⅱ型大城市，人口密度一般要求每平方公里1.2万人，而青浦、奉贤两个新城属于中等城市，人口密度一般要求每平方公里1.1万人[①]。以此为依据，上海五个

① 朱建江著：《小城镇发展新论》，经济科学出版社2021年版，第12页。

新城，在新城规划建设面积不变的条件下，上海嘉定、松江、青浦、南汇四个新城人口密度过低，而上海奉贤新城人口密度过高。城市建设中的人口密度既不能过高，也不能过低。过高将造成城市的不宜居、乃至不安全，过低将造成城市的构筑物紧凑度不够，以及城市形态与城市规模不对称和生活不便利。

表 8－21　上海“五个新城”常住人口规模和人口密度规划目标

新城名称	2019 年常住人口密度		新城规划面积和规划人口密度指标		2025 年新城规划常住人口（万人）		2035 年新城规划常住人口（万人）	
	人口规模（万人）	人口密度（人/平方公里）	规划面积（平方公里）	规划人口密度（人/平方公里）	规划常住人口（万人）	人口密度（人/平方公里）	规划常住人口（万人）	人口密度（人/平方公里）
嘉定新城	58	3636	159.5	12000	70	4389	116	7273
松江新城	79	4987	158.4	12000	95	5997	110	6944
青浦新城	35	3842	91.1	12000	55	6037	80	8782
奉贤新城	37	5449	67.9	12000	70	10309	85	12518
南汇新城	32	932	343.3	12000	70	2039	144	4195
合计	241	1884.7	820.2	12000	360	5754.2	535	7942.4

资料来源：2019～2035 年人口规模来源于上海市规划和自然资源局有关报告，各新城规划面积和规划人口密度来源于《上海市新城规划建设导则》第 3 页和第 13 页。

（二）次发展区域的一般小城镇建设

将县域范围内的一般小城镇建设成为服务农民的区域中心。2021 年 4 月 29 日，中华人民共和国第十三届全国人民代表大会常务委员会第 28 次会议通过的《中华人民共和国乡村振兴法》第 41 条第 2 款明确“地方各级人民政府应当加强乡镇人民政府社会管理和服务能力建设，把乡镇建设成为乡村治理中心、农村服务中心、乡村经济中心”。我国农村的村委会是自治机构不具有执法职能，而我国的乡镇具有一定的执法职能。因此，农村法治需要乡镇执法职能乃至县执法职能予以支撑和协同，才能完成乡村法治事项；乡村的农业和手工业剩余产品交易，需要小城镇的集市或者专业市场予以支撑，乡村的大部分第二产业需要集中于小城镇区域布置和生产；乡村的公共设施与服务（包括基础设施、公共服务设施、环境卫生设施）的建设、营运、维护与管理都需要小城镇的支持；县域范围内的城镇化水平提高，也需要乡村人口进一步向城镇集聚。因此，把乡镇建设成为乡村治理中心、农村服务中心、乡村经济中心、乃至乡村居住中心，即把乡镇建设成为服务农民的区域中心是乡村振兴的必要条件①。

① 次发展区域的一般小城镇建设的内容，读者可参考 2021 年 9 月由经济出版社出版的笔者著的《小城镇新论》一书。

（三）次发展区域的乡村就地城镇化

习近平在福建工作时就指出“在发展现代农业过程中必须重视农村城镇化的同步推进，尤其要重视探索多渠道就业门路，合理引导农村劳动转移，把发展现代农业与推进城乡一体化进程有机地结合起来”。在乡村振兴中，要逐步增加乡村就地城镇化因素，提高乡村城镇化水平，具体应包括：完善优化乡村聚落的人口布局，增强乡村聚落的人口集聚度；提高乡村经济中的第二三产业比重，完善和优化乡村产业结构；加强乡村生产生活必需的道路、桥梁、交通、电力、通信、能源、自来水等基础设施建设，以及文体设施、医疗设施、养老设施等基本公共服务建设和生活垃圾处理、生活污水处理、环卫设施等环境卫生设施建设等①。

① 次发展区域的乡村就地城镇化建设的内容，读者可参考2019年9月由经济出版社出版的笔者著的《乡村发展导论》一书。

第九章
区际基本公共设施与服务均等化

区际基本公共设施与服务均等化，是促进我国极化发展区域和次发展区域协调发展，缩小极化发展区域和次发展区域经济社会发展差距的关键，其路径是通过加强我国次发展区域基本公共设施与服务补短板建设，实现我国次发展区域与极化发展区域之间的基本公共设施与服务在提供的时间、数量、质量上大体相当。本章由“区际基本公共设施与服务均等化的内涵和意义”“次发展区域基本公共设施与服务发展状况分析”“次发展区域基本公共设施与服务配置标准”“区际基本公共设施与服务均等化的投资建设”四部分内容构成。

第一节　区际基本公共设施与服务均等化的内涵和意义

区际基本公共设施与服务均等化是指次发展区域与极化发展区域之间的基本公共设施与服务在提供的时间、数量、质量上大体相当，差距不能太大。在现代区域经济中，基本公共设施与服务、尤其是基本市政基础设施，不仅是极化发展区域充分发展的必要条件，也是次发展区域充分发展的必要条件。

一、区际基本公共设施与服务均等化内涵

区际基本公共设施与服务均等化是指在我国工业化和城镇化进入中后期发展阶段后到我国基本实现社会主义现代化期间，根据我国地区、城乡经济社会协调发展和美好生活需要，我国地区、城乡之间由国家（政府）或企事业单位提供的基本公共设施与服务水平应当大体均等。

这里讲的基本公共设施与服务，是指根据一国或一个地区的经济社会发展需要，由国家（政府）或企事业单位提供的，为不特定居民和单位设置，供大家共同使用、享受，生产生活所必需的产品和服务总和。在我国工业化和城镇化进入中后期发展阶段后到我国基本实现社会主义现代化期间，根据我国地区、城乡的经济社会协调发展和美好生活需要，就全国而言主要应当包括三大部分：基础性设施和服务，如道路、交通、供水、排水、通信、能源（供电、供气、供热）等；社会性设施和服务，如教

育、科技、医疗、文化、体育、养老、就业培训、保障性住房、电商和服务等；生态性设施和服务，如垃圾处理、污水处理、河道治理、植树造林、生物多样性保护等。例如，2008 年 7 月 1 日实施的我国《城市公共设施规划规范》（GB 50442—2008）所讲的公共设施主要包括行政办公、商业金融、文化娱乐、体育、医疗卫生、教育科研设计、社会福利七类。2007 年 5 月 1 日实施的《镇规划标准》（GB 50188—2007）中的 7. 0. 1 所讲的“公共设施按其使用性质分为行政管理、教育机构、文体科技、医疗保健、商业金融和集贸市场六类，……”。上海市 2015 年 9 月发布的《上海市郊区镇村公共服务设施配置导则（试行）》中所讲的公共服务主要包括文化设施、体育设施、医疗卫生设施、教育设施、交通设施、市政设施、公共绿地、商业设施等九类。但是，本节上述的基本公共设施与服务没有把上面三个规范中的商业金融和集贸市场设施纳入其中。然而，国家“十二五”规划和“十三五”规划所说的基本公共服务范围小于公共设施与服务。例如，2012 年 7 月，国务院发布的《国家基本公共服务体系“十二五”规划》中明确“国家基本公共服务”包括基本公共教育、劳动就业服务、社会保险、基本社会服务、基本医疗卫生、人口和计划生育、基本住房保障、公共文化体育、残疾人基本公共服务九大类。2017 年 1 月，国务院发布的《“十三五”推进基本公共服务均等化规划》中所说的“基本公共服务”只是在“十二五”国家基本公共服务九大类中减去“人口与计划生育”后，变为八大类。这是因为，由国家主导或主责提供的“国家基本公共服务”范围，一般也是各级政府财政投资或付费的范围，涉及“普惠性、可持续”要求，这部分公共服务只能是“基本的”，同时也是全体公民“均等的”。随着一国或一个地区的经济社会发展和人民需求提高，“国家基本公共服务”的范围也将逐步扩大，并与基本公共设施与服务范围逐步接近。

这里讲的由国家（政府）提供的，是指由国家和各级公共财政投入上述三大部分基本公共设施与服务的设施和服务，例如，目前不需要付费的一般公路、生活污水排放、垃圾投放、义务教育、公共文化体育、就业培训、清新空气、生物多样性、廉租房和少付费的经济适用房、政府补贴的养老服务等。公共财政来源包括一般公共预算收入（主要包括税收和罚没收入等），国家（政府）信用担保的债务收入（主要包括国内发行的公债、国库券、经济建设债券以及国外政府、各级组织和商业银行的借款等）主要包括政府性基金收入（主要包括土地出让收入、彩票收入、各种收费等）、国有资本经营预算收入（股息、红利、租金、资产转让及处置收入等），社会保障基金收入五大类。这里讲的由企事业单位提供的是指由企事业单位出资投入的，需要由居民和单位付费的上述三大部分中的基本公共设施与服务的设施和服务。例如，需要付费的高速公路、自来水、通信、供电、供气、供热、国际学校、民办学、医疗保健，文化体育、养老服务、商品房、商品等。可见，我国地区、城乡之间由国家（政府）

或企事业单位提供的基本公共设施与服务水平应当大体均等地实现目标，有国家（政府）和企事业单位两大类投资主体和供给主体，需要由有效市场和有为政府共同完成。国家还不可能独揽全部基本公共设施与服务的供给。但无论是政府提供的还是企事业单位提供的，基本公共设施与服务都有三个共同特征：一是非排他性，即基本公共设施与服务是为不特定的居民或单位配置，大家可共同使用和共同享受；二是具有非竞争性，即一个人或一个单位从基本公共设施与服务消费中获益，并不降低其他人收益（当然这一点我国目前还没有能够完全做到）；三是公益性和经营性兼有，国家财政投入的基本公共设施与服务一般不支付费用或者少支付费用，企事业单位投入的基本公共设施与服务一般需要支付费用，基本公共设施与服务支付费用的范围取决于国家财政投入能力。

这里讲的水平大体均等，是指次发展区域与极化发展区域之间公共设施与服务提供的时间、数量、质量不能差距太大。区际基本公共设施与服务均等化的时间把握，在待城镇化区域（一般是指城镇规划集中建设区内的农业农村区域），公共设施与服务的供给应该优先于极化发展区域（经济功能区主要聚焦于基础设施的配置和服务，城镇区、国家经济特区和国家新区、一体化区域将涵盖公共设施与服务全部领域），待极化发展区域“五通一平”或“七通一平”① 基本完成时，为了实现极化发展区域尽快投入运营，此时就要考虑与极化发展区域相配套的次发展区域基本公共设施与服务的配置，从而有效实现极化发展区域与次发展区域的结节性连接。例如，上海虹桥经济技术开发区与上海古北新区都位于上海长宁区范围内的待城镇化区域，1984 年开始规划建设以商贸为主要功能的上海虹桥经济技术开发区，率先配置和完善了开发区所需要的市政基础设施。为了配合上海经济技术开发区的开发，1986 年开始规划建设以居住为主要功能的上海古北新区。此后，从 1987 年开始将上海虹桥经济技术开发区较完善的市政基础设施延伸覆盖到上海古北新区，实现两个功能区的商贸功能与居住功能的相互支撑、联动发展。在再城镇化区域（一般是指城镇规划集中建设区内的老城区和老镇区），将通过再城镇化区域的公共设施与服务优化改造升级延伸至极化发展区域。例如，上海市中山公园商业中心建设就是通过中山公园周边“西新街”的旧区改造，提升中山公园地区的市政基础设施水平，实现中山商业中心与周边居住区的联动发展。区际基本公共设施与服务数量和质量的把握，随着我国工业化城镇化进入中后期发展阶段，在我国完成社会主义现代化进程中，同一区域内的极化发展区域与次发

① “五通一平”是指区域地块开发的前期准备工作，一般包括通水、通电、通路、通信、通气和场地平整。“七通一平”是指区域地块开发的前期准备工作，一般包括通给水、通排水、通电、通信、通路、通燃气、通热力以及场地平整。

展区域或同一等级极化发展区域与次发展区域配置的基本公共设施与服务的数量、类型、质量应该基本相同。

二、区际基本公共设施与服务均等化是区域经济充分发展的必要条件

在本书的第一章就提出，不均质的两个区域需要通过结节性连接，才能实现不均质两个区域的各自效用，即使劳动力、资本、商品在不均质两个区域的流动也需要通过结节性连接才能实现。而结节性主要由公共设施与服务中的道路（公路、铁路、桥梁、隧道等），交通（车站、港口、码头、机场、停车场等），航道（河流、水系等），管道（供水管道、雨污水管道、通信线路和基站、供电线路与变电设施、天然气管道、液化气管道、供热管道等）等基础性设施和服务来承担。在本书的第八章还提出，极化发展区域与次发展区域在区域经济发展中本质上属于“点面”关系，极化发展区域为“点”，次发展区域为“面”，而区域经济发展中不均质的两个及以上区域发展的组合一般都是“点线面”空间结构，在“点线面”中空间结构中的“线”也是由“结节性”来承担的，也就是说，如果不均质的两个及以上区域缺乏结节性有关内容的连接，区域经济中的“点线面”的空间结构是无法形成的，而区域经济发展中没有“点线面”空间结构的支撑，要素与贸易要在不同区域之间的流动和循环也是不可能的。因此，促进和实现极化发展区域与次发展区域之间基本公共设施与服务的均等化，不仅是次发展区域充分发展的需要，也是极化发展区域有效发展的需要。在现代区域经济中，良好的基础设施条件，不仅是极化发展区域充分发展的必要条件，也是次发展区域充分发展的必要条件。当前我国次发展区域的不充分发展与其基础设施配套条件不充分有密切的关系。由于我国的粮食生产功能区和生态功能区都为位于次发展区域内，为了全国的经济社会可持续发展和人民美好生活的追求，因此，在我国次发展区域实行比极化发展区域更严格和更完善的生态性公共设施与服务，也是我国工业化和城镇化进入中后期发展阶段的必要条件。至于在我国次发展区域，围绕次发展区域内工作和生活的人民，完善社会性公共设施与服务的配置，也是我国以人民为中心和共同富裕的现代化必要条件。

第二节　次发展区域基本公共设施与服务发展状况分析

本节主要依据国家权威部门发布的统计资料数据，讨论次发展区域中主要空间单元城市、乡（镇）、村的基本公共设施与服务发展现状。经过数据和历史进度分析，仅从我国城市、乡（镇）、村三个次发展区域主要空间单元，近20年来市政基础设施主要指标进步的进展看，我国次发展区域的县城主要市政基础设施水平高于建制

镇约10年，建制镇主要市政基础设施水平又高于我国乡和村约10年。因此，实现我国县城、建制镇、乡、村等主要空间单元基本市政基础设施均等化大约需要20年时间。

一、城市与县城基本市政基础设施状况分析

根据国家统计局发布的《中国统计年鉴2021》，到2020年底，我国城市供水普及率为98.99%，燃气普及率为97.87%，污水处理厂集中处理率为95.78%，生活垃圾无害化处理率为99.75%。根据国家住建部发布的《2020年中国城乡建设统计年鉴》，到2020年末，我国县城供水普及率为96.66%，燃气普及率为89.07%，污水处理厂集中处理率为94.42%，生活垃圾无害化处理率为98.26%。目前，在我国还没有实施县下设市，所以，我国县城（除了台湾地区以外）所在地一般都属于建制镇。因此，到2020年底我国城市的供水普及率、燃气普及率、污水处理厂集中处理率、生活垃圾无害化处理率四个主要市政基础设施指标分别高于建制镇的2.33%、8.88%、1.36%、1.49%。可见，到2020年底，我国城市与县城的主要市政基础设施发展水平已基本相当。

二、乡镇基本公共设施与服务发展状况分析

（一）乡镇基本基础设施发展状况分析

根据第三次全国农业普查发布的数据，到2016年末，全国乡镇区域内，有火车站的乡镇占全部乡镇的8.6%，有码头的乡镇占7.7%，有高速公路入口的乡镇占21.5%，集中或部分集中供水的乡镇占91.3%，生活垃圾集中处理或部分集中处理的乡镇占90.8%（见表9-1）。

表9-1　2016年末我国乡镇主要基础设施　单位:%

设施类型	指标	全国	东部地区	中部地区	西部地区	东北地区
交通设施	有火车站的乡镇	8.6	7.6	8.3	7.7	18.0
	有码头的乡镇	7.7	10.0	8.5	6.7	3.3
	有高速公路入口的乡镇	21.5	28.9	22.6	17.0	19.9
环卫设施	集中或部分集中供水的乡镇	91.3	96.1	93.1	87.1	93.6
	生活垃圾集中或部分集中处理的乡镇	90.8	94.6	92.8	89.0	82.3

资料来源：根据全国第三次农业普查公报数据整理。

根据国家住建部《2020年城市建设统计年鉴》，到2020年末，纳入统计的18822个建制镇中，供水普及率为89.08%，燃气普及率为56.94%，污水处理厂集中处理率

为52.14%，生活垃圾无害化处理率为69.55%；到2020年末，纳入统计的8876个乡中，供水普及率为83.86%，燃气普及率为30.87%，污水处理厂集中处理率为13.43%，生活垃圾无害化处理率为48.46%。可见：

到2020年底，我国县城在供水普及率、燃气普及率、污水处理厂集中处理率、生活垃圾无害化处理率四个主要市政基础设施指标分别高出建制镇的7.58%、32.13%、42.28%、28.71%。到2020年底，我国县城与建制镇主要市政基础设施发展水平在燃气普及率、污水处理厂集中处理率、生活垃圾无害化处理率三方面水平差距还是相当大的。

到2020年末，我国建制镇与乡在供水普及率、燃气普及率、污水处理厂集中处理率、生活垃圾无害化处理率四个市政基础设施主要指标分别高出乡5.22%、26.07%、38.71%、21.09%。到2020年底，我国建制镇与乡主要市政基础设施发展水平在燃气普及率、污水处理厂集中处理率、生活垃圾无害化处理率三方面水平差距还是相当大的。

同时也说明全国第三次农业普查公布的、到2016年底，乡镇生活垃圾集中和部分集中处理的指标可能是虚高的。

（二）乡镇基本公共服务发展状况分析

根据第三次全国农业普查发布的数据，到2016年末，有幼儿园、托儿所的乡镇占96.5%，有小学的乡镇占98%，有图书馆、文化站的乡镇占96.8%，有剧场、影剧院的乡镇占11.9%，有体育场馆的乡镇占16.6%，有公园及休闲健身广场的乡镇占70.6%，有医疗卫生机构的乡镇占99.9%，有职业（助理）医师乡镇占98.4%，有社会福利收养性单位的乡村占66.8%，有本级政府创办的养老院的乡镇占56.4%（见表9-2）。

表9-2　2016年末我国乡镇基本公共服务设施　单位:%

设施类型	指标	全国	东部地区	中部地区	西部地区	东北地区
教育设施	有托儿所、幼儿园的乡镇	96.5	98.7	98.3	94.6	96.9
	有小学的乡镇	98	98.7	99.5	97.3	95.2
文化设施	有图书馆、文化站乡镇	96.8	96.2	98.0	96.6	95.2
	有剧场、影剧院乡镇	11.9	18.5	14.4	7.9	5.9
体育设施	有体育场馆的乡镇	16.6	20.5	19.9	13.5	12.1
	有公园及休闲广场乡镇	70.6	83.2	73.9	59.4	84.0
医疗设施	有医疗卫生机构的乡镇	99.9	99.9	100.0	99.8	99.7
	有执业（助理）医师的乡镇	98.4	99.6	99.8	96.7	99.3
福利设施	有福利收养性单位的乡镇	66.8	71.7	87.7	53.3	57.0
	有政府办养老院的乡镇	56.4	61.9	78.0	43.3	40.8

资料来源：根据全国第三次农业普查公报数据整理。

三、村基本公共设施与服务发展状况分析

（一）村基础设施发展状况分析

根据第三次全国农业普查发布的数据，到 2016 年末，通公路的村占全部村的 99.3%，通电的村占 99.7%，通电话的村占 99.5%，安装有线电视的村占 82.8%，通宽带互联网的村占 89.9%，生活垃圾集中处理或部分集中处理的村占 73.9%，生活污水集中处理或部分集中处理的村占 17.4%，完成水冲式卫生厕所改造的村占 36.2%，集中或部分集中供水的村占 36.2%，使用煤气、天然气、液化石油气为生活能源的村占 49.3%（见表 9－3）。

表 9－3　　2016 年末我国村主要基础设施　　单位：个

设施类型	指标	全国	东部地区	中部地区	西部地区	东北地区
交通设施	通公路的村	99.3	99.9	99.5	98.3	99.7
电力和通设施	通电的村	99.7	100.0	99.9	99.2	100.0
	通电话的村	99.5	100.0	99.7	98.7	100.0
	安装有线电视的村	82.8	94.7	82.9	65.5	95.7
	通宽带互联网的村	89.9	97.1	92.7	77.3	96.5
环卫设施	生活垃圾集中或部分集中处理的村	73.9	90.9	69.7	60.3.	53.1
	生活污水集中或部分集中处理的村	17.4	27.1	12.5	11.6	7.8
	完成水冲式卫生厕所改造的村	36.2	54.2	29.2	29.7	4.1
自来水供应	自来水经过净化处理的村	47.7	62.3	43.9	38.2	36.1
生活能源	通煤气、天然气、液化石油气的村	49.3	69.5	58.2	24.5	20.3

资料来源：根据全国第三次农业普查公报数据整理。

根据国家住建部《2020 年城市建设统计年鉴》，到 2020 年末，纳入统计的 4929959 个行政村及 2362908 个自然村中，供水普及率为 83.37%，燃气普及率为 35.08%。综合国家住建部发布的 2020 年末我国乡村主要市政基础设施指标和全国第三次农业普查发布的我国乡村市政基础设施主要指标，预计到 2020 年末我国村主要基础设施指标与上述乡水平相当。

（二）村基本公共服务发展状况分析

根据第三次全国农业普查发布的数据，到 2016 年末，有幼儿园、托儿所的村占 32.3%，有农民业余文化组织的村。占 41.3%，有体育健身场所的村占 59.2%，有医疗卫生室的村占 81.9%，有职业（助理）医师的村占 98.4%，有电子商务配置站的村

占25.1%（见表9－4）。

表9－4　2016年末村基本公共服务设施　单位:%

设施类型	指标	全国	东部地区	中部地区	西部地区	东北地区
教育设施	有托儿所、幼儿园的村	32.3	29.6	36.5	33.0	25.8
文化设施	有农民业余文化组织的村	41.3	44.4	40.8	36.7	47.1
体育设施	有体育健身场所的村	59.2	72.2	55.5	46.0	62.8
医疗设施	有医疗卫生室的村	81.9	71.9	89.3	86.9	99.7
	有执业（助理）医师的村	98.4	99.6	99.8	96.7	86.2
电商服务	有电子商务配送站的村	25.1	29.4	22.9	21.9	24.1

资料来源：根据全国第三次农业普查公报数据整理。

四、次发展区域主要空间单元基本市政基础设施时间差距分析

从国家住建部发布的《2020年中国城乡建设统计年鉴》中的城市和县城主要市政基础设施历史数据看，2000～2020年，供水普及率、燃气普及率、污水处理厂集中处理率三个主要市政基础设施主要指标，城市的年均进步速度分别为1.34%、1.89%、3.06%，县城的年均进步速度分别为0.59%、1.73%、4.38%（见表9－5）。因此，总体而言，从城市和县城20年来主要市政基础设施建设的进度看，结合我国建制镇、乡、村主要市政基础设施指标现状看，实现我国县城、建制镇、乡、村等主要市政基础设施均等化大约需要20年时间。

表9－5　2001～2020年城市与县城主要市政基础设施指标进步率　单位:%

区域	供水普及率		燃气普及率		污水处理率	
	2001～2020年供水普及率（%）	年均进步率（%）	2001～2020年燃气普及率（%）	年均进步率（%）	2001～2020年污水处理率（%）	年均进步率（%）
城市	72.26～98.99	1.34	60.42～97.87	1.89	36.43～97.53	3.06
县城	84.83～96.66	0.59	54.41～89.07	1.73	7.55～95.05	4.38

注：由于官方有关统计资料中缺乏建制镇、乡、村相应的上述三个主要市政基础设施指标历史和现实统计资料，故未列出。

资料来源：作者根据《2020年中国城市建设统计年鉴》整理。

第三节　次发展区域基本公共设施与服务配置标准

区际基本公共设施与服务均等化，国家已经有了原则要求，在中共中央、国务院《关于建立更加有效的区域协调发展新机制的意见》提出“立足发挥各地区比较优势

和缩小区域发展差距，围绕努力实现基本公共服务均等化、基础设施通达程度比较均衡”。在中共中央、国务院《关于新时代推进西部大开发形成新格局的指导意见》也提出“到2035年，西部地区基本实现社会主义现代化，基本公共服务、基础设施通达程度……与东部地区大体相当”。而落实国家已经明确的区际基本公共设施与服务均等化的方法，就需要制定次发展区域基本公共设施与服务的配置标准。

一、次发展区域中的小城市基本公共设施与服务配置标准

到2020年底，次发展区域内已有388个县级市，其中386个属小城市。按照2014年国务院发布的城市规模划分标准和国家特大镇改市政策，未来在次发展区域我国还可以再增加1000多个小城市，使次发展区域内的小城市总数达到1500个左右。因此，制定小城市基本公共设施与服务配置标准，对促进次发展区域充分发展具有重要的意义。而我国城市公共设施配置大都散布在一些专业建设规范中，没有统一的规范。笔者根据近年来国内各地小城市培育试点的一些零散要求，按工程性基础设施、社会性基础设施、生态性基础设施归类如下（见表9－6）。

表9－6　小城市公共设施配置标准

公共设施与服务类型	项目名称	硬件设施配建要求	软件内容配置要求	备注
工程性基础设施	高速公路入口	离城区10～20分钟车程	双向配置	可以有多个出入口
	高铁站	离城区半小时左右车程	不一定冠小城市名称	可以与周边地区合配
	民用机场	离城区1小时左右车程	可以客货两用	可以与周边地区合配
	货物港口	可以是江、河、海码头	应配置自动装卸设备	可以与周边地区合配
	饮用水	应配建饮用水水厂	饮用水水源水质达到国家二级标准	供水管网建设应符合GB50268要求
	排水方式	排水应采取雨污分流方式	试点雨水收集循环使用	排水管网布局和建设应符合CJT123－124要求
	天然气	建设城区天然气管网系统	逐步减少瓶装液化石油气	天然气安装设计应符合GB/T2885要求
	邮政局	城区常住人口5万人以上的应设置邮政局	10万人以上的可设置一等邮政局，5万～10万人可设二等邮政局	应在交通便利处和人口集中处设置
	消防站	城区常住人口5万人以上的因配置一级普通消防站或者二级普通消防站	一级普通消防站建设面积2700～4000平方米，二级普通消防站，建筑面积1800～2700平方米	应独立设置

续表

公共设施与服务类型	项目名称	硬件设施配建要求	软件内容配置要求	备注
社会性基础设施	示范性高中学校	1~2所	达到县级重点	必配
	大学和中专学校	1~2所	本科和专科	可配
	技工职业学校	1~2所	中等职业	必配
	社会教育机构	城区常住人口5万人以上可设置	包括学历非学历教育，成人教育等	可以与其他教育设施综合设置
	特殊教育学校	城区常住人口5万人以上可设置	包括弱智、盲、聋教育	可与其他教育设施，综合设置
	二级综合医院	1~2所	应服务整个城区	必配
	三级乙等医院	1所	可以是专科三级乙等	可与周边地区合配
	妇幼保健院	1所	妇女儿童门诊和住院治疗	可以独立设置
	老年护理院	1~2所	老人治病护理等	可以与医疗机构和福利院综合设置
	精神卫生中心	1所	精神病人门诊和住院治疗	可以独立设置
	食药监检验检测中心	建筑面积5000平方米	配齐相应检验检测设备	可用于政府和企业服务
	特种设备、计量所	建筑面积5000平方米	配齐相应检验检测设备	可用于政府和企业服务
	其他产业研究所	按产业专业化需要建设	对小城市内重要产业门类有研发能力	按企业化运作
	文化馆	城区常住人口5万人以上的，应当设置	可设置多功能厅、展厅，可结合传统文化建设	可以其他设施综合设置
	公共图书馆	建筑面积1万~1.5万平方米	配置智能借书系统	应与有关图书馆联网
	公共影剧院	建筑面积2万~3万平方米	可多功能配置	应配置在便民地区
	档案馆	建筑面积1万~1.5万平方米	配置电子档案查询系统	应面向社会
	博物馆	建筑面积1万~1.5万平方米	可以综合展览，收藏等核心功能以及创意、教育、文化等服务功能	镇区常住人口10万人以上的，应当设置
	公共体育场馆	建筑面积5万~6万平方米	可竞技体育与大众体育共享	可配建室外体育场地
	游泳馆	城区常住人口5万人以上应当配置	建设规模应该按照人口和赛事要求配置	可以与其他体育场馆综合配置

续表

公共设施与服务类型	项目名称	硬件设施配建要求	软件内容配置要求	备注
社会性基础设施	足球场	城区常住人口 10 万人以上的可配置	7 人制或者 5 人制的最大用地规模 2800 平方米/处，最小用地规模，800 平方米/处	可以独立设置
	福利院	城区常住人口 5 万人以上的至少有 1 处	养老、护理、康复等	可以独立设置
	日间服务照料中心	每 1.5 万人设置 1 处	服务半径为 500 ~ 1000 米	可以与其他设施综合设置
生态性基础设施	农业面源污染	农业废弃物和畜禽粪便资源化利用率 100%，病死畜禽无害化处理 100%	无害化处理率 100%，农作物秸杆综合利用率 100%	农药瓶、废弃塑料薄膜收集
	污水集中处理	建设覆盖辖区的城镇污水管网系统	辖区内生产生活污水集中处理率 100%	其郊区部分也要覆盖
	垃圾集中处理	建设生活垃圾焚烧场和垃圾收集中转站、压缩站	生活垃圾分类收集、收集频次每天一次	其郊区部分也要覆盖
	厕所	公共厕所服务保障半径宜 500 米左右，户用厕用进行卫生改造	公共厕所建设与保洁应符合 GB19379 要求	可结合商业设施和其他公共设施合建
	河道整治	辖区露天河道应根据需要建设硬驳岸和生态驳岸	河湖塘沟要定期清淤疏浚，河道水系保持水清岸洁	清除水面垃圾、岸边杂物
	绿化	城区绿地率达到 30% ~ 35%，绿化覆盖率达到 40% ~45%	保障辖区的古树名木、高大乔木、公益片林	选择当地特色的乡土树种作为城区行道树
	景观	在城区重要视点、公共场所建设景观小品、公共绿地	辖区内绿化景观建设应符合 CECS285 要求	应参与生态城市或绿化城市创建

资料来源：作者根据国内各地小城市培育实践整理。

二、次发展区域中的建制镇和集镇公共设施与服务配置标准

一般建制镇和集镇的公共设施与服务不能仅从满足镇区常住居民和单位所需，在现代化进程中，还应包含一般建制镇和集镇所辖范围内的村庄基本公共设施与服务需求，同时还需要考虑来一般建制镇和集镇镇区及所辖村庄旅游、经商、办事人员的基本公共设施与服务需要，这是一般建制镇和集镇与城市在规划建设基本公共设施与服务容量时的主要不同点。而一般建制镇和集镇基本公共设施与服务的类型与城市是基本一样的，也应该包括工程性基础设施、社会性基础设施、生态性基础设施三大类。

同时，还应当立足一般建制镇和集镇资源禀赋，提供一些地域特色公共设施与服务，包括特色自然景观、人文景观、植物动物、古镇古村落、特色农产品、手工业产品、特色饮食、特色风俗习惯等（见表9－7）。

表9－7　　一般建制镇和集镇基本公共设施与服务配置标准

公共设施类型		项目	配置内容和要求	用地和建筑面积（平方米）	常住人口规模（万人）				
					2.5～5	1～2.5	0.5～1	0.25～0.5	0.1～0.25
工程性基础设施	道路交通	镇主路（过境路）	镇主道一般属县道范围	红线16～24米	√	√	√	√	√
		镇支路（街路）	非古镇支路有时也是街路	红线10～14米	√	√	√	√	√
		镇巷路（宅间路）	镇区巷路往往也是宅间路	3米	√	√	√	√	√
		路面铺设	沥青混凝土，水泥混凝土，石块，碎石、砾石等	镇主路、支路、巷路设厚度12～18公分	√	√	√	√	√
		桥梁隧道	桥梁宽度和铺设与道路一致	—	√	√	√	√	√
		交通（首末）站	设置每条交通线路站点场地面积和车辆调度，管理及司售人员生产生活用房面积	每条交通线路站点场面积500～600平方米，每座站点设置生产生活用房50～100平方米	√	√	√	√	√
		交通（中途）站	设置固定交通（中途）站，配置遮雨候车棚，也可按交通线路多点配置招呼站	临时候车设置20平方米左右	√	√	√	√	√
		公共停车场	在商场、菜场、旅游接待、交通站点等地临近配置	地面机动车停车位按25～35平方米/个，非机动车停车位按1.5～2.8平方米/个	√	√	√	√	√
		路灯	在对外连接镇区内的过境路，主路、街路、巷路丁字路口、十字路口、交通站点等地应设置	路灯架设高度6～8米，灯杆间距少于25米，灯源为节能灯或太阳能灯	√	√	√	√	√
	给排水	饮用水	饮用水水源水质应符合CT 3020—93要求，生活饮用水质应符合GB 5749—2006要求	取水构筑物、泵站、净化构筑物、水厂等用地和建筑规模按有关规范执行	√	√	√	√	√

续表

公共设施类型		项目	配置内容和要求	用地和建筑面积（平方米）	常住人口规模（万人）				
					2.5～5	1～2.5	0.5～1	0.25～0.5	0.1～0.25
工程性基础设施	给排水	排水方式	排水管道沟，管，应采用雨污分流方式，雨雪水可就近排入水体，生活污水和生产废水应经处理达标后排放	排水明沟、泵站、污水处理厂用地和建筑规模按有关规范执行	√	√	√	√	√
	供电和通信	供电	电网建设与改造应符合 DL/T 5118—2010 要求，电压等级应符合 GB/T 156—2017 要求，安全用电应符合 DL 493—2015 要求	发电站、变电所和架空线布置占地和建筑规模应符合有关规定	√	√	√	√	√
		邮政局（所）	每个一般建制镇和乡政府驻地集镇配置 1 处邮政局所，邮政局所宜设置在人口集中地段和交通便利地区	每个邮政局所建筑面积不小于 40～160 平方米，可与其他设施综合设置	√	√	√	√	√
		移动机站	镇区的移动基站按 450～500 米多点配置，各基站的间距为 1 公里左右	基站一般设置在非住宅的建筑屋顶	√	√	√	√	√
	燃气	液化石油气瓶装供应站	瓶装供应站供气规模以 5000～7000 户为宜，服务半径不宜超过 7.5 公里，根据用房规模可一镇多点设置，也可以按区域设置	瓶装供应站用地面积一般 500～600 平方米	√	√	√	√	√
		天然气	有条件的一般建制镇和集镇应优先使用天然气，天然气安装改造设计应符合 GB/T 28885 要求	—	√	√	√	√	√
	防灾	消防站	一般建制镇和集镇至少设置 1 处消防站，消防站布局一般应以接到出警指令后 5 分钟内到达边区边缘	一级普通消防站建设用地 3900～5600 平方米，建筑面积 2700～4000 平方米，二级消防站建设用地 2300～3800 平方米，建筑面积 1800～2700 平方米	√	√	√	√	—

续表

公共设施类型		项目	配置内容和要求	用地和建筑面积（平方米）	常住人口规模（万人）				
					2.5～5	1～2.5	0.5～1	0.25～0.5	0.1～0.25
工程性基础设施	防灾	防洪	一般建制镇和集镇应按其人口规模和耕地面积确定防洪标准，防洪标准确定应符合GB 50201—20141 要求	—	√	√	√	√	√
		地质与地震	一般建制镇和集镇镇区和村庄应对建设选址或建设地点进行山体滑坡、泥石流、地面沉降、火山、地震等发生情况进行评估，评估符合 GB 18306—2015 和 GB 50011—2010 要求	—	√	√	√	√	√
	农业基础设施	农田水利	包括水源工程、灌排工程、喷滴灌工程、渠系建筑物工程和泵站及输变电工程	根据农田水利工程需要配置建设用地	√	√	√	√	√
		土地综合整治	包括土地平整工程、田间道路工程、灌溉和排水工程、农田林网工程、土壤改良和污染耕地修复工程	根据土地整治需要配置建设用地	√	√	√	√	√
		高标准农田建设	包括田块的长度宽度、田块的平整度、农田灌溉系数、田间道路宽度等宜机化水平	根据高标准农田建设需要配置建设用地	√	√	√	√	√
社会性基础设施	社区政务服务	社区政务服务	依据法律、法规、规章等规定在街道、乡镇受理的各类政务类事项	服务大厅使用面积不少于 250 平方米	√	√	√	√	—
	教育	幼儿园	结合镇区常住人口规模和结构，可多点配置	每万常住人口配建 15 个班左右	√	√	√	√	√
		小学	结合镇域服务范围常住人口规模和结构配置	每2.5 万常住人口配28 个班规模的小学，可分区域配建	√	√	√	√	√
		初中	结合镇域常住人口规模和结构设置	每2.5 万常住人口配 20 个初中班	√	√	√	√	—
		高中	结合镇域常住人口规模和结构配置	每5 万人常住人口配建 24 班高中	√	√	—	—	—

续表

公共设施类型		项目	配置内容和要求	用地和建筑面积（平方米）	常住人口规模（万人）				
					2.5～5	1～2.5	0.5～1	0.25～0.5	0.1～0.25
社会性基础设施	医疗	卫生院	每镇至少配置一所	结合镇区建设规模和人口分布可一院多点	√	√	√	√	√
	文化	文化活动	集图书室、信息苑、棋牌室、收藏室、演艺厅等	室内文化设施视人口规模和建筑规模单独设置或与室内体育等合并设置	√	√	√	√	√
	体育	体育活动	集乒乓球、台球、羽毛球、跳操、足球、篮球、网球、游泳等	体育设施建设规模，视人口规模可单独设置，也可分室内文化设施合并设置	√	√	√	√	—
		公园广场	健身步道、广场舞、文化活动等	结合镇区公建中心建设，视人口规模和镇区规模多点设置	√	√	√	√	√
	养老服务	养老院	集养老、护理、康复等，在医疗设施邻近设置	每镇至少1处按需求设置养老床位	√	√	√	√	—
		日间照料服务中心	为镇区及周边村镇生活不能完全自理或日常生活需要照料的半失能老人提供日间托老，助餐、上门服务等	每镇至少一处，超1.5万人的可多点设置，服务半径500～1000米	√	√	√	√	—
	电商服务	电商服务站和快递点	每个镇区均要建设电商服务站和快递点，规模较大的镇，可设置多个站和点	每村至少设置一个电商服务站和一个快递点	√	√	√	√	√
	农业服务	农业技术推广、动植物疾病防控、农产品质量监管	每个乡镇设置一个农业服务中心	农业服务的建设用地和建筑面积按照需要配置	√	√	√	√	—
生态性基础设施	水环境	生活污水处理	镇区生活污水处理率达到80%以上，镇域村庄生活污水处理率达到70%以上	—	√	√	√	√	—
		工业废水处理	镇域内工业企业废水经处理达到排放标准	—	√	√	√	√	—

续表

公共设施类型		项目	配置内容和要求	用地和建筑面积（平方米）	常住人口规模（万人）				
					2.5～5	1～2.5	0.5～1	0.25～0.5	0.1～0.25
生态性基础设施	水环境	河道管理	镇域内的江河、湖、塘、沟清淤疏竣，保持水清塘洁	—	√	√	√	√	—
		卫生厕所	镇村公共卫生厕和户用厕所达到100%	—	√	√	√	√	—
	生活垃圾	生活垃圾无害化处理	镇区生活垃圾集中收处达到100%，镇域生活垃圾集中收运处达到90以上	—	√	√	√	√	—
	土壤环境	农业面源污染	农用化肥、农药利用率达到40%以上，畜禽粪便资源化利用率达到100%，病死畜禽无害化处理率达到100%，农作物秸秆综合利用率不低于95%	—	√	√	√	√	√
		重度污染地块修复	对冶炼、石化、电镀、制革等土地转为商住用地的应进行土壤环境评估和修复	重度污染土地严禁种植食用农产品	√	√	√	√	√
	大气环境	大气尘埃	生产性、生活性、交通性烟尘、有害气体、细颗粒物等达到排放要求	—	√	√	√	√	√
		植树造林	镇区人均公共绿地大于12平方米、道路绿化及率达到95%，镇域森林覆盖率平原地区达到18%以上，丘陵地区达到45%以上，山区达到75%以上	—	√	√	√	√	√
	生物多样性	动植物品种保护	在镇域范围内加强动植物地方品种的保护，禁止捕杀、食用、交易野生动物，为本地动植物品种创造生物多样性环境	—	√	√	√	√	√
		防止外来生物入侵	在镇域范围内加强外来，尤其是国外物种引进的监督管理	—	√	√	√	√	√

资料来源：作者整理。

三、乡村基本公共设施与服务配置标准

国家层面，从目前已有的规范看，对乡村的基本公共设施与服务配置很不全面，1993 年国家《村镇规划标准》（GB 50188—19993）规定，基层村[①]可配置幼儿园、托儿所、文化站、卫生室、百货店、饭店、饮食店、小吃店；中心村[②]可配置居委会，初级中学，小学，幼儿园，托儿所，文化站，卫生室，计划生产指导站，百货站，食品店、银行、信用社、保险机构、饭店、饮食店、小吃店、理发、浴室、洗染店、综合修理、加工、收购店、蔬菜副食市场。2015 年国家《美丽乡村建设指南》涉及乡村基本公共设施与服务配置定量指标也比较少，已远远落后乡村现有的公共需求。各地政府出于乡村建设需要也出台了一些乡村基本公共设施与服务配置标准，但也不够系统和全面，且量化还不够，对全国的指导性也不够。但当下，乡村基本公共设施与服务在乡村振兴中已是一项不可或缺的内容，根据乡村实际和国家有关文件要求，参照地方乡村基本公用产品配置标准，制定或完善全国乡村基本公共设施与服务配置标准是当下可行的实现路径。

（一）上海乡村基本公共设施与服务配置标准

2018 年 10 月 17 日，由上海质量技术监督局发布的上海《乡村振兴示范村建设指南》（DB 31/T1109—2018）中涉及乡村居民和机构不愿提供或无力提供或出于公共利益需要提供的公共服务，包括基础设施，社会事业和生态环境三类（见表 9 – 8）。

表 9 – 8　　上海乡村振兴示范村公共服务配置标准

公共设施与服务类型	项目	硬件设施配建要求	软件内容配置要求	备注
工程性基础设施	村主路宽度	8 米		超过 8 米应报建设用地审批
	村支路宽度	4 米		路面宽度不够的应设置会车道
	村宅间路宽度	3 米		
	村庄道路铺设标准	村主路 18 厘米，村支路和宅间路 12 厘米	村主路沥青路面，村支路和宅间路可沥青路面或石板、青砖、鹅卵石	村庄道路设计、建设、养护应符合 DG/TJ08 – 2218；村庄道路交通标志设置应符合 GB5768. 1 和 GB5768. 2
	桥梁	桥梁的宽度和铺设方式与道路一致		桥梁设计和建设应符合 JIJD/60 要求

① 基层村是中心村以外的村，小型大于 300 人，中型是 100 ~ 300 人，小型小于 100 人。

② 中心村是设有兼为周边村服务的公共设施的村，大型大于 1000 人，中型 300 ~ 1000 人，小型小于 300 人。①和②均载于《镇规划标准》（GB 50188—2007）第 2 页的“术语”解释。

续表

公共设施与服务类型	项目	硬件设施配建要求	软件内容配置要求	备注
工程性基础设施	饮用水	供水管网改造应符合 GB50268 要求	生活饮用水质应符合 GB5749 要求	
	排水	排水管应采用雨污分流方式	雨水可就近排入村庄水系，经处理的农村生活污水方可排放河道	排水管网布局和建设应符合 CJT123、CJT124 和 GB50268 要求
	供电	农村电网建设与改造应符合 DL/T 5118 要求	电压等级应符合 GB/T156、GB/T32000 要求	
	通信	农村通信机房、基站、管线等通信基础设施，基站覆盖半径 600～700 米	应符合 GB 5037，GB50846，YD5102 要求	
	路灯	路灯架设高度 6 米，灯杆间距少于 25 米，灯源为节能灯或太阳能灯	在对外连接的村主路、村内丁字路口、十字路口应配置	
	天然气	天气安装改造设计应符合 GB/T28885 要求		
	公交站	公交始末站用地 400 平方米	通村至少有 1 条公交线路在村中设站	公交站建设点应与村委会、村活动中心或居民点靠近
	停车	机动停车位 25～30 平方米/个，非机动停车区 1.5～2.5 平方米/个	非机动停车场（库）服务半径 50～100 米，不得大于 200 米，每户不少于一个停车泊位	根据需要，可设置公共停车场
社会性基础设施	村委会	一般建筑面积 400～600 平方米/处		鼓励与其他村级设施集中设置
	医疗室	一般建设面积 100～200 平方米/处	预防保健、传染病预防、慢性病管理、老年保健、康复、小清创外科、中医服务、药品配备等	鼓励与其他村级设施集中配置。村域面积大或村落分散可多点设置
	幼儿园或托儿所	根据幼儿人数设定硬件配套面积	幼教设施建设应符合 GB/T29315 和 DB31/329.6 要求	就邻近几个自然村落联合设置
	综合文化站	一般用地面积不大于 450 平方米/处	百姓舞台、书刊图览、培训教育、影视放映、信息服务、管理服务等	鼓励与多功能活动室集中设置
	健身点	室外健身点一般用地面积 400 平方米/处，室内健身点根据情况配建	篮球、羽毛球、乒乓球、健身器材等	鼓励与其他设施结合配建，并可多点设置
	日间服务照料中心	一般建筑面积 200～500 平方米/处；服务半径 700～1000 米	日间托老、助餐、上门服务等	应与其他村级设置集中配置

续表

公共设施与服务类型	项目	硬件设施配建要求	软件内容配置要求	备注
社会性基础设施	为农综合服务平台	一般地址面积不大于250平方米/处	农技推广、农资供应、农业信息、农机质保、就业培训等	应与其他村级设施集中配置
	综合服务用房	一般建筑面积不大于1000平方米/处	举办各种村民集体活动，红白喜事等	
	超市商店	一般建筑面积不大于250平方米/处	可包含电子商务配送、邮件快递等	鼓励与村级设施集中配置，也可多点设置
生态性基础设施	农业污染	农业废弃物和畜禽类便资源化利用100%，病死畜禽无害化处理率100%，农作物秸秆综合利用率不低于95%	农药瓶、废弃塑料薄膜、育秧盘、农作物秸秆等	
	垃圾集中处理	小型垃圾压缩站建筑面积40~80平方米/处，占地面积10~150平方米/处	生活垃圾应分类收集，收集频次每周1~2次	服务半径不宜超过500米
	污水集中处理	一般每个或几个自然村落设1处小型污水处理设施	有条件的村庄，污水应纳入城镇污水处理系统	
	厕所	超过400人的自然村应建一个公共厕所	公共厕所服务半径宜500~1000米，建设和保障应符合GB19379要求	
	河道治理		村内河湖塘沟应定期清淤疏浚，河道水系保持水清、岸洁	清除水面垃圾、岸边杂物等
	绿化		保护村域内古树名木、高大乔木、公益片林	
	景观	在村边、河边、路边、公共场所建设景观小品、小型绿地、村民公园	村域绿化景观建设设计应符合CECS285和LJT172645要求	

资料来源：作者根据上海《乡村振兴示范村建设指南》（DB 31/T1109—2018）整理。

（二）浙江乡村公共设施与服务配置标准

2014年4月6日，由浙江省质量技术监督局发布的浙江《美丽乡村建设规范》（DB 33/T912—2014），涉及的乡村基本公共设施与服务也包括基础设施、社会事业和生态环境类（见表9-9）。

表9-9　　浙江美丽乡村公共服务配置标准

公共设施与服务类型	项目	硬件设施配建要求	软件内容配置要求	备注
工程性基础设施	道路建设	通往村主干公路不低于DB33/T440四级公路要求	通往村及村内路网布局，完善农村公路安保工程建设	

续表

公共设施与服务类型	项目	硬件设施配建要求	软件内容配置要求	备注
工程性基础设施	电气化和信息化	有线电视入户率达到90%以上，农村宽带入户率高于县（市）平均水平	通信机房、基站等通信基础设施符合GB50373、GB50846等	电气化、信息化、广电化水平适应生产生活需要
	给排水	排水管网应采取雨污分流方式	管网布局合理规范符合CJJ123、CJJ124要求	
	饮用水	农村饮水安全覆盖率达到98%以上	生活饮用水质符合GB5749要求	
	停车	每户不少于1辆车标准，适当布设公共停车场		
社会性基础设施	村卫生室	建筑面积大于60平方米	应配有适当数量具有执业资格医生	
	医疗保险	参保率在95%以上，老年人健康体检率65%以上	妇女病普查服务率高于80%，残疾人康复服务率90%以上	
	能源	清洁能源普及率达到90%以上		
	养老保险	农民养老保险参保率高于（县、市、区）平均水平	月养老金水平不低于上年度	
	养老服务	鼓励建设农村社区居家养老服务照料中心		
	防灾	每村设立不少于50人容量的村级避灾所		
	治安		刑事案件年发生率低于3%	
	文化活动场所		丰富农民文体活动	
	体育活动场所		配备篮球场、乒乓球台等	
生态性基础设施	生产污染控制	工业污染源达标排放率达100%，农家乐经营污水处理率达75%以上，餐饮业油烟达标排放达95%以上		
	生活污染控制	生活垃圾无害化处理率达90%以上	生活垃圾源头分类	
	农业面源污染控制	塑料农膜回收率达80%以上，农作物秸秆综合利用率达85%以上，畜禽粪便综合利用率达97%以上	农业固体废弃物污染控制应符合HJ588要求	

续表

公共设施与服务类型	项目	硬件设施配建要求	软件内容配置要求	备注
生态性基础设施	垃圾箱	每1000人配置25只垃圾箱	每500人配备1名保洁员	
	河道清洁	村庄内坑塘河道保持清洁		
	厕所	每600户建1座公共厕所农村卫生厕所普及率高	卫生厕所应符合7959要求	
	绿化	城郊村和平原村建成区林木覆盖率达25%以上，半山区村建成区林木覆盖率达20%以上，山区村和海岛村建成区林木覆盖率达15%以上	道路河岸宜绿化地段绿化覆盖率应达95%以上，平原区农田林网控制率应达90%以上	村庄建成区宜建1个面积300平方米以上休闲绿地

资料来源：作者根据浙江《美丽乡村建设规范》（DB 33/T912—2014）整理。

第四节　次发展区域基本公共设施与服务的投资建设

基本公共设施与服务投资建设一般由国家（政府）或企事业单位两大类投资主体来完成。根据次发展区域经济社会发展的需要，凡是市场主体（企业、公用事业单位乃至个人）愿意投资或政府（各级政府）财政补贴市场主体愿意投资的，应当优先由市场主体进行公共设施与服务的投资建设，除此之外才由各级政府财政进行公共产品设施与服务的投资建设。

一、政府与社会投资基本公共设施与服务的范围划分

2019年5月，在中共中央、国务院发布的《关于建立健全城乡融合发展的体制机制和政策体系的意见》中提出基本公共设施与服务投资确定的基本原则。一是公益性强的设施，建设投入以政府为主；二是有一定经济效益的设施，政府加大投入力度，积极引导社会资本和农民投入；三是经营性为主的设施，建设投入以企业投入为主。基于上述公共设施与服务投资确定的基本原则，结合本书提出的“工程性设施和服务、社会性设施和服务、生态性设施和服务”三类基本公共设施与服务，次发展区域基本公共设施与服务政府与社会投资范围划分（见表9－10）。具体某类基本公共设施与服务投资确定，还要根据次发展区域基本公共设施与服务建设需要，当地政府投资和社会投资能力和参与情况确定。

表 9-10　　次发展区域基本公共设施与服务政府与社会投资范围划分

基本公共产品类型		公共设施项目内容	投资方式		
			政府财政资金投资	政府引导社会资本投资	社会资本投资
工程性基础设施和服务	道路交通	道路及桥梁、交通站点、路灯、四好农村路等	√		
		公共停车场		√	√
	给排水	饮用水			√
		排水	√		
	供电和通信	供电（含电网）、移动机站等			√
		邮政局（所）、智慧农业和数字乡村等		√	√
	燃气	管道天然气、瓶装液化天然气	√	√	√
	防灾	消防站、防洪、地质和地震等	√		
	农业基础设施	农田水利	√	√	
		土地综合整治	√	√	
		高标准农田建设	√	√	
		农业园区	√	√	
		动植物保护、农技扩广、农产品质量安全等	√		
		农产品保鲜冷链物流		√	√
		沿海渔港建设		√	√
社会性基础设施和服务	政务设施	服务大厅建设	√		
	教育	幼儿园	√	√	
		小学、初中、高中	√		
	医院	卫生院、卫生站	√		
	文体活动	图书馆、信息苑、运动广场等	√		
		经营性文体活动		√	√
	养老服务	公益养老院、日间照料等	√		
		商业性养老社区等		√	√
	电商服务	电商服务站、快递点		√	√
	农贸市场	菜市场、集市等		√	√
生态性设施和服务	水环境	生活污水、生产废水、卫生厕所		√	√
		河道管理	√		
	生活垃圾	生活垃圾集运处		√	√
	土壤环境	农业面源污染	√		
		重度污染地块修复	√	√	√

续表

基本公共产品类型		公共设施项目内容	投资方式		
			政府财政资金投资	政府引导社会资本投资	社会资本投资
生态性设施和服务	大气环境	大气污染	√		
		植树造林	√	√	√
	生物多样化	动植物品种保护	√		
		防止外来生物入侵	√		

资料来源：作者编制。

二、政府投资基本公共设施与服务的资金来源

（一）公共财政的预算科目

从2012年开始，我国政府的预算体系由一般公共预算、政府性基金预算、国有资本经营预算、社会保险基金预算四部分构成。目前，我国政府的一般公共预算支出有以下29类，包括基本建设支出、企业挖潜发行资金、简易建筑费、地质勘探费、科技三项费用、流动资金、支持农村生产支出、农林气象等部门事业费、工业交通等部门事业费、商业部门事业费、城市维护费、文教事业费、科学事业费、其他部门事业费、抚恤和社会福利救济费、国防支出、行政管理费、武装警察部队支出、公检法支出、政策性补贴支出、债务支出、对外援助支出、支持不发达地区支出、其他支出、总预备费、预算调拨支出、农业综合开发支出、卫生经费、行政事业单位离退休经费。目前纳入政府性基金预算的共有40多项，包括国有土地使用权出让基金、彩票公益金、住房基金、铁路建设基金、国家重大水利工程建设基金等。政府性基金一般通过建立专项基金方式进行支出预算。国有资金经营预算是指政府以所有者身份依法取得国有资本收益，并对所得收益进行分配而发生的各项收支预算。国有资本经营收入预算包括国家出资企业分得的利润，国有资产转让收入、国家出资企业的清算收入等。国有资本经营预算支出可以用于国有企业的结构调整，也可以纳入一般公共预算。社会保险基金预算是指社会基金的收支计划，社会保险基金的预算收入，包括单位缴纳的社会保险费、职工个人缴纳的社会保险费、基金利息收入、财政补贴收入、转移收入、上级补助收入、下级上解收入等；预算支出，包括社会保险待遇支出、转移支出、补助下级支出、上解上级支出等。

（二）公共财政投资的资金来源

从实践看，基本公共设施与服务的政府公共财政投资资金主要来源于土地出让收入、一般公共预算资金、地方债券资金三方面。

1. 土地出让收入

2020 年 9 月 24 日，中办国办印发了《关于调整完善土地出让收入使用范围 优先支持乡村振兴的意见》提出，长期以来，土地增值收益取之于农，主要用之于城，有力推动了工业化、城镇化的快速发展，但直接用于农业农村的比例偏低，对农业农村的发展的支持作用发挥不够。并提出“按照取之于农，主要用之于农”的要求，明确从“十四五”第一年开始，各省（区、市）分年度稳步提高土地出让收入用于农业农村比例；到“十四五”末，以省（区、市）为单位核算，土地出让收益用于农业农村比例达到 50% 以上。并明确原来从土地出让收益中计提的农业土地开发资金、农田水利建设资金、教育资金等，以及市县政府缴纳的新增建设用地土地有偿使用费实际用农业农村部分计入土地出让收入用于农业农村的支出，但不得将与土地前期开发无关的基础设施和公益性项目建设成本纳入土地出让成本核算范围。

土地出让收入属政府性基金预算范围，“近几年全国土地出让收入一年可达六七万亿元，土地出让收入用于农业农村的比例能提高一个百分点，就相当于‘三农’增加六七百亿元的投入。”①

2. 一般公共预算资金

在中办国办发的《关于调整完善土地出让收入使用范围优先支持乡村振兴的意见》中提出“加强土地出让收入用于农业农村资金与一般公共预算支农投入之间的统筹衔接，持续加大各级财政通过原有渠道用于农业农村的支持力度，避免对一般公共财政支农投入产生挤出效应，确保对农业农村投入切实增加”。并明确“中央财政继续按现行统筹农田水利建设资金的 20%，新增建设有偿使用费的 30%，向粮食主产区、中西部地区倾斜”。在中央农村工作领导小组办公室等 7 部门发布的《关于扩大农业有效投资，加快补上“三农”领域突出短板的意见》中提出“中央和地方财政加强‘三农’投入保障，优化支出结构，突出保障重点，中央预算内投资继续向‘三农’补短板重大工程项目倾斜。扎实开展新增耕地指标和城乡建设用地增减挂钩节余指标跨省域调剂使用，调剂收益全部用于巩固脱贫攻坚成果和支持乡村振兴。优化涉农资金使用结构，继续按规定推进涉农资金统筹融合，加强对重点项目的支持力度。充分发挥财政资金引导作用，撬动社会资本投向农业农村重点项目”。

需要着重说明的是，这里讲的“中央预算内投资”和“中央和地方财政加强‘三农’投入保障”等都是中央和地方的一般公共预算中的投入。也就是说，在提高土地出让收益用于农业农村比例，其本意是指在原有中央和地方“一般公共预算支农资

① 姚亚奇：《我国将稳步提高土地出让收入用于农业农村的比例》，载于《光明日报》2020 年 9 月 25 日第 12 版。

金”中做加法，即中央和地方原来的“一般公共预算支农投入”不减少。

3. 地方债券资金

2018年中央1号文件中提出“稳步推进地方政府专项债券管理改革，鼓励地方政府试点发行项目融资和收益自平衡的专项债券，支持符合有条件、有一定收益的乡村公益性项目建设”。在《关于建立健全城乡融合发展体制机制和政策体系的意见》中提出“支持地方政府在债务风险可控前提下发行政府债券，用于城乡融合公益性项目”。2020年7月10日，在中央农村工作领导小组办公室等7部门发布的《关于扩大农业农村有效投资，加快补上“三农”领域突出短板的意见》（中农发〔2020〕10号）中提出“地方政府应通过一般债券用于支持符合条件的乡村振兴项目建设。各地区要通过地方政府专项债券增加用于农业农村的投入，加大对农业农村基础设施等重大项目的支持力度，重点支持符合专项债券发行使用条件的高标准农田、农产品仓储保鲜冷链物流等现代农业设施、农村人居环境整治、乡镇污水治理等领域政府投资项目建设。地方可按规定将抗疫特别国债资金用于有一定收益保障的农林水利等基础设施建设项目”。

地方债券除债券发行项目收益用于债券还本付息，不足部分在一般公共预算债务支出科目中支付。因此，地方债券极大部分的还本付息资金属一般公共预算资金。

三、政府和社会资本合作提供基本公共设施与服务

（一）政府和社会资本合作的内涵和意义

政府和社会资本合作（public-private partnership，PPP），在我国被译为“政府与社会资本合作模式”，是指政府与社会资本经过协商并签订协议，合作提供公共设施与服务或服务的运作方式。PPP的本质是更高效地和更充分地满足社会对公共设施与服务和服务的诉求，该概念最早于1982年由英国提出，是指政府与私营企业经过协商并签订合作协议，授权私营企业代表政府设计、投资、建设、经营和管理公共基础设施，并向社会公众提供优质的公共服务。根据社会资本参与程度、承担风险，PPP主要分为外包类、特许经营类和私有化类三类。财政部原部长楼继伟在《推广PPP：贯彻十八届三中全会精神的一次体制机制变革》一文中指出，“广义PPP是指政府与私人部门为提供公共设施与服务或服务而建立的合作关系，以授予特许经营权为特征，主要包括BOT、BOO、PFI等模式”。

2013年11月，中共十八届三中全会提出“允许社会资本通过特许经营等方式参与城市基础设施投资和运营”。我国于2014年开始大模式推广PPP模式，2014年11月16日，国务院发布了《关于创新重点领域投融资机制鼓励社会投资的指导意见》提出“在公共服务、资源环境、生态环保、基础设施等领域，积极推广PPP模式，规

范选择项目合作伙伴，引入社会资本，增强公共设施与服务供给能力”。2015 年 5 月 19 日，国务院办公厅发布了《关于在公共服务领域推广政府和社会资本合作模式的指导意见》对 PPP 的具体含义做出了官方界定：“政府采取竞争性方式择优选择具有投资、运营管理能力的社会资本，双方按照平等协商原则订立合同，明确责权利关系，由社会资本提供公共服务，政府依据公共服务绩效评价结果向社会资本支付相应对价，保证社会资本获得合理收益。政府和社会资本合作模式有利充分发挥市场机制作用，提升公共服务的供给质量和效率，实现公共利益最大化。”2019 年 3 月 7 日，财政部发布了《关于推进政府和社会资本合作规范发展的实施意见》提出“确保每一年度本级全部 PPP 项目从一般公共预算列支的财政支出责任，不超过当年本级一般公共预算支出的 10%。新签约项目不得从政府性基金预算、国有资本经营预算安排 PPP 项目运营补贴支出。建立 PPP 项目支出责任预警机制，对财政支出责任占比超过 7% 的地区进行风险提示，对超过 10% 的地区严禁新项目入库”。

财政部对党的十二届全国人大五次会议第 2587 号建议的答复中提出“政府和社会资本合作（PPP）模式通过广泛动员社会力量参与公共设施与服务和服务供给，能够提高公共服务供给质量和效率，有效改善民生，促进政府职能转变，放宽市场准入，激发经济活力和创造力，推动实现稳增长、调结构、惠民生和企业发展的多赢目标”。当前，我国次发展区域的基本公共设施与服务供给滞后于当地经济社会发展的需要，政府和社会资本合作（PPP）提供基本公共设施与服务，本质是在政府投资基本公共设施与服务能力有限的条件下，为了更充分和更高效满足次发展区域对公共设施与服务和服务的需求，利用有限的政府财政资金，撬动社会资本参与次发展区域内的基本公共设施与服务供给，提高基本公共设施与服务供给的专业水平，促进次发展区域经济社会加快发展，人民生活加快提高。

（二）全国 PPP 项目地区分布

自 2014 年以来到 2020 年 1 月，全国政府和社会资本合作（PPP）项目，累计入库项目①为 9450 个，投资额 143944 亿元；累计落地项目 6410 个，投资额为 99223 亿元，落地率 67.8%②；累计开工项目 3760 个、投资额 5.7 万亿元，开工率 58.7%③。此外，截至 2020 年 1 月末，全国 PPP 储备项目④累计有 2924 个、投资额 3.3 万亿元。累计入库项目数前 5 位是山东（含青岛）771 个，河南 753 个，四川 558 个，广东 520 个，浙

① 入库项目：我国 PPP 项目按生命周期分为识别、准备、采购、执行和移交 5 个阶段，其中，准备、采购、执行和移交 4 个阶段的项目纳入库项目。

② 落地项目指执行和移交两个阶段的项目组合；落地率是指累计落地项目数与累计入库项目数的比值。

③ 开工率是指累计开工项目与累计落地项目的比值。

④ 筹备项目不包括在入库项目内。

江517个，合计占入库项目总数的33%；累计入库项目投资额前5位是贵州12036亿元、云南11357亿元、四川10038亿元、浙江9843亿元、河南9657亿元，合计占入库项目总投资的36.8%。累计落地项目前5位的是山东（含青岛）544个、河南441个、浙江4 15个、广东410个、安徽392个，合计占落地项目总数的34.35%；累计落地项目投资额前5名的是云南9277亿元、浙江8621亿元、贵州8050亿元、江苏6132亿元、湖南6068亿元，合计占落地项目总投资的38.45%。累计开工项目数前5位的是山东（含青岛）416个、四川315个、安徽304个、广东262个、浙江232个，合计占落地项目总数的40.66%，累计开工项目投资额前5位的是云南5915亿元、四川4618亿元、山东（含青岛）4226亿元、浙江4061亿元、河南3248亿元，合计占落地项目总投资的38.72%（见表9-11）。

表9-11　2014~2020年1月全国PPP项目投资建设地区分布

区域类型		项目					投资额		
东中西部地区	省份	入库项目（个）	落地项目（个）	落地率（%）	开工项目（个）	开工率（%）	入库项目投资（亿元）	落地项目投资额（亿元）	开工项目投资（亿元）
东部地区	河北	397	284	71.5	185	65.1	6540	4860	2995
	北京	70	62	88.1	36	58.1	2020	1974	1544
	天津	52	29	56.8	7	24.1	2174	860	46
	山东	771	544	70.6	416	76.5	8237	5681	4266
	江苏	400	290	72.5	181	52.1	8229	6132	3013
	上海	5	3	60.0	2	66.7	24	16	16
	浙江	517	415	80.3	232	55.9	9843	8621	3248
	福建	351	291	82.9	165	56.7	3255	3034	1829
	广东	520	410	78.8	262	63.9	6323	4927	2856
	海南	96	83	86.5	41	49.4	903	667	386
	黑龙江	108	69	63.9	27	39.1	1136	902	592
	吉林	170	119	70.0	78	65.9	2948	2553	1614
	辽宁	187	80	42.8	40	50.0	2152	1295	508
	小计	3644	2679	—	1672	—	53784	41522	22913
中部地区	山西	399	181	45.4	60	33.1	3687	1504	529
	河南	753	441	58.6	209	47.4	9657	6068	3248
	安徽	476	392	82.4	304	77.6	5141	4401	2970
	湖北	418	274	65.6	141	51.5	6562	5096	2475
	江西	360	267	74.2	71	26.5	3022	2236	579

续表

区域类型		项目					投资额		
东中西部地区	省份	入库项目（个）	落地项目（个）	落地率（%）	开工项目（个）	开工率（%）	入库项目投资（亿元）	落地项目投资额（亿元）	开工项目投资（亿元）
中部地区	湖南	422	262	62.1	210	80.2	5632	3614	2710
	小计	2828	1817	—	995	—	33701	22919	12511
西部地区	重庆	44	27	61.4	17	63.0	2396	1022	431
	陕西	282	189	67.0	101	53.4	4037	3166	1537
	四川	558	365	65.4	315	86.3	10038	5507	4618
	云南	483	284	58.6	200	70.4	11357	9277	5915
	贵州	514	299	58.2	85	28.8	12036	8085	3082
	广西	206	104	50.5	45	43.3	3182	1396	578
	甘肃	125	56	44.8	40	71.4	3050	1196	495
	青海	39	22	56.4	9	40.9	611	175	46
	宁夏	47	40	85.1	23	57.5	796	502	403
	西藏	1	—	—	—	—	33	—	—
	新疆	381	314	82.4	152	48.4	5968	3528	1925
	新疆	18	10	55.6	4	40.0	143	83	46
	内蒙古	285	204	71.6	131	64.2	2491	1777	1280
	小计	2983	1914	—	1122	—	56138	35714	20356
合计		9455	6410	—	3789	—	143623	100155	57000

资料来源：作者根据国家财政部发布的《全国 PPP 综合信息平台项目管理库 2020 年 1 月报》整理。

（三）全国 PPP 项目行业分布

我国 PPP 入库项目目前涵盖 19 个行业一级行业，包括交通运输、水利建设、生态建设和环境建设、市政工程、城镇综合开发、能源、农业、林业、科技、保障性安居工程、旅游、医疗卫生、养老、教育、文化、体育、社会保障、政府基础设施和其他。累计入库项目数前 5 位的一级行业是市政工程 3850 个、交通运输 1317 个、生态建设和环境保护 926 个、城镇综合开发 613 个、教育 450 个，合计占入库项目总数的 75.65%；累计入库项目投资前 5 位的行业是市政工程 4.2 万亿元、交通运输 4.58 万亿元、城镇综合开发 1.0 万亿元、生态建设和环境保护 0.7 万亿元、旅游 0.47 万亿元，合计占落地项目总投资的 76.09%。累计落地项目前 5 位的行业是市政工程 2657 个、交通运输 926 个、生态建设和环境保护 623 个、城镇综合开发 402 个、教育 294 个，合计占落地项目总数的 76.5%；累计落地项目投资前 5 位的行业是市政工程 3.2 万亿元、交通运输 3 万亿元、城镇综合开发 1.4 万亿元、生态建设和环境保护 0.7 万亿元、水利0.2万亿元，合计占落地项目总投资的85.2%（见表9－12）。

表9－12　　2014～2020年1月全国PPP项目投资行业分布

序号	行业分布	项目				投资			
		入库项目（个）	占入库项目数（%）	落地项目（个）	占落地项目数（%）	入库项目投资额（亿元）	占入库项目投资额（%）	落地项目投资（亿元）	占落地项投资额（%）
1	市政工程	3850	40.2	2657	41.5	41614	28.9	31723	31.7
2	交通运输	1317	13.9	926	14.4	45794	31.8	29505	29.5
3	生态建设与环境保护	926	9.8	623	9.7	10059	7.0	7202	7.2
4	城镇综合开发	613	6.5	402	6.3	19594	13.6	14431	14.4
5	教育	450	4.8	294	4.6	2553	1.8	1687	1.7
6	水利建设	400	4.2	274	4.3	3331	2.3	2356	2.2
7	医疗卫生	265	2.8	183	2.9	2035	1.4	1390	1.4
8	旅游	327	3.5	178	2.8	4664	3.2	2203	2.2
9	政府基础设施	197	2.1	148	2.3	2015	1.4	1638	1.6
10	文化	202	2.1	121	1.9	1895	1.3	1189	1.2
11	保障性安居工程	181	1.8	148	1.6	2483	1.7	2081	2.1
12	科技	136	1.4	90	1.4	868	0.6	603	0.6
13	能源	129	1.4	89	1.4	677	0.5	501	0.5
14	体育	117	1.2	74	1.2	1042	0.7	683	0.7
15	养老	106	1.1	64	1.0	706	0.5	455	0.5
16	农业	71	0.8	38	0.6	868	0.6	374	0.4
17	林业	81	0.9	23	0.4	1483	1.0	383	0.4
18	社会保障	32	0.3	16	0.2	127	0.1	75	0.1
19	其他	137	1.4	92	1.4	2136	1.5	1618	1.6
合计		9459	100	6410	100	143944	100	992230	100

资料来源：作者根据国家财政部发布的《全国PPP综合信息平台项目管理库2020年1月报》整理。

（四）全国PPP项目投资回报来源

2014年以来，累计使用者付费类入库项目626个，投资回报额1.4万亿元，分别占入库项目和投资回报的6.6%和9.8%；累计可行性缺口补助类项目5437个，投资回报额9.7万亿元，分别占入库项目和投资回报的57.5%和67.1%；累计政府付费类项目3396个，投资回报额3.3万亿元，分别占入库项目和投资回报的35.9%和23.2。累计使用者付费落地项目394个，投资回报额0.7万亿元，分别占入库项目和投资回报的6.15%和6.32%；累计可行性缺口补助类落地项目32个，投资回报额6.5万亿元，分别占入库项目和投资回报的 51.06% 和 65.18%；累计政府付费落地项目 2273 个，投资回报额 2.9 万亿元，分别占入库项目和投资回报的 42.79% 和 28.5%（见表 9－13）。

表 9－13　　2014～2020 年 1 月全国 PPP 项目投资回报来源

投资回报来源	入库项目及投资回报				落地项目及投资回报			
	入库项目（个）	占入库项目数比重（%）	投资回报金（亿）元	占总投资回报比重（%）	落地项目（个）	占落地项目数比重（%）	投资回报金额（亿）元	占总投资回报比重（%）
使用者付费	626	6.6	14099	9.8	394	6.15	6275	6.32
可行性缺口补助	5437	57.5	96530	67.1	3273	51.06	64677	65.18
政府付费	3396	35.9	33365	23.1	2743	42.79	28271	28.5
合计	9459	100	143994	100	6410	100	99223	100

资料来源：作者根据国家财政部发布的《全国 PPP 综合信息平台项目管理库 2020 年 1 月报》整理。

第十章
区际对口帮扶与合作

20 世纪 80 年代末我国提出了“两个大局”的区域经济发展战略思想，是贯穿于我国工业化和城镇化或现代化全过程的，我国执行了内地支持沿海的前“一个大局”战略思想，就必须持续执行沿海支持内地的后“一个大局”战略思想。因此，我国的区域经济社会发展中的对口帮扶和对口合作是贯穿于我国工业化和城镇化或现代化全过程的。本章由“区际对口帮扶的内涵和特征”“省际对口帮扶与合作”“省内对口帮扶与合作”“对口帮扶与合作的基本原理”四部分内容构成。

第一节　区际对口帮扶的内涵和特征

对口帮扶和合作是一种区域经济社会发展的机制而不是政策或制度，是指促进对口地区经济社会发展的结构关系和运作方式。在区域经济社会发展实践运用中，对口帮扶和对口合作往往不是截然分开的，在一个对口地区中往往是叠加运用的。

一、我国区域经济发展战略及实践

（一）我国区域经济“两个大局”的战略思想

1988 年，当改革开放和现代化建设全面展开之后，邓小平就提出了“两个大局”的战略思想，即沿海地区要加快对外开放，使这个拥有两亿人口的广大地带较快先发展起来，从而带动内地更好地发展，这是一个事关大局的问题。内地要顾全这个大局。反过来，发展到一定时候又要求沿海拿出更多的力量来帮助内地发展，这也是个大局。那时沿海也要服从这个大局。[①] 邓小平在 1992 年的南方谈话中还指出，什么时候突出地提出和解决这个问题，在什么基础上提出和解决这个，要研究。可以设想，在 21 世纪末达到小康水平的时候，就要突出地提出和解决这个问题。[②]

2021 年 7 月 1 日，中共中央总书记、国家主席、中央军委主席习近平在天安门广

---

① 邓小平：《邓小平文选》第 3 卷，人民出版社 1994 年版，第 277 ~ 278 页。

② 邓小平：《邓小平文选》第 3 卷，人民出版社 1993 年版，第 374 页。

场举行的庆祝中国共产党成立100周年大会上宣告，经过全党全国各族人民持续奋斗，我们实现了第一个百年奋斗目标，在中华大地上全面建成了小康社会，历史性地解决绝对贫困问题。① 从此，我国区域经济发展战略进入了邓小平提出的“两个大局”战略思想中的后“一个大局”深化实践新阶段。

（二）我国区域经济“两个大局”战略思想的实践

1. 我国前“一个大局”战略思想实践的主要特征

我国区域经济战略思想前“一个大局”实践，在空间上，主要表现为次发展区域支持极化发展区域的发展；在时间上，主要发生在我国工业化和城镇化前中期发展阶段。我国农村支持城市主要表现在劳动力及人才、工农业产品剪刀差、建设用地及土地出让收入和县域范围内金融机构存款四大方面。还不包括国家在交通通信、重大产业、高等院校和科研机构等重大项目在城市，尤其是大城市的布局（我国在县域范围内布局的高等院校和科研机构很少，但在西方发展是个普遍现象）。

一是在人口和劳动力方面。自1953年以来，尤其是1958年以来，我国实施严格限制农民转移城市的人口管理政策，到1984年国家才允许农民工自理口粮进入县城以下集镇落户，放松了对农村居民迁居城镇的限制。而与此同时，在20世纪60年代初期因城市食品供应紧张，有2600万城市人口被遣往农村，在“文化革命大革命”期间，国家又动员约3000万人口迁往农村②。自改革开放以来，我国进城人口和农村剩余劳动力极大地扶持了我国城市发展（见表10－1）。

表10－1　　2010～2021年我国农民工③统计

年份	农民工总量		外出农民工		本地农民工	
	绝对值（万人）	增长（%）	绝对值（万人）	增长（%）	绝对值（万人）	增长（%）
2010	24223	5.4	15335	5	8888	5.2
2011	25278	4.4	15863	3	9415	5.9
2012	26261	3.9	16336	2	9925	5.4
2013	26894	2.4	16610	1	10289	3.6
2014	27395	1.9	16821	1	10574	2.8
2015	27747	1.3	16884	0.4	10863	2.7

① 习近平：《在庆祝中国共产党成立100周年大会上的讲话》，新华社北京2021年7月1日电。

② 段应碧：《统筹城乡发展》，党建读物出版社2005年版，第146～147页。

③ 外出农民工，是指户籍仍在我国乡村，当年在户籍所在乡镇地域以外从业6个月及以上劳动力；本地农民工，是指户籍仍在乡村，当年在户籍所在乡镇地域以内从事非农工作6个月及以上农村劳动力。

续表

年份	农民工总量		外出农民工		本地农民工	
	绝对值（万人）	增长（%）	绝对值（万人）	增长（%）	绝对值（万人）	增长（%）
2016	28177	1.5	16934	0.3	11237	3.4
2017	28652	1.7	17185	1.5	11467	2
2018	28836	0.6	17266	0.5	11570	0.9
2019	29077	0.7	17425	0.9	11652	0.7
2020	28560	-1.8	16959	-2.7	11601	-0.4
2021	29251	2.4	17172	1.3	12079	4.1

资料来源：根据国家统计局农民工监测调查报告整理。

二是工农业产品剪刀差。通过城乡产品的不平等交换，1952～1990 年农村共有 11594.14 亿元农产品价值无偿地从农村转移城市，1991～1997 年共有 20871.3 亿元农产品价值无偿的从农村转移城市，这样从 1952～1997 年 46 年间就有 32465.44 亿元农产品价值无偿地从农村转移城市①。然而工农业产品剪刀差，在我国目前仍在继续。同时，这里还不包括大量未纳入农产品、工业品和服务品交换的农村地区的生态产品。

三是建设用地及其土地出让金。2019 年 12 月 31 日根据我国第三次全国国土调查和第二次全国土地调查公布的土地调查数据，2019 年 12 月 31 日比 2009 年 12 月 31 日的全国建设用地总量增加 1.28 亿亩，而在全国新增的 1.28 亿亩建设用地中，耕地占 58.59%，其他农用地和未利用地占 42.41%。中科院空天院发布的《中国城市如何由小变大》近 50 年 75 个典型城市扩展遥感监测数据库中提出“不同时期耕地对城市扩展的贡献率在 50%～70% 波动，……不同规模城市中，巨大城市（人口 >1000 万）扩展占用耕地比例最高，达 61.59%”。② 另外，据国家自然资源部公布的统计数据，2010～2016 年，7 年间全国国有建设用地一共出让 201.66 万公顷，每年出让 28.81 万公顷；国有建设用地出让合同价款一共 22.63 万亿元，每年出让合同价款为 3.23 万亿元（见表 10－2）。2020 年 9 月 24 日，中办国办印发了《关于调整完善土地出让收入使用范围 优先支持乡村振兴的意见》中提到：“长期以来，土地增值收益取之于农，主要用之于城，有力推动了工业化、城镇化的快速发展，但直接用于农业农村的比例偏低，对农业农村的发展的支持作用发挥不够。”

① 段应碧：《统筹城乡发展》，党建读物出版社 2005 年版，第 148 页。

② 齐芳：《中国城市如何由小变大》，载于《光明日报》2021 年 3 月 5 日第 8 版。

表 10－2　　2010～2016 年国有建设用地出让资金

年份	出让面积		出让合同价款	
	出让面积（万公顷）	比上年增长率（%）	出让合同价款（万亿元）	比上年增长率（%）
2010	29.15	32.0	2.71	57.8
2011	33.39	13.7	3.15	14.6
2012	32.28	－3.3	2.69	－14.7
2013	36.7	13.7	4.20	56.3
2014	27.18	－27.5	3.34	27.4
2015	22.14	－20.2	2.98	－13.3
2016	20.82	－5.9	3.56	19.3
合计	201.66	—	22.63	—

注：2010 年前和 2016 年后在国家国土资源部国土资源公报上，没有找到国有建设用地出让的有关具体数据。
资料来源：作者根据国家自然资源部 2010－2016 年《中国国土资源公报》整理。

四是县域内金融机构存贷款。从我国 1495 县域范围内的金融机构存贷比例看，近几年来，在我国脱贫攻坚和乡村振兴的背景下，我国县域范围内的金融机构存贷比已经得到较大的提高，到 2020 年末，我国县域范围内金融机构存贷比为 91.68%，仍然有 16901.12 亿元存款流向城市（见表 10－3）。

表 10－3　　2020 年末我国县域范围金融机构存贷比

序号	省份	县（个）	年末存款（亿元）	年末贷款（亿元）	存贷比（%）
1	河北	97	19613.47	15010.44	76.56
2	山西	81	8623.49	5092.08	59.05
3	内蒙古	69	5493.52	5122.46	93.25
4	辽宁	25	4539.33	2316.02	51.02
5	吉林	19	2881.21	2142.54	74.36
6	黑龙江	47	4335.88	2716.86	62.66
7	江苏	19	7033.15	8881.82	126.29
8	浙江	33	9745.94	16793.37	172.31
9	安徽	50	10450.50	12978.53	124.19
10	福建	43	6054.93	7980.00	131.79
11	江西	61	9651.49	10569.50	1.10
12	山东	52	15468.01	12507.76	80.86
13	河南	84	18761.74	12189.95	64.97
14	湖北	38	6807.73	5082.15	74.65

续表

序号	省份	县（个）	年末存款（亿元）	年末贷款（亿元）	存贷比（%）
15	湖南	71	13084. 78	11248. 72	85. 97
16	广东	37	5242. 48	4804. 99	91. 65
17	广西	61	6904. 98	6380. 60	92. 41
18	海南	11	1005. 54	924. 17	91. 91
19	重庆	12	2965. 13	2868. 64	96. 75
20	四川	111	15657. 33	10688. 80	68. 27
21	贵州	64	5269. 60	8516. 15	161. 61
22	云南	97	6887. 24	6754. 58	98. 02
23	西藏	66	290. 47	704. 44	242. 52
24	陕西	71	7451. 27	4422. 22	59. 35
25	甘肃	64	4702. 80	4524. 29	96. 20
26	青海	34	701. 14	756. 06	107. 83
27	宁夏	12	963. 92	1109. 11	115. 06
28	新疆	66	2665. 43	3265. 13	122. 50
合计		1495	203252. 5	186351. 38	91. 68

资料来源：作者根据《中国县域统计年鉴 2021（县市卷）》整理。

2. 我国后“一个大局”的政策指向

在我国工业化和城镇化前中期发展阶段，为了配合和保障我国“沿海地区加快对外开放，使这个拥有两亿人口的广大地带较快先发展起来”的同时，我国从 1994 年 7 月开始，国家相继实施了多种形式的，以中央主导的省际之间对口帮扶与合作，主要有东部地区对中西部地区的对口支援（对口援藏、援疆、援三峡库区、援汶川地震），东西部扶贫协作和社会帮扶，沿海地区南部部分省市与东北地区的对口合作。与此同时，各地也实施省内地市之间、县（市、区）内的对口帮扶与合作。这些省际之间和省内之间的对口帮扶与合作，有效的保障和促进了我国东部沿海地区的改革开放和经济社会发展，完成了我国全面建成小康社会和脱贫攻坚的艰巨任务。然而，在我国工业化和城镇化前中期发展阶段的省际之间和省内之间的对口帮扶和合作，总体上是配合性的，是从属于“两个大局”中前“一个大局”总框架范围内，根据当前我国东西、南北、城乡之间的不平衡不充分发展现状，从现在开始到 2035 年我国基本建成社会主义现代化和到 2050 年我国基本建成社会主义现代化强国的进程中，我国后“一个大局”的政策指应当是，立足我国工业化和城镇化中后期发展阶段，加大极化发展区域支持次发展区域力度，缩小我国东西、南北、城乡之间的经济社会发展差距。

二、区际对口帮扶和合作的内涵特征和特征

（一）区际对口帮扶和合作的内涵

区际对口帮扶和合作是指按照我国区域经济战略思想中的后“一个大局”要求，制定相应的政策措施，促进极化发展区域的资金、技术、人才、管理、产业、企业等经济发展要素导入次发展区域，实现次发展区域加快发展，缩小极化发展区域与次发展区域之间的经济社会发展差距，实现国家的整体稳定和整体发展。其中，对口帮扶是指在中央政府或地方政府主导下，按照对口帮扶设定的内容和要求，由对口支援方向对口受援方无偿提供资金、技术、人力、项目等支持，提高被援助地区的公共产品设施和服务、政府运转管理水平和民生保障，促进被援助地区的经济社会发展，实现国家的整体稳定和整体发展。我国以往的对口支援、东西部扶贫协作中的政府、政府部门、国有企业的对口帮扶偏重这一含义。对口合作是指在对口双方的政府引导下，发挥对口双方各自比较优势，平等互利，市场化运作，合作共赢，实现对口合作双方的共同发展和国家的整体发展。我国以往的东西部扶贫协作中的社会帮扶和东部沿海地区部分省市与东北地区的对口合作偏重这一含义。

（二）区际对口帮扶和合作的基本特征

1. 对口帮扶和合作是区域经济社会发展的机制

对口帮扶和对口合作，在区域经济社会发展实践运用中，往往是不能截然分开的。一般情况下，在一个具体的对口帮扶和对口合作的区域中，没有盈利或收费机制的对口事项比较适用于对口帮扶，有盈利或可收费的对口事项比较适用于对口合作。因此，对口帮扶和对口合作在一个对口地区中往往是叠加运用的。可见，对口帮扶和合作是一种区域经济社会发展的机制而不是政策或制度，是指促进对口地区经济社会发展的结构关系和运作方式。

2. 对口帮扶和合作是对口受援地区发展机会损失的补偿

我国以往的对口支援、东西部扶贫协作、社会帮扶是在内地支持沿海地区先行发展背景下实施的，在此期间，内地或次发展区域具有一定的发展机会或发展权损失。因此，由对口支援方向对口受援方无偿提供资金、技术、人力、项目等支持，也可视作对口支援地区向对口受援地区发展机会或发展权损失的补偿。

3. 对口帮扶和合作将贯穿于我国工业化和城镇化全过程

20 世纪 80 年代邓小平提出的我国“两个大局”的区域经济发展战略思想，是贯穿于我国工业化和城镇化或现代化全过程的，我国执行了内地支持沿海的前“一个大局”战略思想，就必须持续执行沿海支持内地的后“一个大局”战略思想。这就意味着，我国的区域经济社会发展中的对口帮扶和合作是贯穿于我国工业化和城镇化或现

代化全过程的。

4. 工业化和城镇化不同发展阶段的对口帮扶和合作内容差异

我国工业化和城镇化中后期发展阶段与我国在工业化和城镇化前中期实施的区际对口帮扶和合作的内涵主要区别在于：我国工业化和城镇化前中期发展阶段，我国区际对口帮扶和合作，在目标上主要聚焦于我国西部地区边疆稳定和中西部地区的绝对贫困；在空间上，主要覆盖我国中西部的贫困地区、滞后发展的东北地区；在内容上，主要采用的是对口帮扶，对口合作还刚起步。而我国工业化和城镇化中后期发展阶段，我国区际对口帮扶和合作，在目标上，应该聚焦于地区、城乡之间的不平衡不充分发展的改善；在空间上，应该覆盖到全国不平衡不充分发展的所有地区，包括我国的东部、中部、西部、东北等地区；在内容上，在继续坚持政府主导和政府引导前提下，在公益性和民生性对口事项中保留必要的单向无偿的对口帮扶外，在经济发展对口事项中应更多地采用对口合作方式实现对口双方共赢。

第二节　省际对口帮扶与合作

省际对口帮扶和合作的实践和研究，有助于实现我国东部地区与西部地区，东部沿海的南部省市与北部省市的平衡充分发展，缩小我国东西差距和南北差距。

一、省际东西部对口帮扶和合作

2016 年 12 月 7 日，中共中央办公厅、国务院办公厅印发《关于进一步加强东西部扶贫协作工作的指导意见》提出“东西部扶贫协作和对口支援，是推动区域协调发展、协同发展、共同发展的大战略，是加强区域合作、优化产业布局、拓展对内对外开放新空间的大布局，是打赢脱贫攻坚战、实现先富帮后富、最终实现共同富裕目标的大举措”。2021 年 2 月 25 日，习近平总书记在全国脱贫攻坚总结表彰大会上的讲话中指出“要坚持和完善驻村第一书记和工作队，东西部协作，对口支援，社会帮扶等制度，并根据形势和任务变化进行完善”。①

省际东西部对口帮扶和合作是指在中央政府主导下的由中央政府部门和极化发展区域地方政府参与的对次发展区域的帮扶活动，是我国“两个大局”战略思想和区域协调发展战略的实践和体现。地区发展差距及其所造成的负面因素是实施省际之间的东西对口帮扶和合作的动因。因此，缩小地区发展差距及消除所带来的负面因素，是一个国家或一个地区经济社会持续稳定发展的内在要求。目前在我国省际之间的东西

① 习近平：《在全国脱贫攻坚总结表彰大会上的讲话》，载于《光明日报》2021 年 2 月 26 日。

对口帮扶和合作主要对口支援、东西部协作、社会帮扶三种类型。我国省际之间的东西对口帮扶和合作的进一步完善方向是从支援方对受援方由偏重的单向无偿对口帮扶融入双向互利的合作，发挥支援方和受援方各自比较优势，推进支援地区和受援地区各自的经济社会发展；从政府资源的对口帮扶和合作逐步拓展到政府引导社会资源参与的社会帮扶和合作。

我国素有治家治国平天下、家国同构的说法。一个国家就如一个多子女的家庭，兄弟姐妹之间互相帮衬，年长的帮年幼的，先富的帮后富的，顺利的帮有困难的，都是中华民族的优良人文传统。把这些“和谐人家”的治理理念延伸到区域协调发展中，就需要发挥中央和地方两个积极性，先发展地区带动后发展地区的省际之间的对口帮扶和合作，从而形成各民族之间，各地区之间的和谐协调关系。

（一）省际对口支援

对口支援是指在中央政府主导下的由中央政府部门和极化发展区域地方政府参与的对次发展区域的、偏重支援方对受援方单向无偿为特征的帮扶活动。目前在我国主要有，边疆地区的对口支援，重大工程的对口支援，灾害救助的对口支援三类形式。

1. 对口援藏

继 1980 年、1984 年两次西藏工作座谈会后，中共中央、国务院又于 1994 年 7 月 20 日至 23 日，在北京召开了第三次西藏工作座谈会上作出“分片负责、对口支援、定期轮换”的全国支援西藏战略决策。2010 年中央第五次西藏工作座谈会做出对口支援青海省藏区的重大战略部署，北京、上海、天津、山东、江苏、浙江六省市，16 家央企，33 个中央国家机关对口支援青海藏区六州 33 个县（市、行委），并于 2011 年开始全面组织实施。2014 年 8 月 11 日，国务院办公厅《关于印发发达省（市）对口支援四川云南甘肃省藏区经济社会发展工作方案 的通知》确定，天津市对口支援甘南藏族自治州和天祝藏族自治县，上海市对口支援迪庆藏族自治州，浙江省对口支援阿坝藏族羌族自治州和木里藏族自治县，广东省（含深圳市）对口支援甘孜藏族自治州。至此，我国对口援藏覆盖了我国西藏、青海、四川、云南、甘肃全部藏区。下面重点讨论对口援藏。

（1）对口援藏的支援方与受援方构成。浙江、辽宁对口支援那曲地区，重庆、天津、四川对口支援昌都地区，北京、江苏对口支援拉萨，上海、山东、黑龙江、吉林对口支援日喀则地区，湖南、湖北、安徽对口支援山南地区，广东、福建对口支援林芝地区，河北、陕西对口支援阿里地区。

（2）对口援藏的内容。中央第五次西藏工作座谈会将对口援藏归纳为经济援藏、科技援藏、人才援藏、干部援藏、就业援藏等。2014 年 8 月 29 日，在北京召开的对口支援西藏工作 20 周年电视电话会议上提出，对口支援西藏工作必须把改善民生作为根本出发点和落脚点，必须把援藏工作和加强民族团结紧密结合起来，必须始终坚持援藏资金和项目向基层倾斜、向农牧民倾斜。

第一，城镇化建设。据不完全统计1995～2001年5月，对口支援西藏的15个省市对口援助西藏项目为1954个，援助资金11.35亿元左右，并且在城镇化方面建设了一些标志性重点建设项目（见表10－4）。例如，浙江省援建的浙江小区，与那曲镇给排水、集中供暖、污水处理三大工程同步规划、同步实施，小区幼儿园、农贸市场、社区活动中心、换热站等综合配套设施同步建设。2011年底，由天津市援建的昌都地区丁青县县城集中供暖工程竣工，海拔4000米的丁青县成为西藏首个实现集中供暖的县。

表10－4　1995～2001年5月各地区对口支援西藏项目建设情况

支援方与受援方	援建项目（个）	援助资金或物资（亿元）	重点项目
上海市—日喀则地区	435	2.801	日喀则上海广场、日喀则上海路、上海体育场等
重庆市—昌都地区		0.40	昌庆街等
四川省—昌都地区		0.43	昌蜀大桥等
天津市—昌都地区		1.16	昌津桥等
广东省—林芝地区	129	4.98	广东文化中心、深圳广场、八一镇、深圳大道、广州大道等
福建省—林芝地区	229	3.86	林芝福建公园、八一防洪堤；修筑城镇道路8条、乡村道路12条；建立水电站12个等
北京市—拉萨	56	1.21	北京中路、拉萨北京中学
江苏省—拉萨	61	2.2	拉萨江苏路、拉萨师范学校师资培训中心、西藏藏药厂、拉萨市急救中心等
山东省—日喀则地区	492	2.94	日喀则山东大厦、日喀则山东路、日喀则高原明珠雕塑等
湖北省—山南地区	119	2.01	措美县当巴水电站、西藏湖北大厦、泽当镇湖北路、山南地区广播电视中心等
湖南省—山南地区	127	1.71	—
河北省—阿里地区	40	0.88	河北会堂、阿里藏医院、阿里地区群艺馆等
陕西省—阿里地区	12	0.59	狮泉河镇陕西路、延安宾馆等
浙江省—那曲地区	148	0.91	申扎甲岗水电站等
辽宁省—那曲地区	106	0.9	聂荣县水电站等
合计	1954	11.35	—

资料来源：作者根据《各地区对口支援西藏情况一览表》（2009年9月18日）整理。

第二，发展现代农业。例如，在山东援藏干部引导下，自1998年在白朗县试种大棚蔬菜成功以来，该县蔬菜产业已拥有1个示范园、25个标准化示范基地，蔬菜大棚总数达到5300余座，仅蔬菜种植一项，就是促进当地农民人均增收近4000元。2011年，北京市斥资1600多万元，援建羊达现代设施农业示范园，建成360栋高效日光温室，开展农业技术培训，促进农民增收。次仁平措承包了3个大棚："北京来的农技专家手把手教，我第一年一个棚挣了一万，第二年挣一万二，今年能挣一万六，收入越来越高。"湖南省第三批援藏干部王庆贵援藏期满后，他选择了在西藏创建天瑞公司，主打藏鸡蛋、藏鸡、牦牛肉等西藏特色农产品，带动农牧民养殖户3000户，解决就业181人，仅藏鸡蛋一项每年可为农牧民增收600万元。

第三，发展工业。例如，江苏镇江对口援建的达孜工业园原来是一片无人问津的河滩荒地，如今园区已入驻企业302家，成为西藏首家、也是唯一一家自治区级工业园区。2003年，湖北援藏干部引进华新水泥到山南地区投资建厂，10年来，华新水泥累计为山南地区上缴税收4.8亿元，提供就业岗位650多个，2013年上缴税收更是突破了亿元大关，提高了当地经济发展和财政收入增长的能力，同时大力进行环保投入，做到生态与发展双赢。2014年重庆安排重庆北部新区对口支援昌都经济技术开发区。

第四，旅游业发展。福建对口支援西藏林芝地区，引进福建企业在西藏林芝投资4.48亿元，建设了一家林芝地区投资最大的旅游五星级酒店。安徽投资兴建了错那县勒布沟旅游接待中心，改善了当地的旅游基础设施，促进了旅游业发展。河北省把脉札达县，唱好"古格"戏、打好"土林"牌，坚持把旅游作为立县产业来培育，作为造血工程推进，这个人口不足万人的县，2013年实现门票收入210万元、旅游收入1550万元。广东省援藏人员主动引入市场机制，立足鲁朗国际旅游小镇项目平台和林芝地区资源禀赋，在鲁朗兴建五星级酒店、商业街等项目，并已达成招商引资30余亿元。

第五，教育和医疗援藏。20年来，天津市用于教育支援的资金多达1.69亿元，天津市红光中学西藏班学生由1985年办班初期的100人，发展到今天的800余人，共为西藏培养了1475名初中毕业生、1443名高中毕业生。陕西省拿出2个多亿元，建设一所现代化、标准化寄宿制的阿里地区陕西实验学校。20年里，江苏先后派出7名医学专家担任拉萨市人民医院院长，将拉萨市人民医院从一个濒临关闭的小医院发展到三级乙等医院。

第六，干部援藏。江苏南京市注重对口支援的墨竹工卡县干部队伍和人才队伍培养培训，20年来累计选派墨竹工卡县的113名党政领导干部赴南京轮训，39名党政干部赴南京挂职锻炼，29名医生和59名教师赴南京跟班学习，78名村干部赴南京参观考察。

（3）对口援藏的成效。自1994~2014年来，全国有18个省市、17个中央企业和66个中央国家机关对口支援西藏。先后七批次、6000多名优秀干部和人才进藏工作，投入援藏资金260亿元，实施援藏项目7000多个。20年间，西藏经济总量增长了13倍：1995年，西藏地区生产总值仅为56.1亿元，2013年，这一数字跃升至802亿元[①]。

2011～2016年底，中央对口援助青海藏区落实支援资金52.55亿元，其中六省（市）落实支援资金48.13亿元，16家援青央企落实援助资金4.42亿元。到2016年末，共确定援助项目816个，实施747个，完成投资40亿元，累计改善7.77万户农牧民住房和15万人安全饮水条件。还新建和改造教育、卫生、文化、体育等基础设施39万平方米，修建农村道路663公里，舍饲棚圈4000余栋，人工种草7.2万亩，并在青海藏区建成污水处理厂8座等[②]。

2. 对口援疆

2010年5月17日至19日，全国对口支援新疆工作会议在北京召开，国家明确了对口援疆的目标任务，即到2020年促进新疆区域协调发展、人民富裕、生态良好、民族团结、社会稳定、边疆巩固、文明进步，确保实现全面建设小康社会的奋斗目标。

（1）19个对口援疆省市分工。

北京市：对口支援和田地区的和田市、和田县、墨玉县、洛浦县及新疆生产建设兵团农十四师团场19个对口援疆省市分工。

上海市：对口支援喀什地区巴楚县、莎车县、泽普县、叶城县。

广东省：对口支援喀什地区疏附县、伽师县、兵团农三师图木舒克市。

深圳市：对口支援喀什市、塔什库尔干县。

天津市：对口支援和田地区的民丰、策勒和于田三个县。

辽宁省：对口支援塔城地区。

浙江省：对口支援阿克苏地区的一市八县和新疆生产建设兵团农一师的阿拉尔市。

吉林省：对口支援阿勒泰地区阿勒泰市、哈巴河县、布尔津县和吉木乃县。

江西省：对口支援克孜勒苏柯尔克孜自治州阿克陶县。

黑龙江省：对口支援阿勒泰地区福海县、富蕴县、清河县和新疆兵团十师。

安徽省：对口支援和田地区皮山县。

河北省：对口支援巴音郭楞蒙古自治州、兵团农二师。

山西省：对口支援农六师五家渠市、昌吉回族自治州阜康市。

河南省：对口支援哈密地区、兵团农十三师。

---

① 陈沸宇、孔祥武、刘天亮等：《援藏20年 高原生巨变——17省市对口支援西藏记事》，载于《人民日报》2014年8月21日第4版。

② 中国新闻网：《中央对口援助青海藏区落实支援资金52.55亿元》，http：//gongyi. china. com. cn/2017－01/10/content_ 9275861. htm，2017年1月9日。

江苏省：对口支援克孜勒苏柯尔克孜自治州阿图什市、乌恰县，伊犁哈萨克自治州霍城县、农四师66团、伊宁县、察布查尔锡伯自治县。

福建省：对口支援昌吉回族自治州的昌吉市、玛纳斯县、呼图壁县、奇台县、吉木萨尔县、木垒县六个县市。

山东省：对口援助喀什地区疏勒县、英吉沙县、麦盖提县、岳普湖县。

湖北省：对口支援博尔塔拉蒙古自治州博乐市、精河县、温泉县与兵团农五师。

湖南省：对口支援吐鲁番地区。

（2）对口支援内容。在第五次全国对口支援新疆工作会议要求，对口援疆的重点内容为：一是更加注重扩大就业，把产业带动就业作为优先目标，引导当地群众就地就近稳定就业。二是更加注重抓好教育，着力提高双语教育和中等职业教育质量，加强内地新疆籍少数民族学生的教育管理服务工作。三是更加注重人才援疆，研究完善援疆人才选派政策和人才保障政策，建立统一的援疆干部人才管理和服务体制。四是更加注重向基层特别是农牧区倾斜，着力加强基础设施和公共服务项目建设。五是更加注重促进民族团结，深入开展"结对子、结亲戚、交朋友、手拉手"等活动，让新疆与内地各族群众走动互动起来。六是更加注重支持反恐维稳能力建设，把基层反恐维稳纳入援疆工作范畴，进行统一规划和部署①。

根据中央要求，19个援疆省区市建立起人才、技术、管理、资金等全方位对援疆的有效机制，把保障和改善民生置于优先位置，着力帮助各族群众解决就业、教育、住房等基本民生问题，支持新疆特色优势产业发展。仅2010～2015年的五年里就有②以下四个方面。

产业援疆。2010～2015年，各援疆省市与受援地密切协作，多数援疆省市与新疆签署了支持产业园区建设合作框架协议，建立了援疆省市国家级开发区与新疆产业聚集园区结对关系；充分发挥驻疆商会与援疆干部的桥梁纽带作用，建立产业援疆服务跟踪机制，鼓励引导本省市优势企业来疆投资兴业，相继引进了大众汽车、三一重工、湖北宜化、三峡集团等一批项目落地，带动了当地就业。例如，浙江企业洁丽雅公司在一师阿拉尔市建设的高档毛巾项目已进入试生产，项目全部达产后可吸纳8000人就业；广东省在喀什打造的南疆第一个电商平台，完成1.2万平方米创业就业孵化基地建设，进驻品牌电商企业24家，增加当地就业超过5000人。

民生援疆。2010～2015年，累计新建改建101.2万套安居富民房，建成6.77万套

---

① 俞正声：《第五次全国对口支援新疆工作会议在北京召开》，http://big5.www.gov.cn/gate/big5/www.gov.cn/xinwen/2015-09/23/content_2937593.htm，2015-09-23。

② 吴晶晶、何雨欣、孙铁翔：《情系边疆 助力发展——全国对口援疆工作综述》，http://cpc.people.com.cn/n/2015/0922/c398213-27620426.html，2015年9月22日。

定居兴牧房，建设了牲畜暖圈和贮草棚等配套基础设施，400 多万农牧民搬进了宽敞明亮的新房子。用于低矮破旧的老校舍改建、幼儿园、中小学教学楼、职业实训基地、教学培训硬件条件改善的援助资金达 74.1 亿元，用于双语教育、中等职业教育、教师培训等软件教育项目的援助资金达 74.4 亿元。用于县市医院、文化馆、社区养老院等项目建设的援助资金达 85.6 亿元。

人才援疆。2010～2015 年，19 个支援省市，先后派出 3000 多名教师来疆支教，累计为受援地培训教师 4.82 万人次；先后派出医疗专业技术人员 3582 人次，累计为受援地培训卫生计生人员 16 万人次。

干部援疆。从 2010～2015 年，全国 19 个对口援疆省市和中央国家机关、企事业单位共选派 6786 名援疆干部进疆工作；组织培训新疆各类干部人才 77.62 万人次，选派 3.5 万名县、乡、村三级干部赴援疆省市轮训，选派 2.3 万名普通高校毕业生赴援疆省市培养。

（3）对口支援成效。截至 2014 年底，对口援受双方共组织实施 4906 个援疆项目，投入资金 536 亿元。19 个援疆省市为新疆累计引进各类经济合作项目 6482 个，到位资金 8277 亿元，约占同期新疆全社会固定资产投资的 20%。2009～2014 年，全疆地区生产总值年均增长 11%。到 2014 年，新疆人均地区生产总值已相当于全国平均水平的 87.0%，比 2009 年提高了近 10 个百分点①。

3. 对口支援三峡工程

1992 年 3 月 27 日，国务院办公厅发布了《关于开展对三峡工程库区移民工作对口支援的通知》（国办发〔1992〕14 号）提出，三峡工程库区移民涉及湖北、四川两省十九个县（市），做好三峡库区移民工作，不仅是湖北、四川两省的任务，也需要各地区、各部门的广泛支持。1994 年 4 月 7 日，国务院办公厅转发《国务院三峡工程建设委员会移民开发局关于深入开展对口支援三峡工程库区移民工作意见的报告的通知》（国办发（1994）58 号）中明确了各省（区、市）对口支援方与受援方和有关省（区、市）和国务院部门对口支援内容。

（1）各省（区、市）对口支援方与受援方。1993 年 12 月三峡工程移民工作会议上明确各省（区、市）对口支援三峡库区移民工作的重点支援方受援方的单位。

黑龙江省、上海市、青岛市—宜昌县，湖南省、大连市—兴山县，湖北省、江苏省—秭归县，北京市—巴东县，广东省—巫山县，吉林省—巫溪县，辽宁省—奉节县，江苏省—云阳县，四川省—开县，天津市、南京市、厦门市—万县市，福建省—万县

① 吴晶晶、何雨欣、孙铁翔：《情系边疆　助力发展——全国对口援疆工作综述》，http：//cpc. people. com. cn/n/2015/0922/c398213－27620426. html，2015 年 9 月 22 日。

市，上海市、宁波市—万县市，山东省、沈阳市—忠县，云南省—石柱县，河北省—丰都县，浙江省—涪陵市，江西省、云南省—武隆区，广西壮族自治区—长寿县，安徽省—江北区，河南省—巴县。

（2）有关省（区、市）和国务院部门对口支援内容。一是省（区、市）对口支援内容。有关省（区、市）要根据优势互补、互惠互利、各方支援、共同发展的原则，不断探索与库区优势互补、共同发展的结合点，要在合作兴办项目、技术支援、信息交流、市场拓展、劳务输出、经营管理、人才培训、产品开发等方面多下功夫，帮助受援方增强自我发展的能力，不断提高移民安置效益。在 2005 年 3 月 10 日，由国务院三峡工程建设委员会发布的《关于进一步加大对口支援三峡库区移民工作力度的通知》（国三峡委发办字〔2005〕5 号）中提出积极支持库区发展优势产业和特色产业，加强培育和发展库区新的经济增长点，进一步做好库区产业布局和项目引进工作，促进和扩大移民就业和再就业等对口支援工作重点。

二是国务院各部门对口支援内容。国家计委在组织有关部门实施三峡地区经济和社会发展规划上给予协调与支持；国家经贸委在库区工厂搬迁结合技术改造所需专项贷款上给予重点安排；水利部在兴修水利、水土保持等方面为库区移民安置给予重点帮助；农业部、林业部在中低产田改造、植树造林、农林产品基地建设、大农业开发、乡镇企业发展等方面重点扶持；交通部、铁道部、邮电部、民航总局在恢复和兴建公路、桥梁、港口、码头、铁路、机场、通信等基础设施和专业设施的布局以及投资上给予倾斜；能源、原材料、机械、电子、航空、船舶、轻纺、食品、旅游等部门，要在行业生产力布局、资金的安排等方面给予照顾；财政、金融部门在有关资金的安排和调度等方面给予支持；科技、教育、文化、体育、广播等部门应在事业发展和智力开发、科学技术进步与推广应用方面给予大力支援；计划、物资、铁路、交通部门，要为对口支援优先安排物资供应和解决交通运输等实际问题；全国工、青、妇等群众团体，也要积极行动起来，促进形成全社会、全方位对口支援三峡库区移民的生动局面。

（3）对口支援成效。在 2005 年 3 月 10 日，由国务院三峡工程建设委员会发布的《关于进一步加大对口支援三峡库区移民工作力度的通知》（国三峡委发办字〔2005〕5 号）中提到从 1992 ~ 2005 年，三峡库区引入资金 201.74 亿元（其中经济合作类项目资金 180.57 亿元、社会公益类项目资金 21.17 亿元），合作经济项目 2700 多个。2017 年 11 月，在第十一届全国对口支援三峡工程重庆库区经贸洽谈会提到，自 1992 ~ 2017 年到 25 年里，全国各省份累计对口支援重庆三峡库区 1250 亿元。

4. 对口支援汶川地震灾后恢复重建

2008 年 6 月 11 日，国务院办公厅印发《汶川地震灾后恢复重建对口支援方案的通知》（国办发〔2008〕53号），是业内公认的比较简洁明了，操作实效较好的省际对口灾害救援方案。一般认为，我国2010年开始的援疆方案也参照了汶川地震灾后恢复重建对口支援方案。

（1）支援方与受援方。东部和中部地区19个省市作为支援方与四川省18个县（市），以及甘肃省、陕西省受灾严重地区作为受援方形成20个对口支援单元。具体为：山东省——四川省北川县，广东省——四川省汶川县，浙江省——四川省青川县，江苏省——四川省绵竹市，北京市——四川省什邡市，上海市——四川省都江堰市，河北省——四川省平武县，辽宁省——四川省安县，河南省——四川省江油市，福建省——四川省彭州市，山西省——四川省茂县，湖南省——四川省理县，吉林省——四川省黑水县，安徽省——四川省松潘县，江西省——四川省小金县，湖北省——四川省汉源县，重庆市——四川省崇州市，黑龙江省——四川省剑阁县，广东省（主要是深圳市）——甘肃省受灾严重地区，天津市——陕西省受灾严重地区。

（2）对口支援的内容。支援方为受援方提供下列对口支援内容，具体内容和方式与受援方充分协商后确定。

一是提供规划编制、建筑设计、专家咨询、工程建设和监理等服务。

二是建设和修复城乡居民住房。

三是建设和修复学校、医院、广播电视、文化体育、社会福利等公共服务设施。

四是建设和修复城乡道路、供（排）水、供气、污水和垃圾处理等基础设施。

五是建设和修复农业、农村等基础设施。

六是提供机械设备、器材工具、建筑材料等支持。选派师资和医务人员，人才培训、异地入学入托、劳务输入输出、农业科技等服务。

七是按市场化运作方式，鼓励企业投资建厂、兴建商贸流通等市场服务设施，参与经营性基础设施建设。

八是对口支援双方协商的其他内容。

基层政权建设由中央和地方财政为主安排，各级党政机关办公设施不列入对口支援范围。

各支援省市每年对口支援实物工作量按不低于本省市上年地方财政收入的1%考虑。

（3）汶川地震灾后恢复重建成效。汶川大地震，发生于北京时间2008年5月12日14时28分，震中位于中国四川省阿坝藏族羌族自治州汶川县境内。根据中国地震局的数据，地震烈度达到11度。地震波及大半个中国及多个亚洲国家。截至2009年5月25日10时，共遇难69227人，受伤374643人，失踪17923人，直接经济损失达到8451亿元。根据《汶川地震灾后恢复重建对口支援方案的通知》，提出用三年时间

“在国家的支持下，集各方之力，基本实现灾后恢复重建规划的目标”的要求，在党中央、国务院的坚强领导，兄弟省区市及社会各界支援相助，相关省各级党委、政府精心组织实施，灾区人民自力更生、艰苦奋斗下，截至2012年5月，仅四川省纳入国家灾后恢复重建总体规划的29692个项目已完工99%，概算投资8658亿元，已完成投资99.5%。地震灾区实现了“家家有房住”“户户有就业”“人人有保障”。

（二）省际东西部协作

东西部协作，原称东西部扶贫协作，在我国脱贫攻坚战取得全面胜利后改称“东西部协作”，其主要特征是结对政府之间的帮扶、类似于对口支援，支援方政府组织引导的社会帮扶具有一定的对口合作性质。1996年5月，中央确定9个东部省市和4个计划单列市与西部10个省区开展扶贫协作，同年10月，中央扶贫开发工作会议进一步作出部署，东西部扶贫协作正式启动。2016年12月7日，中共中央办公厅、国务院办公厅印发了《关于进一步加强东西部扶贫协作工作的指导意见》，明确了东西部扶贫协作结对关系和帮扶内容。

1. 结对关系

（1）北京市帮扶内蒙古自治区、河北省张家口市和保定市。

（2）天津市帮扶甘肃省、河北省承德市。

（3）辽宁省大连市帮扶贵州省六盘水市。

（4）上海市帮扶云南省、贵州省遵义市。

（5）江苏省帮扶陕西省、青海省西宁市和海东市，苏州市帮扶贵州省铜仁市。

（6）浙江省帮扶四川省，杭州市帮扶湖北省恩施土家族苗族自治州、贵州省黔东南苗族侗族自治州，宁波市帮扶吉林省延边朝鲜族自治州、贵州省黔西南布依族苗族自治州。

（7）福建省帮扶宁夏回族自治区，福州市帮扶甘肃省定西市，厦门市帮扶甘肃省临夏回族自治州。

（8）山东省帮扶重庆市，济南市帮扶湖南省湘西土家族苗族自治州，青岛市帮扶贵州省安顺市、甘肃省陇南市。

（9）广东省帮扶广西壮族自治区、四川省甘孜藏族自治州，广州市帮扶贵州省黔南布依族苗族自治州和毕节市，佛山市帮扶四川省凉山彝族自治州，中山市和东莞市帮扶云南省昭通市，珠海市帮扶云南省怒江傈僳族自治州。

2. 帮扶内容

（1）开展产业合作。帮扶双方要把东西部产业合作、优势互补作为深化供给侧结构性改革的新课题，研究出台相关政策，大力推动落实。要立足资源禀赋和产业基础，激发企业到贫困地区投资的积极性，支持建设一批贫困人口参与度高的特色产业基地，培育一批带动贫困户发展产业的合作组织和龙头企业，引进一批能够提供更多就业岗位的劳动密集型企业、文化旅游企业等，促进产业发展带动脱贫。加大产业合作科技支持，充分发挥科技创新在增强西部地区自我发展能力中的重要作用。

（2）组织劳务协作。帮扶双方要建立和完善劳务输出精准对接机制，提高劳务输出脱贫的组织化程度。西部地区要摸清底数，准确掌握建档立卡贫困人口中有就业意愿和能力的未就业人口信息，以及已在外地就业人员的基本情况，因人因需提供就业服务，与东部地区开展有组织的劳务对接。西部地区要做好本行政区域内劳务对接工作，依托当地产业发展，多渠道开发就业岗位，支持贫困人口在家乡就地就近就业。开展职业教育东西协作行动计划和技能脱贫“千校行动”，积极组织引导贫困家庭子女到东部省份的职业院校、技工学校接受职业教育和职业培训。东部省份要把解决西部贫困人口稳定就业作为帮扶重要内容，创造就业机会，提供用工信息，动员企业参与，实现人岗对接，保障稳定就业。对在东部地区工作生活的建档立卡贫困人口，符合条件的优先落实落户政策，有序实现市民化。

（3）加强人才支援。帮扶双方要选派优秀干部挂职，广泛开展人才交流，促进观念互通、思路互动、技术互学、作风互鉴。采取双向挂职、两地培训、委托培养和组团式支教、支医、支农等方式，加大教育、卫生、科技、文化、社会工作等领域的人才支持，把东部地区的先进理念、人才、技术、信息、经验等要素传播到西部地区。加大政策激励力度，鼓励各类人才扎根西部贫困地区建功立业。帮扶省市选派到被帮扶地区的挂职干部要把主要精力放到脱贫攻坚上，挂职期限原则上两到三年。加大对西部地区干部特别是基层干部、贫困村创业致富带头人培训力度。

（4）加大资金支持。东部省份要根据财力增长情况，逐步增加扶贫协作和对口支援财政投入，并列入年度预算。西部地区要以扶贫规划为引领，整合扶贫协作和对口支援资金，聚焦脱贫攻坚，形成脱贫合力。要切实加强资金监管，提高使用效益。

3. 帮扶成效

据统计仅2015～2020年，东西部扶贫协作中的东部九个省市，共向西部十个扶贫协作省区投入财政援助资金和社会帮扶资金1005亿多元，选派干部和技术人员13.1万人次，超过2.2万户企业赴扶贫协作地区累计投资1.1万亿元[①]

（三）省际东西部社会帮扶

省际之间的东西部社会帮扶是指由东西部协作中的支援方，在其行政管辖范围内，引导鼓励支持民营企业、社会组织、公民个人积极参与东西部协作和对口支援的活动。

① 中华人民共和国国务院新闻办公室：《人类减贫的中国实践》，载于《光明日报》2020年4月7日第12版。

1. 鼓励支持社会帮扶

在2016年12月7日中共中央办公厅、国务院办公厅印发的《关于进一步加强东西部扶贫协作工作的指导意见》提出：省市要鼓励支持本行政区域内民营企业、社会组织、公民个人积极参与东西部扶贫协作和对口支援。充分利用国家扶贫日和中国社会扶贫网等平台，组织社会各界到西部地区开展捐资助学、慈善公益医疗救助、支医支教、社会工作和志愿服务等扶贫活动。实施社会工作专业人才服务贫困地区计划和扶贫志愿者行动计划，支持东部地区社会工作机构、志愿服务组织、社会工作者和志愿者结对帮扶西部贫困地区，为西部地区提供专业人才和服务保障。注重发挥军队和武警部队在西部贫困地区脱贫攻坚中的优势和积极作用，因地制宜做好帮扶工作。积极组织民营企业参与“万企帮万村”精准扶贫行动，与被帮扶地区贫困村开展结对帮扶。

2. 社会帮扶成效

企业是社会帮扶的主力军。“2015年至2020年底，全国累计组织动员12.7万家民营企业参与‘万企帮万村’的精准扶贫行动，精准帮扶13.91万个村（其中贫困村7.32万个，共带动和惠及1803.85万贫困人口。”① 例如，2016～2020年10月，安徽进入“千企帮千村”的民营企业就有10773家，五年间帮扶贫困村748个，帮扶贫困人口95.4万人次，投入资金56.6亿元，其中产业投入44.4亿元，公益捐赠2.69亿元，安置就业3.5万人次。安徽民营企业不仅参与了安徽本地的贫困村帮扶，还参与安徽对口支援的新疆皮山县和西藏山南市的结对帮扶②。在社会帮扶中，“深圳市已累计推动193家企业到广西投资，投资额达200多亿元，其中2020年就有177家，实际到位投资额92.8亿元。”③

二、省际南北对口合作

2017年3月7日，国务院办公厅《关于印发东北地区与东部地区部分省市对口合作工作方案的通知》文，明确了辽吉黑与苏浙粤，以及沈阳与北京、大连与上海、长春与天津、哈尔滨与深圳的对口合作关系，这是我国为解决区域发展不平衡不充分问题进行的一项发挥我国制度优势促进跨区域合作的创新举措，对于充分发挥中央和地方两个积极性，形成共同推进东北地区实现全面振兴的合力，缩小南北经济发展差距具有重要意义。“东北地区和东部地区的对口合作是一种区别于对口支援、对口帮扶和

---

① 中华人民共和国国务院新闻办公室：《人类减贫的中国实践》，载于《光明日报》2020年4月7日第12版。

② 张京文：《千企业帮千村，凝聚安徽民企力量》，载于《中华工商时报》2020年11月11日。

③ 消俊：《凝聚力量做好社会帮扶，形成大扶贫格局》，载于《深圳特区报》2021年3月23日。

对口扶贫的新型跨地区的合作模式，这是一种平等的合作模式。”合作并非帮扶，大家是平等互利、优势互补，加在一起是共赢的，而不是东北地区向东部地区要钱要装备[①]，对口合作是在政府引导带动下，充分发挥市场在资源配置中的决定性作用，促进资本、人才、技术等要素合理流动，通过市场化运作促进生产要素和产业有序、科学转移，吸引更多的项目、投资在东北地区落地，实现南北联动、协同发展。

（一）对口合作关系

东北三省与东部三省：辽宁省与江苏省，吉林省与浙江省，黑龙江省与广东省。东北四市与东部四市：沈阳市与北京市，大连市与上海市，长春市与天津市，哈尔滨市与深圳市。

（二）对口合作内容

（1）推进体制机制创新。包括推动行政管理体制改革、国有企业改革、民营经济发展、对内对外开放、发展理念共享。

（2）加快结构调整步伐。包括发展装备制造业等优势产业、新兴产业、农业和绿色食品产业、生产性服务业、文化 旅游和健康产业。

（3）提升创业创新水平。包括推动科技研发与转化、高校院所交流合作、创业创新合作、高端人才交流。

（4）搭建合作平台载体。包括推动功能区对接、合作园区共建、重点城市合作、多层次合作体系建设。

（三）对口合作成效

对口合作以来，黑龙江和广东打造“寒来暑往·南来北往”旅游品牌，互推旅游客源地和目的地，两省已有十几个地市建立合作关系；黑龙江和广东分别是全国第一大粮食产区和第一大粮食销区，广东的粮食企业投入大量资金在黑龙江布局配套加工产业。黑龙江、广东累计合作项目已经超过500个，总签约额接近5000亿元，取得了实质性成果。世界500强企业正威国际集团投资150亿元建设的大项目，建成后对黑龙江将是一个重要的“补链”工程。

2017年开展对口合作以来，江苏省在辽宁共合作实施重大项目120余个，石化产业、装备制造业、战略性新兴产业、医疗康养产业、农业及农产品加工业等重点产业重点领域取得重大突破。

围绕哈尔滨优势和产业基础，深哈合作建设首个“飞地”项目深哈产业园，按照产业集群思路布局引资。目前产业园已注册企业261家，绝大部分是民营企业，以新

① 唐婧：《东北振兴新举措：三省四城与东部对口合作》，http：//m. cnr. cn/news/20170322/t20170322_523670341. html，2017-03-22。

一代信息技术、新材料、智能制造以及现代服务业为主的“3 +1”产业体系正在形成中。

吉林和浙江确定2018年为两省旅游企业互动年，双方地市、景区签订游客互换等多个合作协议。吉林省学习浙江民营经济政策措施，提出“以思想大解放促进民营经济大发展”，2018年出台40条支持民营经济的具体举措。2021年1月，吉林、浙江签署《两省深化对口合作框架协议》，面向“十四五”，升级对口合作内容。双方决定，坚持准确定位、错位发展，进一步推进汽车零配件、农产品深加工、旅游和现代服务业发展等领域的深入合作①。

第三节　省内对口帮扶和合作

我国各地区各城乡之间的不平衡发展，不仅存在于我国的东西部地区，在我国最发达的东部地区的各省市内，也存在比较严重的不平衡不充分发展。2013年全国“两会”期间，习近平在参加江苏代表团审议时也指出“中国有东中西的问题，实际上每一个省都有发展不平衡问题”。2018年11月18日，中共中央、国务院发布的《关于建立更加有效的区域协调发展新机制的意见》提出“加强中央对区域协调发展新机制的顶层设计，明确地方政府的实施主体责任，充分调动地方按照区域协调发展新机制推动本地区协调发展的主动性和积极性”。从21世纪初开始，我国东部地区各省市在完成中央主导的省际之间东西部对口帮扶和合作外，也一直在探索省市内的对口帮扶和合作，在全国，比较著名的有江苏省内的苏南五地级市与苏北五地级市对口帮扶和合作，广东省内的珠三角六地级市与粤东粤西粤北八地级市对口帮扶与合作，上海市的七个中心城区与上海部分郊区的农村经济相对薄弱村和生活困难户对口帮扶与合作，均取得了积极的成效。由于江苏省内的苏南五地级市与苏北五地级市对口帮扶和合作已经持续了20多年，已经出台的政策措施也比较完善，因此，下面予以重点讨论。

一、江苏省内的对口帮扶与合作历史演进

江苏作为东部地区经济较发达的省份，一个较为突出的现象是省内苏南、苏北、苏中三大区域存在明显的区域差异。早在1994年，江苏省委、省政府就提出“区域共同发展战略”，作为全省实施现代化建设第三步战略部署的重要组成部分。2001年，江苏省提出“提升苏南发展水平，促进苏中快速崛起，发挥苏北后发优势”，并先后成立了苏

① 王春雨、强勇、唐铁富等：《产业“走起来”，改革迈开步—东北与东部地区部分省市对口合作观察》，载于《经济参考报》2021年10月12日。

北、苏南、苏中发展三个领导小组。在 2001 年 11 月 2 日，江苏省委省政府在徐州召开的苏北发展协调小组第一次会议上，明确南京与淮安、无锡与徐州、常州与盐城、苏州与宿迁、镇江与连云港的苏南五市与苏北五市的对口帮扶和合作关系。在 2006 年 7 月召开的第五次苏北发展协调会议上提出鼓励苏南开发区与苏北开发区紧密挂钩，共建一个园区的重要意见。2006 年 12 月，苏州与宿迁签订《关于合作开发建设苏州宿迁工业园区的协议》，改“输血”式帮扶为“造血”式帮扶，在全省率先尝试合作共建开发区。

二、江苏省内的支援方与受援方

在 2001 年 11 月 2 日，江苏省委、省政府在徐州召开的苏北发展协调小组第一次会议上，明确南京—淮安、无锡—徐州、常州—盐城、苏州—宿迁、镇江—连云港，苏南五市与苏北五市的对口帮扶和合作关系。江苏省第十四次党代会提出，创新完善南北发展帮扶合作机制，2022 年 4 月，江苏省将 2001 年确定的苏南五市与苏北五市的对口帮扶和合作关系调整为苏南四市与苏北四市对口帮扶与合作关系，即，市级层面，南京—淮安、无锡—连云港、常州—盐城、苏州—宿迁分别结对帮扶和合作；县级层面，苏北 10 个县作为重点结对帮扶县，由苏南综合实力较强的县（市、区）结对帮扶；其他县级结对由结对设区市商定。新一轮的江苏省南北结对帮扶和合作，将 2001 年成立的省苏北发展协调小组更名为省南北结对帮扶合作协调小组。并要求苏南四市向苏北四市派出工作队，在重点结对县设立联络组；苏南四市定期选派党政干部和专业人才到苏北四市挂职交流，苏北四市选派产业、招商、科技、教育、医疗等领域干部人才到苏南结对市挂职和跟班学习。

三、江苏省内的对口帮扶和合作的主要内容

2001 ~2022 年江苏省南北对口帮扶和合作主要内容，可以划分为以下三个阶段。

（一）2001 年 11 月至 2006 年 7 月以扶贫性帮扶或保障性帮扶为主

2001 年 11 月到 2006 年 7 月，江苏省南北对口帮扶和合作的主要内容比较偏重帮扶，即由支援方（五方挂钩：苏南五市、以及省级机关、科研院所、大专院校、国有企事业单位等）向受援方（苏北城市）提供资金、项目等支持。例如，江苏省委办公厅、省政府办公厅关于印发《苏北发展协调小组第二次会议纪要》的通知》（苏办〔2002〕114 号）中提出，“强化‘五方挂钩’帮扶体制，进一步动员社会各界参与扶贫；坚持把贫困户作为重点帮扶对象，做到资金扶持到户，项目覆盖到户，技术服务到户，干部帮扶到户。”增加对苏北地区基础设施建设的投入，帮助苏北地区解决发展中的实际问题：包括加大对苏北地区财政转移支付力度，加快中小学危房改造，加快苏北地区农村草危房改造步伐，加快苏北地区改水步伐，进一步加大对苏北地区的科技扶持力

度，加大对苏北地区农村劳动力转移工作的支持，对苏北地区的项目进一步实行倾斜政策等。同时也提出大力提高南北挂钩合作的层次和水平，促进南北挂钩经济合作内容。

一要不断完善南北挂钩合作运行机制。南北挂钩合作不是单向的扶贫结对，而是建立在互补和双赢基础上的新型合作关系。二要主动推进产业向苏北转移。这既能为本地区发展技术资本密集型产业腾出空间，又能带动和推进苏北工业化进程，从而实现南北优势互补、资源共享和区域共同发展。三要积极帮助苏北开展招商引资。苏南地区要结合苏北的实际，把帮助苏北招商引资作为今后南北合作一个重点，不断加大工作力度，主动为苏北招商引资出谋划策，主动向苏北介绍招商引资的经验，主动把招商渠道推荐给苏北，力争每年帮助挂钩地区引进一两个比较大的外资项目。四要主动吸纳苏北劳动力到苏南就业。苏南各市、县要把南北劳务合作作为一个重点，主动与挂钩帮扶地区建立长期稳定的劳动力供求协作关系。要及时将劳动力市场供求信息提供给苏北和用工企业，并帮助苏北地区根据劳务市场需求，有针对性地开展劳动力技能培训，提高他们的就业能力。

（二）2006 年 7 月起着重点加强了南北挂钩共建产业园区

在 2006 年 7 月召开的第五次苏北发展协调会议上提出鼓励苏南开发区与苏北开发区紧密挂钩，在苏北五市“合作共建园区，建立健全以政府推动、市场驱动为主的合作共建机制”。共建园区的管理体制以苏南的模式为主，苏北侧重提供良好的外部环境。2006 年 12 月，苏州与宿迁签订《关于合作开发建设苏州宿迁工业园区的协议》，改“输血”式帮扶为“造血”式帮扶，在全省率先尝试合作共建开发区。到 2017 年，江苏南北共建园区已达 47 家，在苏北五市设立的南北合作产业园区有：“苏州宿迁工业园”“江宁—淮阴”“无锡新区—新沂”等。累计入园企业超 2000 家，项目注册金额近 2200 亿元，带动就业人口 62 万人，主要经济指标保持 15% 以上的年增长率。苏宿工业园区党工委书记冯建林说，截至 2021 年，苏州宿迁工业园区以宿迁 0.16% 的土地，创造了宿迁近 4% 的地区生产总值和财政收入，6% 的规模以上工业增加值，19% 的企业所得税和 25% 的到账外资。

（三）2022 年 3 月起进一步拓展南北对口帮扶和合作内容

在 2022 年 3 月 10 日的江苏省《关于深化南北极对帮扶合作的实施意见》中明确，深化南北结对帮扶合作，既要延续性更要创新性，明确了六个方面重点任务[①]：将南北结对帮扶合作拓展至产业、科技创新、教育、医疗卫生、文旅康养、人力资源六大领域。一是产业园区合作。在推动产业链高水平双向融合上，设区市层面合力共建一家省级创新试点园区，鼓励县级层面开展省级特色园区建设，推动产业链优势互补和价值链合理分工。目前，已批复苏宿工业园区、宁淮智能制造产业园、常州盐城工业

① 黄伟：《江苏深化南北结对帮扶合作服务构建新发展格局》，载于《新华日报》2022 年 4 月 27 日。

园区3家省级创新试点园区，常熟泗洪工业园区、吴江泗阳工业园区2家省级特色园区。二是科技创新合作。在促进创新资源开放共享上，支持苏北四市到苏南四市建立“科创飞地”，开展研发创新、成果转化和招才引智；支持结对双方联合申报科技专项，鼓励合作共建省级工程技术研究中心、重点实验室等创新载体；完善科技人才资源跨区域流动和柔性共享使用机制，打造南北协同的科技创新生态系统。三是教育合作。在深化教育领域合作上，围绕师资培训、学科建设、教学科研、资源共享等方面，在基础教育学段结对一批公办学校开展合作共建，设区市层面各明确1所本科高校、专科高校、中职学校开展结对共建。四是医疗卫生合作．在推动医疗卫生领域合作上，支持健全基层医疗卫生服务体系、提高县级医院管理水平和医疗服务能力，省属和苏南四市市属三级甲等医院对口支持苏北四市县级人民医院、中医院，省疾控中心和苏南四市市疾控中心对口帮扶苏北四市县级疾控中心。选派专家到苏北四市农村区域性医疗卫生中心设立专家工作室或联合病房，鼓励结对市的老年医疗服务机构、县级妇幼保健机构深化合作。五是文旅康养合作。在促进文旅康养领域合作上，放大优质文化旅游资源协同效应，合作开发精品旅游线路；发挥苏北生态资源优势，实施文旅康养项目合作。六是人力资源合作。在促进人力资源领域合作上，完善劳动力资源南北对接机制，以社保卡为载体建立居民服务“一卡通”；联合打造重点人才引进平台，培养高素质技能型人才，深化人力资源服务跨区域合作。

四、对口帮扶和合作的成效

在“十五”期间，江苏省为了更好地加强分类指导，依据区域发展水平不平衡、梯度特征明显的实际状况，重新界定了苏南、苏中、苏北三大板块的范围，将南京、镇江、苏州、无锡、常州一起纳入苏南板块；将长江以北的南通、扬州、泰州沿江三市从“大苏北”中划出，作为一个整体明确为苏中板块；徐州、淮安、盐城、连云港、宿迁五市作为苏北板块。并提出苏北振兴、苏中崛起、苏南提升的目标，出台“五方挂钩”（苏南五市，以及省级机关、科研院所、大专院校、国有企事业单位），“扶贫帮困”，“四项转移”（产业、财政、科技、人才），“园区共建”等一系列政策举措，做大了蛋糕，实现了整体发展，缩小了三大区域之间的经济差距①。

（一）江苏省2000年的南北差距

2001年江苏南北挂钩之初，苏南苏北的经济发展差距极大。2000年，江苏省苏

① 龙昊、毛晶慧、陈姝含：《奋进共同富裕·江苏篇（上）丨南北联动　跨江融合，共同富裕的江苏样本》，载于《中国经济时报》2022年9月5日。

南、苏中、苏北三大区域①地区生产总值总量为8404.57亿元，其中，苏南、苏中、苏北分别占三大区域地区生产总值总量的57.29%、19.20%、23.51%。2000年，全国人均GDP为7078元，江苏全省人均地区生产总值超万元，其中，苏南五市人均地区生产总值为22297元，苏中三市人均地区生产总值为9298元，而苏北五市人均地区生产总值仅为6288元，不但低于江苏全省平均线，甚至低于全国平均线。2000年，地方人均财政收入，苏南五市为1315.25元，苏中三市为368.69元，苏北五市为225.69元，苏南五市地方人均财政收入分别为苏中三市和苏北五市的3.57：1和5.83：1。

（二）江苏省2020年的南北差距缩小

2020年，苏南地区与苏北地区人均地区生产总值差距，由2000年的3.5倍，到2010年是缩小为2.67倍，再到2020年进一步缩小为1.97倍。苏中、苏北地区的地区生产总值总量，由2000年占三大区域地区生产总值总量的42.71%，到2010年下降为39.82%，到2020年上升为43.24%。2020年，苏南、苏中、苏北三大区域地区生产总值总量比2000年扩大12.45倍；其中2010年，苏南、苏中、苏北三大区域地区生产总值总量比2000年扩大4.98倍。2020年，地方人均财政收入，苏南五市为15634.22元，苏中三市为8043.47元，苏北五市为5385.15元；苏南五市地方人均财政收入，由2000年分别为苏中三市和苏北五市地方人均财政收入的3.57：1和5.83：1下降为1.94：1和2.90：1（见表10-5）。

表10-5　2000~2020年江苏省三大区域人均地区生产总值差距收缩表

年份	指标	苏南地区	苏中地区	苏北地区	备注
2000	年末总人口（万人）	2165.82	1736.67	3163.13	2000年，江苏省苏南、苏中、苏北三大区域地区生产总值总量为8404.57亿元，其中，苏南、苏中、苏北分别占三大区域地区生产总值总量的57.29%、19.20%、23.51%；苏南地区人均地区生产总值总量分别是苏中、苏北地区的2.40倍，3.55倍
	土地面积（平方公里）	27953	20429	52312	
	国内生产总值（亿元）	4814.84	1613.81	1975.92	
	人均国内生产总值（元）	22297	9298	6288	
	国内生产总值指数（上年=100）	111.7	110.8	109.4	
	地方财政收入（亿元）	284.86	64.03	71.39	
	地方财政支出（亿元）	290.17	83.90	115.63	
	金融机构存款余额（亿元）	5485.37	1606.71	1300.73	
	金融机构贷款余额（亿元）	4030.82	906.65	1002.3	
	城镇居民人均可支配收入（元）	8406	7278	6611	
	农村居民人均纯收入（元）	4693	3577	3132	

① 苏南地区由南京市、苏州市、无锡市、常州市、镇江市等五市组成，苏中地区由南通市、泰州市、扬州市等三市组成，苏北地区由于盐城市，淮安市，连云港市，宿迁市，徐州市等五市组成。

续表

年份	指标	苏南地区	苏中地区	苏北地区	备注
2010	年末常住人口（万人）	3255.95	1636.39	2977.00	2010 年，苏南、苏中、苏北三大区域地区生产总值总量为 41849.64 亿元，其中，苏南、苏中、苏北分别占三大区域地区生产总值总量的60.18%、18.50%、24.32%；苏南地区人均地区生产总值总量分别是苏中、苏北地区的1.68倍、2.67倍。2010 年，苏南、苏中、苏北三大区域地区生产总值总量比 2000 年扩大4.98倍
	土地面积（平方公里）	27921	20379	54358	
	地区生产总值（亿元）	25185.39	7743.88	8920.37	
	人均地区生产总值（元）	79501	47422	29774	
	地区生产总值指数（上年=100）	113.2	113.3	113.8	
	地方财政一般预算收入（亿元）	2355.52	624.13	785.90	
	地方财政一般预算支出（亿元）	2297.04	734.15	1194.88	
	金融机构存款余额（亿元）	41518.61	9608.72	7856.81	
	金融机构贷款余额（亿元）	31253.60	5789.88	5077.56	
	城镇居民人均可支配收入（元）	27780	20748	16020	
	农村居民人均纯收入（元）	12978	9626	7724	
2020	年末常住人口（万人）	3802.39	1680.58	2994.29	2020 年，江苏省苏南、苏中、苏北三大区域地区生产总值总量为 104619.66 亿元，其中，苏南、苏中、苏北分别占三大区域地区生产总值总量的56.76%、20.45%、22.79%；苏南地区人均地区生产总值总量分别是苏中、苏北地区的1.23倍、1.97倍。2020 年，苏南、苏中、苏北三大区域地区生产总值总量，比2000 年扩大 12.45倍，比 2010 年扩大2.50倍
	土地面积（平方公里）	28084	22928	54866	
	地区生产总值（亿元）	59384.29	21397.41	23837.96	
	人均地区生产总值（元）	156393	127357	79568	
	生产总值指数（上年=100）	103.9	104.1	103.5	
	一般公共预算收入（亿元）	5944.74	1351.77	1612.47	
	一般公共预算支出（亿元）	6458.22	2376.46	3591.17	
	金融机构人民币存款余额（亿元）	111595.06	30776.89	30208.3	
	金融机构人民币贷款余额（亿元）	103225.02	24778.66	26519.6	
	城镇常住居民人均可支配收入（元）	65941	50058	37757	
	农村常住居民人均纯收入（元）	33669	25347	20933	

资料来源：作者根据 2001 年、2011 年、2021 年的《江苏省统计年鉴》有关资料整理。

第四节 对口帮扶和合作的基本原理

前几节对口帮扶和合作的内容进一步提炼和概括，形成对口帮扶和合作的一般原理，有助于在工业化和城镇化中后期，进一步发挥好我国对口帮扶和合作机制的正效应具有重要的积极作用。

一、对口帮扶和合作的目的

对口帮扶和合作的目的是实现一个国家或者一个地区的社会稳定和整体经济发展。

例如，前面所说的，到2020年，江苏省苏中、苏北地区的地区生产总值，由2000年占三大区域地区生产总值的42.71%，到2010年下降为39.82%，到2020年上升为43.24%。尽管2000~2020年，江苏省的苏中、苏北地区的地区生产总值占江苏省苏南、苏中、苏北三大区域地区生产总值只提高了0.0053%，对2020年末，江苏省104619.66亿元地区生产总值而言，就净增加了554.48亿元。最起码，这净增加的554.48亿元，可视作江苏省整体经济的增加。到2020年，苏南、苏中、苏北三大区域地区生产总值比2000年扩大12.45倍；其中2010年，苏南、苏中、苏北三大区域地区生产总值比2000年扩大4.98倍。如果江苏省2000~2020年没有持续推进省内三大区域的经济发展差距缩小，也许到2020年江苏省达不到上述总量规模。需要说明的是，一个国家或者一个地区的整体经济与总体经济是有区别的，整体经济是指一个国家或者一个地区空间经济发展水平和规模，是经济在空间上的整体发展，是地区、城乡之间的共同富裕基础；总体经济主要是指一个国家或者一个地区的部门经济或空间经济在统计上的加总，并不反映经济在空间上的整体发展和经济的部门结构。还需要说明的是，一个国家或者一个地区空间视角的整体经济发展，有助于地区之间人均地区生产总值差距的缩小，以及地区之间人均财政收入水平、居民收入水平差距的缩小，从而有助于一个国家或者一个地区的社会稳定。

二、对口帮扶和合作的特征

市场经济条件下，对口帮扶的特征：一是对口主体主要是公共体制内的，包括政府机构和国有企业；二是对口帮扶具有扶贫帮困特点，表现为对口支援方对受援方单向无偿的资金、项目、人才等支持；三是对口支援方对受援方单向无偿的资金、项目、人才等支持，主要是公共资源。对口帮扶中也包括一些社会企业、个人等主体的无偿捐助，但总体上是比较有限的。

市场经济条件下，对口合作的特征：一是对口合作的主体是政府推动，企业为主，尤其是国有企业和民营企业为主；二是利用对口合作双方各自的比较优势，互利共赢、共同发展；三是利用资源主要是企业经营性资源。

三、对口帮扶和合作的支援方和受援方确定

无论是省际之间的对口帮扶，还是省内的对口帮扶，从我国的实践看，对口帮扶和合作的支援方和受援方确定，都遵循三个基本原则。一是我国省际之间，经济发展水平最高地区与最低地区结对帮扶和合作。例如，我国省际东西部对口帮扶和协作，对口支援方参与主体主要是九个东部省市和四个计划单列市与西部十个省区；东部地区与东北地区的对口合作也是东部地区的部分省市。二是省内对口帮扶又分为省内地

市之间的对口帮扶和合作、省内县（市、区）内的对口帮扶和合作。例如，江苏省内经济发展水平较高的苏南五市对苏北五市的对口帮扶和合作，江苏省内经济发展水平中间的苏中三市，负责自身辖区内的对口帮扶和合作。2018～2020 年上海市农村综合帮扶，也是上海七个中心城区对口上海部分郊区，而未列入上海市对口帮扶的部分郊区，负责自身所辖区域内的农村综合帮扶。广东省内的六个珠三角地市结对帮扶八个粤东粤西粤北地市，而未列入广东省地级市之间对口帮扶的其他地级市，负责自身所辖区域内的对口帮扶和合作。三是按照援助方的经济社会发展中的薄弱环节选择对口帮扶合作的支援方，即支援方的优势是受援方的薄弱环节。

四、对口帮扶和合作适用的领域及内容

从我国省际和省内的对口帮扶和合作的实践看，对口帮扶适用于对口帮扶地区无盈利或者无收费机制的公共产品设施建设和服务领域，政府机构公共管理运转领域和住房、就业、生活等民生领域。例如，省际和省内的对口受援地区中，没有收费机制的道路、交通等基础设施建设和服务，垃圾收集处理、污水收集处理、卫生厕所改造等生态环境设施和服务，公共教育、医疗卫生、养老等社会性设施建设和服务，危房改造、就业培训、不适合居住地区的异地搬迁等民生事项。对口合作适用于对口帮扶地区有盈利或者有收费机制的公用设施建设和服务领域和产业发展领域。例如，供水、供电、燃气、供暖等基础设施建设和服务，工业废气废水排放等生态环境设施和服务，民办教育和医疗、营利性养老社区等社会性设施建设和服务，商品房、动迁房、职业培训等事项，产业园区、经营性农业项目、旅游业项目、招商引资等事项。

五、对口帮扶和合作机制的运用

对口帮扶和合作机制的运用通常所说的民生和产业、政府和社会、输血和造血在对口帮扶和合作中的运用是不同的。对口帮扶的内容，一般偏重于民生领域的扶贫帮困；对口帮扶的主体，一般偏重于公共主体（政府和国有企业）；对口帮扶的方法，一般偏重于输血。对口合作的内容，一般偏重于经营性领域的产业发展；对口合作的主体，一般偏重于市场主体（企业和个人），对口合作的方法，一般偏重于造血。

六、对口帮扶和合作机制的适用范围

综上所述，对口帮扶机制，本质上属于政府机制，行政性、计划性导向比较强。对口合作机制，本质上属于市场机制，价值性、利益性导向比较强。因此对口帮扶和合作机制利弊权衡，本质上就是政府和市场的利弊权衡。因此，在我国社会主义市场经济及其区域经济发展中，既要发挥政府主导的对口帮扶机制，又要发挥政府引导和

市场主导的对口合作机制，其边界就是在政府机制发挥比较好的公共产品和服务领域，政府管理领域和民生领域比较适合运用对口帮扶机制。在有收费机制的公共设施建设和服务领域，产业发展领域比较适合运用对口合作机制。

七、对口帮扶和合作的目的及其评价方法

对口帮扶和合作的目的是缩小，对口帮扶双方的经济发展差距和区域整体收益的最大化，其评价方法为：对口双方的经济发展差距和区域整体收益的最大化的评价方法。对口双方经济发展差距缩小的评价指标可以有：帮扶双方人均 GDP 差距，帮扶双方人均财政收入和支出差距，帮扶双方住户存款差距，帮扶双方居民收入水平差距（城镇居民连年人均可支配收入、农村居民年人均可支配收入）等。区域整体收益最大化的评价指标可以有：对口受援方经济发展速度，对口受援方经济总量，对口受援方经济总量占一个国家或一个地区经济总量的比重等。

第十一章

区际利益补偿

区际利益补偿是指因规划地域分工和经济外部性导致的生态产品、农产品与工业品和服务产品“不平等交换”中的政府补偿和市场补偿。政府补偿主要研究国家重点生态功能区和国家粮食主产区中的具有公共产品性质的生态产品、农产品与工业品和服务产品交换关系的实现机制；市场补偿主要研究国家重点生态功能区和国家粮食主产区中的不具有公共产品性质的生态产品、农产品与工业品和服务产品交换关系的实现机制。本章由“区际利益补偿的内涵与类型”“国家重点生态功能区的利益补偿”“国家粮食主产区的利益补偿”三部分内容构成。

第一节　区际利益补偿的内涵与类型

整个国土空间按照用途可划分为生态空间、农业空间和城镇空间，由此形成生态产品、农产品与工业品和服务产品。然而，当前在我国，生态产品、农产品与工业品和服务产品的交换关系是不平等的。

一、区际利益补偿的形成机制

（一）规划地域分工是形成区际利益补偿的主观原因

在我国，区际地域分工是基于我国或地区的资源禀赋、区位优劣势和区域整体发展战略，通过规划划分区域范围内的土地用途及其功能定位而形成的。20 世纪 80 年代末，邓小平提出“两个大局”我国区域经济发展战略思想。2010 年国务院颁布的《全国主体功能区规划》，将我国国土空间划分为优化发展区域、重点开发区域、限制开发区域、禁止开发区域四大类。优化和重点开发区域是指优化和重点进行工业化城镇化开发的城市化地区，到 2020 年末，全国国土空间开发强度[①]控制在 3.91%[②]，其

① 开发强度指一个区域建设空间占该区域总面积的比例。建设空间包括城镇建设、独立工矿、农村居民点、交通、水利设施以及其他建设用地等空间。

② 根据 2021 年 8 月 26 日我国第三次全国国土调查公报发布的数据，经测算，到 2019 年 12 月 31 日止，全国建设用地总量已达 6.13 亿亩（40.87 平方公里），占全国国土面积的 4.30%。

主体功能主要是提供工业品和服务产品。限制开发区域是指限制进行大规模高强度工业化城镇化开发的农产品主产区和重点生态功能区，其中，2008 年末全国耕地总面积为 18.26 亿亩（121.73 平方公里），占全国陆地国土面积的 12.81%[①]；2009 年末国家重点生态功能区 25 个（包括水源涵养区、水土保持区、防风固沙区、生物多样性维护区四种类型），总面积约 386 万平方公里，占全国陆地国土面积的 40.2%；国家重点生态功能区涉及 436 个县级行政区，总人口约 1.1 亿人，占全国总人口的 8.5%。禁止开发区域是指依法设立的各级各类自然文化资源保护区域，以及其他禁止进行工业化城镇化开发、需要特殊保护的重点生态功能区，到 2010 年 10 月 31 日，国家禁止开发区域共 1443 处（主要包括国家级自然保护区 349 个、世界文化自然遗产 40 个、国家级风景名胜区 208 个、国家森林公园 738 个、国家地质公园 138 个），总面积约 120 万平方公里，占全国陆地国土面积的 12.5%。需要说明的是，限制开发区域中的重点生态功能区包括了禁止开发区域中的重点生态功能区，禁止开发区域中的重点生态功能区是限制开发区域中的重点生态功能区需要特殊保护的部分，可见，禁止开发区域中的重点生态功能区是限制开发区域中的重点生态功能区其中的数；限制开发区域中的重点生态功能区与禁止开发区域中的重点生态功能区主要区别在于，前者是指限制进行大规模高强度工业化城镇化开发的区域，后者是指禁止进行工业化城镇化开发的区域。总体来看，限制开发区域和禁止开发区域其主体功能主要是提供农产品和生态产品。

在人类社会的经济社会发展中，财富的创造由土地和劳动力两个基本要素组成，缺一不可。英国威廉配第就指出，土地是财富之母，劳动是财富之父。马克思在论述资本主义剩余价值产生时也指出，劳动力和土地是形成财富的两个原始要素，是一切财富的源泉。而恩格斯进一步指出，其实劳动和自然界一起才是一切财富的源泉，自然界为劳动提供材料，劳动把材料变为财富[②]。土地的价值是由规划的用途决定的，同一区域中的土地，规划的土地用途不同，土地的价格也就不同，即使像我国上海市区这样寸土寸金的地方，将其规划为生态产品用地或农产品用地，也就难以形成更多的财富。从这里也可以看出，区域经济中的地域分工，除了受区域资源禀赋和区位优劣势影响外，还受一定时期的区域经济发展战略、规划、政策等人类主观因素影响。因此，实践中的地域分工很大的成分是规划的地域分工，也就是说，在一个国家或者一个地区内，一部分区域是从事工业品和服务产品生产，另一部分区域是从事农产品

① 根据 2021 年 8 月 26 日我国第三次全国国土调查公报发布的数据，截至 2019 年 12 月 31 日，全国耕地面积为 19.18 亿亩，占国土面积的 13.45%。

② 马克思、恩格斯：《马克思恩格斯全集》（第四卷），人民出版社 2016 年版，第 373 页。

和生态产品生产。在市场经济体系中，城市化地区、农产品主产区和生态功能区，就需要通过工业品和服务产品与农产品和生态产品交换才能实现各自的价值。而在工业化社会里，工业品和服务产品与农产品和生态产品的交换是不等价的，并且有的生态产品和农产品占用是不付费的，损坏是不赔偿的，但是生态产品和农产品生产、流通、保护是有成本的。这就产生了规划主体功能不同的区域之间存在区际利益补偿问题。由于地域分工当中的规划是政府决策的，因此，根据权利与义务对等原则，政府具有负责或者协调区际利益的补偿义务；另外，生态产品和农产品的生产、流通和保护是有成本的，所以生态产品和农产品的损害主体（企业和个人）就具有补偿责任。

在规划地域分工和工业化城镇化条件下，承担农产品生产，尤其是粮食生产的农产品主产区和承担生态产品生产，尤其是承担洁净水源、清新空气、赏心悦目景观的生态产品生产的生态功能区，不但不能完全收回资源、劳动成本，而且，还将丧失发展机会或发展权利，这些如果得不到补偿，农产品主产区和生态功能区再生产能力就不可持续，而农产品主产区和生态功能区主要位于自然空间范围，因此，当农产品主产区和生态功能区再生产能力不可持续时，这就意味着自然再生产能力不可持续，而当人类自然再生产能力不可持续时，也就意味着人类社会的工业品和服务业生产也将不可持续。

（二）经济的外部性是形成区际利益补偿的客观原因

区际利益补偿产生原因的另一种解释就是通常所说的经济外部性。经济外部性又叫“经济活动外部性”，是指在社会经济活动中，一个经济主体（国家、企业或个人）的经济行为与另一个经济主体构成损益关系时，应支付相应费用或给予相应补偿。经济的外部性有经济的正外部性和经济的负外部性。经济的正外部性，也称“经济的外部收益”，是指经济活动主体的经济活动使他人或社会受益，但受益者是否花费代价或给予相应补偿，将影响外部性产品的充分生产。经济的负外部性，也称“经济的外部成本”，是指经济活动主体的经济活动使他人或社会受损，损害者是否花费代价或承担相应补偿，将影响外部性产品的充分生产。

需要说明的是，经济的外部性是以经济主体具有独立自主追求利益最大化为外部性前提的，是纯粹市场机制配置资源所造成的经济结果，是市场失灵的现象之一，并不存在人为因素，故也不存在对错的价值判断，因此，补偿主体相对模糊，一般需要通过政府等第三方予以纠正或者干预，才能实现经济外部性的内部化；但是，规划地域分工是政府可能失灵的领域，存在人为因素和对错的价值判断，因此，补偿主体相对明确，才能形成生态产品、农产品与工业品和服务产品的“平等交换关系”。

二、区际利益补偿的内涵和特征

区际利益补偿是指因规划地域分工和经济外部性导致的生态产品、农产品与工业品和服务产品“不平等交换”中的政府补偿和市场补偿。需要说明的是，由资源禀赋形成的地域分工和经济外部性导致的生态产品，农产品与工业品和服务产品交换是市场行为，因此，由此形成的区域经济差异所采取的政府调控措施，是区际间的帮扶而不是补偿；而由规划地域分工导致的生态产品，农产品与工业品和服务产品交换是不完全的市场行为，因此，由此形成的区域发展差异所采取的政府调控措施，是区际间的补偿而不是帮扶。本书前一章讲到的区域之间的对口帮扶具有补偿的性质，也是指这个意思。正是上述原因，因此，在我国，区际利益补偿需要依靠政府和市场相结合的补偿机制才能实现。区际利益补偿中的政府补偿，适用于我国生态空间和农业空间中具有公共产品性质的生态产品，农产品与工业品和服务产品之间的交换；区际利益补偿中的市场补偿，比较适用于我国生态空间和农业空间中具有竞争性和排他性的生态产品，农产品与工业品和服务产品之间的交换。

三、区际利益补偿的类型

（一）政府补偿与市场补偿

按照区际利益补偿的来源和适用范围不同，可分为政府补偿与市场补偿。

1. 政府补偿

政府补偿是指各级政府的利益补偿，包括财政资金补偿等。实践中，各级政府财政资金补偿又可分为上级政府对下级政府的财政转移支付，即日常所称的纵向补偿；在我国，纵向补偿还可分为中央政府对地方政府（包括省级政府或县级政府等）的财政转移支付，省级政府对地级政府或县级政府的财政转移支付；纵向补偿往往通过上级政府对下级政府利益补偿的工作目标和任务考核评估来实施。地方政府之间的横向利益补偿，即日常所称的横向补偿，包括省际之间、地市之间、县（市、区）之间横向利益补偿；实践中，地方政府之间的横向利益补偿往往通过横向利益主体之间的协议来实施；因此，地方政府之间的横向利益补偿具有合作共赢的特点，具有公共产品的“地方性”[①] 特征。国家重点生态功能区生态利益补偿和国家粮食主产区利益补偿中的政府纵向补偿和横向补偿，一般只适用于自然人日常生计中所必需的清新空气、洁净水、宜人环境等生态产品和一日三餐必需的优质廉价的粮油产品等，具有非竞争

① 公共产品中的“地方性”是指这类公共产品仍具有非竞争性和非排他性的公共产品特征，但这种公共产品的收益或者影响范围仅限于或者偏重于本地大多数居民和机构。

性和非排他性[①]公共产品特征。

2. 市场补偿

市场补偿是指各类市场主体通过市场机制进行补偿，根据补偿渠道的不同，市场补偿又可分为，通过生态产品和农产品交易收益获得补偿，通过产权（承包经营权、宅基地使用权、集体经营性建设用地、用水权、排污权、用能权、碳排放权等）交易获得补偿，通过市场化金融服务（承包地、林地抵押、发行债券等绿色信贷和绿色股票指数、绿色保险产品）获得补偿，通过（生态功能区和粮食主产区经营性项目特许经营收费、垃圾收集处置收费、医疗废弃物跨区域转移收费等）获得补偿。市场补偿，一般适用于产业领域或具有一定收益和收费机制领域，具有竞争性和排他性特征。

（二）分类补偿和综合补偿

按照区域利益补偿聚焦重点生态环境要素还是聚焦重点生态环境区域，可分为分类补偿和综合补偿。

1. 分类补偿

分类补偿是指按照水、空气、土地、生物等生态环境要素进行补偿，具体包括：(1) 水资源环境要素补偿。如对江河源头、重要水源地、水土流失重点防治区、蓄滞洪区、受损河湖等重点区域的水资源环境要素保护进行补偿。(2) 公益林补偿。地方结合实际探索的对公益林实施差异化、动态化补偿。(3) 湿地生态保护补偿。如国家重要湿地（含国际重要湿地）生态保护补偿。(4) 耕地保护补偿。如耕地轮作休耕补偿。(5) 草原生态补偿。如对列入禁牧的退化和沙化草原给予补偿。(6) 沙化土地生态保护补偿。如对暂不具备治理条件和因保护生态不宜开发利用的连片沙化土地生态保护给予补偿。(7) 近海生态保护补偿等。

分类补偿可以在政府补偿和市场补偿领域中适用，其实施条件一般是生态环境要素相关权利主体已经明确。

2. 综合补偿

综合补偿一般适用于生态受益地区与生态保护地区的利益补偿，其特征是产品供给地区或供给人是特指的或特定的，而受益地区或受益人一般不是特指的或特定的。具体包括中央政府对地方政府（包括省级政府或县级政府等）和省级政府对地级政府或县级政府的纵向利益补偿；省际之间、地市之间、县（市、区）之间横向利益补偿等。

① 公共产品中的非竞争性是指一个人从来该产品的消费中获得收益时并不会降低其他人的收益，公共产品中的非排他性是指把那些享有优惠价格或不付费而享有使用该产品的人排除在外是不可能或不切合实际的。

第二节　国家重点生态功能区的利益补偿

国家重点生态功能区的利益补偿，包括通过政府财政转移支付实现国家重点生态功能区的利益补偿和通过市场机制实现国家重点生态功能区的利益补偿。通过政府财政转移支付实现国家重点生态功能区的利益补偿，实质是政府代表人民购买这类地区提供的生态产品，一般适用于具有公共产品性质的生态产品领域。通过市场机制实现国家重点生态功能区的利益补偿，一般适用于受益或者损害主体明确，具有竞争性和排他性的生态产品领域。

一、中央财政（纵向）的国家重点生态功能区利益补偿

（一）国家重点生态功能区的内涵与范围

国家重点生态功能区是指生态系统十分重要，目前生态系统有所退化，需要在国土空间开发中限制或禁止进行工业化城镇化开发，保障国家生态安全的重要区域，人与自然和谐相处的示范区，保持并提高生态产品供给能力的区域。根据2011年6月8日国务院印发的《全国主体功能区规划的通知》（国发〔2010〕46号），国家重点生态功能区包括大小兴安岭森林生态功能区等25个地区（见表11－1），总面积约386万平方公里，占全国陆地国土面积的40.2%；涉及436个县级行政区，2008年底总人口约1.1亿人，占全国总人口的8.5%。国家重点生态功能区分为水源涵养型、水土保持型、防风固沙型和生物多样性维护型四种类型。（水源涵养型主要指我国重要江河源头和重要水源补给区。包括大小兴安岭森林生态功能区、长白山森林生态功能区、阿尔泰山地森林草原生态功能区、三江源草原草甸湿地生态功能区、若尔盖草原湿地生态功能区、甘南黄河重要水源补给生态功能区、祁连山冰川与水源涵养生态功能区、南岭山地森林及生物多样性生态功能区。水土保持型主要指土壤侵蚀性高、水土流失严重、需要保持水土功能的区域。包括黄土高原丘陵沟壑水土保持生态功能区、大别山水土保持生态功能区、桂黔滇喀斯特石漠化防治生态功能区、三峡库区水土保持生态功能区。防风固沙型主要指沙漠化敏感性高、土地沙化严重、沙尘暴频发并影响较大范围的区域。包括塔里木河荒漠化防治生态功能区、阿尔金草原荒漠化防治生态功能区、呼伦贝尔草原草甸生态功能区、科尔沁草原生态功能区、浑善达克沙漠化防治生态功能区、阴山北麓草原生态功能区。生物多样性维护型主要指濒危珍稀动植物分布较集中、具有典型代表性生态系统的区域。包括川滇森林及生物多样性生态功能区、秦巴生物多样性生态功能区、藏东南高原边缘森林生态功能区、藏西北羌塘高原荒漠生态功能区、三江平原湿地生态功能区、武陵山区生物多样性及水土保持生态功能区、

海南岛中部山区热带雨林生态功能区。

表 11 –1　　《全国主体功能区规划》中的 25 个国家重点生态功能区

区域	范围	面积（平方公里）	人口（万人）
大小兴安岭森林生态功能区	内蒙古：牙克石市、根河市、额尔古纳市、鄂伦春自治旗、阿尔山市、阿荣旗、莫力达瓦达斡尔族自治旗、扎兰屯市 黑龙江：北安市、逊克县、伊春区、南岔区、友好区、西林区、翠峦区、新青区、美溪区、金山屯区、五营区、乌马河区、汤旺河区、带岭区、乌伊岭区、红星区、上甘岭区、铁力市、通河县、甘南县、庆安县、绥棱县、呼玛县、塔河县、漠河县、加格达奇区、松岭区、新林区、呼中区、嘉荫县、孙吴县、爱辉区、嫩江县、五大连池市、木兰县	346997	711.7
长白山森林生态功能区	吉林：临江市、抚松县、长白朝鲜族自治县、浑江区、江源区、敦化市、和龙市、汪清县、安图县、靖宇县 黑龙江：方正县、穆棱市、海林市、宁安市、东宁县、林口县、延寿县、五常市、尚志市	111857	637.3
阿尔泰山地森林草原生态功能区	新疆：阿勒泰市、布尔津县、富蕴县、福海县、哈巴河县、青河县、吉木乃县 （含新疆生产建设兵团所属团场）	117699	60
三江源草原草甸湿地生态功能区	青海：同德县、兴海县、泽库县、河南蒙古族自治县、玛沁县、班玛县、甘德县、达日县、久治县、玛多县、玉树县、杂多县、称多县、治多县、囊谦县、曲麻莱县、格尔木市唐古拉山镇	353394	72.3
若尔盖草原湿地生态功能区	四川：阿坝县、若尔盖县、红原县	28514	18.2
甘南黄河重要水源补给生态功能区	甘肃：合作市、临潭县、卓尼县、玛曲县、碌曲县、夏河县、临夏县、和政县、康乐县、积石山保安族东乡族撒拉族自治县	33827	155.5
祁连山冰川与水源涵养生态功能区	甘肃：永登县、永昌县、天祝藏族自治县、肃南裕固族自治县（不包括北部区块）、民乐县、肃北蒙古族自治县（不包括北部区块）、阿克塞哈萨克族自治县、中牧山丹马场、民勤县、山丹县、古浪县 青海：天峻县、祁连县、刚察县、门源回族自治县	185194	240.7
南岭山地森林及生物多样性生态功能区	江西：大余县、上犹县、崇义县、龙南县、全南县、定南县、安远县、寻乌县、井冈山市 湖南：宜章县、临武县、宁远县、蓝山县、新田县、双牌县、桂东县、汝城县、嘉禾县、炎陵县 广东：乐昌市、南雄市、始兴县、仁化县、乳源瑶族自治县、兴宁市、平远县、蕉岭县、龙川县、连平县、和平县 广西：资源县、龙胜各族自治县、三江侗族自治县、融水苗族自治县	66772	1234

续表

区域	范围	面积（平方公里）	人口（万人）
黄土高原丘陵沟壑水土保持生态功能区	山西：五寨县、岢岚县、河曲县、保德县、偏关县、吉县、乡宁县、蒲县、大宁县、永和县、隰县、中阳县、兴县、临县、柳林县、石楼县、汾西县、神池县 陕西：子长县、安塞县、志丹县、吴起县、绥德县、米脂县、佳县、吴堡县、清涧县、子洲县 甘肃：庆城县、环县、华池县、镇原县、庄浪县、静宁县、张家川回族自治县、通渭县、会宁县 宁夏：彭阳县、泾源县、隆德县、盐池县、同心县、西吉县、海原县、红寺堡区	112050.5	1085.6
大别山水土保持生态功能区	安徽：太湖县、岳西县、金寨县、霍山县、潜山县、石台县 河南：商城县、新县 湖北：大悟县、麻城市、红安县、罗田县、英山县、孝昌县、浠水县	31213	898.4
桂黔滇喀斯特石漠化防治生态功能区	广西：上林县、马山县、都安瑶族自治县、大化瑶族自治县、忻城县、凌云县、乐业县、凤山县、东兰县、巴马瑶族自治县、天峨县、天等县 贵州：赫章县、威宁彝族回族苗族自治县、平塘县、罗甸县、望谟县、册亨县、关岭布依族苗族自治县、镇宁布依族苗族自治县、紫云苗族布依族自治县 云南：西畴县、马关县、文山县、广南县、富宁县	76286.3	1064.6
三峡库区水土保持生态功能区	湖北：巴东县、兴山县、秭归县、夷陵区、长阳土家族自治县、五峰土家族自治县 重庆：巫山县、奉节县、云阳县	27849.6	520.6
塔里木河荒漠化防治生态功能区	新疆：岳普湖县、伽师县、巴楚县、阿瓦提县、英吉沙县、泽普县、莎车县、麦盖提县、阿克陶县、阿合奇县、乌恰县、图木舒克市、叶城县、塔什库尔干塔吉克自治县、墨玉县、皮山县、洛浦县、策勒县、于田县、民丰县 （含新疆生产建设兵团所属团场）	453601	497.1
阿尔金草原荒漠化防治生态功能区	新疆：且末县、若羌县（含新疆生产建设兵团所属团场）	336625	9.5
呼伦贝尔草原草甸生态功能区	内蒙古：新巴尔虎左旗、新巴尔虎右旗	45546	7.6
科尔沁草原生态功能区	内蒙古：阿鲁科尔沁旗、巴林右旗、翁牛特旗、开鲁县、库伦旗、奈曼旗、扎鲁特旗、科尔沁左翼中旗、科尔沁右翼中旗、科尔沁左翼后旗 吉林：通榆县	111202	385.2
浑善达克沙漠化防治生态功能区	河北：围场满族蒙古族自治县、丰宁满族自治县、沽源县、张北县、尚义县、康保县 内蒙古：克什克腾旗、多伦县、正镶白旗、正蓝旗、太仆寺旗、镶黄旗、阿巴嘎旗、苏尼特左旗、苏尼特右旗	168048	288.1
阴山北麓草原生态功能区	内蒙古：达尔汗茂明安联合旗、察哈尔右翼中旗、察哈尔右翼后旗、四子王旗、乌拉特中旗、乌拉特后旗	96936.1	95.8

续表

区域	范围	面积（平方公里）	人口（万人）
川滇森林及生物多样性生态功能区	四川：天全县、宝兴县、小金县、康定县、泸定县、丹巴县、雅江县、道孚县、稻城县、得荣县、盐源县、木里藏族自治县、汶川县、北川县、茂县、理县、平武县、九龙县、炉霍县、甘孜县、新龙县、德格县、白玉县、石渠县、色达县、理塘县、巴塘县、乡城县、马尔康县、壤塘县、金川县、黑水县、松潘县、九寨沟县 云南：香格里拉县（不包括建塘镇）、玉龙纳西族自治县、福贡县、贡山独龙族怒族自治县、兰坪白族普米族自治县、维西傈僳族自治县、勐海县、勐腊县、德钦县、泸水县（不包括六库镇）、剑川县、金平苗族瑶族傣族自治县、屏边苗族自治县	302633	501.2
秦巴生物多样性生态功能区	湖北：竹溪县、竹山县、房县、丹江口市、神农架林区、郧西县、郧县、保康县、南漳县 重庆：巫溪县、城口县 四川：旺苍县、青川县、通江县、南江县、万源市 陕西：凤县、太白县、洋县、勉县、宁强县、略阳县、镇巴县、留坝县、佛坪县、宁陕县、紫阳县、岚皋县、镇坪县、镇安县、柞水县、旬阳县、平利县、白河县、周至县、南郑县、西乡县、石泉县、汉阴县 甘肃：康县、两当县、迭部县、舟曲县、武都区、宕昌县、文县	140004.5	1500.4
藏东南高原边缘森林生态功能区	西藏：墨脱县、察隅县、错那县	97750	5.8
藏西北羌塘高原荒漠生态功能区	西藏：班戈县、尼玛县、日土县、革吉县、改则县	494381	11
三江平原湿地生态功能区	黑龙江：同江市、富锦市、抚远县、饶河县、虎林市、密山市、绥滨县	47727	142.2
武陵山区生物多样性与水土保持生态功能区	湖北：利川市、建始县、宣恩县、咸丰县、来凤县、鹤峰县 湖南：慈利县、桑植县、泸溪县、凤凰县、花垣县、龙山县、永顺县、古丈县、保靖县、石门县、永定区、武陵源区、辰溪县、麻阳苗族自治县 重庆：酉阳土家族苗族自治县、彭水苗族土家族自治县、秀山土家族苗族自治县、武隆县、石柱土家族自治县	65571	1137.3
海南岛中部山区热带雨林生态功能区	海南：五指山市、保亭黎族苗族自治县、琼中黎族苗族自治县、白沙黎族自治县	7119	74.6
总计	436 个县级行政区	3858797	11354.7

注：青海省格尔木市唐古拉镇为乡级行政单位，不计入县级行政单位数。

资料来源：国务院印发的《全国主体功能区规划的通知》（国发〔2010〕46 号），2011 年 6 月 8 日。

（二）国家重点生态功能区的中央财政转移支付

国家或地区对生态功能区的“生态补偿”，实质是政府代表人民购买这类地区提供的生态产品。2022 年 4 月 28 日国家财政部印发的《中央对地方重点生态功能区转移支付办法》（财预〔2022〕59号）中明确了中央财政对国家重点生态功能区的利益补偿。

1. 重点生态功能区中央财政转移支付范围

重点生态功能区中央财政转移支付范围包括重点补助、禁止开发补助、引导性补助。

（1）重点补助范围：一是重点生态县域，包括限制开发的国家重点生态功能区所属县（含县级市、市辖区、旗等，下同）以及新疆生产建设兵团相关团场。二是生态功能重要地区，包括未纳入限制开发区的京津冀有关县、海南省有关县、雄安新区和白洋淀周边县。三是长江经济带地区，包括长江经济带沿线11省。四是巩固拓展脱贫攻坚成果同乡村振兴衔接地区，包括国家乡村振兴重点帮扶县及原“三区三州”① 等深度贫困地区。

（2）禁止开发补助范围：相关省所辖国家级禁止开发区域。

（3）引导性补助范围：南水北调工程相关地区（东线水源地、工程沿线部分地区和汉江中下游地区）以及其他生态功能重要的县。

2. 重点生态功能区中央财政转移支付资金的测算办法

（1）测算原则。

第一，公平公正，公开透明。选取客观因素进行公式化分配，转移支付办法和分配结果公开。

第二，分类处理，突出重点。根据生态功能重要性、财力水平等因素对转移支付对象实施差异化补助，体现差别、突出重点。

第三，注重激励，强化约束。健全生态环境监测评价和奖惩机制，激励地方加大生态环境保护力度，提高资金使用效率。

（2）测算办法。重点生态功能区转移支付资金选取影响财政收支的客观因素测算。具体计算公式为：

某省转移支付应补助额 = 重点补助 + 禁止开发补助 + 引导性补助 ± 考核评价奖惩资金

第一，重点补助测算。一是重点生态县域和生态功能重要地区补助按照标准财政收支缺口并考虑补助系数测算。其中，标准财政收支缺口参照均衡性转移支付办法测算，结合中央与地方生态环境领域财政事权和支出责任划分，将各地生态环境保护方面的减收增支情况作为转移支付测算的重要因素；补助系数根据标准财政收支缺口、生态保护红线、产业发展受限对财力的影响情况等因素测算，并向西藏和四省涉藏州县、南水北调中线工程水源地倾斜。重点生态县域和生态功能重要地区补助参照均衡

① “三区三州”：“三区”是指西藏自治区和青海、四川、甘肃、云南四省藏区及南疆的和田地区、阿克苏地区、喀什地区、克孜勒苏柯尔克孜自治州四地区；“三州”是指四川凉山州、云南怒江州、甘肃临夏州。

性转移支付办法设置增幅控制机制。对倾斜支持地区、以前年度补助水平较低的地区，适当放宽增幅控制。二是长江经济带补助根据生态保护红线、森林面积、人口等因素测算。三是巩固拓展脱贫攻坚成果同乡村振兴衔接地区补助根据脱贫人口数、标准财政支出水平等因素测算，并结合脱贫人口占比、人均转移支付水平进行适当调节。

第二，禁止开发补助。根据各省禁止开发区域的面积和个数等因素测算，根据生态功能重要性适当提高国家自然保护区和国家森林公园权重，并向西藏和四省涉藏州县倾斜。

第三，引导性补助。南水北调工程相关地区（东线水源地、工程沿线部分地区和汉江中下游地区）按照相关规定予以补助；其他生态功能重要的县按照标准财政收支缺口并考虑补助系数测算。

第四，考核评价奖惩资金。根据生态环境质量监测评价情况实施奖惩，对评价结果为明显变好和一般变好的地区予以适当奖励；对评价结果为明显变差和一般变差的地区，适当扣减转移支付资金。

测算的转移支付应补助额（不含考核评价奖惩资金）少于该省上一年转移支付预算执行数的，按照上一年转移支付预算执行数安排。

（3）重点生态功能区中央财政转移支付的性质、用途和拨付。重点生态功能区转移支付列一般性转移支付，用于提高重点生态县域等地区基本公共服务保障能力，引导地方政府加强生态环境保护；不得用于楼堂馆所及形象工程建设和竞争性领域。中央财政转移支付资金，财政部于每年10月31日前，提前向省级财政部门下达下一年度重点生态功能区转移支付预计数。

（4）重点生态功能区2022年中央财政转移支付资金。自2011年6月8日国务院颁布了《全国主体功能区规划》以后，2011年7月19日国家财政部印发了《国家重点生态功能区转移支付办法》（财预〔2011〕428号），到2022年，全国重点生态功能区中央财政转移支付已进行了12年，中央财政对地方重点生态功能区转移支付的资金总量逐年增加，其中，2016～2022年中央转移支付资金分别为5760000万元，6270000万元、7210000万元、7881100万元、7945000万元、8706500万元、9820400万元（见表11－2）。

表11－2　2022年中央对地方重点生态功能区转移支付资金分配　单位：万元

地区	2022年补助			补助总额明细		
	总额	已经下达	此次下达	重点补助	禁止开发补助	引导性补助
地方合计	9820400	7937000	1883400	7761500	790000	1268900
北京	23900	19900	4000	15000	8300	600

续表

地区	2022 年补助			补助总额明细		
	总额	已经下达	此次下达	重点补助	禁止开发补助	引导性补助
天津	7700	7600	100	5700	2000	—
河北	443900	389200	54700	397900	17600	28400
山西	127500	106800	20700	113800	11000	2700
内蒙古	390600	342400	48200	313900	27300	49400
辽宁（不含大连）	62300	54300	8000	19300	17400	25600
大连	2000	1600	400	100	1900	—
吉林	129200	103600	25600	98100	17100	14000
黑龙江	345800	298700	47100	288200	36100	21500
上海	7600	6700	900	5200	2400	—
江苏	77400	19700	57700	15100	7400	54900
浙江（不含宁波）	53800	44800	9000	34100	19700	—
安徽	261600	223300	38300	161500	16700	83400
福建（不含厦门）	143600	123800	19800	72500	18200	52900
江西	254500	212200	42300	187000	22000	45500
山东（不含青岛）	163700	87300	76400	96900	18600	48200
河南	295800	228800	67000	152900	19900	123000
湖北	588600	371800	216800	444400	15600	128600
湖南	566200	459900	106300	495200	22600	48400
广东（不含深圳）	143700	122900	20800	89300	16300	38100
广西	360100	284900	75200	311100	15900	33100
海南	234400	194200	40200	227600	6800	—
重庆	282100	240200	41900	191600	12600	77900
四川	601500	502000	99500	504900	57000	39600
贵州	705000	562600	142400	601100	15500	88400
云南	655100	580100	75000	552800	37500	64800
西藏	369000	282500	86500	235800	127100	6100
陕西	467000	363700	103300	385800	16300	64900
甘肃	797100	666600	130500	667100	47100	82900
青海	504200	418800	85400	416600	87600	—
宁夏	208200	180000	28200	198400	4900	4900
新疆	533400	436100	97300	450500	41800	41100
兵团	13900	—	13900	12100	1800	—

资料来源：作者根据《财政部关于下达 2022 年中央对地方重生态功能区转移支付预算的通知》整理。

二、地方财政的（纵向）生态利益补偿

山东省财政厅根据2019年山东省政府下发的《建立健全生态文明建设财政奖补机制实施方案》，制定出台了《山东省地表水环境质量生态补偿办法》，以国家和省级断面水质为基础，在省、市两级政府间建立了地表水环境质量纵向生态补偿机制。考核断面水质改善的市，省级给予补偿；水质恶化的市，向省级赔偿。2019年以来，省级财政下达各市地表水环境生态补偿资金21.17亿元，各市向省级缴纳赔偿资金7.64亿元。省市纵向生态补偿机制的建立，意味着各设区市可获得的生态补偿资金与水质治理成效挂钩。在这一机制的促进下，各地的流域水环境保护责任意识不断增强，加强水环境保护和治理的内生动力更为充沛。近年来，山东省地表水环境质量持续改善，2021年全省国控地表水断面优良水体比例达到75.2%，较2019年改善24.4个百分点，劣五类水体全部清零，水环境质量大幅提升。

作为黄河流域最下游省份，山东坚持把入海水质作为检验流域治理成效的重要标准，创新海洋环境质量生态补偿机制，在全国率先制定出台海洋环境质量生态补偿办法，由省级政府充当入海断面的“下游地区”，对沿海各市给予近岸海域海水水质、入海污染物控制等方面补偿，补全流域治理链条，释放整体激励效应。主要做法是：根据生态环境部确认的近岸海域水质数据，对达标市给予基本补偿、同比改善的市给予补偿，同比恶化的市则向省级缴纳赔偿资金，对入海河流总氮指标按照排名给予奖惩。2020年以来，省财政下达各市海洋环境质量生态补偿资金1.75亿元，各市向省级赔偿658万元，有力推动了各市入海河流保护，实现了陆海污染防治有效联动，保障了黄河流域末端的水环境质量安全。2021年12月，山东省近岸海域优良水质比例达到92.3%，比2020年初提升2个百分点，海洋环境质量生态补偿机制成效逐步显现①。

三、地方财政（横向）的流域生态保护补偿

流域横向生态补偿机制是指通过流域上下游地方政府之间的协商谈判实现利益互补，从而协调和平衡生态保护地区和生态受益地区之间的利益关系，充分调动生态保护积极性的生态补偿机制。流域横向生态补偿分为省际流域横向生态补偿和省（区、市）内流域上下游横向生态保护补偿。

（一）地方财政省际流域生态保护补偿

2011年11月，我国在新安江流域开展了首个跨省流域横向生态补偿项目试点，

① 沈童：《打造黄河流域生态补偿保护“山东模式”》，https://www.jnnews.tv/hhlystbh/p/2022－07/05/905905.html，2002年5月17日。

2012～2014年首轮试点，每年设置5亿元的补偿基金（中央财政补助3亿元、两省各出资1亿元），皖浙两省以水质“对赌”，以两省跨界断面高锰酸盐指数、氨氮、总氮、总磷四项指标为考核依据，年度水质达到考核标准，浙江拨付给安徽1亿元；反之，安徽拨付给浙江1亿元。2015～2017年实施第二轮试点，两省补偿资金分别增加至2亿元，中央财政仍维持上一轮9亿元补助水平，按照逐步退坡原则分年拨付（每年分别安排4亿元、3亿元、2亿元）推动建立常态化的补偿机制。2018年10月中旬，皖浙两省正式签订2018～2020年的第三轮试点，两省每年各出资2亿元，共同设立新安江流域上下游横向生态补偿资金，已经完成了第三轮的流域补偿工作。到2022年初，全国已签订了13个跨省的流域横向生态补偿协议①，其中半数的流域已经完成了至少一轮补偿协议。安徽、浙江两省正在探索共同打造新安江流域绿色产业合作示范区。也就是说，不单纯是资金补偿，而且还要通过产业合作，形成一种“造血型”的生态补偿机制，这是有益的探索。

流域生态补偿机制实施后，不仅实现了跨界断面水环境质量稳中有升，流域上下游生态保护协同能力明显提高，而且生态补偿助推了上游地区绿色发展的效果也初步显现。例如，新安江流域就设立了全国首个跨省流域绿色发展基金，安徽、浙江两省正在探索共同打造新安江流域绿色产业合作示范区。实现了地方财政资金的补偿，逐步发展成为一种“造血型”的产业合作、市场化的生态补偿机制。

（二）地方财政省（区、市）内流域生态保护补偿

为促进省内流域环境的联动保护和协同治理，山东省借鉴黄河流域省际生态补偿模式，将横向生态补偿机制延伸到县际，由省级确定横向生态补偿机制框架，明确流域上下游地区水质保护责任，推动各县（市、区）以跨界断面水质类别为补偿基准。其中，黄河干流以总氮浓度为主要基准签订补偿协议，跨市、跨县断面月度补偿基准额度分别不低于100万元、85万元，并视水质达标情况予以适当加权。为推动补偿机制尽快建立，省财政安排专项资金5000万元，对横向补偿机制建立工作成效突出的市进行奖励。到2021年9月底，全省301个跨县界断面全部签订补偿协议，在全国率先实现县际流域横向补偿全覆盖。初步测算，2021年四季度，各县（市、区）间补偿资金规模达3.4亿元②。通过实施县际横向生态补偿，为保护水环境付出努力的上游地区、水环境受到损害的下游地区将获得相应的补偿或赔偿，推动生态保护区和生态受益区之间进行合理的利益调整，并以此调动流域上下游协同治污积极性，落实水污染

---

① 宋凌燕：《生态环境部：浙江安徽探索新安江流域“造血型”生态补偿机制》，2022年1月24日。

② 沈童：《打造黄河流域生态补偿保护“山东模式”》，https：//www.jnnews.tv/hhlystbh/p/2022－07/05/905905.html，2002年5月17日。

防治主体责任。浙江近日启动新一轮省内流域横向生态保护补偿，目前共有52对计51个市县签订跨流域横向生态补偿协议，实现全省八大水系主要干流全覆盖[①]。

四、市场化的区域生态资源价值实现机制

2021年4月26日，中共中央办公厅、国务院办公厅印发了《关于建立健全生态产品价值实现机制的意见》提出"塑造城乡区域协调发展新格局。精准对接、更好满足人民差异化的美好生活需要，带动广大农村地区发挥生态优势就地就近致富、形成良性发展机制，让提供生态产品的地区和提供农产品、工业产品、服务产品的地区同步基本实现现代化，人民群众享有基本相当的生活水平"。2010年国务院发布的《全国主体功能区规划》中提出"生态产品指维系生态安全、保障生态调节功能、提供良好人居环境的自然要素，包括清新的空气、清洁的水源和宜人的气候等。生态产品同农产品、工业品和服务产品一样，都是人类生存发展所必需的。"生态资源是指存在于自然界可以被人类利用并能产生经济和社会价值的自然要素，包括水、空气、土地、阳光、生物五个主要自然环境[②]或生态环境要素。综上所述，生态产品与生态资源都是指自然环境或生态环境要素，两者基本是同义的。在市场经济条件下，只有通过政府和市场两个手，将生态资源转化为生态资产、资金、资本[③]时才能纳入人类社会的经济核算。因此，促进生态资源或生态产品的价值实现，总体上需要通过生态资源的计量计价，生态资源的确权登记，生态资源的补偿等环节，才能促进生态资源或生态产品的价值实现。当前，生态资源价值实现主要的难点是"难度量、难抵押、难交易、难变现"。

（一）生态资源的计量计价

1. 贵州省在生态产品计量计价方面的探索

编制生态产品目录清单，摸清生态产品数量质量等底数，制定生态系统生产总值（GEP）核算技术规范，开展覆盖各级行政区域的生态产品总值核算，并开展实时动态跟踪和监测。编制生态产品价值实现机制试点实施方案，研究形成反映生态产品保护和开发成本、体现市场供需关系、能够有效抵押变现的评估办法[④]。

2. 福建省永春县在生态产品计量计价方面的探索

建立"绿色资源"台账，全面盘点清查集体与农户的土地、森林、水等资源性资

① 《浙江启动新一轮省内流域横向生态保护补偿》，新华社客户端浙江频道，2022年9月28日。

② 叶文虎等著：《文明的演化》，科学出版社2015年版，第2页。

③ 资源是指生产资料和生活资料的来源，资产是指某一主体所拥有的各种财产、债权和其他权利，资金是指财产物资的货币表现，资本是指某一主体由于过去的交易或事项而获得或控制的可预期的未来经济利益（夏征农、陈至立主编：《辞海》，上海辞书出版社2009年版，第3050～3053页）。

④ 吴承坤：《突破"四难"贵州率先推动生态产品价值实现》，载于《中国经济导报》2022年2月4日。

产，集体经营性、非经营性资产和集体资金等“有形资产”，进一步整合民俗技艺、文化品牌等优质“无形资产”。通过“市场比价 + 企业估值 + 政府指导 + 村民协商”的方式，明确各类生态资源的计价标准，并进行综合评估，形成可抵押、可融资的生态资产①。

（二）生态资源的确权登记

2021 年 4 月 26 日，中共中央办公厅、国务院办公厅印发了《关于建立健全生态产品价值实现机制的意见》提出“加快自然资源统一确权登记，建立归属清晰、权责明确、保护严格、流转顺畅、监管有效的自然资源资产产权制度”。明确水、气、土、阳光、生物等生态环境要素或者自然环境要素权利主体，开展生态环境要素确权登记，是实现生态资源人格化的前提。福建省永春县在“自然资源确权登记”方面进行了有益的探索：坚持确权赋能，确权期限依据承包合同灵活确定，放活林地经营权，为非规划林地确权发证，累计颁发非规划林地林权证 34 本，明晰产权面积 1.3 万亩。截至目前，永春县农村土地确权发证率达到 99.5%。

（三）生态资源的价值实现

1. 通过生产经营促进生态资源的价值实现

（1）贵州通过生产经营促进生态资源价值实现方面的探索：贵州打造地方标志生态产品地域公用品牌，制定地方标志生态产品地域公用品牌评价标准，探索建立健全生态产品认证和质量追溯体系。选择具备条件的地区深化经营开发路径和模式的探索实践，深化探索生态环境保护修复与生态产品经营开发权益相挂钩的路径模式。

（2）福建省永春县通过生产经营促进生态资源价值实现方面的探索。一是建立生态项目开发储备库。按照“山水林田湖草是生命共同体”理念，系统推进生态环境治理。深入挖掘文化生态价值，对优质资产进行创新策划，建立项目开发储备库。二是形成集中连片优质的生态资源资产包。强化资源管理流转储备，通过探索租赁、托管、股权合作、特许经营等方式，将分散到村民的土地承包经营权等生态资源，流转到村集体股份经联社和镇属开发运营公司，形成集中连片优质的资源资产包。三是积极培育新型经营主体，通过“示范带动工程”和“新型经营主体 + 基地 + 农户”的经营模式，推动专业合作社、家庭林场等发展壮大，累计创建林业专业合作社 299 家，家庭林场 107 家，林业、花卉专业协会两家。加快推动林下经济发展，实施“一乡一品”工程，累计发展林下经济项目 318 个。四是建立多元化的生态资源市场化运营实体。引导村镇集体合股联营，以镇政府牵头、联合镇下属的村集体股份经济联合社出资成

① 张辉：《永春：探索构建生态产品“三级市场”》，http：//fjnews.fjsen.com/2020 - 08/07/content_30435505.htm，2020 年 8 月 7 日。

立生态资源市场化运作主体，整合全域资源，进行统一管理运营，为项目开发融资作担保依据。引导村民抱团参与，鼓励村民以土地、房屋、林地等资源作价入股成立专业合作社，共享发展收益。招商引入外部主体互惠共赢，积极引入社会资本和专业运营商，与村集体股份经联社进行合股经营，探索构建“企业+集体+村民”多元化合作机制。

2. 通过生态资产流转促进生态资源的价值实现

（1）贵州通过生态资产流转促进生态资源价值实现方面的探索：贵州整合现有交易场所设立贵州省生态产品交易中心，定期举办生态产品推介博览会，打造全域协同、全流程覆盖的生态产品市场交易服务体系。通过政府管控或设定限额等方式，探索开展森林、碳汇等生态资源权益指标交易和生态产品资产证券化交易，推动有交易需求的地区开展水权交易试点。开展生态产品线上交易云招商，推动生态产品供需精准对接。

（2）福建省永春县通过生态资产流转促进生态资源价值实现方面的探索：整合多部门职能，设立产权招投标中心，累计办理林权流转581宗、面积10.3万亩，流转总值达1亿多元；建立产权抵押融资风险分担机制，成立永绿林业发展有限公司，提供林权流转交易、收储、担保等服务，累计完成林权（林地、林木）赎买1.3万亩。

3. 通过创新金融服务促进生态资源的价值实现

（1）贵州通过创新金融服务促进生态资源价值实现方面的探索：为率先在生态产品“抵押难”上取得新突破，贵州提出鼓励具备条件的地区借鉴国有土地使用权出让管理做法，探索生态产品经营开发区域使用权出让管理机制。深入推进贵安新区绿色金融改革创新试验区建设，设立绿色金融产品交易中心、贵安绿色发展银行，鼓励银行业金融机构根据特定地域单元生态产品价值核算结果，探索创新融资贷款模式，加大中长期贷款支持力度。支持发行绿色企业债券和绿色金融债券，创新绿色信贷抵（质）押担保方式，开展绿色项目资产证券化业务。鼓励各类投资主体在贵州设立生态建设基金，筹建生态产权交易所。

（2）福建省永春县通过创新金融服务促进生态资源价值实现方面的探索。一是创新推出农村承包地经营权抵押贷款。建立农村土地资源有效流转机制，破解农村发展体制机制性障碍，出台《农村承包土地的经营权抵押贷款试点实施方案》，农村承包的土地经营权抵押贷款累计发放12.06亿元，位列福建省第一。二是创新推出林业金融新产品。建立产权抵押融资风险分担机制，成立永绿林业发展有限公司，提供林权流转交易、收储、担保等服务，率先出台《永春县森林资源资产抵押贷款登记暂行规定》，完善了森林资源资产抵押贷款登记服务，创新推出“花卉贷”“林好贷”等林业金融新产品，并设立花卉产业发展风险基金。共办理林权抵押贷款登记80宗（包括规划林地和非规划林地），面积30378亩，抵押贷款额度10580万元，为花农、花企担保贷款1650多万元。三是探索生态产品证券化融资。探索推进“板外”交易市场建设，建设县产权撮合交易平台，及时向社会投资者发布股权转让信息，撮合交易；与海峡产权交易中心合作，推进生态资产证券化和期权化交易。探索生态产品证券化融资模式，探索村集体优质的资源性资产，通过资本市场发行债券募集资金，开发绿色发展项目。探索构建生态产品金融组织体系，设立生态产品专营部门，推动金融租赁等中介机构创新绿色金融产品。

4. 通过政府补偿和损害补偿促进生态资源价值的实现

贵州提出推动省级财政参照生态产品总值核算结果，完善重点生态功能区转移支付资金分配机制。鼓励地方政府在依法依规前提下，统筹生态领域转移支付资金，通过设立市场化发展基金等方式，支持基于生态环境系统性保护修复的生态产品价值实现工程建设。系统总结流域横向生态补偿经验，完善补偿参考标准和因素，健全补偿分配机制，持续完善赤水河云南、贵州、四川三省，乌江、沅江等跨省流域横向生态保护补偿机制。合理制定污水处理费标准并健全动态调整机制，健全生活垃圾处理收费制度，推动具备条件的地区实行分类计价、计量收费。

第三节　国家粮食主产区的利益补偿

自20世纪70年代末我国实行改革开放政策以来，随着我国工业化、城镇化发展，终结了我国几百年以来一直延续的“湖广熟，天下足”粮食生产格局和“南粮北运”粮食流通空间格局，出现了我国粮食生产地重心北移和粮食主销地南移的粮食生产和流通空间格局，扩大了我国“南北工业化差距”。为此，我国推进了以政府财政转移支付为主要形式的粮食主产区利益补偿和以粮食产销合作为主要形式的粮食主产区与粮食产销区利益补偿。

一、中央财政的国家粮食主产区利益补偿

（一）我国粮食生产空间格局及其演变

见著于官方文件的我国粮食生产空间名称，有国家粮食主产区、国家农产品主产区和国家粮食生产功能区和重要农产品生产保护区。

1. 国家粮食主产区

在2009年11月3日由国务院办公厅发布的《全国新增1000亿斤粮食生产能力规划（2009－2020年）》中，国家粮食主产区是指粮食产量占全国比重较高的粮食生产

省（区），是相对于我国粮食生产产销平衡区和粮食生产主销区而言的[①]，并将全国粮食生产区划分为核心区、非主产区产粮大县、后备区和其他地区四类地区。

（1）粮食生产核心区由13个粮食主产省（区）的680个县（市、区、场）构成，分布在东北区、黄淮海区和长江流域。

——东北区。该区是我国最大的玉米、优质粳稻和大豆产区，包括黑龙江、吉林、辽宁、内蒙古四省区的209个县（市、区、场），占核心区县数的31%。耕地面积约3.4亿亩。

——黄淮海区。该区是我国小麦、玉米和稻谷优势产区，包括河北、山东、河南、安徽、江苏五省的300个县（市、区），占核心区县数的44%。耕地面积约3.2亿亩。

——长江流域。该区是我国稻谷集中产区，包括江西、湖北、湖南、四川四省的171个县（市、区），占核心区县数的25%。粮食播种面积约1.8亿亩。

（2）非主产区产粮大县由11个非主产省（区、市）中的120个产粮县（市、区）构成，分布在华东及华南地区、西南地区、山西及西北地区。

——华东及华南地区。包括浙江、福建、广东、广西四省（区）的42个县（市、区），占非主产区产粮大县总数的35%。

——西南地区。包括重庆、贵州、云南三省（市）的38个县（市、区），占非主产区产粮大县总数的32%。

——山西及西北地区。包括山西、陕西、甘肃、宁夏四省（区）的40县（市、区），占非主产区产粮大县总数的33%。

（3）后备区为吉林西部等适宜地区。

（4）其他地区为上述地区以外的产粮县（市、区），耕地面积近10亿亩。

2. 国家农产品主产区和粮食主产区

在2011年6月8日国务院发布的《关于印发全国主体功能区规划的通知》（国发〔2010〕46号）中提出国家农产品主产区和国家粮食主产区的概念。国家农产品主产区是指具备较好的农业生产条件，以提供农产品为主体功能，以提供生态产品、服务产品和工业品为其他功能，需要在国土空间开发中限制进行大规模高强度工业化城镇化开发，以保持并提高农产品生产能力的区域。粮食主产区要进一步提高生产能力，主销区和产销平衡区要稳定粮食自给水平。根据粮食产销格局变化，加大对粮食主产

① 2009年11月3日，国务院办公厅发布的《全国新增1000亿斤粮食生产能力规划（2009－2020年）》（国办发〔2009〕47号）中的粮食主产区：黑龙江、辽宁、吉林、内蒙古、河北、江苏、安徽、江西、山东、河南、湖北、湖南、四川等13个省（区）；粮食产销平衡区包括：山西、广西、重庆、贵州、云南、西藏、陕西、甘肃、青海、宁夏、新疆等11个省（区、市）；粮食主销区包括：北京、天津、上海、浙江、福建、广东、海南等7个省（市）。

区的扶持力度，集中力量建设一批基础条件好、生产水平高、调出量大的粮食生产核心区。在保护生态前提下，开发资源有优势、增产有潜力的粮食生产后备区。并提出，从确保国家粮食安全和食物安全的大局出发，充分发挥各地区比较优势，重点建设以“七区二十三带”① 为主体的农产品主产区。

——东北平原主产区。建设以优质粳稻为主的水稻产业带，以籽粒与青贮兼用型玉米为主的专用玉米产业带，以高油大豆为主的大豆产业带，以肉牛、奶牛、生猪为主的畜产品产业带。

——黄淮海平原主产区。建设以优质强筋、中强筋和中筋小麦为主的优质专用小麦产业带，优质棉花产业带，以籽粒与青贮兼用和专用玉米为主的专用玉米产业带，以高蛋白大豆为主的大豆产业带，以肉牛、肉羊、奶牛、生猪、家禽为主的畜产品产业带。

——长江流域主产区。建设以双季稻为主的优质水稻产业带，以优质弱筋和中筋小麦为主的优质专用小麦产业带，优质棉花产业带，“双低”优质油菜产业带，以生猪、家禽为主的畜产品产业带，以淡水鱼类、河蟹为主的水产品产业带。

——汾渭平原主产区。建设以优质强筋、中筋小麦为主的优质专用小麦产业带，以籽粒与青贮兼用型玉米为主的专用玉米产业带。

——河套灌区主产区。建设以优质强筋、中筋小麦为主的优质专用小麦产业带。

——华南主产区。建设以优质高档籼稻为主的优质水稻产业带，甘蔗产业带，以对虾、罗非鱼、鳗鲡为主的水产品产业带。

——甘肃新疆主产区。建设以优质强筋、中筋小麦为主的优质专用小麦产业带，优质棉花产业带。

国家农产品主产区以外的其他农业地区，主要包括：西南和东北的小麦产业带，西南和东南的玉米产业带，南方的高蛋白及菜用大豆产业带，北方的油菜产业带，东北、华北、西北、西南和南方的马铃薯产业带，广西、云南、广东、海南的甘蔗产业带，海南、云南和广东的天然橡胶产业带，海南的热带农产品产业带，沿海的生猪产业带，西北的肉牛、肉羊产业带，京津沪郊区和西北的奶牛产业带，黄渤海的水产品产业带等。

3. 国家粮食生产功能区和重要农产品生产保护区

粮食生产功能区由粮食主销区的浙江省于2010年提出并着手实施，目的是在浙江要划定800万亩耕地用于粮食生产，以保障浙江省一定的粮食自给率。此后，在2015

① “七区”指东北平原等七个农产品主产区；“二十三带”指上述七区中以水稻、小麦等农产品生产为主的二十三个产业带。

年的中央一号文件中提出，要“探索建立粮食生产功能区，将口粮生产能力落实到田块地头、保障措施落实到具体项目”。党的十八届五中全会通过的“十三五”规划建议，再次明确“探索建立粮食生产功能区和重要农产品生产保护区”。2016 年的中央一号文件要求“制定划定粮食生产功能区和大豆、棉花、油料、糖料蔗等重要农产品生产保护区的指导意见”。2016 年党的第十二届全国人民代表大会第四次会议审议通过“十三五”规划纲要，进一步明确了“建立粮食生产功能区和重要农产品生产保护区，确保稻谷、小麦等口粮种植面积基本稳定”。2017 年 3 月 31 日，国务院发布了《关于建立粮食生产功能区和重要农产品生产保护区的指导意见》（国发〔2017〕24 号）提出，以主体功能区规划和优势农产品布局规划为依托，以永久基本农田为基础，将“两区”细化落实到具体地块，优化区域布局和要素组合，促进农业结构调整，提升农产品质量效益和市场竞争力，为推进农业现代化建设、全面建成小康社会奠定坚实基础。并明确指出，粮食生产功能区和大豆、棉花、油菜籽、糖料甘蔗生产保护区划定应同时具备以下条件：水土资源条件较好，坡度在 15 度以下的永久基本农田；相对集中连片，原则上平原地区连片面积不低于 500 亩，丘陵地区连片面积不低于 50 亩；农田灌排工程等农业基础设施比较完备，生态环境良好，未列入退耕还林还草、还湖还湿、耕地休耕试点等范围；具有粮食和重要农产品的种植传统，近三年播种面积基本稳定。优先选择已建成或规划建设的高标准农田进行“两区”划定。天然橡胶生产保护区划定的条件：风寒侵袭少、海拔高度低于 900 米的宜胶地块。要求力争用三年时间完成 10.58 亿亩“两区”地块的划定任务，做到全部建档立卡、上图入库，实现信息化和精准化管理；力争用五年时间基本完成“两区”建设任务，形成布局合理、数量充足、设施完善、产能提升、管护到位、生产现代化的“两区”。

（1）粮食生产功能区。划定粮食生产功能区 9 亿亩，其中 6 亿亩用于稻麦生产。以东北平原、长江流域、东南沿海优势区为重点，划定水稻生产功能区 3.4 亿亩；以黄淮海地区、长江中下游、西北及西南优势区为重点，划定小麦生产功能区 3.2 亿亩（含水稻和小麦复种区 6000 万亩）；以松嫩平原、三江平原、辽河平原、黄淮海地区以及汾河和渭河流域等优势区为重点，划定玉米生产功能区 4.5 亿亩（含小麦和玉米复种区 1.5 亿亩）。

（2）重要农产品生产保护区。划定重要农产品生产保护区 2.38 亿亩（与粮食生产功能区重叠 8000 万亩）。以东北地区为重点，黄淮海地区为补充，划定大豆生产保护区 1 亿亩（含小麦和大豆复种区 2000 万亩）；以新疆为重点，黄河流域、长江流域主产区为补充，划定棉花生产保护区 3500 万亩；以长江流域为重点，划定油菜籽生产保护区 7000 万亩（含水稻和油菜籽复种区 6000 万亩）；以广西、云南为重点，划定糖料蔗生产保护区 1500 万亩；以海南、云南、广东为重点，划定天然橡胶生产保护区

1800 万亩。

（二）2020 年我国各省（自治区、直辖市）粮食生产和流通

2020 年，黑龙江、辽宁、吉林、内蒙古、河北、江苏、安徽、江西、山东、河南、湖北、湖南、四川我国 13 个粮食主产省份粮食产量为 52597.5 万吨，占全国粮食总产量的 78.56%，比 1980 年占全国比重 75% 提高了近 4 个百分点，可见，我国 13 个粮食主产区的粮食生产的空间集聚和建设是有成效的。2020 年，我国北京、天津、河北、山西、内蒙古、辽宁、吉林、黑龙江、山东、河南、西藏、陕西、甘肃、青海、宁夏、新疆北方 16 个省份粮食产量为 31076.2 万吨，占全国粮食总产量的 46.42%，比 1980 年占全国粮食总产量比重的 40.6%，提高了近 6 个百分点，可见，随着我国东南沿海工业化、城镇化加快推进，我国粮食生产重心由南向北转移。2020 年，我国北方 16 个省份常住人口规模为 55414 万人，占全国 141212 万人总人口的 39.24%；而我国上海、江苏、浙江、安徽、福建、江西、湖北、湖南、广东、广西、海南、四川、重庆、贵州、云南 15 个省份常住人口规模为 85798 万人，占全国 141212 万人总人口的 60.76%，比 1983 年占全国 102495 总人口比重的 55.45%，提高了 5.32 个百分点，可见，随着我国东南沿海城镇化导致的人口占全国比重提高，我国粮食流通格局由“南粮北调”变为“北粮南运”（见表 11－3）。

表 11－3　　2020 年我国各省（区、市）的粮食生产和流通

序号	省（区、市）	粮食产量（万吨）	占全国粮食产量比（%）	省常住人口规模（万人）	省人均粮食产量（公斤）	省人均与国人均之比
1	黑龙江	7540.8	11.26	3171	2378	5.02
2	河南	6825.8	10.20	9941	1456	3.07
3	山东	5446.8	8.14	10165	536	1.13
4	安徽	4019.2	6.00	6105	658	1.39
5	吉林	3803.2	5.68	2399	1585	3.34
6	河北	3795.9	5.67	7464	509	1.07
7	江苏	3729.1	5.57	8477	440	0.93
8	内蒙古	3664.1	5.47	2403	1525	3.22
9	四川	3527.4	5.27	8371	421	0.89
10	湖南	3015.1	4.50	6645	454	0.96
11	湖北	2727.4	4.07	5745	475	1.00
12	辽宁	2338.8	3.49	4255	550	1.16
13	江西	2163.9	3.23	4519	479	1.02
14	云南	1895.9	2.83	4722	402	0.85

续表

序号	省（区、市）	粮食产量（万吨）	占全国粮食产量比（%）	省常住人口规模（万人）	省人均粮食产量（公斤）	省人均与国人均之比
15	新疆	1583.4	2.37	2595	601	1.27
16	山西	1424.3	2.13	3490	408	0.86
17	广西	1370.0	2.05	5019	273	0.58
18	陕西	1274.8	1.90	3955	322	0.68
19	广东	1267.6	1.89	12624	100	0.21
20	甘肃	1202.2	1.80	2501	481	1.01
21	重庆	1081.4	1.62	3209	330	0.70
22	贵州	1057.6	1.58	3858	274	0.58
23	浙江	605.7	0.90	6468	94	0.20
24	福建	502.3	0.75	4161	121	0.26
25	宁夏	380.5	0.57	721	528	1.11
26	天津	228.2	0.34	1387	165	0.35
27	海南	145.5	0.22	1012	144	0.30
28	青海	107.4	0.16	593	181	0.38
29	西藏	102.9	0.15	366	281	0.59
30	上海	91.4	0.14	2488	37	0.08
31	北京	30.5	0.05	2189	14	0.03
全国合计		66949.2	100	141212	474	—

资料来源：作者根据《中国统计年鉴2021》整理。

（三）国家粮食主产区中央财政转移支付

2018年10月10日，《财政部关于印发《产粮（油）大县奖励资金管理暂行办法》的通知》中明确，对符合规定的产粮大县、产油大县、商品粮大省、制种大县、“优质粮食工程”实施省份给予奖励。

1. 奖励范围

（1）产粮大县。

第一，常规产粮大县。近五年平均粮食产量大于4亿斤，且粮食商品量大于1000万斤的县级行政单位。未达到上述标准，但在主产区粮食产量或商品量列前15位，非主产区列前5位的县级行政单位。

第二，超级产粮大县。近五年平均粮食产量或商品量分别位于全国前100名的县。可以与常规产粮大县奖励叠加。

（2）产油大县。产油大县奖励入围条件由省级人民政府按照“突出重点品种、奖励重点县（市）”的原则确定，中央财政不制定统一标准。

（3）商品粮大省。商品粮大省奖励范围为13个粮食主产区。

（4）制种大县。根据农业产业发展需要，在农业农村部认定的国家级制种大县、海南南繁基地市县、区域性良种繁育基地核心县（农场）范围内，选择重点市县（农场）给予奖励。

（5）“优质粮食工程”。“优质粮食工程”奖励范围为有建设“优质粮食工程”需求的省份。

2. 奖励资金测算

（1）产粮大县的奖励资金测算。

第一，以粮食商品量、产量、播种面积、绩效评价情况作为奖励因素，四个因素所占权重分别为60%、20%、18%、2%。

第二，奖励资金根据入围县近五年平均粮食商品量、产量、播种面积及上年产粮大县奖励资金绩效评价分值，按上述权重测算分配到县。粮食商品量按粮食产量扣除农民“三留粮”（口粮、饲料粮、种子用粮）测算。产粮大县奖励资金绩效评价分值按各省（区、市）上报的绩效评价结果并考虑省间平衡后确定。

第三，常规产粮大县奖励资金与省级财力状况挂钩，不同地区采取不同的奖励系数。北京、天津、上海市不纳入奖励范围；浙江、广东省为0.2；辽宁、江苏、福建、山东省为0.5；其他省份为1。

第四，常规产粮大县设置最低、最高奖励标准。

（2）产油大县的奖励资金测算。

第一，奖励资金根据近三年分省份分品种油料（含油料作物、大豆、棉籽、油茶籽，下同）产量及有关部门认定的折油脂比率，测算各省份三年平均油脂产量，作为奖励因素。

第二，为鼓励我国油菜籽和大豆生产，对油菜籽增加奖励系数20%；对大豆予以油料奖励的同时，已纳入产粮大县奖励部分不剔除。

第三，奖励资金与省级财力状况挂钩，不同地区采取不同的奖励系数。

（3）商品粮大省的奖励资金测算。

第一，以粮食商品量、绩效评价情况作为奖励因素，两个因素所占权重分别为98%、2%。

第二，奖励资金根据获奖省份近五年平均粮食商品量及上年商品粮大省奖励资金绩效评价结果，按上述权重测算分配。为支持推进种植结构调整，在测算粮食商品量时对小麦增加1倍的奖励系数。商品粮大省奖励资金绩效评价结果在各省份上报自评结果的基础上，按照《财政部关于印发〈商品粮大省奖励资金绩效评价暂行办法〉的通知》的有关规定确定。

第三，奖励资金与省级财力状况挂钩，不同地区采取不同的奖励系数。

第四，商品粮大省设置最低奖励标准。

（4）制种大县的奖励资金测算。奖励资金实行定额补助，一定三年，分为两档：超大规模制种大县三年共奖励4500万元；其他制种大县三年共奖励3000万元。分年度奖励资金由中央财政综合考虑预算安排等情况合理确定。对纳入常态化奖励的海南南繁基地市县、区域性良种繁育基地核心县实行1000万元定额补助。

（5）“优质粮食工程”的奖励资金测算。由财政部、国家粮食和物资储备局对地方上报的三年实施方案进行审核，原则上按经核定的投资规模进行测算，每年根据中央财政预算安排、三年实施方案、绩效评价结果等因素对地方给予奖励，其中按照国家援藏、援疆有关规定，适当提高西藏、新疆补助比例。

3. 奖励资金测算数据

（1）产粮大县的奖励资金测算数据依据。测算数据以地方《统计年鉴》为依据。

（2）产油大县的奖励资金测算数据依据。测算数据以《中国统计年鉴》及有关部门统计资料数据为依据。

（3）商品粮大省的奖励资金测算数据依据。测算数据以《中国统计年鉴》数据为依据。

4. 奖励资金的拨付和用途

（1）产粮大县奖励资金的拨付和用途。产粮大县奖励资金由中央财政测算分配到县。省级财政须在中央财政印发拨款文件后30日内，办理拨款文件，将奖励资金按中央财政分配结果全额拨付到县级财政，不得截留、挪用。

常规产粮大县奖励资金作为一般性转移支付，由县级人民政府统筹安排，合理使用。超级产粮大县奖励资金要用于扶持粮油生产和产业发展，具体使用方案须报省级财政部门备案。

（2）产油大县奖励资金的拨付和用途。产油大县奖励资金由中央财政测算分配到省份。省级财政部门须在中央财政印发拨款文件后30日内，制定本省份产油大县奖励方案，确定入围获奖县，并办理拨款文件将奖励资金拨付到县。

产油大县奖励资金要全部用于扶持油料生产和产业发展，特别是用于支持油料收购、加工等方面支出。

（3）商品粮大省奖励资金的拨付和用途。商品粮大省奖励资金由中央财政测算分配到省份。由省级财政用于支持本省（区）粮油生产和产业发展，特别是用于补齐部分产粮大县因调整种植结构、粮食产量下降而减少的资金奖励，积极稳妥推进种植结构调整。有条件的省份要扩大青贮玉米饲料试点，开展粮经饲相结合，加快玉米消化转换等。具体使用方案须报财政部备案。

（4）制种大县奖励资金的拨付和用途。制种大县奖励资金由中央财政测算分配到县，省级财政负责拨付和监督。省级财政须在中央财政印发拨款文件后30日内，办理拨款文件，将奖励资金按中央财政分配结果全额拨付到县级财政，不得截留、挪用。

制种大县奖励资金要全部用于制种基地基础设施建设、制种监管、新品种科技试验示范、仪器设备购置等制种产业发展相关支出。

（5）“优质粮食工程”奖励资金的拨付和用途。“优质粮食工程”奖励资金由中央财政测算分配到省份，由地方结合当地实际情况统筹使用。

“优质粮食工程”奖励资金由省级财政用于支持本省份实施“优质粮食工程”，主要是开展“中国好粮油”行动、建立专业化社会化的粮食产后服务体系、完善粮食质量安全检验监测体系。

5. 2016～2021年国家粮食主产区中央财政转移支付奖励资金

2016～2021年，中央财政向地方转移支付的粮食奖励资金合计为2513.49亿元，其中2016年为392.77亿元，2017年为416.15亿元，2018年为426.40亿元，2019年为447.86亿元，2020年为464.81亿元，2021年为365.50亿元（见表11－4）。

表11－4　　2016～2021年国家粮食主产区中央财政转移支付奖励资金　　单位：万元

序号	省（区、市）	2016年奖励资金	2017年奖励资金	2018年奖励资金	2019年奖励资金	2020年奖励资金	2021年奖励资金
1	河北	267210	200995	223109	233511	243860	212543
2	山西	74600	45479	61905	52549	35982	32384
3	内蒙古	228317	256839	254897	278812	302203	238313
4	辽宁	111887	131262	126459	104411	120838	105935
5	吉林	255903	277795	266373	264988	290979	230041
6	黑龙江	615085	709892	588418	696755	720136	529760
7	江苏	166889	192617	184281	173661	206627	161529
8	浙江	8723	6331	19468	24829	11409	4728
9	安徽	268958	288571	289547	319449	349872	276628
10	福建	10439	9977	13975	15504	7910	6079
11	江西	171836	198916	182688	157364	204903	154680
12	山东	282855	244821	240720	274975	279905	218376
13	河南	525573	481380	481458	482765	531533	442870
14	湖北	197589	222966	268857	291120	263027	204141
15	湖南	206456	233318	249120	239631	277345	211512

续表

序号	省（区、市）	2016年奖励资金	2017年奖励资金	2018年奖励资金	2019年奖励资金	2020年奖励资金	2021年奖励资金
16	广东	11660	8924	13378	20193	16066	14349
17	广西	20687	44316	52656	63195	65260	36468
18	海南	9826	9614	12691	10620	9388	4399
19	重庆	55555	72717	75559	66599	66798	59218
20	四川	188360	242537	251486	225134	262316	216674
21	贵州	27980	26845	60518	87290	56404	47163
22	云南	42481	47061	75658	89117	73517	63465
23	西藏	4753	4052	7657	11990	5596	4136
24	陕西	39242	56133	65488	56835	51210	40866
25	甘肃	35504	35845	52758	80989	53978	41380
26	青海	8878	9670	24377	31386	12812	9731
27	宁夏	19129	28157	28411	26475	23094	14872
28	新疆	71356	74428	90885	95765	90554	72749
29	北京	—	—	633	745	8604	—
30	天津	—	—	611	1687	5575	—
31	上海	—	—	—	300	363	—
合计		3927731	4161458	4264041	4478644	4648064	3654989

资料来源：作者根据国家财政部2016~2021年产粮大县奖励资金预算分配有关文件整理。

二、粮食主产区与主销区粮食产销合作的利益补偿

粮食主产区与主销区粮食产销合作的利益补偿与中央和地方财政粮食主产区的利益补偿主要区别在于，粮食产销合作本质上市场配置资源机制，遵循合作双方的互利共赢；而中央和地方财政粮食主产区的利益补偿本质上是一种政府配置资源机制，是政府对规划配置资源的一种适当补偿或补贴。

（一）粮食主产区与主销区的区际利益补偿内涵和意义

粮食主产区与主销区的区际利益补偿，也称粮食产销合作，是指我国粮食主产区与粮食主销区，在政府指导下，以经济利益为纽带、以市场为导向、企业为主体，围绕粮食生产和销售开展的省际经济合作，是保障区域粮食安全的重要方式，也是粮食主产区利益补偿的市场化机制。粮食主产区与主销区的区际利益补偿的主要方式，是粮食主销区与粮食主产区开展合作，在粮食主产区建设粮食生产基地和粮食储备基地，开展粮食产品的深加工和对外营销，以及粮食主产区在粮食主销区建设农产品营销窗

口和招商引资机构，为粮食主产区的第一、二、三产业发展服务。因此，粮食主产区与主销区的粮食产销合作，对统筹粮食主产区和粮食主销区的区域经济发展，特别是保障粮食主产区粮的粮食生产及其种粮农民利益，以及粮食主销区的粮食供应等具有重要的价值。有利于调剂产销区粮食余缺，更好地发挥产区资源优势和销区市场优势，促进区域粮食供求平衡；有利于有效配置粮食资源，促进跨区域粮食经济和物流服务业发展，提升粮食产业化发展水平；有利于促进粮食生产稳定发展和种粮农民持续增收，促进农村和农业经济全面发展；有利于保障销区粮食供应，确保销区粮食安全。

（二）粮食主产区与主销区利益补偿问题的产生

粮食主产区与主销区利益补偿问题的产生，是随着我国工业化、城镇化发展、粮食主产区建设和粮食流通体制改革，出现的我国粮食生产重心北移和国内人口常住居住地及其粮食主销地南移。然而，我国粮食生产重心北移和粮食主销地南移的粮食生产和流通的产销地域分工，在工业品和服务产品与农产品及其粮食产品不等价交换的条件下，就产生了粮食生产大省和经济收入小省（包括地区生产总值、地方财政收入、城乡居民可支配收入），从而影响了粮食主产区及其种粮农民的积极性。为此，国家对此高度重视，中央实施了产量大县财政奖励和粮食生产补贴（包括种粮直补、良种直补、农机购置补贴、农资综合补贴、粮食最低收购价等）。同时，2006 年 12 月 28 日，由国家发展和改革委员会等七部门发布《关于进一步促进粮食产销合作发展的指导意见》指出，“我国地域辽阔，人口众多，粮食生产和消费的区域性特征比较明显。近年来，粮食生产逐渐向主产区集中，主销区粮食产需缺口逐渐加大，粮食供求的区域性矛盾更加突出。”“发展粮食产销合作，是推进社会主义新农村建设，统筹区域经济协调发展，引导粮食合理、有序流通，促进粮食市场和价格基本稳定，确保国家粮食安全的重要途径。”粮食产销合作以市场为纽带，联接粮食大省与工业强省，实现粮食生产和销售对接，实现合作共赢，成为粮食主产区利益补偿的市场化方式。浙江省在 20 世纪 90 年代就开始尝试省外寻粮，是全国较早探索粮食产销合作的省份之一。2001 年，浙江省与黑龙江省开展全方位合作，在全国开创了粮食产销省际合作先河。此后，北京、天津、上海等粮食主销区也相继加入粮食产销合作行列，粮食产销省际经济合作蓬勃开展。

（三）沪哈粮食产销合作案例

沪哈粮食产销合作是指黑龙江哈尔滨市木兰县与上海市奉贤区开展的水稻产销合作。2005 年，在哈尔滨市木兰县与上海市奉贤区的支持下，在木兰县成立了“沪哈南北两个合作联社”，实行“政府 + 基地 + 农户、龙头企业 + 合作社”的合作方式，在木兰县建设 10 万亩水稻生产基地，推广高产优质水稻栽培技术，实行“六统一分”的水稻标准化种植。合作联社按照优质优价 +0. 06 元/公斤的统一价格收购水稻，将加工大米统一包装，以“哈哈木兰”大米品牌销往上海乐购、百联吉买盛、金叶三大超市，木兰的“哈哈木兰”大米一跃成为驰名品牌，产品供不应求。在粮食产销合作以外，木兰县与奉贤区合作建设奉贤现代农业园区哈尔滨木兰分区，逐渐成为木兰县招商引资的新平台，推动了木兰县的第一、二、三产业发展，实现了木兰地方经济增长，在2005~2009年五年里，木兰县名义地区生产总值年均增长15.73%，名义农业增加值年均增长13.67%，农村居民纯收入年均增长11.15%。①

① 周慧秋、刘家富：《粮食产销合作推进粮食产区经济发展研究——以沪哈粮食产销合作为例》，载于《第二届农林高校哲学社会科学发展论坛论文集》2011年版，第743~748页。

第三篇

区域经济实施措施

本篇由“区域分析”“区域发展战略”“区域规划”“区域标志性项目建设”“区域政策”“区域经济体制机制”六章构成。其中区域发展战略，区域规划，区域标志性项目建设，区域政策，区域经济体制机制制定和修正，都需要开展扎实详细的区域分析，区域分析是保障区域发展战略，区域规划，区域标志性项目建设，区域政策，区域经济体制机制制定和取得实效的基础，同时，离开区域发展战略，区域规划，区域标志性项目建设，区域政策，区域经济体制机制制定和实施，区域分析也就没有价值；另外，区域发展战略，区域规划，区域标志性项目建设，区域政策，区域经济体制机制之间，又是一环紧扣一环，相互嵌套和互相依存的。本篇讨论的主要知识点：区域分析的目的和内容，区域资源禀赋分析，区位分析，区域经济社会发展基础分析，区域未来发展的条件分析；区域发展战略的内涵、类型、构成因素、编制、实施；区域规划的内涵、类型、关键问题、体系；区域标志性项目的概念和类型和区域标志性项目的建设前期、施工、竣工；区域政策的概念和特征，极化发展区域的区域政策，次发展区域的区域政策；区域经济体制机制的概念和类型，多主体参与和跨行政区的区域经济体制，区域型政区下的城市管理体制，区域经济的目标管理，区域经济运行分析和监测。了解上述知识点，可以更好地理解本书第一至第三篇之间的关系。

| 第十二章 |

区域分析

在区域发展战略、规划、政策、管理体制的制定和实施过程中，既需要区域经济理论的指导，还需要对区域发展战略、规划、政策、管理体制制定和实施的区域进行深入、系统、详细和有针对性的分析。对区域经济理论研究而言，区域分析是区域经济理论研究的工具或方法；对区域经济实践而言，区域分析是区域发展战略、规划、政策、管理体制制定和实施的基础和依据。本章由“区域分析的目的和内容”“区域资源禀赋分析”“区域区位分析”“区域经济社会发展基础分析”“区域未来发展有利条件和不利条件分析”五部分内容构成。

第一节　区域分析的目的和内容

在区域经济理论研究中，区域分析的目的是锁定被研究区域经济社会发展的既存情况及存在问题，为理论研究奠定基础和提供完善方向；在区域经济的实践中，区域分析的目的是锁定被研究区域资源禀赋、经济社会发展基础和区域进一步发展的条件，为区域发展战略、规划、政策、管理制定和实施提供依据和方向。

一、区域分析的重要性

实践中的区域经济，主要表现为区域发展战略、规划、政策、管理体制的制定和实施等。而在区域发展战略、规划、政策、管理体制的制定和实施过程中，既需要区域经济理论的指导，还需要对区域发展战略、规划、政策、管理体制制定和实施的区域进行深入、系统、详细和有针对性的分析。对区域经济理论研究而言，区域分析是区域经济理论研究的工具或方法；对区域经济实践而言，区域分析是区域发展战略、规划、政策、管理体制制定和实施的基础和依据。并且，在区域发展战略、规划、政策、管理体制制定之初以及实施过程中，为了使区域发展战略、规划、政策、管理体制更加贴近区域经济发展实际需要，都需要开展深入、系统、详细和有针对性的区域分析。在区域经济实践中，那些不符合区域经济发展实际需要的区域发展战略、规划、政策、管理体制，往往都与没有开展深入、系统、详细和有针对性的区域分析工作有关。一份符合实际、行之有效的区域发展战略、规划、政策、管理体制，往往将大量工作量用在区域分析上。区域分析是提高区域发展战略、规划、政策、管理体制制定和实施的质量基础。在区域发展战略、规划、政策、管理体制等文本中，区域分析往往占用文本的篇幅很少，乃至在文本里并没有出现区域分析的内容，但这并不排斥区域分析的重要性。

二、区域分析的目的和内容

在丁四保等老师编著的《区域经济学》一书中第二篇“区域经济分析”由“区域资源与地理环境分析”“区域结构分析”“区域关系分析”三章构成。并提出“区域分析以评价区域发展条件和发展状态、诊断区域发展问题、探讨区域发展规律、预测区域发展趋势为主要任务，是检视区域发展绩效、明晰机遇挑战的基础性工作，更是制定区域发展规划的基本依据。”在崔功豪等老师编著的《区域分析与区域规划》（第二版）一书中，区域分析内容由“区域分析与区域规划”“区域发展的资源环境条件分析”“区域发展的经济社会背景分析”“区域发展的技术支持分析”“区域发展综合评价”“区域规划及其发展”“区域规划的理论基础”七章构成。并提出“区域分析主要是对区域发展的自然条件和社会经济背景特征及其对区域发展的影响进行分析，以探讨区域内部各自然要素及人文要素间和区域间相互联系的规律。”根据作者的区域经济实践经历和区域经济理论研究经历认为：在区域经济理论研究中，区域分析的目的是锁定被研究区域经济社会发展的既存情况及存在问题，为理论研究奠定基础和提供完善方向；在区域经济的实践中，区域分析的目的是锁定被研究区域资源禀赋、经济社会发展基础和区域进一步发展的条件，为区域发展战略、规划、政策、管理制定和实施提供依据和方向。基于篇幅，本书的区域分析的内容，主要包括区域资源禀赋的分析、区域区位优劣势分析、区域经济社会发展基础分析、区域进一步发展的有利条件和不利条件分析等。

三、区域分析的结构

区域分析的结构主要包括数字分析、情况分析、特点分析、问题分析、趋势分析、对策建议分析。数字分析是指对区域调查已收集、整理的数据提供单位、提供方式、提供来源进行甄别，以判断提供数据的质量和可靠性。情况分析是指分析区域统计数据以外的各种情况。特点分析是指分析区域的经济社会发展好的方面。问题分析是指分析区域经济社会发展存在的不足或者需要完善的方面。区域的趋势分析是指根据区域调查已收集、整理和分析的有关内容，对分析区域未来的经济社会的发展趋势作出判断和预见。对策建议分析是指根据分析区域未来的经济社会的趋势判断和预见，提出分析区域未来经济社会发展的有利条件和不利条件。

第二节　区域资源禀赋分析

区域资源禀赋分析，包括资源禀赋的内涵分析、类型分析、特征分析、流动分析、配置分析等。

一、资源禀赋的内涵分析

资源禀赋一词的语义，国内各类辞书没有具体的释义，但“资源”和“禀赋”两词在《辞海》中均作了解释。《辞海》中对“资源”一词解释为“生产资料和生活资料的来源。”资源是个历史的范畴，它的内涵与外延随着经济社会发展而不断扩展、深化。在人类社会早期，自然物就是人类生产生活的来源，这时候的资源指的就是自然资源。随着人类认识水平和能力的提高，除了自然资源种类日益增多和开发利用能力日益提高外，人类社会还产生了许多独立于自然资源以外的劳动产品，如文化、资本、技术、信息、管理、制度等，这些人工物质和精神与自然资源一道共同成为人类社会财富的来源。因此，资源既包括自然资源也包括社会资源。自然资源是指以天然物形式出现的有用物，包括自然界中的土地、气候、生物、阳光、矿产等；社会资源是指以人类劳动产品形式出现的一切有用物，包括人口、劳动、文化、资本、技术、信息、管理、制度等。资源既包括自然资源，也包括社会资源，历史上早有一些论述。英国威廉·配第曾经就指出“土地是财富之母，劳动是财富之父”。马克思在论述资本主义剩余价值产生时指出“劳动力和土地是形成财富的两个原始要素，是一切财富的源泉”。而恩格斯进一步指出“其实劳动和自然界一起才是一切财富的源泉，自然界为劳动提供材料，劳动把材料变为财富”①。因此，人类社会财富的创造，不仅来源于自然界，而且还来源于人类社会本身。同时，资源不仅包括物质要素，也包括非物质要素。在丁四保等老师编著的《区域经济学》一书中提出，“资源是经济学的一个基本概念，是指自然界及人类社会中一切对人类有用的物质。因此，资源既包括一切为人类所需要的自然物，如阳光、空气、水、矿产、土壤、植物及动物等，也包括以人类劳动产品形式出现的一切有用物，如房屋、设备、其他消费品及生产资料性商品，还包括无形资产、知识和技术及人类本身的智力和体力。故而，资源是为人类经济活动所必需，具有现时或潜在经济价值的自然物质和人类文明的产物。”“从语义学角度看，资源即人类源泉，换一种表述，资源就是满足人类生产、生活需要的价值性因素，

① 《马克思恩格斯全集》（第四卷），人民出版社 2016 年版，第 373 页。

……随着人类可利用价值范围的扩大，资源概念的内涵和外延必将深化和拓展。”“广义的资源是由自然资源、经济资源、人力资源、文化资源、政治资源、制度资源等既相互区别又相互联系的子资源构成的有机系统，包括所有支撑社会发展的价值要求。”①

“禀赋”一词“指人所享有的天赋或体质。”② 这里所指的“人所享有的天赋和体质”放入资源禀赋一词语境中，其指向应该就是上面所述的自然资源和社会资源。因此，资源禀赋指的就是一个国家或者一个地区人们已经享有的自然资源和社会资源的总和。资源禀赋是个过去的时态，既包括自然界已经存在的自然资源，也包括人类社会已经存在的社会资源；同时资源禀赋又是一个将来的时态，是指人类社会已经存在的自然资源和社会资源，又将是人类社会财富进一步增长的来源。人类社会的物质再生产，人口再生产，环境再生产，其本质都是某个时点已有的自然资源和社会资源的进一步转化。

需要说明的是，与资源禀赋最相关的概念是要素禀赋。要素禀赋，1919 年由瑞典赫克歇尔提出，后由其学生俄林进一步加以阐明，是经济学中关于国际分工和国家贸易的一种理论，其中所讲的要素包括劳动力、土地、资本、技术和管理。随着经济的发展，经济学中先后又加进了一些文化、行为等要素。要素禀赋包括了土地等自然资源、劳动力、技术、资本、制度、管理等社会资源。但在使用“资本或资金”这个要素时，一般在要素禀赋语境中比较常用，而在资源禀赋语境中不太常用，原因也许是资源禀赋使用语境中一般比较偏重“地域性”特征，而要素禀赋使用语境中一般比较偏重于“经济性”特征。

二、资源禀赋的类型分析

依据资源的形成条件，是否可移动等标准，可将人类享有的资源禀赋分为自然资源和社会资源，可移动资源和不可移动资源。

（一）自然资源和社会资源

自然资源，也称“第一自然”，是指天然的或先天性的资源，包括土地资源，水资源（包括海洋资源等）、生物资源（包括森林、草原等）、气候资源、矿产资源（包括能源资源等）等。自然资源最主要特征是非人工创造。一块土地即便附加了人类开垦、平整、施肥、治污等社会性劳动，但这块土地的位置自始就有的，不是人类能创造的，尽管人类可以围湖造田，围海造田，但这造田的湖底，海底位置不是人类创造

① 丁四保等编著：《区域经济学》，高等教育出版社 2012 年版，第 77 ~ 78 页。

② 夏征农、陈至立主编：《辞海》，上海辞书出版社 2009 年版，第 169 页。

的。人类对土地的附加劳动是合并到土地中去了，合并到自然中去了，与自然资源浑然一体了。这块附加人类劳动的土地只能说具有社会性因素，但不能说这块土地就是社会资源。同样，现在水资源也有人工降雨的情况，生物资源也有人工驯养情况，在温室大棚种养植也能改善一些大棚内的温度和湿度，但这一些，在目前与大自然赋予人类的生物资源、水资源、气候资源相比，仍然是局部的、微不足道的，总体上，水资源、生物资源、气候资源与土地资源一样具有社会性因素，但本质上是天然的，非人类创造的。社会资源，也称"第二自然"，是指人类在自然资源基础上，通过劳动而形成的与自然资源相对应的后天性资源，包括人口（人力）资源、文化资源、经济资源、管理资源等；这一切都建立在特定的土地、生物种群、气候、降水等基础上，通过附加人类劳动而形成的、相对独立的，并能为人类继续带来生产生活资料的来源；并且，随着人类社会的发展，社会资源，尤其是劳动力、资本、技术、制度等可流动性资源，越来越占有主导性。

（二）可移动资源和不可移动资源

可移动资源是指进行空间"位移"而不影响其价值的资源。可移动资源大都属于社会资源，如劳动力、资本、技术等。这些资源的开发利用主要解决"如何使用"问题。不可移动资源是无法进行空间"位移"或空间位移后会影响其价值或增加成本的资源，如自然资源中的水资源、矿产资源等，人文资源中的聚落格局、传统保护建筑、名城名镇名村等，人力资源中的体质、性格、气质等。不可移动资源大都与地域性关联度比较高的资源。这些资源在开发利用中主要解决"在哪里使用"问题。不可移动资源是构成一个国家、一个地区乃至一个区域的"独特性"基础和绝对优势基础，正是因为这种不可移动性资源，构成了区域经济中次发展区域与极化发展区域的错位发展和同时发展格局。可移动资源是可以通过招商引资实现"无中生有"的，不可移动资源只能在资源所在地或邻近地开发利用。人类社会的经济技术发展可将不可移动资源变为移动资源。例如，通过管道基础设施实施天然气和自来水生产地与消费地的位移，通过"位移"技术在一定距离内实现保护建筑移位等，通过交通条件的改善实现矿物资源的位移等，但总体上不可移动资源转化为可移动资源是有成本的。

三、资源禀赋的一般特征分析

根据上述资源禀赋的分类，资源禀赋具有下列基本特征。

（一）资源禀赋的地域性

自然资源具有较强的地域性，人口资源、文化资源也深受地域性的影响，我们日常生活中所说的"一方水土养一方人"，讲的就是自然资源与人口资源、文化资源之间的地域性关联。我国各地呈现的聚落布局、建筑物风格、非物质遗产，乃至习俗、礼仪，以及地域人群的性格、气质等也与其生活的自然环境及其社会环境高度相关。

（二）资源禀赋的整体性

“物以类聚，人以群分。”由于自然资源的形成与其所处的位置、气候、地形地势、地质构造等环境因素有着密切的关系。因此，不同种类的自然资源往往形成空间上的重叠，而部分社会资源又与其所处的自然环境形成空间上的重叠。从而形成自然资源之间、自然资源与社会资源之间、社会资源之间的高度关联性，从而使各类资源联结成一个难以分割的整体。

（三）资源禀赋的多用途性

正是因为资源禀赋的整体性，从而带来资源禀赋的多用性。从资源的形成看，一条川流不息的江河，一定具有纵深且渊远流长的山脉和良好的植被；从资源的使用看，一个较大水体的“水库”既可以用于供水、灌溉、航运，还可以用于旅游、养殖等。

四、要素流动分析

（一）要素流动的内涵和意义

要素可以流动是经济空间转向的基石，并且要素流动也是要素价值增值的条件。在经济社会发展中，要素转化为现实生产力（含财富、效率效益等）需要完成三个方面转换或转化。一是必须将静态的要素纳入动态的人类社会物质生产经营过程中；二是必须将单一资源按照产品和服务的生产经营所需与其他要素进行组合；三是将各地的要素通过交通或通信手段“位移”到产品和服务生产经营地。要素只有通过上述三个方面转换才能转化为现实生产力或价值增值。要素这种多维度的转换是要素转化为现实生产力的基本方式和要素实现价值增值的必要前提和条件。要素转化现实生产力的过程一旦停止，要素实现价值增值的目的就会丧失，要素的生命就会停止。实践中，凡是可带来增值空间的要素不允许其流动，该要素也就不会转化为现实生产力或财富、效率效益。例如，改革开放前我国农村地区的人口及劳动力，因不允许其流入城市，农村地区的人口及劳动力就难以提高消费水平和就业收入水平。目前，我国农村地区的宅基地及其房屋因不允许在城乡之间，集体经济组织成员和非集体经济组织成员之间流动，我国农村地区的宅基地及其房屋就难以获得更多的市场价值。要素的价值增值是要素转换为现实生产力或财富的前提，要素缺乏价值增值的渠道和途径，要素的转换也就停止，其后果是带来一国或一个地区的衰落、要素浪费和社会进步的停滞。从这个角度，要求我们在实际的经济社会发展中，不能人为地阻断要素增值空间，否则，要素就难以参与经济社会的运行。可见，要素流动的真正意义是实现要素的价值增值，促进个人、集体、国家的财富增长，效率效益提高，乃至社会的进步。事实上，一国或一个地区的现代化过程就是创造财富和分好财富的过程①。而创造财富是分好财富的前提，促进要素流动及效率效益提高是关键手段。

（二）要素流动的条件

在中共中央、国务院发布的《关于建立健全城乡融合发展的体制机制和政策体系的意见》中指出，“坚持农业农村优先发展，以协调推进乡村振兴战略和新型城镇化战略为抓手，以缩小城乡发展差距和居民生活水平差距为目标，以完善产权制度和要素市场化配置为重点，坚决破除体制机制弊端，促进城乡要素自由流动，平等交换和公共资源合理配置”。可见，要素流动的前提条件是完善的市场制度。根据我国当前乡村要素单向流向城市的实际和我国乡村要素产权制度的实际，实现城市资本、技术、产业、信息流向农村，一是必须优化我国农村土地产权制度，包括承包地、宅基地、集体建设用地等产权制度；二是进一步深化城市户籍制度改革和农村集体经济组织成员制度改革；三是进一步深化农村投资管理体制改革。

（三）要素流动的障碍

从实践看，影响要素流动的障碍主要有生产力和生产关系两方面。

1. 阻碍要素流动的生产力因素

（1）自然因素的制约。例如，在缺乏灌溉水源的地区就难以发展水生农作物，没有特定资源禀赋的地区就难以发展相应的工矿业和乡村旅游业等。

（2）经济社会发展水平的制约。例如，没有较完善的交通和通信条件保障，我国僻远地区特色农产品就难以实现远程或线上销售；除极少数紧贴大中城市周边镇村外，极大部分远离城市的纯农地区很难发展高新技术产业和战略性新兴产业等。

2. 阻碍要素流动的生产关系因素

（1）管理制度制约。例如，20 世纪 50 年代末，国家为了保护城市人口就业，出台了限制农村人口及其劳动力流向城市的户籍政策和就业政策，直至 1984 年中央一号文件允许务工、经商、办服务业的农民可自带口粮到集镇落户，1986 年国家允许国有企业招收农村劳动力，至此，我国农村地区人口及劳动力流入城镇才逐步形成。但目前，我国还有一部分超大城市特大城市所辖范围（包括下辖的郊区镇村）通过设置当地的“积分落户”制度，使绝大部分在这些城市务工、学习的农村地区人口及劳动力难以实现“市民”待遇，难以真正融入这些城市。

（2）行政区划限制。主要体现在国界、大区界、省界的限制上。例如，在国内，正在推进的区域一体化发展中，区际间的道路、交通、通信和生态环境中的大气、水等偏重于生产力因素，在区域一体化推进还较顺利，而涉及产业发展和民生保障中生

---

① 李庆余、周桂根等著：《美国现代化道路》，人民出版社 1994 年版，“前言”第 1 页。

产关系因素的区域一体化推进就比较困难。主要原因是参与区域一体化的各级行政建制主体，基于行政区域的相应政策、制度、规划等行政壁垒所致。城乡一体化推进，之所以艰难，就在于区域中不同等级行政建主体及其领导，由于城乡一体化的认识不同，而形成的不同要素分配的行政壁垒所致。

五、资源配置分析

（一）要素配置方式

要素配置有政府配置、政府与市场共同配置、市场配置三种方式。例如，在2019年5月5日，由中共中央、国务院发布的《关于建立健全城乡融合发展体制机制和政策体系的意见》中提出。乡村道路、水利、渡口、公交和邮政等公益性强，经济性差的设施，建设投入由政府配置为主。乡村供水、垃圾处理和农贸市场等有一定经济收益的设施，政府加大投入力度，积极引入社会资本，并引导农民投入，可实行政府配置与市场配置相结合。乡村供电、电信和物流等经济性为主的设施，建设投入以企业为主，采用市场化配置。

总体来看，要素配置范围的政府与市场职责边界划分，除了按收益水平划分外，还涉及到在收益水平基础上的按时序划分。例如，要素前期的一次性投入或一次性投入的一部分由政府配置，而要素投入后的运营投入按市场化配置；或者要素投入和运营无盈利时由政府配置而有盈利时政府逐步退出，逐步过渡到要素投入和运营与市场化配置等。

（二）要素配置的适宜度及其效率

要素配置的适宜度是指要素纳入特定生产经营领域和特定的生产经营地点过程中的各类要素组合的匹配程度，以及要素转化为现实生产力或价值增值的程度。一般而言，要素转化为现实生产力或价值增值程度越大，说明要素纳入特定生产经营领域和特定生产经营地点及其各类要素组合的匹配程度越高。因此，要素配置效率可以用投入产出法来进行评价。投入产出法中的“投入”是指产品或服务生产所消耗的要素，包括土地、建筑、劳动力、矿产品、电力、燃气、供水、资金等；“产出”是指雇员收入、经营利润、拆旧基金、各类税收等。当“产出”大于“投入”水平越高，说明要素的利用效率越高以及要素适宜度越高；当“产出”水平小于等于“投入”水平，说明要素利用效率低以及要素适宜度低。

第三节　区位分析

区位是自然资源和社会资源的集合体。区位分析包括区位的资源属性分析、特征分析和优劣势分析等。

一、区位的资源属性分析

区位的概念，在我国《辞海》等辞书中没有解释，而学者因研究需要在其相关著作中有些解释。在胡兆量等老师编著的《中国区域发展导论》中提出，“区位是地球表面上的地理位置，一事物对外在客观事物的相互关系，主体与客体的相互关系。……区位集中反映土地的自然属性和社会属性。”[①] 区位具有综合性，区位由自然区位和社会区位构成，“在自然区位中，有天文区位和自然地理区位，属于区位中的不变因素。……社会区位有经济区位、文化区位、政治区位等，属于区位中的可变因素”[②] 在郝寿义老师著的《区域经济学原理》一书中提出，“区位既是空间位置，也是种种经济性要素的有机结合体。”[③]

与区位比较接近的概念有位置、地点、场所、地段等。在本书的第一章中提出，区位与场所同义，而区位与场所有位置、地点的含义，因此，区位、场所、位置、地点是同义的。而在胡兆量等老师编著的《中国区域发展导论》中认为，位置比区位广泛，在空间上，大至宇宙，小至人体器官都有位置。有些与空间无关的事物也可称为位置，例如人的地位高低。……地理位置与区位具有同义性。[④]地段是我国房地产业中常用的术语，在平面空间中，地段大于场所、位置、地点的含义，因此，地段也大于区位的含义；在垂直空间中，区位、场所、位置、地点的概念仍然存在，但地段概念并不存在。

按照美国埃德加·M. 胡佛在其《区域经济学导论》一书中所说，“土地首先即指空间。”[⑤] 从这个角度讲，区域自然资源属性首先指的就是土地自然资源属性，从某种角度讲，区位的土地自然资源属性是区位自身的物质属性，但区位的土地资源本身并不一定就具有资源的价值，而区位的土地资源价值更多的是通过区位土地资源以外的社会资源价值来表示的。例如，我国西部地区冰川覆盖的一块土地，该土地由于缺乏社会资源的组合，该冰川下面的那块土地并不具有资源价值，倘若这块土地上的冰川处于融化状态下则具有水资源价值。所以区位资源的研究，除了研究区位的自然资源外，主要研究该区位及其周边的社会资源。从实践看，对区位资源价值更多的是取决于区位内土地“五通一平”或“七通一平”以及区位周边的交通道路等基础设施投入、经济社会发展、生态环境优化等。区位的资源性属性更多的是区位周边资产性的

---

①④ 胡兆量、韩茂莉编著：《中国区域发展导论》，北京大学生出版社 2008 年版，第 107 页。

② 胡兆量、韩茂莉编著：《中国区域发展导论》，北京大学生出版社 2008 年版，第 107～108 页。

③ 郝寿义著：《区域经济学原理》，格致出版社上海三联书店，人民出版社 2016 年版，第 84 页。

⑤ ［美］埃德加·M. 胡佛著：《区域经济学导论》，商务印书馆 1990 年版，第 108 页。

投入，包括公共产品投入。

可见，区位既是自然资源，也是社会资源，区位是自然资源和社会资源的集合体，并且相对偏重于社会属性。区位本质上属于资源禀赋范畴，本节之所以分析了资源禀赋后，还深化分析区位资源属性，其原因就是在空间中，区位是一种自然资源和社会资源叠加的或融合在一起的资源禀赋，是一种独特的资源禀赋。

二、区位的特征分析

综上所述，区位具有以下特征。

1. 区位资源的独特性

区位资源的独特性主要表现为，区位是项稀缺性资源、集合性资源和差别性资源。区位资源的稀缺性原生于区位位置的稀缺性，区位资源的集合性原生于区位是自然资源和社会资源的叠加资源，区位资源的差异性原生于空间位置的相对性。区位资源反映了一个区域在世界、国家、地区的经济发展总体格局中的地位以及与市场的空间关系，这种空间关系直接或间接地影响了区域经济发展的机会和发展空间。区位条件优越的地区，在那里布局企业将会收到投资少、运费低，企业协作条件好，经济效率高的效果。

2. 区位资源禀赋的综合性

区位是一种综合性资源禀赋。区位资源禀赋的综合性来源于空间要素的系统性。空间要素的系统性是指人类社会任何空间都由自然、经济、社会三大内容及其要素组成。空间中的这三大内容及其要素相互联系，相互制约，只有通过合理组合，空间内的自然、经济、社会及其相应要素才能获得最佳整体效能。因此，在进行区位分析时，既要分析区位的自然资源，又要分析区位的社会资源，更要分析区位的自然资源和社会资源叠加在一起的综合性资源禀赋。例如，上海在中国具有沿海、长江入海口、中国大陆海岸线中点，河口三角洲平坦地势、亚热带季风和比较温暖湿润气候、自然灾害少、适宜人口居住和工农业生产，陆海空交通枢纽等。上海这些区位优势是覆盖自然资源和社会资源的、综合的、独特的，是中国其他地区不具有的，也是中国唯一的、稀缺的。

3. 区位的“独一无二”性

区位的“独一无二性”来源于区域的空间相对性。在特定的空间中，区域的空间相对性可通过方位和距离来表征。区域之间的方位可由东和西、南和北、偏南和偏北等来表述，区域之间的距离可以通过几百米、几公里来表述。正是区域之间的方位和距离，在特定的空间中，决定了区位的“独一无二”性。

4. 区位尺度的相对性

区位空间范围的相对性是指区域相对的空间范围越大，区位的空间范围就越大；区域之间的空间范围越小，区位的空间范围就越小。例如，相对于全球而言，区位的尺度就是一个国家的空间范围；相对于一个国家而言，区位的尺度就是整个城市；相对于一个城市而言，区位的尺度就是城市的城区；相对于一个城市的城区，区位的尺度就是城市社区或经济开发区；相对于城市社区而言，区位的尺度就是城市的居住小区；相对于城市的居住小区；区位的尺度就是一个居住小区中的一栋居住楼宇；相对于一个居住小区中的一栋居住楼宇，区位的尺度就是一栋居住楼宇中的某一楼层；相对于某一楼层而言，区位的尺度就是某一居住单元。以此类推，直至最小区位，即场所、位置、地点。

需要说明的是，将同一区位放入不同尺度区域中识别，得出来的区位优势是不一样的。例如，上海市中心城区西部的长宁区，将其放在整个上海市域范围看，长宁区是上海市对外开放和对外贸易的窗口；将其放入长江三角洲区域范围看，长宁区是上海中心城区西部吸引和辐射长三角的重要地区。

5. 区位的动态性

区位动态性，既可以来源于区域的空间关系的变化，也可以来源于空间功能或性质的变化。沙漠扩大、海岸升降、河水淹没、港口淤塞会引起区域的空间关系改变；交通、通信技术改变，行政区变更，经济社会项目布局都会引起区域的功能关系改变。

三、区位的优劣势分析

区位优势是指某区位在其经济社会发展方面已经存在的和未来还将继续发挥作用的有利条件，反之，区位劣势是指某区位在其经济社会发展方面已经存在的不利条件。区位优势是一个综合性优势，单项优势往往难以形成区位优势；区位优势是一个现实性优势，是已经客观存在的区位优势；区位优势是一种比较优势，是相对周边区位比较而确定的优势；区位优势是个历史性概念，随区位资源禀赋和发展基础的变化而变化，今天具有的区位优势，会随着区位内的自然资源和社会资源的变化可能成为区位的劣势，而今天的区位劣势可能成为优势，区位优势与区位劣势是相伴相成。在一个地区发展中，消除了现有的区位劣势就同时增长了现实的区位优势，一个地区经济社会发展的总过程就是发扬区位优势和消除区位劣势的“扬长避短”过程。“长板拉得更长”即把一个地区的现有区位优势和未来潜在优势充分发挥；“补短板”，即把一个地区的现有区位劣势逐步消解，就是不断创造区位新优势。例如，上海市长宁区在1993 年编制《长宁区总体规划》时，就是把该区放到整个上海和长三角区域内比较，提炼出该区优越的涉外机构较多、交通比较便利、绿化环境较好、高校和科研院所较多四条区位优势和经济实力薄弱、功能布局分散、基础设施与发展要求不相适应、人口导入与社会事业设施不相适应四条区位劣势。1993 年编制的《长宁区总体规划》全部内容都是依据上述四条区位优势和上述四条区位劣势展开的。

第四节　区域经济社会发展基础分析

区域经济社会发展基础是区域经济社会进一步发展的现实起点。区域经济社会发展基础分析，分析的对象是被研究区域及其相关区域，分析内容是与被研究区域的经济社会发展，分析内容的起算时间一般为上一个年度末，这个上一年度在区域分析中称为“基期年”。

一、区域经济社会发展基础分析的概念和内容

（一）区域经济社会发展基础的分析概念

区域经济社会发展基础分析是指对被研究区域的某一时点的经济社会发展内容进行系统分析，具体包括，分析的对象是被研究区域及其相关区域；分析内容的范围一般是与被研究区域进一步发展有关的经济社会发展内容；分析内容的起算时间一般为上一个年度末，这个上一年度在区域分析中称为“基期年”。

（二）区域经济社会发展基础分析的内容

区域经济社会发展基础分析的内容根据区域分析目的和要求确定，主要包括被研究区域的经济发展和社会发展的基础分析。区域经济发展基础分析一般包括区域企业的所有制结构、经济总量和产业结构、市场等。区域社会发展基础分析一般包括区域人口及劳动力分析、教育文化科技分析、公共设施配置（道路交通等基础设施、生态环境基础设施）、住房建设、区域治理等。

（三）区域经济社会发展基础分析的重要性

任何区域的经济社会发展都是在该区域经济社会发展基础上起步的，即使像 20 世纪 80 年代的浙江义乌县小商品市场建设，也是基于浙江义乌县历史上流传下来的“鸡毛换糖”的商业文化传统，再加上改革开放的大势和当时领导的支持才得以发展的。因此，正确、全面、深入、详细摸清被研究区域的经济社会发展基础，对确定被研究区域未来的经济社会进一步发展具有重要的作用。如果说，我们一切工作的出发点都应当从实际出发，那么对被研究区域现时的经济社会发展基础进行深入的分析，就是被研究区域经济社会发展最好的遵循一切从实际出发思想路线最有力的证明，也是被研究区域、区域经济发展最好的起点和基础。

二、区域经济发展基础分析

（一）区域企业所有制结构分析

我国现在实行的是社会主义市场经济体制，而在市场经济体制中，企业是市场经济的主体，企业所有制结构可以反映一个地区经济的活力和适应市场程度。因此，分析区域经济发展基础，首先应当分析企业的所有制结构。企业的所有的结构分析，包括各类所有制的企业户数、从业人员数、注册资金资总量、行业门类等。区域企业所有制结构分析，首先应该是设计和下达各类所有制企业登记调查表、汇总表和分析表。企业登记调查表应当设置若干需要分析的指标，包括企业名称、企业注册地、企业经营范围，企业所有制性质、企业注册资本及其股东出资比例、企业从业人员等。企业所有制结构汇总表，可以按行业门类、空间分布、研发费用投入、资产和负债等类型设计汇总表。企业所有制结构分析表应当设置的指标，包括区域范围内的企业所有制类型、各类所有制类型企业户数及占区域企业总数的比重、各类所有制企业从业人员及占区域企业从业总数的比重、各类企业所有制类型的资本及占区域企业资本总数的比重等（见表 12－1）。

表 12－1　　1992 年底上海市长宁区区域企业所有制结构现状分析

企业所有制类型		企业户数（户）	比重（%）	从业人员（人）	比重（%）	注册资金（万元）	比重（%）
公有经济	全民企业	2487	32.0	16591	56.8	349611	56.3
	集体企业	4882	63.0	116708	40.0	148448	23.9
	联营企业	82	1.0	1277	0.4	18059	2.9
其他经济	私营企业	121	1.6	2686	0.9	1210	0.2
	三资企业	186	2.4	5580	1.9	103640（外资部分）	16.7
企业合计		7758	100	292161	100	620963	100

资料来源：长宁区人民政府：《上海市长宁区总体规划》，1994 年 9 月。

（二）区域经济总量和产业结构分析

1. 区域经济总量分析

区域经济总量是反映一个地区经济发展的规模和水平。区域经济总量一般可用国内生产总值（GDP）和社会总产值来衡量。GDP 是一个国家（或地区）所有常住单位在一定时期内生产活动的最终成果。GDP 是国民经济核算的核心指标，也是衡量一个国家或地区经济发展规模和发展水平的重要指标。1993 年，中国正式取消国民收入核算，将 GDP 作为我国国民经济核算的核心指标。社会总产值（aggregate social product），也称“社会总产品”，是指社会各个物质生产部门的劳动者在一定的时期内（通常为一年）所生产出来的全部物质资料的总和。它是反映一个国家或地区在一定时期内物质生产总成果的重要指标。社会总产值与国内生产总值的区别在于，社会总产值是包括物耗在内的社会产品的总价值，而国内生产总值只是新增加的价值。社会总产值只包括物质生产部门，而国内生产总值则包括非物质生产部门在内的国民经济各个部门。

2. 区域产业结构分析

产业是指由各个相关行业组成的业态总称，行业是指具有某种同类属性企业经济活动的集合体。区域产业结构，也称区域国民经济的部门结构，是指一个国家或一个地区内的国民经济各产业部门之间及各产业部门内部的构成。区域产业结构分析的基础是产业分类。根据不同视角国内外有多种的产业分类。

（1）按照人类生产活动历史发展顺序，区域产业可划分为三次产业。为便于我国的产业分类及其数据可进行国际比较，1985 年 10 月，国家统计局制定了我国《国民经济行业分类》，并于2022 年、2011 年和2017 年分别对我国《国民经济行业分类》进行了修订。目前，我国使用的主要是 2017 年修订的《国民经济行业分类》（GB/T 4754—2017），将我国三次产业的划定如下。

第一产业是指农、林、牧、渔业，《国民经济行业分类》代码为 A。

第二产业是指采矿业、制造业、电力、燃气、水的生产和供应业、建筑业，《国民经济行业分类》代码为 B、C、D、E。

第三产业是指除第一产业和第二产业以外的其他行业，《国民经济行业分类》代码为 F－T。

（2）按照各类生产活动在区域经济发展中的作用，区域产业可划分为主导产业、辅助产业和基础性产业三类。罗斯托认为，主导产业应同时具备如下三个特征：能够依托科技进步或创新，引入新的生产函数；能够形成持续高速的增长率；具有较强的扩放效应，对其他产业乃至所有产业的增长起着决定性的影响等。辅助产业是在产业结构系统中为主导产业的发展提供基本条件的产业，它是主导产业发展的基础，一般由主导产业投入。因而，辅助产业一般要求得到先行发展，否则，它将可能成为整个地区经济发展的瓶颈。辅助产业由前向联系产业、后向联系产业和侧向联系产业等组成。基础产业是为加工产业提供原材料、动力、基础条件的各产业部门的统称，主要包括农业、能源、原材料、医疗、交通运输和教育等产业部门，其特点是投资大、建设周期长、见效慢。一国的基础产业越发达，其国民经济的发展后劲越足，国民经济的运行就越有效，人民的生活就越便利，生活质量也越高。因此，一国要使其国民经济保持长期、快速、协调和有效的发展，就必须首先发展其基础产业。

（3）按照生产活动的技术水平，区域产业可划分为传统产业、新兴产业、战略性新兴产业、高新技术产业等。传统产业主要指劳动力密集型的、以制造加工为主的行业，如制鞋、制衣服、光学、机械制造业等行业。新兴产业，也被认为是一个新的朝阳行业，是指关系到国民经济社会发展和产业结构优化升级，具有全局性、长远性、导向性和动态性特征的产业；与传统产业相比，具有高技术含量、高附加值、资源集约等特点，也是促使国民经济和企业发展走上创新驱动、内生增长轨道的根本途径。战略性新兴产业是新兴科技与新兴产业深度融合，对区域经济长远和全局发展具有重大引领带动作用、成长潜力巨大的产业，在《国务院关于加快培育和发展战略性新兴产业的决定》中把节能环保、信息、生物、高端装备制造、新能源、新材料、新能源汽车等作为现阶段重点发展的战略性新兴产业。高新技术产业是指知识和技术密集的产业，主要包括信息技术、生物技术、新材料技术三大领域。还可以按照生产活动的要素密集程度，将区域产业划分为劳动密集型产业、资本密集型产业和技术密集型产业等。

（三）区域市场分析

在社会主义市场经济条件下，区域的要素和贸易（商品和服务）配置大多需要通过市场来完成，因此，区域市场的发育程度影响着区域经济的发展。区域市场是指与区域要素和贸易交换或配置密切的空间范围，区域市场体系是指区域内用于要素与贸易交换或配置的线上和线下各类场所。从区域市场分析角度看，区域市场分析可包括政府与市场关系、要素市场发育程度、产品市场发育程度、市场中介组织发育程度和市场管理制度五部分内容。

1. 区域政府与市场关系分析

从实际上看，区域市场中政府与市场关系分析的重点是界定区域政府在资源和贸易交换或配置中发挥作用的边界，总的原则是，凡是市场管得了和管得好的事项，政府就不应当介入。重点分析政府在区域市场竞争性领域的财政投入，妨碍市场主体依法平等准入和退出区域市场的政府规定和做法，区域市场的不正当竞争和垄断行为，区域市场的地方保护和区域壁垒，区域招投标和政府采购中的不公平竞争等。

2. 区域市场体系分析

重点分析区域要素、产品、中介组织等市场交易平台和交易组织的发育程度。区域要素市场的培育和发展，是发挥市场在资源配置中决定性作用的重要条件，是发展社会主义市场经济的必然要求；重点分析土地、劳动力、资本、技术、数据、产权等区域要素市场的交易主体、规模、结构、价格、功能、条件、机制等。区域产品市场是指区域内可供人们消费的最终产品和服务；重点分析商品的供给主体、消费主体、价格、品种、服务等。区域市场中介组织是指为区域市场主体提供信息咨询、培训、经纪、法律、协调、评价、评估、检验、仲裁等服务活动的机构或组织；重点分析市场中介组织的数量、门类、行为规范、服务质量、活力与效率等。

3. 区域市场管理制度分析

区域市场管理制度分析重点包括三方面内容。一是政府在要素与贸易交易或配置中的职能界定或领域界定分析，二是市场主体的行业组织管理制度分析，三是各类市场管理制度分析。

三、区域社会发展基础分析

（一）区域人口及劳动力分析

1. 区域人口分析

（1）人口数量分析。目前在我国，人口一般可用户籍人口、常住人口、短期流动人口来表达。户籍人口是指以人口的户籍登记地为统计口径的人口数，常住人口是指以人口半年以上的常住居住地为统计口径的人口数，短期流动人口是指以人口半年以下的短期居住地为统计口径的人口数。一个地域人口的数量主要受人口自然增长和机械增长两方面因素影响。人口的自然增长是指一个地域在一定期限内人口出生数减去人口死亡之数的数量，一般用人口出生率、人口死亡率和人口自然增长率指标来衡量。人口的出生和死亡受多种因素影响，包括育龄妇女的结婚率、生育率等。人口的机械增长是指一个地域内的人口因人口流动或人口迁移而发生的人口数量的增减。一个地域人口的机械正增长是指该地域人口在一定时间内迁入大于迁出，负增长是指迁出人口大于迁入人口。从实际看，一个地域人口机械正增长，一般该地区经济社会发展处于上升阶段，反之该地区经济社会发展处于下行或衰退阶段。引起人口机械负增长主要是该地域中的人口外出学习、就业、参军、居住地迁移；引起人口机械正增长，主要是该地区第二、三产业发展，包括工业、商业、旅游业发展而带来的常住人口和短期流动人口的增长。在我国，当前由于农业领域的人多地少，因此，农业领域的人口减少，包括劳动年龄段的人口减少，反而有助于农业劳动生产率及其职业农民收入提高。可见，人口数量（包括常住人口和短期流动人口）也不是越多越好，当一个地域的人口数量与资源环境、经济、社会发展水平相匹配时，该地域的人口数量是适度的，是资源、环境、经济、社会可承载的，此时的人口数量对资源、环境、经济、社会发展是正向效应的，反之是负向的。对一个地域而言，人口既是经济社会发展的推动者，同时又是资源、环境的消耗者。就我国农村地区（包括乡镇和村）而言，应根据不同地域的资源环境容量评定常住人口数量和短期流动人口，尤其是旅游人口数量，既考虑该地域经济社会发展可承受的人口数量，也考虑资源环境可承受的人口数量。

（2）人口质量分析。人口的质量，主要包括人口的身体素质、文化技术素质和思想道德素质三部分构成。人口的身体素质指人的体质和智力，是人口素质的物质基础，受遗传和其他先天因素、营养及青少年身体发育阶段前的经历等影响。遗传因素决定着人口质量的基础，决定着人口质量发展的可能性。人口的身体素质一般用人口平均期望寿命、人口的平均身高和体重、儿童智力水平等指标来评价。从人口身体素质评价指标和实践看，人口身体素质既受遗传因素影响，更受经济发展水平、医疗卫生条件、青少年身体发育前的营养和经历、胚胎发展及孕妇优生以及学龄前儿童的优育等因素影响。例如，就人口身高而言，据研究，在同一遗传条件下，儿童青少年在身体发育阶段从事往上运动经历的，会比遗传因素身高高出 4 厘米左右，反之，会比遗传因素身高矮 4 厘米左右。

人口的文化技术素质。人口文化技术素质是指人口的认知水平和技能。人口的认知水平主要受教育程度和实践经历影响。普遍认为，受教育文化程度高低决定着认知水平。事实上，实践出真知，真正影响人口认知水平的既有教育程度，更有实践的经历，并且实践体验的认知更能将教育中形成的认知在大脑中予以巩固、生根，俗话说的“读万卷书”和“行万里路”讲的也是这个意思。因此，评价人口认知水平的指标应该是人口的受教育程度（即常用的人口文化程度）指标和工作经历及年限。一般而言，工作岗位或行业经历越多的人，对事物认知综合水平相对高。人口的技能水平主要受人体器官训练的影响，尤其是人手和脚训练的影响。一个驾驶技术较高的司机，不是驾校考试如何，更多是来自复杂环境和行驶里程的训练；一个好的工匠，就技能而言，不是来自职校和技校的学历教育，而是来自一线工作的师傅带徒弟的规范训练和熟能生巧。在现代社会里，人口的技能水平评价指标可以是人口的岗位职务或技术等级，但更多的是实践中解决技术问题的能力，以及其生产产品和乡野的口碑。

人口的思想道德素质。决定人口身体素质和文化技能有益于人类社会的正能量因素来自于人口的思想道德素质。人口的思想道德素质是指人口的忠诚、责任、担当、务实、苦干和节俭等精神因素。人口的责任精神是指对他人负责的精神，这里他人包括自己以外的家庭成员，同事战友、工作单位、民族国家，乃至世界，只有具备对他人负责的精神，才能更好地约束自己以及自身的不懈努力。当前，我国公务员队伍中，尤其领导干部中提倡的“忠诚、干净、担当”，其基础是人的责任精神。人口的务实精神是指人口的处事方式始终能做到“一切从实际，解放思想、与时俱进”，只有具备务实精神才能具备民主意识，才能做正确的事，才能具备为人民服务的能力。人口的苦干精神是指久久为功、永不止步、坚持到底的精神，努力比天赋重要，行动比目标重要，具有苦干精神，才能克服人性懈怠、偷懒等惰性，故事中的“愚公移山”精神就是苦干精神的写照。人口的节俭精神是指对他人好客，对自己节制欲望的精神，知足常乐，常怀感恩之心，凡事饮水思源、充满忧患意识，坊间常说的“富不过三代”往往都与奢侈有关。人口的思想道德素质往往通过一些具体事情来呈现。与人口所处家庭的家风、家训密切相关，也与人口所生活地域群体意识有一定关系。人口的思想道德素质形成是一个渐进过程，深受与其紧密接触人群的影响。因此，判断人口个体思想道德素质，可以通过其深度接触人群去判断，判断一个地域群体思想道德素质可以通过家风、地域风气、校风等去判断。

（3）人口自然结构分析。人口性别结构和年龄结构通称为人口的自然结构。持续大量的人口统计表明，在不受人工干扰条件下，出生婴儿性别比一般在 102～107 范围内，即每出生 100 个女婴，男婴出生数为 102～107 个。人口出生性别比基本上是恒定的，是生物学规律决定。人口从出生到盛年，由于社会分工等原因，男性死亡率略高于女性，到婚配年龄时男女性别比基本持平①。人口的性别结构影响人口的身体素质结构，人类长期以来形成的社会分工对人口的文化技能结构和人口的思想道德结构都具有一定影响。人类社会的商界、政界、学界三大分工中都存在人口性别的优化组合，三大行业中的不同部门、不同行业、不同学科也有着不同性别的优化组合。并且，凡群体组织都需要相应人口性别结构相适应。

人口的年龄结构是指人类按照某一阶段经济社会发展需要，将一国或世界上的人口划分为不同年龄组而形成的不同年龄组人口数量与总人口的比例关系。国际上通常将全部人口划分为 0～14 岁为少年儿童组，15～64 岁划为成年组，65 岁及以上划为老年组。目前，按照我国劳动适龄人口男为 16～59 岁，女为 16～54 岁，因此，目前在我国养老保障制度和劳动适龄人口制未改之前，16 岁是劳动适龄人口起始年龄，以 16 岁为基准，参照我国现行人口年龄组划分标准，以及与国际人口年龄组划分标准衔接，可将男 16～59 岁，女 16～54 岁划为劳动适龄人口组，将 60 岁和 65 岁及以上分为老年人口 1 组和老年人口 2 组。再根据社会发展需要，0～6 岁为学前儿童组，7～12 岁为小学适龄组，13～15 岁为初中适龄组，16～18 岁为高中适龄组。从一国经济社会可持续发展的实践看，劳动适龄人口与被抚养人口（0～16 岁少年儿童人口数和 65 岁以上老年人口数）为 2∶1，即在一国的全部人口中 2/3 为劳动适龄人口，1/3 为被抚养的老人和少年儿童，从而实现人口生产作用和人口消费作用的均衡，劳动适龄人口与充分就业的均衡。

2. *劳动力分析*

（1）劳动力的概念及趋势。劳动力是指一国或一个地域内常住人口中具备从事社会劳动能力的人口，是适龄人口减去劳动适龄人口中丧失劳动能力的人口和加上劳动

---

① 崔功豪等著：《区域分析与区域规划》，高等教育出版社 2018 年版，第 45 页。

适龄人口以外的具有劳动能力的人口（当前在我国是指男 60 岁及以上，女 55 岁及以上的老年人口）。例如，在 2016 年住建部牵头的全国小城镇调研中，60 岁及以上，在机关事业单位上班的有 2%，在企业上班的有 2%，经商做生意的有 4%，打零工的有 6%，务农的有 3%①。可见，60 岁及以上在我国小城镇继续就业的已比较普遍。“日本总务省最近调查显示，日本 15 ~64 岁的劳动年龄人口占总人口的 59.3%，连续三年低于六成，刷新了历史最低纪录。日本政府为了维持经济增长，呼吁官民合作，共同构建延长退休年龄等让老年人能持续工作的环境。2021 年 3 月 31 日日本国会通过了《70 岁就业法案》，规定自 2021 年 4 月开始，允许企业雇用有意愿的员工工作到 70 岁。日本国会还通过了《国家公务员法》修正案，将国家公务员的退休年龄延长到 65 岁。而《检察厅法》修正案将日本检察官的退休年龄从 63 岁推迟至 65 岁。”②

（2）劳动力总量计算。根据前述劳动力概念，可利用的劳动力资源包括，适龄劳动人口中正在从事社会劳动的劳动力；按现行制度已超过劳动年龄，而仍然从事社会劳动的劳动力；按现行制度未达劳动年龄但已从事社会劳动的人口；具有劳动能力并要求社会劳动的求职人口；处在劳动年龄段内正在学校学习的求学人口；处于劳动年龄段内在家从事家务劳动的人口；处于劳动年龄段内正在军队服役的人口等。随着我国高等教育的普及，以及硕士、博士等高学历的扩招，我国适龄劳动人口中参加社会劳动的劳动力占适龄劳动人口比重在降低。一个博士毕业生最早参加社会劳动的年龄一般在 28 岁左右，硕士生参加社会劳动年龄一般在 25 岁左右，本科生参加社会劳动年龄一般在 22 岁左右。随着国家经济社会发展和医疗保障水平提高，人的身体素质也在提高。因此，因教育发展推迟就业，因社会发展增强体质，的确需要提高劳动适龄人口的上限以适应一国的经济社会可持续发展，以及平衡高等教育就业者教育投入与收益平衡。

（3）劳动力质量。随着国家经济社会发展和人们收入水平的提高，劳动力，尤其是受教育年限较长的劳动适龄人口初始就业延迟了。随着国家社会保障和医疗水平提高，人口的身体素质及其寿命延长了。一般状况，在人口身体素质就业适应条件下，按照目前我国规定接近上限的这一部分具有社会劳动能力的人口，其文化认知水平、技能熟练程度，以及实践积累的经验是一国或一个地区宝贵的人力资源。例如，近日，美国华盛顿大学一项针对记忆力试验就提出，与年轻人相比，老人的大脑并没有变慢或不活跃。老年人与青年人大脑处理信息的方式存在差异，“看电影时，20 岁的人注意到的是细节，比如人物在哪个房间，对话的确切内容；老人则关注范围更广阔，更

① 赵晖等著：《说说小城镇》，建筑工业出版社 2017 年版，第 20 ~21 页。

② 张冠楠：《日本人口问题的“顽症”和“新症”》，载于《光明日报》2020 年 9 月 21 日第 12 版。

宏观的内容，比如人物在什么样的房间，对话是否解决问题等。”① 尤其是接近现行适龄劳动上限的具有社会劳动能力人口，经过岁月的磨炼，思想道德水平上也相对成熟，责任心、务实精神、苦干精神和节俭精神都相对强大。

3. 人才和历史人物

（1）人才资源。《辞海》中对“人才”的释义是“有才识学问的人；德才兼备的人。”② 连健生老师在其《人才的广泛意义》一文中提及，“人才，就是现今各行各业中出类拔萃的人物”“各行各业中走在前面的人，当‘排头兵’的英雄模范人物”“各行各业走在前面的人，做出非凡成绩和有特殊贡献的人”。③ 人才是人口和适龄劳动人口中的少数者。是经济社会发展中最重要的资源。清朝龚自珍诗“我劝天公重抖擞，不拘一格降人才。”任何一项事业的发展都需要各行各业的“领跑人”“排头兵”“尖子”去引领、组织、统筹。实践中，无论是一个家庭，还是一个单位，一个地区、一个国家，都有一个基本现象，即有人就有事，事是由人生出来的，也是由人去实现的，俗话中的“事在人为”就是这个意思。有人就有办法，有人就有事业，有人就有未来，这里的人，既有广大人民群众，更关键的是引领或带领广大人民群众一起干的那些各行各业的“领跑人”“排头兵”“尖子”。

（2）历史人物。如果说人才是某区域现今可利用的人物，那么历史人物就是某区域历史发展中起过重要影响，在历史长河中留下足迹，并且有明确记载，并对人类历史进程起到推动作用的人物。尽管区域历史人物已逝久远，但从对该区域发展历史进程中影响和在一定时间、地点、条件下，仍然能够产生经济价值，以提高人类当前和未来福利的角度看，区域历史人物对该区域经济社会发展仍然具有资源的价值。近几年来我国各地抢占历史人物，也说明了历史人物对区域经济社会发展仍具有现实的经济文化价值。

（二）区域教育科技文化发展基础分析

1. 区域教育发展基础分析

区域教育发展基础分析的重点是否区域范围内的各类教育机构的数量、教师人数、在校学生数、生均经费等。广义教育是指“影响人的身心发展为直接目的的社会活动”，狭义教育是指“由专职人员和专门进行的学校教育”④。从空间角度讲，区域教育事业可分为城镇教育和乡村教育。因此，在进行区域教育事业发展基础分析时，最重要的是先行讨论“城乡教育”优劣问题，这是区域教育事业发展讨论的前提。当

① 楼林娜：《老人视角更宏观》，载于《生命时报》2020 年 9 月 25 日第 5 版。

② 夏征农、陈至立：《辞海》，上海辞书出版社 2009 年版，第 1878 页。

③ 人才学研究会筹备组编：《论智力投资》，天津人民出版社 1980 年版，第 49 ~ 50 页。

④ 夏征农、陈至立：《辞海》，上海辞书出版社 2009 年版，第 1102 页。

下，在我国许多人先入为主就假定“乡村教育”是劣质教育，而“城镇教育”是优质教育。据《中国农村教育发展报告2017》显示，“乡村进城就读的小学生（语数外）成绩高于未进城学生，但低于乡镇当地学生；乡村进城初中生（语数外）成绩既低于乡镇当地学生，也低于乡村学生。”[①] 据东北师大农村教育研究院调研，举家迁入城市之后，孩子的发展指数并没表现比乡村学校的孩子更好[②]。城乡教育在小学和初中的学生学习成绩上并没有什么差距，主要原因是，在我国现行“应试教育”模式下，在乡村就读的学生一般家庭经济条件相对较差，就读的乡村学校可能也比城镇学校差，乡村学生知识视野还可能没有城镇学生宽，但乡村学生学习刻苦程度普遍比较高，并且随着孩子年龄增长，这种刻苦奋斗意识逐步转化自觉能动力量，故年级越高，竞争力就越强。笔者在上海一个纯农地区工作时，这个地区素有“书包（读书）”和“背包（当兵）”传统，农村学生学习非常努力，成为国内清华北大自主招生的学校。因此，不能先入为主地把城镇教育看作优质教育或现代教育，把农村教育看作劣质教育或传统教育。另外，乡村教育除了学校教育外，乡村学生还深受其生活的乡村“自然环境”和乡村“人文环境”的影响，关于这一点，费孝通先生在其《文学下乡》一文中已早有论述[③]。“在对美国儿童教育理念产生深远影响的霍尔等美国教育家看来，乡村生活更有利于儿童心身和品格养成，而城市化和工业化却有着让儿童死于室内生活的危险。”[④] 在具体分析区域教育事业发展基础时间，重点需要分析区域范围内的各类教育机构的数量、教师人数、在校学生数、生均经费等。

2. 区域科技发展基础分析

区域科技发展基础分析的重点是区域范围内的科研机构数、专业技术人员数量和结构、研发经费投入和领域分布、科研活动产出数量和质量、科研成果产业化等。

（1）科学技术的内涵。《辞海》对“科学”一词解释为，运用范畴、定理、定律等思维方式反映现实世界各种现象的本质和规律的知识体系。科学来源于社会实践，服务于社会实践。它是一种在历史上起推动作用的革命力量，在现代，科学技术是第一生产力。[⑤]《辞海》对“技术”一词的释义为“泛指根据生产实践经验和自然科学原理而发展成的种种工艺操作方法与技能。如电工技术、焊接技术、木工技术、激光技术、作物栽培技术、育种技术等。除操作技能外，广义的还包括相应的生产工具和

---

① 靳昊，刘华东：《从“有学上”迈向“上好学”义务教育如何实现城乡一体化发展》，载于《光明日报》2018年8月30日第8版。

② 陈鹏《义务教育学龄人口进城速度放缓》，载于《光明日报》2017年12月24日第6版。

③ 费孝通：《乡土中国》，中华书局2013年版，第9~16页。

④ 徐剑梅：《美国娃如何度过世界上最长的暑假》，载于《新华每日电讯》2019年7月12日第15版。

⑤ 夏征农、陈至立：《辞海》，上海辞书出版社2009年版，第1234页。

其他物质设备，以及生产的工艺过程或作业程序、办法。”① 可见，科学本质上是对客观对象本质和规律的揭示或反映，是一种认识活动；而技术本质上是在科学认识基础上将各种资源要素组合转化为能够满足社会需求的有用产品和服务，是一种操作活动，侧重于“动手”能力。科学是技术的基础，技术是科学的实现手段，科学的作用往往通过技术的作用来表现，科学与技术共同构成“第一生产力”。

（2）技术创新及类型。《辞海》中技术创新的解释为：“把一种或若干种新设想（新概念）发展到实际和成功运用的阶段，或一个从新产品或新工艺的设想的产生到市场应用的完整过程。包括新设想的产生、研究、开发、商业化生产到扩散等一系列活动。”② 从这个技术创新概念角度讲，技术创新包括“硬技术”的创新，即包括新设备、新工艺、新材料、新产品等，也包括“软技术”的创新，包括资源要素质量的提高、资源优化配置和利用水平提高、资本使用效率的提高、劳动者知识经验技能的提高、政策管理水平的提高，直至经济社会发展质量的提高。美籍奥地利经济学家熊彼特于 1912 年在其《经济发展理论》中，将技术创新归纳为五种类型，包括引进新产品，引进新技术，开辟新市场，获得原材料或半制成品新的供应来源，实现企业的重新组织。③

（3）技术扩散及形式。根据前面技术创新概念，技术扩散是技术创新整个过程中的有机组成部分。技术扩散是指技术创新成果从一家企业或一个领域扩大到其他企业或其他领域的传播过程。一般由扩散主体通过某些渠道向潜在接受者传递。扩散发生与否取决于企业成本与收益的期望。扩散过程中通过顾客对企业产品的选择来促进企业对创新技术的采用。技术扩散主要有两种形式。一是技术梯度式扩散，是指以技术发源地为中心呈放射状向周边地区依次转移的技术扩散过程，技术递度式扩散是技术扩散的一般方式。二是技术跳跃式扩散是指技术发源地跳过空间上近距离的扩散地而直接扩散到另一距离较远的地方，跳跃式技术扩散方式一般基于交通、通信条件改善和技术扩散地其他资源禀赋的特殊条件。

（4）技术转让及形式。技术转让是指一个国家或单位（包括企业）引进或转移国内外技术及必须附带的服务和产品，用于本国或本单位经济社会发展。技术转让也是技术扩散的实现方式，技术的递度式扩散比较多的是通过生产力辐射来实现，而技术跳跃式扩散更多的是通过更适应生产力的生产关系来实现。技术转让主要有两种形式：一是吸收型的技术转让，即技术转让的目的是为了消化、吸收或者复制该项技术；这种技术转让从技术转让内容上包括基础科研成果的转让；从技术转让的阶段上包括技术的设想、研究、开发、产品中试等；这种技术转让要求技术受让方具有一定的经济

①②③ 夏征农、陈至立：《辞海》，上海辞书出版社 2009 年版，第 1032 页。

技术能力，同时也需要承担风险。二是产品型技术转让，即技术转让目的是为形成经济效益或生产某种市场需求的产品；这种技术转让在技术转让内容上是应用型技术或成熟型技术；在技术转让的阶段上包括技术产品化生产和技术创新等；这类技术转让更多的考虑转让技术的市场需求、资本配套、资源组合等方面的适宜性。

3. 区域文化发展基础分析

区域文化发展基础分析的重点是区域范围内人的思想和行为方式，包括思想观念、行为方式、习惯等。

（1）区域文化内涵。文化是人类社会常见的现象，但目前国内外也没有一个统一的说法或定义，不同的学者有不同说法。我国《辞海》对“文化”一词解释为：“广义指人类在社会实践过程中所获得的物质，精神的生产能力和创造的物质、精神财富的总和。狭义指精神生产能力和精神产品，包括一切社会意识形式、自然科学、技术科学、社会意识形态。有时专指教育、科学、艺术、卫生、体育等方面的知识和设施。作为一种历史现象，文化的发展有历史的继承性；在阶级社会中，又具有阶级性，同时也具有民族性、地域性。不同民族、不同地域的文化，是一定社会的政治和经济的反映，同时又给予一定社会的政治和经济以巨大的影响。”① 英国人类学家泰勒（1893～1917）认为，文化是一种复合体，“包括知识、信仰、艺术、道德、法律、习惯以及人作为社会成员获得的所有能力和习惯”。美国文化人类学家林顿（1893～1953）提出，“文化是由教育而产生的行为和行为结果构成的综合体，其构成要素为这一社会成员所共有，而且加以传递。”哲学家狄尔泰、里克特、社会学家谢拉等都将文化与征服自然的技术文明区别开来，专指艺术、思想、宗教等精神领域。日本国立民族学博物馆长梅梓忠夫提出，“人为了生存，需要三个重要条件。一是吃饱肚子，二是保养身体，三是满足心理需求。这第三种心理满足之物就是文化。”日本学者名和太郎提出，“我们可以说，如果从广义上来考察，所课文化由三部分构成：物质部分：商业的产品、建筑物、展品——衣食住，甚至可以包括圆珠笔、笔记本和汽车等；动态部分：外显性质的行为方式；心理部分：知识、态度、价值体系等。换一种说法，也可以称文化为物质文化、行为文化、观念文化。这三类文化互为因果，无法独立存在，但它们变化的速度各异。物质性文化部分往往立即得到吸收，心理性和内隐性的文化则很难改变。例如，日本人在衣食住方面美国化就是这种现象，但希望日本人明确说明是与否却很难做到。这种心理文化变化迟缓的现象称作‘文化滞后’。各国之间发生的许多经济摩擦在很大程度上源于‘文化滞后’或‘文化差异’。”②

---

① 夏征农、陈至立：《辞海》，上海辞书出版社 2009 年版，第 2379 页。

② 名和太郎（日本）著：《经济与文化》，高增杰、郝玉珍译，中国经济出版社 1987 年版，第 41～43 页。

总体看，文化属于人的思想和行为范畴。人类社会的物质部分是人类思想和行为的结果，不属于人类社会的文化范畴。例如，一个物质产品的设计思想和生产行为具有文化因素或文化特征，但这个产品的物质形态本身就是一个产品，而不能说这是文化，但可以说，这个物质产品具有文化的内涵或灵魂。一个具体产品的物质形态和精神思想是互为依存的，没有一个具体产品是只有客观世界的物质，而没有主观世界思想和行为的，任何一个具体产品是由客观世界物质元素和主观世界人的思想和行为叠加而成。这好像土地与劳动关系，只有将土地与劳动叠加结合起来，才可能形成各种各样的建筑设施，但这并妨碍土地、思想行为（文化）这两个要素的独立存在，并进行独立科学研究。并且，正是一个产品的物质要素和精神要素在时空上具有的相对独立性，故才会存在“物质超前”而“文化滞后”现象。由于文化主要指的是人的思想和行为，而人的思想和行为来自人类生产生活的实践，人的观念和行为一旦形成又具有相对独立性，且这种相对独立存在，又使人的思想和行为具有发展和传承，并在时空上的累积影响着人类下一个实践，产生对实践的反作用。因此，人的思想和行为具有历史的继承性及其相应的稳定性，从而产生文化的“滞后性”或“稳定性”。正是这种人类文化的时空累积性和稳定性才缔造了人类文明。故从某种角度讲，文化是人类社会通过物质产品和人体携带传承下来的对今天和明天还有用的思想和行为，包括思想观念、行为方式、习惯等。都江堰水利工程，文化是指李冰父子的农耕灌溉思想和工程处理方式，而这种思想和行为方式呈现的物质载体是我国现在仍可见的都江堰水坝。拿破仑曾经说过，这世界上只有两样权威，即利剑和思想，但起最终决定作用的是思想。拿破仑一生打了许多胜仗，但滑铁卢一战其英名全逝，但法兰西拿破仑民法典一直沿用至今。其实能留下的不是纸质或光盘的拿破仑民法典，而是拿破仑民法典中的完备且系统的思想，正是这个思想才使拿破仑民法典流传至今，具有文化的价值。纵观人类大千世界，能传承的似乎只有两样东西，即绿化和文化。仍留存几百年乃至千年的银杏树，那是自然的力量，仍留存几百年的建筑，那是人类思想的力量。古人云：“死而不亡者寿”，指的是他的思想精神永存，而具有永存的思想或精神一定是超越自我、有益于人类的。所以，文化最根本角度讲是一种人的思想，并且这种思想是超越自我的。

（2）我国南北文化差异。南北文化差异的形成。文化的地域差异性是指不同的地区基于其生产生活方式的不同而产生的文化差异。我国南北文化差异起源于我国南北地区农业种植品种和种植方式的不同。研究显示，距今8000年前，中国南方和北方出现了早期农业生产的考古证据。距今6500年前，北方旱作农业率先完成了由采集狩猎经济向农业经济的转变过程；距今6000～5000年，长江中下游地区也相继完成了向稻作农业社会的转变；距今4000年前，外来小麦在我国北方率先推广，逐渐奠定了“南稻北麦”的农业生产格局[①]。距今5500～3500年前，中华大地上的农耕生产存在四个不同的农业区划：一是分布于西辽河流域地区的北方旱作农业，特点是以种植谷子和糜子为主，后期出现了极小量的大豆或小麦；二是分布在长江中下游地区的南方稻作农业，特点是仅种水稻，未见其他农作物品种；三是分布于黄河中下游地区的稻旱混作农业，特点是水田农作物，水稻和旱地农作物小玉并重；四是分布在黄河中游即中原地区的多品种农作物种植，即同时种植谷子、糜子、水稻、大豆和小麦五个农作物品种[②]。“以黄河流域为重心的北方地区的农业生产特点表现为‘谷豕是乡食’，即以种植粟和黍为代表的旱作农业和以饲养猪为代表的家禽饲养业；以长江流域为重心的南方地区则表现为‘饭稻羹鱼’，即以种植水稻为主的稻外农业，以渔猎为获取动物资源的方式”[③]。由于我国南北地区种植品种和种植方式的不同，可能是造成黄河中下游地区的中原古文化系统愈加强盛，而长江中下游，西辽河流域古文化系统衰落的原因。“例如，长江下游良渚文化发展水平之高让人惊叹，但到距今4500年前却突然衰亡；又如，西辽河流域的夏家店下层文化曾经非常辉煌，但大概在距今3600年前后也突然衰亡”[④]。长江中下中游地区后来的崛起，也许与明朝时期玉米、香薯、马铃薯、西红柿传入有关。

南北文化差异的基本特征。美国弗吉尼亚大学对中国6个城市1162名参与者进行采访，询问其文化思维、个人主义倾向、群体忠诚度等方面的特征，结果发现，种植小麦长江以北的城市有更加独立的文化，而种植水稻长江以南的城市更热衷于集体观念。对于“水稻城市”与“小麦城市”的文化差异，研究人员认为，是这两种农作物种植方式培养了人们不同的生活方式和思维习惯。一方面，种植水稻需要人工灌溉，而稻田中灌溉水渠不但需要多个家庭协作完成，也需要共同使用和维护；而小麦只需要等待雨水即可，不需要灌溉，对家庭间的通力合作要求就没那么高。另一方面，水稻种植所需劳动力是小麦的两倍，因此，农户之间经常互相提供劳动力支持，而小麦种植者往往独立完成全部种植劳动。虽然东方社会被认为是集体主义占主导的社会，但这一研究也许能帮我们从另一面看到东方的内部也存在生活和思维方式的差异，帮助我国南北方人互相理解[⑤]。文化的地域差异，还可以从不同空间尺度来讨论，尤其是我国南方，特别是丘陵山区，由于各种地理屏障和生活习惯，我国乡村的印象正像司马迁在《史记》里曾经用过的一句谚语“百里不同风，千里不同俗”。我国南方许多乡村即使相距一个村庄，其方言也不同，这当然有族群同居村庄的原因，但也有各自生产生活处自成体系的原因，从而形成乡村与乡村之间，村镇之间，乃至县城，省

①②③④　户华为：《五谷丰登：中华文明进程的重要密码》，载于《光明日报》2018年9月17日第9版。

⑤　揭威：《北方人更独立》，载于《生命时报》2018年6月26日第2版。

城的文化差异。早段时间，国内讨论比较多的南方的“江南文化”和北方的“南海学文化”也属于我国大空间尺度的地域文化，以及早段时间还讨论的“微文化”“马桥文化”都属于小空间尺度的地域文化差异。

地域中的民族和族群文化。最近美国出版的《乡下人的悲歌》一书，在其引言中就摘述了一段话“走遍美国各地、苏格兰——爱尔兰裔美国人一直令我震惊，他们是美国最为持久稳固、变化最小的亚文化群，当别人对传统都全盘摒弃时，他们的家庭结构、宗教与政治，还有社会生活仍然保持不变。”“对传统文化的信奉带来了许多好的特性——高度的忠诚感以及对家庭和国家的狂热奉献，但也有许多不好的特性。我们不喜欢外来者或者是与我们不一样的人，不管不一样的是相貌、行为或说话方式，而说话方式尤为突出。想要理解我的故事，你首先必须得了解，我骨子里是一名苏格兰——爱尔兰‘乡下人’。”① 在我国，不但不同民族之间具有文化差异，乃至不同的族群之间也具有文化差异，同样是汉人，南方汉人与北方汉人的文化观念往往是不一样的，这在前面文化区域差异中也有涉及。文化的民族（族群）差异其产生除了各民族或族群生产生活方式不同以外，还基于地理因素，如平原的乡村和山区的乡村，东部地区乡村与中西部地区乡村在饮食习惯、建筑风格上是不一样的。

（三）区域公共设施配置分析

区域公共设施是指由一个国家或一个地区政府或公用事业部门提供给区域范围内社会公众（自然人和法人）共同享用或使用的公共物品。《城市规划基本术语标准》（GB/T50280－98）将城市基础设施定义为“城市生存和发展所必须具备的工程性基础设施和社会性基础设施的总称”，其中“工程性基础设施一般指能源供应、给水排水、交通运输、邮电通信、环境保护、防灾安全等工程设施。社会性基础设施则指文化教育、医疗卫生等设施。”由于前面已经讨论了教育文化科技等社会性内容，因此在这里本书主要讨论城乡工程性的基础设施内容，并根据当前人们对生态环境设施重视程度，将城乡生存和发展所必需工程性基础设施分为道路交通等基础性设施和生态环境基础设施两大类：道路交通等基础性设施，如道路、交通、供水、排水、通信、能源（供电、供气、供热）、防灾减灾等设施建设状况；生态环境基础设施，如生活饮用水、垃圾处理、污水处理、生产废气处理、土壤环境整治、河道治理、森林绿化、生物多样性保护等设施建设状况。

（四）区域住房建设分析

居住建筑按风貌分，总体上有两大类，一是城镇居住建筑，这一类居住建筑一般属多层（即5～6层）以上建筑，这类城镇居住建筑比较偏重于现代建筑。城镇居住

---

① 万斯（J. D. UANCE）著：《乡下人的悲歌》，刘晓同、庄逸抒译，江苏凤凰文艺出版社2017年版，第4页。

建筑总体上侧重于室内功能，内部空间大尺度、分隔式；建筑外形简洁、朴素，形态不很丰富。二是乡村居住建筑，这一类居住建筑由于其坐落的乡村空间是个自然环境，周边广阔的农田、森林、草原，一般的原则是房在树中，如果建筑超过乡村一般树木的高度，住房就显得与周边环境很不协调。因此，超过一般树木高度（10～13米）的建筑就不宜在乡村空间中建设，尤其是乡村居住建筑。因此，乡村居住建筑严格说，是适合人们居住并与乡村自然环境融为一体的，一般为三层（含三层）以下居住建筑。需要说明的是，现在想用居住建筑的内部空间、建筑结构来区别城乡居住建筑是不可能的，这是因为，在内部空间上，乡村居住建筑也可以大尺度、分隔式；建筑结构上，乡村居住建筑也可以采用钢筋混凝土。总体来看，城乡居住建筑差别主要是建筑高度和外部形态。区域住房建设分析包括区域范围内各类住房总面积及其结构、人均居住面积、住房建设质量、建设方式、空间分布、住房建设政策、住房建筑风貌等。

（五）区域治理分析

区域治理分析主要包括区域行政区划变迁分析、区域功能定位变迁分析、区域发展政策分析、区域政府管理治理能力分析等。

1. 区域行政区划的变迁

区域行政区划的变迁，一般主要包括本区域行政区划各级的行政区划与本区域以外的区行政区划合并、分拆情况，以及本区域行政区划对区域经济发展存在的问题和进一步调整完善的打算。

2. 区域功能定位变迁分析

区域功能定位变迁分析，一般要求被分析区域3～5个“国民经济与社会发展五年规划”中的功能定位表述，以及区域功能定位在执行过程中的存在问题，及其需要完善的内容。

3. 区域发展政策分析

区域发展政策分析，一般要求对被分析区域政策进行梳理，总结行之有效的区域政策，以及需要进一步完善和制定的区域政策。

4. 区域政府管理治理能力分析

区域政府管理治理能力分析，一般要求对被分析区域政府的各类各级机构，及其职能设置、人员配置，以及区域治理中存在的问题和进一步完善的方向进行分析。

第五节　区域未来发展的条件分析

实践中的区域分析，不管是用于区域发展战略修订或制定，还是用于区域发展规划、政策修订或者制定，不仅需要对区域资源禀赋进行分析，还需要对区域发展基础进行分析，更需要对区域进一步发展的条件进行分析。区域经济实践中，区域进一步发展的条件分析，主要包括两部分，即区域进一步发展的有利条件和不利条件。

一、区域发展有利条件和不利条件分析的时空站位

区域经济中的观点或者思想来自不同的时间和空间站位。区域发展有利条件和不利条件分析的时间占位站位，实践中，一般依据拟制定的区域发展战略、规划、政策、项目、治理方案的执行终止期为时间站位，结合被研究区域的资源禀赋和发展基础，倒推该区域发展的有利条件和不利条件。区域发展有利条件和不利条件分析的空间站位，实践中，一般依据拟制定的区域发展战略、规划、政策、项目、治理方案的空间尺度为空间站位。例如，在制定一个国家的区域发展战略、规划、政策、项目、治理方案时，应当立足世界、本国周边邻近区域、本国为空间尺度，提出这个国家在一定时期内的制定合作和执行区域发展战略、规划、政策、项目、治理方案的有利条件和不利条件；在制定一个地区区域发展战略、规划、政策、项目、治理方案时，应当立足世界、本国、本地区区域、本地区周边邻近区域为空间尺度，提出这个地区在一定时期内的制定合作和执行区域发展战略、规划、政策、项目、治理方案的有利条件和不利条件。

二、区域发展有利条件和不利条件分析包含的内容

区域发展有利条件，一般包括被研究区域外部的有利因素和被研究区域内部的有利因素。被研究区域外部的有利因素，包括经济、政治、文化、自然、科技等有利因素，具体如理论、经济体制、战略和规划目标等。被研究区域内部的有利因素，包括交通、生态、教育、科研、政府机构、经济设施、经济增长极、居住等有利因素，如机场、高铁、高速公路、轨道交通、航运、公共绿地、高等院校、科研机构、专业人才、商业商务设施、优质居住设施等。区域发展不利条件，主要指被研究区域内部的不利因素，一般包括区域经济实力、经济结构、功能结构、空间布局、公共配套设施等不利因素，具体如经济总量规模、财政收支平衡、经济活动主体规模结构效益、土地人口环境等方面的约束、公司配套不足，空间布局存在问题等（具体实例可见附录）。

第十三章
区域发展战略

区域发展战略是指依据区域资源禀赋、发展基础和发展条件制定的区域未来较长时间内长期性、全局性，重大性的谋划。区域发展战略是区域规划、区域政策、区域项目、区域治理等区域经济实务因素的龙头因素，区域规划、区域政策、区域项目、区域治理等区域经济实务因素需要依托区域发展战略指引，区域发展战略需要区域规划、区域政策、区域项目、区域治理等支撑。本章由“区域发展战略的内涵与类型”“区域发展战略的构成要素”“区域发展战略的编制”“区域发展战略的实施”四部分内容构成。

第一节　区域发展战略的内涵与类型

区域发展战略是区域规划的基础，区域规划是区域发展战略的实施手段，以区域发展战略为基础编制的区域规划，往往更具有整体性，长远性和适应性。

一、区域发展战略的内涵

在西方，“strategy”一词源于希腊语“strategos”，意为军事将领、地方行政长官；后来演变成军事术语，指军事将领指挥军队作战的谋略。在中国，战略一词历史久远，“战”指战争，“略”指谋略。春秋时期孙武的《孙子兵法》被认为是中国最早对战略进行全局筹划的著作。在现代，战略一词使用的范围日趋扩大，西方国家陆续提出了“大战略”“国家战略”“全球战略”等一类概念，现已被各个领域所借用，如政治战略、经济战略、科技战略、外交战略、人口战略、资源战略等。

区域发展战略是指依据区域资源禀赋、发展基础和发展条件制定的区域未来较长时间内长期性、全局性、重大性的谋划。区域规划是人们对规划区域外的区域系统和规划区域内的区域系统，进行地域分工和自然、经济、社会三大内容及其要素有机整合，所作的长远和全面的整体部署和安排。区域发展战略与区域规划的区别在于，区域发展战略是区域发展的思路和设想，侧重于区域如何发展（即区域发展的想法）；区域规划是区域发展内容的安排，侧重于区域怎样发展（即区域发展的做法），如表 13 – 1 所示。

表 13-1　　区域发展战略与区域规划的区别

类型	期限	特征	成果呈现的深度	作用
区域发展战略	一般 20~50 年	思想性	提出区域未来发展的有关思路、设想、建议	具有指引性
区域规划	一般 20 年以上 30 年以内	行动性	明确规划期内区域经济、社会发展的具体内容、用地和空间安排	具有操作性

资料来源：作者制作。

在此，需要说明的是，区域发展战略与区域规划存在较大差别，区域发展战略侧重于区域发展的思路、设想和建议，其主要内容为区域发展的战略定位、战略目标、战略方针、战略重点、战略布局、战略步骤、战略举措等战略要素，而这些区域发展战略要素本身并不具备操作性，区域发展的战略要素需要通过区域规划、区域政策、区域项目、区域治理等内容才能落地实施。因此，区域发展战略，本质上属于区域发展的研究范畴或概念范畴，是编制和实施区域规划的方向，一般不具有强制性。而区域规划，其主要内容是区域发展的部署和安排，属于区域发展的规划范畴，一般具有强制性。“只有将区域发展战略的内容放到区域规划中时”，区域发展战略才具有区域规划的性质或功能。实践中，融入区域规划中的区域发展战略要素，并不是说区域发展战略要素本身具有强制性，而是区域规划具有强制性，使得区域发展战略要素同时具有强制性。

在此，还需要说明的是，区域发展战略与区域战略规划也存在较大的区别，前面说过，区域发展战略，本质上属于区域发展的研究范畴或概念范畴，一般不具有强制性。“从总体规划中析出部分内容，使战略规划成为总体规划的依据，形成独立的战略规划层次”，这独立总体规划以外的“区域战略规划”，也不具有区域规划的性质或功能，一般也不具有强制性，这类“区域战略规划”其实质就是区域发展战略；只有“将战略规划内容放到城市所在的区域规划中去”[①]，这时的区域战略规划，才具有区域规划的性质或功能，才具有区域规划的强制性。可见，区域发展战略与区域战略规划也存在较大的区别。

二、区域发展战略的基本特征

1. 长远性

区域发展战略的长远性是战略全局性在时间上的要求，是指区域发展战略描述的问题或内容，应着眼于区域发展长远的问题，即不是一时半会就能解决的区域发展问

① 张忠国主编：《区域研究理论与区域规划编制》，中国建筑工业出版社 2017 年版，第 312 页。

题或内容，需要一个较长时期、连续性、持久性才能解决的区域发展问题或内容。区域发展战略的长远性目的是获得一个国家或一个地区的长远利益。正是区域发展战略的长远性特征，要求负责推进区域发展战略编制的各级领导，需要具备着眼于地区长远发展和人民长远福祉、功不在我的政绩观。

2. 整体性

区域发展战略的整体性是战略全局性在空间和领域上的要求，是指要将本区域与相关区域看成一个整体来谋划和将本区域看成一个整体来谋划，处理好区域发展中的局部与整体的关系。将本区域与相关区域看成一个整体来谋划，就是指既要考虑本区域的发展，也要考虑上位区域的发展，还要考虑周边区域的发展，避免区域的本位主义，就本区域讲本区域的狭隘区域观。将本区域看成一个整体来谋划，就是指既要考虑本区域发展条件较好的地区和领域发展，也要考虑本区域发展条件较差的地区和领域发展，促进重点地区和与周边地区、经济与社会、人与自然的协同发展。区域发展战略的整体性目的是获得一个国家或一个地区的整体利益。

3. 针对性

区域发展战略针对性基于战略的预见性为前提，是指区域发展战略描述的内容，既要适应过去和现在的区域发展环境，还要适应未来的区域发展环境。区域发展战略中提出的战略定位、目标、方针、重点、布局、步骤、措施等，既针对于过去和现在区域发展中存在的问题，又针对于区域发展中未来可能产生问题，区域发展战略是一种以问题导向为基础的目标导向的表达范式。具有未来指导性意义的区域发展战略，其特征之一就是具有现实的针对性和未来的针对性，是战略期过程中的针对性。区域发展战略是区域经济实务中要求最高的顶层设计。

4. 纲领性

区域发展战略表达的内容都是从许多具体的现象中提炼出来的纲领性的结论，语言表达言简意赅，概括性强。正是区域发展战略的这种纲领性，才使区域发展战略往往比区域规划在未来发展过程中更具有时间上的适应性。区域发展战略内容的描述，如果过于拘泥于细节将会丧失区域发展的战略性。例如，上海市长宁区将其放到全球尺度看，其战略地位可概括为“是上海市对外开放和对外贸易的重要窗口”；将其放到长江三角洲空间尺度看，其战略地位可概括为“上海市吸引和辐射长江三角洲的重要地区”；将其放到上海市主城区空间尺度看，其战略地位可概括为“承担上海中心城区人口的地区之一”。30 年过去了，长宁区这个战略定位现在看来还是适应的。

5. 地域性

区域发展战略是基于一个区域在更大区域范围内地域分工中延伸出来的一套本区域发展战略因素体系。正是区域发展战略的地域性特征，才使这个区域的发展战略和那个（包括周边区域）区域的发展战略区别开来。造成不同区域的发展战略差异，主要基于不同区域的优劣势差异、区位差异和由此带来地域分工差异。从这个角度讲，在区域发展战略若干因素中，起基础作用的是区域发展的战略定位。区域发展的战略定位是区域发展战略若干因素中的基础因素。

三、区域发展战略的类型

区域发展战略按不同的标准可进行不同的分类。按照区域发展战略的整体性发展还是局部性发展，区域发展战略可分为区域的均衡发展战略和非均衡发展战略；按照区域发展战略独立编制还是融入区域规划一起编制，可分为独立的区域发展战略和区域规划中的区域发展战略；按照区域发展战略的内容综合性还是专业性，区域发展战略可分为综合性的区域发展战略和专业性的区域发展战略等。

1. 区域的均衡发展战略和非均衡发展战略

从国内外区域发展战略的理论和实践看，从区域经济整体性发展还是局部性发展，区域发展战略总体上可分为区域均衡发展战略和区域非均衡发展战略两大类。区域均衡发展战略，也可称为区域平衡发展战略或区域协调发展战略，是指对一个国家或一个地区中的未充分发展区域（包括次发展区域、欠发达区域、滞后发展区域、发展条件较差区域等）的补短板区域发展战略。区域均衡发展战略，一般适用于一个国家或一个地区的工业化和城镇化前期和中后期发展阶段。区域非均衡发展战略，也可称为区域不平衡不充分发展战略，是指对一个国家或一个地区发展基础和条件较好区域的实行要素、政策配置倾斜的拉长板区域发展战略。区域非均衡发展战略，一般适用于一个国家或一个地区的工业化和城镇化前中期发展阶段，并且，是以一个国家或者一个地区内发展基础和条件较差区域的比较优势未得到充分发挥为前提的。区域非均衡发展战略，其优点是发挥了一个国家或一个地区发展基础和条件较好地区的优势，使一个国家或者一个地区在工业化和城镇化前中期发展阶段经济效率最大化，其缺点是拉大了一个国家或者一个地区发展基础和发展条件较好地区与发展基础和发展条件较差地区的经济社会发展差距。区域均衡发展战略，其优点是发挥了一个国家或一个地区发展基础和条件较差地区的比较优势，使一个国家或者一个地区在工业化和城镇化前期发展阶段社会运行比较平稳和在工业化和城镇化中后期发展阶段整体经济得到发展，并且缩小了一个国家或者一个地区发展基础和发展条件较好地区与发展基础和发展条件较差地区的经济社会发展差距；其缺点是有可能影响一个国家或者一个地区发展基础和发展条件较好地区的一些经济效率。

2. 独立的区域发展战略和区域规划中的区域发展战略

区域发展战略是区域规划的思想指引和基础，区域规划是实施区域发展战略的手段。区域发展战略和区域规划是一对孪生兄弟，编制区域发展战略需要同时思考区域规划，编制区域规划需要依靠区域发展战略的指引。因此，区域发展战略，既可以包含在区域规划中，一般包括的区域总体规划中；也可以独立在区域规划外，即区域发展战略和区域规划总体规划分属于两个本子。例如，1993 年编制的《上海市长宁区总体规划》就包含了区域发展战略。而 1984 年的"上海经济发展战略"、1995 年的"迈向 21 世纪的上海"发展战略，就是独立于上海城市总体规划以外的。实践中，独立于区域规划本子外的区域发展战略，往往偏重于研究，篇幅较长、实施性较差；编入在区域总体规划中的区域发展战略，往往概括简要，与规划衔接紧密，操作性比较强。

3. 综合性区域发展战略和专业性区域发展战略

综合性区域发展战略，往往以一个较大的地域单元和内容为指向的区域发展战略，例如，城市发展战略、小城镇发展战略、乡村发展战略等。专业性区域发展战略往往是以行业或企业为指向的区域发展战略，例如，上海虹桥涉外贸易中心发展战略、长宁区促进小企业发展战略、农业发展战略等。

四、区域发展战略的作用

区域发展战略的全局性和纲领性特征，决定着区域发展战略比区域规划更能指向未来。实践中，以区域发展战略为基础编制的区域规划，往往更有整体性、长远性和适应性；反之，缺乏区域发展战略为基础编制的区域规划，往往就事论事，并随着时间的推移而不能适应变化了的实践。在这种情况下，区域发展战略往往能够进一步指引区域的发展或指引区域规划的修订和完善。实践证明，缺乏区域战略发展战略为指引的区域规划、政策、治理，往往难以穿越时空。区域发展战略是区域经济发展中不可或缺的环节和软实力。

第二节　区域发展战略的构成要素

区域发展战略一般由区域发展的战略定位、战略目标、战略方针、战略重点、战略布局、战略步骤、战略举措等七个方面要素构成。其基础是战略定位，其核心内容是战略目标。

一、区域发展的战略地位

区域发展的战略地位，也可称区域发展的战略定位，是指在区域发展战略期内、区域在不同空间尺度中的地域分工，是进一步明确区域发展战略目标的依据。例如，在 1984 年的上海经济发展战略汇报提纲中立足于全球空间尺度和本国空间尺度提出上海“应成为利用外资引进国外先进技术的主要门户，以及消化吸收后向内地转移先进技术和管理方法的桥梁；成为全国最大的商品集散地和最重要的外贸口岸；成为全国重要的金融市场和经济技术信息中心；成为面向全国培训科学技术人员、经营管理人员和高级技工，广泛提供咨询服务的重要基地。”① 需要提出的是，区域发展的战略定位和区域规划的功能定位，是一个不同的概念，区域发展的战略定位是立足于区域外部环境进行的区域发展定位，区域规划的功能定位是指在基于区域外部环境确定的区域发展战略定位基础上的区域内发展定位。例如，在“迈向 21 世纪的上海”战略中提出了“上海作为新一代国际中心城市的基本功能为：集散功能、生产功能、管理功能、服务功能和创新功能等五大功能。”②

二、区域发展的战略目标

区域发展战略目标由区域发展战略总目标和分目标构成。区域发展的战略总目标是指区域在战略期末预期达到的状态，一般只有战略期末年份设定，而没有具体的区域经济社会发展数量设定。例如，1993 年编制的《上海市长宁区总体规划》中提出“区域建设的战略目标为 围绕上海三个中心一个龙头的战略目标，到 2020 年，努力把长宁区建设成为以涉外经贸为主导功能、多功能、开放型、现代化的新城区。”③

区域发展战略分目标是区域发展战略总目标的具体展开，一般具有分阶段的区域经济社会发展数量设定，可以包括以下分目标。

（1）经济总量目标。一般以战略基期年为基数，设置地区生产总值增长率为战略期内的经济总量目标。例如，1993 年编制的《上海市长宁区总体规划》战略期内，以 1992 年底地区生产总值为基数，将经济总量增长期分为 2000 年、2010 年，2020 年三个阶段和区域、区属两类指标，其中，1993 ~ 2020 年地区生产总值年均递增 12%，2001 ~ 2010 年和 2011 ~ 2020 年地区生产总值年均递增 10%；1993 ~ 2020 年地区生产总值年均递增 15%，2001 ~ 2010 年和 2011 ~ 2020 年地区生产总值年均递增 12%。

（2）城区建设目标。一般可设置的建设指标为城镇化率、基础设施建设水平、旧区改造（包括旧小区、旧住宅、旧厂房、旧街区等）。例如，1993 年编制的《上海市长宁区总体规划》将战略期区域范围内的城区建设分为 2000 年、2020 年两个建设阶段，其中，2000 年，城市化水平达到 100%；基本完成旧区改造任务，城市基础设施与功能开发的要求相适应。2020 年，基本形成具有世界先进水平的现代化城市格局。

---

① 周振华等著：《战略研究理论、方法与实践》，格致出版社 2014 年版，第 275 页。

② 周振华等著：《战略研究理论、方法与实践》，格致出版社 2014 年版，第 283 页。

③ 引用《上海市长宁区总体规划》有关内容，见本书附录：上海市长宁区人民政府发布的《上海市长宁区总体规划》（1994 年 9 月）。

（3）人民生活水平目标。一般可设置的人民生活目标为区域常住人口年人均地区生产总值、人均居住面积、年人均收入等。例如，1993 年编制的《上海市长宁区总体规划》，将战略期分为 2000 年、2010 年、2020 年三个人均生活水平控制目标和人均年地区生产总值、人均居住面积、人均年收入三个控制指标。其中，2000 年，人均年地区生产总值达到 1. 58 万元，人均居住面积达到 10 平方米；2010 年，人均年地区生产总值达到 3. 98 万元，人均居住面积达到 12 平方米；2020 年，人均年地区生产总值达到 10. 18 万元，人均年收入 45000 元，人均居住面积达到 14 平方米。提前 30 年实现党的十二大提出的第三步奋斗目标，达到中等发达国家水平。

（4）经济体制目标。经济体制是区域发展的活力来源，根据发展表达的战略纲领性要求，一般可设置政府与市场的职责边界、企业所有制结构、资源配置方式等指标。例如，1993 年制定的《上海市长宁区总体规划》将战略期分为 2000 年、2020 年两个经济体制创新阶段，其中 2000 年以前基本达到社会主义市场经济体制框架的要求，形成同国内外广泛联系的全方位开放格局；2020 年基本形成适应国际竞争需要的市场经济运作机制和运作的方式。

（5）环境质量目标。一般可选择地区绿地率、三废（污水、废气、垃圾）集中处理率、环境人口容量等环境质量目标。例如，1993 年编制的《上海市长宁区总体规划》将战略期分为 2000 年、2020 年两个环境质量控制期以及人均公共绿地，环境人口容量，三废处理率三个环境质量控制指标，1992 年底环境质量基数，并明确到 2020 年，人均公共绿地达到 3 平方米，环境人口容量每平方公里控制在 1. 7 万人左右，三废集中处理率达到 93%；到 2020 年，人均公共绿地达到 8 平方米，环境人口容量每平方米控制在 1. 8 万人左右，三废集中处理率达到 100%。

（6）社会事业目标。根据发展战略表达的纲领性要求，一般可选择区域范围内的教、科、文、卫、体、民政福利等社会设施和服务两方面的总量性目标及指标予以指引。例如，1993 年编制的《上海市长宁区总体规划》将战略期分为 2000 年、2020 年两个地区社会事业的发展周期，并明确，到 2020 年基本形成与区域战略目标相适应的教、科、文、卫、体，民政福利等社会事业设施；到 2020 年，基本形成具有高度文明的社会文化结构和社会风貌。

三、区域发展的战略方针

区域发展的战略方针是区域未来发展的行动指针，区域战略目标是制定区域发展战略方针的依据，区域发展战略方针围绕区域发展战略目标而展开。区域发展战略目标是区域发展某一阶段预期达到的状态，区域发展战略方针是指区域在实现某一阶段区域发展战略目标的进程中所需要注意的行动方向。因此，在区域发展战略目标的实施中，只要沿着区域发展战略方针指引的行动方向，就有可能避免较长时间段的区域发展战略目标偏离预期，从这个角度讲，区域发展战略方针是实现区域发展战略目标不可或缺的行动指针。因此，区域发展战略目标就如区域发展战略某一阶段的终点站，而区域发展战略方针就如区域发展战略运行的轨道。所以，在区域发展战略制定中，一般应当将区域发展战略目标推进过程中需要注意的重大事项，作为区域发展战略方针框定下来。例如，1993 年编制的《上海市长宁区总体规划》，就将区域发展战略目标实施中最需要注意的多功能和多目标并列，区域经济对内对外的开放度，区域外机械人口导入的控制，经济、社会、城市形态、生态环境等要素之间的综合平衡，国内外和区内外一视同仁的投资环境，物质文明和精神文明的协调发展等重要事项，在其区域发展战略方针中予以固定下来，便于在区域发展战略执行中统一行动方向，避免部门利益和个人认知导致的区域发展战略目标实现中可能出现的偏差。

四、区域发展的战略重点

区域发展的战略重点“是指区域经济社会发展过程中，对于实现战略目标具有关键意义的，而又有发展优势或比较薄弱需要特别加强的那些部门、组织、环节、要素或区域。一般来说，战略重点具有三层含义，即它们既是实现战略目标的重点，又是资源配置的重点，还是战略管理的重点。”① 选择和确定区域发展战略重点的基本原则。一是遵循多维度视角。影响区域经济发展，既有经济发展的内容，也有城市建设的内容，还有社会发展和空间布局的内容等。因此，选择和确定区域发展战略重点需要从多维度去考虑。二是关键性因素。一个区域中，影响区域经济发展的有多种因素，然而在多种因素中，需要将那些起关键作用的因素列为区域发展战略的重点。所谓关键性因素是指那些因这些因素的存在，而使其他因素存在的因素。这些关键性因素一般都是区域经济发展中的空间、经济、社会等因素。三是扬长补短。在区域经济发展中，一般情况下都是扬长避短、发挥比较优势。然而，在确定区域发展战略重点时，既需要发挥区域发展中优势因素或者长板，更需要发挥影响区域发展优势发挥的那些短板，即劣势，通过补短板，促进区域发展战略目标的实现。四是多向联系。备选的区域经济发展区域发展战略重点，必须是与区域发展战略重点具有前向、后向、侧向关联的区域经济社会发展因素，只有选择这一类因素作为区域发展战略重点，才可能有助于促进区域发展战略目标的实现。例如，1993 年编制的《上海市长宁区总体规划》中，将虹桥涉外贸易中心建设、基础设施先行建设、科技产业和教育事业发展等三方面确定为长宁区区域发展战略重点就基本符合上述四条原则。

① 丁四保等：《区域经济学》，高等教育出版社 2003 年版，第 187 页。

五、区域发展的战略布局

区域发展的战略布局是区域发展战略目标在空间上的具体化，与工业化和城镇化的发展阶段有关。一般而言，工业化和城镇化的前期，区域发展战略布局是点状且相对孤立地存在；工业化和城镇化的前中期，区域发展战略布局将通过结节性轴线（包括陆路、水路、空中、地下管网等）连接其他区域节点，相互吸引和辐射要素和贸易，区域发展战略布局是点—轴状态的；工业化和城镇化的中后期，随着各区域节点轴线连接的纵横交错，区域发展战略布局是点—轴交织网络状的。而实践中，无论是编制区域发展战略、还是编制区域发展规划，在空间布局上都需要一次性谋划，分步实施。因此，就一个具体区域而言，完整的区域发展战略布局表现为，既有点状的布局，也有点—轴和网络状的空间布局。从这里也可以体会到，区域经济发展的目标是平衡发展或均衡发展或协调发展的，而区域经济发展的过程是不平衡发展或不均衡发展，区域经济发展是一个从不平衡发展到平衡发展的过程。例如，在1993年编制的《上海市长宁区总体规划》中就提出“本规划采用多心组团和成组轴线展开的布置方式，以块为主，块线结合，注重视是点，构成网络，力争从目前的粗放型布方向集约化布局方向转化。”

六、区域发展的战略步骤

区域发展的战略步骤也称区域发展的战略分期，是指将整个区域发展战略，按时间分成若干个发展阶段（一般分为近期、中期、远期），并确定每个发展阶段区域发展的主要内容。区域发展的战略步骤是实施区域发展战略目标的一种方式，其目的是通过明确区域发展战略步骤来明确区域发展战略目标每个阶段的发展重点或工作重点。因此，区域发展战略步骤中框定的区域发展内容，一般相对明确和具体，涉及的内容主要有规划、政策、项目、投资、机构、目标等。例如，在1993年编制的《上海市长宁区总体规划》中将区域发展的战略步骤分为，近期（1993~2000年）、中期（2001~2010年）、远期（2011~2020年），并且每个阶段之间框定的内容都有程度的不同和累积递进的要求，三个发展阶段叠加在一起最终实现区域经济发展战略期内的全部目标。

七、区域发展的战略措施

区域发展的战略措施是指实现区域发展战略目标的手段。这些实现区域发展战略目标的手段是多维度的，包括功能、产业、空间、要素、制度、体制等；例如，在1993年开始制定的“迈向21世纪的上海”（1996~2010年上海经济社会发展战略）

提出了，实现战略目标的六大举措，即“第一，加快培育服务全国、面向世界的城市功能。第二，支持和促进长江流域经济共同发展。第三，加快城市空间布局和产业结构布局调整。第四，围绕建立现代企业制度，率先建立社会主义市场经济的运行机制。第五，拓展资金筹措的新渠道。第六，加强人力资源投资和开放。”这些实现区域发展战略目标的手段是层次性的，每一方面的手段都包含着几个子手段。例如，在1993年开始制定的“迈向21世纪的上海”（1996～2010年上海经济社会发展战略）提出的实现战略目标六大举措之一“拓展资金筹措的新渠道”又延伸出三个子手段，一是盘活资产总量；继续完善土地使用权有偿转让；积极推进经营性用房和居民住房商品化；有偿转让部分国有资产，通过商品化和货币化，使存量资产转化为现实的财产。二是调入外生增量。更积极有效地拓展利用外资的新领域、新方式和新途径。三是多渠道、多形式利用社会闲散资金。①

第三节　区域发展战略的编制

实践中，区域发展战略编制是一项工作量浩大、内容复杂的系统工程，需要划分若干工作阶段，以确保区域发展战略编制工作的保质保量，按时完成。

一、区域发展战略编制工作阶段划分的必要性和重要性

区域发展战略编制的工作量与区域发展战略编制的空间大小或时间长短关系不大，而与区域发展战略编制区域的发展阶段及所碰到区域发展问题有关。从实践看，编制一个国家或地区的区域发展战略一般都需要2～3年。例如，《纽约2030》《墨尔本2030》等区域发展战略的编制所花费的时间大约都在两年，而《上海市长宁区总体规划》（1993年6月到1994年9月）的编制工作所花费的时间也大约在两年。产生这种现象的原因是，区域发展战略的编制工作，一般都是在一个国家或一个地区的经济社会发展转型时期，区域发展所面临的现在和未来的问题比较多的，再加上区域发展战略整体性和长远性，因此区域发展战略牵涉的问题也比较多，因此，区域发展战略编制工作是一个巨大的工作量和综合复杂内容的，这与区域发展战略编制区域的空间大小和时间长短没有太大关系。区域发展战略编制工作，如此巨大的工作量和综合复杂内容，实践中为确保区域发展战略编制工作，一般都需要明确区域发展战略编制工作阶段划分，以确保区域发展战略编制工作保质保量，按时完成。

① 周振华等著：《战略研究理论、方法与实践》，格致出版社2014年版，第285～286页。

二、区域发展战略编制工作的阶段划分

实践中，区域发展战略编制是一项工作量浩大、内容复杂的系统工程，需要划分下列工作阶段，以确保区域发展战略编制工作保质保量，按时完成。区域发展战略编制一般包括筹备阶段、准备阶段、调研阶段、起草阶段、研讨评审阶段、决策定稿阶段等。

（一）筹备阶段

筹备阶段是指政府发文和成立编制机构之前的那一个阶段。这个阶段是各级政府面对区域经济社会发展中的诸多问题和区域进一步发展困惑，酝酿、动议、决策编制区域发展战略的阶段。例如，《1984 年上海经济发展战略》编制，是基于 20 世纪 80 年代初上海工业发展面临衰退困境，全国改革开放格局初步开启，我国广东等南方省市迅速崛起，上海城市发展面临城市改造和社会建设欠账很多，住房紧缺、交通拥挤、城市公共事业落后和环境污染等四大问题，中央和上海市领导、专家学者对上海经济发展定位进行系统反思中逐步展开和形成的。1993 年《上海市长宁区总体规划》的编制，也是基于 1992 年 6 月上海市委工作组对长宁区进行为期半年的“经济研究报告”中提出的“上海长宁，在上海经济社会发展中始终处于慢半拍”的结论，以及 1993 年初长宁区委、人大、政府和政协四套班子进行了换届，随后提出的“思想领先，规划领先”的发展要求，以及邓小平南方谈话、浦东开发开放、上海一个龙头三个中心的战略定位、区域范围内的区属和市属的壁垒、区属经济薄弱、功能布局分散、区域基础设施发展滞后、社会事业设施建设严重不适应等一系列困境和进一步谋发展等这些背景下逐步展开和形成的。

（二）准备阶段

准备阶段是指区域发展战略的政府发文、成立编制机构、发布实施方案、明确各编制机构分工等工作。准备阶段本质上是区域发展战略编制的组织和分工。

1. 政府发文和成立编制机构

实践中，区域发展战略编制可以有多种组织形式，在周振华老师等著的《战略研究理论、方法与实践》中提出，发展战略研究的组织模式有内部攻关型、内外混编型、专题外包型、外部平行型、网络共享型、公众型等六种[①]，并且各种组织模式各有优缺点。由于，区域发展战略关乎到一个国家或一个地区的长远和全局发展，因此，政府（包括中央政府和地方政府）在区域发展战略编制的过程中始终承担着牵头人角色，并发挥着领导和统筹的作用。在区域发展战略规划编制之初，政府一般会做两件

① 周振华等著:《战略研究理论、方法与实践》，格致出版社 2014 年版，第 87 ~ 98 页。

事，一是通过政府发文下达编制区域发展战略的文件，二是明确编制区域发展战略需要成立的有专项性机构。

（1）政府发文。编制区域发展战略的发文主体，一般是各级政府及其所属职能机构，包括国家、省（区、市）、市（包括地级市和县级市）、县、区等。按照政府决策程序，只有当有权发布区域发展战略编制的政府各级政府及其所属职能机构正式下达编制区域发展战略文件，编制区域发展战略的工作才算正式启动。

（2）成立编制机构。区域发展战略编制机构，还包括区域发展战略编制领导小组、领导小组办公室或发展战略编制工作小组、专家组等。

第一，发展战略编制工作领导小组。区域发展战略编制工作在同级党委和政府领导下开展工作，一般由政府主要领导担任战略编制工作领导小组组长，综合经济分管领导担任副组长，与发展战略编制工作有关的政府职能部门主要领导担任战略编制工作领导小组成员。

第二，领导小组办公室或发展战略编制工作小组。领导小组办公室或发展战略编制工作小组，是一个政府负责牵头和统筹的专门性、日常性的专项工作机构。由于区域发展战略编制工作涉及政府职能部门比较多，因此，一般由同级党委和政府从与区域发展战略编制工作特别密切的政府职能部门，抽调精兵强将组成领导小组办公室或发展战略编制工作小组，并明确领导小组办公室或发展战略编制工作小组负责人和落实领导小组办公室或发展战略编制工作小组的办公场地和工作经费。

第三，专家组。一般根据区域发展战略编制工作的需要，由编制区域发展战略的政府，用政府发文或发聘书的方式，聘任国内外有关方面的著名专家担任专家组成员，并明确专家组负责人。国内外专家既包括学术界的专家，也包括政府和企业界的专家。

2. 发布区域发展战略编制的实施方案

一般由领导小组办公室或发展战略编制工作小组负责先行起草编制区域发展战略的实施方案，成熟后提交区域发展战略编制领导小组讨论通过，领导小组讨论通过后发布并付诸实施。

（1）编制区域发展战略实施方案的要求和重要性。区域发展战略编制的实施方案是区域发展战略编制工作顺利展开的牛鼻子。区域发展战略编制的实施方案要求对起草者要求非常高。既需要起草者对区域资源禀赋、经济社会发展基础和条件有一个比较系统的认知，还需要起草者对区域进一步发展的外部环境（包括国际、国内、周边区域）经济社会发展的现状、问题和未来趋势有一个系统的认知和判断，还要求起草者的知识结构能够覆盖区域发展战略的全部内容和思维方式具有未来洞察力、能够预测未来区域发展战略期内的趋势变化。在这种条件下，区域发展战略编制实施方案，在内容上才可能不遗漏，才能为区域发展战略调查研究阶段和起草阶段奠定基础。

（2）区域发展战略编制实施方案的内容框架。区域发展战略编制实施方案内容上由调研课题和规划工作两部分组成，结构上一般由前言、总体、专题专项三部分构成。一是前言部分，主要包括区域范围、发展战略编制的依据和指导思想。二是总体部分，主要包括：①区域发展现状和条件。主要包括经济发展现状，社会事业发展现状，基础设施发展现状，发展的有利条件和不利条件。②区域发展战略。主要包括战略地位，战略目标，战略方针，战略重点，战略分期，战略布局，战略举措。③区域经济发展。主要包括经济发展的基本原则，经济发展目标，企业所有的结构，产业结构调整，产业布局方式。④社会事业发展。主要包括社会事业发展的基本原则，社会事业发展的总量目标，各项社会事业发展，社会事业的主要标志是一个项目。⑤基础设施发展。主要包括基础设施发展的基本原则，基础设施发展的总量目标，各项基础设施，基础设施建设项目表。⑥城市的形态发展。主要包括城市发展的基本原则，功能分区，用地结构，旧区改造，景观与形象。三是专题专项部分，主要包括：①经济集聚区部分。主要包括农业园区、工业区、商业区、商务区、科技园等。②部门经济部分。主要包括第一产业、第二产业、第三产业等。③基础设施部分。主要包括道路、交通、雨污水、供水、通信、邮电、绿化、环卫设施、灾害防御、环境保护等。④社会事业部分。主要包括教育、科技、文化、医疗、卫生、体育、民政福利、旧区改造、住宅建设等。例如，1993 年上海市长宁区在编制区域发展战略和规划时，就设计了 28 个调研课题、一个总体规划和 35 个专业规划、40 幅总图和大量图表。

需要指出的是，区域发展战略编制，既要研究比较笼统的宏观内容，也要研究经济、社会、空间、政策等方面较具体的内容，通过具体内容的研究，有助于宏观战略层面的内容归纳。所以，区域发展战略编制实施方案需要考虑的内容应当是比较广泛的。

3. 区域发展战略的编制分工

区域发展战略编制方案发布后，就可以进一步明确区域发展战略的编制分工。区域发展战略编制分工，包括区域发展战略领导小组办公室或战略起草小组的内部分工、具有区域发展战略编制工作任务的政府有关部门分工、承接区域发展战略编制任务的外包单位分工。通过各个方面的区域发展战略编制分工，有助于区域发展战略编制的时效和质量。

（1）区域发展战略领导小组办公室或战略起草小组的内部分工。需要将区域发展战略编制实施方案的全部内容，逐项分解到区域发展战略领导小组办公室或战略起草小组的每个成员，做到区域发展战略编制方案中明确的每项内容都有联系人或责任人。区域发展战略领导小组办公室或战略起草小组的内部分工当采用内部管理规章制度形式予以明确。

（2）具有区域发展战略编制工作任务的政府有关部门分工。一般以政府或区域发展战略领导小组正式发文的方式，明确在区域发展战略调研和起草两个阶段中的政府有关部门的分工和任务，下达的任务需要明确任务名称、承办单位、具体内容和要求等。

（3）承接区域发展战略编制任务的外包单位分工。一般以政府或区域发展战略领导小组与承接区域发展战略编制任务的外包单位签订合同的方式，明确政府与承包单位双方的权利和义务，在委托合同中明确外包的任务名称、承办单位、具体内容和要求等。

（三）调研阶段

区域发展战略的调研，包括调查和研究两部分内容。调查主要指区域发展战略起草小组和区域发展战略其他编制机构，对区域内外与区域发展战略编制有关的内容进行各种形式的调查，取得第一手资料。研究主要是指区域发展战略起草小组和区域发展战略其他编制机构，对其负责的区域发展战略编制任务，在收集各种资料的基础上，进行系统的梳理、总结、归纳、分析，形成可用的资料和成果。

1. 区域发展战略的调查

区域发展战略编制的调查，主要有区域内外的现场调查、问卷调查、抽样调查和收集与区域发展战略编制有关的资料。对编制区域发展战略而言，区域内现场调查，主要是区域内的资源禀赋和发展基础调查；区域外的现场调查，主要是邻近区域发展状况的调查，包括发展好的案例和发展不足的案例。例如，1993 年制定长宁区区域发展战略和规划时，就碰到大城市中的城区每平方公里的人口密度到底多少才能既符合城区建设的现代化要求又能满足城区居民日益提高的居住环境要求。当时，长宁区区域发展战略起草小组对上海中心城区的卢湾区、黄浦区、静安区、南市区这些人口密集区的居住社区，进行了宜居性现场调查和访谈调查，结果发现当居住社区常住人口超过每平方公里 1.8 万人时，居民小区的日照，空气流通等环境因素将遭受一定程度的破坏，城区的人口、资源、环境等将会打破平衡。因此，上海市长宁区区域发展战略起草小组就提出了到 2020 年区域范围内的“环境人口容量每平方公里控制在 1.8 万人左右”的环境质量指标。以此为依据，提出来在上海市长宁区区域面积 38 平方公里范围内，到 2020 年最大人口容量为 70 万人左右。1993 ~ 2020 年的《上海市长宁区区域发展总体规划》到 2020 年已执行完毕，根据上海第七次全国人口普查主要数据公报（第二号），到 2020 年 11 月 1 日零时，上海市长宁区的常住人口规模为 693051 人，与 1993 年编制的《上海市长宁区总体规划（1993 ~ 2020）》中确定的 70 万人左右仅误差 6949 人。而从上海市第七次全国人口普查发布的主要数据看，截至 2020 年 11 月 1 日零时，上海中心城 7 个区的平均人口密度为每平方公里 2.3 万人左右，唯有上海市长宁区每平方公里常住人口控制在 1.8 万人左右。上海市长宁区区域范围内环境人口容量的有效控制，促进了长宁区区域范围内居住用地、经济用地和公共设施用地的协调平衡配置，并进一步促进了城区的社会发展、经济发展和城市建设的协调发展。上述这一切都得益于当年长宁区制定区域发展战略和规划时，对上海市若干中心城区的居住社区人口密度进行的实地调查。

2. 区域发展战略的研究

主要包括区域政府内部的区域发展战略起草小组专题研究和政府职能部门的专题专项研究，以及承接区域发展战略编制任务外包单位的专题研究。

（1）区域政府内部的区域发展战略起草小组的专题研究。一般是对区域发展战略编制过程中，对区域发展具有重大影响的区域发展问题进行研究，例如，在 1993 年编制的《上海市长宁区总体规划》中，由长宁区区域发展战略起草小组负责研究的主要内容有长宁区人口规模、区域主导功能、区域产业布局方式等。这部分研究对区域发展战略编制十分重要，对区域发展战略编制的总体质量具有决定性的意义。

（2）区域政府内部的政府职能部门区域发展战略专题专项研究。一般主要是政府职能部门负责编制的区域发展战略具体任务有关的研究。实践证明，这部分研究往往质量难以保证。这是因为大部分政府职能部门一般都不会将长远的区域发展战略编制任务放到重要的议事日程，同时政府职能部门内部相应的区域发展战略编制专业人才配置往往也不够。

（3）承接区域发展战略编制任务外包单位的专题研究。这部分研究往往涉及专门技术的研究，尤其是区域发展战略中的区域经济发展重点地区的空间布局研究，因此，这部分研究区域政府一般会通过购买服务的方式，由社会有关专业机构来承接这部分区域发展战略的编制任务。例如，在 1993 年编制的《上海市长宁区总体规划》中，区域内三个经济集聚发展的经济组团（包括工业区、商业区、商务区）的详细规划，是委托社会上的规划设计机构和建筑设计机构来完成研究的。

需要提醒的是，根据区域发展战略编制的工作规律，在区域发展战略调查研究阶段完成后，具有区域发展战略编制任务的各有关单位，就应得将各自所取得的调查和研究资料先行汇总到区域发展战略领导小组办公室或发展战略起草小组，以便于区域发展战略编制领导小组办公室或发展战略起草小组全面掌握区域发展战略编制各单位的工作进度和质量，同时还有助于区域发展战略编制各单位所收集的调查研究资料相互利用以及各编制单位转入区域发展战略的起草阶段。

（四）起草阶段

区域发展战略的起草阶段主要的任务是按照区域发展战略实施方案和区域发展战略编制任务分工，各有关机构将调查研究阶段形成的资料和成果，按照区域发展战略编制任务最终成果的内容和要求，进一步深化细化按时形成供讨论成果。供讨论成果包括区域总体的“区域发展战略”，区域全部的“专题专项”，区域经济发展重点地区的“详细规划”三部分。

（1）区域总体的“区域发展战略”，由区域发展战略领导小组办公室或发展战略起草小组，在全部已获得的调查研究资料基础上提炼、汇总、集成，供讨论的“区域发展战略”总报告。

（2）区域全部的“专题专项”，由具有区域发展战略编制任务的政府职能部门，在已获得的调查研究资料基础上，按照区域发展战略起草阶段各有关部门的任务和要求，进行集成，形成供讨论成果，按时上报区域发展战略领导小组办公室或发展战略起草小组。

（3）区域经济发展重点地区的“详细规划”，由承接区域发展战略编制任务的外包单位，按照服务外包委托合同约定，进行集成，形成供讨论成果，按时上报区域发展战略领导小组办公室或发展战略起草小组。

（五）咨询论证阶段

区域发展战略编制涉及一个国家或一个地区全体人员的利益，因此，区域发展战略编制不仅仅是专业人士的工作，更多的是将政府管理人员、专业人士和社会公众的多元意见的发挥和集聚起来。区域发展战略编制中，发挥和集聚的多元意见的方式，主要有区域发展战略领导小组会议、专家咨询论证会（咨询会、鉴定会、评审会等）、汇报会（向同级党委、人大、政府汇报）、公众征询意见等。

1. 区域发展战略领导小组会议

区域发展战略编制过程中的重大工作节点内容都需要提交区域发展战略领导小组会议讨论决定。如前面所说的，区域发展战略编制的实施方案，区域发展战略的编制分工，区域经济发展重点地区的规划方案，区域总体的“区域发展战略”，区域发展的“专题专项”方案等。

2. 专家咨询论证会

专家咨询论证会包括专家咨询会、鉴定会、评审会。专家咨询会一般是适用于区域发展战略编制实施方案、区域总体的“区域发展战略”和区域发展重点“专题专项”方案形成稿等方面召开专家咨询会，请专家提供完善和进一步深化的咨询意见，目的是把握区域发展战略编制的科学性。专家鉴定会一般适用于区域发展重点地区或者重点部门规划方案编制完成时召开专家鉴定会，请专家对规划方案提供技术、标准、规范等方面鉴定意见，目的是把握区域发展重点规划的可操作性和规范性。专家评审会一般在区域总体的“区域发展战略”和区域发展重点的“专题专项”方案审批前，召开专家评审会，对需要评审的方案提出肯定和修改等评审意见，目的是把握区域发展战略的科学性、规范性和可审性。

3. 汇报会

在区域发展战略编制过程中，汇报会主要适用于区域发展战略领导小组向同级党委和政府汇报区域发展战略编制情况和需要提请决策的事项，政府向同级人大报告区域发展战略编制情况和提请审议的报告，区域发展战略领导小组办公室向区发展战略编制领导小组汇报区域发展战略编制情况和提请需要决定的事项。例如，在1993年《上海市长宁区区域总体规划》编制中，就有分管副区长向区人大常委会专题汇报《长宁区总体规划》的编制工作情况的。在区域发展战略编制过程中，长宁区委就专门听取了区域发展战略编制进展情况，并提出来区域发展战略和规划编制过程中要遵循“区域化“观念，即区域范围内的区属和市属空间和单位都要纳入区域发展战略和规划编制范围内。

区域发展战略编制的咨询论证阶段工作量巨大，例如，在1993年“上海市长宁区编区域发展战略和规划”中，据不完全统计，仅组织了各种讨论会34场，参加讨论人数1200多人。其中，两次人大代表讨论会，两次政协委员讨论会，一次老干部讨论会，两次四套班子讨论会，14次各部门讨论会，8次规划领导小组讨论会。整理各种会议记录10多万字，收集汇总的修改意见370多条（不包括重复部分），对收集汇总的修改意见，都需要在区域发展战略和规划修改中进行研究、吸收。

（六）决策定稿阶段

区域发展战略编制决策定稿阶段是区域发展战略编制的最后一个阶段，主要任务是将经过咨询论证的区域发展战略文本，按照有关规定提交有权决策部门进行决策定稿，以便使区域发展战略能够尽快付诸实施。根据我国城乡规划法规定，城乡规划的审批下管一级原则，因此，我国地方各级政府编制的区域发展战略或总体规划文本，有权决策定稿的主体分别为同级政府、党委，而同级政府、党委的决策定稿还需要提交同级人大审议，而后才能上报上一届政府审批。另外，区域发展战略编制决策定稿阶段往往还需要对咨询论证阶段，各方认识尚未统一，还存在意见分歧，一些关键问题需要进行讨论和最后决定。例如，1993年编制的《上海市长宁区总体规划》在决策定稿阶段中，长宁区委就重点讨论决定了长宁区域发展战略咨询论证阶段还存在较大分歧的区域主导功能、区域人口规模、区域布局方式、区域战略目标、区域用地结构、总体规划与其他规划关系、行政中心西移、开发步骤等七个关键性问题。

第四节　区域发展战略的实施

区域发展战略编制工作完成后，需要适时地转入区域发展战略的实施。从实践看，区域发展战略的实施主要有程序性实施、机制性实施、实体性实施等途径等。

一、程序性实施

程序性实施是指一个地区的区域发展战略或规划完成决策定稿后，根据我国城乡规划法规定，区域发展战略或规划实施前，需要通过同级人大审议及作出决议后，才可以由同级政府上报上级政府审批。例如，1993年编制的《上海市长宁区总体规划》，在长宁区委决策定稿后报送长宁区人大常委会审议，1994年6月20日，长宁区第十一届人大常委会第四次会议，根据《中华人民共和国规划法》第21条第5款规定，审议了长宁区政府提交的《长宁区总体规划（送审稿）》，并正式下文“同意长宁区人民政府按程序将《长宁区总体规划（送审稿）》报送市人民政府审批。

此后，为了加快推进上海市《长宁区总体规划》实施，1994年9月30日，长宁区人民政府下达了《关在〈长宁区总体规划（送审稿）〉报批期间暂予执行的通知》，通知原文如下：“长宁区规划领导小组编制的长宁区总体规划，按规划编制程序，已通过专家评审，并经区人大常委会审查同意，已报市政府审批。由于报批需要一段时间，为了不影响近期内本区的建设和发展，区政府决定，区域内的近期开发与建设及相关规划、计划的修改制定暂按《长宁区总体规划（送审稿）》执行。”

二、机制性实施

机制性实施是指将区域发展战略的实施，将区域发展战略的纲领性要求，融入区域规划、区域项目建设、区域政策、区域治理等领域，通过区域规划、区域项目建设、区域政策、区域治理等操作性规范将区域发展战略落到实处。在这里着重需要提醒的是，离开区域规划、计划，区域项目建设，区域政策，区域治理的支撑，区域发展战略的纲领性要求将成为一纸空文。实践证明，只有将区域发展战略的纲领性要求与区域规划、计划，区域项目建设，区域政策，区域治理等操作性规范有机地结合起来，区域发展战略才能对有效的实施；反过来，区域规划、计划，区域项目建设，区域政策，区域治理等操作性规范离开区域发展战略的纲领性指引，区域规划、计划，区域项目建设，区域政策，区域治理等操作性规范，就会沦为就事论事，迷失前进方向。区域发展战略相对于区域规划、计划，区域项目建设，区域政策，区域治理等操作性规范而言，区域发展战略是“纲”，而区域规划、计划，区域项目建设，区域政策，区域治理为“目”。在区域经济发展的实务中，自由将区域发展战略与区域规划、计划，区域项目建设，区域政策，区域治理相互融合，区域经济实务才能做到“纲举目张”。区域发展战略、区域规划计划、区域项目建设、区域政策、区域治理等区域经济实务要素，在区域经济发展中都缺一不可，但区域发展战略是灵魂性的和指引性的。在此，需要特别指出的是，由于区域发展战略的纲领性和长远性特征，因此实践中，区域发展战略在战略期内，往往更具有时空的穿透性和过程中的适应性。因此，区域经济实践中，随着时间和情况的变化，区域规划、区域政策、区域项目建设、区域治理等操作性规范，往往需要修订和完善。而战略期内，区域发展战略一般不太需要修订。

三、实体性实施

实体性实施是指区域发展战略实施不仅仅是谋划角度，而是要素配置角度。即，区域发展战略实施不但要与区域规划计划、区域项目建设、区域政策、区域治理等区域经济实务要素结合起来实施，而且还要将区域发展战略提出的纲领性要求，贯穿到区域经济社会发展的全过程中予以实施。如，将区域发展战略的纲领性要求，贯穿到区域发展中的资金筹措、土地利用、招商引资、人员配置等要素配置中一起实施。正如1994年时任上海市市长黄菊，在“迈向21世纪的上海”国际研讨会开幕式上指出的“这个发展战略是上海改造和振兴的纲领性文件。近10年来，上海开发新区、改造老城、外引内联、调整结构、展开布局、大力发展第三产业、加快重大基础设施建设等方面，都是在这个发展战略指导下进行的，都是这个战略蓝图的具体实践。”① 发展战略是引领全局的和长远的，是一个国家或一个地区的纲领性文件，应当渗透贯彻到一个国家或者一个地区的经济社会发展的方方面面，发展战略的实施，只有与一个国家或一个地区的经济社会发展全部的内容结合在一起，才具有生命力，才可能落到实处。

---

① 这个发展战略指的是“1984年上海经济发展战略”，《迈向21世纪的上海》指的是“1996~2010年的上海经济社会发展战略”。

第十四章

区域规划

区域规划与国民经济社会发展规划、城市规划、土地利用规划，主要通过区域规划的整体性特征和综合性特征区别开来。区域规划的整体性特征和综合性特征来源于空间结构的系统性、空间时序的系统性和空间要素的系统性。区域规划的整体性特征和综合性特征决定着区域规划是“三规合一”的规划，可以将区域自然、经济、社会三大内容及其要素在一个规划中进行统筹安排。本章由“区域规划的内涵与类型”“区域规划的关键问题”“区域规划体系”三节内容构成。

第一节　区域规划的内涵与类型

区域规划是人们对规划区域外的区域系统和规划区域内的区域系统，进行地域分工和自然、经济、社会三大内容及其要素进行有机整合，所作的长远和全面的整体部署和安排。

一、区域规划的概念

《辞海》中对规划一词的解释为：“谋划、筹划，指较全面或长远的计划”，而对计划一词的解释为：“人们为达到一定目的，对未来时期的活动所作的部署和安排。”①

“区域规划是一定时期内对一定地域范围内的经济、社会发展建设、土地利用和生态环境保护的总体部署。从国家治理体系角度讲，区域规划也是国家空间治理的重要手段。”②“区域规划是指对一定地域范围内的社会经济发展和建设进行总体部署，是在科学认识区域系统发展规律的基础上，从地域空间角度出发，综合协调区域内经济、资源、环境与社会等要素的关系，与谋求建立和谐的人地关系系统，对区域中长期发展作出部署。……区域规划是政府干预经济的主要手段和方式之一，也是区域资源再分配和公众财富转移支付的重要手段和方式之一。”“区域规划是区域经济发展战略的

① 夏征农、陈至立主编：《辞海》，上海辞书出版社2009年版，第784页和第1028页。

② 崔功豪等编写：《区域分析与区域规划》，高等教育出版社2018年版，第103页。

延伸，是实现区域发展战略目标的操作性工作。区域规划也是使区域经济学从课堂和书本走进实践的关键环节。"① "区域规划是在区域分析和区域研究的基础上，利用区域科学的原理，对区域经济社会发展进行统一总体部署的综合性、系统性规划。"② 周建明老师著的《区域规划理论与方法》一书中提出，"区域性、综合性、战略性是区域规划的三大特征""区域规划是政府调控的重要手段，具有全局性、长期性、战略性特征。"③

综合上述各位老师意见，根据笔者实践认为，区域规划是人们对规划区域外的区域系统和规划区域内的区域系统，进行地域分工和自然、经济、社会三大内容及其要素进行有机整合，所作的长远和全面的整体部署和安排。规划区域外的区域系统（也可称区际关系中的区域系统）是指与规划区域具有要素与贸易流动和相互交换的区域系统，规划区域内的区域系统是指规划区域内具有不同功能分工的空间、经济、社会及其要素构成的区域系统。自然、经济、社会三大内容及其要素，其中，自然由水、空气、土地、生物、阳光等要素组成，经济由资本（资金）、技术、信息、管理等要素组成，社会由人口、劳动力、人才、文化等要素组成。

要理解区域规划的含义，还需要了解区域规划与国民经济与社会发展规划，城市规划，土地利用规划的主要区别。一是区域规划、城市规划、土地利用规划都具有空间规划的特征，而国民经济与社会发展规划不具有空间规划的特征。二是区域规划是空间、经济、社会"三位一体"的规划，而城市规划是经济社会发展内容的空间布局规划，土地利用规划是经济社会发展内容的土地安排规划，国民经济社会发展规划是经济社会的发展规划。三是区域规划既要安排规划区域内的各区域地域分工和自然、经济、社会三大内容及其要素的有机整合，还要安排与规划区域具有要素和贸易流动和相互交换的区域系统的地域分工和自然、经济、社会三大内容及其要素的有机整合；而国民经济与社会发展规划、城市规划、土地利用规划，侧重于规划区域内的规划安排，规划区域外的规划安排一般考虑较少或不去考虑（见表 14－1）。

表 14－1　区域规划与相关规划的主要区别

规划类别	规划安排的主要内容	规划内容整合的空间范围
区域规划	规划区域外和规划区域内的地域分工和自然、经济、社会及其要素的有机整合	规划区域外与规划区域具有要素与贸易流动和交换的区域系统和规划区域内不同地域分工构成的区域系统

① 丁四宝等编著：《区域经济学》，高等教育出版社 2012 年版，第 213 页。
② 张忠国主编：《区域研究理论与区域规划编制》，中国建筑工业出版社 2017 年版，第 111 页。
③ 周建明著：《区域规划理论与方法》，中国建筑工业出版社 2013 年版，第 16～17 页。

续表

规划类别	规划安排的主要内容	规划内容整合的空间范围
国民经济与社会发展规划	规划区域内的经济、社会及其要素的整合	规划区域内的经济和社会发展系统
城市规划	规划区域内的经济、社会发展内容的空间布局	规划区域内的空间系统
土地利用规划	规划区域内的经济、社会发展内容的土地安排	规划区域内的空间系统

资料来源：作者编制。

二、区域规划的基本特征

相对于城市规划、土地利用规划、国民经济与社会发展规划而言，区域规划具有下列基本特征。

1. 整体性特征

区域规划的整体性，也可称为“区域规划的系统性”。包括两部分含义。一是将与规划区域具有要素、贸易流动和交换的相关区域视作一个整体区域系统，明确规划区域在区域系统中的地域分工，进行规划区域的空间、经济、社会及其要素的有机组合和统筹安排。二是将规划区域视作一个整体区域系统，明确规划区域内部的各个子区域在区域系统中的地域分工，进行规划区域的空间、经济、社会及其要素的有机组合和统筹安排。

2. 综合性特征

区域规划的综合性是指区域规划是指空间、经济、社会“三位一体”的规划，即，区域规划是经济社会发展、土地利用，空间布局“三规合一”的规划。区域规划的综合性来源于区域规划的整体性。而目前，在我国，国民经济和社会发展规划由各级政府的发改委牵头编制，土地利用规划和空间布局规划由各级政府的国土资源部门负责编制。国民经济社会发展规划、土地利用规划、空间布局规划是三规分离的。

3. 长期性特征

区域规划的长期性，也可称区域规划的战略性。区域规划的长期性或战略性与区域规划的整体性特征有关。由于区域规划的整体性特征或战略性特征，因此，实现一个国家或一个地区的区域规划所需要的期限是比较长的，实践中，符合整体性要求的区域规划，其规划期一般都需要 20 年以上。例如，1993 年编制的《上海市长宁区总体规划》中的战略目标就明确，到 2020 年，环境人口容量每平方公里控制在 1.8 万人左右，人口总量约 70 万人。也就是说，当长宁区区域范围内的环境人口容量每平方公里达到 1.8 万人左右，人口总量达到约 70% 时，“长宁区总体规划”战略目标就算实现了。因此，区域发展战略目标的实现期，就是区域规划的整体性特征实现期。

4. 操作性特征

区域规划与区域发展战略最大的区别，就是区域规划是一种区域经济的操作性方案，区域规划需要明确区域土地利用、产业结构和布局、基础设施安排、城镇体系安排、生态环境保护、区域政策、区域体制机制等，而区域发展战略只这需要明确区域经济、社会、建设生态保护等。一些纲领性的或者方向性的要求，一般而言，区域发展战略所提出的内容侧重于区域发展的方向指引，而没有直接的操作性。区域发展战略需要通过区域规划、区域政策、区域项目、区域治理等内容的延伸才具有操作性。

区域规划与国民经济社会发展规划、城市规划、土地利用规划主要通过上述整体性特征区别开来。

三、区域规划的整体性理论

整体是系统中的概念，是指整体中的每一要素变化都依赖于整体中的其他要素。《现代汉语词典》中“整”字解释为“完整”的含义，“整体”一词解释为“指整个集体和整个事物的全部（跟各个成员和各个部分相对）”①。而《现代汉语词典》中“总”字解释为“总括、汇集”的含义，“总体”一词解释为“若干个体所合成的事物”② 的含义。可见，“总体”是指一个事情物中若干个体或若干部分的加总，强调的是一个事物中若干个体或若干部分各自能量的发挥；而“整体”是指将一个事物中的若干个体或若干部分视作一个，强调的是一个事物中的若干个体或若干部分的相互合作中的整体效能发挥。整体性原则，既反对整体可以简化为各组成部分的观点，又反对断开各组成部分去谈论整体的观点，他主张从各组成部分之间的相互关系中把握整体，所以，“整体大于部分之和”③。1999 年 12 月 27 日时任国务院副总理的温家宝在全国城乡工作会议上提出：“随着经济的发展，城市与城市之间，城市与乡村之间的联系越来越密切，区域协调已经成为城乡可持续发展的基础。必须搞好区域规划的编制工作，从区域整体出发，对城市发展以及基础设施的布局和建设进行统筹安排。”2001 年 6 月 23 日，温家宝又在中国市长协会第三次代表大会上指出：“要做好区域规划，建立有效的协调机制；要统筹安排基础设施，避免重复建设，实现基础设施区域共享和有效利用；严格限制不符合区域整体和长远利益的开发活动。”

---

① 中国社会科学院语言研究所词典编辑室编：《现代汉语词典》，商务印书馆 1978 年版，第 1473 页。

② 中国社会科学院语言研究所词典编辑室编：《现代汉语词典》，商务印书馆 1978 年版，第 1541 页。

③ 张忠国主编：《区域研究理论与区域规划编制》，中国建筑工业出版社 2017 年版，第 158 页。

区域是一个整体，城镇是区域的一个部分。将城市放到区域中去统筹规划，最早由英国城市规划学家霍华德在其《明日城市》中率先提出，他认为，要将城市与周围乡村联系起来统筹考虑城市发展。1930年，著名美国著名学者路易斯·芒福德提出区域整体发展理论，吴良镛老师对其思想理解为“真正的城市规划必须是区域规划”。1933年，现代建筑国际会议（CIAM）拟定了著名的《雅典宪章》，它承认城市及其周边区域之间存在着基本的统一性，这在后来的《马丘比丘宪章》中也得到了确认，强调规划必须在不断发展的城市化过程中反映出城市与其周边区域之间的基本动态的统一性，并且要明确邻里与邻里之间、地区与地区之间以及其他城市结构单元之间的功能关系。[①] 当前，在我国，孤立的城镇发展与布局现象比比皆是。从区域整体发展出发，通过区域之间的合作，整合区域优势资源，发挥区域整体优势，才能促进区域的整体发展，才能获得区域的整体效益，才能促进城乡和区域的协调发展。

四、区域规划的类型

（一）行政区区域规划

1. 行政区区域的概念

行政区区域是指以行政管理所辖的覆盖范围为区域范围的经济活动区域。行政区区域的主要特征是以行政管理边界为空间边界的。目前，在我国，行政区区域也可包括城镇区域。这是因为，当前我国实施的是地域型城镇管理体制，我国城镇是一个行政性的管理区域，我国城镇既包括大中小城市的城区和建制镇的镇区，还包括城区和镇区以外农村地区。我国的行政区区域包括省（区、市）、地（市、自治州）、县（县级市、自治县）、乡（镇）和村（行政村）、国家新区、经济特区等。

2. 我国行政区区域规划类型

当前，在我国，行政区区域规划可包括省（区、市）规划、地域（市、自治州）规划、县域（县级市、自治县）规划、镇域（乡）规划和村域（行政村）规划、国家新区规划、经济特区规划等。

（二）功能区区域规划

1. 功能区区域的概念

功能区区域是指以某一主导功能为覆盖范围而划定的区域。功能区区域的主要特征一般是跨行政边界的。

2. 功能区区域规划类型

功能区区域。规划类型具体包括：一是产业区域，可包括粮食生产功能区、重要

---

① 张忠国主编：《区域研究理论与区域规划编制》，中国建筑工业出版社2017年版，第111~112页。

农产品生产保护区、特色农产品优势区、工业园区、经济技术开发区、高新技术产业区、出口加工区、商业区、商务区、临空经济园区、金融区、科技园区、旅游度假区（含国家风景名胜区）、保税区、自贸区等；二是综合经济区域，可包括非建制集镇、特色小镇、跨国界一体化区域，国内一体化区域（都市区、都市圈、城市群、大中小城市统筹发展区、县域城乡融合发展区等）、经济带（长江经济带、黄河流域、“一带一路”）、经济区等；三是地理经济区域，在我国，可包括“内地与沿海”区域和“东、中、西、东北”区域；四是交通运输区域，可包括公路（含高速公路和城市高架路）、铁路（包括高铁轨道和地铁轨道）、江河、湖泊、航线（包括海运航线和航空航线）、岸线（河流岸线、海岸线）、管道、桥梁、隧道、车站、港口、码头、机场等；五是生态（自然）区域，可包括气候区、土壤区、水文区、植物区、动物区、耕地及永久基本农田保护区、国家公园、自然保护地等；六是社会区域，可包括居住小区以及社区商业、绿地、教育、医疗、文化（包括民族文化、语言文化、红色文化）等。

（三）不同地域分工和不同发展水平区域规划

区域经济学区际发展差异来源于不同区域的资源禀赋以及不同的地域分工，这里的资源禀赋，不仅包括自然资源禀赋，还包括社会资源禀赋。在现代区域经济中，自然资源禀赋引起的区际发展差异还是有限的，而社会资源禀赋引起的区际发展差异往往是巨大的，尤其是区域政策差异引起的区际发展差异，在现代区域经济中表现得特别明显。例如，在我国，在第一个和第三个五年计划期间，由于国家实行了向西部倾斜的投资政策，因此，在那阶段我国东部和西部的发展速度基本相当。

1. 我国不同地域分工和不同发展水平的区域

（1）不同地域分工区域，可包括极化发展区域和次发展区域。极化发展区域有以下两种：一是城市区域，可包括大中小城市城区部分、国家新区、经济特区、都市圈、城市群等；二是城市区域中的工业园区、经济技术开发区、高新技术产业区、出口加工区、商业区、商务区、科技园区、临空经济园区、金融区、保税区、自贸区、经济区等。次发展区域有以下两种：一是乡村区域，可包括乡（镇）、村（行政村）、非建制集镇、特色小镇、县域城乡融合发展区等；二是乡村区域中的粮食生产功能区、重要农产品生产保护区、特色农产品优势区、旅游度假区（含国家风景名胜区）等。

（2）不同发展水平区域，可包括发达地区和欠发达地区、先进地区和后进地区等。发达地区，在我国可包括东部地区、城市化地区等；欠发达地区在我国可包括老少边穷地区、乡村地区等。先进地区，在我国可包括东部的北京以南地区、中西部的城市化地区等；后进地区，在我国可包括东部的东北地区、纯农的乡村地区等。

2. 不同地域分工和不同发展水平的区域规划类型

（1）不同地域分工的区域规划，可包括城市区域规划、乡村区域规划和城乡融合区规划。一是城市区域规划，可包括不同等级的城市区域规划、国家新区区域规划、经济特区区域规划，以及城市区域中的工业园区规划、经济技术开发区规划、高新技术产业区规划、出口加工区规划、商业区规划、商务区规划、科技园区规划、临空经济园区规划、金融区规划、保税区规划、自贸区规划、经济区规划等。二是乡村区域规划，可包括乡（镇）域规划、村庄（行政村）规划、非建制集镇规划、特色小镇规划等，以及乡村区域中的粮食生产功能区规划、重要农产品生产保护区规划、特色农产品优势区规划、旅游度假区（含国家风景名胜区）规划等。三是城乡融合区规划，可包括都市区规划、都市圈规划、城市群规划、县域城乡融合发展规划等。

（2）不同发展水平的区域规划，可包括发达地区规划、欠发达地区规划、先进地区规划、后进地区规划。一是发达地区规划，可包括东部地区规划、城市化地区规划等。二是欠发达地区规划，可包括老少边穷地区规划、乡村地区规划等。三是先进地区，可包括东部的北京以南地区规划、中西部的城市化地区规划等。四是后进地区规划，可包括东部的东北地区规划、纯农乡村地区规划等。

区域规划类型具有阶段性特征，区域规划的阶段性表现在：一个国家或一个地区的工业化和城镇化的前期，一般偏重于行政区区域规划；工业化和城镇化的前中期，功能区区域规划得到较快发展；工业化和城镇化的中后期，不同地域分工和不同发展水平的区域规划将得到加强。区域规划类型的阶段性特征来源于区域经济发展的阶段性特征。

第二节　区域规划的关键问题

从区域规划的实践看，规划区域外区域系统的确定，规划区域内区域系统的确定，规划区域主导功能的确定，规划区域人口规模测算和控制，规划区域空间布局方式的选择，规划区域的建设用地结构等若干问题，是区域规划编制和实施中的关键问题。

一、规划区域外区域系统的确定

区域系统也可称“空间系统或空间结构”。区域科学之父，美国区域科学家沃尔特·艾萨德（Walter Isard）提出，区域系统是一种由一组不同等级、不同功能的地域单元（区域）组成的[①]。规划区域外的区域系统有两类，一是，与规划区域空间上连

① 石敏俊：《区域经济学》，中国人民大学出版社 2020 年版，第 5 页。

续，具有要素与贸易流动和相互交换的地理单元构成的空间系统，可简称“地域单元连续的空间系统”。例如，行政区域范围内的空间系统，都市区、都市圈、城市群内的空间系统等。二是，与规划区域空间上不连续，具有要素与贸易流动和相互交换的地理单元构成的空间系统，可简称地域单元离散的空间系统。例如，我国东西部的对口帮扶与合作区，粮食主产区和粮食主销区，资源输出区和资源输入区等。地域单元连续的空间系统和地域单元离散的空间系统，共同构成规划区域外的区域系统。规划区域的战略定位、功能定位、地域分工、空间布局、要素配置、用地结构等，都需要放到规划区域外的区域系统中进行统筹谋划和确定。需要明确的是，规划区域外的区域系统确定，仅仅依据“中心—外围”“沿海与内地”“城镇体系”等空间系统是不够的，规划区域外的区域系统的确定，总体上还是需要依据区域系统各地的资源禀赋、发展基础和发展条件为基础的地域分工，以及要素与贸易流动和相互交换的因素来确定。将与规划区域具有地域分工，贸易要素、贸易流动和相互交换的规划区域外区域纳入规划区域的整体统筹和安排中。

二、规划区域内区域系统的确定

规划区域内区域系统的确定，就是按照空间结构系统性的要求，依据规划区域内各个空间的资源禀赋、发展基础和发展条件，以及区域经济和社会发展需要，按照某一类功能指标，对规划区域进行功能空间的划分，按照空间时序（过去、现在和未来有机衔接）系统性要求，形成规划区域内的区域与区域之间构成的空间结构系统和规划区域内的自然、经济、社会之间构成的空间要素系统。可见，规划区域内的区域系统也包括两类：一是按照空间结构系统性，将规划区域划分为经济（包括农业、工业、仓储、商业、商务设施等）功能空间、居住（包括住宅、教、科、文、卫、体、养老等设施）功能空间、公共设施（包括道路、交通、水、电、燃气、环卫、绿地、水域等）功能空间，按照职居平衡、便利共享等原则，在规划区域内落地；二是按照空间要素系统性，将规划区域的土地（包括农用地、建设用地、未利用地等），经济（包括农业、工业、仓储、商业、商务等生产与服务），居住（包括住宅、教、科、文、卫、体、养老等设施建设与服务），公共设施（包括道路、交通、水、电、燃气、环卫、绿化、水系等设施建设和服务）等内容进行有机整合，构建匹配均衡的空间要素的系统性。需要强调的是，区域规划的目标是规划区域内外区域系统空间、经济、社会的匹配均衡，均衡是编制和实施区域规划的目标，而且非均衡只是区域规划实施中的过程。世界上没有一个区域规划是以非均衡为规划编制和实施目标的。

三、规划区域主导功能的确定

区域规划中的功能定位，也可称为区域规划中的战略定位或发展定位，还可称为区域的职能定位，是指根据规划区域的资源禀赋、发展基础和发展条件，在规划区域外的区域系统中，规划区域在未来区域规划期内所承担的地域分工和在规划区域内的区域系统中，不同区域所承担的地域分工。由于规划区域在规划区域外区域系统中立足的不同空间尺度，因此，规划区域在规划区域外区域系统中一般都承担着多种地域分工；同样，在规划区域内的不同区域存在不同的空间、经济、社会发展需要，因此，在规划区域内的区域系统中、不同区域也存在不同的地域分工。而区域规划中的主导功能定位，也可称为区域性质，是指规划区域在规划区域外区域系统中、未来规划期内规划区域所承担的主要地域分工；在规划区域内的区域系统存在的多种功能中，有一种起决定性作用的功能，因该功能的存在而决定着其他功能的存在，这种功能，即为规划区域的主导功能。在区域规划编制和实施中，需要认真和正确地确定规划区域功能定位和主导功能定位的原因是，从城乡规划实践看，城乡规划中的功能定位常犯的错误有三个：一是“就城乡讲城乡”，没有把城乡放到区域中去统筹，城乡功能定位缺乏区域性；二是“过于求全”，在城乡的众多功能中没有提炼出起决定作用的主导功能，城乡的功能定位缺乏个性和特色性；三是“就现在讲现在”，没有把城乡的功能定位与城乡的目标定位相衔接，城乡的功能定位缺乏前瞻性。城乡、区域功能定位是城乡、区域目标定位的基础，没有正确的城乡、区域功能定位也就没有正确的城乡、区域目标定位；没有正确的城乡区域主导功能定位就意味着没有正确的城乡、区域的地域特色分工，以及城乡、区域比较优势的发挥和城乡区域的整体发展。而正确的城乡、区域功能定位、主导功能定位和目标定位，都需要将规划区域放到规划区域外区域系统整体中去考察和规划，都需要将规划区域放到规划区域内区域整体系统中去考察和规划。

四、规划区域人口规模测算和控制

人口是规划区域的基础要素，决定规划区域产业及就业岗位发展的确定，规划区域建设用地分配及规划区域用地结构的确定，规划区域公共设施和服务配置规模和质量的确定和规划区域环境承载能力及环境质量的确定等。无论是人口净流出的区域还是人口净流入的区域，在编制和实施区域规划时，都需要对区域规划期间，尤其是区域规划期末，规划区域的常住人口和服务人口规模进行预测。城乡、区域常住人口和服务人口规模和结构都是区域产业发展与就业、公共设施与服务供给、建设用地分配、住房建设规模和结构等，都是城乡、区域经济社会发展内容的配置依据。区域常住人口预测，需要考虑规划期内区域常住人口的自然增长率和机械增长率。规划期内常住人口的自然增长率与常住人口的出生率和死亡率有关；规划期内常住人口的机械增长率与规划期内区域范围内的产业发展和就业岗位增减、住房建设有关。区域服务人口规模预测，既与规划期内区域范围内的常住人口有关，更与规划期内区域范围内的旅游业发展有关，还与工业化和城镇化的中后期，人口流动规模不断加大和人民生活水平提高有关。

规划区域人口规模总量的控制，需要通过规划区域居住用地占区域建设用地比重的控制和规划区域住房建设套数和户型面积结构控制来实现。例如，1993 年编制的《上海市长宁区总体规划（1993～2020 年）》中提出，“到 2020 年，按照环境人口容量每平方公里控制在 1.8 万人左右、人口总量约 70 万人”目标，为适应长宁区区域从 1992 年底的 59.58 万人到 2020 年末将达到 70 万人左右，《长宁区总体规划》将 1992 年末长宁区区域居住建设用地从占区域总建设用地的 30.13% 调减到 25.64%，并相应提高区域内的住宅建设标准（分为高标准的花园住宅。中等标准的高层住宅他标准的多层住宅），明确住宅建设总规模（1600 万平方米）及住房套数（23 万套），将住房建设总套数和可居住人口分配到各个社区。并将 1992 年末长宁区区域经济建设用地从占区域总建设用地的 15.99% 调高到 22.64%，以适应规划期内区域内居民和生产单位公共设施不断水平提高和人民生活水平不断提高的需求。

五、规划区域空间布局方式的选择

在一个国家或一个地区的工业化初期，产业在空间上布局一直处于无规划的、随机的状态，项目东搞一个西搞一个，集聚程度很差。这种粗放型的产业布局，在区域经济学中归纳为“粗放型布局”，其后果是形成不了规模经济，用地也不经济。随着生产力的发展，在一个国家或一个地区的工业化前中期，工业按块状布局，把若干工业企业组织在一个相对集中的空间里，形成工业街访或工业区，以提高经济效益和生产力水平；商业在轴线上布局，商业网点也相互联结，点店成市，但随着地铁的出现，城市环路的出现，小汽车的家庭普及，三产的沿街布局已不能适应这种变化的交通形式需要，因此国际上出现了商业按块布局，特别是按块布局的商务区。西方国家，如日本东京、美国纽约、英国伦敦等大城市的“多心组团布局形式”就是在这种条件上提出来的①。一般来说“点状”布局开发成本最高，这主要是各开发项目既无线上的开发效应，也是无块上的开发效益，土地的级差效应难以提高；“线状”连续开发效

① 朱建江：《〈长宁区总体规划〉中的若干重大问题探讨》，载于《区域经济改革与发展论》，上海交通大学出版社 1997 年版，第 253～258 页。

益比“点状”的要好，成本比“点状”的开发低。随着生产力的进一步发展，在一个国家或一个地区的工业化中后期，产业在空间上布局就进了“块线”结合的“网络型”布局方式。可见，1993 年编制的《上海市长宁区总体规划（1993 ~ 2020 年）》中提出的本区规划“采用中心组团和成组轴线展开的布局方式，以快为主，线块结合，注重视点，构成网络”① 的区域规划空间布局方式，实践证明是符合工业化和城镇化发展进程的。

六、规划区域的建设用地结构

经查，至今为止，我国只有城镇建设用地配置标准，而乡村只有村庄用地分类而没有建设用地配置标准。根据《城市用地分类与规划建设用地标准》（GB 50137—2011），“4. 2. 1 允许采用的规划人均城市建设用地指标为 65. 0 ~ 110 平方米。4. 2. 2 新建城市的规划人均建城市建设用地指标应在 85. 1 ~ 105 平方米内确定。4. 2. 3 首都的规划人均城市建设用地指标应在 105. 1 ~ 115 平方米内确定。4. 2. 4 边远地区、少数民族地区，城市以及部分山地城市、人口较少的工矿业城市、风景旅游城市等，不符合表 4. 2. 1 规定，应专门论证确定规划人均城市建设用地指标，并不得大于 150 平方米。”城市的建设用地包括了城市内的居住用地，公共管理用地和公共服务用地，商业服务业设施用地，工业用地，物流仓储用地，道路交通设施用地，公共设施用地，绿地广场用地。根据《镇规划标准》（GB 50188—2007），镇区人均建设用地指标（平方米）分为“小于 60 大于等于 80”“小于 80 大于等于 100”“小于 100 大于等于 120”“小于 120 大于等于 140”四类。镇区的建设用地包括居住用地，公共设施用地，生产设施用地，仓储用地，对外交通用地，道路广场用地，工程设施用地和绿地八大类。

根据第三次全国国土调查主要数据，到 2019 年 12 月 31 日止，我国城乡建设用地（不包括采矿用地、风景名胜及特殊用地、交通设施用地、水利设施用地）总规模为 4. 84 亿亩，其中，城镇建设用地总规模达到 1. 55 亿亩，占城乡建设用地的 32. 04%；村庄建设用地总规模达到 3. 29 亿亩，占城乡建设用地的 67. 96%。根据第七次全国人口普查调整的数据，到 2019 年底，我国城乡人口总规模为 141008 万人，其中，城镇常住人口为 88426 万人，乡村常住人口为 52582 万人。因此，到 2019 年底，按照城乡常住人口计算，城镇常住人口人均建设用地面积为 175. 29 平方米；乡村常住人口人均建设用地面积为 625. 69 平方米。根据国家公安部年公布的数据，到 2020 年底我国户籍人口城镇化率为 45. 4%，推算到 2019 年底我国户籍人口城镇化率为 44. 06%，以及乡村户籍人口为 78908 万人，因此，到 2019 年底，乡村户籍人口人均建设用地面积为

① 长宁区人民政府：《上海市长宁区总体规划（1993 ~ 2020 年）》，1994 年 9 月。

416.94 平方米。

不同人口密度的聚落（包括不同人口规模的城镇和乡村），居住建设用地经济建设用地、公共设施建设用地，占区域总建设用地的比例是不同的。一般情况是，人口密度越高的聚落，居住建设用地占区域总建设用地比例就越高，经济建设用地和公共设施建设用地占区域总建设用地比例就越低；反之，人口密度越低的聚落，居住建设用地占区域总建设用地比例就越低，经济建设用地和公共设施建设用地占区域总建设用地比例就越高。在规划区域建设用地规模一定时，居住用地占比高了，经济建设用地和公共设施建设用地占比就相对低了。因此区域规划中，居住建设用地、经济建设用地，公共设施建设用地占区域总建设用地比例，是规划区域自然、经济、社会平衡发展的基础和前提条件。平时说的人与自然和谐发展、经济社会协调发展，其基础是居住建设用地、经济建设用地，公共设施建设用地占区域总建设用地的科学、合理比例。在这里，特别需要提醒的是，居住建设用地、经济建设用地，公共设施建设用地占区域总建设用地的科学、合理比例。基于几个前提条件，一是不同人口密度聚落，计算科学、合理的居住建设用地、经济建设用地，公共设施建设用地占区域总建设用地的比例，必须基于建设用地的口径，并且还需要框定不同人口密度聚落的规划建设范围。这是因为，乡村聚落范围包括了农用地，建设用地和未利用地，如果不锁定建设用地范围，不同人口密度聚落的土地的科学合理利用就无法讨论。二是不同人口密度聚落建设用地包括的范围必须一致，否则也难以进行不同人口密度聚落建设用地科学合理利用评价和规划。三是不同人口密度聚落人均建设用地标准应该有所差别，这是因为不同人口密度聚落建设用地的土地级差、不土地利用效率和在地居民、生产单位生产生活需要存在差异。

第三节　区域规划体系

区域规划体系是指区域规划构成的种类及其相互关系。实践中，一个规划区域完整的区域规划，包括规划区域的总体规划、功能分区规划、各项专项规划、重点地域详细规划、近期建设规划等。区域总体规划是区域功能分区规划、各项专项规划、重点地域详细规划、近期建设规划的综合集成，而功能分区规划、各项专项规划、重点地域详细规划、近期建设规划是区域总体规划的延伸和具体化。

一、区域总体规划

（一）区域总体规划的概念和内容

总体规划是指根据规划区域的自然、经济、社会条件，对规划区域自然、经济、社会发展所做的总体安排。规划实践中，总体规划主要包括区域总体规划，城乡总体规划（包括城市总体规划、省域总体规划、县域总体规划、镇乡总体规划、都市区总体规划、都市圈总体规划、城市群总体规划等），园区总体规划（包括经济技术开发区总体规划、高新区总体规划等）等。区域总体规划是在规划区域资源禀赋，发展基础和发展条件分析基础上，对规划区域的发展战略及城乡聚落体系、经济发展、社会事业发展、基础设施发展、城乡形态发展、规划实施等内容所做的总体安排。区域总体规划，也称区域总体规划纲要。

（二）区域总体规划的主要特征

1. 纲要性特征

区域总体规划是区域功能分区规划、各项专业规划、重点地域详细规划、近期建设规划的综合集成，而功能分区规划、各项专项规划、重点地域详细规划、近期建设规划是区域总体规划的延伸和具体化。区域总体规划所表达的内容高度概括和综合了规划区域的其他各项规划。相对于规划区域的其他规划而言，在语言、用词、内容上都具有纲要性特征。在区域规划体系中，区域总体规划是区域规划的“纲”，区域总体规划以外的区域其他规划是“目”，抓住了区域总体规划就抓住了区域规划的牛鼻子。因此，区域总体规划，也称区域总体规划纲要。

2. 战略性特征

区域总体规划的规划期限一般都在20年以上，例如，美国的《大芝加哥区域框架2040》、德国的《未来鲁尔2030》、澳大利亚的《墨尔本2030》以及我国的《上海长宁区总体规划（1993~2020年）》等。因此，区域总体规划也称战略性规划，总体规划要强调战略性定位。不过，在此需要说明的是，区域战略规划并不当然属于区域总体规划的范畴，“从总体规划中析出部分内容，使战略规划成为总体规划的依据，形成独立的战略规划层次”，这独立总体规划以外的“区域战略规划”，就不具有区域规划的性质或功能，一般也不具有强制性，这类“区域战略规划”其实质就是区域发展战略；只有“将战略规划内容放到城市所在的区域规划中去”，这时的区域战略规划，才具有区域规划的性质或功能，才具有区域规划的强制性。因此，“总体规划即战略规划”① 的表达还需要完善。

3. 发展性特征

国务院印发的《全国主体功能区规划》（国发〔2010〕46号）提出，“发展通常指经济社会进步的过程。开发与发展既有联系也有区别，资源开发、农业开发、技术开发、人力资源开发以及国土空间开发等会促进发展，但开发不完全等同于发展，对

① 张忠国主编：《区域研究理论与区域规划编制》，中国建筑工业出版社2017年版，第312页。

国土空间的过度、盲目、无序开发不会带来可持续的发展。”“发展”是事物的一种变化状态，在特定的时间里，若通过人们的工作或行动，该事物比昨天进步了，我们通常叫“发展”；没有进步也没有退步，我们叫“停滞”；而相对于事物起点是落后了，我们叫“退步”。规划是对人们未来一定期限的活动所作的安排，这种安排应当着眼于“发展”，因此“发展”应当是规划的应有特性。当然有了规划未必就一定有发展，但做规划目的是发展，不想发展就不会做规划，想发展必须先做规划，“思想领先，规划领先”的目的是发展。

4. 综合性特征

区域总体规划是典型的规划区域经济社会发展、土地利用、城市空间安排为一体的“三规合一”规划。区域总体规划的经济社会发展规划、土地利用规划和空间布局规划的“三规合一”综合性特征，源于空间要素的系统性要求。而区域总体规划是区域功能分区规划、各项专项规划、重点地域详细规划、近期建设规划的集成提炼的综合性特征，源于区域空间结构系统性的要求。因此，规划区域内的“五年期”国民经济和社会发展规划、“十五年期”土地利用规划、功能分区规划、各项专项规划、各项详细规划（包括控制性详细和修建性详细）、近期建设规划等，都应当依据区域总体规划依此展开。

（三）区域总体规划的框架结构及内容

1. 区域发展现状和条件分析

区域发展现状和条件的分析，源于空间时间系统性的要求。空间时间系统性是指一个空间的过去、现在、未来需要进行有效衔接和整合。既要尊重空间过去发展的历史，不要切断其发展的脉络和机理；又要直面空间发展的现实和阶段，客观进行评价；还要面向国内外发展时势，把握空间发展走向。时间是空间中的重要因素和资源，区域中的时间、空间、要素紧密相连，区域的过去、现在和未来有机衔接是区域整体效能提升的前提。因此，区域总体规划中的总体安排，不仅应当包括规划区域经济社会发展、土地利用和空间的内容安排，还应包括规划区域经济社会发展、土地利用和空间的时序安排。在区域规划中，区域发展时序的安排，具体表现在对规划区域、资源禀赋、发展基础和发展条件进行详细、扎实的现状梳理描述，对区域规划期内的未来国内国际形势走势正确判断。没有现状梳理和趋势判断的区域总体规划，是没有根基的区域规划，是无法对比、评估的区域规划，也是一个偷工减料的区域规划。做规划的功夫不在未来，而在深刻洞察规划区域的过去、现在，才有可能更好地展望未来。规划是展望指导未来的，但规划指导未来的基础是规划的过去和现在。一般来讲，做规划是“七分梳现状，三分做规划”，这一点是十分关键和重要的。区域分析的具体详细内容，读者可参阅本书区域分析有关章节。

2. 区域发展战略

即使有专门独立于区域规划以外的区域发展战略，在编制区域规划时，也要将独立于区域规划以外的区域发展战略要素移位到区域总体规划中。这是因为，一是区域总体规划具有战略性特征和要求，所以，区域发展战略要素是区域总体规划不可或缺的组成部分；二是区域发展战略是区域规划的思想基础和依据，区域规划缺少区域发展战略指引，区域规划将缺乏前进方向；三是区域发展战略不与区域规划融合在一起，区域发展战略将不能落地。在区域规划的实践中，一般将区域发展战略中的区域发展的战略定位、战略目标、战略方针、战略重点、战略布局、战略步骤、战略举措等要素，在区域总体规划中纲领性地适当展开，作为区域总体规划框架结构中的一个重要组成部分。

3. 城乡居民点体系规划

（1）城乡居民点体系包括城镇体系和乡村居民点体系，城镇体系和乡村居民点体系在建设用地类型及其空间范围上存在较大的区别。

①从城镇建设用地包括的用地类型和空间范围看，城镇建设用地，既包括城镇居民居住的空间范围，还包括城镇居民生产的空间范围。例如，《城市用地分类与规划建设用地标准》（GB 50137—2011），城市的建设用地包括了城市内的居住用地，公共管理用地和公共服务用地，商业服务业设施用地，工业用地，物流仓储用地，道路交通设施用地，公共设施用地，绿地广场用地。《镇规划标准》（GB 50188—2007），镇区的建设用地包括居住用地，公共设施用地，生产设施用地，仓储用地，对外交通用地，道路广场用地，工程设施用地和绿地八大类。可见，城镇的空间范围，既包括城镇居民居住的空间范围，还包括城镇居民生产的空间范围。因此，城镇体系不可称为城镇居民点体系。

②从乡村建设用地包括的用地类型和空间范围看，村庄（自然村落）居民点空间范围，并不包括村庄范围内的非村庄建设用地和其他非建设用地。例如，2014 年 7 月 11 日，国家住房建和城乡建设部发布的《村庄规划用地分类指南》，将村庄用地划分为村庄建设用地、非村庄建设用地、非建设用地三大类。村庄建设用地又划分为村民住宅用地（住宅用地、混合式住宅用地）、村庄公共服务用地（村庄公共服务设施用地、村庄公共场地）、村庄产业用地（村庄商业服务设施用地、村庄生产仓储用地）、村庄基础设施用地（村庄道路用地、村庄交通设施用地、村庄公用设施用地）、村庄其他建设用地等五大中类。非村庄建设用地又划分为对外交通设施用地、国有建设用地二大中类。非建设用地又划分为水域（自然水域、水库、坑塘沟渠）、农林用地（设施农用地、农用道路、其他农用地）、其他非建设用地三大中类。可见，村庄居住点的范围主要包括乡村居民的居住场所（即村落）及村落范围中少量的工业企业及商

业服务等第二、三产业建设用地范围；村庄（自然村落）居民点空间范围并不包括村庄范围内的非村庄建设用地和其他非建设用地。因此，乡村居民点体系不可简称为乡村体系。

（2）城镇体系规划。1994 年 8 月由国家建设部（现国家住房和城乡建设部）发布的《城镇体系规划编制审批办法》（建设部令第 36 号）中提出“城镇体系是指一定区域范围内在经济社会和空间发展上具有有机联系的城镇群体。”根据《城镇体系规划编制审批办法》有关条款的表达，这里的城镇包括城市、建制镇、独立工矿区和集镇。城镇体系规划的任务是：“综合评价城镇发展条件；制订区域城镇发展战略；预测区域人口增长和城市化水平；拟定各相关城镇的发展方向与规模；协调城镇发展与产业配置的时空关系；统筹安排区域基础设施和社会设施；引导和控制区域城镇的合理发展与布局；指导城市总体规划的编制。”城镇体系规划一般应当包括下列内容：“综合评价区域与城市的发展和开发建设条件；预测区域人口增长，确定城市化目标；确定本区域的城镇发展战略，划分城市经济区；提出城镇体系的功能结构和城镇分工；确定城镇体系的等级和规模结构；确定城镇体系的空间布局；统筹安排区域基础设施、社会设施；确定保护区域生态环境、自然和人文景观以及历史文化遗产的原则和措施；确定各时期重点发展的城镇，提出近期重点发展城镇的规划建议；提出实施规划的政策和措施。”

（3）乡村居民点体系规划。在我国工业化、城镇化、农业现代化快速推进，农村人口向城镇转移对的背景下，实践中，乡村居民点体系规划是指将规划区域范围内的农村居住点（主要指自然村）划分为保护村、保留村和撤并村①三大类，并进行空间上的布局安排，以明确规划区域内的全部乡村在规划期末的常住人口规模和户数。乡村居民点体系规划的主要任务：一是要对市、区、县或乡镇行政区域内全部村庄，在摸清现有农村居住点用地规模、建筑规模、居住人口和户数基础上，根据上位规划（如城乡总体规划、土地利用规划、农业布局规划、乡镇总体规划等）和城镇化、工业化、农业现代化进程安排，提出该行政区域内的全部村庄未来发展方向（原则）及保护、保留和撤并村庄的具体名单。二是要对市、区、县或乡镇行政区域范围内全部村庄，在摸清公共配套设施（包括市政基础设施、公共服务设施、生态环境设施）、产业发展（包括第一、二、三产业）和农村管理体制（基层治理机构、人财物配置和职责）基础上，根据上位规划（如道路交通规划、供排水规划、教育医疗规划、产业发展规划等）和公共配套、产业发展、基层治理、乡村风貌要求，提出该行政区域内

① “关于保护村、保留村和撤并村庄的界定标准和发展策略”，可参见朱建江：《乡村发展导论》，经济科学出版社 2019 年版，第 200 ~ 201 页。

的全部保护和保留村庄公共配套、产业发展、管理体制、村容村貌的配置内容、标准。三是根据前述保护、保留和撤并村庄名单、公共配套、产业配套、管理配套内容和标准，提出乡村居民点体系规划所需的总投资、实施分期、近期规划，对上位规划的建议，对下位规划的要求，并明确规划实施主体，提出规划实施的公共政策和实施体制等。

4. 经济发展规划

从区域规划的实践效果看，区域总体规划中的经济发展规划应该由规划期内的区域经济发展的基本原则、经济发展目标、产业结构、产业布局等内容构成，在区域总体规划中，切忌部门经济或产业经济的方式来表达区域经济发展的内容。区域经济发展的基本原则规划的主要内容是：在规划期内区域经济发展应当遵循的基本准则，包括促进区域经济发展的动力机制（主要指体制机制和市场配置资源方式），活力机制（主要指企业和财产所有制结构），经济增长方式（主要指实现经济增长的要素配置），经营方式（主要指资源要素的集约高效利用）等。经济发展目标规划的主要内容是：明确规划期内分阶段预期达到的国内生产总值、财政收入、区域一体化（经济要素配置和经济产出区内和区外所占比重，区内的所有单位所占比重）、经济外向度（经济的市场结构）、高新技术（经济的技术结构）产业占区域国内生产总值比重等区域重要经济总量指标的绝对值、增长率、占比等。产业结构规划主要内容是：明确规划区域在规划期内鼓励发展的产业及其支柱行业，产业结构调整和优化方向、三次产业结构比重等。产业布局规划的主要内容是：明确规划区域的产业布局方式（区域经济发展的初期可以点上布局为主，前中期可以块状布局或线状布局为主，中后期可以块线结合或网络状布局为主）；明确经济发展重点地区和主要轴线（经济发展重点地区可以分成不同等级、经济发展主要轴线可以分为连续性轴线和离散型轴线、经济发展重点地区和主要轴线都需要明确主要功能和四至边界、规划面积、拟建建筑面积、估算投资总额等）。

5. 社会事业发展规划

社会事业，有广义和狭义之分，广义的社会事业近似于社会发展，狭义的社会事业是指具有公益性特征，由国家机关或其他组织举办的从事教育、科技、文化、卫生、体育、养老、就业、社会保障等社会服务。在区域总体规划中，当人口纳入城乡居住体系规划中，商品住房和旅游纳入经济发展规划中，社会事业发展规划主要是指具有公益性特征，由国家机关或其他组织举办的从事教育、科技、文化、卫生、体育、养老、就业、社会保障等社会服务领域的规划。区域总体规划中社会事业发展规划也包括社会事业发展的基本原则、总量目标、各项社会事业发展、社会事业的主要标志性项目等。区域社会事业发展的基本原则规划主要内容是：各项社会事业发展与人口及人才培养和引进的关系、与区域功能定位和战略目标的关系、与经济发展的平衡关系、与社会进步的关系等。区域社会事业发展规划总量目标的主要内容是：明确规划期内分阶段预期达到的人口规模、中专以上文化程度的专业人才占区域人口比、人均国内生产总值、基础教育生均经费、每千人医疗床位数、人均文化娱乐面积、人均体育场地面积、人均居住面积、每千人老年人床位数、技术进步率、社会保障覆盖率（基本养老、基本医疗、最低生活）等。区域各项社会事业发展规划主要内容是：明确教育、科技、文化、医疗、体育、养老、就业、社会保障等各项社会事业发展的基本原则、硬件设施布局要求和重点建设任务等。区域社会事业的主要标志性项目规划主要内容是：明确规划期内区域范围内各项社会事业中需要新建的、基础性的、具有一定规模和引领带动功能的标志性项目。由于绝大部分社会事业项目，是区域政府财政出资建设的，并且是规划区域内单位和居民生产生活共享的，因此，这一类标志性项目，不但可以在规划中予以明确，而且对社会事业发展规划的落地有效性具有举足轻重的作用。

6. 基础设施发展规划

《城市规划基本术语标准》（GB/T 50280—98）将城市基础设施定义为“城市生存和发展所必须具备的工程性基础设施和社会性基础设施的总称”，其中“工程性基础设施一般指能源供应、给水排水、交通运输、邮电通信、环境保护、防灾安全等工程设施。社会性基础设施则指文化教育、医疗卫生等设施。我国一般讲城市基础设施多指工程性基础设施。”由于，随着形势的发展，区域生态环境保护规划一般已从以往的工程性基础设施规划内容中分离出来，因此，这里所说的基础设施发展规划的主要内容包括道路、交通、供水、排水、通信、能源（供电、供气、供热）、消防等。区域总体规划中的基础设施发展规划的阐述方式一般也包括基本原则、总量目标、各项基础设施、基础设施建设项目等。区域基础设施发展规划基本原则的主要内容是：明确区域基础设施建设与经济建设和社会发展的关系，明确基础设施建设的要求，明确基础设施建设资金来源和收费机制等。区域基础设施发展规划的总量目标主要内容是：明确规划期内分阶段预期达到的人均道路面积，区域范围内的公交线路和公交停车场车辆容量，日人均供水量，每秒雨水排放量，气化率，供电总容量，人均人防设施面积等。区域基础设施发展规划的各项基础设施主要内容是：明确区域范围内的道路和桥梁、交通、供水、排水（雨水）、供电、邮政通信、供气和供热、灾害防御等各项基础设施建设的基本原则和方法、建设内容、建设规模和标准、规划期内不同阶段的建设项目等。区域基础设施发展规划的基础设施项目主要内容是：列表明确规划期内不同阶段的各类基础设施重点项目。由于绝大部分基础设施项目，在规划区域经济社会发展中，是需要先行建设或同步建设的，因此，基础设施项目在区域规划中予以显性明确安排，对区域经济社会发展具有重要的引导和保障作用。

7. 土地利用规划

“土地利用是指以土地为对象，根据土地资源的特性和功能，围绕一定的目的，对土地进行干预，以获得物品和服务的经济活动过程。”① 土地利用规划是指对规划区域范围内的土地资源禀赋、利用现状和条件进行分析的基础上，按照国家的用地分类、用地标准或规划标准，确定规划区域的土地利用结构及各类用途土地的空间布局。区域总体规划中的土地利用规划的阐述方式一般包括基本原则、土地的功能分区、用地结构等。区域土地利用规划的基本原则主要内容是：明确区域用地结构及有关技术控制指标与区域主导功能和战略目标的关系，与土地级差效益发挥的关系，与经济建设、社会事业、基础设施、城市形态之间的关系。区域土地利用规划的土地功能分区主要内容是：土地功能分区，也称“用地分区”，是指“为了使规划区域内的地域分工更趋明确与合理，有效地指导各地域的开发与建设，按照各地域的经济状况、基础设施、社会事业配置、人口分布和土地利用等情况，将规划区域划分为若干功能分区”② 规划区域内若干功能分区的划分，目的是将较大的区域划为较小区域单元、优化空间结构、构建产城融合地域系统，提高土地利用效率、缩小规划区域内的区域差异。土地的功能分区需要明确四至边界、规划面积、土地利用现状、土地规划内容等。区域土地利用规划的用地结构主要内容是：根据国家的用地分类、建设用地标准或者规划标准，确定规划区域规划在规划期内的常住人口规模和服务人口规模，根据规划区域人口集聚程度确定人口密度，经测算后，确定规划区域规划在规划期内的常住人口规模和服务人口规模，及其区域内住宅类型和户型面积、住宅建设面积和空间分布，以及居住用地占区域建设用地的比例。根据规划区域规划期内常住人口日益增长的收入水平和对公共基础设施及服务的需求，测算规划区域规划期内所需要的经济发展水平和公共设施发展水平，提出规划区域规划期内的经济发展用地和公共设施用地占区域建设用地的比例。在此基础上，形成规划区域的建设用地平衡表。在建设用地平衡表基础上，形成规划区域全部土地的用地结构（包括建设用地、农用地、未利用地）。

8. 区域生态环境规划

生态环境是指“影响人类与生物生存和发展的一切外界条件的总和。由许多生态因子综合而成，包括生物因子和非生物因子。前者有植物、动物、微生物，后者有光、温度、水分、大气、土壤和无机盐等。在自然界，各种因子不是孤立地对人类与生物

① 崔功豪等主编：《区域分析与区域规划》，高等教育出版社 2018 年版，第 197 页。

② 长宁区人民政府：《上海市长宁区总体规划（1993～2020 年）》，1994 年 9 月。

起作用，往往是相互联系、相互影响起综合作用。"[①] 生态环境等同于自然环境。所谓自然环境，按照自然地理学家的理解，是指地球表面的大气圈、岩石圈、水圈和生物圈所组成的相互渗透、相互制约和相互作用的庞大、独特、复杂的物质体系。……大气圈供生物呼吸并防止外层空间各种宇宙射线的伤害；水圈供生物于水分；土壤和岩石圈为生物提供生存系列的基础。地球如果不具备这些物质条件，生物（特别是人类）也就不可能出现和繁衍。[②] 在20世纪90年代，区域生态环境规划的内容一般纳入区域基础设施规划中考虑，随着我国经济社会的发展，从国家到人民对生态环境的内容日益重视，因此，单列区域生态环境规划也是需要的。但同时也需要将原来纳入基础设施规划中的环境卫生和环境保护内容纳入单列区域生态环境规划。单列的区域生态环境规划的内容可包括环境卫生规划、林地绿地规划、环境保护规划等。区域总体规划中的生态环境规划的阐述方式一般也包括基本原则、总量目标和各项生态环境等。区域生态环境规划的基本原则主要内容是：明确人类经济社会发展与生态环境的关系，确保生态环境内的生态关系和谐和生态质量提高，确保生态环境系统控制在自我调节、自我恢复的限度内，做到人类社会生产力和自然力的平衡和循环。区域生态环境规划的总量目标主要内容是：垃圾、粪便、固体废弃物清运率和集中处理率，污水排放量和集中处理率，人均公共绿地面积，绿化覆盖率，大气质量，噪声达标率等。区域各项生态环境规划的主要内容是：区域环境卫生规划主要内容包括规划区域内的饮用水水质、公共厕所和家庭卫生厕所建设、生活垃圾收运处、食品卫生、病媒管制等。区域森林绿地规划主要内容包括林地的类型和面积、森林覆盖率、绿地的类型和面积、绿化覆盖率等。区域环境保护规划是指人类为达到人类社会生产力与生态环境生产力达到平衡协调，构建人与自然的和谐关系，促进人类社会永续发展，对人类经济社会发展中危害生态环境生产力的事项予以控制的规划安排，包括违法排污、堆放固体废弃物、砍伐森林、捕猎动物、污染土壤、乱扔垃圾等。

9. 区域总体规划的实施

1993年6月29日，上海市规划工作会议上提出：规划的实施关键要闯三关，即"招商关、迁移关、基础设施建设关"，当然这是从20世纪90年代初，针对上海市旧城改造而提出来的。一般而言，区域总体规划的实施主要包括三方面内容。一是规划实施的可行性。规划实施的可行性主要要讨论，区域规划实施的投资规模和资金筹措两大方面问题，这是任何地方和任何时候的区域规划实施都碰到的首要问题，尤其是在工业化和城镇化发展的前期阶段。因此，区域规划的实施，首先要测算区域规划实

① 夏征农、陈至立主编：《辞海》，上海辞书出版社2009年版，第2021页。

② 夏伟生：《人类生态学初探》，甘肃人民出版社1984年版，第16页。

施所需要的投资规模和资金筹措渠道，只有当区域规划实施的投资规模和资金筹措，通过各方面的努力，两者之间基本能达到平衡时，才可以说规划实施的可行性是具备的。规划实施的投资规模测算，主要涉及投资类型（包括厂房投资、商用设施投资、住宅建设投资、社会事业、设施投资、基础设施投资等）、投资结构、新增建筑面积、新增投资额、各类投资占投资总额的比重、年度投资额等。资金筹措渠道，包括筹措渠道（包括土地收益、引进外资、外省市投资、银行信贷、社会筹资、企业积累、存量资产盘活、财政渠道、政策性补贴等）、拟筹措资金量、占总投资比重、年度筹资量等。二是规划实施的城乡居民住房动迁。在区域规划过程中，随着城乡规划集中建设区的扩大，城乡居民住房动迁和单位动迁和因各种原因涉及的规划集中建设区外的城乡居民住房动迁和单位动迁不可避免。在实践中，单位动迁往往可以通过单位与单位之间的货币补偿方法或土地级差的空间腾挪方法来解决，而城乡居民的动迁往往需要区域规划给予更多的关注，以确保城乡居民动迁的安居乐业及区域规划实施的顺利进行，因此需要上升到区域总体规划中统筹。城乡居民动迁，涉及居民动迁基地和动迁房源的规划，因此，在区域规划实施中，不但需要测算动迁居民的空间范围和需要动迁居民的户数，还需要明确原地动迁（通常所说的回搬）的居民户数和异地动迁的居户数。三是规划实施的权威性。党的“十四大”报告明确指出，在社会主义市场经济体制下，政府的职能是“统筹规划、掌握政策、信息引导、组织协调、提供服务和检查监督”。区域总体规划应当经过同级人大常委会审查通过后报上级人民政府审批，经上级人民政府审批后的区域总体规划，在规划区域范围内，应该具有权威性和约束力。如遇客观情况变化而必须对区域总体规划进行修改和调整时，应当履行必要的规定程序。四是区域总体规划要与纵向的功能分区规划、各项专项规划、重点地域详细规划、近期建设规划、各项年度计划相衔接，与横向的国民经济与社会发展规划、土地利用规划等规划相衔接，通过相关规划和计划的衔接，使区域总体规划的实施更具有现实性。五是明确区域政策方向。在区域总体规划中，需要根据规划区域经济社会发展的需要，提出相互配套，具有针对性的区域发展政策体系，以促进区域总体规划的目标实现。区域规划中政策体系，一般只是为制定具体的区域经济社会发展政策提供政策方向的，因此，区域规划中的政策体系，一般不具有操作性。六是建立区域规划实施组织机构。区域规划是个综合性规划，区域规划实施，既需要企业、社会等市场主体参与，更需要政府及所属各职能部门参与，因此，建立统筹区域规划实施的组织机构。实践中，行政区范围内的区域规划，区域规划实施的组织机构，一般由需要规划所在的区域政府来担当；跨行政区范围内的区域规划，一般由国家职能部门牵头，有关地方的领导、政府机构参加组成的区域规划实施组织机构。

二、区域功能分区规划

（一）区域功能分区概念和意义

区域功能分区，也可称土地功能分区，是指“为了使规划区域内的地域分工更趋明确与合理，有效地指导各地域的开发与建设，按照各地域的经济状况、基础设施、社会事业配置、人口分布和土地利用等情况，本规划把长宁区行政区域（规划区域）划为三大功能分区”①。

功能分区是一个地域分工的概念，而不是一个行政区划的概念，一个功能分区往往跨越几个行政区划。

划分功能分区的目的，是对规划区域范围内的地域分工进一步细化，避免区域范围内的空间功能同质化，以实现区域范围内的错位竞争。

对规划区域进一步划分功能分区，也有助于避免要素在规划区域内的某一空间过度集中，从而避免规划区域内的区域发展差异。实践证明，优化要素在规划区域内的分布，构建规划区域内部的更小区域系统，有助于规划区域内的协调发展，并且有助于规划区域从局部区域系统的均衡发展走上规划区域整体区域系统的均衡发展；进一步说，区域与区域之间的区际协调发展，也是通过一个个区域内部的整体发展，最终达到区域之间的整体发展。

（二）区域功能分区的划分方法

区域功能分区的划分方法有以下三种。一是根据规划区域内各区域主导功能的异质性，划分功能分区，各区域之间是非竞争的区际关系。二是规划区域内的各功能分区由极化发展区域和次发展区域构成的区域系统，极化发展区域和次发展区域之间错位发展关系；在城镇区域，极化发展区域一般是经济功能区，次发展区域一般是居住生活区等；在农村区域，极化发展区域一般是城镇区域，次发展区域一般是村庄、农产品主产区，生态功能区等。三是各功能分区的极化发展区域和次发展区域的空间比例关系为1∶5之间，不同产业的极化发展区域与次发展区域的空间比例关系不同。

（三）区域功能分区规划

功能分区需要明确四至边界，规划用地面积，规划（土地利用）现状，规划（土地利用）内容等。

三、区域专项规划

区域专项规划是以区域发展的特定领域为对象编制的规划，是区域总体规划在区

---

① 长宁区人民政府：《上海市长宁区总体规划（1993～2020年）》，1994年9月。

域发展特定领域的深化细化，是该特定领域进一步排出建设项目，安排土地和投资、制定相关政策、进行项目审核的依据。区域专项规划一般比较具体，规划期一般也比较短，因此，专项规划在规划执行中一般变化也比较大，稳定性比较差。区域专项规划类型多样，内容覆盖范围较广，一般包括经济（包括产业、经济功能区、企业等）发展专项规划、社会发展（包括教、科、文、卫、体、养老、住房建设等）专项规划、基础设施（包括道路、交通、排水、供水、燃气、电力、通信、消防等）专项规划、生态环境保护（包括环卫、林地绿地、环境保护等）专项规划等。专项规划的内容包括发展现状、规划原则、发展目标、规划布局、近期建设项目、规划实施措施等。

四、重点地域详细规划

为加强区域总体规划的实施落地，在区域总体规划中，一般会明确突出对区域总体规划中的重点地域编制详细规划，因此，区域总体规划是区域详细规划编制的依据。区域详细规划，按控制平面还是控制立体，详细规划又可分为控制性详细规划和修建性详细规划。控制性详细规划，要求对详细规划范围内的用地性质和建设容量予以明确，作为规划范围开发建设的控制依据。修建性详细规划，是以规划范围内开发建设项目为控制对象，要求明确各个建筑物的用途、体量、体型、外观等。

五、区域近期建设规划

区域近期建设规划是总体规划的近期实施部分，一般以五年期为准，是为了区域总体规划近期执行，在区域总体规划基础上，而编制的近期建设规划。主要编制的内容是近期可实施建设的项目及相关的土地、资金及有关建设条件的配套等内容。

第十五章 区域标志性项目建设

从区域经济实务的运作流程看，区域规划完成后，就有可能也有必要进一步推进区域项目的建设，区域经济是通过推进一个又一个区域项目的建设才得以发展的。区域经济发展实践表明，在推进区域项目的建设过程中，不能把所有区域项目都进行齐头并进的实施，而是需要筛选出那些对区域经济发展具有牵引带动作用的标志性项目，并将其作为区域项目的建设重点，通过标志性项目的建设，引领带动其他项目的建设，最终实现区域经济的快速、持续、健康发展。本章由“区域标志性项目的概念内和类型”“区域标志性项目的建设前期”“区域标志性项目的建设施工”“区域标志性项目的竣工使用”四部分内容构成。

第一节 区域标志性项目的概念和类型

区域标志性项目是指在一个国家或一个地区的区域经济发展中，起引领带动作用的项目。需要指出的是，区域标志性项目既有区域经济类标志性项目，更多的是与区域经济发展互为支撑的居住、公共服务、基础设施、生态环境保护、旧城旧区改造等对区域经济起间接贡献的区域标志性项目。

一、区域标志性项目的概念

区域经济发展与部门经济发展或行业经济发展的重要区别在于：区域经济发展的转型和升级一般需要经过点、线、面、网络等空间结构转型和优化来实现，而部门经济或行业经济转型和升级一般需要经过第一二三产业及行业、企业等产业、行业、企业结构转型和优化来实现。实践表明，一个国家或一个地区的经济发展，既有区域经济的贡献，又有部门经济的贡献；在一个国家或一个地区的经济发展初期，一般部门经济的贡献相对大一些，在一个国家或者一个地区的经济发展的中后期，一般区域经济的贡献相对大一些。

区域经济发展的转型和升级中的“点”一般表现为均质型单个项目，“线、面、网络”可表现为同一类型（均质型）项目或相互关联（异质型）项目。而在点、线、面、网络的区域全部项目中，一般可分为两类，一类是在区域经济发展中起引领带动作用的标志性项目，另一类是随区域标志性项目发展而发展的其他项目。区域标志性项目是区域经济发展中的基础性项目，在区域经济实践中，可以表现为直接经济贡献的区域标志性项目，如工业、商业、商务等经济类项目，更多的是只为经济产出提供基础性条件的居住、公共服务、基础设施、生态环境保护、旧城旧区改造等间接经济贡献的区域标志性项目。

二、区域标志性项目的类型

按照不同的角度，区域标志性项目可分为：经济发展类和社会发展类区域标志性项目，政府投资建设和市场主体投资建设的区域标志性项目，新建的和迁建的区域标志性项目等。

（一）经济发展类和社会发展类区域标志性项目

按照直接和间接经济贡献，区域标志性项目可分为：经济发展类区域标志性项目和社会发展类区域标志性项目。经济发展类区域标志性项目主要是产业类项目，在现代社会里主要表现为产业园区项目，如农业园区、工业区、商业区、商务区等产业集聚区项目。社会发展类区域标志性项目主要包括公共性（包括公益性和公用性）区域标志性项目，公益性区域标志性项目，一般可存在于教、科、文、卫、体、养老、居住、旧城旧区改造等领域，公用性的区域标志性项目，一般可存在于道路、交通、水、电、能源、通信、生态环境保护等领域。

（二）政府投资建设和市场主体投资建设的区域标志性项目

按照投资主体，区域标志性项目可分为：政府投资的区域标志性项目和市场主体投资的区域标志性项目。在我国，当前，农业园区、工业区、商业区、商务区等经济发展类区域标志性项目和教、科、文、卫、体、养老等公益类区域标志性项目，一般由政府投资建设；而农业、工业、商业、商务等竞争性产业和交通、水、电、能源、通信、生态环境保护、居住、旧城旧区改造等具有收费机制的区域标志性项目，一般由市场主体投资建设。

（三）新建的和迁建的区域标志性项目

新建的区域标志性项目，是指按照区域规划要求，在新的空间位置，建设一个规划区域内原来没有的区域标志性项目。迁建的区域标志性项目，是指按照区域规划要求，将区域内已有区域标志性项目迁移到新的规划空间中布局建设，以实现区域标志性项目空间布局优化及其区域之间的平衡充分发展。

三、区域标志性项目发挥引领带动作用的案例

据有关资料考证，到目前为止，1994 年实施的《上海市长宁区总体规划（1993 ~

2020年)》中，首次提出“区域标志性项目”的概念。到2020年末《长宁区总体规划》已实施完毕，其区域规划中所确定的大部分标志性项目已得到了有效实施，并呈现了对区域经济社会发展的良好牵引带动作用，促进了长宁区区域南北、东西的均衡发展①。从上海市长宁区总体规划实施情况看。下列类型的区域标志性项目对区域经济社会发展具有关键、积极、重要的引领作用。

（一）经济标志性项目

1. 区域三大经济组团布局

为了解决长宁区域内东中西和南北区域的发展差距，1993年编制的《长宁总体规划》中，在区域偏北的东部、中部、西部三大地区中，结合发展现状和未来发展趋势，在区域范围内布置了三大经济组团。其中，依托东部老城区，以安西路、凯旋路、中山公园北侧围墙、安化路为界，规划占地80公顷的中山公园商业中心；依托虹桥开发区，以中山西路、古北路、天山路、虹桥路为界，规划占地1.77平方公里的虹桥涉外贸易中心；依托虹桥国际机场，以淞虹路、新泾六号桥、吴淞江、泉口路为界，规划占地410公顷的临空工业区（1995年改为临空经济园区，因外环线以西由市政府规划为地铁2号线机务段，故临空经济园区现为2.82公顷）。规划希望通过三大经济组团的率先发展，集聚发展，产生先发效应，带动其周边区块的发展，逐步形成东中西均衡发展格局（见图15－1）。

20多年过去，长宁区总体规划1993年布置的三大经济组团已占长宁区经济总量的60%以上。东部的中山公园商业中心，商业商务经营面积已达100多万平方米，中山公园商业中心范围内的定西路、长宁路、愚园路商业街，以及龙之梦、新锦江大型购物中心已形成规模，新开张的来福士商业中心已成为上海新型商业业态的新地标。中部的虹桥涉外贸易中心，已建成了近300万商务商业经营面积，虹桥涉外贸易中心范围内0.65平方公里的市级虹桥开发区已建成，虹桥开发区外虹桥涉外贸易中心范围内的遵义路、天山路、古北路、虹桥路沿线大量商务楼、商业设施得到扩展，虹桥涉

---

① 上海市长宁区位于上海中心城区的西部，行政区域面积38平方公里（实际37.97平方公里）。长宁行政区域是个狭长地形，区域长为11.50公里，宽为3.10公里。其中，区域东部为老城区，主要指沪杭铁路（现上海地铁3号线）以东部分，占地5.67平方公里，由4个街道组成；区域中部为半城半乡地区，上海市虹桥开发区位于其中，由5个街道组成，占地约6.5平方公里；区域西部，是农业地区，由一镇一乡组成，占地25.83平方公里（其中原虹桥机场占地4.75平方公里）。20世纪90年代初（在编制上海市长宁区总体规划时），长宁区域上述东、中、西三大地区发展差异很大，很不均衡。由于长宁区是狭长型地域，区域南部由延安路、虹桥路横贯东西；区域北部由长宁路、天山路横贯东西。由于南部地区位于上海第三产业发展主轴线上（上海虹桥路到浦东花木），故长宁南部地区发展较好，主要以第三产业为主；长宁北部地区由于紧贴上海苏州河，主要是工业区、棚户居住区，发展较差；从而形成长宁区域内南北发展差距较大，很不均衡状况。经过《上海市长宁区总体规划（1993～2020年）》的实施，长宁区内的东中西，南北区域的经济社会发展水平基本相当，尤其是房价已基本一样。相比上海及国内其他许多城区拥挤、污染、不便、不平衡而言，上海长宁区堪称是平衡发展的典范。

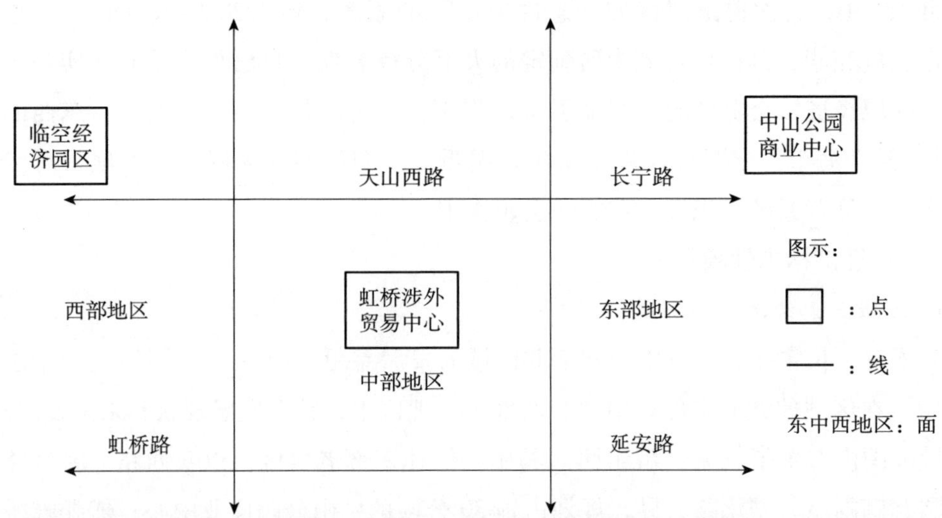

图 15－1　上海市长宁区域东中西三大经济组团点线面结构示意图

资料来源：作者绘制。

外贸易中心已与静安区金山角、徐汇区徐家汇等相当乃至超越。西部的临空经济园区，已建成近 300 万平方米的低密度商务楼宇，联合利华、中海油等一大批企业总部入驻，现已上升为国家级经济园区，成为长宁区经济可持续发展的主要支撑点。

在这三大经济园区建设中，人们有过彷徨、有过退却，也有过开发房地产的念头。尤其是长宁临空经济园区规划之初前十年，由于区位较为偏僻，机场噪声，浦东机场建设等原因，“临空零空，又零又空”也被许多人嘲弄了 10 多年。但对这块土地，长宁极大部分没有用于房地产开发，21 世纪初开始已逐步火热起来，现在每亩地价已涨到了 2000 多万元，已成为长宁经济发展的宝地。

长宁三大经济组团集聚发展、率先发展，不但让长宁东中西三大区域逐步平衡发展，差距逐步缩小，近几年来，东中西三大区域内房产价格也逐步拉平，长宁东中西南北地域不平衡发展状况终于得到了解决。同时意外收获是，不仅解决了许多居住长宁人的就近就业，实现了职住平衡，从而也优化了长宁的交通条件。

长宁将图 15－1 所示的三大经济组团视为经济发展集聚点，将连结三大经济园区的南部延安路、虹桥路，北面长宁路、天山西路视为轴线，将长宁狭长区域中的东部、中部、西部地区视为面，构成长宁区区域内的点、线、面经济布局结构。实践证明，这一布局方式对构建区域平衡充分发展格局十分有效。

2. 规划建设社区购物中心

为了推进上海长宁区新泾乡（1995 年 6 月 28 日撤乡建镇）地区的城市化开发，在 1993 年编制的《上海市长宁区总体规划》中提出，在上海长宁区待城镇化地区的新泾乡，拟新建淞虹新村居住区，规划住宅38709套，可居住12万人；与之相应的规划建设占地6.6公顷的淞虹社区购物中心，突破传统的沿街布局、小型的社区商业供给模式，参照“超级市场”建设模式，为周边居民提供一站式超级市场，主要功能为购物和停车。因此，规划建设的新泾地区淞虹购物中心，建设名称为上海百联西郊购物中心，位于长宁区新泾镇地区的仙霞路与剑河路交叉口（上海长宁区仙霞西路88号），占地3.4万平方米，建筑总规模11万平方米，其中商业建筑面积为7万平方米，建筑高度24米，建筑由地下两层和地上四层构成，投资6亿元。上海百联西郊购物中心由上海市属国有百联集团股份有限公司投资建设和自持运营。1997年国有上海市属国有百联集团取得了淞虹购物中心建设用地使用权，于2004年11月28日开业。上海百联西郊购物中心是中国第一个开放式的社区型购物中心，也是全国社区购物中心的典范。开业的第一年就实现了盈利，到现在已经成功运营了18个年头，在效益和服务能力等方面，依然稳坐全国社区购物中心典范的宝座。被业内业人士誉为，国内最具社区型特征，国内最大经营规模的社区购物中心，经过18年的运营发展，彻底打消了周边社区居民对社区商业无经营特色、缺乏信任感的顾虑，依然保持活力和高度影响力。

上海百联西郊购物中心成功之处主要得益于以下五个方面。一是定位为社区购物中心，以服务周边社区居民进行开发建设和经营管理，1公里范围（核心商圈）内有居民6万人，2公里范围（有效商圈）内有居民12万人。二是购物中心为一站式的单体建筑，由美国捷得国际建筑师事务所完成概规设计，上海现代建筑设计有限公司实施扩初和施工图设计，外形呈圆弧形（东西距离最长257米，南北最宽115米；北美式Mall建筑风格与特色；建筑由地下两层和地上四层构成；地上建筑由三个区域有机组合成为一个整体，通过步行街、天桥、环廊、自动扶梯、平台等形式连通三个区域；建筑室内和室外通道流畅；地下两层停车场和楼顶停车场共有600个停车位。三是购物中心经营和服务门类齐全，由超市、百货、品牌专卖、家居用品、餐饮、娱乐、健身、社区服务等业态组成。四是项目开发商为上海市属大型国有商业企业，具有物业自持经营和品牌经营的优势。五是与周边居住社区融为一体。

（二）居住标志性项目

上海古北国际社区，建设初期称古北新区，上海古北国际社区位于上海市长宁区范围内的虹桥路沿线，与上海虹桥经济技术开发区毗邻，区域范围为：东到姚红西路、西边中环线，北到虹桥路，南到古羊路（与闵行区交界）。古北国际社区用地面积1.36平方公里，总建筑面积300万平方米。从东到西分为三个区域（一区、二区、三区）共24个街坊。一区主要是高层公寓、商务办公和领事馆，配套有日本的高岛屋商场和现代艺术馆；二区主要用于高层公寓和商务办公，配套有12年一贯制的建青中学和古北国际居委会；三区主要是别墅、高层公寓、商务办公，配套有耀中国际外国学校、法国的家乐福商场。并且，东西走向的古北黄金城道步行街贯穿古北国际社区三个区域（一区、二区、三区）正中央，古北黄金城道步行街两边的建筑底层一层和二层都是商业网点，生活便利，步行街两边种植银杏树，秋天季节金灿灿，故古北国际社区又有金色古北之称。古北国际新区的主要功能为以涉外高标准住宅为主，兼具商业、商务和领馆功能，在这里生活着众多来沪工作、居留的外籍人士及港澳台同胞，仅日本外籍人士就有10万左右，它已成为上海西大门又一个对外开放的窗口。上海已有长宁古北国际社区、浦东碧云社区、杨浦新江湾城、松江佘山别墅区等高端居住区，但业内普遍认为古北国际社区仍然还是上海最有名的国际社区。古北国际社区于1995年5月被评为“90年代上海十大新景观”之一。

古北国际社区规划建设的初心是为毗邻的上海虹桥经济开发区配套生活设施。上海虹桥经济开发区于1983年规划，1984年开始建设，主要功能为展览、商务、外事、外贸。上海古北国际社区于1986年开始规划，是作为上海虹桥经济开发区生活设施配套的，主要功能为涉外居住。20世纪90年代，上海每四套外销房中，其中有一套以上是古北国际社区的。古北国际社区最初规划由法国设计公司编制，风貌定位是法式的欧式建筑，尤其是先行开发的古北国际社区三区，建筑基本是围合式的欧式建筑，而古北国际社区的二区和一区的建筑偏重于现代建筑风格。三区建筑风貌除了围合感觉，楼盘与楼盘，公寓与公寓之间并没有过多清楚的分割，很容易从这个小区的道路走到了另一个小区里，很多楼盘共用一片休闲广场，是一个开放型的街区制社区。整个社区以其独特的围合空间形态和居住氛围吸引了来自欧美及港台及日韩等三十几个国家和地区的外籍人士，形成了独特的人文居住环境及鲜明的品牌特征。钻石公寓、宝石公寓、翡翠公寓和上海西郊花园别墅等10万平方米的建筑于1989年相继开发；金象、金狮、金鹿、金马、金龙公寓和广场大厦、万科广场、明珠大楼等12万平方米的建筑以及古北学校、幼托和超市在1994年底竣工；20多幢欧式风格的高级公寓共34万平方米，包括巴黎花园、里昂花园、罗马花园、西郊花园别墅、雅典花园、明珠大楼、维也纳广场、维多利亚大厦等建筑流露着浓浓的欧陆风情和恬淡安详的居住气氛，使古北国际社区散发着一种静谧、古典和舒适的情调。作为国际化社区，许多境外人士最初都是通过古北三区认识上海，成为众多境外人士的首选居住地。古北国际社区，众多已建成的公寓、大厦，不少均出自欧洲著名设计师之手。多重变化的拱顶建筑外形，高贵典雅的窗户和幕墙，以及艺术雕塑、喷泉、花坛、草坪、铁铸栏杆、庭院灯饰等、尽显欧陆风范，充满浪漫情调。这里的楼盘似乎都和金色有着某种关系，不仅楼盘的架势有着金的雍容尊贵，楼盘四周也用繁花和金色的雕花栏杆相围，多了一些成熟，稳重的气息。沿路所见路名也颇有意思，“蓝宝石路”“玛瑙路”“金珠路”

“黄金城道”，似乎都少不了跟金银珠宝扯上关系。古北是金色的，这里依然有葱绿的草坪带来春意，有姹紫嫣红带来繁盛，有孩子们的欢笑充满希望，有咖啡的幽香堆满温暖。所以，金色的古北是不寂寞的。与国内的其他社区同一种建筑风格不同的是，在古北，几个风格并不相同的楼盘又被一种开发的空间联系在一起，让人感觉更为大气。

古北国际社区作为上海改革开放后建设国际社区的处女作，建设之初便将国际化、欧式化融入新区配套设施的建设之中。古北黄金城道步行街两侧的咖啡馆、会所、饮品店、外国餐厅、酒吧、法国的家乐福商场和日本的高岛屋商城等，颇具外乡特色的商业配套。古北国际社区的教育具有鲜明的国际化的特征，学生往往来自不同的国家，其中，上海耀中国际学校（古北校区）和12年一贯制的建青实验，非常受家长的欢迎。古北国际社区区域外的配套也比较齐全，地铁10号线和15号线均通过古北，古北国际社区到沪宁高速、沪杭高速入口10~15分钟车程，古北国际社区到华东医院和华山医院也是10~15分钟车程等。

古北国际社区1.36平方公里区域范围，在20世纪80年代末95%还是农村地区，古北国际社区是在由农村社区的城中村改造转型为城市社区的。上海市房地局下属的古北集团是古北国际社区总开发商，负责区域1~3级开发，包括古北国际社区1.36平方公里的土地一级开发建设，市政设施、公共服务设施、绿化环境设施等公共设施的二级开发建设，部分住宅和办公设施的三级开发建设。古北国际社区范围内7类经营性建设用地（包括商品房、商业、商办、旅游、文化娱乐、综合、工业）使用权，通过市场有偿出让方式才能取得（包括古北集团本身）；公共设施产权属于政府，建设阶段完成后移交给政府管理。

（三）社会标志性项目

在1993年编制的《上海市长宁区总体规划》中，为了缩小长宁区区域范围内的东中西发展差距，在1993年编制的《上海市长宁区总体规划》中提出，在上海市规划中的中环线拟穿越的、待城市化的新泾地区的中环线与仙霞路交叉口的北面，将长宁区中部地区遵义路111号的长宁区二级甲等中心医院搬迁至上海规划中环线西侧，将位于长宁区东部地区延安西路601号的上海市重点延安中学高中部搬迁至上海市规划中环线东侧。上海市长宁区中心医院和上海市延安中学高中部的异地迁址，对长宁区新泾镇地区的城市化建设和促进长宁区东中西区域的平衡充分发展具有重要的作用。

1. 上海市长宁区中心医院

上海市长宁区中心医院始建于1952年7月，前身为华东军政委员会贸易部职工医院，1959年5月更名为“长宁区中心医院”。1999年由长宁区遵义路111号（占地面积24.47亩，建筑面积2.2万平方米）搬迁至长宁区新泾镇仙霞路1111号（占地面积

55 亩，建筑面积 6.3 万平方米）。2013 年 12 月 8 日与上海市同仁医院合并，改名为上海市同仁医院，现为上海交通大学医学院的附属医院。合并后的上海市长宁区中心医院将保留并融合原有学科优势和医疗特色，逐步打造以消化道疾病诊治为特色的一系列重点学科和一批优势学科，建成一所建筑面积 13 万平方米，集医疗、预防、教学、科研、康复于一体的综合性医院，并达到三级综合性医院的技术水准和服务水平，为上海西区及周边省市人群提供高效、优质、便捷的服务。医院目前具备核定床位 1047 张，实际开放床位 1196 张，现有职工 1360 余人，其中高级职称医师 112 人，中级职称人员 308 人。设有内科、外科、妇产科、儿科、骨科、肿瘤科、眼科、耳鼻咽喉科、口腔科、皮肤科、中医科、传染科、急诊医学科、麻醉科、特需门诊部等 15 个临床科室；有药剂科、医学影像科、医学检验科、特检科、内窥镜室、康复医疗科、营养科、病理科等 8 个医技科室。

2. 上海市延安中学

上海市延安中学创建于 1946 年 7 月，初名为上海真如中学，地点在嘉定县真如镇蔡家宅 32 号（现划入普陀区）。1949 年 8 月迁址延安西路 601 号。1954 年 7 月更名为上海市延安中学。1960 年春被确定为上海市重点中学。1979 年 10 月 19 日邓小平同志在首都人民大会堂北京厅为学校题写了校名。1998 年 8 月延安中学高中部与初中部脱钩办学，初中部留原址，更名为上海市东延安中学，2003 年 3 月再次更名为上海市延安初级中学。

上海市延安初中部。学校占地面积 14466 平方米，建筑面积 15320 平方米，绿化面积 3500 平方米。学校教学设施齐全，建有教学楼、实验楼、科学楼、图书楼、体育楼、行政楼等。并配有室内篮球场、200 米环形塑胶跑道、形体房，多功能电化教室、旋转式天文观测圆顶，电子阅览室和校园网等教学设施。学校现有六 ~ 九年级共 34 个教学班，学生近 1350 名，教职工 138 名，高级教师 28 名，特级教师 1 名，拔尖人才 2 名，区优秀学科带头人 2 名，区学科带头人 5 名。

上海市延安中学高中部。1997 年长宁区投资 2 亿多元，兴建一座现代化一流水平的延安中学高中部新校舍，1998 年 8 月新校舍投入使用，高中部从延安西路 601 号搬迁至长宁区茅台路 1111 号，改为全寄宿制高中。2005 年成为上海市首批实验性示范性高中。校园占地约 10 万平方米，建筑面积近 5 万平方米，绿化面积近 40%，是上海市花园单位。高中部设有 10 年级到 12 年级共 33 个教学班级。在校学生近 1500 名，共有教师 150 余名，其中高级教师 70 余名，特级教师 8 名，市、区级学科带头人、拔尖人才近 30 名。

上海市延安中学努力构建并优化以“轻负担、高效益、多类别、分层次、个性化”为特色的课程体系，形成了“老老实实办学，呕心沥血育人”的办学传统，“数学特色、科技见长、人文相济、和谐发展”的办学特色，“高质量，创特色，争一流”的办学目标，“培养传统美德与现代文明于一身的新时代青年，学会做人、学会求知、学会办事、学会健身”的培养目标，“文明礼貌，勤奋好学，独立思考，求实创新”的优良学风，“敬业爱生，严谨治学，团结协作，勇于创新”的优良教风，“团结奋斗，艰苦朴素，求实进取，严肃活泼”的优良校风。校训：自信、自强、自主、自立。

（四）基础设施标志性项目

在1993年编制的《上海市长宁区总体规划》中提出“确保基础设施建设先行，对基础设施建设要优先规划、优先审批、先行设计、先行新建设，确保用地和建设资金的落实。”① 20世纪90年代初以来，上海市和区政府在道路交通建设投资方面的分工主要是：地区内的地面道路交通设施建设投资主要由区承担，全市高架路路基动拆迁和地铁站点周边动拆迁建设投资由区承担。

1. 积极推进区域内地面主干道路建设

长宁区的南部主干道主要有虹桥路和延安路。虹桥路，始建于1901年，是上海市区通往上海虹桥国际机场的东西向主干道之一，位于现在的上海长宁区和徐汇区，东起华山路，西至虹桥国际机场1号航站楼，全长8623米，宽40米。延安路是上海市区东西向地面和地上双层的通往虹桥国际机场的主干道之一。东起上海外滩的中山东一路与中山东二路交叉口，西至外环线，与沪青平公路相接，总长14220米，其中长宁区境内为10590米。延安路分为延安东路、延安中路和延安西路三个路段，中山东一路和中山东二路交叉口至金陵南路为延安东路，金陵西路至华山路为延安中路，华山路至沪青平路口为延安西路。延安路还是上海现代服务业发展主轴线。延安东路有南京路步行街、福州路文化街、金陵路商业街、上海大世界等商业服务业街区；延安中路段有南京西路商业街、上海展览中心、上海国际贵都大饭店、中国福利会少年宫、华东医院、圆明讲堂等服务业单位。延安西路段有上海生物制品研究所、东华大学、延安中学、达华宾馆、虹桥宾馆、上海国际贸易商城、上海国际贸易中心等服务业单位。

长宁区的北部主干道主要有长宁路。长宁路是上海市长宁区、静安区的一条东西走向交通干道，为上海市区三横三纵主干道中“北横”的一部分，东起万航渡路、长寿路，西至北新泾哈密路、北翟路，全长5653米，始建于1901年，初名白利南路。1995年，长宁路进行大规模拓宽。其中，中山公园至凯旋路段路幅拓宽为40米，其余路段拓宽为32米。全部道路均为沥青混凝土路面，工程于1995年11月25日建成。长宁路全线设双向共6条机动车道、2条非机动车道及人行道。北翟路是上海市的一

① 长宁区人民政府：《上海市长宁区总体规划（1993－2020年）》，1994年9月。

条城市近郊主干道，由东向西，自长宁区北新泾街道哈密路起，终止闵行区诸翟镇。北翟路向西连接北翟路高架，向东与中环线北翟路立交相连。由地下通道和地面道路两部分组成，其中地下通道全长 1.78 公里，双向 6 车道，设计车速 60～80 公里/小时；地面道路全长 2.3 公里，双向 6 快 2 慢车道，设计车速 50 公里/小时。2019 年 10 月北翟路（嘉闵高架——外环线）段及中环线立交建成通车。

2. 积极参与区域内高架路建设

参与上海延安高架路建设。上海延安高架路，是上海的一条东西走向的主干高架快速路，西起虹桥机场，东至外滩。全长 13 公里，全线共有 12 对匝道，其中，在长宁区区域范围内由西向东有 5 对匝道，包括虹许路匝道（双向上下）、古北路匝道（外滩方向上、虹桥机场方向下）、凯旋路匝道（外滩方向上、虹桥机场方向下）、番禺路匝道（外滩方向下、虹桥机场方向上）、江苏路匝道（外滩方向上、虹桥机场方向下）。延安高架路按延安西路、延安中路和延安东路三段修建，西段的主要功能是沟通起虹桥国际机场与内环高架路，全长 6.2 公里，全线配置上下匝道四对，路宽 25.5 米，设双向六车道，并有进入机场的专用匝道，于 1995 年 11 月 28 日动工，1996 年 12 月 2 日建成。中段连接南北高架路和内环高架路，全长 5.56 公里，高架为双向 6 车道，标准宽度为 25.5 米；道路设计车速为 60 公里/小时，于 1999 年 9 月通车。东段西起南北高架路，东至外滩，长 3.06 公里。

参与上海内环高架路建设。上海内环高架路，也称上海内环线，是上海市最早建设的城市快速高架道路，全长 47.7 千米，分为双向四车道，设计时速 80 公里/小时。上海内环线高架路浦西部分（在长宁区域范围内有武夷路高架、仙霞路 2 对匝道），于 1993 年开工建设，1994 年 10 月通车；浦东部分，最后施工路段于 2009 年 12 月 25 日正式通车。

3. 积极参与区域内地铁建设

参与上海地铁 2 号线建设。上海地铁 2 号线是上海市境内的第二条地铁线路，全长 64 千米，共设 30 座车站。途经长宁区区域有江苏路站、中山公园站、娄山关路站，威宁路站、北新站、淞虹路站、虹桥机场 1 号航站楼站等 7 个站点，并可与上海地铁 15 号线、3 号线、4 号线、11 号线换乘。分别于 2000 年 6 月 11 日开通中山公园站，2006 年 12 月 30 日开通淞虹路站，2010 年 3 月 16 日开通虹桥机场 1 号航站楼站。

参与上海地铁 10 号线建设。上海地铁 10 号线，是国内首条无人驾驶轨道交通线，线路全长 36 千米，共设 31 座车站，途经长宁区区域有上海交通大学站、虹桥路站、宋园路站、伊犁路站、水城路站、龙溪路站、上海动物园站、虹桥 1 号航站楼站，并可与上海地铁 11 号线、3 号线、4 号线换乘。于 2010 年 4 月 10 日先期开通运营。

（五）生态环境标志性项目

1. 区域北部（上海苏州河长宁段）绿带项目

苏州河长宁段绿带项目。苏州河长宁段（东起江苏北路，西至外环线）11.2 公里岸线贯通，串联起沿线 10 个公园绿地，并形成了三大特色景观。10 个公园绿地包括：苏州河沿线临空音乐公园（临空 1 号公园）、临空 2 号公园、滑板公园、风铃绿地、苏州河中环桥下空间、天原河滨花园绿地、虹桥河滨公园、中山公园、万航绿地和华政公共开放空间等 10 个公园绿地。

2. 区域南部（上海延安路虹桥路沿线）绿带项目

上海延安路虹桥路长宁段绿带项目。延安路虹桥路长宁段（东起镇宁路，西至外环线）11.5 公里沿线，串联起沿线 10 个公园绿地，并形成了虹桥路乡村特色风貌区。由西往东，包括外环线绿地、西郊动物园绿地，西郊宾馆绿地、虹桥迎宾馆绿地、上海虹桥国际舞蹈中心绿地，延虹绿地公园、SW 匝道绿地、天山公园、凯桥公园、曹家堰绿地、华山绿地。

（六）旧区改造标志性项目

20 世纪 90 年代初，长宁区 38 平方公里范围内，大约有 1/3 区域面积属于旧居住区，1/3 左右区域面积属于传统工业区，1/3 左右区域面积属于农田和村落。1992 年上海市第六次党代会提出到 20 世纪末完成市区“365 万平方米成片危棚简屋”① 的改造目标。而长宁区位于上海市中心城区西部，北面紧邻上海苏州河，东西长度 10 多公里，在水上运输占主导的时代，从东到西在长宁区苏州河沿线形成了曹家渡、中山公园、周家桥、北新泾四个达 10 多万户的危棚简屋集聚区（一级旧里），同时区域范围内还有其他众多分散分布的危棚简屋及其二级以下旧里。到 20 世纪末，长宁区基本完成了区域范围内的成片危棚简屋的改造，到 2010 年左右长宁区基本完成了区域范围内的其他零星的危棚简屋地块拔点和二级以下旧里改造。而整个上海，到 2020 年底上海成片成街坊二级旧里以下旧住房改造任务才完成。因此，长宁区是上海市中心城区第一个完成危棚简屋和二级以下旧里改造任务的城区。在同一时期，根据规划，长宁区还将占 1/3 左右区域面积的传统工业区调整建设为商业区、商务区、都市型工业或住宅区，将占 1/3 左右区域面积的农田和村落调整建设为商业区、商务区或住宅区。现在长宁区区域范围内，著名的“古北国际社区”和“临空经济园区”，都是由“城中村”改建而来的。旧城旧区改造不仅包括旧居住区，即“两旧一新”（旧区改造、旧住房更新、“城中村”）改造，还包括旧厂区、旧厂房、旧街区等内容的改造；不仅包

① 上海的二级以下旧里是指旧式里弄中的联接式砖木结构住宅，没有独立的卫生设备和独立厨房。一级旧里是指低矮破陋的危棚简屋，统称“棚户区”，无卫生设备。

括形态和功能的改造，还包括土地用途和产业结构的调整。可见，一个城市或一个城区的现代化，是以旧区改造中的土地级差为资源基础和出发点的，通过老城区土地级差再开发带动新区开发，实现极化发展区域与次发展区域的联动，形态、功能、产业的联动，从而实现城区整体的现代化。这是因为，老城区的区位及其土地价值往往比新区区位好和价值高。20 世纪 90 年代初，上海市长宁区经济发展水平是上海 10 个中心城区的倒数第一，而到了 20 世纪 90 年代末，上海市长宁区经济发展水平就进入了上海市中心城区的前三，一度超过了合并后的黄埔区和南市区，以及后来的黄埔区、南市区、卢湾区的三区合并，静安区和闸北区的两区合并，到目前，上海市长宁区经济发展水平仍然在上海市中心城区排名前四，位于现在的上海市中心城区的黄浦区、徐汇区、静安区之后。并且上海市长宁区在上海中心城区中公认为发展最均衡的城区，整个城区范围内的房价基本是一样。第七次全国人口普查上海市统计局公布的数据，长宁区人口密度是上海中心城区最低的，每平方公里为 1. 8 万人，而上海中心城区 7 个区的平均人口密度为每平方公里 2. 3 万人。上海长宁区 90 年代到本世纪初经济社会跨越式发展的重要原因是，既得益于长宁区根据区位确定的符合时代发展要求的功能定位和建设目标，也得益于比较早地推进和完成了旧城区改造，从而大大降低了旧城区改造的经济成本和推进难度，抓住了旧城区改造的最佳时机，充分发挥了旧城区的土地级差效应。

四、区域标志性项目选择和建设的基本准则

从上述上海市长宁区区域标志性项目实践看，可以推导出区域标志性项目选择和确立可归纳为下列基本原理：

（一）区域标志性项目的多类型

区域标志性项目的选择确定，不能单一地考虑区域经济标志性项目，而忽略与区域经济发展互为关联的居住、公共服务、基础设施、生态设施、旧城旧区等项目。实践中，区域经济发展中的区域标志性项目选择，既要考虑区域标志性项目对周边地区其他的一般项目的引领带动作用，还要考虑区域经济标志性项目与区域人口、社会、公共服务、基础设施、生态环境、旧城旧区等区域标志性项目的协同、协调发展。这是因为不能就区域经济讲区域经济，在一个国家或者一个地区的区域经济发展中，区域经济仅仅是区域发展中的一部分，应当将区域经济放到区域发展维度中去谋划和推进。美国查尔斯 · p. 金德尔伯格老师在其《经济发展》一书中提出“去掉‘经济’这个定语，从总体上所说的发展特征更为广泛。经济发展大多集中于物质生产方面的问题（产业、就业、收入、生产的构成等），而发展作为一个总体则论述人类状况的变化。显然，经济发展是这个更大过程中的一部分”“单一地考虑经济发展的纯经济

方面就会不幸地忽略大的领域。”“把注意力完全集中于物质产生问题会削弱我们宝贵的眼力。”①

（二）区域标志性项目选择和确立的目标

无论是完全新建的还是原有迁建的区域标志性项目，其选择和确立的目标都是为了促进区域发展及其缩小区域之间的发展差距，并且区域标志性项目是缩小区域与区域之间差距的重要手段和重要杠杆。进一步来讲，从上海市长宁区区域标志性项目建设的实践也可以看出，无论是区域内部的发展，还是区域之间的发展，区域发展的终极目标都是为了缩小区域之间的发展差距。这里的发展，既包括经济发展，也包括社会发展乃至生态环境建设。同时，也可发现，区域之间的发展差距缩小，首先是区域之间的区域标志性项目差距缩小。可见，区域之间的差距缩小，需要前置为区域规划的编制和区域标志性项目的建设。在区域经济几十年的实践中，笔者从来没有发现区域经济理论界所说的“涓滴效应”理论的现实存在。

（三）区域标志性项目的空间布局优化和联动开发

从上海市长宁区区域标志性项目建设的实践也可以看出，区域标志性项目促进区域发展及其缩小区域之间的发展差距的实现，需要通过区域标志性项目的空间布局优化才能实现。一个国家或一个地区城镇化过程，同时也是一个国家或一个地区城镇空间不断扩大的过程。在城镇化空间不断扩大的过程中，需要统筹城镇规划集建区范围内的建成区和拟城镇化地区的联动开发，切忌以降低城镇化开发成本为由只孤立开发拟城镇化地区。这是因为一个国家或者一个地区的城镇化过程，也是一个城镇规划集建区范围内的建成区和拟城镇化地区资源整合、联动开发的过程。我国城镇化实践表明，在一个国家或者一个地区的城镇化前中期，城镇规划集建区范围建成区的动拆迁难度较少、成本较低；反之，在一个国家或者一个地区的城镇化中后期，城镇规划集建区范围内建成区的动拆迁难度较大、成本较高。因此，如果在一个国家或一个地区的城镇化过程中能够把握这一时序规律，实施城镇规划集建区范围内建成区和拟城镇化地区的联动开发策略，不但能够有效快速地推进一个国家或一个地区的拟城镇化地区的城镇化水平，缩小城镇规划集建区范围内的建成区和拟城镇化地区的发展差距。同时还可以有效发挥一个国家或者一个地区建成区的土地级差效应、降低动拆迁成本，避免建成区标志性项目的资源放空或浪费。

（四）区域标志性项目的政府与市场

从上海市长宁区区域标志性项目实践中也可以看出，公共服务、基础设施、生态

---

① ［美］查尔斯·p. 金德尔伯格、布雷斯·赫里克著：《经济发展》，张欣等译，上海译文出版社 1986 年版，第 24～26 页。

环境等公共设施与服务类的区域标志性项目适合于政府投资建设。经济、居住、旧城旧区改造等区域标志性项目适合于市场主体投资建设。在区域标志性项目投资建设中，也要优先发挥市场主体的投资积极性和作用，只有市场主体不愿投资建设的区域标志性项目，才要发挥政府投资建设的职能，尽最大可能地避免政府在区域标志性项目投资建设中的大包大揽。

第二节　区域标志性项目的建设前期

项目的建设前期包括项目策划、可行性论证、勘察设计、前期审批、招投标、政府采购等内容。

一、项目策划

项目策划也叫“项目的预研究”，一般由“项目调查分析”“项目规划”“项目实施”三部分构成。策划的成果表现为项目概念规划或项目规划方案或为项目预研究报告。

（一）项目调查分析

1. 规划分析

分析项目的规划依据，以及与相关规划的平衡。因此，应调查与项目有关的各类规划，包括详细规划、有关专项规划等。项目的规划依据调查越充分，对项目规划分析越有利，与相关规划衔接会越好，越有利于项目在设计等环节中的推进。

2. 基地分析

项目总是建立在一块具体的土地上或土地下的。故项目调查非常重要的一环是调查项目建设基地的地下和地上情况，包括地下管线、地上建筑和构筑物，以及基地动迁情况、土地产权归属等。基地分析做得越详细，对项目的进一步设计、施工乃至进度和降低造价都有很大好处。

3. 建设条件分析

特别重要的是项目建设必需的道路交通、给水排水、能源电力、通讯网络、垃圾运输等基础设施和环境设施。居住类项目还涉及周边建筑高度、日照、风格、色彩情况等。

4. 项目周边自然环境分析

包括气候、温度、湿度、土壤、水流、地质、污染等自然因素。这些自然因素对项目建设决策具有一定的制约。

5. 经济环境分析

包括国内外宏观经济环境及其走势、当地市场需求情况、国内外及其当地的政策，以及同类项目的竞争对象等。

6. 社会条件分析

包括项目地社会的公安、人口结构、就业和人才状况、风俗习惯等。

7. 用户需求分析

项目使用方的对项目功能、品质、价格、规模、水准等需求，以及对项目建成交付使用后的资产、归属、物业管理等要求。

（二）项目规划

1. 项目功能定位

在综合项目调查各类信息的基础上，要对项目的建设内容、规模、标准以及建成后在经济社会发展中的地位、影响、作用进行界定。项目功能定位是工程项目建设的总体方向，故应重视同类项目的经验和教训，并请项目投资方和项目使用方，以及相关专家一并讨论确定。

2. 项目建设目标

在项目功能定位基础上，明确项目建设的总目标和分目标。总目标是指项目建设的总体要求，分目标包括项目投资标准、质量和进度要求。项目的建设目标是围绕项目功能定位展开的，是项目功能定位实施后的结果。

3. 项目构成划分

包括项目功能分区、项目空间构成、项目面积分配。项目功能分区指项目基地内功能划分和单项设施内的功能划分；项目空间构成指项目基地内几项设施的空间结构和单项设施内的空间结构；项目面积分配是指项目基地总建筑面积的分配（包括地上和地下）和单个设施建筑面积的用途及使用方面积分配。

4. 项目建设方案

应根据项目明确的基地，按照给定的规划参数，编制项目建设方案。明确项目建设空间布局，建筑规模和层高，建筑覆盖率、绿化率、交通流线、建筑风格和色调、环境景观、配套设施建设等。

5. 项目投资和资金筹措

应根据项目定位、目标、方案初步测算项目总投资，项目总投资应包括项目竣工结算和决算时的全部投资。同时，按照总投资探讨资金来源和筹集方式，初步排定资金筹措的时间进度及其财务成本。

6. 项目的盈亏分析或物有所值分析

经营性项目需要进行收支测算，投资盈利能力和财务清偿能力分析。公益性项目，若采用融资建设或PPP方式建设，要进行物有所值评价和财政清偿能力评价。

（三）项目实施

1. 实施的进度安排

实施进度安排一般会提出项目前期各项手续、方案设计的时间安排，项目的开工时间和竣工时间安排。在这些基本时间框架下，排定工程项目前期一些重要的工作节点。

2. 实施主体及分工

这里主要包括项目的建设单位（甲方）、政府有关部门、以及建设委托合作的工程咨询机构、勘察设计单位、代建单位、融资机构等。施工单位、监理单位等一般在招投标中确定。在项目策划阶段已明确的项目参与主体，往往会有近阶段工作分工和推进实施要求。

二、项目可行性论证

（一）可行性报告的编制

项目策划报告一般是比较初步的，不系统的，侧重于项目的节点调查和研究，是为业主的初步决策提供的方案，其深度大约在项目建议书阶段，故实践中也叫“预科”研究。项目策划完成后，如果项目拟实施的话，就需要站在技术、经济、管理角度按照工程项目规范格式，编制系统的、较深入的项目可行性研究报告。项目可行性研究报告一般应当包括下列内容。

（1）项目名称等基本情况。

（2）项目建设用地和规划情况。

（3）项目规划方案的审核或征询情况。

（4）项目环境影响评价或征询情况。

（5）项目水、电、煤气、通信等市政基础设施配套情况。

（6）项目建设规模和结构。

（7）项目投资规模和资金筹措。

（8）项目投资主体和建设单位。

（9）项目经济效益和社会效果。

（10）项目实施安排等。

（二）项目可行性报告论证

项目可行性报告编制完毕，业主基本确认后，项目可行性报告应提交相关部门和相关人员，以及有关专家，召开座谈会或书面征询或委托第三方进行评估论证。这一环节是决定项目是否继续推进和下一程序推进的必经阶段，只有经过多方确认可实施的方案，才有可能使项目实施继续推进。项目可行性报告论证这一程序，不管是政府投资项目还是企业投资项目，业主一般都会去实施。项目论证根据项目可行性报告涉及的内容，一般都会涉及技术、经济、管理三方面论证。

1. 技术论证

一般要对项目可行性报告中涉及的技术问题，请相关部门、专家提出意见。例如对项目的生产产品应进行技术标准、工艺流程、知识产权、市场需求、产业政策等论证；对项目的设备应对技术参数、同类产品性价比、能耗和环保要求、采购渠道等进行论证；对项目的工艺方案，应进行适用性、可靠性、合理性等论证；对项目建设选址，应进行自然环境、地形地貌、水文地质、征地拆迁等进行论证；对项目建设规模应进行地基条件、地上地下、建设规模、各类建设参数要求等进行论证；对项目选择的材料，应对原材料质量、市场供应、运输条件、同类原材料类型等进行论证；对项目的市政配套，应对道路交通、给水排水、通信、能源、环卫环保要求等进行论证。

2. 经济论证

经济论证一般涉及盈亏平衡论证，偿债能力论证和不确定性风险评估。政府投资项目往往不进行盈亏平衡论证，但社会投资参与的政府投资项目应进行物有所值论证。政府投资项目经济论证的重点应当是计入建设成本的范围、内容和标准，举债渠道的选择和清偿能力，投资规模的不确定性等进行论证。经济论证不仅要考虑市场变化情况，包括原材料、设备、融资成本、产品价格的波动；还要考虑基地施工中出现的不可预见的工程量变动、设计变更等情况。进行多方案比较，充分考虑因市场变化和项目变化带来的超标准、超规模、超投资的经济不确定性。

3. 管理论证

一是审批、核准和备案时效的论证。充分了解政府审批核准备案要求，按政府要求抓紧做好报批报备方案，并联报送相关政府部门，加强沟通和协调，加快完成政府有关手续。这一块做得不畅不好也会影响项目经济成本和项目技术上的可行性。二是建设方式论证。政府投资项目有建设单位自建、代建、社会资金参建等形式，这些建设方式往往还与项目融资结合在一起，对这些项目的建设方式是否适用该项目的经济技术可行性也需进行论证。三是项目组织实施体制机制进行论证。对项目组织实施机构、各参与方职责分工、项目协调牵头人或召集人等也需进行论证，处理不当也会大大影响项目的经济技术可行性。

三、项目的勘察设计

（一）工程勘察

工程勘察一般包括工程测量、工程地质勘察和水文地质勘察三方面内容，是为了查明工程项目建设地点的地形地貌、地层土质、岩性、地质构造、水文等自然条件进行的测量、绘制、测试、观察、调查、试验、鉴定、研究和综合评价等工作。为工程项目选址，工程设计和施工提供可靠依据。

1. 工程测量

工程测量是为工程设计和施工提供准确、可靠的资料和图纸。主要工作包括平面控制测量、高程测量、地形测量、摄影测量、线路测量、变形测量及其相应的数据分析和绘制图纸。

2. 工程地质勘察

工程地质勘察是为了查明项目建设地区的地质条件，提出建设场地稳定性和地基承载能力的评价。主要工作包括工程地质测绘、勘察、测试、物探、岩土和土质鉴定、观测及资料汇编、分析、图表制作等。

3. 水文地质勘察

水文地质勘察是为了查明项目建设地区地下水的类型、分布、成分、埋藏量、确定富水地段范围，评价地下水资料及开采条件。主要工作包括，水文地质测绘、地质物理钻探、抽水试验、地下动态观测、水文地质参数计算、地下水区域的确定和地下水资源的评价等。

工程勘察是工程初步设计的前置条件，实际工作中一般可分为初步勘察、详细勘察和施工勘察，随着工程项目设计，乃至施工工作的不断推进逐步深化。

（二）项目设计

项目设计一般分方案设计、初步设计和施工图设计。实际工作中，方案设计有时会在项目策划阶段去完成，前置在项目可行性报告之前。

1. 方案设计

方案设计是对建设项目及建设项目相关地区进行总体布置，包括项目基地的平面布局、建筑规模分摊、交通组织、环境布置、建筑模型设计、主要经济技术指标测算等。设计方案，企业投资项目需与土地招拍挂给定的经济技术和设计条件衔接，其设计方案应经国土、规划、发改等相关部门论证审核；政府投资项目应按政府有关部门给定的经济技术参数编制项目设计方案，并经相关部门论证审核通过。

2. 初步设计

初步设计是根据工程勘察取得的可靠资料和可行性论证确定的内容，对建设项目进行系统全面的设计，包括项目功能和工程标准，建设物形体结构和平面安排，规格、尺度与标准，结构布置，施工组织，系统设施和配套工程，建设投资等核心内容。初步设计应满足项目投资概算，开展施工图纸设计和施工招投标的要求。

3. 施工图设计

施工图设计是根据经批准的初步设计，为项目施工提供详细图样，用来指导项目施工。包括建造的具体位置、结构、尺寸、分布、材料、质量允许的误差标准等。施工图设计应满足设备、材料的采购，各种非标设备的制作、土建和安装工程的要求，合同计量和完工检验要求。

建设项目除上述常规设计外，对一些需具有特殊技术、设备要求的建设项目，还须进行技术设计。对一些分标段施工的建设项目，还须进行招标设计。

四、项目的前期审批

国内外，凡工程建设项目都须经政府有关职能审批后才施工的，只不过政府投资项目和企业投资项目因资金性质和建设用地取得方式不同，其审批的环节有些不同。

（一）政府投资项目的前期审批

由于政府投资项目的资金是公共财政资金，其建设用地来源于划拨，故我国有关法律法规政策规定，对我国的政府投资项目实行全过程审批管理。具体包括下列审批内容和流程。

1. 项目建议书审批阶段

主要包括项目规划预审、项目建议书批复、办理项目选址意见书、进行项目用地预审等环节。涉及发改委、规土两个政府部门。

2. 可行性报告审批阶段

主要包括项目规划设计方案审核、环境影响评价审核、可行性报告审批、建设用地规划许可证发放、建设用地批准书发放、项目报建等环节。政府投资的项目基地涉及动拆迁的，还需办理拆迁许可证。另外，建设用地批文和建设用地书批准应当进行合并。涉及规土、发改委、环保、房屋管理等政府部门。

3. 初步设计阶段

包括初步设计审核审批、概算审核审批、建设工程许可证会审和发放三个环节。涉及住建委、发改委、规土等政府部门。

4. 施工许可阶段

主要包括施工承包招标、承包合同备案、质量安全申报、建筑工程许可证发放、项目开工的复验画线等环节。涉及住建委、招标办、规土等政府部门。

（二）企业投资项目审批

1. 经营性建设用地取得阶段

包括确定国有经营性建设用地用途和底价，政府国有经营性建设用地在招投标平台出让、企业索取标书和缴纳押金参加土地招拍挂、土地中标者与政府规土部门签订土地出让合同等。

2. 企业投资项目核准或备案

企业根据国务院颁布的《政府核准的投资项目目录》，连同已签订的土地出让合同，已经审核的规划设计方案，已经论证的项目可行性报告，已经审核的环境影响评价意见等，由项目建设单位提出申请，由政府发改部门按项目类型进行核准或备案。核准或备案后方可进行项目报建。

3. 初步设计阶段

企业投资项目也须进行初步设计审核审批，建设工程许可证会审发放。与政府投资项目审批相比，主要减去项目概算审批这一环节。

4. 施工许可阶段

审批的基本环节和涉及的政府部门，与政府投资项目基本相同。

五、项目的招投标

工程建设项目在完成工程项目报建后，按国家《招投标法》规定即可进入招投标程序。工程项目招投标目的是打破地区、部门界线，促进各类承包单位提高工作质量，改善服务态度，降低工程价格，缩短建设周期。

（一）工程项目招标范围

国家发改委根据我国《招标投标法》第三条规定，制定和公开了必须进行招标的工程建设项目范围。具体包括以下几种。

（1）大型基础设施、公用事业等关系社会公共利益、公共安全的项目，如石油、电力、水利、教育、科技等。

（2）全部或部分使用国有资金投资或国家融资的项目和使用国际组织或者外国政府贷款、援助资金的项目。

（3）工程项目的勘察、设计、施工、监理以及与工程建设有关的重要设备、材料的采购。

（4）施工单项合同估算价在200万元以上的，重要设备、材料等货物的采购单项合同估算价在100万元以上的，勘察、设计、监理等服务的采购；单项合同估算价在50万元以上的，单项合同低于前三项估算价标准，但项目总投资在3000万元以上的。

但是，建设项目的勘察、设计、主要工艺、技术采用特定专利或者专用技术的，或者其建筑艺术造型有特殊要求的，经项目主管部门批准可以不进行招标；涉及国家安全、国家秘密、抢险救灾或者利用扶贫资金实行以工代赈，需要农民工等特殊情况，不适宜进行招标的项目，按照国家有关规定可以不进行招标。

（二）招标方式

按照上述国家规定的建设项目招标范围，建设项目招标主要包括公开招标和邀请招标两种方式。

（1）公开招标。是指招标人以招标公告的方式，邀请不特定的法人或者其他组织参加招标的一种招标方式。其适用的项目范围，包括依法必须进行招标的项目，全部使用国有资金投资或者国有资金投资占控股或主导地位，应当公开招标的项目。

（2）邀请招标。是指招标人以投标邀请的方式，邀请特定的法人或者其他组织参加投标的一种招标方式。其适用的项目范围，包括项目技术复杂或特殊要求，只有少量几个潜在投标人可供选择；涉及国家安全、国家秘密或者抢险救灾，适宜招标但不适宜公开招标的项目；项目规模小，采用公开招标不值得的；法律法规规定不宜公开招标的项目。邀请招标一般也须经项目主管部门批准。

（三）招投标内容和程序

1. 招标

包括明确招标实施机构，明确招标方式，编制招标文件，合理划分标段，编制标底，招标备案，发布招标公告或投标邀请书，投标单位资格审查和发放招标文件，组织投标人踏勘现场和投标前答疑，接收投标书，组织评标委员会。

2. 投标

包括编制和报送资格预审申请文件；购买或索取招标文件；参加现场踏勘和标前答疑；编制和审定投标文件，开具投标保函；递交投标文件；参加投标会；接受投标委员会提问并进行说明；中标后按期与投标人签订书面合同并交纳履约保证金。

3. 开标、评标和定标

（1）开标。开标是指在提交投标文件截止的规定时间，由招标人依据招标文件规定的地点和时间，邀请所有投标人和监督机构代表参加，当众检查投标文件密封情况，启封投标人提交的投标文件，公布投标名称、投标价格、投标保证金，以及投标方案的整个过程。开标必须做到公开、公平和公正。如果投标人少于投标文件规定的，招标人应当依法重新招标。

（2）评标。评标是指由依法建立的评标委员会，根据招标文件规定的评标标准和评标办法，通过对投标文件的评审、打分，向招标人提出书面评标报告，并推荐中标候选人的整个过程。评标必须公平、公正、科学。在公开开标时，评标委员会负责人对投标人的异议，应当在开标会议上当众予以说明或澄清。

（3）定标。定标是指招标人根据评标委员会的评标报告，在中标候选人中，按招标文件最终确定中标人的过程。在定标过程中，若排序前位的中标候选人弃标，或中标人未在规定期限内缴纳保证金，投标人可在排序后位的中标候选人中确定中标人。

最终定标后，招标人应及时向中标人发出中标通知书，并将中标结果通知未中标的投标人。在发出中标通知书和签订合同之前，投标人不得向中标人提出压低价格、增加工作量等谈判。

（4）签订合同。招标人与中标人应当自中标通知书发出之日起30天内，按照招标文件和中标人的投标文件订立书面合同。合同订立后，中标人按合同约定提高履约保证金，招标人应退还投标人投标保证金。中标人不履行与招标人签订合同的，投标保证金不予退还，并取消中标资格；招标人不履行与中标人签订合同的，应双倍返还投标保证金。

六、政府采购

（一）政府采购的概念

政府采购是指国家机关、事业单位及团体，使用财政资金，按照集中采购目录或采购限额标准，用合同方式有偿取得货物、工程和服务的行为。货物包括材料、设备、产品等，工程包括改建、扩建、装修、修缮等，服务包括咨询、设计、监理等。政府采购与招投标的主要区别在于，政府采购主要是货物和服务，且一般金额比较小。许多地方政府的招投标平台包括了政府采购中的工程采购部分，只将投资总额50万元以下的工程放到采购平台。

（二）政府采购方式及要求

（1）公开招标。这种方式的基本运作要求类似招投标平台上的运作。

（2）邀请招标。要求从同类供应商中用随机选择方式，选取三家以上供应商，发出邀标书。

（3）竞争性谈判。要求成立三人以上的谈判工作小组，且专家占三分之二以上。邀请谈判的供应商不得低于三家。

（4）单一来源采购。要求只有唯一供应商，紧急情况下，基于保密等要求才可使用。

（5）询价。其询价工作小组和询价供应商户数与竞争性谈判一致，只是供应商的报价应一次报出且不得更改。

（三）政府采购管理

实践中，大部分情况下，政府根据经济社会发展情况，每年发布集中采购的目录和采购限额标准，建立信息管理系统，将应采购的货物、工程、服务与财政资金支付结算系统连结。同时，对工程采购严格限额标准，将大部分工程项目纳入招投标平台进行公开招投标。禁止工程项目拆分，规避招投标平台监管。对单一来源采购严格限定，提高审批层级，加强单一来源采购的监管。

第三节　区域标志性项目的建设施工

项目的建设施工包括项目的施工准备、进度控制、投资控制、质量控制、安全控制、施工协调等内容。

一、项目的施工准备

施工准备是指为工程项目施工建立必要的技术和物质条件，统筹安排施工力量和施工现场。具体包含以下几个方面。

（一）施工技术准备

主要包括熟悉、审查施工图纸和有关设计资料，对施工项目的自然条件和技术经济条件确认或进一步调查分析，编制施工预算和进行施工组织设计。

（二）施工物资准备

包括建筑材料准备，构（配件）制品的加工准备，建筑安装机具的准备，生产工艺设备的准备等。

（三）施工现场准备

包括施工场地的控制网测量，通路通水通电和平整场地，施工现场的补充勘察，建设临时设施，安装调试施工机具，做好建筑构（配）件储存和堆放，提供建筑材料试验计划，做好冬季和雨季施工安排，设置消防、保安设施，进行新技术新工艺的试制和试验等。

二、项目的施工进度控制

（一）编制施工进度计划

施工计划以已签订合同中施工工期规定为目标，包括项目施工过程中涉及的所有单位，所有分项、分段工程，各项工作内容的开工、完工时间。按时间上分解，施工计划由总计划、分项计划、阶段性计划构成。其中，总计划根据项目施工工期安排，提出项目所有相关单位承担工作的时间要求，该部分一般由总承包方或建设方制定；分项计划，是分包方根据总计划的工期安排，提出分包项目的进度安排，并与总计划平衡后纳入施工计划；阶段性计划，指总承包方或分包方根据总计划和分项计划再进行细化分解，制订季度、月度、周的工作计划。阶段性计划也是总计划和分项计划的动态计划，但总体上与总计划和分项计划一致。

（二）计划的执行

要通过项目施工例会制度、联系沟通制度和计划完成情况的月度和周的报告制度来控制。项目施工的例会制度，承包方一般每周应召开一次，发包方一般每月召开一次，确有需要时承包方和发包方也可以临时增加会议次数，以协调解决项目施工中的生产调度等。项目联系制度，主要包括项目相关单位，负责人以及主要生产岗位的负责人，应建立联系网络，加强交流、沟通、反馈、建议等工作机制。项目施工季、月、周进度报告，包括各分项项目的季度、月度、每周进度，应上报总承包方和建设单位、监理方，并在确认后执行。

（三）施工进度监理

施工进度监理的主要任务是审核施工单位编制的施工进度计划和季、月、周的作业计划。根据施工计划跟踪、记录、督促施工单位及时整理有关资料，检查和审核施工单位提交的施工统计分析资料和进度控制报表。若发现施工进度过慢可能延误工期时，监理工程师应督促施工单位加快施工进度，以保证工程节点和总工期如期完成。

三、项目的投资控制

（一）控制设计变更

工程项目在初步设计审批后，已可以编制工程量清单，在工程量清单基础上编制的工程项目概算经审核审定后，应作为施工图设计的限额依据和工程项目预算、工程合同价格的依据。在建设项目施工过程中，设计单位在加强项目现场服务时，设计单位、施工单位或代建单位提出对投资和技术影响较大的设计变更，应得到建设方、建设方投资监理及相关项目施工方同意。没有经过变更设计审核程序的，超过项目预算或合同价的，不能作为项目结算和决算依据。

（二）控制工程变更

控制工程变更是施工阶段控制投资的主要方法之一。工程变更是指由施工条件和设计条件引起的工程量、质量标准、结构位置和尺寸、施工顺序和进度等变更。这些变更因素可能使项目投资超过工程预算或合同价，因此必须严格控制。工程施工实践中涉及工程变更的，一般先由施工单位或代建单位提出，报经项目业主同意。若工程变更而引起的投资额变更较大的，在项目预算预备费中调剂困难或超过一定投资比例的，还应报经项目投资概算审批部门批准。

（三）投资监理的业主委派制度

项目施工实践中，政府投资项目，为了控制项目超标准、超规模、超投资建设，一般由区财政局或区发改委实行项目投资监理委派，由委派的投资监理对项目概预算确定，施工过程中的材料、设备采购、设计变更和工程变更，资金拨付，以及项目结算和决算进行审查签单。企业投资项目的投资监理一般由业主派出，负责项目施工中的投资控制。

四、项目的质量控制

（一）质量控制的重点

包括地基与基础工程、砌体结构工程、屋面与地下防水工程、钢筋混凝土工程、预应力混凝土工程、幕墙工程、给水排水及采暖工程、电气工程、电梯工程、装饰装修工程等。

（二）质量控制方法

一是投入物料的质量控制，包括钢材、水泥、混凝土、砂浆、预制构件等投入使用和安装时，应按规范、标准、设计要求，对拟投入的物料采用抽样检查或全数检查，有的还须进行检测、化验等，以确定投入的物料质量的可靠性。二是施工工序的控制。施工中上道工序完工转入下道工序时应进行的质量检验，包括质量自检和互检，工序交接检查，隐蔽工程验收，基础、主体工程检查验收，工程技术复核等。三是加强施工成品保护。对施工中已经完成分项、分部工程，应采取妥善措施加以保护，避免对已完成施工成品造成损伤，影响工程质量。四是保存施工技术资料。工程项目施工中的技术、质量、管理等活动记录应予以妥善保存，是确保施工质量，完善施工管理的一项重要工作，也是实行工程质量追溯的一项重要依据，必须完整保存，不得遗漏、涂改、伪造、后补等。

（三）质量监理

工程项目中质量监理往往是在项目招投标中产生的，接受建设单位的委托和授权。按照有关法律、法规、标准和合同，建立健全有效的质量监督工作体系，确保工程项目质量，使项目按质交付使用。施工阶段的质量控制，包括质量的事前、事中、事后控制。工程项目质量监理机构及监理工程师，围绕上述质量控制重点，按照上述质量控制方法，使工程质量达到合同规定的标准和等级要求。

五、项目的安全控制

（一）安全控制的重点

包括土方开挖工程，拆除与爆破工程，脚手架工程，模板和高处作业，结构吊装工程，施工机械，临时用电等。控制这些安全节点目的是为了避免建筑施工中的高处坠落、物体打击、触电事故、机械伤害、坍塌事故、火灾爆炸等伤亡事故。

（二）安全控制的方法

一是制定项目施工安全方案，明确安全目标，完善施工安全操作规程，编制施工安全技术措施计划，加强安全防护设施的设置；二是加强安全教育，包括思想教育、知识教育和技能教育；三是开展安全检查，包括查思想、查隐患、查管理、查整改、查事故处理。

（三）安全监理

在项目施工实践中，安全监理与质量监理往往合二为一统称为工程监理，由招投标产生，受业主方委托和授权。影响项目安全生产的有诸多单位，包括勘察设计、施工、机械设备提供者等。因此需要发挥项目安全监理统筹作用，赋予其职权，确保项目施工中的安全。国家有关规定明确，工程监理单位在项目施工中，发现存在安全事故隐患的，应当要求施工单位整改，暂停施工，施工单位拒不整改或不停止施工的，工程监理单位应当及时向有关主管部门报告。

六、项目的施工协调

（一）成立项目协调组织

项目施工管理组织是指实施和参与项目建设和管理工作，且具有明确职责、权限和相互关系的人员组成，包括发包人、承包人、分包人和其他与项目建设管理的有关单位参加，为完成项目建设管理任务的临时机构，待项目建设完成，竣工验收交付运营后，该机构往往就自动解散。施工实践中，施工组织一般有两类：一类是从建设单位角度建立的项目施工的协调机构，另一类是由施工单位建立的项目现场管理机构。

（二）施工协调

与施工组织相应的施工协调也有两类。一类是施工单位的现场协调，主要包括施工现场的各工种和各工序之间的协调，施工单位与设计监理单位之间的协调等。另一类是建设单位的协调，包括项目各施工单位之间协调，施工单位与项目政府管理部门、项目使用部门的协调等。协调方式主要有通报施工中的情况，提出施工推进的进一步措施，明确相关人员和相关单位的分工和职责。

（三）施工协调的重要性

工程施工是各类人员、各个单位和各道工序系统展开和集成的过程。项目推进中的投资、质量、安全、进度等环节都需要场内场外单位及人员的互相配合和协调。施工中的矛盾乃至摩擦是正常的，通过有效的组织运作，及时的沟通、反馈、协调，有助于施工推进中各种问题的解决，从而使得项目有效有序地实施和完成。

第四节　区域标志性项目的竣工使用

项目的竣工使用包括项目的竣工验收、档案归档、竣工结算、竣工决算、资产管理、建后管护等内容。

一、项目竣工验收

（一）项目竣工验收条件

包括按设计文件和合同签约的施工内容已经完成，工程质量达到竣工验收的合格标准，工程竣工资料符合竣工验收规定，勘察设计、施工监理等单位签署确认工程质量合格的文件，项目能满足投入使用的各项要求。

（二）竣工验收的组织

竣工验收由政府有关职能部门牵头组建项目竣工验收机构进行验收，验收机构组成人员根据项目建设内容而定，一般包括项目建设单位、代建单位、勘察设计单位、施工单位、监理单位、使用单位，政府规划、土地、发改、住建等部门。各验收成员单位的职责就是其单位职责。特别复杂的项目，也可请专家、咨询机构参加。政府投资项目竣工验收，一般按“谁出资、谁验收”，但根据需要，上级政府也可委托下级政府组织验收。

（三）竣工验收的主要任务

包括查验建设工程现场，审查工程建设资料，审查项目调试运行情况，听取项目总结汇报，审查项目竣工结算。对工程设计、施工质量等作出评定结论，提出工程收尾需要整改的内容，签署竣工验收鉴定证书，审定工程验收的总结报告等。

（四）竣工验收工作程序

单项工程验收主要包括承包商提出申请，业主组织验收。全面竣工验收，需要做好项目调试运行记录，竣工验收资料准备，编制竣工结算报告等。

二、工程项目档案归档

（一）需要归档的主要内容

主要有：建设项目文件，包括项目审批、核准、备案的文件、工程勘察设计文件、工程招投标及相关合同文件、工程施工监理文件等；工程技术文件，包括各种物料的测试，工程变更和设计变更等协调记录，施工中各种实施方案等；建设项目设备清单，包括设备名称、规格、数量、产地、出厂证明、说明书、备用的配件清单等；项目竣工文件，包括验收申请及批复，项目质量评审资料，验收会议记录，项目结算，项目验收总结报告等；项目财务文件，包括项目概算、预算、结算、决算、资产移交清单等；项目试运行技术文件，包括调试运行记录和总结资料，操作规程，事故处理情况等；项目安全、环境卫生的考核记录等。

（二）竣工档案编制要求

归档资料一般要原件。工程文件符合国家有关规定，归档工程文件必须真实准确，归档文件字迹、图样清楚，签字盖章手续完备，纸张采用适宜长期保存，图纸采用国家标准图幅，照片及声像档案图像清晰，声音清楚等。

（三）竣工档案验收和移交

项目竣工档案验收由政府档案行政管理部门牵头进行。项目档案验收后，项目竣工档案应移交给由项目建设单位（业主）和档案行政主管部门保管。

三、项目竣工结算

（一）项目竣工结算概念

项目竣工结算是指由工程承包单位完成合同约定工程任务并通过项目竣工验收后，由承包人编制竣工结算书，经发包人及投资监理审查签证工程价款的最终确定。企业投资项目有的会请专业工程造价单位对承包方提出的竣工结算书提出审核意见，再由发包方签证。政府投资项目一般会委托政府审计部门或政府审计部门委托的审计机构对承包方提出的竣工结算书进行审计后，再由发包方签证。

国家有关规定对项目竣工结算明确了发包方与承包方的权利和责任。包括项目竣工验收报告经发包人确认后的一个月内，承包人可以向发包人提出项目竣工结算书；发包人接到承包人竣工结算书，一个月内应提出审核意见；竣工结算意见书经承发包双方确认签证后，按合同约定或结算书约定的结算比例、结算时间、及时支付价款，违反约定的，双方均应明确违约责任等。

（二）竣工结算依据及结算价

（1）工程承包合同。

（2）经签证的设计变更，需提供设计变更施工图和设计变更签证。

（3）经签证的施工变更，需提供变更内容和施工变更签证。

（4）其他与竣工结算有关的资料，包括发包人指定的变更文件，物料价格数量变动凭证，隐蔽工程施工记录等。

工程竣工结算价 = 合同价款 + 经确认的设计变更价 + 经确认的施工变更价 + 经确认的其他竣工结算价

（三）项目竣工结算价审核

（1）施工准备中的有关费用。

（2）施工中物料变动的有关费用。

（3）设计变更和施工变更的有关费用。

（4）施工中不可预见工程且合同价款中不包括的费用。

（5）材料、设备、用工价格变动，且合同价款中允许调整的费用等。

四、项目竣工决算

（一）项目竣工决算概念

项目竣工决算，是指工程项目竣工验收后，由发包人编制的包括项目资产、经费和财务情况的报告。项目竣工决算是财产移交管理，固定资产投资管理和项目绩效评估的重要内容。该报告，政府投资项目需经政府审计部门、财政部门和发改委确认；企业投资项目需经业主确认或企业资产财务管理部门确认。

（二）竣工决算依据

（1）项目政府审批、核准和备案有关文件。

（2）项目概算和预算。

（3）项目工程承包合同。

（4）项目设计变更、施工变更签证单。

（5）项目审价或审计结论。

（6）项目竣工验收报告等。

（三）项目竣工决算编制

（1）项目资产报表。包括建设项目概况表，建设项目交付使用资产登记表等。

（2）项目财务报表。包括建设项目竣工决算总表，建设项目竣工财务决算审批表等。

（3）项目竣工决算说明。包括工程造价分析，物有所值评价等。

五、项目资产管理

（一）项目竣工移交

项目承发包方完成项目竣工验收、竣工结算和决算手续后，应当及时与发包方办理竣工项目的交接手续。承包人应向发包人移交钥匙，移交工程竣工各项资料，移交工程质量保修书，有计划地撤出施工现场。在竣工项目移交时，承发包方要按要求完成交验签章手续。承包方撤离现场后，要对撤离的场地按撤场约定或项目竣工使用要求进行修复或建设，直至达到项目可以交付使用和运营。

（二）确定竣工项目资产归属

发包方接手竣工项目后，要明确项目资产所有人。企业投资项目一般按谁投资谁所有，由项目建设单位作为项目资产所有人。政府投资项目，一般将项目立项单位作为项目资产所有人。无论政府用一般公共财政，还是政府举债建设，或政府性基金建设的公共设施项目，包括基础设施项目、教科文卫体养老等社会事业项目、环境设施项目，其产权所有人都应该是政府职能部门。国有企业只有以自有资金或自行负债建设的项目才可以成为项目资产所有人。由国有企业自有资金或自行负债建设的公共设施项目，其资产应当通过回购方式由政府职能部门所有，便于一个地区的公共设施由全社会共用。

（三）进行产权登记

根据我国不动产登记要求，工程项目竣工形成的资产，在明确产权所有人条件下，应进行产权登记。一般情况，企业投资项目或个人所有的不动产产权登记比较完善，而政府投资项目形成的资产产权登记一般不被重视，尤其是政府投资形成的基础设施、环境设施等不动产产权所有人确定和产权登记变更没有引起重视，应当予以完善。产权登记不仅涉及静态期初登记，还涉及资产所有人变更、合并、不动产改扩建中的动态变更登记，以及登记资产的抵押等权能的界定。

六、建后管护

（一）明确资产管理人及使用人

资产所有人不一定是资产的管理人和使用人。所有人与资产管理人和使用人是种契约关系。产权登记后，许多情况需要通过租赁等方式确定使用人，此时涉及资产使用人使用资产的权利和职责的确定。实践中，资产使用人有时也是资产管理人，资产使用人负有资产管理的职责。但工程项目形成的资产许多情况下资产管理人又不是资产使用人，资产管理人受资产所有人委托统一管理公共资产或资产的公共使用部位，而此时资产所有人就需要与资产委托管理人签订合约，明确资产所有人与资产委托管理人的权利和义务，以确保资产有效合理使用。

（二）建立项目保修和回访制度

按照国家工程建设质量管理规定，工程项目承包单位在项目竣工验收交付使用后，对工程基础主体结构、屋面防水工程、电气管线、土建、上下水管线、供热供冷系统等列入保修范围，明确保修期限。按规定，基础设施工程、房屋建筑的地基基础工程和主体结构工程，为设计文件规定的使用年限；屋面防水工程、保修年限一般为五年；供热和供冷系统，保修年限一般为两年；电气管线、给水排水管道、设备安装和装修，保修期限一般为两年。建设工程的保修内容和保修期按国家规定要求，还可以由承发包双方进行约定，承包方应按约定的保修内容和保修期限履行保修职责。工程项目竣工交付使用期限，承包方除切实履行保修职责外，项目承包方还可主动建立项目回访保修制度，并将项目回访保修制度列入承包人工程质量管理体系。承包人定期或不定期地指派项目工程人员去项目运营现场听取情况和意见，及时解决项目运营中的问题，这样既可赢得发包人信任，也可提高承包人社会声誉。

（三）建立项目维修长效管理机制

工程项目运营中的及时有效维修，是提高和延长项目寿命和提高项目运营效益的重要举措。项目运营中维修长效管理机制建设，主要包括两部分。一是项目维修基金或大修基金的建立。产业设施的项目维修基金可以通过项目固定资产折旧来提取，居住项目维修基金可按国家规定在建设成本中列支，政府的基础设施项目、环境项目以及农田水利项目，需要建立项目维修管理办法设立项目维修基金等。二是维修基金的使用要项目化。无论用哪种方式提取项目维修基金，一般都采用项目化资金使用方式。政府投资项目需要进行维修的，一般应向项目主管部门提出项目维修计划和维修报告，使用资金较多的，还要编制维修项目实施方案，将维修项目纳入政府年度预算和年度投资计划，按程序进行招投标，政府采购或资金拨付到位后予以实施。企业投资项目、居住类的由物业管理委员会集体讨论后动用维修基金，产业类的经业主同意后拨付维修资金。

第十六章
区域政策

区域政策，有广义和狭义之分，广义的区域政策是指由中央政府和地方政府制定和实施的，促进区域经济增长和缩小区域发展差距的各种措施，包括区域发展战略、区域规划、区域政策、区域治理等。狭义的区域政策是指由中央政府和地方政府，为弥补已制定的区域发展战略和区域规划在实施中的市场动力不足，所制定和实施的经济激励和行政服务等措施。本章由“区域政策的概念和性质”“极化发展区域的区域政策”“次发展区域的区域政策”三节内容构成。

第一节　区域政策的概念和性质

区域政策，有广义和狭义之分，本节讨论的区域政策是指狭义的区域政策，即区域政府为弥补规划区域市场动力不足，所制定和实施的经济激励和行政服务等措施。

一、区域政策的概念

区域政策，有广义和狭义之分，广义的区域政策是指由中央政府和地方政府制定和实施的，促进区域经济增长和缩小区域发展差距的各种措施，包括区域发展战略、区域规划、区域政策、区域治理等。

狭义的区域政策是指由中央政府和地方政府，为弥补已制定的区域发展战略和区域规划在实施中的市场动力不足，所制定和实施的经济激励和行政服务等措施。由于本书分章讨论了区域发展战略和区域规划，所以本章的区域政策是相对于区域发展战略和区域规划而言的，本章讨论的区域政策是将同一规划区域已经制定的区域发展战略和区域规划落到实处，取得实效的一种具有杠杆性特征的经济和行政措施。在区域经济实务中，其行动逻辑一般是先制定区域发展战略，再制定区域规划，在已经制定的区域发展战略和区域规划基础上，再制定区域政策。这是因为，区域发展战略是区域规划的基础，区域发展战略和区域规划又是区域政策的基础，从某种意义角度讲，区域发展战略或区域规划中的战略目标，就是区域政策的政策目标，因此，离开区域发展战略或区域规划中的战略目标讨论区域政策中的政策目标，这样的区域政策目标就是无中生有的、没有靶向的政策目标。但是，区域政策目标并不等于就是区域政策，区域政策是实现区域政策目标的政策工具或政策手段，即区域政府为弥补规划区域市场动力不足，所制定和实施的经济激励和行政服务等措施。区域政策与区域发展战略和区域规划既有联系又有区别，联系在于区域政策中的政策目标一般来自区域发展战略或区域规划中的战略目标；区别在于区域政策中的政策目标并不等于就是区域政策，区域政策是区域政策目标的具体化和细化，即根据区域政策目标制定的经济激励和行政服务等措施（见表 16－1）。

表 16－1　　区域政策目标和区域政策的相互关系

<table>
<tr><th colspan="3">区域政策目标</th><th colspan="2">区域政策</th></tr>
<tr><th>总目标</th><th>子目标</th><th>指标</th><th>经济激励政策</th><th>行政服务政策</th></tr>
<tr><td rowspan="2">经济目标</td><td>经济总量目标</td><td>区域生产总值年均增长速度和区域生产总值</td><td>工业区内新办企业，从获利年度起免征所得税两年，第二年至第五年减半征收；年上交税收达到或者超过 50 万元的企业对其领导按上缴税收的 5‰予以奖励，奖励资金来源由财政拨款</td><td>对符合工业区发展规划的企业及项目，在贷款上提取予以支持</td></tr>
<tr><td>经济体制目标</td><td>建立社会主义市场经济体制框架和形成市场经济运作机制和运作方式</td><td>工业区内新办的中资企业，可参照三资企业，在经营、用工、分配等方面实行改革试点；工业区内凡出口产品产值达到当年总产值 70% 以上的企业减半征收所得税</td><td>工业区内新办企业，其立项审批、工商注册、税务登记、外经审批等有关手续，由工业区实行一条龙服务</td></tr>
</table>

资料来源：《上海市长宁区总体规划（1993～2020 年）》（长宁区人民政府 1994 年 9 月）和《上海市长宁区政府关于市区工业区鼓励投资的优惠政策》（长府发（1992）310 号）。

本书讨论的区域政策是指狭义的区域政策，即区域政府为弥补规划区域市场动力不足，所制定和实施的经济激励和行政服务等措施。

二、区域政策形成的原因及其性质

理解上述狭义区域政策含义需要把握区域市场动力不足的含义。区域市场动力不足，也可称区域市场的需求不足或区域市场发育不成熟或不完善，区域市场的成熟和完善前提是供求均衡。一般而言，区域市场发展水平与区域经济发展水平是一致的。区域经济发展水平越高，相应的区域市场发展水平也越高；反之，区域经济发展水平越低，相应的区域市场发展水平就越低。例如，当一个已明确战略或规划功能定位的新建商务区，因其新建商务区的区域市场还不够成熟或完善时，即该商务区还没有完全具备具有足够吸引力引入能够满足该商务区功能定位的企业、资本、技术、劳动力等要素时，此时该商务区就要围绕功能定位制定具有优惠的经济激励因素和行政服务因素的区域政策，通过区域政策中的优惠经济激励因素和行政服务因素，增强该商务区功能定位的市场吸引力，促进满足商务区功能定位的企业、资本、技术、劳动力等要素的入驻，促进该商务区市场的成熟和完善。当该商务区逐步实现功能定位和要素配置供需平衡时，此时已实施的区域政策就应适时退出，让市场机制自主实现功能定位和资源要素的优化配置。同样，在一个粮食主产区缺乏新型职业农民时，提高新型职业农民的土地经营规模，增加职业农民粮食生产的土地租赁费补贴、粮食生产补贴等，就能够促进本乡镇外出务工的人员回归乡村，从事粮食生产，这就是粮食主产区吸收粮食生产从业人员的区域政策。需要指出的是，市场失灵和市场动力不足是两个概念。市场失灵是指通过市场配置资源不能实现资源的最优配置，一般认为，导致市场失灵的原因，包括信息不对称、垄断、外部性、公共物品缺失、产权制度不完善等因素。市场动力不足是指市场的需求不足或区域市场发育不成熟或不完善。因此，从本书作者的区域经济实践看，任何区域在其市场建设初期，往往因市场发育不成熟或不完善，需要区域政策的激励补充，才能实现区域市场价格与价值的平衡，才能使区域市场逐步完善和区域经济逐步发展。因此，区域经济的发展与区域市场的完善是一致的。

然而，理解狭义区域政策含义还需要理解区域政策的性质，区域政策的性质是政府参与资源的配置，而不是政府干预资源配置。这就涉及区域资源配置的“过密”和“过疏”问题的讨论。根据以上讨论，当一个区域资源配置“过密”时，即功能和要素在一个区域过于集中时，倾斜性的区域政策就应该退出，该区域就要实施功能和要素向周边地区疏解。反之，当一个区域资源配置不足时，就要增加倾斜性的区域政策，以促进功能和要素向该区域集聚，促进区域市场的供求平衡和区域经济的发展。

三、区域政策的基本特征

（一）区域政策的差别性

区域政策的差别性，也可称为“区域政策的针对性”。区域政策的差别性来源于区域的异质性。由于每个区域的资源禀赋、发展基础和发展条件都是不同的，因此，每个区域的发展战略、发展规划、区域的政策目标也是不同的，以及因区域政策目标不同而引起的区域政策也是不同的。

（二）区域政策的激励性

区域政策的激励性是指区域政策是基于政策聚焦的区域市场动力不足而制定的带有杠杆性质的激励措施。这些激励措施，本质上是属于区域市场要素供给大于需求条件下的价格低于价值之间的补差。通过这种价值补差，实现要素流向政策区域，及其区域资源优化配置目标和区域经济增长目标。

（三）区域政策的阶段性

区域政策的阶段性是指区域政策的倾斜对象与一个国家或者一个地区的经济发展阶段相关。一般而言，在一个国家或一个地区的工业化和城镇化前中期，区域政策一般倾斜于拉长板区域，即资源禀赋、发展基础和条件较好的地区；在一个国家或一个地区的工业化和城镇化的中后期，区域政策一般倾斜于补短板区域，即资源禀赋，发展基础和发展条件相对较差的地区。

四、区域政策的类型

按照公平与效率，均衡与非均衡，区域整体发展与局部发展，可将一个国家或一个地区的区域政策分为极化发展区域的区域政策和次发展区域的区域政策。

（一）极化发展区域的区域政策

极化发展区域是指能够带动更大空间范围经济增长的相对集中或集聚发展的经济增长点或增长极。在我国，极化发展区域主要包括城区、经济功能区（主要由第一产业的现代农业园区、农业科技园区等，第二产业的经济技术开发区、高新技术开发区、出口加工区、科技园区等，第三产业的商业区、商务区、保税区、自由贸易区、旅游度假区等三大部分构成）、国家经济特区、国家级新区、一体化区域（主要包括都市区、都市圈、城市群等）等。极化发展区域的区域政策，属于一个国家或一个地区以经济效率为本位、以局部区域发展或区域整体非均衡发展为取向的区域经济政策。

（二）次发展区域的区域政策

次发展区域，是相对于以经济效率为本位的极化发展区域而言的，是指基于自身的资源禀赋、发展基础和条件与极化发展区域实行优势互补、错位发展的区域。在我国，主要有县域地区（城乡融合发展区）及其老少边穷地区、粮食生产功能区和生态功能区等。次发展区域的区域政策，属于一个国家或一个地区兼顾公平、以区域整体发展或区域整体均衡为取向的区域经济政策。

第二节　极化发展区域的区域政策

根据当前我国极化发展区域需要，为促进我国极化发展区域高质量发展，主要应当包括城镇旧区改造政策、城镇存量建设用地盘活政策、城市结构优化政策、城镇常住人口市民化政策等四方面的政策。

一、城镇旧区改造政策

（一）城镇旧区改造的内涵和内容

城镇旧区改造，有广义和狭义之分，广义的城镇旧区改造，与旧城区改造或城市更新同义，其基本内涵应当是在城镇建成区或城镇规划集中建设区内“旧字头”的旧居住小区、旧街区、旧厂区、旧住房和城中村的拆除重建、改建、保留修缮等（简称“拆改留”或“留改拆”），相当于广义的城镇旧区改造或者城市更新。国家“十四五”规划中提出，在“十四五”期间“要完成2000年底前建成的21.9万个城镇老旧小区改造，基本完成大城市老旧厂区改造，改造一批大型老旧街区，因地制宜改造一批城中村”。狭义的城镇旧居住区改造是指城镇建成区内的旧居住区、旧住房和城中村改造，相当于2021年8月颁布的《上海市城市更新条例》中的“两旧一新”（旧区改造、旧住房更新、“城中村”）改造。

（二）政府对老旧小区改造的支持政策

近年来，国内各省市政府对老旧小区改造的支持政策有：

1. *经济激励措施*

加强专项补助资金统筹。政府可通过一般公共财政预算收入、土地出让收益、住房公积金增值收益、地方政府专项债券、新增一般债券额度、城市基础设施配套费、彩票公益金等渠道筹集安排资金，支持城镇老旧小区改造。

从当年土地出让收益中提取10%的保障性安居工程资金可统筹用于城镇老旧小区改造。在住房公积金中心上缴的廉租住房建设补充资金中，可安排一定资金用于城镇老旧小区改造。

对城镇老旧小区改造中符合社区综合服务设施建设、体育设施、公共教育服务设施等专项资金使用对象条件的配套项目，可纳入公共财政专项资金中安排。

对城镇老旧小区改造免收城市建设基础设施配套费和各种行政事业性收费和政府性基金。

社会资本参与老旧小区改造的，政府对符合条件的项目给予不超过5年最高不超过2%的贷款贴息。

2. *行政服务措施*

将城镇老旧小区改造纳入民生实事项目。建立评价考核机制，完善日常巡查和通报制度，对政策措施落实不到位、行政审批推诿扯皮、项目建设进度缓慢、质量安全问题突出的区县进行通报并安排约谈，确保目标任务、政策措施和工作责任落实落细。

建立城镇老旧小区改造绩效评价与奖补资金挂钩机制。委托第三方机构开展全周期的绩效评价，评价结果作为下一年度计划申报、财政政策及资金安排的依据，对工作积极主动、成就显著的给予政策、资金倾斜，对组织不力，工作落后的，予以通报、约谈。

鼓励将金融机构支持了城镇老旧小区改造的信贷资金投放情况纳入财政资金存放考核，引导金融机构加大信贷投放。地方金融监管部门将金融机构支持城镇老旧小区改造的信贷资金投放情况纳入当地金融机构支持地方发展考核。

二、城镇存量建设用地盘活政策

（一）我国城镇人均建设用地已超国家规定标准

根据第三次全国国土调查主要数据，到 2019 年 12 月 31 日止，我国城乡建设用地（不包括采矿用地、风景名胜及特殊用地、交通设施用地、水利设施用地）总规模为 4.84 亿亩，其中，城镇建设用地总规模达到 1.55 亿亩，占城乡建设用地的 32.04%。根据第七次全国人口普查调整的数据，到 2019 年底，我国城乡人口总规模为 141008 万人，其中，城镇常住人口为 88426 万人。因此，到 2019 年底，城镇常住人口人均建设用地面积为 175.29 平方米。根据《城市用地分类与规划建设用地标准》（GB 50137—2011），“4.2.1 允许采用的规划人均城市建设用地指标为 65 ~ 110 平方米。4.2.2 新建城市的规划人均建城市建设用地指标应在 85.1 ~ 105 平方米内确定。4.2.3 首都的规划人均城市建设用地指标应在 105.1 ~ 115 平方米内确定。4.2.4 边远地区、少数民族地区，城市以及部分山地城市、人口较少的工矿业城市、风景旅游城市等，不符合表 4.2.1 规定，应专门论证确定规划人均城市建设用地指标，并不得大于 150 平方米。”城市的建设用地包括了城市内的居住用地，公共管理用地和公共服务用地，商业服务业设施用地，工业用地，物流仓储用地，道路交通设施用地，公共设施用地，绿地广场用地。根据《镇规划标准》（GB 50188—2007），镇区人均建设用地指标（平方米）分为小于 60 大于等于 80，小于 80 大于等于 100，小于 100 大于等于 120，小于 120 大于等于 140 四类。镇区的建设用地包括居住用地，公共设施用地，生产设施用地，仓储用地，对外交通用地，道路广场用地，工程设施用地和绿地八大类。我国城镇人均建设用地已超我国城镇人均建设用地标准。

（二）建立和完善城镇建设用地的“增存挂钩”政策

2020 年 3 月 30 日，由中共中央、国务院发布的《关于构建更加完善的要素市场化配置体制机制的意见》中提出“鼓励盘活存量建设用地”。充分运用市场机制盘活存量土地和低效用地，研究完善促进盘活存量建设用地的税费制度。以多种方式推进国有企业存量用地盘活利用。2022 年 12 月 14 日，在中共中央、国务院发布的《扩大内需战略规划纲要（2022 ~ 2035 年）》中提出“推进超大特大城市瘦身健体，严控中心城市规模无序扩张。”《上海市城市总体规划（2016 ~ 2035 年）》已经提出和实施新增建设用地零增长的市域建设用地利用政策。要求城市建设用地控制在全市土地总面积的46.8%以下，即全市建设用地从2015年末的3071平方公里到2035年控制在3200平方公里以内[①]。截至2018年，长三角生态绿色一体化发展示范区现状建设用地总面积已达729平方公里，开发强度已达示范区2300平方公里的30.2%，已接近2035年示范区国土空间规划建设用地759平方公里的96%，新增建设用地极为有限。2022年示范区制定了“示范区存量土地盘活工作方案”，确定了近期（至2022年）盘活存量建设用地为9.78平方公里，其中异地盘活[②]5.27平方公里，就地盘活4.51平方公里；中期（至2025年）盘活存量建设用地为21.15平方公里，其中异地盘活11.18平方公里，就地盘活9.97平方公里；远期目标（至2035年）盘活存量建设用地为310平方公里，其中异地盘活面积不低于150平方公里，就地盘活面积不低于160平方公里，先行启动区异地盘活面积不低于40平方公里，就地盘活面积规模不低于17平方公里。并且明确“城镇开发边界外低效建设用地复垦、宅基地撤并以及批而未供建设用地指标平移，城镇开发边界内存量土地盘活、城镇开发边界外规划其他建设区内存量土地盘活类”等五类存量土地盘活方式，以及明确增存挂钩区域和存量土地盘活重点区域，建立存量土地盘活“项目库”。预留6平方公里新增建设用地机动指标用于建设用地增存挂钩使用，制定示范区“新增建设用地指标统筹使用操作办法”，细化新增建设用地指标使用范围和使用原则，规范新增建设用地指标申请使用流程，强化新增建设用地指标监测评估管理。长三角生态绿色一体化发展示范区建设用地”增存挂钩”机制目前已经取得较好成绩。例如，2021年以来，江苏省吴江区针对重点区域低效用地盘活，更新腾退低效企业地块共计391宗、面积6065亩，2020～2021年吴江区工业用地供地中存量占比达58%。

三、城市结构优化政策

（一）我国城市结构现状和优化方向

根据国家住建部发布的《2020年中国城市建设统计年鉴》，到2020年末，我国有统计的城市共686个。根据2014年10月国务院发布的《关于调整城市规模划分标准的通知》，在我国有统计的686个城市，城区常住人口1000万人以上的超大城市有5个，500万人以上1000万人以下的特大城市有12个，300万人以上500万人以下的Ⅰ型大城市有14个，100万人以上300万人以下的Ⅱ型大城市有62个，50万人以上100万人以下的中等城市有119个，20万人以上50万人以下的Ⅰ型小城市有276个，20

① 上海市人民政府：《上海市城市总体规划（2016～2035年）》，2017年11月第44页。

② 就地盘活是指城镇开发边界内的存量建设用地盘活，异地盘活是指城镇开发边界外的存量建设用地盘活。

万人以下Ⅱ型小城市有198个（按照2014年10月国务院发布的“城市规模半数递减划分标准”，包括10万人以上20万人以下小城市有139个，5万人以上10万人以下小城市有39个，3万人以上5万人以下小城市有13个，3万人以上小城市有7个）。按照“城市规模半数递减”和“城市数量倍数递增”划分标准，到2020年底，在1000万人以上超大城市5个不变前提下，我国城市结构优化目标应当是：城区常住人口1000万人以上的超大城市有5个，500万人以上1000万人以下的特大城市有10个，300万人以上500万人以下的Ⅰ型大城市有20个，100万人以上300万人以下的Ⅱ型大城市有40个，50万人以上100万人以下的中等城市有80个，20万人以上50万人以下的Ⅰ型小城市有160个，10万人以上20万人以下小城市有320个，5万人以上10万人以下小城市有640个。我国西部地区常住人口3万人以上5万人以下的县城也可考虑设置为Ⅱ型小城市（见表16－2）。

表16－2　2020年我国686个建制市（城区规模）现状和优化方向表　单位：个

城区常住人口规模	1000万人以上	500万人以上1000万人以下	300万人以上500万人以下	100万人以上300万人以下	50万人以下100万人以上	20万人以上50万人以下	10万人以上20万人以下	5万人以上10万人以下	3万人以上5万人以下	3万人以下	总计
地级及以上城市	5	12	14	61	117	94	2	5	1	0	300
县级市	0	0	0	1	2	182	137	34	12	7	386
合计	5	12	14	62	119	276	139	39	13	7	686
结构优化	5	10	20	40	80	160	320	640	1280	—	—

资料来源：作者根据《2020年中国城市建设统计年鉴》整理。

从上述城市规模角度讲，当前我国城市结构严重失衡，大城市较多且规模较大，中小城市偏少，尤其是小城市数量严重不足。

（二）我国城市结构优化的可能性和重要性

1. 可能性

根据国家住建部发布的《2020年城乡建设统计年鉴》和第七次全国人口普查各地发布的人口数据，到2020年底我国1495个县中，常住人口5万人以上的县城有1128个，占1495个县（城区）的75.45%。其中，常住人口20万人以上的县城有189个（包括2个常住人口50万人以上的县城），占1495个县（城区）的12.64%；常住人口10万人以上20万人以下的县城有444个，占1495个县（城区）的29.70%；常住人口5万人以上10万人以下的县城有494个，占1495个县（城区）的33.04%。如果将我国常住人口5万人以上的县城纳入小城市改制，加上到2020年底已有的454个小城市，那样我国小城市的总数就可达到 1582 个。在“十四五”到“十六五”期间我国也可考虑将西部地区，常住人口 3 万人以上的 184 个县城也改成Ⅱ型小城市。这样我国的小城市总数就可达到 1766 个左右。

2. 重要性

从上述城市规模角度讲，我国城市的基本特征是“我国大城市规模过大且多，小城市规模过小且少”。城市是区域经济社会发展的增长极，城市既吸收了周边地区的要素和贸易，又带动了周边地区发展。在当今区域经济发展格局中，离城市距离的远近决定着周边区域的经济发展水平，一般而言，离城市越近的周边区域经济发展水平越高，反之，与城市距离越远的周边区域经济发展水平越低。当前，我国绝大部分县域经济发展水平较低，产生这种情况的重要原因之一，是这部分经济发展水平较低的县域范围内缺乏小城市带动。

（三）我国城市结构优化制度创新

与世界大多数国家不同是，1986 年以后，我国采用了区域型城市行政区划体制。我国的城市行政区划，既包含了世界上大多数国家通用的“市制”（城市是指城市的城区部分），即城市行政区划下辖“区、街道、居委会”；还包括了世界上大多数国家通用的“乡制”，即城市行政区划下辖“建制镇、乡、村委会”。自 18 世纪中叶工业革命以来，一般认为，城市是区域经济的增长极，如果城市包括农村地域，尤其是实施“以城治乡”的政策，在工业化和城镇化过程中造成乡村衰退和扩大城乡差距的结果就在所难免。在我国缩小地区间差距和城乡差距，首先是要增加次发展区域的小城市增长极，而在我国，当前小城市扩容的工业化和城镇化的条件已经具备，目前唯一需要的是进行我国小城市设置的制度创新，即凡符合国家小城市设置标准的，就应该创造条件，允许县下“聚落设市”。避免我国温州苍南县“龙港镇”切块设市体制在县域范围内运用，以保障“母体县”的可持续发展。而县下“聚落设市”在我国的台湾地区早有这种做法，在美国等已经是一项比较成熟的设市制度。在我国工业化和城镇化进入了中后期发展阶段，为避免城乡的不公平发展，我国应当建立区域管理体制统辖下的城乡管理体制，区域管理机构由省制、县制、乡镇、乃至村民居委会制度构成，城市管理体制由各类不同等级的城市制度构成。

（四）我国城市结构优化政策依据和目标

国家“十四五”规划中提出“稳步有序推动符合条件的县和镇区常住人口 20 万人以上的特大镇设市”。因此，我国在“十四五”期间可以考虑，将 2020 年底县（城区）常住人口 20 万人以上的 189 个县城改为Ⅰ型小城市。根据 2016 年 10 月 8 日国家发展和改革委员会发布的《关于加快美丽特色小（城）镇建设的指导意见》（发改规划〔2016〕2125 号）“赋予镇区 10 万人以上的特大镇县级管理职能和权限，强化事权，财权、人事权和用地指标等保障。推动有条件的特大镇有序设市”。因此，我国在“十五五”期间可考虑，将2020年底县（城区）常住人口10万人以上20万人以下的444个县城改为Ⅱ型小城市。2016年12月19日，由中共中央办公厅、国务院办公厅印发的《关于深入推进经济发达镇行政管理体制改革的指导意见》中提出的“充分考虑地区发展水平差异和主体功能区布局，合理确定经济发达镇认定标准。东部地区经济发达镇建成区常住人口一般在10万人左右，中部和东北地区一般在5万人左右，西部地区一般在3万人左右；常住人口城镇化率、公共财政收入等指标连续2年位居本省（自治区、直辖市）所辖乡镇的前10%以内”。因此，我国在“十六五”期间可考虑，将2020年底县（城区）常住人口5万人以上10万人以下的494个县城改为Ⅱ型小城市。我国西部地区也可考虑将常住人口3万人以上的184个县城也改成Ⅱ型小城市。通过优化我国县（城区）城镇行政管理体制，促进县域范围内的常住人口向县城集聚，强化我国县城增长极建设。

四、城镇常住人口市民化政策

（一）建立以经常居住地登记享有基本公共服务的户口制度

根据第七次全国人口普查数据公布的数据，在第六次和第七次全国人口普查的十年间，我国流动人口规模巨大，类型多样，流向多元；而流动人口在经常居住地实现完全市民化（落户）和一定程度市民化（居住证）的人数大致各占流动人口总数的1/4，另有50%强的流动人口在我国经常居住地基本不享有基本公共服务和办事便利的市民化待遇。根据第七次全国人口普查公报，截至2020年11月1日零时，我国流动人口为375816759人。在3.76亿流动人口中，流向城镇的流动人口占流动人口总量的88.12%，为3.31亿人（其中，乡村流向城镇的流动人口占流动人口总量的66.22%，为2.49亿人，城镇流向城镇的流动人口占流动人口总量的21.90%，为0.82亿人）。在3.76亿流动人口中扣除流向城镇的88.12%，那么城镇流向乡村和乡村流向另一个乡村的流动人口应该占流动人口总量的11.88%，为0.45亿人（这0.45亿人流动人口中，从第七次全国人口普查已公布的数据看，还没有办法将城镇流向城镇和乡村流向乡村的流动人口分离开来）。2020年，全国农民工总量为28560万人，其中外出农民工为16959万人，本地农民工为11601万人。本地农民工是指在户籍所在乡镇地域内从事非农产业，按照国家统计局的流动人口概念不属流动人口范畴。因此，第七次全国人口普查中由乡村流向城镇2.49亿流动人口中，农民工占68.27%，为1.70亿人；其余是与农民工随迁的家属占21.73%，为0.79亿人①（见表16-3）。

① 国家统计局：《2020年农民工监测调查报告》，2021年4月30日。

表 16－3　　2020 年我国流动人口类型及结构表

流动人口类型＼流动人口占比	2020 年流动人口		备注
	绝对值（亿人）	占流动人口比（%）	
乡—城流动人口	2.49	66.22	在 2.49 亿乡—城流动人口中，农民工占 68.27%，为 1.70 亿人；农民工随迁家属占 21.73%，为 0.79 亿人
城—城流动人口	0.82	21.90	
乡—城和城—城流动人口（合计）	3.31	88.12	
城—乡、乡—乡流动人口	0.45	11.88	
流动人口（总计）	3.76	100	

资料来源：作者根据第七次全国人口普查官方公布的有关数据整理。

（二）国家人口市民化政策

党的十五届五中全会提出“‘十四五’时期基本公共服务均等化水平明显提高，到 2035 年基本公共服务实现均等化”。在 2021 年 3 月 30 日，国家发改委等 20 个部门印发《国家基本公共服务标准（2021 年版）》答记者问中提出“享有基本公共服务是公民的基本权利，保障人人享有基本公共服务是各级政府的重要职责。”“逐步实现全体公民无论身处何地都能公平可及地获得大致均等的基本公共服务，是以人民为中心的发展思想和社会主义制度优越性的体现”。2021 年 3 月 13 日发布的《中华人民共和国国民经济和社会发展第十四个五年规划和 2035 年远景目标纲要》中提出“放开放宽除个别超大城市外的落户限制，试行以经常居住地登记户口制度。全面取消城市常住人口 300 万以下的城市落户限制，确保外地与本地农业转移人口其城市落户标准一视同仁。全面放宽城区常住人口 300 万～500 万人的Ⅰ型大城市落户条件。完善城区常住人口 500 万人以上的超大城市、特大城市积分落户政策，精简积分项目，确保社会保险缴纳年限和居住年限分数占主要比例，鼓励取消年度落户名额限制。健全以居住证为载体，与居住年限等条件相挂钩的基本公共服务提供机制，鼓励地方政府提供更多的基本公共服务和办事便利，提高居住证持有人城镇义务教育、住房保障等服务的实际享有水平。”2020 年 3 月 30 日由中共中央、国务院发布的《关于构建更加完善的要素市场化配置体制机制的意见》中提出“放开放宽除个别超大城市外的城市落户限制，试行以经常居住地登记户口制度。”2021 年 1 月 31 日由中办国办发布的《建设高标准市场体系行动方案》中指出“除超大、特大城市外，在具备条件的都市圈或城市群探索实行户籍准入年限同城化累计互认，试行以经常居住地登记户口制度，有序引导人口落户。”

第三节　次发展区域的区域政策

根据当前我国次发展区域发展需要，实现我国次发展区域与极化发展区域缩小经济发展差距的区域政策，主要应当包括人、财、物三方面的要素配置政策。在资金方面包括中央财政转移支付政策和农村金融政策，在土地方面包括农村建设用地政策和农用地政策，在人力资源方面包括鼓励返乡回乡下乡创业和探索城镇人才加入农村集体经济组织政策。

一、中央财政转移支付政策

（一）县和县级市一般公共财政收支情况

我国政府的一般公共财政收入主要来自税收收入和政府行政收费、罚没等。因此，自我国2006年取消农业税，不断取消和减少政府收费项目和罚没收入后，我国一般公共财政收入主要来源于二三产业的税收收入，税收收入是财政收入的主要形式，在市场经济条件下，一般占公共财政总收入（包括一般公共财政、政府性基金、国有资本经营、社会保险基金等四部分）的80%左右。而我国政府的一般公共预算支出包括以下29类，包括基本建设支出、企业挖潜发行资金、简易建筑费、地质勘探费、科技三项费用、流动资金、支持农村生产支出、农林气象等部门事业费、工业交通等部门事业费、商业部门事业费、城市维护费、文教事业费、科学事业费、其他部门事业费、抚恤和社会福利救济费、国防支出、行政管理费、武装警察部队支出、公检法支出、政策性补贴支出、债务支出、对外援助支出、支持不发达地区支出、其他支出、总预备费、预算调拨支出、农业综合开发支出、卫生经费、行政事业单位离退经费。

1. 县一般公共财政收支情况

根据国家统计局《中国统计年鉴2021年》、《中国县域统计年鉴2021（县市卷)》，到2020年末，我国1495个县一般公共财政预算收入为12054.95亿元，而支出为54934.15亿元，收入占支出比重仅为21.94%（见表16－4）。

表16－4　　2020年末我国县一般公共财政预算收支情况

序号	省份	县（个）	一般公共财政预算收支		
			收入（亿元）	支出（亿元）	收入占支出比重（%）
1	河北	97	882.49	3234.47	27.28
2	山西	81	493.00	1965.60	25.10
3	内蒙古	69	551.47	2161.80	25.51
4	辽宁	25	203.38	823.90	24.69
5	吉林	19	112.77	865.17	13.03
6	黑龙江	47	133.51	1255.83	10.63

续表

序号	省份	县（个）	一般公共财政预算收支		
			收入（亿元）	支出（亿元）	收入占支出比重（%）
7	江苏	19	580.91	1680.23	34.57
8	浙江	33	934.10	2081.16	44.88
9	安徽	50	884.01	2719.62	32.50
10	福建	43	587.68	1528.72	38.44
11	江西	61	790.69	2695.65	29.33
12	山东	52	961.20	2269.78	42.35
13	河南	84	1098.7	4088.78	26.87
14	湖北	38	231.39	1751.26	13.21
15	湖南	71	733.48	3294.01	22.27
16	广东	37	340.88	1708.41	19.95
17	广西	61	301.92	2352.28	12.84
18	海南	11	110.90	490.91	22.59
19	重庆	12	159.37	790.59	20.16
20	四川	111	732.41	3625.46	20.20
21	贵州	64	349.16	2351.47	14.84
22	云南	97	480.86	3002.53	16.02
23	西藏	66	52.86	917.45	5.76
24	陕西	71	262.32	1972.50	13.77
25	甘肃	64	163.29	1905.12	8.57
26	青海	34	45.13	657.46	6.86
27	宁夏	12	57.11	487.56	11.71
28	新疆	66	320.0	2256.43	14.18
合计		1495	12054.95	54934.15	21.94

注：①我国北京、天津、上海三个直辖市目前没有设置县。

②一般公共财政预算收支（%）=收入/支出。

资料来源：作者根据国家统计局《中国统计年鉴2021年》《中国县域统计年鉴2021（县市卷）》和国家住建部发布的《2020年中国县城建设统计年鉴》整理。

2. 县级市一般公共财政收支情况

根据国家统计局《中国统计年鉴2021年》、《中国县域统计年鉴2021（县市卷）》，到2020年末，我国386个县级市一般公共财政预算收入为10785.64亿元，而支出为23543.41亿元，收入占支出比重仅为45.81%（见表16-5）。

表 16－5　　2020 年末我国县级市一般公共财政预算收支

序号	省份	县级市（个）	一般公共财政预算收支		
			收入（亿元）	支出（亿元）	收入占支出的比重（%）
1	河北	21	490.78	1110.65	44.19
2	山西	11	153.95	335.66	45.86
3	内蒙古	11	77.16	327.14	23.59
4	辽宁	16	314.62	749.76	41.96
5	吉林	20	203.83	1049.9	19.41
6	黑龙江	21	123.63	842.86	14.67
7	江苏	22	2369.71	3067.21	77.26
8	浙江	20	1442.22	1995.19	72.28
9	安徽	9	214.12	505.51	42.36
10	福建	12	478.03	737.85	64.79
11	江西	12	315.38	691.64	45.58
12	山东	26	1255.13	1782.33	70.42
13	河南	22	708.03	1368.77	51.73
14	湖北	25	315.68	1647.84	19.16
15	湖南	18	358.19	1071.52	33.43
16	广东	20	321.35	1340.19	23.98
17	广西	9	91.25	396.05	23.04
18	海南	5	61.20	283.17	21.61
19	四川	18	384.56	851.72	45.15
20	贵州	9	222.63	499.89	44.54
21	云南	17	289.96	842.33	34.42
22	陕西	6	137.80	280.72	49.09
23	甘肃	5	21.67	111.34	19.46
24	青海	4	23.23	107.31	21.65
25	宁夏	2	36.57	100.84	36.27
26	新疆	25	374.96	1446.02	25.93
合计		386	10785.64	23543.41	45.81

注：①我国北京、天津、上海、重庆四个直辖市和西藏目前无县级市。②一般公共财政预算收支（%）＝收入/支出。

资料来源：作者根据国家统计局《中国统计年鉴 2021 年》《中国县域统计年鉴 2021（县市卷）》和国家住建部发布的《2020 年中国县城建设统计年鉴》整理。

（二）中央财政转移支付政策

在我国，目前中央对地方的财政转移支付分为一般性财政转移支付和专项财政转移支付两类。一般性财政转移支付，是中央对地方的持续性财力补助，不指定转移支付科目的具体用途，地方可自主安排支出；而专项财政转移支付，是中央在特定时期基于特定政策目标而设置的财政转移支付，地方政府使用专项财政转移支付，应当按照该科目规定的用途使用财政资金。

1. 次发展区域的中央一般性财政转移支付

对次发展区域的中央一般性财政转移支付，目前可包括均衡性转移支付、县级基本财政保障机制奖补资金、重点生态功能区转移支付、重点生态功能区转移支付、生猪（牛羊）调出大县奖励资金、老少边穷地区的转移支付［包括革命老区转移支付、民族地区转移支付、边境地区转移支付、扶贫资金（2021 年起改为衔接乡村振兴补助资金）］等（见表 16－6）。上述对次发展区域的中央一般性财政转移支付，对提高次发展区域的公共服务水平，保障次发展区域政府的可持续运行，以及增强次发展区域的生态产品和农产品供给具有重要的作用。

表 16－6　　次发展区域中央一般性财政转移支付　　单位：万元

一般性财政转移支付科目	2019 年	2000 年	2021 年	2022 年	2023 年（预计数）
均衡性转移支付	153320000	168420000	181770000	19463717	207790000
县级基本财政保障机制奖补资金	22165113	28790000	26811000	—	—
重点生态功能区转移支付	7881100	7945000	8706500	9820400	8838400
产粮大县奖励资金	4478644	3654989	4648064	—	—
生猪（牛羊）调出大县奖励资金	299260	368817	368516	370000	370000
革命老区转移支付	1626000	1806000	1986600	2250000	—
民族地区转移支付	8470000	9147000	10060000	11070000	—
边境地区转移支付	2178500	2366670	2616214	2245700	—
扶贫资金（衔接乡村振兴补助资金）	12609512	11360861	9909158	16033258	17500000

注：“—”表示“中央对地方转移支付管理平台”一般转移支付栏目中没有公布的数据。

资料来源：作者根据国家财政部官网专题专栏中的“中央对地方转移支付管理平台”一般转移支付栏目公布的数据整理。

2. 次发展区域的中央专项财政转移支付

对次发展区域的中央专项财政转移支付，在国家财政部官网专题专栏中的“中央对地方转移支付管理平台”专题转移支付栏目中还保留着三类专题转移支付，一是对次发展区域已经停止的专项转移支付科目，如补助贫困地区法律援助办案经费、农业支持保护补贴资金、农机购置补贴资金、农业技术推广与服务补助资金、农业生产救灾资金等。二是对次发展区域已经停止实施、但专项转移支付科目仍然保留的专项转移支付科目，如天然林保护工程补助经费、退耕还林工程财政专项资金、江河湖库水系综合整治资金、农业综合开发补助资金、农村土地承包经营权确权登记颁证补助资金、现代农业生产发展资金、林业补助资金、全国山洪灾害防治经费、农田水利设施建设和水土保持补助资金等。三是对次发展区域近几年来连续实施并且到目前为止还在实施的专项转移支付科目，如农村义务教育薄弱学校改造补助资金、农业保险保费补贴、农村综合改革转移支付、农业资源及生态保护补助资金、动物防御等补助资金等（见表16－7）。

表16－7　次发展区域中央专项财政转移支付　单位：万元

中央专项财政转移支付科目名称	2019年	2000年	2021年	2022年	2023年（预计数）
农村义务教育薄弱学校改造补助资金	2935000	2935000	2985000	3000000	2700000
农业保险保费补贴	2424821	3102020	3334484	4345345	32642645
农村综合改革转移支付	3325500	2778500	2858500	2986300	1560000
农业资源及生态保护补助资金	2313511	1961503	3686554	4460937	3146068
动物防疫等补助资金	660662	682591	682700	687900	523931

资料来源：作者根据国家财政部官网专题专栏中的“中央对地方转移支付管理平台”一般转移支付栏目公布的数据整理。

一般性转移支付，在国际上一般也通称为均衡性转移支付，一般性财政转移支付主要目的是平衡地区间经济发展水平差距和财政能力差异，属于一个国家财政的二次分配功能，因此，一般性转移支付过程中要求遵循均等化和公平性原则。而专项财政转移支付是基于国家在特定时期和特定目的而设置的转移支付，在专项转移支付过程中要求遵循时效性和财政资金绩效。我国中央财政的转移支付制度是1994年我国实行分税制体制改革以来，1995年才正式开始实施的。目前，我国还存在各级政府的事权财权未明确划分，国家财力还不够充足够，地区间经济发展水平差距较大，财政转移支付所要求的数据支撑还有一定距离等，因此我国转移支付政策还有待进一步完善。

二、农村金融政策

（一）县和县级市住户存款和银行贷款情况

1. 县的住户存款和银行贷款情况

根据国家统计局《中国统计年鉴2021年》《中国县域统计年鉴2021（县市卷)》，

到2020年末，我国1495个县的住户存款为202983.98亿元，而银行贷款为185083.85亿元，存贷率为91.18%。在28个省份的年度存贷率中，大于100%的有10个省份，大于90%的有7个省份，大于80%的有2个省份，小于80%的有11个省份（见表16－8）。

表16－8　　2020年末我国县的住户存款和银行贷款

序号	省份	县（个）	存贷款		
			住户存款（亿元）	年末贷款（亿元）	存贷率（%）
1	河北	97	19344.95	13760.85	71.20
2	山西	81	8623.49	5092.08	59.04
3	内蒙古	69	5493.52	5122.52	93.25
4	辽宁	25	4539.33	2316.02	51.02
5	吉林	19	2881.21	2142.54	74.36
6	黑龙江	47	4335.88	2716.86	62.66
7	江苏	19	7033.15	8881.82	126.29
8	浙江	33	9745.94	16793.37	172.31
9	安徽	50	10450.50	12978.53	124.19
10	福建	43	6054.93	7980.00	131.79
11	江西	61	9651.49	10569.50	109.51
12	山东	52	15468.01	12507.76	80.86
13	河南	84	18761.74	12189.95	64.97
14	湖北	38	6807.73	5082.15	74.65
15	湖南	71	13084.78	11248.72	85.97
16	广东	37	5242.48	4804.99	91.65
17	广西	61	6904.98	6380.60	92.41
18	海南	11	1005.54	924.17	91.92
19	重庆	12	2965.13	2868.64	96.75
20	四川	111	15657.33	10680.80	68.22
21	贵州	64	5269.60	8516.15	161.62
22	云南	97	6887.24	6754.58	98.07
23	西藏	66	290.47	704.44	242.52
24	陕西	71	7451.27	4412.22	59.21
25	甘肃	64	4702.80	4524.29	96.20
26	青海	34	701.14	756.06	108.00

续表

序号	省份	县（个）	存贷款		
			住户存款（亿元）	年末贷款（亿元）	存贷率（%）
27	宁夏	12	963.92	1109.11	115.06
28	新疆	66	2665.43	3265.13	122.50
合计		1495	202983.98	185083.85	91.18

注：①我国北京、天津、上海三个直辖市目前没有设置县。

②存贷率（%）=年末贷款/住户存款。

资料来源：作者根据国家统计局《中国统计年鉴2021年》、《中国县域统计年鉴2021（县市卷）》和国家住建部发布的《2020年中国县城建设统计年鉴》整理。

2. 县级市的住户存款和银行贷款情况

根据国家统计局《中国统计年鉴2021年》、《中国县域统计年鉴2021（县市卷）》，到2020年末，我国386个县级市的住户存款为136399.57亿元，而银行贷款为153538.47亿元，存贷率为112.56%。在26个省份的年度存贷率中，大于100%的有19个省份，大于90%的有1个省份，大于80%的有4个省份，小于80%的有4个省份（见表16-9）。

表16-9　2020年末我国县级市的住户存款和银行贷款

序号	省份	县级市（个）	存贷款		
			住户存款（亿元）	年末贷款（亿元）	存贷率（%）
1	河北	21	9223.78	7882.60	85.46
2	山西	11	2718.12	1475.47	54.28
3	内蒙古	11	1365.01	1464.56	107.29
4	辽宁	16	6548.88	3807.00	58.13
5	吉林	20	4345.82	3005.21	69.15
6	黑龙江	21	3053.58	3107.98	101.78
7	江苏	22	20197.07	33326.65	165.01
8	浙江	20	17398.91	26187.68	150.51
9	安徽	9	2199.47	2979.06	135.44
10	福建	12	5209.86	7059.29	135.50
11	江西	12	2703.41	3060.31	112.31
12	山东	26	13223.27	12684.7	95.93
13	河南	22	7268.38	5643.36	77.64
14	湖北	25	8525.94	6700.24	78.59
15	湖南	18	4903.37	5100.63	104.02

续表

序号	省份	县级市（个）	存贷款		
			住户存款（亿元）	年末贷款（亿元）	存贷率（%）
16	广东	20	6466.16	5548.73	85.81
17	广西	9	1599.72	1630.33	101.91
18	海南	5	914.34	755.38	82.61
19	四川	18	6107.03	5105.29	83.60
20	贵州	9	1836.00	3635.59	198.02
21	云南	17	3452.41	5209.91	150.91
22	陕西	6	1599.65	1130.37	70.66
23	甘肃	5	888.63	952.03	107.13
24	青海	4	239.97	369.17	153.84
25	宁夏	2	265.86	350.07	131.67
26	新疆	25	4144.93	5366.86	129.48
合计		386	136399.57	153538.47	112.56

注：①我国北京、天津、上海、重庆四个直辖市和西藏自治区目前无县级市。②存贷率（%）＝年末贷款/住户存款。

资料来源：作者根据国家统计局《中国统计年鉴2021年》《中国县域统计年鉴2021（县市卷）》和国家住建部发布的《2020年中国县城建设统计年鉴》整理。

（二）农村金融政策

1. 涉农金融机构回归本源

2018年1号文件提出，“推动农村金融机构回归本源，把更多的金融资源配置到农村经济社会发展的重点领域和薄弱环节，更好地满足乡村振兴多样化金融需求。”和“普惠金融重点要放在农村”2019年中央1号文件提出，“推动农村商业银行、农村合作银行、农村信用社逐步回归本源、为本地‘三农服务’”。这里的涉农金融机构应该指，凡是在农村地区吸收存款业务的金融机构，如中国农业银行、中国邮政银行、农村商业银行、村镇合作银行、农村信用社和农民资金互助合作社、涉农小额借款公司等存款性涉农金融机构；国家政策性涉农金融机构，如国家开发银行、国家农业保险机构，国家农业信贷担保机构等。普惠金融（inclusive finance），这一概念由联合国2005年在推广小额信贷时提出，是指以可负担的成本为金融服务需求的社会阶层和群体提供适当、有效的金融服务。小微企业、农民、城镇低收入人群等弱势群体是其重点服务对象。普惠金融重视消除贫困、实现社会公平，其目的是让所有人平等享有金融服务，从而使每个人参与经济发展；普惠金融不是慈善和救助，而是帮助受益群体提升造血功能；普惠金融讲究市场化和政策扶持相结合，在发展普惠金融中，既要满足服务对象的需求，也要让供给方合理受益。2017年和2018年，我国中央财政下达的普惠金融专项扶持资金分别为72亿元和100亿元，2018年比2017年增长28.85%。

根据上述，中央一号文件要求的涉农金融机构回归本源的政策含义，一是在农村地区吸收存款的金融机构应将农村地区吸收存款额全部信贷给农村地区；二是国家政策性金融机构给予农村地区的贷款规模，应该是涉农金融机构吸收存款而发放贷款规模的增加数；三是涉农金融机构和国家政策性金融机构在农村地区的贷款利率和费用应当是农村地区居民和企业可负担的具有普惠金融属性，普惠金融机构的普惠金融贷款，不完全按照城市信贷成本、经营收益、借款风险进行经营和核算，而实行市场化和政策扶持相结合的金融机构经营和核算考核评估。

2. 完善和加强涉农金融机构激励约束机制

2009年中央1号文件提出"县域内的银行业金融机构吸收的存款主要用于当地发放借款"。2010年3月3日，由中国人民银行、中国银行业监督委员会印发了《关于鼓励县城法人金融机构将新增存款一定比例用于当地借款的考核办法（试行)》（银行〔2010〕262号）中明确了县域内金融机构加大地区信贷资金投放的约束标准和激励政策，具体包括"县域法人金融机构中可贷资金与当地借款同时增加且年度新增当地贷款占年度新增可贷资金比例大于70%（含）的，或可贷资金减少而当地借款增加的，考核为达标县域法人金融机构"。和"达标县域法人金融机构，存款准备金率按低于同类金融机构正常标准1个百分点执行。达标且财务健康的县域法人金融机构，可按其新增贷款的一定比例申请再借款，并享受优惠利率"。从2010年到2014年考核政策看，2010年至2012年，县域法人机构考核达标率较高，2013年考核达标率逐步下降，2014年为历史最低，仅为49.5%，2014年后又稍有回升，但整体维持在63%左右①。但总体上还是增加了县域法人金融机构对农村地区的信贷资金投放的增加和阻止农村地区存款资金外流具有重点作用。

2011年和2012年，四川省考核达标的64家县域法人金融机构因按低于同类金融机构正常标准1个百分点执行存款准备金率，其可贷资金分别增加286亿元、354亿元，同时中国人民银行成都分行还分别向考核达标机构发放支农再贷款26亿元、23亿元。可见这一考核对于阻止农村区域资金外流，进一步提升"三农"金融服务水平起到重点作用。② 但2010年的鼓励县域法人金融机构增加农村地区贷款的考核办法，按照现今乡村振兴要求还存在下列需要完善方面。一是县域法人金融机构年底新增当地贷款占年度新增可贷资金比例大于70%或可贷资金减少，而当地贷款增加的考核达标标准还比较低，且与县域法人金融机构在农村地区吸收存款没有直接挂钩，应该改

① 张芳：《引导县域金融机构服务当地实体经济》，载于《金融时报》2019年6月10日。

② 张学方：《64家县域法人金融机构达标》，载于《四川日报》2013年5月24日第16版。

为在县域农村地区具有吸收存款业务的法人金融机构，应将农村地区吸收存款的100%返贷给当地农村。二是列入考核的涉农金融机构不全，没有包括现行的农村全部涉农金融机构和国家涉农政策性金融机构。

2019年中央1号文件再次提出“打通金融服务‘三农’各个环节，建立县域银行业金融机构服务‘三农’的激励约束机制，实现普惠性小额贷款增速总体高于各项贷款平均增速。”在2020年3月30日，中央国务院发布的《关于构建更加完善的要素市场化配置体制机制的意见》中也明确“建立县域银行业金融机构服务‘三农’的激励约束机制”。说明，我国农村地区积累的存款资金还是通过存贷差逆向流到城市，我国涉农金融机构扩大农村地区贷款投放规模的激励约束机制建设还有待完善和加强。

三、农村建设用地政策

（一）建立农村建设用地配置标准政策

1. 农村建设用地的范围

经查，至今为止，全国只有城镇建设用地配置标准，而乡村只有村庄用地分类而没有建设用地配置标准。2014年7月11日，国家住房建和城乡建设部发布了《村庄规划用地分类指南》，将村庄用地划分为村庄建设用地，非村庄建设用地，非建设用地三大类。村庄建设用地又划分为村民住宅用地（住宅用地、混合式住宅用地），村庄公共服务用地（村庄公共服务设施用地、村庄公共场地），村庄产业用地（村庄商业服务设施用地、村庄生产仓储用地），村庄基础设施用地（村庄道路用地、村庄交通设施用地、村庄公用设施用地），村庄其他建设用地等五大中类。非村庄建设用地又划分为对外交通设施用地，国有建设用地两大中类。非建设用地又划分为水域（自然水域、水库、坑塘沟渠），农林用地（设施农用地、农用道路、其他农用地），其他非建设用地三大中类。

需要着重说明的是，乡村中的农业设施用地，包括直接用于农业种养殖业生产的畜禽舍、烘干房、晒场、农机房、林地看护房、工厂化作物栽培或水产养殖的生产设施用地等也是硬化的用地，这些属农业生产的设施用地，不属农村建设用地。根据《第三次全国国土调查土地利用现状分类和作分类》“在农村范围内，南方宽度大于等于1.0米、小于等于8米，北方大于等于2米、小于等于8米，用于村间、田间交通运输，并在国家公路网络体系之外，以服务于农村农业生产为主的农村道路（含机耕路）”不属农村建设用地。乡村地域内国家公路网络体系中的对外交通设施用地（包括村庄对外联系道路、过境公路和铁路等）交通设施用地、国有建设用地（包括公用设施用地、特殊用地、采矿用地以及边境口岸、风景名胜区和森林公园的管理和服务设施用地等）不属于乡村建设用地。

2. 农村建设用地配置标准

当前，我国农村建设用地没有全国配置标准，但各地因乡村建设需要有些零星的建设用地或建筑面积配置标准。一是宅基地配置面积。例如，《上海市农村村民住房建设管理办法》（上海市人民政府第16号令，2019年5月5日公布）中明确“5人户或者以下户宅基地面积不超过140平方米，建筑占地面积不超过90平方米，6人户及6人以上户的宅基地面积不超过160平方米，建筑占地面积不超过100平方米。”二是公益性设施建设用地或建筑面积配置面积。目前各地政府在有关村庄规划编制或村公共服务设施配置规范中涉及此类用地。例如，《上海乡村振兴示范村建设指南》中明确，村主路宽度不超过8米，村支路宽度不超过4米，宅间路宽度不超过3米，桥梁宽度与道路一致；村公交始末站用地400平方米，每户不少于一个停车泊区，根据规划可建公共停车场；人员活动集中区域可建公共厕所，公共厕所用地面积每座不应小于70平方米。村卫生室建筑面积100～200平方米，村多功能活动室建筑面积350～500平方米，室外健身点用地面积400平方米，便民商店建筑面积每处50平方米，垃圾收集站占地110～150平方米，综合文化站用地面积50平方米，村小学、幼儿园按人数或班数配置建筑面积和用地面积，日间照料中心建筑面积200～500平方米，为农服务站建筑面积250平方米，综合服务用房建筑面积不大于1000平方米等。而唯有乡村经营性建设用地或者产业用地，各地都没有明确的配置标准。

据上海嘉定区临近城区的徐行镇曹王村测算，2014年曹王村常住人口15375人，户籍人口3311人，村商业服务业用地4.6公顷，村公共设施用地19.73公顷。计算可得，按常住人口计算商业服务用地为人均2.89平方米，按户籍人口计算商业服务用地人均13.45平方米；按常住人口计算，公共设施用地人均12.81平方米，按户籍人口计算人均公共设施用地59.52平方米。对上海嘉定区远离城区的华亭镇北新村测算，2014年北新村常住人口5652人，户籍人口3956人，经营性建设用地为零，公益性建设用地为23.93公顷。按常住人口测算公益设施用地人均为42.29平方米，按户籍人口人均公益设施用地60.42平方米。

2014年，曹王村村集体经济可支配收入为301.92万元，集体经济收支基本平衡；北新村2014年集体经济可支配收入为97万元，集体经济支出大于收入，列入嘉定区经济薄弱村扶持。综合以上两个案例所述，曹王村和北新村户籍人口人均宅基地为45平方米，公共设施建设用地为65平方米。假定村庄无外来人口，且村域道路等设施略需增加，参照《镇规划标准》（GB 50188—2007）镇区人均建设用地上限140平方米和《城市用地分类与规划建设用地标准》（GB 50137—2011）第11页的4.2.4“边远地区、少数民族地区城市，以及部分用地城市、人口较小工矿．业城市、风景旅游城市等，不符合4.2.1规定时，应专门论证确定规划人均城市建设用地指标，且上限不得大于每人150

平方米”规定。乡村建设用地人均标准可设定在140平方米=45平方米宅基地+65平方米公共设施建设用地+30平方米经营性建设用地；或150平方米=45平方米宅基地+65平方米公共设施建设用地+40平方米经营性建设用地。全国各地可以配置不一，我国中西部地区可以参照150平方米配置标准，东部地区可以参照140平方米配置标准。这样，乡村发展的建设用地配置基本达到起线公平。至于配置给村的经营性建设用地，使用时可以在所属的镇、县（县级市、区）范围内布置，以提高乡村经营性建设用地的产出能力。只有这样，才有可能使我国乡村产业和集体经济发展有经营性建设用地的支撑条件，从而逐步增强乡村产业和集体经济发展能力，并促进村民增收和乡村自治。

（二）农村存量建设用地盘活政策

1. 我国农村存量建设用地现状

（1）农村人均存量建设用地占有面积较大。根据第三次全国国土调查主要数据，到2019年12月31日止，我国城乡建设用地（不包括采矿用地、风景名胜及特殊用地、交通设施用地、水利设施用地）总规模为4.84亿亩，其中，村庄建设用地总规模达到3.29亿亩，占城乡建设用地的67.96%。根据第七次全国人口普查调整的数据，到2019年底，我国城乡人口总规模为141008万人，其中，乡村常住人口为52582万人。因此，到2019年底，乡村常住人口人均建设用地面积为625.69平方米。根据国家公安部公布的数据，到2020年底我国户籍人口城镇化率为45.4%，推算到2019年底我国户籍人口城镇化率为44.06%，以及乡村户籍人口为78908万人，因此，到2019年底，乡村户籍人口人均建设用地面积为416.94平方米。尽管到目前为止我国乡村还没有人均建设用地的配置标准，但是乡村人均占有建设用地面积是比较高的。我国是一个由农业社会向工业社会转型的国家，随着我国工业化和城镇化进程，农村人口进一步向城镇转移是必然趋势，因此，农村建设用地减量、用地结构和空间分布优化，是我国农村存量建设用地调整的政策方向。

（2）农村存量建设用地结构有待明确。前面所述，在2014年7月11日国家住房建和城乡建设部发布的《村庄规划用地分类指南》中，我国农村建设用地包括村民住宅用地，村庄公共设施用地（包括村庄基础设施用地和村庄公共服务用地），村庄产业用地，村庄其他建设用地。而我国第三次全国土地调查国家发布的3.21亿亩农村建设用地总规模中，国家并没有发布3.21亿亩建设用地的地类构成。而明确农村建设用地结构对有针对性地盘活农村存量建设用地具有重要意义。2008年全国第二次土地调查数据，上海郊区镇村集体存量建设用地总量为1195平方公里，占2008年上海市建设用地总量49.2%，其中，镇村宅基地为459平方公里，占镇村集体建设用地38.4%；镇村集体公用设施和公益事业建设用地为118平方公里，占镇村集体建设用地9.9%；镇村集体二三产业建设用地为395平方公里，占镇村集体建设用地33.1%；

镇村其他建设用地223平方公里，占镇村集体建设用地18.6%[①]。当然，第二次全国土地调查上海市农村集体建设用地的结构，既不能代表全国农村集体建设用地结构，也不能代表第三次全国集体建设用地结构，但可以启示，在我国各地农村存量建设用地盘活中，既需要明确农村建设用地的总量，也需要明确农村建设用地的结构。

（3）农村存量建设用地空间分布有待优化。在我国各地农村存量建设用地盘活中，除明确农村建设用地的总量和农村建设用地的结构外，还要明确农村建设用地空间分布。例如，到2015年底，上海郊区的482.7平方公里宅基地中，在规划集中建设区内的为140.7平方公里，占29.1%；在规划集中建设区外的为342平方公里，占71.9%。镇村存量第二三产业建设用地中，据上海嘉定区调查，镇级存量第二三产业建设用地在规划集中建设区内的占25%左右，村级存量第二三产业建设用地在规划集中建设区内的占22%左右。镇村公用设施和公益设施和其他建设用地，在规划集中建设区内的大约也占30%。农村存量建设用地盘活的实践表明，在城镇规划集中建设区内的存量宅基地盘活，资金平衡机制比较容易建立；反之，在城镇规划集中建设区外的农村宅基地盘活，因宅基地拆除后的用途为农用地，因此宅基地盘活比较困难，目前，国内比较成功的做法都是由政府以地票方式收购宅基地。

2. *我国农村存量建设用地盘活政策*

（1）农村存量建设用地盘活方向。一是农村集体产业（经营性）用地盘活，包括村庄空间内的第二产业用地（包括工业和仓储业用地）向城镇空间位移集中和村庄空间内的第二产业建设用地向村庄空间内的第三产业（包括便民商业、休闲农业、乡村旅游业，民宿业等）用地结构和空间分布优化。二是农村集体宅基地盘活，包括闲置宅基地自愿有偿退出，三高沿线（高速公路、高铁、高压线沿线）宅基地空间布局优化，零星村落（10户以下）向城镇或村庄进行空间布局优化，政府公共设施项目建设征用宅基地向城镇或村庄空间位移。三是农村集体公共设施（包括公用公益设施建设用地）建设用地盘活，包括配置标准范围内的乡村公共设施建设用地空间布局优化，配置标准范围外的村庄公共设施用地向城镇转移。

（2）国家农村存量建设用地盘活政策。在2018年中央一号文件中提出，在符合土地利用总体规划前提下，允许县级政府通过村土地利用规划，调整优化村庄用地布局，有效利用农村零星分散的存量建设用地；预留部分规划建设用地指标，用于单独选址的农业设施和休闲旅游设施等建设。对利用农村闲置建设用地发展农村新产业、新业态的给予新增建设用地指标的奖励。在2019年中央一号文件中指出，允许在县域内开展全域乡村闲置校舍、厂房、废弃地等整治，盘活建设用地重点用于支持乡村新产业

---

① 资料来源：2016～2017年《上海发展报告》，第128页。

新业态和返乡下乡创业。2019 年 5 月 6 日，由中共中央、国务院发布的《关于建立健全城乡融合发展体制机制和政策体系的意见》中提出，在年度新增建设用地计划中安排一定比例支持乡村新产业新业态发展，探索实行混合用地等方式。在 2020 年中央一号文件中提出，完善乡村产业发展用地政策体系，明确用地类型和供地方式，实现分类管理。开展乡村全域土地整治试点，优化农村生产、生活、生态空间分布。在符合国土空间规划前提下，通过村庄整治，土地整理等方式或节余农村集体建设用地优先用于发展乡村产业项目。新编县乡级国土空间规划应安排不少于 10% 的建设用地指标，重点保障乡村产业发展用地。省级制订土地利用年度计划时，应安排至少 5% 新增建设用地指标保障乡村重点产业和项目用地。农村集体建设用地可以入股、租用等方式直接用于发展乡村产业。抓紧出台支持农村第一二三产业融合发展用地的政策意见。2020 年 3 月 30 日，由中共中央、国务院发布的《关于构建更加完善的要素市场化配置体制机制的意见》中提出，鼓励盘活存量建设用地。充分运用市场机制盘活存量土地和低效用地，深化农村宅基地改革试点，深入推进建设用地整理，为乡村振兴和城乡融合发展提供土地要素保障。2021 年 1 月 28 日，由国家自然资源部、国家发展改革委和农业农村部三部门发布的《关于保障和规范农村一二三产业融合发展用地的通知》（自然资发〔2021〕16 号）指出，盘活农村存量建设用地，腾挪空间用于支持农村产业融合发展和乡村振兴。市县要优先安排农村产业融合发展新增建设用地计划，不足的由省（区、市）统筹解决。

（3）优化我国城乡建设用地增减挂钩政策。根据上述我国农村存量建设用地盘活政策，我国县域范围内的农村存量建设用地盘活指标，优先应当在县域范围内优化建设用地空间布局和优化建设用地结构，并且可根据从存量建设用地的盘活情况，各省份每年安排一定数量的新增建设用地指标予以激励。另外，我国于 2008 年开始实施的，通过减少农村已有的宅基地、产业用地、公共设施用地等建设用地，增加城镇所需的建设用地的城乡建设用地增减挂钩政策，在执行过程中，不但进一步削弱了我国乡村发展农产品加工、休闲农业、乡村旅游业等必要的建设用地来源，同时还挫伤了乡村盘活农村存量建设用地的积极性，甚至还衍生了各地强行的“合村并居”或“撤并村庄”。可见，在区域协调发展和乡村振兴战略要求下，我国城乡建设用地增减挂钩政策应当优化为我国城市范围内城乡建设用地增减挂钩政策和我国县域范围内城乡建设用地增减挂钩政策，以保障我国城乡在各自范围内盘活存量建设用地。

四、农用地政策

（一）承包地“三权分置”

2022 年 12 月 30 日，国家发布的《集体经济组织法（草案）》第三十八条第一款规定，集体所有和国家所有依法由农民集体使用的耕地，林地草地以及其他依法用于农业的土地依法实行承包经营。第三十九条规定，依法应当实行家庭承包的耕地、林地、草地以外的其他农村土地，集体经济组织可以直接组织经营或依法实行承包经营，也可以依法采取土地经营权出租、入股等方式进行经营。

根据我国《土地承包法》规定，承包经营权是农村集体经济组织成员依据承包合同所取得的对农民集体所有或国家所有依法由农民集体使用的耕地、林地、草地以及其他依法用于农业的土地等自然资源从事生产经营并获得收益的权利。

随着我国经济社会的发展，在社会主义市场经济和农村人口自由流动条件下，我国农村居民就业渠道多元化，再加上"增人不增地、减人不减地"的土地承包政策，我国各地出现了承包权与经营权的分离。2013 年中央一号文件正式提出了我国农村承包经营中的"两权分置"进一步向"三权分置"分离。2016 年 10 月，中共中央办公厅、国务院办公厅发布了《关于完善农村土地所有权承包权经营权分置办法的意见》。2018 年 12 月 29 日，第十三届全国人民代表大会常务委员会第七次会议通过了我国 2009 年的《土地承包法》修改，对土地经营权作了规定。

新修改的《土地承包法》第 9 条规定，承包方承包土地后，享有承包经营权，可以自己经营，也可以保留土地承包权，流转其承包地的土地经营权，由他人经营。第 10 条规定，国家保护承包方依法、自愿、有偿流转土地经营权，保护土地经营权的合法权益，任何组织和个人不得侵犯。需要指出的是，上述条款明确，当土地承包经营权人，把土地依法、自愿、有偿流转给他人经营时，此时，土地承包经营权人其自身只拥有土地承包权，而他人拥有土地经营权。新修改的《土地承包法》36 条规定，承包方可以自主决定依法采取出租（转包）、入股或者其他方式向他人流转土地经营权，并向发包方备案。第 40 条规定，土地经营权流转，当事人双方应签订书面流转合同。第 41 条规定，土地经营权流转期限为五年以上的，当事人可以向登记机构申请土地经营权登记。未经登记，不得对抗善意第三人。新修改的《土地承包法》第 37 条规定，土地经营权人有权在合同约定期限内占有农村土地，自主开展农业生产经营并取得收益。第 47 条规定，受让方通过流转取得的土地经营权，经承包方书面同意并向发包方备案，可以向金融机构融资担保。第 46 条规定，经承包方同意，并向本集体经济组织备案，受让方可以再流转土地经营权。第 42 条规定，承包方不得单方面解除土地经营权流转合同。

（二）社会资本投资农业

1. 工商资本农业企业与农户的职能分工与组织分工

随着我国城市经济的发展，工商企业等社会资本流转和租用农用地涉足或投资农业的越来越多。实践中工商资本投资农业是指工商业者（包括法人、非法人组织或者自然人）投资农业生产经营。社会资本投资农业生产经营在 2013 年中央 1 号文件提出，我国农村承包经营中的集体土地所有权和承包经营权“两权分置”进一步向集体土地所有权、土地承包权、土地经营权“三权分置”推进。2015 年 4 月 14 日，由农业部等四部门发布的《关于加强工商资本租赁农地监管和风险防范的意见》中明确了工商资本流转和租用农用地（指农民承包耕地）的农业生产经营鼓励领域，包括良种种苗繁育、高标准设施农业、规模化养殖等适合企业化经营的现代种养业，开发农村“四荒”（荒山、荒沟、荒丘、荒滩）资源发展多种经营，投资开展土地整治和高标准农田建设，开展农业环境整治和生态修复；并鼓励“公司＋农户”共同发展，支持农业企业通过签订单合同，领办创办农民合作社，提供土地托管服务等方式，带动种养大户、家庭农场等新型农业经营主体发展农业产业化经营，实现合理分工，互利共赢，让农民更多地参与分配产业增值收益。事实上，社会资本流转和租赁农用地投资农业获得的是农地经营权，农地所有权仍属农村集体经济组织，农地承包权仍属于农村集体经济组成员。从实践看，社会资本投资农业比较好的农业领域是投资规模较大，技术含量较高的农业生产领域和品牌化经营的农产品市场领域。资金、技术、标准、市场由社会资本掌握，农业生产由家庭农场、专业大户乃至小农户负责，形成（公司＋农户）的农业生产经营分工体系。农业龙头企业主要负责农业基础设施投资（包括为农业适度经营规模主体提供大棚等农业基础设施），技术支持（包括为农户提供种子、栽培技术指导、植保管理等培训），生产经营标准的制定，农产品市场营销（包括品牌建设、农产品线上线下推广等）和示范性农业生产基地的农产品生产。与农业龙头企业生产经营合作的农户（包括家庭农场、专业大户、农户等）按照农业龙头企业提供的种子、栽培技术、植保管理、产品标准、农产品品牌和营销要求等开展农业生产（见图 16－1）。与上述“公司＋农户”农业生产经营分工体系相关的农业生产经营组织体系（见图 16－2）。

上述工商资本投资的农业龙头企业与我国众多的农业生产经营户的农业生产经营分工体系和组织体系，既可以比较有效地处理好工商资本农业企业与我国众多农业生产经营户的利益关系，也可以充分发挥工商资本投资农业与我国众多农业生产经营户各自优势的发挥，同时还可有助于减少工商资本农业企业以较小的农地流转和租赁规模，获得较大规模的实际可利用的农地及其农产品市场规模。本人在政府工作分管农业时，上海嘉定区的惠和种业、徐行湖羊、万金观赏鱼等工商资本投资的农业公司都是遵循上述“公司＋农户”农业生产经营分工体系和组织体系运作的，而这三家农业公司其中产值都在亿元以上，但其流转和租赁的农用地都只有 300～500 亩。

2. 工商资本投资农业的农用地流转和租赁

（1）农用地流转和租赁平台。2021 年 1 月 26 日，国家农业部发布了《农村土地

生产经营主体分工	主要职能
农业龙头企业职能（工商资本）	农业基础设施投资、农业技术服务、生产经营标准、农产品市场营销、示范性生产基地农产品生产
农户（家庭农场、专业大户、小农户）	按照农业龙头企业的技术要求、生产标准、农产品营销要求和示范性生产基地农产品生产样式开展农业生产

图16－1　“公司＋农户”的农业生产经营分工体系示意图

资料来源：作者绘制。

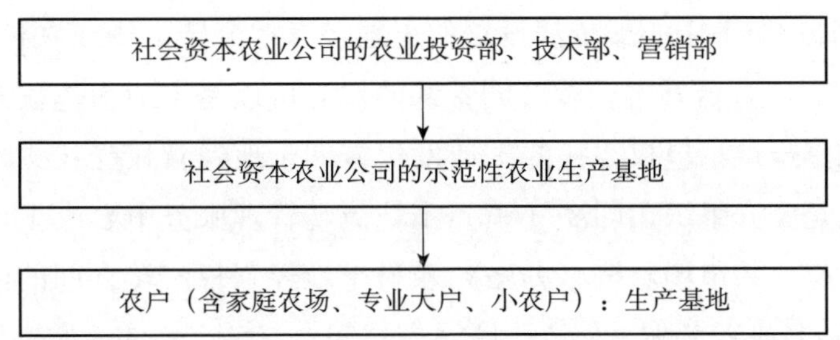

图16－2　“公司＋农户”的农业生产经营组织体系示意图

资料来源：作者绘制。

经营权流转管理办法》（以下简称《办法》），第五条规定，农业农村部负责全国土地经营权流转及流转合同管理的指导。县级以上地方人民政府农业农村主管部门依照职责，负责本行政区区域内土地经营权流转及流转合同管理。乡（镇）人民政府负责本行政区域内土地经营权流转及流转合同管理。并且在《办法》中的第22～24条详细规定了乡镇人民政府在农村土地经营权流转管理中的职责。《办法》第25条提出，鼓励各地建立土地经营权流转市场或农村产权交易市场。但并没有明确土地经营权流转市场或农村产权交易市场覆盖的范围是乡（镇）还是县市域。从实践看，农用地流转和租赁平台各地规定不一，有村民委员会、村集体经济组织、乡（镇）土地流转管理中心，也有（县、区）土地流转服务管理中心等。按照上述2021年1月26日发布，2021年3月1日起施行的《农村土地经营及流转管理办法》规定是乡（镇）土地流转管理服务中心。也就是说，从2021年3月1日，工商资本投资农业的农用地流转租赁主要应通过乡（镇）流转管理服务中心来实现。

（2）农用地租赁价格确定。目前我国农用地流转和租赁的地价有国有农用地流转价格和农村集体土地流转价格。实践中的国有农用地流转价格一般按租赁期50年一次性计价和付费，由竞价产生。农村农用地流转和租赁价格一般按年计价和付费，一般由当地县（市）人民政府制定和发布的土地流转指导价来确定；而当地政府发布的土地流转价格一般按当地的不同农用地类型及其农产品产量、市场价格以及政府农业补贴进行综合考虑后确定指导价。在某一特定地区，无论国有还是集体农用地流转价格都不是越高越好，而是既要有基准地价的下限，以保护土地承包方的利益，还要有流转土地价的上限，以保护土地经营方的利益。

（3）农用地流转和租赁合同。根据《农村土地经营权流转管理办法》（以下简称《办法》），土地流转和租赁涉及承包方、发包方、受让方和中介组织。在土地流转和租赁合同中发包方应该是集体土地所有权人，一般是农村集体经济组织或村民委员会；承包方是土地承包权人，一般是集体经济组织成员；受让方是土地经营权受让人，可能是村民、工商企业、非法人组织和其他自然人；中介组织，按《办法》规定是乡（镇）土地流转管理服务中心或依法设立的土地经营权流转市场或农村产权交易市场。按《办法》规定，土地流转经营权合同签约的双方可以是土地承包权人和土地经营权受让人，也可以是土地承包权委托的土地发包方和土地经营权受让方，土地经营权流转合同的鉴证人是中介组织，即乡（镇）土地流转管理服务中心或土地经营权流转市场或农村土地产权交易市场。按《办法》农村土地经营权流转合同的内容，一般包括"双方当事人的姓名或者名称、住所、联系方式等；流转土地的名称、四至、面积、质量等级、土地类型、地块代码等；流转的期限和起止日期；流转方式；流转土地的用途；双方当事人的权利和义务，流转价款或者服务分红，以及支付方式和支付时间；合同到期后地上附着物及相关设施处理；土地被依法征收、征用、占用时有关补偿费的归属；违约责任。"

（4）工商资本租用农用地的监管。在最新颁布的《农村土地经营权流传管理办法》第29条明确，县级以上人民政府对工商企业等社会资本流转土地经营权，依法建立分级资格审查和项目审核制度。并提出在土地经营权受让双方及中介机构签证签订土地经营权合同之前，应向乡（镇）人民政府农村土地承包管理部门或县级以上地方政府农业农村主管部门提出审查审核申请，并提交流转意向协议、农业经营能力或资质证明、流转项目规划等相关材料。未按规定提交审核申请或审核未通过的，不得开展土地经营权流转活动。还在《办法》第30条中提出，县级以上人民政府依法建立工商企业等社会资本通过流转取得土地经营权的风险防范制度，加强事中事后监管，及时查处纠正违法违规行为。在《办法》第11条中规定，受让方应当依照有关法律法规保护土地，禁止改变土地的农业用途，禁止闲置、荒芜耕地，禁止占用耕地建窑、建坟或者擅自在耕地上建房、挖沙、采石、采矿、取土等。禁止占用永久基本农田发展林果业和挖塘养鱼。

（三）农业设施用地政策

1. 农业设施用地概念及特征

2018 年中央一号文件提出，进一步完善设施农用地政策。2019 年中央一号文件提出“严格农业设施用地管理，满足合理需求，巩固‘大棚房’整治成果。2019 年 5 月 6 日，由中共中央、国务院发布的《关于建立健全城乡融合发展体制机制和政策体系的意见》中提出，严格农业设施用地管理，满足合理要求。2020 年中央一号文件提出，将农业种植养殖配建的保鲜冷藏、晾晒存储、农机库房、分拣包装、废弃物处理、管理看护房等辅助设施用地纳入农用地，根据生产实际需要确定辅助设施用地规模上限。农业设施用地可以使用耕地，可以按农用地管理。强化农业设施用地监管，严禁以农业设施用地为名从事非农建设。

正确理解建设用地与农业设施用地的概念是正确理解农业设施用地概念的前提。建设用地是指建造建筑物、构筑物的土地。而农业设施用地中的看护房、农机具存放场所、烘干房、保鲜存储等农业设施也都建造了建筑物或构筑物。可见，用建筑物或构筑物来区分建设用地还是农业设施用地是比较困难的。然而，国家和地方有关农业设施用地政策和管理中使用的农业设施用地概念，是指“直接用于或者服务于农业生产，其性质属于农用地，按农用地管理，不需办理农用地转用审批手续。”似乎仍然词不达意。笔者认为，可以这样说：“农业设施用地是一种具有建筑用地表征的，但以取得动植物产品为目的的农用地，农业设施用地与直接用于农林牧渔生产的农用地两者的共同点是取得人类社会所需的动植物产品生产。”于是，我们在此可以将建设用地定义为，建筑用地是为人类社会第二三产业生产和人类居住为目的建筑物、构筑物用地。这样，我们就可以将农村宅基地，农村第二三产业中的产业用地、农村公共设施（包括公共服务设施、道路交通和市政设施、生态环境设施）用地划入农村建设用地。同时也可将以农业为依托的休闲观光场所（含各类庄园、酒店、农家乐和各类农业园区中涉及建设永久性餐饮、住宿、会议、大型停车场、工厂化农产品加工、展销等永久性用地）划入农村建设用地。因此，农业设施用地的概念，其本质是指以取得动植物产品为目的的农用地。这样才可能将建设用地与农业设施用地真正区别开来，才可能真正为农业设施用地可以使用耕地，可以按农用地管理，找到理论依据和政策及管理依据。

在我国，理解农业设施用地还需要将农业设施用地与设施农业用地区别开来。设施农业是指利用现代信息技术、生物技术、工程装备技术与现代经营管理方式，为动植物生长提供相对可控制的环境条件，在一定程度上摆脱了自然依赖，进行高效生产的农业类型。目前，我国有关政策规定，下列设施农业用地都计算为农用地，包括：工厂化作物栽培中有钢架结构的玻璃或 PC 板连栋温室用地等；规模化养殖中畜禽舍（含场区内通道）、畜禽有机物处置等生产设施及绿化隔离带用地；水产养殖池塘、工厂化养殖池和进排水渠道等水产养殖的生产设施用地；育种育苗场所、简易的生产看护房（单层，小于 15 平方米）用地等；设施农业生产中必需配套的检验检疫监测、动植物病疫病虫害防控等技术设施以及必要管理用房用地；设施农业生产中必需配套的畜禽养殖粪便、污水等废弃物收集、存储、处理等环保设施用地，生物质（有机）肥料生产设施用地；设施农业生产中所必需的设备、原料、农产品临时存储、分拣包装场所用地。以及为取得动植物产品为目的晾晒场、粮食烘干设施、粮食和农资临时存放场所、大型农机具临时存放场所等用地。

农业设施用地配置标准。进行工厂化作物栽培的设施农业的农业设施用地规模原则上控制在项目用地规模 5% 以内，但最多不超过 10 亩；规模化禽畜养殖的农业设施用地规模原则上控制在项目用地规模 7% 以内（其中，规模化养牛、养羊的农业设施用地规模原则控制在项目用地规模的 10% 以内），但最多不超过 15 亩；水产养殖的农业设施用地规模原则上控制在项目用地规模 7% 以内，但最多不超过 10 亩。南方从事规模化粮食生产种植面积 500 亩、北方 1000 亩以内的，农业设施用地控制在 3 亩以内；超过上述种植面积规模的，农业设施用地可适当扩大，但最多不得超过 10 亩。引导和鼓励农业专业大户、家庭农场、农民合作社、农业企业在设施农业和规模化粮食生产过程中，相互联合或者与农村集体经济组织共同兴建粮食仓储烘干、晾晒场、农机库棚等设施，提高农业设施用地使用效率，促进土地节约集约利用。

2. 农业设施用地取得

农业设施用地取得需要经过经营者申请、乡镇政府申报、县（市）政府备案三个环节。

（1）经营者申请。拟取得农业设施用地，经营者应拟定设施建设方案。与乡镇政府和农村集体经济组织、协调农业设施用地使用条件，协商一致后，建设方案和土地使用条件通过乡镇、村组务公开等形式向社会公告不少于 10 天。公告期结束无异议的，乡镇政府、农村集体经济组织和经营者三方签订农业设施用地协议。

（2）乡镇申报。用地协议签订后，由经营者向乡镇政府提出件办理农业设施用地备案申请，并附上经公告的建设方案和用地协议，由乡镇政府审查同意后，由乡镇政府向县（市）政府有关职能部门申报设立农用地备案。

（3）县（市）政府备案。县（市）政府接到乡政府农业设施用地申报备案申请后，应依职责到现场核查，并在 15 个工作日内完成审核和备案，并告知乡镇政府、农村集体经济组织和经营者。

3. 农业设施用地监管

（1）农业设施用地的用途管制。农业设施用地使用者应按照用地协议使用土地，不得改变土地用途，不得扩大农业设施用地规模。

（2）将农业设施用地使用纳入土地巡查中。县（市）国土资源部门和乡（镇）国土所要将农业设施用地使用纳入巡查范围，对不符合规定使用要求的，做到早发现、早制止、早报告、早查处。

（3）严肃查处农业设施用地使用中的违法行为。县（市）国土资源部门，发现农业设施农用地违法使用的，应严肃查处。未经同意或不符合农业设施用地使用规定的，应恢复土地原状。

五、返乡下乡回乡的人才政策

（一）鼓励返乡回乡下乡创业

根据国外城镇化经验，在一国或一个地区的城镇化前中期，城镇化率在20%～50%区间，乡村衰退在国外也是普遍现象。其主要原因是该阶段乡村地区因人多地少、就业机会少、收入水平低，与之相应的是乡村人口及劳动力及其他要素大量流向城市，从而引起乡村地区在该阶段中的快速衰退。同时，国外城镇化经验也表明，当一国或一个地区城镇化率在50%～75%区间时，过去从乡村转移出来的劳动力和人才已具有一定知识、经验和技能、有些还具备了一定的返乡回乡的物质基础，随着年龄的增长，以及小时候形成的乡土情结、就产生了乡村进城劳动力和人才的返乡回流。另外，在城镇化发展中后期，由于要素和功能在城市的过度集聚，也形成高房价、高消费、高拥挤、高风险等城市病，促进了乡村进城劳动力和人才的返乡回流，以及一些因喜爱田园生活或在农村创业原本城市居民由城下乡。发达国家区域差异缩小的经验表明，由原来乡村转移出去的劳动力、人才和喜欢田园生活以及在乡村创新创业的城市居民构成的返乡回乡下乡人力资源，是城乡融合发展和区域差异缩小的重要力量。近几年，我国也出现了类似趋势。根据国家农业农村部测算，预计2020年返乡入乡创新创业人员达到1010万人，比2019年增加160多万人，首次超过1000万人，带动农村新增就业岗位超过1000万个。国家发改委等19个部门在2020年联合印发的《关于推动返乡入乡创业高质量发展的意见》中提出，到2025年全国各类返乡入乡创业人员达到1500万人以上，带动就业人数达到6000万人左右①。国家人社部相关调研数据显示，返乡创业人员中的80%为农民工，20%为下乡回乡的城市人员。从发达国家城镇化、工业化、农业现代化的进程看，乡村振兴、乃至城乡融合就是靠这些返乡下乡回乡人

① 田永波：《返乡入乡劳动力是乡村振兴重要的人力资本》，载于《工人日报》2021年3月1日第7版。

员及其所带的资本、技术、经验、信息、管理等要素注入，促进了乡村振兴乃至城乡融合或城乡一体，从而实现了城乡、地区差距的缩小。然而，这种城市要素逆城镇化流动，要求得到城乡要素双向流动、平等交换的生产关系及其相应制度、政策的支持或适应，否则这种城市要素逆城镇化流动的生产力要求将被扼制在萌芽中，其结果是乡村生产要素仍然流向城市，城乡和地区差距越来越大。我国因历史原因，已形成了比较固化的城乡二元制度。在我国城镇化前中期，在我国乡村人口及劳动力流入城市困难，现在又出现了城市人口及劳动力、人才、资本、技术等要素流入乡村困难，而这些流动要素中，返乡下乡回乡的人才是关键。随着上述趋势的发展，近几年国内有的农村地区也顺应这一趋势，尝试以招商引资吸引人才方式为那些愿意下乡回乡的城市人口及人才创造条件。

（二）探索城镇人才加入农村集体经济组织

在2019年5月6日，由中共中央、国务院发布的《关于建立健全城乡融合发展体制机制和政策体系的意见》中提出，允许农村集体经济组织探索人才加入机制，吸引人才、留住人才。2021年2月23日，由中办国办印发的《关于加快推进乡村人才振兴的意见》中提出，坚持把乡村人力资本开发放在首要位置，大力培养本土人才，引导城市人才下乡。2021年3月13日发布的《中华人民共和国国民经济和社会发展第十个五年规划和2035年远景目标纲要》中提出，允许入乡就业创业人员在原籍地或就业创业地落户并享受相关权益。在此之前，我国湖南省长沙县开慧镇板仓村已开展了“市民下乡”探索试点。

2009年7月18日，长沙县委、县政府下发了《关于鼓励板仓小镇建设的若干意见》中提出，为进一步鼓励和吸收城市资本与民间资本向枪仓小镇集聚，把板仓小镇作为两型社会先行先试的试验区，将其打造为“中部名镇”和“新农村地标”。根据《意见》，板仓小镇规划区确定为全县推行放宽城乡落户政策的试点区域，有条件的城镇居民可以来此迁户定居。凡迁户定居者，经批准可享受当地村民建房待遇，同时需缴纳一定的公共设施配套费。此外，在板仓镇固定资产投资超过1000万元的项目法人也可迁户定居，享受当地村民建房待遇。①

2010年6月10日，县里在城乡一体化工作调研会议上将鼓励市民来长沙县迁居落户具体化，允许长沙县全井镇和开慧镇各试点100户。

① 综合开发研究院（中国·深圳），中国国际城市化发展战略研究委员会编著：《改革就是创造》，中国城市出版社2016年版，第61~75页。

第十七章
区域经济体制机制

区域经济体制机制是指一个国家或一个地区区域发展战略、规划的实现形式和一个国家或一个地区经济体制的组成部分，是根据一个国家或一个地区经济发展阶段制定和实施的一整套组织制度及机制的总称。本章由“区域经济体制机制的概念和类型”“多主体参与和跨行政区的区域经济体制”“建立区域型政区下的城市型政区”“区域经济的目标管理”“区域经济运行分析和监测”等五节内容构成。

第一节　区域经济体制机制的概念和类型

区域经济体制是区域经济治理的组织制度，区域经济机制是促进区域经济体制取得实效的方法。区域经济体制机制相对于区域经济而言，前者关注的是“事”，后再关注的是“人”，事在人为，区域经济体制机制的目标是实现区域经济有效、有序发展。

一、区域经济体制机制的概念

体制，现代汉语词典解释为：“国家机关、企业、事业单位等的组织制度。”① 机制，也称机理，现代汉语词典解释为：“有机体的构造、功能和相互关系。”② 制度、体制、机制三者之间的关系是，制度是一项一般规定，体制是一项有关机关、企事业单位组织人事方面的具体规定，机制是实现具体规定的方法。例如，你在一个学校当校长，得到了一笔赞助。赞助人要求你，制定一条学校里每一个学生每人每天能保证吃到一个鸡蛋的制度。而这一条制度，要靠校长领导下的学校的这个组织体制来贯彻落实。怎么才能保证，每个学生每天吃到一个鸡蛋呢，是做汤、炒鸡蛋、还是煮鸡蛋呢？实践证明，做汤和炒鸡蛋，每个学生每天吃一个鸡蛋，常常会打折扣。如果约定

① 中国社会科学院语言研究所词典编辑室编：《现代汉语词典》，商务印书馆出版 1983 年版，第 1130 页。

② 中国社会科学院语言研究所词典编辑室编：《现代汉语词典》，商务印书馆出版 1983 年版，第 523 页。

一种机制，即每天早上把煮好的鸡蛋由学校里的老师或食堂厨师发到每个学生的手中，并拍视频上传给赞助人，在这种机制运行下，这一条制度、体制就都落实到位了。区域经济体制机制是一个国家或者一个地区区域发展战略、规划的实现形式和一个国家或一个地区经济体制的组成部分，是根据一个国家或一个地区经济发展阶段制定和实施的一整套组织制度及机制的总称。其内容主要包括区域经济发展中所需要的国家机关和企事业单位的机构设置、职能界定、人员配置、隶属关系等组织制度及其使组织制度有效运转的责任制度和监督制度。

区域经济体制机制是一个国家或者一个地区区域发展战略或规划的实现形式，是指区域经济体制机制是为一个国家或一个地区的区域发展战略、规划落地实施配套的。在区域经济实践中，一个国家或者一个地区根据其所处的区域经济发展阶段制定的区域发展战略或规划，既需要同时制定相应的区域政策，还需要同时制定相应的区域经济体制机制，明确区域发展战略或规划相应的实施机构、职责权限、人员配置、隶属关系及其运作要求等。只有这样才能把一个国家或一个地区的区域发展战略、规划落到实处。例如，区域经济的体制机制研究的主要内容是区域经济运作的机构、人、及其行为等具体问题，而区域政策研究的主要内容是促进区域经济发展的经济激励和行政服务措施。因此，区域政策本质上还是在研究区域经济发展中的物质关系。然而，促进区域发展战略和规划落地实施，不仅需要物质范畴的区域政策支撑，还需要组织人事范畴的区域经济体制机制支撑。

区域经济的体制机制是一个国家或一个地区经济体制的组成部分，是指区域经济体制机制本质上属于经济体制机制范畴。而经济体制，在我国的政界和学界目前还没有统一的认识。在 1984 年 10 月党的十二届三中全会通过的《中共中央关于经济体制改革决定》，提出经济体制“是生产关系的具体形式”；在周斌老师《论体制概念及其与制度的区别》一文中提出，“经济体制是指一个社会经济体为了自身的存在和发展而实行的一整套组织制度和机制的总和。”在杨春老师《经济体制概念辨析》一文中提出，“经济体制是在一定经济基础上，一个国家的经济组织形态和管理运行方式。”体制机制，属于管理科学中的概念，经典管理学的内容包括组织、计划、领导、控制等四个部分，而管理科学中的组织、领导已涉及政治科学领域，计划、控制已涉及行为科学领域，因此，将体制机制与经济发展结合在一起进行改革或创新，也就意味着经济领域具有一定的政治改革或创新的内涵。而且经济体制机制的改革和创新，也意味着生产关系的改革和创新，而生产关系的改革和创新，就有助于促进生产力的发展，乃至资源的优化配置。可见，从管理科学的角度深入研究区域经济体制机制，也有助于区域经济发展。

二、区域经济体制机制设置的基本原则

（一）有效性原则

区域经济体制机制依据区域生产力的发展需要而建立，随着生产力发展的变化而变化。衡量区域经济体制机制是否符合区域经济的发展的标准，也需要遵循邓小平在20世纪90年代初期就提出来的，衡量改革开放一切工作是非得失的判断标准，即：是否有利于发展社会主义社会的生产力，是否有利于增强社会主义国家的综合国力，是否有利于提高人民的生活水平。

（二）针对性原则

区域经济体制机制针对性原则，主要是指区域经济体制的设置主要针对于拟治理区域，因多主体参与和跨越多个行政区域，而造成的区域内部和区域之间要素和贸易难以自由流动、平等交换、优化配置的那些机构设置、职责分工、人员配置等事项。而区域经济机制的设置主要应当针对于区域经济体制中的机构、人员的工作效能及其区域经济发展中的落实。

（三）系统性原则

区域经济体制机制是由一整套特定区域、区域经济发展的机构设置、职责分工、人员配置构成的组织制度和一整套促进区域经济体制有效运转的责任制度和监督制度构成的区域经济机制。并且区域经济体制与区域经济机制是相互依存和互为支撑的。

三、区域经济体制机制的类型

（一）区域经济体制类型

在我国区域经济的实践看，区域经济体制主要包括多主体参与的区域经济体制，跨多个行政区的区域经济体制和区域与城乡的区域经济体制等三大类。区域经济实践中，多主体参与和跨多个行政区的区域经济体制，与经济功能区相适应，主要由政府和市场两类机构组成。因此，多主体参与和跨多个行政区的区域经济体制的核心是要处理好政府与市场的关系。在多主体参与和跨多个行政区的区域经济体制中，凡能由市场主体承担的职能，尽量不要切割给政府承担，只有市场主体不愿承担的职能，才可以归为政府职能。区域与城乡的区域经济体制，主要基于政府关于城乡关系和区域发展阶段的认识，在工业化和城镇化的前中期，一个国家或者一个地区，因资本积累有限，往往实施“以农补工，以乡补城”的城乡关系，在实践上表现为“以城市统辖区域、以城市统辖乡村”的城乡、区域经济体制；在工业化和城镇化的中后期，一个国家或者一个地区，因整体经济发展水平的提高，往往实施“城乡发展权平等、区域统筹城乡”的区域、城乡经济体制，就如我国在2018年2月《中共中央国务院实施关

于乡村振兴战略的意见》中提出的“加快形成工农互促，城乡互补，全面融合，共同繁荣的新型工农城乡关系”。

（二）区域经济机制类型

区域经济机制是保障区域经济体制有效实施的方法。因此，在区域经济实践中，区域经济机制主要由两方面内容构成。一是，建立区域经济的目标管理机制或者绩效管理机制，目的是要提高和实现区域经济中有关参与主体的工作效能，通过参与主体工作效能的提高实现区域经济效率的提高。二是，区域经济运行分析和监测机制，是通过在一定范围内公开区域经济某一阶段运行的结果，预测下一阶段区域经济发展面临的市场和宏观环境，目标是保障区域经济始终与设定的目标和市场紧密衔接，始终运行在正确的发展道路上。

第二节　多主体参与和跨行政区的区域经济体制

区域经济体制源于经济区域的多主体参与和跨越多个行政区。因此，区域经济体制包括多主体参与的区域经济体制和跨越多个行政区界的区域经济体制两大类。多主体参与的区域经济体制和跨越多个行政区的区域经济体制可实施的前提条件是，将多主体参与和跨越多个行政区的区域经济治理上升一个管理等级。区域经济体制本质上是处理、协调多主体或跨越多个行政区的管理关系。

一、上海虹桥临空经济园区开发体制

上海虹桥临空经济园区位于上海市长宁区新泾镇范围内，占地面积为2.74平方公里，功能定位为“园林式、高科技、总部型”。尽管上海市虹桥临空经济园区没有涉及行政跨界，但因参与开发的主体多元成为区域治理的难题。

（一）上海虹桥临空经济园区的多头管理

在1994年9月经长宁区人大批准的《上海市长宁区总体规划》中，虹桥临空经济园区称“虹桥临空工业区”；规划范围为，东至松虹路、西至新泾六号桥（长宁与闵行交界），北至吴淞江（即苏州河），南至泉口路，规划面积4.42平方公里。在1994年11月，由上海同济大学城市规划设计研究院完成的《上海虹桥临空工业园区详细规划》，将《上海长宁区总体规划》中明确4.42平方公里虹桥临空工业区规划范围分为两大规划片区，其中，规划中的外环线以西部分，约1.62平方公里（含外环线），规划为地铁2号线车辆段、垃圾转运场、发展备用地（基本是现在的外环线绿地）、外环线道路用地；外环线以东部分，约2.8平方公里，规划为高新技术产业区、出口加工区、城市型工业区、商业商务区、码头区、村民原地动迁住宅区等。随着上海及其

长宁区的经济社会发展，在长宁区的《国民经济和社会发展等九个五年规划》中，将《长宁区总体规划》中的虹桥临空工业区改为“虹桥临空经济园区”。随着上海虹桥临空经济园区外环线以西部分的市政和环卫项目实施，21 世纪初开始的上海临空经济园区实际占地面积为 2.74 平方公里，位于现在的上海外环线东侧，长宁天山西路南北两侧。从 2003 年开始，上海虹桥临空经济园区的功能定位为“园林式、高科技、总部型”。上海临空经济园区是全国 14 家临空经济园区中产业功能定位最为高端的园区，承载了打造国际航空枢纽、全球航空企业总部基地、高端临空产业集聚区、全国国内公务机运营基地和低碳绿色发展区等五大任务。目前，园区已入驻总部型企业 300 多家，园区年税收已超百亿元。由于历史的原因，参与上海虹桥临空经济园区的各类主体多元，包括园区管理委员会及办公室、园区南北各一家功能性国有公司、多个政府职能部门、新泾镇政府、区土地储备中心等，各参与主体职能交叉、权责分离、相互扯皮、互相竞争，制约了上海临空经济园区的有序发展和治理效率发挥。

（二）明确参与区域开发的各主体职责

按照南北一体的区域化要求，建立各类主体自我约束机制，实现科学管理。长宁区人民政府 2008 年专门下达了 8 号文，明确了上海虹桥临空园区管理委员会及其办公室、开发建设公司、新泾镇政府、区土地储备中心、区有关职能部门等六个方面的各自职责①。

1. 临空经济园区管委会

将现虹桥综合交通枢纽（长宁区部分）城市化建设领导小组和现虹桥临空经济园区开发建设领导小组，合并新成立临空经济园区管委会（以下简称“管委会”），管委会的主要职责是定方向，决策重大事项。

2. 临空经济园区管委会办公室

将现虹桥综合交通枢纽（长宁区部分）城市化建设领导小组办公室与现虹桥临空经济园区开发建设领导小组办公室，合并为虹桥临空经济园区管理委员会下设的虹桥临空经济园区办公室（以下简称临空办）。按照“做实”临空办的要求，合并后的临空办是区政府专门的工作机构，配备固定人员和编制，参照独立部门管理，临空办工作经费和工作人员工资奖金由区财政确定；按照权责一致原则，除枢纽办已有职责外，临空办负责园区规划建设管理中的协调、推进、管理。具体职责为：一是产业和形态规划的制定和报批；二是项目前期手续的审核；三是园区企业扶持专项资金管理，企业扶持政策的签订和兑现；四是南北、东西临空园区的招商和服务；五是土地上平台

① 上海市长宁区人民政府：《关于印发进一步完善上海虹桥临空经济园区体制和政策意见的通知》（长府〔2008〕8 号文），2008 年 2 月 19 日。

计划的制定；六是园区项目推进和企业运作情况的统计分析；七是园区企业的党建工作统筹；八是动拆迁、安全生产等社会稳定工作；九是管委会交办的其他事项。

办公室的管理范围、内设机构和运作方式待机构设定后由办公室提出。

3. 临空开发建设公司

临空开发建设公司作为临空办的直属公司，与临空办实行两块牌子一套班子运作。开发建设公司通过上海虹桥临空经济园区发展有限公司股权结构调整形成，具体由临空办负责筹建。明确以下四个事项：一是需要妥善处理鑫达公司退股事宜。根据南临空开发公司的资产情况结算鑫达公司所享的权益后，实现鑫达公司的退股，具体方案由南临空公司、新泾镇协商确定。二是做好虹桥科技产业联合发展有限公司（北临空开发公司）清盘工作。由新长宁（集团）公司负责与上海地产（集团）公司进行权益结算。三是明确南临空公司权益和职责。该公司负责以南临空公司名义借的52500万元贷款还贷；负责南临空公司自建产业楼宇的招商经营和剩余动迁房的管理；作为南临空已收购未出让的151.5亩土地的前期费结算主体。四是明确新长宁（集团）公司权益和职责。该公司负责以新长宁（集团）公司名义借的218000万元贷款还贷；负责北临空地块剩余农民的动迁和西陶浜地块动迁；负责北临空自建产业楼宇的招商经营和动迁房的管理使用；作为北临空已收购未出让的543.06亩土地的前期费结算主体。待上海地产（集团）公司退出30%股权后，虹桥科技产业联合发展公司清盘。

4. 新泾镇

新泾镇除在虹桥综合交通枢纽（长宁区部分）城市化建设中承担的职责外，一是协助临空经济园区完成剩余的动迁；二是统筹考虑临空经济园区开发建设中的社会性事务。

5. 区土地储备中心

该中心主要负责：一是收购和拆平临空经济园区剩余未收购储备的223.3亩土地；二是储备南北临空已收购未出让（包括已收购未拆平）的694.56亩产业用地；三是收购储备外环线以西581亩产业用地。

6. 区政府各相关职能部门

区发改委、规划局、房地局、建设交通委等部门负责临空项目的审批；区税务分局、财政局、工商分局等部门根据需要，按要求向临空派专门工作人员；区房地局负责临空经济园区和虹桥综合交通枢纽（长宁区部分）的产业用地上平台招标、拍卖和挂牌。

二、上海市虹桥涉外贸易中心功能区域开发体制

上海市虹桥涉外贸易中心功能区域位于上海市长宁区范围内，由1.77平方公里的

虹桥涉外贸易中心和1.36平方公里的古北高端住宅区构成，其主要功能为贸易和居住。由于涉及多头管理和跨界管理，成为区域治理的难题。

（一）上海市虹桥涉外贸易中心功能区域开发的多头和跨界

上海市虹桥涉外贸易中心东至中山西路、南至虹桥路、西至古北路、北至天山路，总占地面积177公顷（1.77平方公里），上海市市管的上海虹桥经济技术开发区位于1.77平方公里之中。由于1984年开始建设的上海虹桥经济技术开发区占地仅为0.652平方公里，是我国第一批14个国家级经济技术开发区中面积最小的一个，以发展外贸外事为主，且具有众多国家领馆的区域，而上海虹桥经济技术开发区0.652平方公里以外的周边区域主要是居住、教育、医疗等社会性设施，难以与虹桥经济技术开发区的展览展示、外贸外事形成有效的功能配套，而仅靠虹桥开发区0.652平方公里区域也难以形成世界水平的涉外贸易区域。于是，在1993年6月起动的到1994年9月长宁区人民代表大会通过的《上海市长宁区总体规划》中提出了“虹桥涉外贸易中心”的规划和建设目标。《上海市虹桥涉外贸易中心详细规划》于1994年9月由美国海波建筑设计事务所负责编制完成，规划总建筑面积为370.85万平方米，平均容积率为2.85，最高容积率为10，建筑覆盖率为32%，建筑控制高度200米。从1994年到现在，在上海虹桥涉外贸易中心详细规划范围内，除虹桥开发区0.652平方公里建设范围内的项目外，还新建了百盛大厦、LV大厦、天山商厦、金虹桥大厦、高岛屋商业综合体、东银办公楼、远东国际写字楼、鑫达大厦等商业商务项目，总建筑约150万平方米，加上虹桥开发区138万平方米建筑面积，上海虹桥涉外贸易中心范围内，到目前为止，商业商务设施已达300万平方米左右。同时，上海市还在紧贴虹桥涉外贸易中心的南边配套建设了1.36平方公里的，约500万平方米的古北高端住宅区，即古北新区，从而大大完善和提高了虹桥涉外贸易中心及其虹桥经济开发区的商务贸易功能配套。但是，虹桥涉外贸易中心的0.652平方公里的虹桥经济技术开发区有限公司属于上海市政府建设委员会直接管理，在1.77平方公里范围内，还跨界长宁区天山路街道、虹桥路街道、新泾镇三个行政区域；而与虹桥涉外贸易中心配套的古北高端住宅区又涉及，属于上海市政府房屋管理局直接管辖的上海市古北集团有限公司、长宁区虹桥街道和新泾镇的跨界管理。

（二）上海市虹桥涉外贸易中心功能区域的开发体制

根据上海市虹桥涉外贸易中心区域多主体、跨界管理的难题，为有效推进虹桥涉外贸易中心区域的高效建设，建立政府宏观调控和市场企业化运作相结合的虹桥涉外贸易中心区域开发体制。形成决策机构、办事机构和运作机构三方构成的由市场机制和政府宏观调控相结合的有机整体，达到优化资源配置，提高开发效率，使虹桥涉外贸易中心功能区域的开发项目能尽快启动，按期完成区域开发目标。

1. 明确政府区域治理机构及职责分工

成立上海市虹桥涉外中心功能区域治理领导小组及其办公室。上海市虹桥涉外功能区域治理领导小组由上海市市区两级政府有关部门组成，具体由长宁区人民政府、上海市政府建设委员会、上海市市政府房屋管理局派员组成上海市虹桥涉外功能区域治理领导小组。上海市虹桥涉外中心功能区域治理领导小组由长宁区人民政府运作召集。上海市虹桥涉外功能区域治理领导小组为上海虹桥涉外贸易中心功能区域开发的议事决策机构，代表政府决定和协调上海虹桥涉外贸易中心功能区域开发的重大事项，具体包括上海虹桥涉外贸易中心功能区域开发的规划和计划、政策、项目、招商等总体工作的决策。上海市虹桥涉外功能区域治理领导小组下设办公室，领导小组办公室作为虹桥涉外贸易中心功能区域的办事机构，上传下达，贯彻和执行领导小组的决定，具体包括上海虹桥涉外贸易中心功能区域开发的规划计划政策制定、项目推进、招商安商、政策落实、企业和产业发展及其领导小组交办的其他事项等。

2. 建立或明确区域开发的市场主体

按照现行土地供应方式的规定，虹桥涉外中心功能区域需要开发建设的大部分项目都要进行土地招投标，为使这些项目尽快启动，上海市虹桥涉外中心功能区域内的虹桥经济技术开发区有限公司、古北新区集团有限公司等三家具有土地一级市场开发功能的国有企业的主要职责为，负责上海市虹桥涉外中心功能区域内开发地块的土地收购和土地拆平工作和近期开发项目中的动迁商品房及其相关设施建设。上海市虹桥涉外中心功能区域内的三家具有土地一级市场开发功能的国有企业，应当按照现代企业制度的要求，建立完善的内部治理结构，公司设立股东会，董事会和监事会，董事会和监事会成员由股东会推荐产生，公司经理由董事会聘任。董事会应设立外部董事，由有关专家、政府相关部门领导参加。监事会也要有政府相关部门的领导参加。

三、上海虹桥国际中央商务区管理体制

（一）上海虹桥国际中央商务区的跨界

上海虹桥国际中央商务区，原名为“上海虹桥商务区”，根据2021年2月22日国家发展改革委发布的《虹桥国际开放枢纽建设总体方案》中的“上海虹桥国际中央商务区”而更名。上海虹桥国际中央商务区，位于上海市西部的闵行区、长宁区、青浦区、嘉定区行政区域范围内，2010年规划初的四至范围为：东至外环路，南至G50沪渝高速，西至G15沈海高速，北至G2京沪高速，共86.6平方公里；其中，主功能区面积26.3平方公里，核心区4.7平方公里。2019年10月，根据上海市《关于加快虹桥商务区建设打造国际开放枢纽的实施方案》，将上海长宁区的新泾镇和程家桥街道、

上海闵行区华漕镇、上海嘉定区江桥镇、上海青浦区徐泾镇，原未纳入虹桥商务区的64.8平方公里全部作为上海虹桥国际中央商务区的拓展区，统筹进行规划建设管理和功能打造，从而使虹桥商务区达到151.4平方公里。上海虹桥国际中央商务区的主体功能定位为“大商务、大贸易、大交通”，依托虹桥综合交通枢纽，建设上海现代服务业的集聚区，上海国际贸易中心新平台，是面向国内外企业总部和贸易机构的汇集地；是服务长三角、长江流域、全国的高端商务中心。上海虹桥商务区未来将形成以总部经济为核心，以高端商务商贸和现代物流为重点，以会展、商业为特色，其他配套服务业协调发展的产业格局。由于上海虹桥国际中央商务区地域范围坐落在上海所属四个区的行政区划内，因此，按照《虹桥国际开放枢纽建设总体方案》，上海市政府采用了上升一级的管理策略，将上海虹桥国际中央商务区纳入上海市政府统筹管理。

（二）上海虹桥国际中央商务区管理体制

上海市第十五届人民代表大会常务委员会第四十五次会议，于2022年10月28日通过、自2022年11月1日起施行的《上海市促进虹桥国际中央商务区发展条例》的第四条和第五条明确了上海虹桥国际中央商务区参与各主体的职责。

1. 上海虹桥国际中央商务区管理委员会职责

上海虹桥国际中央商务区管理委员会（以下简称“商务区管委会”）作为上海市人民政府派出机构，统筹协调上海市人民政府相关部门和管理单位以及四区人民政府，履行下列职责。

一是编制商务区发展规划，统筹推进商务区开发建设和功能提升；二是参与编制商务区内的国土空间规划，统筹国土空间规划的落地实施，组织编制商务区内的专项规划；三是编制商务区产业发展规划和产业目录，统筹指导商务区内产业布局和功能培育；四是统筹推进投资促进、营商环境优化、公共服务完善、人才高地建设等工作；五是统筹商务区开发建设计划，拟定商务区区域内土地年度储备计划，协调推进重大投资项目建设；六是建立管理标准和服务规范，推进城市管理精细化；七是建立并完善统计工作合作机制；八是推进政策制度创新与实施；九是服务保障中国国际进口博览会（以下简称“进口博览会”）；十是统筹协调虹桥综合交通枢纽内交通设施管理以及不同交通方式的衔接、集散和转换；十一是统筹安排商务区专项发展资金；十二是指导协调四区人民政府履行商务区的相关行政管理职责，监督、检查工作落实情况；十三是市人民政府确定的其他事项。

2. 上海市人民政府有关职能部门和有关区职责

（1）市发展改革部门负责推进商务区重大体制机制改革、综合政策制定、重大项目投资等工作，以及商务区作为虹桥国际开放枢纽“一核”与“两带”的联动发展。

（2）市商务部门负责对商务区的会展经济和国际贸易中心新平台的协调指导，推动区域开放型经济能级提升。

（3）市规划资源部门负责商务区的有关规划和土地管理等工作，统筹空间布局和设施共享利用。

（4）市交通部门负责对虹桥综合交通枢纽管理的统筹指导，协调推进商务区重大交通项目建设。

（5）市其他有关部门按照各自职责共同推进商务区的相关管理和服务。

（6）闵行区、长宁区、青浦区、嘉定区人民政府应当按照《总体方案》、市人民政府的部署和各自职责，结合本辖区产业特色，推进商务区的相关工作。

四、长三角生态绿色一体化发展示范区治理体制

（一）长三角生态绿色一体化发展示范区的多头和跨界管理

长三角生态绿色一体化发展示范区横跨沪苏浙，毗邻淀山湖，范围包括上海市青浦区、江苏省苏州市吴江区、浙江省嘉兴市嘉善县，面积约2300平方公里。其中，青浦676平方公里，吴江1092平方公里，嘉善506平方公里。示范区先行启动区为660平方公里，行政区域包括上海青浦的金泽镇、朱家角镇，江苏吴江的黎里镇，浙江嘉善的西塘镇、姚庄镇。2019年10月25日，长三角生态绿色一体化发展示范区由国务院批复。2019年11月1日，长三角生态绿色一体化发展示范区建设推进大会在位于示范区的上海青浦举行。2020年8月25日，长三角生态绿色一体化发展示范区开发者联盟在上海正式成立。根据2020年6月公布的《长三角生态绿色一体化发展示范区国土空间总体规划》，示范区要以“两个率先”为路径，实现“一田三新”的发展愿景。即率先探索从区域项目协同走向区域一体化制度创新，率先探索将生态优势转化为经济社会发展优势，将示范区打造成为“一体化制度创新试验田、生态优势转化新标杆、绿色创新发展新高地、人与自然和谐宜居新典范”。但是，示范区涉及一市两省、三级行政主体，以及政府、市场等多元主体，协同治理难度较大。

（二）长三角生态绿色一体化发展示范区的治理体制

1. 治理机构长三角生态绿色一体化发展示范区治理体制的治理机构由政府的理事会、执委会和市场的基础性开发公司、开发者联盟构成。

（1）主要政府机构。一是理事会。理事会是指导和统筹协调长三角生态绿色一体化发展示范区建设的决策平台。设理事长3名，由两省一市常务副省（市）长实行年度轮值；秘书长1名，由上海市发展改革委主任、长三角区域合作办公室主任担任；副秘书长2名，由江苏省、浙江省发展改革委主任担任。理事会成员由两省一市有关部门负责同志，苏州市、嘉兴市、上海市青浦区、苏州市吴江区、嘉兴市嘉善县主要负责同志，以及有关知名企业家、智库负责人等特邀成员组成。二是执委会。执委会

作为理事会的执行机构，主要负责示范区发展规划、制度创新、改革事项、重大项目、支持政策的研究拟订和推进实施。执委会设主任 1 名、副主任 3 名，设综合协调部、政策法规部、生态和规划建设部、营商和产业发展部、公共服务和社会发展部等 5 个内设机构，人员额度为 60 名。两省一市组织人事部门实施了一系列的人员配置创新制度。共同探索了执委会全员聘任管理制度，实现“身份保留”“档案接续”。建立执委会干部选聘制度，畅通了选聘干部“入口关”，推动落实选聘干部享受相关政策服务，形成市场化、差异化薪酬激励机制。

（2）主要的基础性开发公司。两省一市共同出资成立长新公司和水乡客厅公司两大基础性开发公司，负责重大设施建设和功能塑造等。两大基础性开发公司是一个国有的运作平台。长新公司由两省一市共同发起成立，1∶1∶1 比例以货币等额出资，沪苏浙三地长三角投资公司和其他有关国资企业参与出资。长新公司与三峡集团合资成立水乡客厅公司。

（3）主要的社会组织。2020 年 8 月 25 日，长三角生态绿色一体化发展示范区开发者联盟（以下简称“开发者联盟”）在上海国家会展中心（上海）正式成立。开发者联盟由 12 家创始成员（12 家创始成员分别为中国三峡集团、阿里巴巴集团、华为公司、中金公司、中美绿色基金、中新集团、中规院、上海城投、普华永道、复旦大学、上海交大医学院、新华社长三角采编中心），本着平等、自愿、互利和共赢的原则，共同发起并成立的，自愿参与长三角生态绿色一体化发展示范区建设的各类市场主体、专业机构结成的开放型社会组织。联盟成立初期由联盟创始成员以签订盟约形式建立的非实体组织形态，待条件成熟时将转变为符合民政部门登记要求的社会团体。联盟的主要活动：定期举办主题活动（每季度组织一次主题活动，每年举办全体联盟成员年会），配合示范区执委会组织召开每年的示范区开发者大会，组织开发者联盟与示范区各种内容的对话，以开发者联盟名义开展国内外交流、座谈、研讨等。联盟内设机构由联盟创始成员代表会议、联盟秘书处、联盟联络员制度组成。联盟创始成员代表会议为联盟的主要议事机构，负责联盟年度工作计划等重大事项审议，与示范区执委会开展对话，指导联盟秘书处开展工作。联盟创始成员代表会议的成员代表由 12 家创始成员单位选派，一般由各成员单位管理层分管领导出任。联盟创始成员代表会议，实行轮值执行长制度，轮值执行长将从联盟创始成员中产生，每届任期为一年。联盟秘书处负责联盟日常事务，开展联盟内日常沟通协调，与示范区执委会进行沟通联络，接受示范区执委会发布的相关需求等信息，组织报送联盟相关诉求，协助联盟成员更好地参与示范区建设。联盟秘书处秘书长由联盟轮值执行长指派。联盟秘书处由 12 家联盟创始成员分别选派 1 ~ 2 名人员组成，包含各联盟创始成员相关部门负责人和一名联络人。联盟联络员制度。是指每家联盟创始成员选派一名联络人参与秘书处日常工作。

2. 人大的授权和执法监督机制

两省一市人大协同立法，制定发布《两省一市人大关于促进和保障一体化示范区建设若干问题的决定》，明确赋予执委会跨区域项目审批权，先行启动区控详规划审批权等。沪苏浙两省一市人大常委会开展联动执法检查，形成从立法到监督的闭环。

第三节　区域型政区与城市型政区

区域型政区与城市型政区，主要讨论内容是区域与城乡之间治理关系。城乡是区域中的城乡，城市和乡村都是区域中的一部分；离开区域谋城乡，这就意味着离开全局谋局部。国际上，区域型政区与城市型政区的隶属关系，一般为城市型政区隶属于区域型政区，即区域型政区节制城市型政区。而我国目前却是以城市型政区节制区域型政区，即由局部节制全局，彻底把区域型政区和城市型政区的隶属关系颠倒了。在区域协调发展和城乡融合发展的新形势和新要求下，在我国，明确区域型政区领导城镇型政区，还是城市型政区领导区域型政区，是区域经济体制的最重大问题。

一、区域型政区和城市型政区的内涵和本质

区域型政区，全称为“区域型行政管理区”，是指其辖区范围内既包括城市空间，又包括乡村空间的政区。城市型政区，全称为“城市型行政管理区”，是指其辖区范围内只包括城市空间[①]，而不包括乡村[②]空间的政区。城乡是区域中的城乡，城市和乡村都是区域中的一部分；离开区域谋城乡，这就意味着离开全局来谋局部，而中国素有“不谋全局者，难以谋一域”的说法。可见，我国自1984年以来实施的“切块设市”“整县设市”的“广域型市制”，正好将区域型政区与城镇型政区可包括的空间范围和功能混淆颠倒了，我国现在实施的“广域型市制”，本质上是一种“以城控乡”的空间治理体制。

区域型政区和城市型政区的主要区别；一是包含的空间范围不同，区域型政区其辖区既包括城市空间，又包括乡村空间；而城市型政区其辖区只包括城市空间，而不包括乡村空间。二是治理机构的不同，区域型政区治理机构为省（自治区）、地区行政专署（自治州、旗）、县（自治县）、乡镇、村；而城镇型政区治理机构的为市、

① 按照2014年10月，国务院颁布的我国《城市规模划分标准》，城市规模是指城区部分，并不包括乡村地区。

② 按照我国《乡村振兴法》规定，乡村包括村（中心村、自然村）和乡镇（乡、建制镇）。

区、街道、居委会。三是隶属关系的不同，因为城乡是区域空间内的城乡，城乡是区域的一部分，因此，国际上，区域型政区与城市型政区的隶属关系，一般为城市型政区隶属于区域型政区，即区域型政区节制城市型政区。而我国目前却是以城市型政区节制区域型政区，即在由局部节制全局，彻底把区域型政区和城市型政区的隶属关系颠倒了。

二、区域型政区和城市型政区隶属关系颠倒的后果

我国自 1984 年以来实施的“广域型市制”的后果：一是，在形成了“以城控乡”的空间治理体制。在这种“以城控乡”的空间治理体制，期待城市完成城乡统筹使命就如中国民间谚语中的“黄鼠狼给鸡拜年”，城市以其虹吸作用，将乡村的土地、资金、劳动力、人才等要素，以不等价交换的方式，统统吸纳占为己有，并投向城市（见图 17 –1），而留给小城镇和乡村的是“空心化”、污染和衰退。在工业化和城镇化的前中期，乡村衰退是世界的普遍现象，但到了工业化和城镇化的中后期，我国地区、城乡差距还如此之大是世界上少见的。目前，即使在我国经济发展水平较高的上海，其郊区绝大部分乡村基本公共设施配套，尤其是基本的市政基础设施配套，仍然是空白。因此，当前在上海的乡村振兴示范村建设中，就碰到了需要补齐大都市乡村的市政基础设施建设的巨额欠账。二是，区域型政区与城镇型政区隶属关系颠倒，最为严重的后果是使政府扮演了“扶强欺弱”的角色。而国家产生基础是平衡宗族社会中成员之间的不平等关系，也就是说国家的使命是维护弱者而存在的。在工业化和城镇化的社会里，乡村相对于城市而言，本身就是相对弱势的，如果在体制上还保障了城市主宰乡村资源分配的角色，那么，乡村的衰退和城乡差距扩大也就在所难免了！需要提出的是，城乡差距的缩小是区域差距缩小的前提，我国地区、城乡的差距较大与我国 1984 年以来实施的“以城控乡”的空间治理体制息息相关。

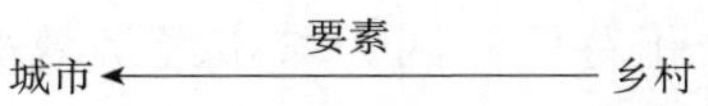

要素
城市 ←———————— 乡村

图 17 –1 “以城控乡”的空间治理体制的城乡要素流动和交换关系示意图

资料来源：作者绘制。

三、建立区域型政区下的城市型政区的必要性

人类社会，既要考虑提高生产效率，同时也要考虑社会公平。近代工业革命以来，人类社会发展证明，工业化与城市化是一对孪生兄弟，工业革命创造了人类社会前所未有的财富增长，城市作为近代工业革命的空间载体与工业革命一道成为人类社会生

产力发展的进步生产方式，相对传统的农业社会及其相应的农业生产方式有其积极的一面。因此，人类社会为了维持自身的可持续运行，既需要发挥区域型政区统筹城乡的社会公平作用，同时，又需要最大限度地发挥“城市型政区”有利于提高效率作用。需要说明的是，在当代社会，所谓“城市自治”已经不是“市制”初始的“市民自治”概念，而是指“城市专业化治理”概念。因此，“城市型政区”比较偏重于“效率”的考量，生产力发展的考量，而区域型政区比较偏重于“公平”的考虑，社会和谐的考量。人类社会其主体是人，物质生产的效率最终需要服从于社会的和谐，这就是我们平时常讲的“稳定、改革、发展”之间的关系，社会稳定是改革和发展的前提，没有稳定的社会环境，一切改革和发展都难以进行。在我国工业化、城镇化发展到今天，用上述观念去考量我国区域、城乡行政管理体制，就更加需要处理好区域与城乡之间的治理关系。

四、建立区域型政区节制城市型政区的主要意义

1. 有利于城乡统筹发展

区域型政区空间管理范围内“城、镇、村”各种聚落类型都具有，就像一个多子女的家庭一样，父母对待其多个子女，一般都会一视同仁、公平对待。在我国区域治理的实践中，区域型政区统筹的城乡差距相对小（见图17－2），而城市型政区统筹的城乡差距反而大，例如，浙江省和江苏省的城乡差距就比上海市的城乡差距小。这是因为，绝大多数区域型政区都能公正公平地对待“城、镇、村”各个类型聚落的发展。通过区域内规划空间的统筹、生产要素的统筹、公共服务设施均等化的统筹、第一二三产业发展的统筹、管理资源的统筹，实现区域内城乡、地区协调发展或平衡充分发展。屁股决定脑袋，从实践看，区域型政区的政府，大都能较自觉地实施城乡统筹职能，这是因为区域型政区领导在“城、镇、村”发展方面，没有特殊的利益偏好。而由城市政府实施城乡统筹职能方面就不具有这种对待“城、镇、村”的公正特质，因为城市经济效率高，故城市政府有发展城市的偏好。

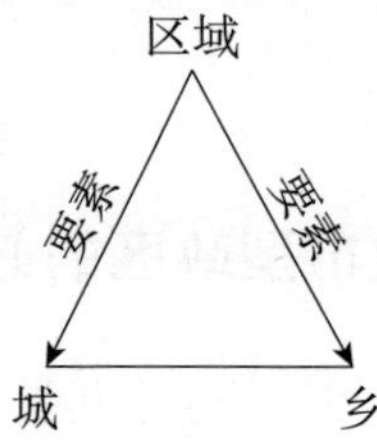

图17－2　区域型政区节制下的城乡要素流动和交换关系示意图

资料来源：作者绘制。

2. 有利于城市专业化发展

区域型政区节制下城市型市制，此时的城市政府就可以专注于城市发展，而不需要为“镇、村”发展而分散精力。通过城市经济社会、城市规划、城市建设、城市治理等方面的专业化发展，提高城市的经济效率，促进城市发展的现代化。在一个国家或一个地区的现代化进程中，区域型政区与城市型政区的分工可表达为：城市政府追求经济效率，利用自身的区位优势、发展基础和条件，提高吸引力和竞争力以获得更好的经济利益，可以通过财政税收制度，区域型政府实施要素的初次分配和财富的再分配，促进城乡间、地区间差距的缩小，从而实现城乡、地区的共同富裕及现代化。“所谓现代化，概括地说，就是借助最新的技术与生产方式创造财富，并通过日益合理的体制分配财富的过程。”①

五、建立区域型政区节制下城镇型政区的基本内容

（一）明确区域型政区和城镇型政区的权能

凡属城乡统筹的权能由区域型政区行使，包括政区内的主体功能区规划，与本政区相关的区域规划，政区内的城镇村聚落布局规划（含城镇体系规划）、城乡总体规划、城乡土地利用规划（十五年）、国民经济社会发展规划（五年）、乡镇域总体规划、村庄规划等，以及与上述规划相应的区域经济社会发展战略、各类规划的实施政策、道路交通设施项目安排和具有重大影响的产业布局等。凡属城市型政区内专业管理的权能由城市型政区行使，包括城市总体规划、城市分区及单元规划、城市详细规划、城市专项规划、城市内各类控制性详细规划、修建性详细规划、以及与这些规划实施相关的项目安排、审批、土地出让、政策和管理制度等。

（二）明确区域型政区和城镇型政区的行政建制

根据我国历史传统和发展实际，我国以城乡统筹为着力点的区域型政区行政建制规范形式应该有省制：省、自治区，特别区（直辖市）；地区州府制：地区行署、自治州；县制：县、自治县；乡镇制：乡、民族乡、镇；特别行政区：香港、澳门等。需要说明的是，为便于区域型政区与城镇型政区的通名规范，我国直辖市可以更名为特别区或其他名，以便特别区设市，可能造成的直辖市与直辖市下辖市的政区行政建制名冲突或产生歧义。根据我国城城型政区行政建制的名称规范，我国以专业化管理为着力点的城市型政区行政建制，应该有省辖市（含直辖市），地区州府辖市、县辖市以及与上述三类市有关的城区、郊区等行政建制。省辖市主要包括省会城市和计划单列市，地辖市根据行政管理需下可设城区和郊区，但为避免以往的城

① 李庆余、周桂银等著：《美国现代化道路》，人民出版社 1994 年版，第 1 页。

乡不分，城镇型政区下的郊区应该缩小农村范围或者制定县改区标准并且严格控制县改区。县辖市一般不需要市下设城区、郊区，乡镇、村，因为县辖市一般在县域内，且紧临乡镇村，故县辖市域在发展需要扩张空间范围时，在县域内可按规划调整。

（三）明确区域型政区和城镇型政区的管理关系

政区管理关系，也称“政区统辖关系”，包括区域型政区与城市型政区的统辖关系，区域型政区内部各层级的领导被领导关系。城市从社会角度讲是一定空间范围内的居民和单位组成的共同体或自治体，因此，城市与城市之间不论规模大小，不存在城市与城市之间的统辖关系或领导被领导关系。所以，研究区域型政区和城市型管理关系主要是研究区域型政区与城市型政区的管理关系和不同层级的区域型政区之间的管理关系。前面讲到区域型政区管理的出发点、归宿点、着力点是区域内的城乡统筹，其城乡统筹的原则是兼顾公平和效率，且比较侧重社会发展；而城市型政区的出发点、归宿点、着力点是城市内的专业管理，其专业管理的原则是效率且比较侧重经济发展。由于人类社会的经济发展其目的是为社会发展，生产的目的是为了更好地生活，所以，在区域型政区与城市型政区的管理关系中，区域型政区应该统辖或领导城市型政区。区域型政区的空间范围包括城市型政区的空间范围，区域型政区的权能也应包括城市型政区权能，城市型政区权能从区域型政区中析出并受其节制。从上述角度讲，区域型政区的行政建制应该领导城市型政区的行政建制。同理，区域型政区其空间范围不仅包括城市型政区，还包括下一层级的区域型政区。例如，省级行政区不仅包括地级行政区，还包括县级行政区，乃至乡镇村行政区。因此，不同层级的区域型政区其管理关系是上级政区统辖或领导下级政区。综上所述，城市不应该存在行政层级，即不同规模的市不存在统辖关系，因此，我国20世纪80年代初推出的地级市领导县是难以从行政区域管理逻辑中推导出来的。但城市，不管规模大小的城市，可以构建其内部的行政管理关系，如城市可以统辖区，区可以统辖街道等。

（四）明确区域型政区和城镇型政区的行政等级

中国是一个传统等级和十分严密的国家，而行政管理又具有行使国家权力的特征，从某种角度讲，行政管理是依托行政等级制度来实施的，日常中的“官大一级压死人”就是行政管理等级制的典型说法。前面从管理角度讲到，不同规模的城市，因城市的共同体或自治体特性不存在统辖关系，但在我国，城市也是有行政等级的。例如，我国现在的直辖市，人口规模和经济总量比较大，都达到超大城市、特大城市标准，并且其区位一般比较特殊，其行政等级与省（区）是平级的；省会城市或计划单列市，人口规模和经济规模一般都达到特大城市或大城市标准，且区位一般也比较特殊，一般都是副省级；到 2020 年底，我国 296 个行政建制地级市（城区部分）中，也有 81 个达到大城市，还有 117 个属中等城市，这类地级市在我国行政等级一般为正局级；同样，2020 年底，我国的 386 个县级市其行政等级为正处级。尽管城市的行政等级设置，国内有些专家持反对意见，认为这是制约中国城市发展的顽疾，要破除约束城市发展的种种不合理的行政限制，让市场在城市发展中起到主要作用，但在我国要去除城市等级设置估计还要相当时日。不过在我国的确需要讨论，城市行政等级设置是按城市规模设置，还是按行政等级反套城市，而不问城市规模。一般而言，城市规模越大，其专业管理复杂性和难度就越大，而所需要配置的权能要求就越大，从这个角度讲，城市即便要设置等级，也应与城市规模关联。而区域型政区，全世界都一样，都是设置行政等级实施行政管理的。例如，在我国，区域型政区中的省、自治区是省级，地区行署、自治州是地级，县、自治县是处级，乡、民族乡、镇是科级。而区域型行政等级的设置依据主要是地域空间规模，当然从行政管理难度而言，也与其人口规模、经济规模等人类社会的发展内容有关。

（五）明确区域型政区和城镇型政区行政官员的行政级别

政区的行政等级主要指某一政区行政单位在政区层级体系中的等级和地位高低，而行政官员的行政级别是指地方官员在国家公务员系列中的等级和地位高低。一般而言，同一政区层级行政单位的行政等级与行政官员的行政级别是一致的，这是政区行政层级、行政单位的行政等级和行政官员的行政等级的常态。但我国因不仅仅是区域型政区设置等级的，而城市型政区也是设置等级，故产生省级市（如直辖市），副省级市（如省会城市）等，从而产生政区行政层级、行政单位的行政等级、行政官员的行政级别不一致现象。例如，上海市和北京市的郊区县，其行政单位和行政官员的行政级别都是正局级，而省辖县其行政单位和行政官员的行政级别是正处级；再例如，上海市，北京市城区和郊区范围内的街道是正处级，而地辖区的街道是正科级等。还有，行政单位的行政等级不变，但因工作需要，该行政单位的行政官员行政级别改变，例如，浙江特大镇小城市培育中，其镇长仍是正科级单位，而镇书记因任县委常委其行政级别是副处级。

综上所述，我国区域型政区下的城市型政区结构可表述如下（见图 17 -3）。需要说明的是，在当前，我国直辖市和省辖市下的郊区因其农村面积大，故直辖市和省辖市下的郊区本质上是县的性质，故可以设置市，但市下不可再设置区和街道，但市下可以设置居委会。同样，县下可以设置市，但市下不可再设置区和街道，但可以设置居委会。

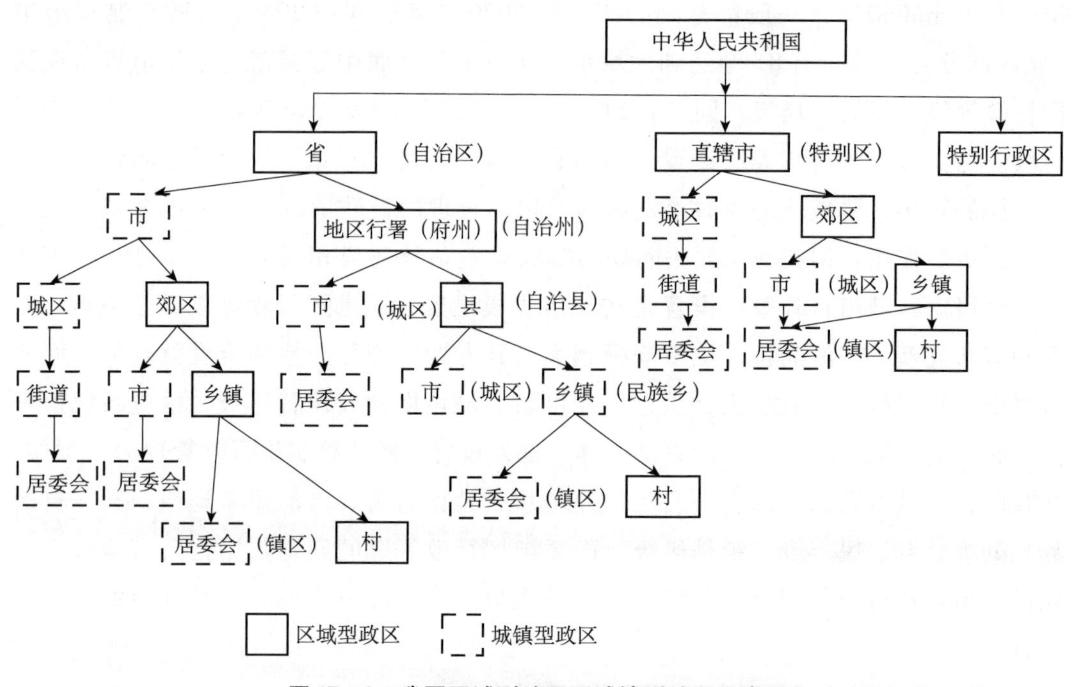

图 17－3　我国区域型政区下城镇型政区示意图

资料来源：作者绘制。

六、建立区域型政区下城镇型政区的基本原则

（一）严格限制市辖城区的农村地区范围

建立区域型政区下城镇型政区除上述论证的关键问题外，还需要特别强调的是严格限制市辖城区的乡村地区范围。这是因为，在我国，到 2021 年我国城镇化率还只有 64.72%，据国家“人口发展规划”预计到 2030 年我国城镇化率可达到 70% 左右，到 2035 年我国基本实现社会主义现代化时，我国城镇化还有较大增长空间。故在这期间，我国城区发展还未定型，城区还需要扩大空间。解决我国城区发展空间方案有两个，一是通过长远规划为城区发展预留发展空间。二是采取 1963 年 12 月中共中央、国务院发布的《关于调整市镇建制，缩小城市郊区的意见》文件中提出的“六条原则”来确定城区的空间范围。从而使我国真正实现城市型政区的管理，防止城市的无序蔓延。

（二）严格控制撤县设区

如果说建立区域型政区下城市型政区，严格限制市辖城区的农村地区范围是不可或缺的基本原则，那么制定撤县设区标准，严格控制撤县设区就成为我国城市设置需要遵循的又一个基本原则。从目前情况看，在我国，至今还没有一个各级政府可遵循的撤县设区的标准。而目前我国市辖郊区农村地区范围都比较大，如果不能做到按照标准，严格控制撤县设区，那么严格限制市辖城区的农村地区范围这个原则就得不到实施的保障。目前，国内大多数学者考虑的是按照人口规模、经济规模、地域规模建立撤县设区标准。作者认为，应该按照县域内农村地区范围占县域空间范围空间达到一定比例时，就应当严格禁止撤县设区，以保障城市型政区的实现。也有部分专家提出，在严格控制城市郊区范围时，应该撤销城市郊区，只保留城市城区。这也说明，在我国当前城市包含大量农村地区时，应该严格控制撤县设区。

（三）完善城市设置标准

由于我国从1986年以来实施的是广域型市制，我国城市事实上是没有空间边界的。尽管近几年国家三令五申要求划定城市边界线，永久基本农田保护线等，但由于城市辖区本身包括了大量农村地区，而城市的规划编制是由城市政府主导的，城市规划审划也没有城市边界红线的要求，只有城市建设用地总量要求，这样城市政府只要在其上面规定的建设用地总量范围内即可，与其辖区的某一具体城市的城市边界并无直接关系。从而造成城市政府在其建设用地总量内牺牲中小城市、小城镇、乡村的建设用地来满足超大城市、特大城市、大城市、乃至中等城市的建设用地需求，于此形成我国超大城市、特大城市、大城市中心城区规模过大，而市域内的中小城市、小城镇规模过小，乃至乡村基本建设用地都难以保证的局面。从某种角度讲，我国当前大中小城市、小城镇、乡村之间发展的规模结构和空间结构不合理，于此形成的大中小城市、小城镇、乡村之间发展差距过大，与我国不限定城市建设边界或城市边界，而是在广域型市制前提下，只限定行政管理意义上的城市建设用地规模总量有关。因此，在工业化，城镇化，农业农村现代化后期，建立以城乡统筹和城市专业化管理为着力点的区域型政区下的城镇型市制，必须改变广域型市制下的城市建设用地总量控制办法，而改为具体城市划定城市边界的控制办法，而要做到这一点，在我国首先要修改1986年以来的城市设置标准，即城市型政区或狭域型城市设置标准，而不是广域型城市设置标准。

（四）完善有关法律和有关制度

在我国当前，不仅是城市设置标准，而是上到“宪法”，下到“土地法”“规划法”以及大量的行政管理规章制度都与广域型市制配套。例如：我国现行宪法第三十条第一款第一项规定省、自治区分为自治州、县、自治县、市，并没有地级市的规定，而我国到2017年底就有294个地级建制市；第三项县、自治县分为乡、民族乡、镇，但并没有规定可以设置县辖市，从而造成温州龙港镇只能切块设置县级市的困惑；第二款规定直辖市和较大的市分为区、县，并没有规定直辖市和较大的市下属的郊区可以设市。而由于我国实行的是广域型市制，故在我国直辖市和较大的市下的郊区内含独立的中小城市比比皆是，由于不能设市，故都分割为若干街道管理，也存在诸多的行政边界，缺乏城区统筹。同样，宪法三十条中的直辖市、县级市，加上实践中的地级市，三者都叫市，也存在“市”名的通名规范等，避免行文和日常交往中都要强调自己是哪一级“市”的麻烦。还有，自1986年，我国实施市领导县，在其实施过程中也凸显出诸多弊端，“一是没有达到城市带动县（市）经济发展的初衷，在一定程度上阻碍了县（市）的经济发展，导致城乡差距扩大；二是财政资源配置上，过多地向地级市倾斜，导致县（市）发展没有足够的财政资源的支持；三是有些地级市自身经济发展水平不高，辐射能力弱，没有能力带动县（市）经济的发展，出现了‘小牛拉大车’状况；四是市管县体制的运行框架，尤其是市为了管理区县的事务增设机构，会导致行政管理层级的增多，操作流程复杂化，从而降低行政效率，进一步增加行政成本。”[①] 自20世纪80年代末至90年代初“市管县”体制弊端日益显现后，1992年至2007年浙江省进行了四轮的“强县扩权”改革。从2002年起，湖南、河南、安徽、海南、黑龙江、四川、山西、辽宁、河北、江苏等省份纷纷开展“强县扩权”改革。国家也从2005年至2010年多项中央、国务院文件支持省直管县财政管理体制和扩权强县改革试点等。以上这一些，归根结底都需要国家在区域协调、城乡统筹、城乡融合、城乡一体的新形势和制度要求下，进一步明确到底是继续实行城市型政区领导区域型政区，还是改革成区域型政区领导城镇型政区这一根本问题，也涉及国内现行的许多法律，法规以及有关政策文件的修订和完善。

第四节　区域经济的目标管理

区域经济目标管理是促进区域经济治理体制落地的重要方法，在特定的经济区域，在建立区域经济治理体制基础上，将区域经济发展中的重点工作内容纳入目标管理体系，有助于提高区域经济治理体制的运行效率。

一、目标管理的内涵

目标管理亦称“成果管理”，俗称责任制，是指以人为中心，以目标为标准，以成果为依据，将个人利益和组织利益紧密联系起来而取得最佳业绩的现代管理方法。美国管理大师彼得·德鲁克（Peter F. Drucker）于1954年在其名著《管理实践》中最先提出了“目标管理”的概念，德鲁克认为，并不是有了工作才有目标，而是相反，

① 金雪梅：《中国“省管县体制研究”——以浙江省为例》，http：//www. wan fang data. com. cn/details/dutail. do？type = degree8lid = D334933。

有了目标才能确定每个人的工作；如果一个领域没有目标，这个领域的工作必然被忽视。其后他又提出“目标管理和自我控制”的主张，认为在目标明确的条件下，人们能够对自己负责。理解目标管理的内涵，还需要把握下列几层含义。

（一）理解目标管理的主要作用

任何一个组织通过层层地制定目标并强调目标成果的评定，都可以改进组织的工作效率和职工的满意程度。通过系统地制定和实施组织目标，把员工有机地组织起来，使集体力量得以发挥，能使组织更有效运行。目标管理作用贯穿目标管理的全过程，具体表现在以下三个方面：一是在目标确定后，由于它能使人明确方向看到前景，因而能起到鼓舞人心、振奋精神和激发斗志的作用；二是在目标执行过程中，由于目标一般都具有一定的先进性和挑战性，在实际工作中必须通过一定的努力才能达到，因而有利于激发人们的积极性和创造性；三是在目标实现以后，由于人们的愿望和追求得到了实现，同时也看到了自己的预期结果和工作成绩，因而在心理上会产生一种满足感和自豪感，从而会激励人们以更大的热情和信心去承担新的任务以达到新的目标。

（二）理解目标管理的性质

具体的组织目标是一种工作标准，是评价组织中的每个成员、部门的工作绩效和奖励标准。以具体的组织目标作为组织管理活动的指南，并以实现目标的成果来评定其贡献大小，是组织管理民主化、员工管理自控化、成果管理标准化的具体表现；目标管理事实上是一种总体的、民主的、自觉的和结果的管理。

（三）理解目标管理的基本特征

目标管理是以“y 理论”（认为人的天性喜爱工作、愿意承担责任）为基础的，因此，目标管理遵循组织管理与个人自我管理相结合，组织评价与个人评价相结合的基本原则，具有以下特点。

1. 人本性特征

目标管理重视发挥人喜爱工作、愿意承担责任潜能，强调在目标管理中发挥人的积极性、主动性、创造性的重要性。

2. 系统性特征

目标管理将组织总目标和部门、个人分目标衔接起来，实现了分目标就实现了总目标，总目标通过分目标实现来保障；目标管理强调责权利的一致性，明确了责任就要相应配置履行责任的权利和利益，从而保证了组织和个人目标的实现。

3. 实效性特征

目标管理重视组织和个人的行为结果，而对个人、部门的目标实施过程、途径和方法，在目标责任主体没有提出要求的前提下，主张不要予以过多干预，以发挥目标责任主体的积极性、主动性和创造性。

二、目标的制定和实施

1. 目标的制定

目标管理中的目标，一般分为总目标和分目标。区域经济中的总目标，一般都是一定时期内一个国家或者一个地区经济社会发展中的主要任务，分目标是总目标各项内容的具体展开。一般情况下，分目标主要涉及区域内部的各个层级、各个部门及其有关责任主体。目标管理中，不但总目标和分目标相互关联，这类目标关联可以看作目标之间的横向关联；而且各项总目标之间和各项分目标也相互关联，这类目标关联可以看作目标之间的纵向关联；目标之间的横向关联和纵向关联，构成纵横交错的目标体系。在目标制定中，一般情况下，都需要经过自上而下和自下而上的多轮讨论和磋商才能正式确定下来；正是因为目标制定中的多轮讨论和磋商，才让与目标管理相关的部门和责任主体逐渐了解、熟悉和增强了目标意识；因此，目标制定过程中的多轮讨论和磋商，对目标管理的有效实施至关重要。还需要说明的是，目标制定中，既要重视目标设置的先进性，又要重视目标设置的可行性；目标的先进性，是指有关责任部门和责任主体完成目标具有一定的压力和难度；目标的可行性是指有关责任部门和责任主体经过努力完成目标是有可能的；目标管理实践中，当设置的目标不具有可行性，有关责任部门和责任主体就会干脆撂挑子不干了，从而使目标管理成为空中楼阁，不能发挥作用。

2. 目标的实施

目标实施比目标制定更为重要和更为困难。实践中，目标实施需要注重下列配套要素。

（1）相应的责权利配套。目标制定就是明确与目标相关的责任单位和责任主体的责任，然而实现目标仅仅是明确责任是不够的，还要给目标的责任单位和责任主体配置相应的实施目标的权力和利益，使目标的实施具有责权利的要素支撑。只有这样才能有效的实施和完成设定的目标，才能充分发挥责任单位和责任主体的积极性、主动性和创造性。

（2）书面签订目标责任书。实践中，重要目标的实施，需要与目标的责任单位和责任主体书面签订目标责任书。签订目标责任书，尽管是一种目标实施的带有仪式性的目标实施形式，但能够增强和巩固目标的责任单位和责任主体的目标意识，也有助于目标的考核和评估。

（3）建立目标完成台账和统计体系。由于目标是由一系列定量和定性的指标、项目、任务等工作事项构成的，并且目标的实施往往需要一定的时限。因此，在目标的实施过程中，必须将责任单位和责任主体承担的目标实时完成情况予以台账登记和数据统计汇总，以备目标考核评估时有据可查。从某种角度讲，没有目标完成的台账登记和统计体系的支撑，目标的考核评估和奖惩是难以客观地和完美地实现的。

（4）定期检查和通报。目标实施一般按年度计算，复杂的目标的实施往往还跨年度，因此，对目标实施进行定期检查，并将定期检查情况在一定范围内予以通报，对目标的按时按质实施具有积极的效应，同时在定期检查中也可以发现和协调目标实施中的有关问题。

（5）考核评估和奖惩。目标管理中的考核评估，一般在目标完成截止日期前，首先由目标的责任单位和责任主体，按照其承担的目标，进行自评和提出目标实施的自评报告。目标实施的自评报告，要求有据地客观地陈述目标完成情况和存在的问题，以及需要进一步改进的方向。其次是目标完成的组织考核评估。目标完成的组织考核评估将依据目标责任单位和责任主体承担的目标，平时登记的目标完成台账和统计部门发布的有权威统计数据，对目标责任单位和责任主体的目标完成情况进行客观、正确的统计计算和结论评价，以及依据相应的目标考核奖惩办法，提出奖惩方案。

三、区域经济中的目标管理实例

2015 年上海市委的年度二号课题为《上海城乡一体化》，由当时的上海市市长杨雄牵头统筹调研和实施。当时本人是上海市嘉定区发改系统的分管领导，于是全程参与了上海市、区两级二号课题的调研。2016 年，本人牵头制定了上海市某区《城乡一体化工作目标方案》。城乡一体化的目标管理是随着城乡发展情况的变化而变化的，本章辑录在此的“城乡一体化工作目标考核表”（见表 17 – 1）是个仅供参考的版本，各地区可根据自身的实际情况作适当调整和增减。

表 17 – 1　　城乡一体化工作目标考核

主要任务	工作目标	具体内容或考核指标	实施主体		
			牵头部门	责任主体	上级分管领导
一、加快编制镇村规划	1. 推进乡镇总体规划编制	· 完成 × × 镇总体规划初步方案成果	规土局	× × 乡镇	
	2. 推进建设用地增减挂钩规划编制	· 编制完成若干镇增减挂钩规划			
	3. 推进村庄规划编制	· 推进 × × 个村庄规划编制，完成 × × 个已编制村庄规划的公示和审批	规土局	× × 乡镇	
	4. 完成村庄规划编制指导意见	· 完成 × × 区村庄规划编制与实施细则的制定			

续表

<table>
<tr><th rowspan="2">主要任务</th><th rowspan="2">工作目标</th><th rowspan="2">具体内容或考核指标</th><th colspan="3">实施主体</th></tr>
<tr><th>牵头部门</th><th>责任主体</th><th>上级分管领导</th></tr>
<tr><td rowspan="6">二、加强乡村基础设施建设</td><td>5. 加快推进乡镇级道路和桥梁建设维修</td><td>·完成乡镇级道路建设××公里、桥梁××座</td><td rowspan="4">建管委</td><td rowspan="3">各乡镇</td><td rowspan="3"></td></tr>
<tr><td>6. 完善镇村公交路线和候车亭设置</td><td>·新辟调整镇村公交线路××条、新建公交候车亭××个</td></tr>
<tr><td>7. 加快推进村级道路和桥梁建设维修</td><td>·完成村级道路建设××公里、桥梁××座</td></tr>
<tr><td>8. 积极实施农村天然气管网建设</td><td>·完成××户农户的天然气管网建设</td><td>各乡镇</td><td rowspan="2"></td></tr>
<tr><td>9. 积极实施农村自来水管网改建</td><td>·完成××户农户的自来水管网改建</td><td>水务局</td><td>各乡镇</td></tr>
<tr><td>10. 加强智慧村庄建设</td><td>·编制智慧村庄建设指南，试点推进××家具有新农村示范效应的智慧村庄，实现光纤村村通，4G网络全覆盖</td><td>科委</td><td>各镇村</td><td></td></tr>
<tr><td rowspan="3">三、推进城乡基本公共服务均等化</td><td>11. 推进农村地区教育事业发展</td><td>·加强农村地区各类学校建设全年实施新建、改扩建各类学校××所，其中××所学校建成投入使用
·推进乡村教师支持计划全面实施
·实施城乡统一的义务教育五项标准</td><td>教育局</td><td>各乡镇</td><td rowspan="3"></td></tr>
<tr><td>12. 推进农村地区医疗卫生事业发展</td><td>·加强乡村医生队伍建设，开展乡村医生岗位业务培训××人次
·在××村卫生室探索开展家庭医生团队服务
·村卫生室纳入社区卫生平台管理</td><td>卫计委</td><td>各乡镇</td></tr>
<tr><td>13. 加强农村地区文化服务能力</td><td>·启动公共文化服务标准化工程，推进××个基层文化设施点的标准化试点工作
·加强农村地区公共文化服务资源的配送，丰富文化活动内容
·加强乡村文化发展资金的统筹</td><td>文广局</td><td>各乡镇</td></tr>
</table>

续表

主要任务	工作目标	具体内容或考核指标	实施主体		
			牵头部门	责任主体	上级分管领导
三、推进城乡基本公共服务均等化	14. 提高农村地区体育健身水准	·加强农村地区体育设施建设，新增公共体育场所××平方米，百姓健身步道××条 ·加强乡村体育发展资金的统筹	体育局	各乡镇	
	15. 提高农村地区养老服务能力	·全年新增农村养老床位××张 ·全年新增长者照护之家××家 ·新建老年人社区助餐点××家	民政局	各乡镇	
四、加强农村综合环境整治	16. 减少和控制农村地区工业企业污染	·确定纳入排查范围的企业，制定排查方案，依法取缔不符合国家产业政策严重污染水环境的项目	环保局	各乡镇	
	17. 加强重点区域环境整治	·推进××个重点区域环境综合整治，加快整治推进工作	综治办		
	18. 加快农村地区污水处理	·推进××户农户生活污水集中处理	水务局	各乡镇	
	19. 实施化肥、农药减量化	·化肥、农药比上年减少××%	区农委	各乡镇	
	20. 实施不规范养殖场整治和兽禽粪便资源化利用	·推进××户养殖场整顿和××%兽禽粪便还田	区农委	各乡镇	
	21. 加强农村河道整治和管理	·实施××公里河道综合整治	水务局	各乡镇、村	
五、提升农村居民就业和保障	22. 加强“离土农民”就业培训和服务	·继续推进“离土农民”就业培训工作，“离土农民”中的就业困难人员就业服务率达到100%	人社局	各乡镇、村	
	23. 做好征地农民养老金和医保工作	·积极落实“镇保”和征地养老保险制度 ·实施城乡职工统一的失业保险制度和城乡居民统一的医疗保险制度			
	24. 提高农村低保困难户救助水平	·对接全市低保、特困人员供养标准，统一城乡实物帮困措施	民政局		
	25. 做好农民土地流转费补贴工作	·制定退休农民土地流转费补贴政策	农委	各乡镇、村	

续表

主要任务	工作目标	具体内容或考核指标	实施主体		
			牵头部门	责任主体	上级分管领导
六、提高农村居民居住质量和水平	26. 推进宅基地置换	·完成宅基地置换农户××户，农民动迁上楼农户××户	房管局	××乡	
	27. 加快“城中村”改造	·实施××镇“城中村”改造	房管局	××乡	
	28. 加强乡镇镇区旧区改造	·推进镇区（包括撤制镇）旧区改造××万平方米	房管局	各镇	
	29. 推进历史名村保护和改造	·推进××镇××村历史名村的保护和改造工作	规土局	××乡	
	30. 推进村宅更新	·完成××户村宅更新	美村办	××乡镇	
七、促进现代农业发展	31. 推动农业基础设施项目实施	·开工建设××亩高水平粮田和××亩设施菜田等	水务局	各镇	
	32. 优化农业种养殖业结构	·减少零星蔬菜、水果种植面积××亩，开工建设××现代化养猪场	农委		
	33. 促进新型农业经营主体发展	·到年底，粮食生产家庭农场户数达到××家，经营面积达到××万亩			
	34. 推进休闲农业和乡村旅游发展	·完成××个休闲农业和乡村旅游基地建设			
	35. 推进农产品深加工和农村电商工作	·完成××个农产品深加工和营销体系建设，建设××个“淘宝村”			
	36. 提高农业标准化水平	·农产品“三品一标”认证比例达到××%			
	37. 积极培育新型职业农民	·培训新型职业农民××名，新型职业农民继续教育××名		各镇	
八、深化农村产权制度改革和集体经济发展	38. 加快村级产权制度改革	·基本完成村级集体经济组织产权制度改革，完善收益分配工作	集资办	各乡镇、村	
	39. 推进镇级产权制度改革	·继续推进镇级产权制度改革试点，合理处置集体资产			

续表

主要任务	工作目标	具体内容或考核指标	实施主体		
			牵头部门	责任主体	上级分管领导
八、深化农村产权制度改革和集体经济发展	40. 实施集体土地确权登记	·全面完成全区农村土地承包权、宅基地使用权、集体经营性建设用地使用权确权登记工作	集资办	各乡镇、村	
	41. 推进农村建设用地减量化	·完成××区块减量化××公顷	规土局	各镇	
	42. 推进集体经济的可持续发展	·落实减量化区块的集体建设用地安置工作			
	43. 积极推进经济欠发达村的扶持	·对××乡镇××个经济欠发达村实施扶持，狠抓项目推进	集资办	各乡镇、村	
九、加强农村社会治理	44. 做实基本管理单元	·推进××个基本管理单元公共服务资源配置建设	民政局	相关乡、村	
	45. 推进镇村网格化管理	·完成镇级网格化管理系统平台建设	联勤网格化中心	各乡镇、村	
	46. 加强农村“三资”管理	·加强对农村集体土地和物业租赁过程监管	集资办		
	47. 继续推进农村社会管理专项整治	·推进××项农村社会管理专项整治	农村社管办	各乡镇、村	
	48. 推进农村社会管理常态长效建设	·制定××项农村社会管理制度，推进××村乡规民约制定	农村社管办	各乡镇、村	
十、健全推进城乡发展一体化体制机制	49. 建立领导小组及办公室	·成立加快推进××区县城乡发展一体化工作领导小组，由××任组长、各相关副领导任副组长，下设办公室，办公室设在发改委	发改委	各责任部门及相关镇	
	50. 明确各部门职责	·制定城乡发展一体化领导小组成员单位工作职责			
	51. 建立例会、督查和考核制度	·由发改委每月召开一次城乡发展一体化工作领导小组办公室成员单位例会 ·由政府办每季度召开一次城乡发展一体化专项督查会议并进行年度督察 ·由党委政研室对各部门、各相关镇的城乡发展一体化工作进行年度考核	党委政研室、政府办公室、发改委		

续表

主要任务	工作目标	具体内容或考核指标	实施主体		
			牵头部门	责任主体	上级分管领导
十、健全推进城乡发展一体化体制机制	52. 完善公共财政投入机制	·区镇两级财政要加强对城乡发展一体化相关项目的资金投入力度，列入年度预算	财政局		
	53. 完善项目统筹机制	·各部门和各乡镇根据城乡发展一体化年度工作要求，将城乡发展一体化项目纳入政府投资年度计划中	发改委	各责任部门	
	54. 完善建设用地分配机制	·将城乡发展一体化项目所需要的建设用地纳入年度建设用地指标计划中，进行统筹安排	规土局		
	55. 完善城乡发展一体化政策统筹机制	·对涉及城乡发展一体化的各项政策进行统筹协调	发改委		
	56. 完善城乡发展一体化统计	·完善城乡发展一体化工作统计指标体系和统计分析体系建设	统计局		

资料来源：作者绘制。

由政府的理事会、执委会和市场的基础性开发公司、开发者联盟构成的长三角生态绿色一体化发展示范区治理体制的主体结构已建成，但与治理体制相应的示范区治理机制还有待于建立和完善。2022 年由上海社会科学院完成的《长三角生态绿色一体化发展示范区制度创新评估报告》也提出，“把示范区年度重点工作内容纳入绩效考核体系，建立考核评价、督导督办机制”。而这“绩效考核体系，考核评价、督导督办机制”就属于上述所说的“目标管理”范畴。

第五节　区域经济运行分析和监测

公开是最好的管理。区域经济运行分析和监测的目的，就是要让区域经济运行的实际情况尽可能地展现在众人面前，经过相关部门和人员的相互交流、检视、监管，使区域经济发展始终紧贴市场供需和宏观环境，始终运行在正确的发展道路上。

一、区域经济运行分析和监测的内涵和特征

区域经济实务，始于区域分析，止于区域经济运行分析。区域分析与区域经济运行分析构成区域经济实务的起点和终点。始于区域分析中的“区域分析”，其目的是

为了制定区域发展战略、区域规划和区域政策，因此，这里的区域分析的主要内容总体上是指被分析区域，对制定区域发展战略、区域规划和区域政策的基期年及其过往的区域资源禀赋，发展基础和发展条件，区域分析的内容总体上是静态的、历史的。而止于区域经济运行分析中的“区域经济运行分析”，其目的是为了使区域经济发展更符合预期（包括区域发展战略、区域规划、区域政策、区域经济发展五年规划和年度计划等）和使区域经济发展更加紧贴市场供求和宏观政策的变化，由区域经济治理机构牵头组织的，对区域经济运行情况定期进行分析的一种区域经济监测监控机制。因此，区域经济运行分析主要内容除了对区域经济运行分析期间区域经济运行情况进行梳理外，重点是对被分析区域的区域经济未来运行走势进行分析，以明确区域经济未来的发展方向。因此，区域经济运行分析本质上是区域经济的动态分析和未来分析。区域经济运行分析，既具有区域经济过往的运行痕迹描述，也具有区域经济进一步发展的计划安排。因此，区域经济运行分析是区域经济过往的运行痕迹、进一步发展的政策措施和计划安排的综合体。另外，区域经济运行分析，还具有对过往制定的区域发展战略、区域规划、区域政策、区域治理等是否符合实际具有监测和监控作用，通过定期的区域经济运行分析可以不断校正和检验，过往已制定和执行的区域经济发展的各项政策措施是否得当，并给予及时纠偏或优化，从而使区域经济的发展更贴近市场和宏观经济环境。

二、区域经济运行分析的依据和分期

区域经济运行分析的依据是被分析区域已制定、正在实施的区域发展战略、区域规划、区域政策、区域经济发展五年规划和年度计划等方案中的区域经济发展在某一时间段的定量和定性预期，尤其是区域经济年度计划中的预期。区域经济运行分析就是依据这些定量和定性预期，分析其完成情况及其影响因素，提出经济运行分析区域下一阶段的经济工作重点和政策措施等。

区域经济运行分析的分期是指年度区域经济分析的阶段划分。实践中，区域经济运行分析一般一年开展四次，每季度一次，每季度分析的重点略有不同；因区域经济运行分析，需要统计数据的支撑，受统计部门统计数据发布的时间约束。所以，实践中，每年的区域经济运行分析主题和时间分别为：一季度经济运行分析，俗称“开局”分析，一般在每年的4月10日左右进行，分析重点是一季度经济运行情况和二季度经济工作重点；二季度经济运行分析，俗称“双过半”（时间过半、实现预期目标过半）分析，一般在每年的7月10日左右进行，分析重点是上半年经济运行情况和下半年经济工作重点；三季度经济运行分析，俗称“全年目标实现”预测分析，一般在每年的10月10日左右进行，分析重点是1～9月经济运行情况和四季度经济工作重点；四季度经济运行分析，俗称“关门”和“开局”分析，一般在每年的12月中旬左右进行，分析重点是全年经济运行情况和下一年度经济工作的重点。

需要说明的是，区域经济运行的月度分析，实践中，一般按照快报的方式报送企业或政府的相关负责人，一般不纳入区域经济运行分析系统。

三、区域经济运行的分析结构

（一）上一阶段的经济运行情况分析

1. 区域经济主要指标完成情况

区域经济主要指标完成情况，主要是对照该区域年初制定的经济社会发展年度计划中的主要经济指标，按照同期环比计算该指标完成的增长率、完成年度目标的百分比。需要对照的指标主要有：地区生产总值（GDP）、区域财政收入和地区财政收入、社会商品销售零售额、工业销售产值、工业产销率、固定资产投资总额、引进外资和内资总额、住房开竣工面积、旧区改造面积、土地出让收入、新增就业岗位、新增绿地等。需要指出的是，在区域经济运行分析中，经济指标增长率按上年同期环比计算，需要考虑上年同期和本期经济指标基数的内部调整因素，即上年同期和本期基数的留存或透支因素，从而造成经济指标的不可同期环比性。例如，税务征收中的欠税清理和税收检查都可能产生同期财政税收指标同期的不可比性。

2. 区域经济运行的主要特点

区域经济运行的主要特点主要从经济运行的速度、结构、质量、后劲等角度去刻画。区域经济发展速度描述，可以放到本区域纵向角度去描述，即自己与自己比，本期与上期比；也可以放到区域之间的横向角度去描述，即本区域与其他区域之间的发展速度描述。区域经济发展的结构描述，即可以从本区域经济中的产业结构（一二三次产业占比）、技术结构（经济中的技术进步含量）、资本结构（民营、外资、国有等经济占比）、市场结构（本地市场和外地市场、国内市场和国外市场的占比）。区域经济发展的质量描述，主要可以从经济效益角度和资源消耗去描述。区域经济发展的后劲，主要可以从区域新的经济增长点规模、发掘、扶持、培育角度去描述。

3. 区域经济运行存在的主要问题

区域经济运行存在的主要问题是指区域经济发展中的薄弱环节。区域经济运行存在的主要问题，主要可以从市场开拓、固定资产投资、招商引资、要素空间集聚、经济体制等角度去分析。区域经济运行存在的主要问题中的市场开拓，主要指本区域商品在本地市场和外地市场，国内市场和国际市场的市场占有率、营销规模和竞争力等。区域经济运行存在的主要问题中的固定资产投资，主要指产业（包括农业、工业、商业、商务等）设施，公共（包括市政基础、教科文卫体养老、环境卫生等）设施，居住（包括住宅、旧城旧区改造等）设施等固定资产投资的规模、结构、质量及其项目的推进情况。区域经济运行存在的主要问题中的招商引资，主要指区域经济发展中的新增市场主体数量和资本规模，国内外招商引资的规模、结构和质量。市场主体要素空间集聚、经济体制营商环境、市场主体数量和资本规模等。区域经济运行存在的主要问题中的要素空间集聚，主要指要素在空间上分布不够“扎堆”、区域市场氛围、影响力和竞争力、规模经济效益等方面存在的问题。区域经济运行存在的主要问题中的经济体制，主要指企业治理体制、经济管理和资源配置方式等方面存在的问题。

（二）下一阶段区域经济发展对策建议

1. 宏观区域经济形势分析

宏观区域经济形势分析，主要通过一系列经济指标数据的采集，采用定性与定量相结合的方法，对本区域和本区域所在的上位区域和邻近区域、全国、全世界等多个空间尺度下一阶段的经济增长和供需总量平衡趋势作出的判断。宏观区域经济形势分析中使用的经济指标主要包括经济增长率指标和供需总量平衡指标两大类，经济增长是经济运行的结果，衡量经济增长的指标一般用国内生产总值（GDP）与上年同期相比的增长率来表达；供需总量平衡指标一般由反映社会总需求变化的指标、反映社会总供给变化的指标和反映社会总供求情况的指标构成。反映社会总需求变化的指标主要包括社会消费品零售总额、全社会固定资产投资额和对外贸易出口额等。反映社会总供给变化的指标包括工业增加值及其增长速度、主要工业品产量、主要农产品产量和对外贸易进口额等。反映社会总供求情况的指标包括价格指数和有关的库存指标等。实践中，国际经济形势的判断一般采用国际货币基金组织（International Monetary Fund，IMF）对世界三大经济体下一阶段经济增长率的预测；国内经济形势的判断一般采用国家对下一阶段全国的经济增长率和供求总量指标增幅情况的预测；本区域所在的上位区域和邻近区域经济形势判断一般依据上位区域和邻近区域上一阶段经济运行情况和下一阶段经济增长预测。根据上述国际、国内、上位区域和邻近区域的下一阶段的经济增长预测，提出本区域下一阶段经济增长率及其供需经济指标增长率。

2. 下一阶段区域经济发展的总体要求

区域经济发展中的总体要求是指下一阶段区域经济发展的总体要求，这里讲的下一阶段，在区域经济运行分析中包括的时间范围是指下一季度、下半年或者下一年度三个时间段；这里讲的总体要求，在区域经济运行分析中是指区域经济发展总的内容，而不是具体的内容，这总的内容包括下一阶段区域经济发展的领导组织、指导思想、发展理念和依据、发展目标和任务、发展标准、发展政策和措施等。

3. 下一阶段区域经济的工作重点

区域经济的工作重点一般是指在实现下一阶段区域经济发展持续、快速、健康、协调的主要经济工作的内容。实现区域经济持续发展，一般可从调整经济结构、加大招商引资力度、优化要素空间分布、加快重大项目建设、促进技术进步、深化改革和扩大开放、转变经济增长方式、加强软环境建设等方面展开。

四、区域经济运行分析的协调机制

区域经济运行分析协调机制，是保障区域经济运行分析顺利、有序、规范开展的重要措施，主要包括区域经济运行分析的组织架构、会议制度、职责分工、数据共享平台建设等内容。

（一）组织架构

区域经济运行分析的组织架构，一般由区域经济运行分析领导小组和经济运行工作协调小组两层构架构成。区域经济运行分析领导小组，一般由所在区域的政府首长担任组长，由政府分管综合经济的副职担任常务副组长，政府分管产业的副职担任副组长，成员由政府经济职能部门和经济功能区负责人担任。经济运行工作协调小组，一般设在发改委，组长由发改委主任担任，成员由经济运行分析工作领导小组成员单位的分管领导和联络员担任。

（二）会议制度

区域经济运行分析会议制度，一般由区域经济运行分析会和区域经济运行分析协调会两层构成。区域经济运行分析会，由区域经济运行分析工作领导小组组长或者组长委托的副组长召开，每季度召开一次，区域经济运行分析工作领导小组全体成员单位主要负责人参加；会议主要研究区域经济社会发展情况、存在问题和产生原因，并提出工作建议和布置部署相关工作。区域经济运行分析协调会，由区域经济工作协调小组在每季度区域经济运行分析会前召开，经济运行风险工作协调小组组成成员参加；会议的主要任务是，为区域经济分析会议作准备及协调，落实区域经济运行会议决定的有关事宜。

（三）职责分工

区域经济运行分析中的职责分工，主要任务是明确参加区域经济运行分析的各成员单位，根据其职能，在区域经济运行分析中需要分析的重点内容、指标、数据、情况等。

（四）数据共享平台建设

根据当前我国区域政府各职能部门之间和各级政府之间仍然存在的数据分割现实，需要建立一个比较齐全、正确、及时的综合数据平台，以提高区域经济运行分析的效率和质量。数据共享平台，一般由区域政府职能部门发改委、统计局、科委牵头制定平台建设方案，日常运营和维护一般由统计局负责，科委提供技术支撑，发改委提供过程中的协调。区域经济运行分析各成员单位，根据区域经济运行分析中的职责分工，及时将有关数据发布至数据共享平台，并根据各自的工作职能享有数据开放的权限。数据共享平台一般需要包括数据采集、管理、查询、定制、分析、展示、安全存储等功能模块。

| 附录 |

上海市长宁区总体规划①

前 言

长宁区位于上海市中心城西部，东至曹家渡、镇宁路、兴国路与普陀区、静安区、徐汇区为邻；西至虹桥国际机场西侧围墙、新泾六号桥与闵行区相连；北以苏州河和努力村北端为界与普陀区、嘉定区相隔；南至淮海西路和徐虹铁路支线与徐汇区、闵行区毗邻。本规划主要编制范围为现行长宁区行政区域38平方公里。

本规划以1992年为基期年，1993~2020年为规划期，其中：1993~2000年为近期，2001~2010年为中期，2011~2020年为远期。

本规划编制的主要依据：邓小平同志关于建设中国特色社会主义的理论，中国共产党第十四次全国代表大会报告，中共中央关于建立社会主义市场经济体制若干问题的决定，《中华人民共和国城市规划法》，上海市第三次规划工作会议精神，《上海市国土规划纲要（送审稿）》，《上海城市总体规划修订方案（修改稿）》，中共长宁区第五次党代会报告，长宁区第十一届人大一次会议政府工作报告，《长宁区经济和社会发展十年规划设想和“八五”计划纲要》，市委市政府领导对长宁区发展的指导意见。

本规划编制的指导思想：本规划要体现解放思想，实事求是，抓住机遇，加快改

---

① 根据长府发〔1993〕88号文，本人担任《上海市长宁区总体规划（1993~2020年）》起草小组办公室主任，本规划是本人亲笔起草并根据专家的意见经本人多次修改完成的。《上海市长宁区总体规划（1993~2020年）》以1992年规划基期年，从1993年6月初开始编制，到1994年9月12日经长宁区人大常委会审查批准，于1994年9月14日由长宁区人民政府发文予以执行。在《上海市长宁区总体规划（1993~2020年）》规划期内，长宁区“国民经济与社会发展五年规划”，“经济社会年度计划“及其他各类规划计划，基本都是《上海市长宁区总体规划（1993~2020年）》为依据展开和延伸的，因此，到“长宁区总体规划”执行期末的2020年，长宁区总体规划中提出的大多数目标和任务都得以完成和实现。例如，在长宁区总体规划中提出，到2020年长宁区的人口控制在70万人以内，根据全国第7次全国人口普查上海市发布的数据，到2020年11月1日零时，长宁区的常住人口为693051人，与规划设定的人口控制目标误差仅为6949人；其他经济、社会、公共设施配套、城区形态、旧区改造等发展目标和任务的完成也基本在总体规划设定范围内。并且这份总体规划提出来的许多理念和设计都具有明显的区域规划特征，许多区域规划的理念和思想到现在仍然适用、而不过时。在某种角度上正是基于这个经历及后来的本人经历，今天本人才有底气写这本书。为了便于读者阅读本书，因此，本人考虑将这份规划作为本书的附录辑录于此，以便于本书读者能够更好地理解本书提出的有关内容和本书的实践运用。

革并放，加快发展，集中力量把经济搞上去，促进经济持续、快速、健康发展的方针。要体现社会事业、基础设施、城市形态、经济建设协调发展，并与全市总体规划及相邻区域规划衔接。

本规划着重体现立意新、起点高，充分利用本区的区位优势。规划的重心放在虹桥地区，集中力量加快虹桥涉贸易中心建设，并依托虹桥、发展中山公园商业中心。构筑良好的生态环境和投资环境，大力发展外向型经济，开拓面向上海、面向长江三角洲、面向全国、面向世界的服务功能体系。

本规划兼顾近期利益和长远利益，远期指导近期，从远期着眼、近期着手，尊重历史，预测未来。按照功能定位的要求进行项目开发，并与社会主义市场经济体制、国际经济运作机制接轨。

本规划按照集聚布局要求，合理利用土地资源，体现土地级差效益，充分考虑企事业单位的相关联系及公共设施的统一效用，使生产要素和建设项目相对集中，增强区域开发的规模效应。

规划要达到文字说明、数字表格、地图标示（或图像曲线）、立体模型四位一体。

第一章 发展现状和条件

长宁区区域东西比较长，最长处约 9. 50 公里，南北比较窄，最窄处约 3. 10 公里，沪杭铁路横贯其中，铁路东 4 个街道（华阳、江苏、武夷、新华），5. 67 平方公里，铁路西 5 个街道（周桥、天山、仙霞、虹桥、程家桥）和一镇（北新泾镇）、一乡（新泾乡），32. 27 平方公里。规划基期年约居住 18. 53 万户，平均每户 3. 21 人，户籍人口 59. 58 万人，其中农业人口 1. 9 万人。

一、经济现状

（一）企业所有制结构现状

长宁区区域内共有企业 7758 户，总注册资金 62. 10 亿元，从业人员 29. 22 万人。主要特点如下。

（1）公有制企业处于主体地位。全民所有制企业注册资金 34. 96 万元，占总注册资金的 56. 3%。集体所有制企业注册资金 14. 84 亿元，占总注册资金的 23. 9%。全民所有制和集体所有制企业注册资金占总注册资金的比重为 80. 2%。

（2）三资企业占有一定比重，企业资本规模相对较大。186 户三资企业，注册资金（外资部分）相当于 10. 36 亿元，占总注册资金的 16. 7%。

（3）私营企业比重较低。121 户私营企业，注册资金 1210 万元，占总注册资金的

0.2%。如附表1所示。

另有个体工商户4276户，资本约5000万元。

附表1　　所有制结构现状

所有制类型		企业户数（户）	比重（%）	从业人员（人）	比重（%）	注册资金（万元）	比重（%）
公有经济	全民	2487	32.0	165910	56.8	349611	56.3
	集体	4882	63.0	116708	40.0	148443	23.9
	联营	82	1.0	1277	0.4	18059	2.9
其他经济	私营企业	121	1.6	2686	0.9	1210	0.2
	三资企业	186	2.4	5580	1.9	103640（外资部分）	16.7
企业合计		7758	100	292161	100	620936	100

（二）经济总量和产业结构现状

经济总量分析：区域内企事业单位（包括中央、市属、区属单位）国内生产总值（GDP）42.8亿元，社会总产值177.53亿元，税收16.00亿元；其中区属GDP 8.7亿元，社会总产值31.45亿元，税收2.60亿元，占区域比重分别为20.33%、17.72%、16.25%。

产业结构分如下。

（1）区域内，服务业收入较高，占区域内社会总产值的42.1%，占区域内第三产业营业收入的73.7%。服务业中，机场起降费收入为63.40亿元，占区域内第三产业的62.5%。

（2）区域内，第三产业中的商业不够发达，1992年商业销售额为26.70亿元，占区域社会总产值的15.04%，占第三产业营业收入的26.31%。商业不够发达的主要原因是商业设施规模较小，商业结构主要是为生活服务的零售商业，生产服务体系不健全。

（3）区属三产中，新兴服务业发展缓慢，特别是信息咨询、广告、技术服务、市场中介机构等行业不发达，与区位优势不相一致。如附表2所示。

附表2　　经济总量和产业结构现状

经济总量分类	区域产业结构		区属产业结构		区域占区域比重（%）
	绝对值（亿元）	比重（%）	绝对值（亿元）	比重（%）	
社会总产值	177.53	100	31.45	100	17.72

续表

经济总量分类		区域产业结构		区属产业结构		区域占区域比重（%）
		绝对值（亿元）	比重（%）	绝对值（亿元）	比重（%）	
第一产业		0.85	0.5	0.85	2.7	100.0
第二产业		75.20	42.36	9.70	30.8	13.0
第三产业	商业销售	26.70	15.0	20.90	66.5	78.0
	其他第三产业	74.78	42.1	—	—	—

二、社会事业设施现状

本区教、科、文、卫、体、民政福利等各项社会事业设施，在布局上，沪杭铁路以东配套比较齐全，但许多设施比较陈旧；沪杭铁路以西，特别是古北路以西配套比较少，有些地方甚至处于空白。总体看，社会事业设施还不能完全满足社会需要。如附表3所示。

附表3　　社会事业设施现状

分类	机构数	服务能力
人口	—	户籍人口：595754，流动人口：36374
人均GDP	—	7184元
人均居住面积	—	6.8平方米
住房成套率	—	55%
全日制高等院校	9所	教师9000人，学生16000人
中小学校	98所	教师4151人，学生76273人
部属、市属科研机构	20所	专业技术人员8748人
文化设施	46所	座位6000位
医院	28所	床位3543位，每千人6张
社会体育设施	7个	每年可提供25.8万人参加活动
福利院、敬老院	23所	可照顾339人

三、基础设施现状

区域内基础设施总的现状是：沪杭铁路以东道路比较狭窄，雨水污水合流，配电不足，设施普遍陈旧、老化；沪杭铁路以西，威宁路以东区域，基础设施大都是20世纪七八十年代建造，目前尚可，但随着西区发展，也不能满足发展需要；哈密路以西区域，基础设施几乎空白，大多数设施需要新建配套，投资相当大。如附表4所示。

附表4　　基础设施现状

分类	配套设施	配套容量
道路	92公里，200万平方米	人均3.36平方米
交通	公交线25条	公交停车场4处，可停车805辆
排水	雨污水泵站27个	雨水每秒81立方米，污水每秒39立方米
供水	长桥水厂	日供水量140万吨
燃气	用户132769户	气化率53%
供电	变电站15座	49.6万千瓦
邮政	邮政支局（所）12所	
电信	电话分支局6个	装机容量56600H，每百人7.14号线
园林绿化	公园六所	人均公共绿地2.2平方米，人均绿地7.63平方米
环卫	公共厕所80个，垃圾堆放场3个	
人防工程	737只	人均人防设施0.30平方米

四、发展的有利条件和不利条件

（一）有利条件

（1）邓小平同志建设有中国特色的社会主义理论，社会主义市场经济新体制，上海建设三个中心一个龙头的战略目标，为区域经济和社会发展带来了动力、机遇和良好的宏观环境。

（2）具有优越的涉外条件。虹桥国际机场计划扩建完善，虹桥经济技术开发区已进驻上海市政府外经委、外资委和400家外商机构，建成了80万平方米的商用设施，并正在兴建世界贸易商城；虹桥领馆区、古北高级住宅区、上海国际会议中心、上海对外贸易学院、虹桥路两侧5000幢左右外销花园别墅、拥有43000张床位的17家宾馆均在本区范围内。

（3）交通便利，地理位置独特。本区位于上海第三产业发展主轴线的西端。苏州河和沪青平公路是苏、锡、常、杭、嘉、湖通往上海的水路、陆路主要通道之一。随着区域内虹桥机场的扩建完善，内环线高架的建成，规划中的地铁2号线、延安西路高架、外环线的兴建，形成了水、陆、空立体交通框架，为商流物流的集散交会创造了条件。

（4）绿化环境较好。长宁区现有绿地总面积359.79公顷，其中：公共绿地129.15公顷，人均公共绿地面积2.2平方米，是全市10个中心城区人均公共绿地面积的2.2倍。

（5）高等院校和科研机构较多。区域内共有全日制高等院校 9 所，在校学生 16000 人；共有部属、市属科研所 20 个，专业技术人员 8748 人；另有民办科研机构 700 多个。

（二）不利条件

（1）区属经济实力较薄弱。区级财政收入仅有 2% ~3% 可用于建设性投入。经济总量指标处于落后地位。区属工商企业规模小、装备差、分布散、设施差、效益低、积累少，至今尚未形成规模经济。

（2）功能调整和集聚布局的限制因素较多。要与上海建设三个中心一个龙头的战略目标接轨，调整限制因素突出。一是中山公园商业中心、虹桥涉外贸易中心等第三产业发展重点地区，涉及的居民动迁和工厂外迁实施难度较大；二是区属工业分布较散，现状的商业网点大都难以连线成片，产业布局处于粗放型阶段，集聚布局调整较困难。

（3）区域基础设施与发展要求不相适应。区域内南北向断头路较多，铁路以东道路路幅较窄，哈密路以西基础设施基本需要新建，所需投资相当大。

（4）尽管社会事业有较大发展，但随着人口的不断迁入，社会事业设施严重不相适应，给区级财政收支平衡带来困难。

第二章　发展战略

一、战略地位

根据长宁区在上海中心城独特的区位优势和发展条件，长宁区的战略地位概括为：是上海市吸引和辐射长江三角洲的重要地区，是上海市对外开放和对外贸易的重要窗口，是承担上海中心城区疏解人口的地区之一。

二、战略目标

区域建设的战略目标为围绕上海三个中心一个龙头的战略目标，到 2020 年，努力把长宁区建设成为以涉外经贸为主导功能，多功能、开放型、现代化的新城区。具体目标如下。

（一）经济总量

到 2000 年，区域生产总值年均递增 12%，达到 105.97 亿元，比 1992 年增加 1.48 倍；区属生产总值年均递增 15%，达到 26.61 亿元，比 1992 年增加 2.1 倍。2001 ~

2010年，区域生产总值年均递增10%，到2010年达到274.86亿元，比1992年增加5.42倍；区属生产总值年均递增12%，到2010年达到82.65亿元，比1992年增加8.5倍。2011～2020年，区域生产总值年均递增10%，到2020年达到712.91亿元，比1992年增加15.66倍，区属生产总值年均递增12%，到2020年达到256.69亿元，比1992年增加28.5倍。

（二）城区建设

到2000年，城市化水平达到100%，基本完成旧区改造任务，城市基础设施与功能开发的要求相适应；2020年，基本形成具有世界先进水平的现代化城区格局。

（三）人民生活水平

2000年，人均年地区生产总值达到1.58万元，人均居住面积达到10平方米；2010年，人均地区生产总值达到3.98万元，人均居住面积达到12平方米；2020年，人均地区生产总值达到10.18万元，人均收入45000元，人均居住面积达到14平方米，提前30年实现党的十二大提出的第三步奋斗目标，达到中等发达国家水平。

（四）经济体制

2000年以前基本达到社会主义市场经济体制框架的要求，形成同国内外广泛联系的全方位开放格局；2020年基本形成适应国际竞争需要的市场经济运作机制和运作方式。

（五）环境质量

2000年，人均公共绿地达到3平方米，环境人口容量每平方公里控制在1.7万人左右，三废处理率达到93%；2020年，人均公共绿化地达到8平方米，环境人口容量每平方公里控制在1.8万人左右，三废处理率达到100%。

（六）社会事业

到2000年，基本形成与区域战略目标相适应的教、科、文、卫、体、民政福利等社会事业设施；2020年，基本形成具有高度文明的社会文化结构和社会风貌。

三、战略方针

从区域战略目标出发，在规划期内，主要的战略方针如下。

（1）区域内的经济建设、社会事业、基础设施、城市形态等都应围绕区域主导功能和战略目标展开，避免多功能和多目标并列。

（2）充分利用地域内优良的涉外条件和区位优势，依托虹桥，努力提高外向型经济和内联经济比重。

（3）结合旧区改造和区内工业企业的产业调整，在承担中心城部分人口导入的同时，控制机械人口的超负荷增长。

（4）努力保持良好的生态环境和优美的城市形态，在发展中处理好经济建设、基础设施、城市形态和生态环境之间的综合平衡关系。

（5）通过深化改革，创造一个公平、高效、灵活，对国内外、区内外企业一视同仁的投资服务环境。

（6）以经济建设为中心，促进物质文明建设与精神文明建设协调发展。

四、战略重点

（一）加快形成以虹桥涉外贸易中心为重点的商贸经济格局

（1）加快虹桥涉外贸易中心建设，尽快形成商贸经济格局，对本区主导功能的开发具有举足轻重的作用，乃至对全区的经济发展具有产业导向和带动作用。

（2）通过虹桥涉外贸易中心经济组团的开发，带动以中山公园商业中心为轴心的东区经济组团和以临空工业区为轴心的西区经济组团的开发，形成全方位开放态势。

（3）要采取各种措施，将人力、物力、财力集中到虹桥涉外贸易中心的开发和建设上，使之尽快见效，改变形象，鼓舞人心。

（二）确保基础设施建设先行

（1）道路、交通、水、电、通信等基础设施的建设是我区经济和社会设施建设的前提条件。

（2）本区基础设施建设的重点是道路、变电站、停车场、通信设施。

（3）对基础设施建设要优先规划，优先审批、先行设计、先行建设，确保用地和建设资金的落实。

（三）大力发展科技产业和教育事业

（1）通过科技产业和教育事业的发展，使经济建设转移到依靠科技进步和提高劳动者素质的轨道上来。

（2）科技产业的发展方向是“上规模、上水平、国际化”，教育事业的发展方向是“面向现代化、面向世界、面向未来”。

（3）加快设施建设、确保必要的资金投入、优化政策服务环境、深化科技体制和教育体制改革，促进科技产业和教育事业的发展。

五、战略步骤

近期（1993～2000年），编制好长远发展规划，围绕重点地块和重点项目，制定近期建设计划，推出招商项目及配套政策，成立规划实施组织机构，抓住机遇，积极宣传，广泛招商，力争在1995年之前铺开100亿元总投资的建设项目。1996～2000年再铺开100亿元总投资的建设项目。这一时期，中山公园商业中心基本建成，临空工业区框架、虹桥涉外贸易中心框架基本形成。

中期（2001～2010年），近期铺开的200亿元总投资项目建成，并逐步进入产出阶段。同时，根据区位功能开发的要求，在近期建设的基础上，抓住机遇，再铺开250亿～300亿元总投资的建设项目。这一时期，中山公园商业中心和临空工业区全部建成，虹桥涉外贸易中心基本建成。

远期（2011～2020年），在近、中期规划实施的基础上，再增加200亿～250亿元的投资，使本规划的项目全部建成。这一时期，区域经济实力大大增强并进入功能完善阶段，区域内人民生活达到中等发达国家水平。

第三章　经济发展规划

一、基本原则

（1）坚持以深化改革，扩大开放为动力，促进经济持续、快速、健康发展。

（2）坚持以公有制为主体，多种经济成分共同发展方针，鼓励个体、私营、外资经济的发展。

（3）坚持把经济增长建立在依靠科技、优化结构、改善管理和增进效益的基础上。

（4）坚持促进经济由粗放经营向集约经营转变，发展规模经济。

二、经济发展目标

到2000年，区域生产总值年均递增12%，达到105.97亿元；社会总产值年均递增17%，达到623.38亿元；税收总额年均递增12%，达到39.62亿元；第三产业地区生产总值的比重提高到65%，达到68.88亿元；外贸出口和非贸易创汇地区生产总值比重提高到25%，达到2649亿元；高新技术产业地区生产总值的比重提高到10%，达到10.6亿元。如附表5～附表8所示。

附表 5 　　**三次产业结构**

	年份	指标	地区生产总值	社会总产值	第一产业	第二产业		第三产业		税收收入
					农业值农产	工业产值	建筑业产值	商业销售额	其他三产业营业额	
区域	基期（1992）	绝对值（亿元）	42.8	177.53	0.85	75.2		26.7	74.78	16
		比重（%）		100	0.48	42.36		15.04	42.12	
	近期（1993～2000）	绝对值（亿元）	105.97	623.38	1.24	204.49	12.47	155.81	249.35	39.62
		递增（%）	12	17	4.83	13.32		24.67	16.25	12
		比重（%）		100	0.2	32.8	2	25	40	
	中期（2001～2010）	绝对值（亿元）	274.86	2311.01		561.54	46.23	699.13	1004.11	102.76
		递增（%）	10	14		10.63	14	16.20	14.94	10
		比重（%）		100		24.3	2.00	30.25	43.45	
	远期（2011～2020）	绝对值（亿元）	712.91	8567.42		1542.01	171.38	2997.8	3856.23	266.54
		递增（%）	10	14		10.63	14	15.67	14.40	10
		比重（%）		100		18	2	35	45	
区属	基期（1992）	绝对值（亿元）	8.7	31.45	0.85	9.7		20.9		2.6
		比重（%）		100	2.7	30.85		66.45		
	近期（1993～2000）	绝对值（亿元）	26.61	210.84	1.24	43.04	2.11	126.53	37.92	10.22
		递增（%）	15	26.85		20.47		25.24	14.57	18.66
		比重（%）		100	0.59	20.41	1	60	18	
	中期（2001～2010）	绝对值（亿元）	82.65	1013.47		171.41	14.34	592.07	235.65	31.74
		递增（%）	12	17		14.82	21.12	16.69	20.04	12
		比重（%）		100		16.91	1.42	58.42	23.25	
	远期（2011～2020）	绝对值（亿元）	256.69	4871.58		682.67	97.43	2631.16	1460.32	98.59
		递增（%）	12	17		14.82	21.12	16.09	20.01	12
		比重（%）		100		14	2	54	30	

附表6 区属经济占区域经济比重

年份	指标		区属和区域生产总值及占比	社会总产值	涉外收入	第二产业		第三产业		税收收入
							建筑业产值	商业销售额	其他三产业营业额	
基期（1992）	区域绝对值（亿元）		42.8	177.53	28.5	75.2		26.7	74.78	16
	区属	绝对值（亿元）	8.7	31.45	1.5	9.7		20.9		2.6
		占区域比重（%）	20.33	17.72	5.26	12.9		78.28		16.25
近期（1993～2000）	区域绝对值（亿元）		105.97	623.38	155.85	204.49	12.47	155.81	249.40	39.62
	区属	绝对值（亿元）	26.61	210.84	23.19	43.04	2.11	126.53	37.92	10.22
		占区域比重（%）	25.11	33.82	14.69	21.05	16.92	81.21	15.21	25.8
中期（2001～2010）	区域绝对值（亿元）		274.86	2311.01	817.08	561.54	46.23	699.13	1004.11	102.76
	区属	绝对值（亿元）	82.65	1013.47	253.37	171.41	14.34	592.07	235.63	31.74
		占区域比重（%）	30.07	43.85	22.54	30.53	31.02	84.69	23.47	30.89
远期（2011～2020）	区域绝对值（亿元）		712.91	8567.42	4283.72	1542.01	171.38	2997.8	3856.23	266.54
	区属	绝对值（亿元）	256.69	4871.58	1461.48	682.67	97.43	2631.16	1460.32	98.59
		占区域比重（%）	36.01	56.87	34.12	44.27	56.85	87.77	37.87	36.99

附表7 经济外向度发展目标（市场结构）

	年份	指标	地区生产总值	社会总产值	涉外收入	
					外贸出口	非贸易创汇
区域	基期（1992）	绝对值（亿元）	42.8	177.53	8.5	20
		外向度（%）		16.05	4.79	11.27
	近期（1993～2000）	绝对值（亿元）	105.97	623.38	62.34	93.51
		递增（%）	12	17	28.28	21.26
		外向度（%）		25	10	15
	中期（2001～2010）	绝对值（亿元）	274.86	2311.01	354.88	462.20
		递增（%）	10	14	19.00	17.33
		外向度（%）		35.36	15.36	20
	远期（2011～2020）	绝对值（亿元）	712.91	8567.42	2141.86	2141.86
		递增（%）	10	14	19.69	16.57
		外向度（%）		50	25	25

续表

	年份	指标	地区生产总值	社会总产值	涉外收入	
					外贸出口	非贸易创汇
区属	基期（1992）	绝对值（亿元）	8.7	31.45	1.31	0.19
		外向度（%）		4.78	4.17	0.61
	近期（1993～2000）	绝对值（亿元）	26.61	210.84	18.55	4.64
		递增（%）	15	26.85	39.28	49.1
		外向度（%）		11	8.8	2.2
	中期（2001～2010）	绝对值（亿元）	82.65	1013.47	172.29	81.08
		递增（%）	12	17	24.97	33.12
		外向度（%）		25	17	8
	远期（2011～2020）	绝对值（亿元）	256.69	4871.58	974.32	487.16
		递增（%）	12	17	18.92	19.64
		外向度（%）		30	20	10

附表 8　　高新技术产业发展目标（技术结构）

	年份	指标	地区生产总值	社会总产值	高新技术产业
区域	基期（1992）	绝对值（亿元）	42.8	177.53	4
		比重（%）		100	2.2
	近期（1993～2000）	绝对值（亿元）	105.97	623.38	62.34
		递增（%）	12	17	40.96
		比重（%）		100	10
	中期（2001～2010）	绝对值（亿元）	274.86	2311.01	392.87
		递增（%）	10	14	20.21
		比重（%）		100	17
	远期（2011～2020）	绝对值（亿元）	712.91	8567.42	1713.48
		递增（%）	10	14	15.87
		比重（%）		100	20
区属	基期（1992）	绝对值（亿元）	8.7	31.45	2
		比重（%）		100	6.36
	近期（1993～2000）	绝对值（亿元）	26.61	210.84	52.71
		递增（%）	15	26.85	50.52
		比重（%）		100	25

续表

	年份	指标	地区生产总值	社会总产值	高新技术产业
区属	中期（2001～2010）	绝对值（亿元）	82.65	1013.47	283.77
		递增（%）	12	17	18.33
		比重（%）		100	28
	远期（2011～2020）	绝对值（亿元）	256.69	4871.58	1461.47
		递增（%）	12	17	17.81
		比重（%）		100	30

三、产业结构调整

（一）鼓励发展的六大支柱行业

（1）对外贸易，包括对外商品贸易、服务贸易和技术贸易。

（2）商业，包括零售、批发商业、物资流通业。

（3）房地产业，包括房产业、地产业以及房地产市场。

（4）出口加工业和航空运输业。

（5）科技产业，包括生物技术及制品、新型材料、精细化工、电子信息设备等。

（二）产业结构调整方向

根据上海建成三个中心一个龙头的战略目标和长宁区的主导功能、战略目标，区域内产业结构的发展次序是“三、二、一”，即大力发展第三产业，调整发展第二产业，提高和逐步转移第一产业。

根据区域内三大经济组团（中部以涉外贸易为主、西部以临空产业为主、东部以商业娱乐业为主）的经济地域分工，在各产业关系上，应以中部的涉外贸易为龙头，带动东部的商业娱乐和西部的临空产业的发展。

第一产业应着重发展一些为城市服务的高产、优质、高效产品。

第二产业应适应世界科技进步的潮流，提高产品的技术含量和装备的技术水平，配合涉外贸易，在立足国内市场基础上，逐渐取向国际市场，并向出口加工业方向发展。

第三产业根据以大众消费为主的各种不同层次的消费需要，积极发展商业、饮食服务业、房地产业、金融保险业、商务贸易业，同时加快第三产业的现代化步伐，促进第三产业的发展。

四、产业布局方式

以三大经济组团（中部以涉外贸易为主、西部以临空产业为主、东部以商业娱乐为主）的经济分工为基础，按照城市布局集聚效益的原则，本规划采用多心组团和成组轴线展开的布局方式，以块为主，块线结合，注重视点，构成网络，力争从目前的粗放型布局向集约化布局方向转化。

第一产业布局沿天山西路（淞虹路以西）南北两侧，逐步梯度城市化和工业化，区域内原来的第一产业逐步实施战略转移。

第二产业集中布局在机场附近，围绕临空经济，重点发展高新技术和出口加工业。现有第二产业应按照上海市工业布局调整规划和产业布局的要求，内环线以内或第三产业重点发展区域内的工业应逐步转产或搬迁；区域内分散的工（包括乡镇企业）要按照城市化工业要求相对集中，逐步归并为工业街坊或工业小区。为此，区域内现有的北新泾工业街坊、天山西路工业街坊、周桥工业街坊、武夷路工业街坊、幸福路工业街坊、新华路工业街坊，应作相应的调整。规划期内，北新泾工业街坊结合临空工业区发展，通过原有工业产业结构调整和工业布局的整理，使其逐步发展成精细化工和新型材料的一类工业；天山西路工业街坊结合仙霞科技贸易区的发展，逐步调整为一类工业，着重发展高新技术产业；周桥工业街坊的中山西路两侧工厂，应适应中山西路高架发展一些商务、办公设施，依托苏州河发展仓储设施，周桥工业街坊三角场北面的工厂，应结合旧区建设，逐步予以改造。武夷工业街坊、幸福路工业街坊、新华路工业街坊、（上钢十厂以外部分）长期与居民住宅犬牙交错，应逐步调整为第三产业、住宅或城市型工业。新华路工业街坊中的上钢十厂总厂部分，结合上钢十厂的搬迁，逐步调整为商务办公，科技等综合性发展区域。

第三产业应改变目前粗放型布局方式，提高集聚布局程度。第三产业集中发展的地块，采用贸易中心或商业区的方式布局；第三产业集中发展的轴线，采用沿线两侧连续布置商业网点的方式布局。

五、经济发展重点地区和主要轴线

（一）经济发展重点地区

（1）虹桥涉外贸易中心，规划范围为，东至中山西路，西至古北路，北至天山路，南至虹桥路；规划面积177公顷，拟建面积370万平方米，其中商用面积占70%；估算总投资400亿元（虹开发已投100亿元）；主要功能是涉外贸易、物资流通。同时作为配套功能，形成曲线意向商业和旅游服务业发展带，全长11.4公里，商用面积50万平方米。

（2）中山公园商业中心，规划范围为，东至安西路，西至凯旋路，北至中山公园北侧围墙，南至安化路；规划面积80公顷；拟建面积155万平方米，其中商用面积占55%，估算总投资45亿元，主要功能是商业、游乐、饮食服业等。

(3) 临空工业区，规划范围为，东到淞虹路，西至新泾六号桥，北至吴淞江，南至泉口路，规划面积410公顷（包括市西工业小区、新泾乡工业小区、屈家桥工业点、地铁车辆段）；拟建厂房200万平方米；估算基础设施投资6.5亿元，主要发展高新技术产业、出口加工业、仓储运输业等。

(4) 曹家渡商业区，规划范围为，北至万航渡后路，南到长宁路，西至江苏路，东至曹家渡；规划面积7.6公顷，拟建面积38.3万平方米，其中商用面积60%；估算总投资11.5亿元，主要功能是商业、金融业等。

(5) 影城文化娱乐区，规划范围为，以上海影城为轴心向周边东、南、北三方向扩展，规划面积8.6公顷，拟建面积25.8万平方米，其中商用面积60%，估算总投资6亿元，主要功能是文化娱乐业、旅游业、饮食服务业等。

(6) 周家桥三角场社区商业，规划范围为，以三角场为中心，沿长宁路（古北路至沪杭铁路）和规划的娄山关路（玉屏路—苏州河）两侧，规划面积4.7公顷，拟建面积28.1万平方米，其中商用面积30%；估算投资8亿元，主要功能是商业、饮食服务、物贸等。

(7) 程桥商业区，规划范围为，东至新泾港，西至虹井路，北至虹桥路，南至徐虹铁路支线；规划面积6.16公顷，拟建面积14.8万平方米，其中商用面积80%；估算总投资3.7亿元，主要功能是停车、商业：办公、旅社等。

(8) 淞虹购物中心，规划范围为，仙霞路淞虹路东南角，规划面积6.6公顷，其中3公顷用于超级市场建设，3.6公顷用于停车场建设，估算总投资3亿元，主要功能是购物、停车。

(9) 北新泾商业区，规划范围为，东至蒲松北路，西至北渔路，北至北翟路，南至天山西路；规划面积4.6公顷，拟建面积18.4万平方米，其中商用面积45%，估算总投资5.5亿元，主要功能为商业、集贸等。

(10) 虹桥工业点，规划范围为，东至虹桥路996弄，西至中山西路，北至北陈更行，南至铁路徐虹支线，规划面积3.3公顷，拟建厂房10万平方米，估算总投资2亿元，主要行业门类有服装、电子、机电等。

(11) 仙霞科技贸易区，规划范围包括，天山支路科技大楼，芙蓉江路电子一条街，仙霞路（芙蓉江路一古北路）和古北路（茅台路一仙霞路）沿路两侧，规划面积5.9公顷，拟建面积23.8万平方米，估算总投资5.6亿元，主要功能是科技贸易、中介咨询等。

(12) 虹分区中心，规划范围为，威宁路、茅台路、北虹路、仙霞路所夹地块及其周边地带，规划面积约30公顷，拟建面积50万平方米，估算总投资15亿元；主要功能是行政办公、体育场馆、文化娱乐、卫生医疗、学校、商业服务等。

（13）古北开发区，规划范围为，北至虹桥路，南至徐虹铁路支线，西到虹许路，东至姚红东路；规划面积136.6公顷，拟建面积300万平方米；主要功能是住宅、领馆、办公、商业娱乐等。

如附表9所示。

附表9　　经济发展的重点地区

分布	规划面积（公顷）	建筑面积（万平方米）	其中商用（万平方米）	估算投资（亿元）
虹桥涉外贸易中心	177	370	259	400
中山公园商业中心	80	155	85	45
临空工业区	410	200	200	35
仙霞科技贸易区	5.9	23.8	16.5	5.6
曹家渡商业区	7.6	38.3	22.98	11.5
影城文化娱乐区	8.6	25.8	15.48	6
淞虹购物中心	6.6	6	6	3
程桥商业区	6.16	14.8	11.84	3.7
周桥三角场社区商业	4.7	28.1	8.43	8
北新泾商业区	4.6	18.4	8.3	5.5
虹分区中心	30	50	30	15
虹桥工业点	3.3	10	10	2
合计	744.46	940.2	673.53	540.3

（二）商业网点连续布置的经济发展主要轴线

（1）长宁路物贸街，东到曹家渡，西到古北路，全长2.8公里，拟建商用面积22万平方米，估算总投资6.7亿元，主要功能是生产资料经营和商业。该物贸街中段（安西路—凯旋路）已纳入中山公园商业中心。

（2）江苏路物贸街，南到华山路，北到长宁支路，全长L65公里；沿街两侧经济发展占地13公顷，拟建56.7万平方米，其中商用26.3万平方米，估算总投资12.6亿元。主要功能为物贸、商业、服务业。

（3）定西路商业街，北到中山公园，南到凯旋路，全长2.4公里，沿街两侧经济发展占地9.6公顷，拟建28.8万平方米，其中商用21.2万平方米，估算总投资8.6亿元。主要功能为商业、金融、服务业。该商业街北段（中山公园—安化路）已纳入中山公园商业中心范围内。

（4）天山路商业街，东起延安西路，西到古北路，全长1.4公里，沿街两侧经济发展占地5.6公顷，拟建16.8万平方米，其中商用15.9万平方米，估算总投资4.5

亿元。主要功能商业、娱乐业。该商业街已纳入虹桥涉外贸易中心范围内。

(5) 仙霞路商业街，东起延安西路，西到协和路，全长5公里，经济发展占地10公顷，商用建筑20平方米，估算总投资6亿元，主要功能有商业、办公、服务业。该商业街东段（古北路—延安西路）已纳入虹桥涉外贸易中心范围内。

(6) 遵义路商业街，北到长宁路，南到仙霞路，全长1.4公里，沿街两侧经济发展用地6公顷，商业网点面积12万平方米，估算总投资3.6亿元。主要功能为饮食、商业、旅游服务业。该商业街（天山路—仙霞路）已纳入虹桥涉外贸易中心范围内。

(7) 古北开发区中央商业大道，东起伊犁路，西至水城路，全长1.2公里，大道两侧商用面积4.8万平方米，估算总投资L5亿元，主要功能是商业、服务业。

（三）商业网点不连续布置的经济发展主要轴线

(1) 愚园路，规划范围为，东到镇宁路，西到定西路，全长1.4公里，沿街两侧商业网点面积8万平方米。主要功能为金融业、商业。西段（定西路到安西路）已纳入中山公园商业中心。

(2) 武夷路，规划范围为，东到延安西路、西到中山西路，全长1.7公里，沿路两侧商用网点面积5万平方米。主要功能是商业、服务业。

(3) 新华路，规划范围为，东到淮海西路，西到凯旋路，全长1.9公里，沿路两侧商用面积3万平方米。主要功能是文化娱乐业、服务业。该段设施要充分体现优雅的花园别墅风貌和绿化特色。

(4) 延安西路，规划范围为，东到镇宁路，西到古北路，全长4公里，沿街两侧商用网点2.5万平方米。主要功能为商业、办公。

(5) 虹桥路，规划范围为，东到古北路、西到虹桥机场南大门，全长6.2公里，沿路两侧商用网点10万平方米。主要功能为商务、宾馆、广告、旅游。具有乡村别墅的风貌。

(6) 中山西路，规划范围为，北到中山西路桥，南到徐虹铁路支线，全长3.7公里，商用面积10万平方米。主要功能为物贸、商办。

(7) 苏州河南侧，规划范围为，东到曹家渡，西到长宁区努力村的西部边界，全长20公里。主要功能为码头泊位、物资集散等。

六、经济发展重点地区与主要轴线的网络关系

（一）纵横网络

通过长宁路、遵义路、虹桥涉外贸易中心商业意向发展带，古开发中央商业大道之间的沟通，连接曹家渡商业区、中山公园商业中心、周桥社区商业、虹桥涉外贸易

中心、古北高级住宅区，形成一条东北—西南走向的商流。

（二）辐射网络

以虹桥涉外贸易中心为核心，通过天山西路，向北新泾商业区、临空工业区辐射；通过仙霞路，向仙霞科技贸易区、虹分区中心、淞虹购物中心辐射；通过虹桥路，向程桥商业区、虹桥机场辐射；通过新华路，向影城文化娱乐区辐射；通过中山西路，向虹桥工业点辐射，形成聚合式商流。

第四章　社会事业发展规划

一、基本原则

（1）区域内各项社会事业配置必须有助于区域功能和战略目标的实现。

（2）区域内各项社会事业发展必须面向和服务于经济建设，并充分考虑经济的承受能力。

（3）区域内的各项社会事业发展，要反映社会进步的趋势，体现人民日益增长的精神文化生活的需要。

（4）区域内人口的增加要考虑社会事业设施和基础设施建设的承受能力，人才的培养和引进要适应各项建设的需要。

二、社会事业规划的总量目标

社会发展的主要指标如附表 10 所示。

附表 10　　社会发展的主要指标

分类	2000 年	2010 年	2020 年
户籍人口（人）	670000	690000	700000
人均 GDP（万元）	1.58	3.98	10.18
经济领域每百人专业人才（人）	10	20	30
人均文化娱乐面积（平方米）	0.5	1	2
每千人医疗床位（张）	7	9	11
人均体育场地（平方米）	0.5	0.7	1
技术进步率（%）	30	40	50
人均居住面积（平方米）	10	12	14
每千人残疾人、老年人设施（平方米）	60	110	160

三、各项社会事业

（一）人口总量

根据死亡率和出生率预测，1992 年区域内户籍人口为 595754 人，到 2020 年将下降为 526116 人。根据人口导入和导出预测，1993 ~ 2000 年，年平均净迁入人口约 1.5 万人，2001 ~ 2010 年，年平均净迁入人口约 0.5 万人，2011 ~ 2020 年迁入与迁出人口相抵持平，故 1993 ~ 2020 年，区域内净迁入户籍人口约 17 万人。在现状区域不变前提下，区域内户籍人口，2000 年约 67 万人，2010 年约 69 万人，2020 年约 70 万人。

以 1990 ~ 1992 三年内的年平均增长率 10.13% 为基准率，根据本区经济社会发展走势预测，2000 年常住流动人口约 7.5 万人，2010 年约 11 万人，2020 年约 15 万人。

（二）专业人才需求

根据区域内经济和社会发展要求，规划期内，区域内新的经济发展地带约需增加就业 25 万人，其中，到 2000 年约需增加到 5 万人，到 2010 年约需增加到 20 万人，到 2020 年约需增加到 25 万人。规划将现状 3% 专业人才（中专以上文化程度），到 2000 年提高到 20%，2010 年提高到 40%，2020 年提高到 60%，则新增就业人员中，到 2000 年约需专业人才 5000 人，到 2010 年约需 4 万人，到 2020 年约需 7.5 万人。社会事业的各类专业人才也要根据社会发展的需要，进一步提高质量壮大队伍。

（三）教育事业

认真全面实施《中华人民共和国义务教育法》和《中国教育改革与发展纲要》，不断提高教育质量。根据中小学就近入学原则，合理布置教育设施，改善办学条件。新区开发按比例配置中小学、幼托教置设施。改建地区调整中小学布点、完善教育设施。规划在新泾地区新建中学 5 所，小学 6 所，古开发内新建小学所，内环线以西、虹桥路以南小学 1 所，新泾职校 1 所，重建长三小学，达华小学、华山路小学，扩建紫二小学、江一小学、延一小学等。按照规划重心西移的要求，改变目前古北路以东地区学校密度高，重点学校、中心学校多，而古北路以西地区学校密度低，重点学校、中心学校少的局面。在进行学历教育的同时，大力发展职业技术教育和成人教育，优化教育结构。根据上海建成三个中心一个龙头的战略目标，重点培植 3 所至 5 所具有国内一流办学水平，能与国际办学水平竞争的学校；按照教育体制改革要求，设立几所利用外资、中外合作等民办学校和国际学校，规划在虹分区中心建设一所占地 70 亩的超规模的标志性中学——长宁实验中学。

（四）科技事业

科技产业设施。在长宁科技楼，芙蓉江路电子一条街和工程技术大学基础上，规划仙霞科技贸易区，建成虹桥国际科技城标志性项目，形成以技术贸易为特色的科技贸易基地。科技的产业化基地纳入临空工业区规划范围。科技产业的发展要与传统工业结构调整相结合，促进科技经济一体化。

科学普及设施。结合西区的开发与改建，规划相应的科技馆和青少年科普教育设施，形成科普教育网络。

（五）文化事业

配合虹桥涉外贸易中心建设，任虹分区中心建设占地 24 亩的大型标志性文化设施，在军体校建设太平洋俱乐部，综合改造天山电影院，按国家等级标准改造长宁图书馆；规划建设仙霞文化总汇；在新泾淞虹居住区、古北高级住宅区、临空工业区配套相应的文化设施。

配合中山公园商业中心建设，改造中山公园，增设文化游乐设施，改建长宁电影院，将工人俱乐部改建为商业文化城，将区文化馆改建为沪西文化大厦。

（六）医疗卫生

建立与区域功能和战略目标相适应的、布局合理的、层次适宜的现代医疗预防保健服务体系。降低传染病发病率，巩固计划免疫成果，减少食品污染，加强劳动卫生和职业病防治，控制慢性病和结核性传播疾病，普及健康教育，增强市民自我保健能力。以优生优育为中心，促进妇幼保健工作。

规划改建新泾肝炎病房，慢性病防治中心及精神病防治院；配合虹桥涉外贸易中心建设，改建中心医院增加涉外功能，新建虹桥地段医院，同仁医院业务楼；结合周家桥、曹家渡地区改建，扩大华阳、周桥地段医院，扩建光华医院，新建西区肿瘤医院、老年医院、传染病医院，规划在虹分区中心新建一所占地 50 亩的综合性医院，新泾乡内规划建造 500 床位综合医院一所、地段医院两所、专业妇产科医院一所，古北开发区内规划新建医院一所。

（七）体育事业

贯彻落实全面健身战略，进一步普及群众体育，加强竞技体育，建设体育设施，推动我区体育事业发展。

在新建地区配置相应的体育设施，新泾乡内新规划体育场地三处，占地共计 72 亩；在北新泾建造占地 14 亩的以群体活动为主的体育场馆；规划在虹桥路以北、北虹路以东地区建造占地 5 亩的体育设施；虹分区内体育用地 50 亩，新建大型体育馆。改造沪西体育场、天山体育俱乐部和长宁区业余军体校。在古北开发区内规划体育场地一处。

（八）民政福利事业

为适应老龄化趋势和残疾人需要，区域内住宅建设应相应配套残疾人就业的工疗站、残疾儿童日托所和老年人福利院、托老所。规划 2000 年每千人老年人设施为 40

平方米，2010 年为 80 平方米，2020 年为 120 平方米；规划 2000 年每千人残疾人设施 20 平方米，2010 年为 30 平方米，2020 年为 40 平方米。

将老年人、残疾人民政福利设施建设纳入规划，予以配套，多渠道地筹集资金，确保老年人、残疾人设施的建设落到实处。

（九）住宅建设

保留现有花园住宅，改造旧式里弄、危房棚户，新区开发以多层为主，旧区改建高、多层结合。根据发展需要，在虹桥路两侧布置部分建筑密度低的花园住宅。2000 年前，区域内 97 块、152 万平方米二级旧里以下住宅基本改造完毕，并结合改造运用级差地租的杠杆作用，调整用地性质，增强经济功能，发展第三产业。

按区域规划 70 万人口计算，规划期内，除现有 810 万平方米住宅中约保留的 600 万平方米住宅外，约需新建住宅 1000 万平方米，合计住宅总量（建筑面积）约 1600 万平方米 23 万套。根据区位特点，规划较高标准的花园住宅 1 万套，约合 200 万平方米；中等标准高层住宅 4 万套，约合 400 万平方米；一般标准多层住宅 18 万套，约合 1000 万平方米。

与人民不断提高的居住水平要求相适应，区域内的住宅建设在逐步提高居民的人均居住面积和住房成套率的同时，要把重点转移到提高和改善居住环境和功能上来，降低建筑密度、绿化美化居住环境，增强住宅内部使用功能。规划期内，区域内相对集中布置的居住区主要有：江苏路居住区，规划住宅 20645 套，可居住 64000 人；华阳居住区，规划住宅 10645 套，可居住 33000 人；新华居住区，规划住宅 23548 套，可居住 73000 人；武夷居住区，规划住宅 15333 套，可居住 47000 人；周桥居住区，规划住宅 23225 套，可居住 72000 人；天山新村居住区，规划住宅 20645 套，可居住 64000 人；古北高级住宅区规划住宅 16129 套，可居住 50000 人；仙霞新村居住区，规划住宅 19354 套，可居住 60000 人；程桥居住区，规划住宅 12903 套，可居住 40000 人；北新泾居住区，规划住宅 13870 套，可居住 43000 人；淞虹新村居住区，规划住宅 38709 套，可居住 120000 人。

（十）旅游事业

充分利用区域内文物古迹、特色建筑、名人故居、公共绿地、绿化环境等旅游资源，发掘西郊公园、中山公园、古北高级住宅区、虹桥经济技术开发区、影城文化娱乐中心等旅游景点，并从旅游商品、交通、宾馆住宿等配套服务上促进旅游景点的开发，发展旅游事业。

四、社会事业的主要标志性项目

社会事业的主要标志性项目如附表 11 所示。

附表 11　　社会事业的主要标志性项目

项目名称	占地面积（平方米）	建筑面积（平方米）	投资总额（万元）
长宁实验中学	42000	15000	4500
虹桥国际科技城	12960	70000	27000
西区综合性医院	47952	50000	15000
西区大型体育场馆	33300	31000	10000
西区综合性文化设施	21920	43848	13000

第五章　基础设施发展规划

一、基本原则

（1）基础设施配套以经济建设和社会事业建设的总量和发展趋势为依据。

（2）各项基础设施配套容量及服务功能应适应于经济建设和社会事业建设的需求量。

（3）基础设施管网系统纳入全市网络。

（4）采用电脑、图像储存区域内全部基础设施（包括地上、地下）现状和规划资料，建立区域基础设施信息系统。

（5）基础设施纳入经济和社会事业建设项目的统一规划、设计、审批，在建设中应优先安排，先行建设。

（6）实行市场机制的方式筹集基础设施建设资金。基础设施的受益者，均要负担和交纳建设费用。

二、基础设施规划总量目标

基础设施规划总量目标如附表 12 所示。

附表 12　　基础设施规划总量目标

分类	2000 年	2010 年	2020 年
人均道路（平方米）	4	5	6.79
公交线（条）	30	35	40
公交停车场（辆）	1500	2000	2500
日人均供水量（公升）	400	600	800

续表

分类	2000年	2010年	2020年
每秒雨水排放（立方米）	120	140	160
每日污水排放（万吨）	20	30	50
气化率（%）	90	100	100
供电总容量（万千瓦）	90	120	160
每百人电话（部）	30	40	60
人均公共绿地（平方米）	3	5	8
环卫	垃圾、粪便清运率和处理率100%，固体废弃物清运率100%		
环境质量	大气达到国家二级，噪声达到上海二类标准		
人均人防设施（平方米）	0.4	0.5	0.6

三、各项基础设施

（一）道路

区域内道路系统与上海市中心城干道系统接轨，结合区内经济社会发展要求，在基本保留原有道路格局前提下，适当加宽道路红线，提高道路等级，着重补充调整路网幅度，完善新开发地区道路网络。

规划道路总长189公里，道路网密度每平方公里5公里，道路面积约475万平方米，人均拥有道路面积6.79平方米。

规划近期建成内环线、拓宽长宁路，延伸天山西路，新建外环线、虹延路、淞虹路、协和路，完善中山公园商业中心的道路网络。中期继建外环线、协和路、新建北虹路、延安西路高架及相应的立交，完善虹桥涉外贸易中心的道路网络。远期新建淞虹路、威宁路、芙蓉江路跨苏州河的三座桥梁，延伸定西路、古北路和仙霞路，修建陵园路。

（二）交通

合理组织交通，提高道路通行能力，努力创造条件，使机动车与非机动车分流，车流与人流分流；在完善道路网络的同时，改善交通网络、减少交通空白点；对区域内的政治、经济、文化活动中心通过交通线相连结。

结合中山公园商业中心和虹桥涉外贸易中心建设、完善公交过境站和终点站的布局，结合新泾地区开发，规划新辟四条公交线，根据需要开设几条小公共汽车交通线。

配合沪杭铁路轻轨高架建设，改建长宁火车站；配合地铁2号线、地铁环线建设，合理布局地铁站以及地铁设施；配合虹桥国际机场扩建，处理好航空、地铁与公交车、出租车等交通工具的换乘。

除建设项目按规定配置自备停车场外，应注重社会停车场的建设。规划将天山公交停车场扩大30亩，建多层停车场；在临空工业区布置占地37000平方米、淞虹购物中心布置占地36000平方米、程桥商业区布置占地10120平方米的社会停车场；在虹桥涉外贸易中心规划10000辆、中山公园商业中心规划3000辆社会出租汽车停车场；在新泾地区中心设一出租停车场。

（三）供水

规划近期建设江苏路、北新泾增压站，打通管网瓶颈和加快翻排街坊陈旧内管能力。新建虹桥路增压水库（2~4万吨）；扩建吴中路水库（4万吨）等配套供水设施。中期依靠新建的陇西水厂、大场水厂，增强西区的供水；远期完善全区供水管网。

（四）排水

1. 雨水

规划近期新建北新泾雨水排水系统（21.45立方米/秒）一期工程；中期再建北新泾雨水排水系统二期工程和北虹路、凯旋路三个雨水排水系统。预计届时可增加40立方米/秒，使我区实际排水能力达到120立方米/秒。

2. 污水

根据上海市污水治理系统规划，本市市区污水处理将主要依靠合流工程来承担（300万吨/日），我区西部（芙蓉江路左右）处于合流工程的受益范围。已建成的合流工程一期，日处理能力140万吨（包括工业废水）。古北路污水泵站排出的污水可进入一期合流系统。

根据需要，中期扩建天山污水处理厂，使其处理能力达到16万吨/日，新增能力主要为芙蓉江路以西区域服务。随着西区开发，哈密路以西还需新建若干只中途提升泵站，远期在临空工业区北端新建一个（2万吨/日~3万吨/日）污水处理厂。

（五）供电

规划在西部（哈密路以西），中部（哈密路以东沪杭铁路以西），东部（沪杭铁路以东）各布一个220千伏变电站，再相应降压。西部结合临空工业区开发、淞虹新村建设，规划新建HO千伏变电站一只，35千伏或10千伏变电站15只，降压总容量为40万千瓦；中部新建2只110千伏和7只35千伏变电站，降压总容量为40万千瓦；东部新建1只220千伏和6只35千伏变电站，降压总容量为35万千瓦。使新增供电容量达到115千瓦，加上现有供电容量46.6万千瓦，区域内供电容量总和达到16万千瓦，基本满足区域内用电的需要。

（六）邮政通信

在完善区域内现有邮政支局（所）的基础上，增加沪杭铁路以西地区邮政设施的配套。规划近期新建程桥、长宁、古北、淞虹、仙霞邮政支局（所），中期将新建周桥、龙池路二个邮政支局（所），远期将根据需要配建邮政支局（所）。

规划近期新建新华、伊犁、仙霞、新泾、紫云、协和六个电话局，使我区电话安装达到30%，至2000年电话总容量达到40万门、30万号线；中期新建长宁、新泾南二个电话局和武夷、遵义二个电话站；远期将新建1个电话局。在虹桥涉外贸易中心内积极发展移动通信、传真通信和数据通信，为涉外贸易数据传输业务创造条件。

（七）供气和供热

规划近期新建煤气服务站一座，液化气供应站两座。中期结合道路建设，在本区主要道路下埋设中压管道，使全区煤气管网逐步完善，居民用气率达到市平均水平。

根据人民生活水平提高和新区开发的需要，区域内部分地区将规划集中供热系统，尤其要结合虹桥涉外贸易中心和机场扩建建设，采取热电联供和电动热泵方式，按片集中供热，建设热电联供地区。

（八）环卫

规划近期建设薛家库生活垃圾码头，扩建环卫汽车运输场，建设北新泾、仙霞、威宁环卫所，结合改造与开发，配套建设若干座公厕。规划中远期建成威宁、淞虹、临空工业区垃圾中转站和垃圾码头，扩建程桥环卫所。

（九）园林绿化

保持区域内绿化优势，采取多种措施，进一步扩大绿化面积，增加绿化新的内容。到2000年，人均公共绿地力争达到3平方米，人均绿地达到9平方米，绿化覆盖率达到18%，绿地率达到13%。

沿虹桥路两侧各退红线20米布置绿带，与古北新区绿带及两侧的苗圃、宾馆、花园住宅区相连接，形成一个优美的绿化系统。结合外环线，建设道路两侧绿带系统，降低机场噪声干扰。

（十）环境保护

近期完成铁路东33家工厂环境污染治理工作，完成烟尘控制区二期工程，包括改造消烟除尘器，进一步提高消烟尘效率，控制工业废气中二氧化硫排放，严格控制新的污水源出现，综合利用废弃物等。

中期完成中山环路以东153家工厂环境污染治理工作。在建立光、热、油烟、恶臭污染排放标准基础上，实施监测管理，建立废气监测网点，降低噪声，增加禁鸣路段，工业废水治理率达到100%，废水排放达标率高于80%。

远期全面改造使用剧毒、致癌物质生产工艺，逐步将工业燃煤锅炉改造成燃油锅炉或集中供热。同时，大气要按国家标准二级进行控制，水环境要按国家标准不同功能分类水体进行控制，噪声要通过绿带隔离或优化布局方式加以控制，限制区域内有毒、有害和放射物质的生产、运输、储存和使用。

（十一）灾害防御

区域内根据有关规定，结合各项建设，按战时留城40%人员规划各类人防工程建筑面积。

按照接警五分钟到达责任区域，最远点4～7平方公里布置一个消防站的要求，区域内除现有天山消防站外，将新建淞虹、延安西路、威宁路三所消防站。

建立区抗灾救灾指挥部，指挥部下设指挥、通信、化救、治安交通、医疗救护、后勤物资、民政、宣教等若干小组。

加强区域内长达20公里的苏州河沿岸防洪防汛的监测及堤岸设施的建设。

四、基础设施建设项目

基础设施建设项目如附表13所示。

附表13 基础设施建设项目

分类	近期（1993～2000年）	中期（2001～2010年）	远期（2011～2020年）
道路	内环线、长宁路、外环线、天山西路延伸、虹延路、淞虹路、协和路	北虹路、协和路、延安西路高架、外环线	古北路、定西路、仙霞路等延伸
交通	新建若干社会停车场，新辟若干公交线、地铁2号线	地铁2号线、新建停车场、新辟公交线	地铁环线、沪航铁路轻轨、停车场、公交线
供水	江苏路增压站、虹桥路增压水库、吴中路水库扩建	陇西水厂、大场水厂	完善全区供水管网
排水	新泾排水系统一期、二期、凯旋路排水系统	北虹路排水系统、西区纳入合流污水工程，扩建天山污水处理厂	新建临空工业区污水处理厂
供电	虹许、宣化、定西、西新街、上海城、淮阳、淞虹、新长宁、市西工业区、曹家堰、曹家渡、新番愚	临空工业区、虹桥涉外贸易中心，中山公园商业中心，周桥、华阳、北新泾变电站	临空工业区、虹桥涉外贸易中心虹分区中心等变电站
邮政通信	程桥、长宁、古北、仙霞、淞虹邮电支局，新华、新泾伊犁、协和、仙霞电话局（站）	新泾南、武夷、长宁、遵义等电话局（站）和周桥、龙池邮政局（所）	虹分区中心、电话局（站）和邮政局（所）
供气	定西路煤气营业所、虹桥路临时液化气站，配套哈密路以西煤气管网	完善哈密路、沪杭铁路以东煤气管网	完善哈密路以东、沪杭铁路以西煤气管网
绿化	改建中山公园、新建新泾公园、外环线绿带	新建威宁公园、外环线绿带、淞虹公园	完善区域内的绿化系统

续表

分类	近期（1993~2000年）	中期（2001~2010年）	远期（2011~2020年）
环卫	薛家库垃圾码头，扩建环卫车队	协和垃圾堆放场	工业区垃圾堆放场
消防	延安西路消防站	淞虹消防站	威宁消防站

第六章　城市形态发展规划

一、基础原则

（1）区域城市形态要体现区域主导功能和距略目标，通过用地结构和其他技术控制指标的调整，确保区域主导功能的发挥和战略目标的实现。

（2）合理布局，充分利用土地资源，发挥土地级差效益，根据投入产出和经济社会的发展趋势，合理确定技术控制标准。

（3）根据区域总体规划的基本要求，编制或修订区域内的专业规划、功能性分区规划和控制性详细规划。

（4）根据区域实际情况，合理确定用地标准和用地结构，参照 GBJ 1320 国家标准，进行城市建设用地分类，确保经济用地（包括工业用地、仓储用地、商业金融业用地）占区域总用地比重不低于25%，使土地真正成为“财富之母”，促进经济建设、社会事业、基础设施、城市形态之间的良性发展。

二、功能分区

为了使地域分工更趋明确与合理，有效地指导各地域的开发与建设，按照各地域的经济状况，基础设施、社会事业配置、人口分布和土地利用等情况，本规划把长宁区行政区域划为三大功能分区。

（一）临空产业功能区

分区范围为，北至苏州河，南至徐虹支线，东至哈密路，西至新泾六号桥，面积16.54平方公里。

现状：该功能区内有农田，有农业人口1.9万人，是上海中心城的城乡接合部，市政基础设施薄弱，有待进一步规划和开发。上海虹桥国际机场，上海动物园，北翟路两侧近70家工厂在该功能区内。

规划：该功能区是区域内人口迁入和城市化的集中地区，规划中的外环线贯穿功能区南北。规划兴建临空工业区，北新泾商业区，淞虹购物中心，程桥商业区，新泾新村，淞虹新村，各大航空公司和各国航空公司驻沪办事处。发展高新技术和出口加工业，为住宅，工厂和机场配套服务的商业服务业。逐步形成以临空产业为主，配套齐全，基础设施和社会事业协调发展，现代化的工业园区和航空港。

（二）涉外贸易功能区

分区范围为，哈密路以东，沪杭铁路以西，苏州河以南，徐虹支线以北，面积15.73平方公里。

现状：虹桥经济技术开发区、古北开发区、仙霞新村、天山新村、周桥旧区、天原化工厂、国棉二十一厂、长宁区中心医院内环线，都在该功能区内，是本区新区开发和旧区改造的主要地区。

规划：兴建虹桥涉外贸易中心、虹桥工业点、仙霞科技贸易区、周家桥社区商业、虹分区中心，改造天山西路工业街坊和周桥工业街坊。继续发展涉外商务机构、展示和办公设施、房地产业、商业、宾馆、金融保险、高级公寓和花园别墅、涉外医院和国际学校。逐步形成以贸易为主，基础设施和社会事业配套先进的上海西区涉外商务中心。

（三）商业娱乐功能区

分区范围为，沪杭铁路以东，镇宁路以西，苏州河以南，淮海西路以北，面积5.67平方公里。

现状：是长宁区人民政府的所在地，有中山公园、上海影城等游乐场所，有近30万平方米的旧花园别墅和武夷、幸福、新华三个工业街坊，延安中学、市女三中等市重点学校，西新街、苏家角、东诸安滨、西诸安滨等旧区，是本区旧区改造发展商业的重要地区。

规划：兴建中山公园商业中心、曹家渡商业区、影城文化娱乐区，改造长宁区电影院、文化馆、工人俱乐部，拓宽长宁路，改造调整武夷、新华、幸福工业街坊。集中商业、娱乐业、房地产业、办公用房和住宅。逐步成为上海西部商业、娱乐业集中发展的地区。

三、用地结构

从现状的人均总用地规模看，根据1991年3月1日施行的国标GBJ 132—90《城市用地分类与规划建设用地标准》，按规划基期年59.58万户籍人口计算，现状人均用地为63.7平方米，以规划期内70万户籍人口计算，在区域面积不变的条件下，规划人均用地为54.2平方米。对照国标GBJ 132—90人均用地75～90平方米的标准看，规划期内区域人均用地是偏紧的，人口增加和用地规划存在着较大的缺口。

从现状的用地结构看，道路广场、绿化等用地比重还是比较合理的。居住用地，若加上商住混合用地中住宅建设的用地，则居住用地为1143万平方米，占区域用地总面积的30.13%，对照BGJ 132—90国标和区域的发展要求，居住用地比重是比较高的。另外，工业、仓储业、商业、金融业用地为606.51万平方米，占区域用地总面积的15.99%，这与BGJ 132—90国际和经济、社会等各项建设协调发展要求看，经济用地的比重是比较低的。其次，由于虹桥国际机场位于本区，本区对外交通用地为707.12万平方米，占区域用地总面积的18.64%，对外交通用地比重是偏高的。

从现状的人均单项用地看，按现有人口计算，人均居住用地为19.19平方米，人均道路广场用地7.52平方米，人均绿化用地为5.08平方米，人均经济用地为10.18平方米，对照GBJ 132—90国标要求，人均经济用地偏低。

根据长宁区用地现状和发展需要，按照上海三个中心一个龙头的战略目标和长宁区区域主导功能和战略目标的要求，为促进经济建设、社会事业、基础设施、城市形态之间的协调发展，区域内的居住用地（包括占商住混合用地60%的住宅用地）规划为972.68万平方米，占区域总用地的25.64%；区域内的经济用地（包括占商住混合用地40%的商业金融业用地），规划为858.89万平方米，占区域总用地面积的22.64%。具体用地规划情况如附表14所示。

附表14　　用地平衡表

<table>
<tr><th rowspan="2">序号</th><th rowspan="2">用地代号（大类）</th><th rowspan="2" colspan="2">用地名称</th><th colspan="2">面积（万平方米）</th><th colspan="2">占比例（%）</th><th colspan="2">人均（平方米/人）</th><th rowspan="2">备注</th></tr>
<tr><th>现状</th><th>规划</th><th>现状</th><th>规划</th><th>现状</th><th>规划</th></tr>
<tr><td rowspan="9">01</td><td rowspan="3">R</td><td colspan="2">居住用地</td><td></td><td>972.68</td><td></td><td>25.64</td><td>16.33</td><td>13.9</td><td rowspan="9">1. 表中居住用地包括商住混合用地中的住宅用地
2. 商住混合用地（即综合用地）中，按60%作为住宅建设用</td></tr>
<tr><td rowspan="2">其中</td><td>住宅用地</td><td></td><td>850.9</td><td></td><td>22.43</td><td></td><td></td></tr>
<tr><td>中小学幼托用地</td><td></td><td>121.79</td><td></td><td>3.21</td><td></td><td></td></tr>
<tr><td rowspan="6">C</td><td colspan="2">公共设施用地</td><td></td><td>587.39</td><td></td><td>15.48</td><td>9.86</td><td>8.39</td></tr>
<tr><td rowspan="5">其中</td><td>商业、金融业用地</td><td></td><td>386.88</td><td></td><td>10.20</td><td>6.5</td><td>5.53</td></tr>
<tr><td>文化娱乐用地</td><td></td><td>1.60</td><td></td><td>0.04</td><td></td><td></td></tr>
<tr><td>体育用地</td><td></td><td>19.7</td><td></td><td>0.51</td><td>\</td><td></td></tr>
<tr><td>医疗卫生用地</td><td></td><td>67.72</td><td></td><td>1.78</td><td></td><td></td></tr>
<tr><td>教育科研用地</td><td></td><td>111.49</td><td></td><td>2.94</td><td></td><td></td></tr>
</table>

续表

<table>
<tr><th rowspan="2">序号</th><th rowspan="2">用地代号（大类）</th><th rowspan="2" colspan="2">用地名称</th><th colspan="2">面积（万平方米）</th><th colspan="2">占比例（%）</th><th colspan="2">人均（平方米/人）</th><th rowspan="2">备注</th></tr>
<tr><th>现状</th><th>规划</th><th>现状</th><th>规划</th><th>现状</th><th>规划</th></tr>
<tr><td>02</td><td>M</td><td colspan="2">工业用地</td><td></td><td>384.56</td><td></td><td>10.14</td><td>6.46</td><td>5.49</td><td rowspan="14">3. 经济用地（包括商业金融用地、商住混合用地中的商业金融业用地、工业用地、仓储用地）合计为858.89万平方米，占总用地22.64%
4. 按照GBJ 132—90规定中小学、幼托用地归入居住用地中
5. 按照GBJ 132—90规定教育科研用地主要包括大专院校、科研机构的用地
6. 人均（平方米/人）栏，分别按现状人口数和规划人口数测算</td></tr>
<tr><td>03</td><td>W</td><td colspan="2">仓储用地</td><td></td><td>87.45</td><td></td><td>2.30</td><td></td><td></td></tr>
<tr><td>04</td><td>T</td><td colspan="2">对外交通用地</td><td></td><td>707.12</td><td></td><td>18.64</td><td>11.87</td><td>10.10</td></tr>
<tr><td>05</td><td>S</td><td colspan="2">道路广场用地</td><td></td><td>447.77</td><td></td><td>11.8</td><td>7.52</td><td>6.79</td></tr>
<tr><td rowspan="4">06</td><td rowspan="4">U</td><td colspan="2">市政公用设施用地</td><td></td><td>139.30</td><td></td><td>3.67</td><td>2.34</td><td>1.99</td></tr>
<tr><td rowspan="3">其中</td><td>市政用地</td><td></td><td>49.12</td><td></td><td>1.29</td><td></td><td></td></tr>
<tr><td>地铁、交通用地</td><td></td><td>56.24</td><td></td><td>1.48</td><td></td><td></td></tr>
<tr><td>公用设施用地</td><td></td><td>33.94</td><td></td><td>0.89</td><td></td><td></td></tr>
<tr><td rowspan="2">07</td><td rowspan="2">G</td><td colspan="2">绿地</td><td></td><td>302.79</td><td></td><td>7.98</td><td>5.08</td><td>4.33</td></tr>
<tr><td colspan="2">其中：公共绿地用地</td><td>129.15</td><td></td><td>3.4</td><td></td><td>2.2</td><td></td></tr>
<tr><td>08</td><td>D</td><td colspan="2">特殊用地</td><td></td><td>91.37</td><td></td><td>2.41</td><td>1.53</td><td>1.31</td></tr>
<tr><td>09</td><td>0</td><td colspan="2">水面</td><td></td><td>73.51</td><td></td><td>1.94</td><td></td><td>1.05</td></tr>
<tr><td colspan="4">合计</td><td></td><td>3793.94</td><td></td><td>100</td><td>63.68</td><td>54.2</td></tr>
</table>

四、旧区改造

在21世纪末基本完成区域内97幅地块、152万平方米的二级旧里以造任务，并把旧区改造与区域功能调整结合起来。结合旧区改造，加快虹桥涉外贸易中心、中山公园商业中心等重点经济发展区域的建设，使旧区改造既改善人们的居住条件，又带动经济和城市建设的发展。同时，在旧区改造中要均衡若干利益关系，得益率高低的地块应相互搭配，旧区改造的公用设施建设费用应按地块分摊等。

五、景观与形象

（一）区域至高点与高层建筑群

区域的至高点是指一个地区中具有领导地位的建筑或建筑群，在至高点以外的建筑应当逐步降低，形成过渡带。根据长宁区区域净空条件和发展趋势，以及与市至高点相呼应的需要，长宁区区域最高点放在虹桥涉外贸易中心，与这一最高点相伴随的区域至高点，在沪杭铁路以东有中山公园至高点及高层建筑群、影城至高点及高层建筑群、曹家渡至高点及建筑群；沪杭铁路以西有水城路茅台路至高点与建筑群、虹桥路中山西路至高点与建筑群、周家桥三角场至高点与建筑群、古北开发区至高点与建筑群。形成以虹桥涉外贸易中心为核心，向四周逐步过渡的、并以上述至高点组成的区域总体形象。

（二）区域建筑主要视点

沪杭铁路以东的视点主要有：愚园路江苏路口、定西路愚园路口、番禺路新华路口、曹家渡的长宁路口、华山路江苏路口；沪杭铁路以西的视点主要有：延安西路中山西路口、延安西路虹桥路口、中山西路长宁路口、中山西路虹桥路口。

（三）区域内主要景观线

沪杭铁路以东有：江苏路（华山路—长宁支路）长宁区东部门户线，新华路花园住宅风貌区，愚园路花园别墅景观线；沪杭铁路以西有：虹桥路乡村别墅风貌保护区，中山西路高层景观线，外环线绿带景观线。

（四）区域优秀景观的保护

主要有：一是市级以上文物保护；二是愚园路、新华路、武夷路等近代优秀建筑保护；三是代表长宁区历史的法华镇禅寺旧址的保护。

第七章　规划的实施

一、规划实施的可行性

（一）根据总体规划框算

规划实施估算投资需 741 亿元（包括住宅建设资金、基础设施建设资金），按规划期内的 27 年平均分摊，每年需筹集资金 27 亿元，1993 年区域实际筹资约 32 亿元，因此，规划期如能保持 93 年的投资强度，规划的实施是可能的。随着社会主义市场经济的发展，要素市场体系的健全与开放，拟近期年筹资 35 亿元，中期年筹资 40 亿元，远期年筹资 35 亿元，27 年规划筹资 993 亿元，倘若能达到该筹资目标，那么 27 年内实际筹资能力就大于规划所需投资，这样规划的实施就有可能性了。可见，总体规划的实施，只要政策对路，踏实做好招商工作，规划实施筹集资金的忧虑是可以消除的。具体筹资规划如附表 15 所示。

附表 15　　　　　　　　　　**投资规模**　　　　　　　　　　现行价

总量筹资渠道	拟筹资量（万元）	占总投资比重（%）	年度筹资量（万元）				备注
			1993 年实际	近期（1994～2000 年）	中期（2001～2010 年）	远期（2001～2020 年）	
土地收益	2017000	20	77000	150000	35000	35000	包括土地使用权出让金等
引进外资	2018000	20	78000	150000	35000	35000	主要是三资企业投资
外省市投资	1002000	10	32000	75000	17500	17500	1993 年主要是经营性投资，建设性投资较少
银行信贷	1995000	20	55000	150000	35000	35000	包括国内、国际信贷、国际租赁等，目前主要是国内信贷
社会筹资	497000	5	12000	37500	8750	8750	股份入股、发行债券等。1993 年虽际主要股金
企业积累	1908000	19	65000	142500	33250	33250	企业日有资金投放部分
存量资产盘活	486500	5	1500	37500	8750	8750	拍卖、房产出售等
财政渠道	10200	1	500	750	175	175	区经济发展基金、工业发展基金、网点开发基金、科技发展基金等
政治渠道	500		500				政策性补贴等
合计	9934200	100	321500	743250	173425	173425	1993 年实际主要是经营性投资 2. 拟筹资金大于需投资金 252 亿元

（二）总体规划的实施

包括周桥社区商业、临空工业区、程桥商业区、北新泾商业区、虹桥涉外贸易中心、中山公园商业中心、曹家渡商业区、影城文化娱乐区约需动迁居民 33810 户，其中异地动迁约 14400 户。根据目前区政府及区属主要房产公司可掌握的动迁基地 1364 亩，拟建住宅 132.2 万平方米，按每户 60 平方米建筑面积计算，可消化动迁户 22065 户，动迁基地实际可消化的动迁房略有余地。可见，只要大家齐心，具有全局观念，动迁房源是可以保证总体规划实施的。具体规划如附表 16 所示。

附表 16　　居民动迁与动迁房源

<table>
<tr><td></td><td>动迁范围</td><td>需动迁数（户）</td><td>规划原地回迁数（户）</td><td>规划异地动迁数（户）</td><td colspan="2">备注</td></tr>
<tr><td rowspan="9">居民动迁</td><td>虹桥涉外贸易中心</td><td>13500</td><td>7000</td><td>6500</td><td colspan="2">主要为仙霞路以北、天山路以南古北路以东范围的动迁户</td></tr>
<tr><td>中山公园商业中心</td><td>7000</td><td>2000</td><td>5000</td><td colspan="2">主要是西新街、苏家角、孙家宅三期、定西路愚园路口，安西愚园路口动迁户</td></tr>
<tr><td>曹家渡商业区</td><td>5000</td><td>2600</td><td>2400</td><td colspan="2">主要为万航渡路以南、长宁支路以北的动迁户</td></tr>
<tr><td>影城文化娱乐区</td><td>500</td><td></td><td>500</td><td colspan="2">主要为红房子 200 多户、影城对面二幢公房的动迁户</td></tr>
<tr><td>临空工业区</td><td>1600</td><td>1600</td><td></td><td colspan="2">主要为努力村、双泾村居民</td></tr>
<tr><td>程桥商业区</td><td>210</td><td>210</td><td></td><td colspan="2">基地内的居民</td></tr>
<tr><td>北新泾商业区</td><td>800</td><td>800</td><td></td><td colspan="2">基地内的居民</td></tr>
<tr><td>周桥社区商业</td><td>5200</td><td>5200</td><td></td><td colspan="2">不包括周桥全部旧区</td></tr>
<tr><td>合计</td><td>33810</td><td>19410</td><td>14400</td><td colspan="2"></td></tr>
<tr><td rowspan="7">异地动迁房源</td><td>房源基地</td><td>房源基地面积（亩）</td><td>容积率</td><td>拟建面积（万平方米）</td><td>可消化异地动迁数（户）</td><td>备注</td></tr>
<tr><td>新泾乡</td><td>500</td><td>1.2</td><td>39.96</td><td>6660</td><td rowspan="6">每户按 60 平方米测算，可消化动迁户数大于规划异地动迁户数 7665 户</td></tr>
<tr><td>普陀清涧小区</td><td>238</td><td>1.6</td><td>25.36</td><td>4226</td></tr>
<tr><td>龙柏九村</td><td>109</td><td>1.65</td><td>11.99</td><td>1998</td></tr>
<tr><td>吴中路</td><td>317</td><td>1.6</td><td>33.78</td><td>5630</td></tr>
<tr><td>区内其他</td><td>200</td><td>1.6</td><td>21.31</td><td>3551</td></tr>
<tr><td>合计</td><td>1364</td><td></td><td>132.2</td><td>22065</td></tr>
</table>

二、实施规划的政策与措施

（一）增强规划管理意识，避免规划实施中的随意性

在加强宏观，放开微观的市场经济体制下，规划管理是政府调控的最主要手段之一，党的十四大明确指出，社会主义市场经济体制下，政府的职能是："统筹规划、掌握政策、信息引导、组织协调、提供服务和检查监督。"规划一经批准，就具有法律效力，意味着该地区的经济、社会、城市各项建设都已纳入法制化的轨道。因此，各项规划的执行行为，实质上是法律行为，规划执行的过程，实际上也是依法行政的过程。所以，在规划实施过程中，应当严肃纪律，避免随意地更改规划。

（二）注重规划与计划衔接，使规划实施更具有现实性

规划是政府管理区域内经济、社会、城市的长远行为，因此规划的实施，要根据当时的实际或变化的情况，在规划基础上通过编制年度计划或五年计划的方式，使规划实施更具有现实性。在规划调控下的各项建设，政府的计划部门，每年年末要依据规划编制出下年度的执行计划，上一个五年计划的最后一年要依据规划编制出下一个五年计划的各项建设内容。

（三）制定促进规划实施的相应政策，使规划的实施更具有激励性

一般来讲，规划中拟定政策和措施大都为制定政策的思想或方向，不具有很强的操作性和现实针对性。所以，实施规划，要根据规划或年度计划，五年计划的要求，制定相互配套，具有针对性的政策体系，促进规划目标的实现。同时争取虹开发区政策和漕河泾政策延伸于虹桥涉外贸易中心、临空工业区、仙霞科技贸易区。

（四）实行全方位开放，多渠道地筹集资金

本规划的实施总共需要741亿元的资金，通过区域内企业自我积累，规划期大约能提供191亿元资金。因此，必须依据区位优势，多渠道地筹集建设资金。尤其需要充分利用外资。筹集资金的手段与渠道大致有：一是通过土地使用权出让引进外资和内资；二是通过创办三资企业引进外资；三是通过项目招投标引进外资和内资；四是创办对外贸易基地或出口加工区引进外资和内资；五是通过股份制形式吸收内资和外资；六是通过国际租赁、出口信贷、间接利用外资；七是搞活企业，盘活存量资产；八是优化经济结构，积极吸收银行信贷；九是积极协调市区关系，争取市各项基金支持等。

（五）发挥“土地级差”杠杆作用，促进产业置换

区域第三产业除机场收入外，目前只占国内生产总值的26.04%，这与2010年把上海建成国际经济、金融、贸易中心的战略目标是不相一致的。因此，必须按照产业结构的调整和城市功能转换的要求，合理划分区域内土地的级差等级，按照土地区位和产业性质，规定不同的土地级差收费标准，按照调控目标制定灵活的土地有偿收费政策来促进产业置换，最终达到区域功能的转换。

（六）运用项目招投标、拍卖的竞争机制，推进规划实施的市场化

由于规划管理是市场经济体制条件下的政府法律行为，因此一对一的项目协议是与市场经济法则相悖的。为了推进规划实施的进度，体现规划实施的效率原则和市场经济原则，规划实施中的各项建设项目，商业性土地使用权出让都必须采取招投标、拍卖的方式，发挥市场机制在资源配置中的基础性作用，以避免规划执行中的随意性和不正之风的出现。

（七）按社会主义市场经济要求，建立统一、高效、灵活的规划实施组织机构

建立政府监督和协调规划实施的议事机构，增强计划、规划、土地等部门对实施规划的综合协调能力以及相应工作人员执行规划的自觉性、正确性、公正性和市场经济意识。按照现代企业制度的要求，建立若干法人负责制的开发公司或项目开发单位，依据规划的要求，在政府调控的前提下，负责规划地带的综合开发。

（八）集中财力、物力、人力、确保规划的实施

规划的实施将涉及居民动迁等物质性因素。为确保规划实施、平稳闯过招商、迁移、基础设施建设三大关口。必须优化用地结构，提高经济用地比重，集中政府可集中的一切住宅用地，动迁房源，建设财力，把优秀的、具有开拓精神的干部放到规划实施的第一线，使规划实施同时具有人力、财力、物力的保证。

（九）积极参与虹桥机场，虹桥开发区、古北开发区的开发

（1）参与虹桥机场扩建工程开发，主要方式如下。

一是长宁区人民政府参与机场扩建的组织协调工作；

二是参与或承包机场综合开发区内的开发项目；

三是组建经营性公司为机场提供各种服务。

（2）参与虹桥开发区的开发，主要方式如下。

一是加强长宁区人民政府与虹开发的沟通和联系；

二是组建经营公司为虹开发企业提供服务；

三是学习、借鉴虹开发的管理、建设经验，沟通各种招商、贸易、服务信息。

（3）参与古北开发区开发，主要方式如下。

一是参与古北开发区内的商业，服务业经营；

二是区属名特优商店、饮食店在古北开发中央商业大道开店；

三是协助古开发搞好开发区内文化、娱乐等设施建设。

（十）建议市政府根据长宁区的人口规模和用地结构，增加长宁区用地规模

与各区相比，长宁区区域用地显著特点是全市共用的公共设施和公用设施多且占地面积大，例如：占地707.12公顷的虹桥国际机场，占地136公顷的古北开发区，占地70公顷的西郊动物园，占地71公顷的西郊宾馆，占地65公顷的虹桥经济技术开发区，仅上述公共和公用设施就占地1049.12公顷，占区域总面积的27.7%。长宁区区域用地规模内，倘若剔除上述用地（即把上述1049.12公顷用地纳入市用地平衡），按规划时基期年长宁区59.53万户籍人口计算，则现状人均用地为46平方米，按规划期内70万户籍人口计算，在区域用地规模不变条件下，则规划人均用地为39.2平方米。对照国标GBJ 132—90人均用地75～90平方米的标准看，规划期内区域内的人口规模和用地规模是无法平衡的，最终表现为区域内因各项用地结构失衡而导致的区域内经济建设、社会事业、基础设施难以协调发展，人均各项用地指标也会大大下降，将严重恶化环境质量。为了使区域内的各项建设协调发展，长宁区人民政府建议市政府按照人口规模和规划人均用地标准以及长宁区现状用地结构的现实情况，增加长宁区区域面积近30平方公里，使长宁区行政区域扩大到南新铁路以东、苏州河以南、徐虹支线和318国道以北、镇宁路以西范围。

注释

（1）长宁区总体规划，是从地域范围编制的区域规划，包括长宁区地域面积内的全部规划因素。

（2）一类工业，参照国标GBJ 132—90《城市用地分类与规划建设用地标准》中的工业分类标准。

（3）虹桥涉外贸易中心商业意向发展带，北接天山路商业街，南连古北开发区商业大道。发展带不是一条商业网点连续布置的街路，而是指沿发展带的建筑组群中有商业服务业设施布置。

（4）商业面积，包括工业厂房、商业用房、工商业仓储等经营性设施建筑面积。

（5）西区综合性医院的占地面积，内含上海市长宁区卫生学校的用地面积。

（6）道路面积，包括中山西路和延安西路长宁路段的高架道路面积。

（7）中部220千伏变电站，指已建的大古北220千伏变电站。

（8）用地平衡，指区域内的用地平衡，设有剔除应纳入全市用地平衡中的用地。

（9）绿地，没有包括区域内各单位使用的专用绿地和居住区专用绿地。

长宁区人民政府

一九九四年九月五日

长宁区人大常委会关于《长宁区总体规划（送审稿）》的审查意见

长宁区人民政府：

参照《中华人民共和国规划法》第21条第五款规定，长宁区第十一届人大常委会于1994年6月20日召开第四次会议，审查通过了《长宁区总体规划（送审稿）》，同意长宁区人民政府按程序将《长宁区总体规划（送审稿）》报送市人民政府审批。

长宁区人民代表大会常务委员会

一九九四年六月二十日

参考文献

[1] 朱建江:《乡村发展导论》,经济科学出版社2019年版。

[2] [美] 埃德加·M. 胡佛著,王翼龙译:《区域经济学导论》,商务印书馆1990年版。

[3] 石敏俊编著:《区域经济学》,中国人民大学出版社2020年版。

[4] 华晨、曹康主编:《城市空间发展导论》,中国建筑出版社2017年版。

[5] 郝寿义:《区域经济学原理》,格致出版社2016年版。

[6] [比] 皮埃尔·菲利浦·库姆斯等著:《经济地理学》,中国人民大学出版社2020年版。

[7] 朱建江主编:《区域发展导论》上海社会科学院出版社2020年版。

[8] 吴志强、李德华主编:《城市规划原理》,中国建筑出版社2010年版。

[9] [美] 阿列奥沙利文:《城市经济学》,北京大学出版社2015年版。

[10] 杨开忠、李国平等著:《面向现代化的中国区域科学》,经济管理出版社2021年版。

[11] 曾道智等著:《空间经济学》,北京大学出版社2018年版。

[12] 中国社会科学院语言研究所词典编辑室编:《现代汉语词典》,商务印书馆1978年版。

[13] 张忠国主编:《区域研究理论与区域规划编制》,中国建筑工业出版社2017年版。

[14] 陈锡文编著:《读懂农业农村农民》,外文出版社2019年版。

[15] 陆益龙著:《后乡土中国》,商务印书馆2017年版。

[16] 夏征农主编:《辞海缩印本(1989年版)》,上海辞书出版社1990年版。

[17] 习近平:《国家中长期经济社会发展战略若干重大问题》,载于《求是》2020年第21期。

[18] 上海市人民政府:“上海市新冠疫情防控162场新闻发布会”,2022年4月23日。

[19] 赵晖等著:《说清小城镇》,中国建筑工业出版社2017年版。

[20] 上海长宁区人民政府:《上海市长宁区总体规划(1993~2020年)》,1994年9月。

[21] 朱建江主编:《城市学概论》,上海社会科学院出版社2018年版。

[22] 白永秀等:《西部地区城乡经济社会一体化战略研究》,人民出版社2014年版。

[23] 中共中央、国务院:《关于新时代推进西部大开发形成新格局的指导意见》,新华社,2020年5月17日。

[24] 中共中央办公厅、国务院办公厅:《关于推进以县城为重要载体的城镇化建设的意见》,新华社,2022年5月6日。

[25] 中共中央、国务院:《长江长江三角洲区域一体化发展纲要》,新华社,2009年12月1日。

[26] 习近平:《中共中央关于制定国民经济和社会发展第十四个五年规划和2035年远景目标的建议的说明》,载于《光明日报》2020年11月4日。

[27] 王新奎等著:《中国发展中国家与WTO》,上海远东出版社2000年版。

[28] 吴晓求:《只有坚持开放才能找到前行方向》,载于《社会科学报》2020年9月24日第8版。

[29] 张燕生:《超级全球化受挫,新型全球化开启》,载于《环球时报》2020年10月29日第15版。

[30] 习近平:《在浦东开发开放30周年庆祝大会上的讲话》,载于

《光明日报》2020 年 11 月 13 日第 2 版。

[31] 世界贸易组织秘书处编，张江波等译：《贸易走向未来》，法律出版社 1999 年版。

[32] 中共中央、国务院：《关于加快建设全国统一大市场的意见》，新华社，2022 年 4 月 10 日。

[33] 姜文仙：《区域协调发展的动力机制研究》，暨南大学博士学位论文，2011 年。

[34] 颜银根：《全国统一市场建设落脚点是市场一体化》，载于《社会科学报》2022 年 10 月 21 日。

[35] 习近平：《习近平谈协调：协调既是发展手段又是发展目标》，载于《人民日报》，2016 年 3 月 3 日。

[36] 中共中央、国务院：《关于建立更加有效的区域协调发展新机制的意见》，新华社，2018 年 11 月 29 日。

[37] 朱建江：《小城镇发展新论》，经济科学出版社 2021 年版。

[38] 肖金成：《区域发展战略的演变与区域协调发展战略的确立——新中国区域发展 70 年回顾》，载于《企业经济》2019 年第 2 期。

[39] 孙久文等：《迈向现代化的中国区域协调发展战略探索》，载于《改革》2022 年 9 月。

[40] 邓小平：《邓小平文选》，人民出版社 1993 年版。

[41] 夏征农、陈至立主编：《辞海》，上海辞书出版社 2009 年版。

[42] 国家统计局：《2015 年全国农民工监测调查报告》，2016 年 4 月 28 日。

[43] 李晓江，郑德高：《从人口城镇化特征与国家城镇体系构建》，载于《城市规划学刊》2017 年第 1 期。

[44] 尹稚：《中国城镇化战略研究》，清华新型城镇化研究院，2018 年 11 月 22 日。

[45] 张东伟：《人口变动趋势事关未来经济社会发展》，载于《社会科学报》2022 年 2 月 24 日。

[46] 国家统计局：《第七次全国人口普查公报（第二号）》（不包括我国港澳台人口），2021 年 5 月 11 日。

［47］国务院：《国家人口发展规划（2016－2030年）》《国发〔2016〕87号》，2017年1月25日。

［48］国家统计局：《2020年农民工监测调查报告》，2021年4月30日。

［49］田永波：《返乡入乡劳动力是乡村振兴重要的人力资本》，载于《工人日报》2021年3月1日。

［50］综合开发研究院（中国·深圳），中国国际城市化发展战略研究委员会编著：《改革就是创造》，中国城市出版社2016年版。

［51］新华社：《第三次全国土地调查主要数据成果发布》，2021年8月26日。

［52］上海市人民政府：《上海市城市总体规划（2016～2035年）》，2017年11月。

［53］凌岩著：《乡愁钩沉》，上海社会科学院出版社2014年版。

［54］刘君德、范今朝：《中国市制历史演变与当代改革》，东南大学出版社2015年版。

［55］张子雨：《我国粮食大流通格局形成北粮南运产销协作走向深入》，央广网，2017年2月15日。

［56］马克思、恩格斯：《马克思恩格斯全集》，人民出版社2016年版，第四卷。

［57］丁四保等编著：《区域经济学》，高等教育出版社2012年版。

［58］国家发改委：《从“十三五”易地扶贫搬迁，伟大成就与实践经验》，国家乡村振兴局网站，2021年3月9日。

［59］习近平：《扎实推动共同富裕》，载于《求是》2021年第20期。

［60］张筠：《地方高校齐迁移省会值得再审视》，载于《光明日报》2022年4月11日。

［61］蔡恒：《中国都市圈发展之路》，经济科学出版社2017年版。

［62］赵勇：《城乡良性互动战略》，商务印书馆2014年版。

［63］胡锦涛：《关于工农城乡关系的两个趋向》，载于《胡锦涛文选》，人民出版社2016年版。

［64］习近平：《决胜全面建成小康社会夺取新时代中国特色社会主义

伟大胜利》，人民出版社2017年版。

[65] [英] 哈维·阿姆斯特朗等著：《区域经济学与区域政策》，刘乃全等译，上海人民出版社2007年版。

[66] [美] 约瑟夫·斯蒂格利茨：《精心制定共同富裕的衡量标准》，载于《社会科学报》2022年6月2日。

[67] 史博臻：《五十个核心指标为“五个新城”做体检》，载于《报文汇报》2002年10月1日。

[68] 范恒山等著：《中国区域协调发展研究》，商务印书馆2012年版。

[69]] 范恒山：《探索建立全要素的区际利益平衡机制》，载于《区域经济评论》2020年第1期。

[70] 林立勇：《功能区块论——国家级新区空间发展研究》，重庆大学学位论文，2017年。

[71] 田和友：《都市区一体化融合发展：济宁要实现市区到各县市高速公路1小时通达》，大众网，2021年11月3日。

[72]《全国34个都市圈评价结果出炉：长春为发展型都市圈》，载于《吉林日报》2019年3月4日。

[73] 倪鹏飞：《改革开放40年中国城镇化发展的经验与启示》，载于《光明日报》2018年12月11日。

[74] 卜宪梓总撰稿：《中国通史（贰）》，华夏出版社2016年版。

[75] 刘黎明主编：《土地资源学》，中国农业大学出版社2020年版。

[76] 张晓松等：《习近平谈粮食安全：悠悠万事，吃饭为大》，载于《文汇报》2022年3月7日。

[77] 习近平：《确保中国人的饭碗主要装中国粮》，载于《解放日报》2022年3月7日。

[78] 中华人民共和国国家质量监督检验检疫总局、中国国家标准化管理委员会：《耕地质量等级》（GB/T 33469—2016），2016年12月30日。

[79] 中华人民共和国国家质量监督检验检疫总局、中国国家标准化管理委员会：《土地利用现状分类》（GB/T 21010—2017），2017年11月1日。

[80] 国家统计局：《2021年中国统计年鉴》，中国统计出版社2021

年版。

[81] 农业农村部：《“十四五”全国种植业发展规划》（农农发〔2021〕11号），2021年12月29日。

[82] 唐芳林：《构建以国家公园为主体的自然保护地体系》，载于《光明日报》2017年11月4日。

[83] 高科：《美国国家公园体系是如何形成的》，载于《光明日报》2018年1月29日。

[84] 顾仲阳：《自然保护地告别发九龙海水》，载于《人民日报》2019年7月12日。

[85] 罗建武、王伟、朱彦鹏：《借助精准扶贫东风解自然保护区管理之困》，载于《光明日报》2018年5月5日。

[86] 张蕾：《我国保护生物多样性行动成效显著》，载于《光明日报》2020年5月22日。

[87] 张建龙：《建国家公园既要生态美又要百姓富》，载于《光明日报》2019年3月13日。

[88] 习近平：《贺信》，载于《新华每日电讯》2020年8月20日。

[89] 王云娜：《第一个国家森林公园张家界》，载于《人民日报》2019年4月7日。

[90] 李慧：《森林旅游市场凶悉旺季》，载于《光明日报》2020年8月6日。

[91] 付伟：《县域电商的产业链基础》，载于《光明日报》2022年8月19日。

[92] 陈文琼：《城市化，镇该扮演什么角色》，载于《环球时报》2019年1月16日。

[93] 杨传开、刘晔、徐伟等：《中国农民进城定居的意愿与影响因素——基于CGSS2010的分析》，载于《地理研究》2017年总第36期。

[94] 翁建荣等著：《小城市大未来》，红旗出版社2018年版。

[95] 段应碧主编：《统筹城乡发展》，党建读物出版社出版2005年版。

[96] 齐芳：《中国城市如何由小变大》，载于《光明日报》2021年3

月5日。

[97] 陈沸宇、孔祥武、刘天亮、韩俊杰：《援藏20年高原生巨变——17省市对口支援西藏记事》，载于《人民日报》2014年8月21日。

[98] 中国新闻网：《中央对口援助青海藏区落实支援资金52.55亿元》，2017年1月9日。

[99] 俞正声：《第五次全国对口支援新疆工作会议在北京召开》，新华网，2015年9月23日。

[100] 吴晶晶、何雨欣、孙铁翔：《情系边疆　助力发展——全国对口援疆工作综述》，新华网，2015年9月22日。

[101] 中华人民共和国国务院新闻办公室：《人类减贫的中国实践》，载于《光明日报》2020年4月7日。

[102] 京文：《千企业帮千村，凝聚安徽民企力量》，载于《中华工商时报》2020年11月11日。

[103] 消俊：《凝聚力量做好社会帮扶，形成大扶贫格局》，载于《深圳特区报》2021年3月23日。

[104] 唐婧：《东北振兴新举措：三省四城与东部对口合作》，央广网，2017年3月22日。

[105] 王春雨、强勇、唐铁富等：《产业"走起来"改革迈开步—东北与东部地区部分省市对口合作观察》，载于《经济参考报》2021年10月12日。

[106] 黄伟：《江苏深化南北结对帮扶合作服务构建新发展格局》，载于《新华日报》2022年4月27日。

[107] 龙昊、毛晶慧、陈姝含：《奋进共同富裕·江苏篇（上）南北联动跨江融合，共同富裕的江苏样本》，载于《中国经济时报》2022年9月5日。

[108] 沈童：《打造黄河流域生态补偿保护"山东模式"》，中国财经报网，2002年5月17日。

[109] 宋凌燕：《生态环境部：浙江安徽探索新安江流域"造血型"生态补偿机制》，2022年1月24日。

[110]《浙江启动新一轮省内流域横向生态保护补偿》，新华社客户端

浙江频道，2022 年 9 月 28 日。

[111] 叶文虎等著：《文明的演化》，科学出版社 2015 年版，第 2 页。

[112] 吴承坤：《突破“四难”贵州率先推动生态产品价值实现》，载于《中国经济导报》2022 年 2 月 4 日。

[113] 游子看看：《生态环境部：永春县探索培育生态产品“三级市场”》，生态环境部，2021 年 8 月 17 日。

[114] 李庆余、周桂根等著：《美国现代化道路》，人民出版社 1994 年版。

[115] 胡兆量、韩茂莉编著：《中国区域发展导论》，北京大学生出版社 2008 年版。

[116] 崔功豪等著：《区域分析与区域规划》，高等教育出版社 2018 年版。

[117] 张冠楠：《日本人口问题的“顽症”和“新症”》，载于《光明日报》2020 年 9 月 21 日。

[118] 楼林娜：《老人视角更宏观》，载于《生命时报》2020 年 9 月 25 日。

[119] 人才学研究会筹备组编：《论智力投资》，天津人民出版社 1980 年版。

[120] 靳昊，刘华东：《从“有学上”迈向“上好学”义务教育如何实现城乡一体化发展》，载于《光明日报》2018 年 8 月 30 日。

[121] 陈鹏：《义务教育学龄人口进城速度放缓》，载于《光明日报》2017 年 12 月 24 日。

[122] 费孝通：《乡土中国》，中华书局 2013 年版。

[123] 徐剑梅：《美国娃如何度过世界上最长的暑假》，载于《新华每日电讯》2019 年 7 月 12 日。

[124] 名和太郎（日本）著，高增杰，郝玉珍译：《经济与文化》，中国经济出版社 1987 年版。

[125] 户华为：《五谷丰登：中华文明进程的重要密码》，载于《光明日报》2018 年 9 月 17 日。

[126] 揭威：《北方人更独立》，载于《生命时报》2018 年 6 月 26 日。

[127]［美］万斯（J. D. UANCE）著：《乡下人的悲歌》，刘晓同、庄

逸抒译，江苏凤凰文艺出版社 2017 年版。

[128] 周振华等著：《战略研究理论、方法与实践》，格致出版社 2014 年版。

[129] 周建明著：《区域规划理论与方法》，中国建筑工业出版社 2013 年版。

[130] 朱建江：《〈长宁区总体规划〉中的若干重大问题探讨》，载于《区域经济改革与发展论》，上海交通大学出版社 1997 年版。

[131] 夏伟生：《人类生态学初探》，甘肃人民出版社 1984 年版。

[132] [美] 查尔斯·p. 金德尔伯格、布雷斯·赫里克著：《经济发展》，张欣等译，上海译文出版社 1986 年版。

[133] 乐云主编：《工程项目管理（上）》，武汉理工大学出版社 2008 年版。

[134] 邓铁军主编：《工程项目管理（下）》，武汉理工大学出版社 2008 年版。

[135] 沈百禄主编：《建筑施工 1000 问》，机械工业出版社 2016 年版。

[136] 刘宪文、滕淑珍、吴琼编：《现场监理 1000 问》，机械工业出版社 2009 年版。

[137] 陈世荣、吴吕滕、陈志宵主编：《城市建设经济管理学》，中国财政经济出版社 1987 年版。

[138] 上海市长宁区人民政府：《长宁区政府投资项目管理制度体系建设资料汇编》，2008 年 6 月。

[139] 张芳：《引导县域金融机构服务当地实体经济》，载于《金融时报》2019 年 6 月 10 日。

[140] 张学方：《64 家县域法人金融机构达标》，载于《四川日报》2013 年 5 月 24 日。

[141] 上海市长宁区人民政府：《关于印发进一步完善上海虹桥临空经济园区体制和政策意见的通知》（长府〔2008〕8 号文），2008 年 2 月 19 日。

[142] 金雪梅：《中国“省管县体制研究”——以浙江省为例》，http：//www. wan fang data. com. cn/details/dutail. do？type = degree8lid = D334933。

后　记

从 1991 年研究生毕业到 2016 年底，我在政府工作已达 27 个年头，在这 27 年里，我几乎一直在上海的中心城区、上海远郊区、近郊区从事区域经济工作。因此，这本书是我深入实践时间最多、涉及领域最广泛的专著。自 2022 年 3 月以来开始写作本书起，至今已花费了一年半时间。在这一年半时间里，我几乎把所有课题、论文等科研事项都停下了，并且放弃了所有的个人社交和休息时间；在这一年半时间里，持续不断，日夜兼行，非常辛苦，完全是一种生命极限的挑战和考验。这本书是我 2017 年初由政府转岗到上海社会科学院，继《城市学概论》、《区域发展导论》、《乡村发展导论》、《小城镇发展新论》、《乡村振兴与中小城市小城镇发展》、《长三角一体化：养老产业合作与发展》等六本著作后的又一本系统论述区域和城乡的著作，因此，涉及的内容更为全面。在这一年半时间里，感谢我爱人姜爱玲全程陪伴和支持。感谢杨传开给我的真诚帮助。感谢我的学生黄海宁的协助。感谢本书引用参考文献中的所有作者、译者，以及我在政府工作时的许多同事，本书的有些思想，在这本书里也都能找到您们的影子！最后感谢经济科学出版社及本书责任编辑张蕾同志，从 2018 年我们开始合作，现在大家已经成为好朋友了，尤其是张蕾编辑非常认真，也非常辛苦，并协调提供了漂亮的封面设计和优质的印刷服务！

作　者

2023 年 7 月